Strategisches Management

Werner Pepels

Strategisches Management

Grundlagen – Stellgrößen – Erfolgsfaktoren –
Planung – Ausführung aus marktorientierter Sicht

2. Auflage

BWV • BERLINER
WISSENSCHAFTS-VERLAG

Bibliografische Information der Deutschen Nationalbibliothek

Die Deutsche Nationalbibliothek verzeichnet diese Publikation in der Deutschen Nationalbibliografie; detaillierte bibliografische Daten sind im Internet über http://dnb.d-nb.de abrufbar.

ISBN 978-3-8305-1992-8

© 2011 BWV • BERLINER WISSENSCHAFTS-VERLAG GmbH,
Markgrafenstraße 12–14, 10969 Berlin
E-Mail: bwv-verlag.de, Internet: http://www.bwv-verlag.de
Printed in Germany. Alle Rechte, auch die des Nachdrucks von Auszügen, der photomechanischen Wiedergabe und der Übersetzung, vorbehalten.

Inhalt

Abkürzungsverzeichnis 13

Abbildungsverzeichnis 15

Einleitung 19

1. Strategische Säulen 21
   1.1 Strategieinhalte 21
   1.2 Kernkompetenz 22
   1.3 Strategisches Geschäftsfeld 27
       1.3.1 Eindimensionale Abgrenzung 29
       1.3.2 Zweidimensionale Abgrenzung 32
       1.3.3 Mehrdimensionale Abgrenzung 33
   1.4 Strategische Gruppe 34
   1.5 Strategische Geschäftseinheit 38

2. Zielsystem 43
   2.1 Materielle Zieldimensionen 43
       2.1.1 Entrepreneurial vision 43
       2.1.2 Business mission 45
   2.2 Unternehmenskultur 47
       2.2.1 Konstrukterklärung 47
       2.2.2 Kritische Bewertung 49
       2.2.3 Kultureller Wandel 51
       2.2.4 Unternehmensleitsätze 53
   2.3 Formale Zieldimensionen 56

3. Instrumente zur Ist-Analyse 61
   3.1 Allgemeine Verfahren 61
       3.1.1 Branchen-Analyse 61
           3.1.1.1 Lieferantenmacht 61
           3.1.1.2 Abnehmermacht 62
           3.1.1.3 Substitutive Konkurrentenmacht 64
           3.1.1.4 Potenzielle Konkurrentenmacht 65
           3.1.1.5 Aktuelle Konkurrentenmacht 67
       3.1.2 Umfeld-Analyse 70
   3.2 Deskriptive Verfahren 71

	3.2.1	Ressourcen-Analyse	71
	3.2.2	Potenzial-Analyse	72
	3.2.3	Abweichungs-Analyse	74
	3.2.4	Engpass-Analyse	75
3.3	Analytische Verfahren		77
	3.3.1	Space-Analyse	77
	3.3.2	SWOT-Analyse	82
		3.3.2.1 Stärken-Schwächen-Analyse	82
		3.3.2.2 Chancen-Risiken-Analyse	84
		3.3.2.3 SWOT-Matrix	86
3.4	Komplexe (Portfolio-)Verfahren		88
	3.4.1	Vier-Felder-Portfolio (BCG)	88
		3.4.1.1 Darstellung	88
		3.4.1.2 Konsequenzen	90
		3.4.1.3 Bewertung	94
	3.4.2	Neun-Felder-Portfolio (McKinsey)	96
		3.4.2.1 Darstellung	96
		3.4.2.2 Konsequenzen	98
		3.4.2.3 Bewertung	101
	3.4.3	Sonstige Portfolio-Ansätze	102
	3.4.4	Gesamtbewertung	105
	3.4.5	Ziel-Portfolio	108

4. Bestimmung des Marktfelds 111
   4.1 Konzept der Strategischen Lücke 111
      4.1.1 Darstellung 111
      4.1.2 Bewertung 113
   4.2 Marktfelddimensionen 115
      4.2.1 Marktdurchdringung 115
      4.2.2 Markterweiterung 119
      4.2.3 Produkterweiterung 122
      4.2.4 Produkt-Markt-Entwicklung 125

5. Bestimmung der Marktwahl 129
   5.1 Markteintrittsschranken 129
   5.2 Marktaustrittsschranken 131
   5.3 Kombinationen 132
   5.4 Marktparzellierung 134

	5.4.1 Kombinationen	134
	5.4.2 Bewertung	136
5.5	Strategisches Spielbrett	138

6. Bestimmung des Konkurrenzvorteils 143
   6.1 Marktpolarisierung 143
   6.2 Präferenz-Position 145
   6.3 Preis-Mengen-Position 148
   6.4 Größeneffekte als Voraussetzung 150
      6.4.1 Statischer Größeneffekt 150
      6.4.2 Dynamischer Größeneffekt 152
      6.4.3 Bewertung 155
         6.4.3.1 Datengrundlage 156
         6.4.3.2 Untersuchungsmethodik 157
         6.4.3.3 Strategieempfehlung 158
   6.5 Wettbewerbsvorteilsmatrix 160
      6.5.1 Einfache Einteilung 160
      6.5.2 Komplexe Einteilung 163

7. Bestimmung des Marktverhaltens 167
   7.1 Marktrollen 167
      7.1.1 Marktführerschaft 168
      7.1.2 Marktherausfordererschaft 170
      7.1.3 Marktmitläuferschaft 172
      7.1.4 Marktnischenanbieterschaft 173
   7.2 Wettbewerbspositionsmatrix 174
      7.2.1 Umfassende Kostenführerschaft 176
      7.2.2 Umfassende Leistungsführerschaft 179
      7.2.3 Konzentrierte Leistungsführerschaft 181
      7.2.4 Konzentrierte Kostenführerschaft 184

8. Bestimmung der Zeitabfolge 191
   8.1 Innovationsneigungen 191
      8.1.1 Pionier 191
      8.1.2 Früher Folger 194
      8.1.3 Modifikator 196
      8.1.4 Nachzügler 197
   8.2 Outpacing-Konzept 200

8.3	Hyper competition		202

9. Strategieprofil 205

- 9.1 Elemente der Strategie 205
- 9.2 Verfahren zur Strategiebewertung 207
- 9.3 Konzeptionelle Positionierung 213
  - 9.3.1 Verfahrensstufen 213
    - 9.3.1.1 Dimensionierung des relevanten Markts 213
    - 9.3.1.2 Reduktion der Beurteilungsdimensionen 214
    - 9.3.1.3 Auswahl der strategischen Mitbewerber 214
    - 9.3.1.4 Positionierung der wichtigsten Mitbewerber 215
    - 9.3.1.5 Interpretation der Positionen 217
    - 9.3.1.6 Positionsbestimmung 218
  - 9.3.2 Positionierungsanlässe 220
  - 9.3.3 Positionierungsrichtung 222

10. Erfolgsfaktorenforschung 225

- 10.1 Erkenntnisse der PIMS-Studie 225
  - 10.1.1 Untersuchungsanlage 225
  - 10.1.2 Schlüsselfaktoren 226
  - 10.1.3 Sonderauswertungen 229
  - 10.1.4 Bewertung 231
    - 10.1.4.1 Datengrundlage 231
    - 10.1.4.2 Untersuchungsmethodik 232
    - 10.1.4.3 Strategieempfehlung 234
- 10.2 Heuristisch abgeleitete Erkenntnisse 235
  - 10.2.1 Peters und Waterman-Ansatz 235
  - 10.2.2 Pümpin-Ansatz 240

11. Prozessorientierung 245

- 11.1 Geschäftsprozesse 245
- 11.2 Komplexität 247
- 11.3 Mass customization 250
- 11.4 Wertschöpfungskette 254
  - 11.4.1 Wertschöpfung 254
  - 11.4.2 Wertkettenanalyse 256
  - 11.4.3 Wertkettengestaltung 258
  - 11.4.4 Wertkettenverschränkung 261

11.5	Benchmarking	268
	11.5.1 Konzept	268
	11.5.2 Formen	269

12. Rahmenbedingungen zur Ausführung 275

12.1	Institutionelle Ausformung	275
12.2	Diversifikation	280
	12.2.1 Homogene Diversifizierung	281
	12.2.2 Heterogene Diversifizierung	285
	12.2.3 Economies of scope	288
	12.2.4 Business migration	289
12.3	Wirtschaftliche Machbarkeitsprüfung	290
	12.3.1 Prüfung im Rahmen der Investitionsanalyse	290
	12.3.1.1 Statische Verfahren	290
	12.3.1.2 Dynamische Verfahren	293
	12.3.2 Verfügbarkeit von Finanzierungsquellen	298
12.4	Erfolgsprognose	300
	12.4.1 Intuitive Verfahren	300
	12.4.2 Quantitative Verfahren	302

13. Internationalisierung 305

13.1	Marktwahl	305
13.2	Markteintrittsformen	306
	13.2.1 Markteintritt durch Außenhandel	308
	13.2.2 Markteintritt auf Vertragsbasis	309
	13.2.2.1 Lizenzierung	309
	13.2.2.2 Kooperation	311
	13.2.3 Markteintritt über Direktinvestition	312
	13.2.4 Markteintritt durch E-/M-Commerce	314
13.3	Marktbearbeitung	314

14. Planung im Unternehmen 317

14.1	Planungsinstrumente	317
	14.1.1 Inhalte der Planung	317
	14.1.2 Instrumente der Planung	321
	14.1.2.1 Netzplantechnik	321
	14.1.2.2 Sonstige Planungstechniken	327
	14.1.2.3 Planungsmodelle	331

14.2	Entscheidungssituationen	332
14.3	Budgetierung	336
14.3.1	Inhalt	336
14.3.2	Kriterien zur Budgetierung	338
14.3.3	Flexibilität und Dauer der Budgetierung	340

15. Organisation im Unternehmen — 341

15.1	Inhalte	341
15.2	Spezialisierung	344
15.2.1	Funktionsorganisation	344
15.2.2	Objektorganisationen	346
15.2.2.1	Produktmanagement	346
15.2.2.2	Gebietsmanagement	348
15.2.2.3	Kundenmanagement	350
15.3	Konfiguration	351
15.3.1	Einlinienaufbau	351
15.3.2	Mehrlinienaufbau	354
15.3.3	Stablinienaufbau	356
15.3.4	Kreuzlinienaufbau	359
15.4	Koordination	362
15.4.1	Teamausrichtung	362
15.4.2	Projektausrichtung	364
15.4.3	Gremienausrichtung	366
15.4.4	Zentralbereichsausrichtung	369
15.5	Willensbildung	371

16. Verbesserung im Unternehmen — 375

16.1	Verbesserungsprogramme	375
16.1.1	Kaizen	375
16.1.2	BPR	376
16.2	Qualitätsimpetus	378
16.3	Fehlervermeidung	380
16.4	Qualitätssicherungsinstrumente	384
16.4.1	Quality function deployment	384
16.4.2	Statistische Versuchsplanung	387
16.4.3	Statistische Prozessregelung	389
16.4.4	Fehlerprävention und -analyse	392
16.4.5	Fehlermöglichkeits- und -einflussanalyse	394

16.4.6	Qualitätskostenanalyse	395
16.4.7	Quality audit	397
16.4.8	Qualitätsdarlegung	398
16.4.9	Qualitätssteuerung	399
16.5	Wertanalyse	402
16.6	Wertgestaltung	403

17. Informationsversorgung im Unternehmen — 407

17.1	Data warehousing	407
17.2	Reporting-Systeme	408
17.3	Abfragesysteme	410
17.4	OLAP-Systeme	413
17.5	Data mining-Systeme	414

18. Controlling im Unternehmen — 417

18.1	Begriffsabgrenzung	417
18.2	Überprüfung der Effektivität	420
18.3	Überwachung der Effizienz	421
	18.3.1 Kennzahlen	421
	18.3.1.1 Inhalt	421
	18.3.1.2 Kritische Würdigung	425
	18.3.2 Selbstkosten und Deckungsbeitrag	427
	18.3.3 Break even-Punkte	431
	18.3.4 Balanced scorecard	434
	18.3.5 Economic value added und Cash-flow	436
	18.3.6 Shareholder value	437
18.4	Proaktive Gegensteuerung	438
18.5	Competitive intelligence	442

Literaturhinweise	445
Stichwortverzeichnis	459
Über den Autor	471

Abkürzungsverzeichnis

BERI	Business environment risk information
BPR	Business process reengineering
BSC	Balanced score card
CAPM	Capital asset pricing model
CF	Cash-flow
CPM	Critical path method
CVA	Cash value added
DCF	Discounted cash-flow
DPMO	Defects per million opportunities
DSS	Decision support system
EIS	Executive support system
EMEA	Europe, Middle-East, Africa
EN	Europäische Norm
EQA	European quality award
EVA	Economic value added
FAZ	Frühester Anfangs-Zeitpunkt
FBA	Fehlerbaumanalyse
FEZ	Frühester End-Zeitpunkt
FMEA	Fehlermöglichkeiten- und -einfluss-Analyse
GAS	Germany, Austria, Switzerland
GERT	Graphical evaluation and review technique
HoQ	House of quality
ISO	International organisation for standardisation
IuK	Information und Kommunikation
LAN	Local area network
MbO	Management by objectives
MIS	Management information system
MPM	Meta potential method
MRS	Management reporting system
OEM	Original equipment manufacturer
OLAP	On-line analytical processing
PDCA	Plan, Do, Check, Act
PERT	Program evaluation and review technique
PIMS	Profit impact of market strategies
PPM	Parts per million
QFD	Quality function deployment
RoA	Return on assets (Eigenkapitalrentabilität)
RoI	Return on investment (Gesamtkapitalrentabilität)

RoS	Return on sales (Umsatzrentabilität)
RPZ	Risiko-Prioritäts-Zahl
SAZ	Spätester Anfangs-Zeitpunkt
SEZ	Spätester End-Zeitpunkt
SGE	Strategische Geschäftseinheit
SGF	Strategisches Geschäftsfeld
SMART	Simple, Measurable, Ambitious, Realistic, Time-based
SPC	Statistical process control
STEPP	sozio-kulturell, technisch, ökonomisch, politisch-rechtlich, physisch-ökologisch
SWOT	Strengths, Weaknesses, Opportunities, Threats
TQM	Total quality management
UCP	Unique communications proposition
USP	Unique selling proposition
XPS	Expert system

Abbildungsverzeichnis

Abb. 1: Strategie als Weg vom Ist zum Soll	21
Abb. 2: Kernkompetenz-Matrix	24
Abb. 3: Kennzeichen der Kernkompetenz	25
Abb. 4: Konzepte zur Abgrenzung des relevanten Markts	28
Abb. 5: Abgrenzung Strategisches Geschäftsfeld, Strategische Gruppe, Strategische Geschäftseinheit	41
Abb. 6: Zielpyramide	44
Abb. 7: Unternehmenskulturpyramide	48
Abb. 8: Formale Zieldimensionen	59
Abb. 9: Elemente der Branchenanalyse	61
Abb. 10: Lieferanten- und Abnehmermacht	62
Abb. 11: Substitutive Konkurrenzmacht	64
Abb. 12: Potenzielle Konkurrenzmacht, Aktuelle Konkurrenzmacht	66
Abb. 13: Formular Five Forces-Analyse	69
Abb. 14: Zusammenhang deskriptiver Analyseverfahren	71
Abb. 15: Ressourcen-Analyse	72
Abb. 16: Potenzial-Analyse	73
Abb. 17: Abweichungs-Analyse	75
Abb. 18: Engpass-Analyse	76
Abb. 19: Schema der Space-Analyse	81
Abb. 20: Stärken-Schwächen-Analyse	83
Abb. 21: Chancen-Analyse und Risiken-Analyse	85
Abb. 22: SWOT-Matrix	87
Abb. 23: Positionsbestimmung der Strategischen Geschäftseinheiten (SGEs)	89
Abb. 24: Vier-Felder-Portfolio	90
Abb. 25: Vier-Felder-Portfolio (Zusammenhang)	91
Abb. 26: Normstrategien im Boston Consulting-Portfolio	93
Abb. 27: Vier-Felder-Portfolio Erweiterungen	96
Abb. 28: Neun Felder-Portfolio	97
Abb. 29: Normstrategien des Neun-Felder-Portfolios	100
Abb. 30: Zwanzig-Felder-Portfolio	103
Abb. 31: Normstrategien im Zwanzig-Felder-Portfolio	106
Abb. 32: Strategische Lücken und ihre Schließung	112
Abb. 33: Absatzquelle als Strategische Lücke	115
Abb. 34: Alternative Marktfeldstrategien	116
Abb. 35: Markteintrittsbarrieren, Marktaustrittsbarrieren	130

Abb. 36: Kombinationen aus Markteintritts- und -austrittsschranken	132
Abb. 37: Alternativen der Marktparzellierung	134
Abb. 38: Strategisches Spielbrett	139
Abb. 39: Marktstimulierung	144
Abb. 40: Größeneffekte	151
Abb. 41: Dynamischer vs. statischer Größeneffekt	154
Abb. 42: Dynamischer Größeneffekt (Rechenbeispiel)	155
Abb. 43: Konkurrenzvorteil: Einfache Einteilung	161
Abb. 44: Konkurrenzvorteil: Komplexe Einteilung	164
Abb. 45: Alternativen des Marktverhaltens I	167
Abb. 46: Alternativen des Marktverhaltens II	167
Abb. 47: Vor- und Nachteile der Marktführerschaft	169
Abb. 48: Handlungsalternativen des Marktherausforderers	171
Abb. 49: Wettbewerbspositionsmatrix	175
Abb. 50: Vor- und Nachteile des umfassenden Kostenführers	177
Abb. 51: Vor- und Nachteile des umfassenden Leistungsführers	180
Abb. 52: Vor- und Nachteile des konzentrierten Leistungsführers	183
Abb. 53: Vor- und Nachteile des konzentrierten Kostenführers	186
Abb. 54: Zusammenhang der Wettbewerbspositionsmatrix	189
Abb. 55: Alternativen der Innovationsneigung	191
Abb. 56: Vor- und Nachteile des Pioniers	193
Abb. 57: Vor- und Nachteile des Frühen Folgers	195
Abb. 58: Vor- und Nachteile des Modifikators	197
Abb. 59: Vor- und Nachteile des Nachzüglers	199
Abb. 60: Outpacing-Konzept	201
Abb. 61: Outpacing-Kette	202
Abb. 62: Strategieprofil	206
Abb. 63: Paarvergleichs-Matrix	208
Abb. 64: Dominanz-Grafik (mit zwei Kriterien)	209
Abb. 65: Punktbewertungsverfahren (Beispiel)	210
Abb. 66: Checklisten-Verfahren (als Nutzwertanalyse)	212
Abb. 67: Strategische Gruppe	215
Abb. 68: Idealpunktverfahren	216
Abb. 69: Idealvektorverfahren	217
Abb. 70: Aufforderungsgradienten	219
Abb. 71: Positionierungsanlässe	221
Abb. 72: Positionierungsrichtung	223
Abb. 73: Ergebnis PIMS-Studie (Einfluss Qualität/Marktanteil)	228

Abb. 74: Erfolgsfaktoren nach Peters/Waterman	237
Abb. 75: Erfolgsfakotren nach Pümpin	241
Abb. 76: Optimale Betriebsgröße	249
Abb. 77: Einordnung Mass customization	251
Abb. 78: Optionen strategischer Erfolgspositionen	252
Abb. 79: Modell der Wertschöpfungskette	256
Abb. 80: Wertschöpfungsbreite	259
Abb. 81: Wertschöpfungstiefe	261
Abb. 82: Lieferantenpyramide	263
Abb. 83: Wertschöpfungsarchitektur	266
Abb. 84: Formen des externen Benchmarking	271
Abb. 85: Institutionalisierung der Strategie	275
Abb. 86: Formen der Diversifikation	284
Abb. 87: Capital asset pricing model	297
Abb. 88: Beispiel Gleitende Durchschnitte	303
Abb. 89: Beispiel Exponentielle Glättung	303
Abb. 90: Internationaler Markteintritt	307
Abb. 91: Planungsarten	318
Abb. 92: Planungsabfolge	320
Abb. 93: Netzplantechniken	322
Abb. 94: CPM-Netzplan mit Ereignissen, Vorgängen, Scheinvorgängen und kritischem Weg (Beispiel)	323
Abb. 95: MPM-Netzplan mit kritischem Weg (Beispiel)	324
Abb. 96: Prinzip der Simplex-Methode	331
Abb. 97: Indeterministische und stochastische Entscheidungssituationen	335
Abb. 98: Dimensionen der Aufbauorganisation	343
Abb. 99: Funktionsorientierte Organisation	344
Abb. 100: Vor- und Nachteile der Funktionsorganisation	345
Abb. 101: Produktorientierte Organisation	346
Abb. 102: Vor- und Nachteile der Produktorganisation	347
Abb. 103: Gebietsorientierte Organisation	348
Abb. 104: Vor- und Nachteile der Gebietsorganisation	349
Abb. 105: Kundenorientierte Organisation	350
Abb. 106: Vor- und Nachteile der Kundenorganisation	351
Abb. 107: Einlinienorganisation	352
Abb. 108: Vor- und Nachteile der Einlinienorganisation	353
Abb. 109: Mehrlinienorganisation	354
Abb. 110: Vor- und Nachteile der Mehrlinienorganisation	355

Abb. 111: Stablinienorganisation	357
Abb. 112: Vor- und Nachteile der Stablinienorganisation	358
Abb. 113: Kreuzlinien-(Matrix-)Organisation	359
Abb. 114: Vor- und Nachteile der Kreuzlinienorganisation	360
Abb. 115: Teamorganisation	362
Abb. 116: Vor- und Nachteile der Teamorganisation	363
Abb. 117: Projektorganisation	365
Abb. 118: Vor- und Nachteile der Projektorganisation	366
Abb. 119: Gremienorganisation	367
Abb. 120: Vor- und Nachteile der Gremienorganisation	368
Abb. 121: Zentralbereichsorganisation	369
Abb. 122: Vor- und Nachteile der Zentralbereichsorganisation	370
Abb. 123: Willensbildung in Organisationen	371
Abb. 124: Kaizen und BPR	376
Abb. 125: PDCA-Schema	383
Abb. 126: House of quality-Konzept	385
Abb. 127: Statistische Versuchsplanung	388
Abb. 128: Reliabilität und Validität von Prozessen	390
Abb. 129: Ursache-Wirkungs-Diagramm	393
Abb. 130: FMEA-Index (Risikoprioritätszahl)	394
Abb. 131: Prinzip der Qualitätsregelkarte	400
Abb. 132: Qualitätswerkzeuge, Managementwerkzeuge	401
Abb. 133: Prinzip des Value control chart	406
Abb. 134: Kategorien von Informationssystemen	407
Abb. 135: Management-Informations-System	410
Abb. 136: Inhalte des Controlling	419
Abb. 137: Beispiel einer 4%-igen Kostensenkung in der Produktion	425
Abb. 138: Break even-Punkte	433
Abb. 139: Perspektiven der Balanced scorecard	435

Einleitung

Der Begriff Strategie gehört im Management sicherlich zu den am meisten gebrauchten, weil er wichtig klingt. Aber auch kaum ein Begriff wird wohl so häufig missbraucht, um wichtig zu tun. Daher ist es jenseits rein betriebswirtschaftlicher Funktionen ausgesprochen hilfreich, sich über die Inhalte der strategischen Unternehmensführung zu informieren. Dieser Einführungsband informiert in 18 abgeschlossenen Kapiteln über die Grundlagen, die Stellgrößen, die Erfolgsfaktoren, die Planung und die Ausführung der Strategie.

Dabei wird ein marktorientierter Ansatz der Unternehmensführung zugrunde gelegt. Dieser Ansatz hat sich in der Praxis weithin durchgesetzt, denn es ist unbestreitbar, dass der Vermarktung als Engpasssektor des unternehmerischen Erfolgs eine Schlüsselrolle zukommt und es daher Sinn macht, strategische Aktivitäten an diesem Engpass auszurichten.

Häufig ist gerade bei Nicht-BWLern die Meinung verbreitet, dass man sich besser auf die fachlichen Inhalte konzentriert, statt sich mit einer komplexen und komplizierten Materie wie Management zu befassen. Diese Meinung verkennt jedoch, dass in beruflichen Leitungsfunktionen, sofern diese angestrebt werden, spezialisierte Inhalte immer mehr zurücktreten und stattdessen generalisiertes Managementwissen dominiert. Um dort mithalten zu können, ist es allerdings erforderlich, sich mit den verschiedenen Facetten des strategischen Managements zumindest einführungsweise auseinander zu setzen und Wissen zu akquirieren wie es hier geboten wird.

In den Grundlagen werden die strategischen Säulen Kernkompetenz, Strategisches Geschäftsfeld, Strategische Gruppe und Strategische Geschäftseinheit erläutert. Es folgt das unternehmerische Zielsystem in materieller und formeller Hinsicht. Schließlich werden Instrumente zur Analyse der Ist-Situation vorgestellt, wie die Branchen-Analyse, die Ressourcen-Analyse, die Potenzial-Analyse, die Abweichungs-Analyse, die Engpass-Analyse, bis hin zur Space-Analyse, zur SWOT-Analyse und den verschiedenen Portfolio-Analysen.

Bei den Stellgrößen geht es um die fünf wesentlichen Parameter, die zur Definition einer marktorientierten Strategie eingesetzt werden können. Das Marktfeld betrifft die Bestimmung der zu aktivierenden Kaufkraft. Die Marktwahl betrifft die Bestimmung des zu bearbeitenden Markts. Der Konkurrenzvorteil betrifft die Bestimmung des komparativen Angebotsvorteils. Das Marktverhalten betrifft die Bestimmung der einzunehmenden Rolle am Markt. Und die Zeitabfolge betrifft die Bestimmung des Timings am Markt. Diese fünf Stellgrößen sind umfassend in der Lage, ein Strategieprofil auszufüllen.

In Bezug auf die Erfolgsfaktoren geht es um den Ausweis von Anhaltspunkten für erfolgversprechende Strategien, indem vorhandene Erkenntnisse erfasst und abgeleitet werden. Dafür sind verschiedenartige Ansätze nutzbar. So gibt es empirische Ergebnisse verschiedener Quellen (PIMS-Studie, Peters/Waterman, Pümpin). Als zentraler Erfolgsfaktor hat sich in den letzten Jahren allerdings wohl die Prozessorientierung herausgestellt. Daraus leiten sich wichtige Entwicklungslinien ab, von denen institutionelle Ausformung, Diversifikation, wirtschaftliche Machbarkeit und Erfolgsprognose näher ausgeführt werden. Immer mehr ist auch die Internationalisierung der Unternehmensstrategie von Bedeutung.

Bei der Planung geht es schließlich um Planungsinstrumente und die Organisation zur Strategie. Dabei spielen zahlreiche Faktoren eine Rolle, so Entscheidungssituationen, Budgetierung, Strukturaufbau und Willensbildung. Dies schafft erst die Voraussetzungen für ein strategisches Management. Hierbei bestehen jedoch vielfältige Restriktionen, deren Berücksichtigung erst eine zweckmäßige Umsetzung ermöglicht.

Hinsichtlich der Ausführung der Strategie sind Verbesserungen im Unternehmen, die Informationsversorgung und das Controlling im Management zentral. Denn die Formulierung selbst der besten Strategie ist wenig hilfreich, wenn es an Nachhaltigkeit in der konkreten Umsetzung mangelt. Gerade diese Konsequenz zeichnet erfolgreiche Manager aus. Da dazu noch kein geschlossenes theoretisches Konzept vorliegt, werden hier die wichtigsten Elemente der Implementierung erläutert.

Die Inhalte werden durchgängig in praktischen Beispielen illustriert und durch zahlreiche Abbildungen veranschaulicht.

1. Strategische Säulen

1.1 Strategieinhalte

Als Strategie wird allgemein die Entscheidung zur Vorgehensweise über die Transformation eines angetroffenen Ist-Zustands in einen prospektiv gewünschten Soll-Zustand verstanden. Strategien stellen damit die Brücke zwischen dem Ist-Zustand und den definierten Zielen der Unternehmung her, sie geben an, auf welche Art und Weise man diesen Weg zurückzulegen gedenkt. Dazu gibt es einen umfangreichen Katalog möglicher Strategiedeterminanten.

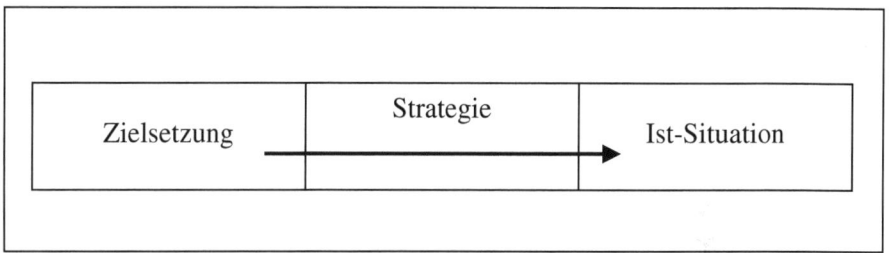

Abbildung 1: Strategie als Weg vom Ist zum Soll

Die Entwicklung einer Strategie zur Sicherung des langfristigen Erfolgs unterliegt drei Phasen. Zunächst bedarf sie der Analyse der gegebenen Ist-Situation, einerseits, um diese überhaupt zu bestimmen, andererseits, um daraus deren Relation zum gewünschten Soll-Zustand erkennen zu können. Da die **Strategie den Weg vom Ist zum Soll** vorgibt, erfordert sie außerdem die Definition der Ziele, damit der gewünschte Soll-Zustand operationalisiert werden kann (siehe Abb. 1). Die Relation zwischen beiden kann durch den Vektor der einzuschlagenden Richtung, sofern nicht Umweglösungen angestrebt werden, und den perspektivischen Abstand zwischen ihnen gekennzeichnet werden. Jede Strategie kennt eine Reihe von Elementen zu ihrer Umsetzung in konkretes Managementhandeln. Jedes dieser Elemente kennt wiederum unterschiedliche Stellgrößen, die für eigene Zwecke aktiviert werden können. Aus der Anzahl der Elemente und deren Stellgrößen ergibt sich eine immense Vielzahl von Strategiekombinationen. Die große Kunst besteht darin, die im Einzelfall optimale Strategievariante zu finden und geschickt umzusetzen. Der Begriff der Strategie hat gemeinhin mindestens vier Bedeutungen.

Strategie ist eine **Entscheidungsregel**, nach der Entscheidungen getroffen werden können, wenn ein Informationszustand der rationalen Unbestimmtheit besteht, d. h., wenn die Resultate der Handlungsalternativen nicht abgeschätzt werden können, da sie von den Entscheidungen anderer Akteure abhängen (weiterhin gibt es Richtlinien, Programme und Abläufe). Strategische Entscheide sind für gewöhnlich auf die Ressourcenzuordnung von Produkt-Markt-Kombinationen gerichtet. Sie betreffen die Ebene der Gesamtunternehmung.

Strategie als **Unternehmenskonzeption** ist das Ergebnis der strategischen Planung als Prozess, durch den die langfristigen Unternehmensziele fixiert und die zu deren Erreichung notwendigen Ressourcen, Mittel und Verfahren bestimmt werden. Eine rationale Analyse der gegenwärtigen Situation und der zukünftigen Möglichkeiten und Gefahren führt zur Formulierung von Absichten, Strategien, Maßnahmen und Zielen.

Strategie als **grundsätzliche Verhaltensweise** ist ein Vorgehen, das die Richtung der Unternehmensentwicklung, das Verhalten gegenüber dem Wettbewerb, die Struktur und den Umgang mit den Ressourcen regelt und als Rahmenbedingung für die Entscheidungen nachgeordneter Führungskräfte gilt. Ziel ist die Schließung einer Lücke zwischen fortgeschriebenem Ist-Zustand und geplantem Soll-Zustand.

Strategie als **Maßnahmenbündel** ist eine spezifische Aktion, gewöhnlich unter Einsatz von Ressourcen zur Erreichung eines in der strategischen Planung festgelegten Ziels. Strategie ist damit die Umsetzung eines Plans, als umweltbezogene Maßnahmenkombination, die das Gesamtverhalten des Systems Unternehmung charakterisiert. Der Einsatz erfolgt auf einer hoch aggregierten Ebene.

Allgemein lassen sich strategische Entscheidungen durch folgende Merkmale charakterisieren:

- oberste Führungsebene als hierarchische Einordnung, geringe Delegierbarkeit an untergeordnete Stellen, gesamtes Unternehmen als Geltungsbereich, geringe Wiederholungshäufigkeit der Aufgaben, generelle Gültigkeit getroffener Entscheidungen, langfristiger Orientierungshorizont, geringe, falls doch, dann aufwändige Revidierbarkeit, hoher Komplexitätsgrad des Entscheidungsumfelds, eher unsichere Prognosebasis, schlecht strukturierte Problemstellungen, hohes Risikoausmaß der Konsequenzen, geringer Detaillierungsgrad der Entscheidung, häufig neuartige Situationen, großer Freiheitsgrad bei der Lösungsfindung, hoher Anteil individueller Wertprämissen, ganzheitliche Denkart, eher intuitiver Ansatz, innovative, kreative Lösungsprozesse, hoher Flexibilitätsgrad in der Plananpassung.

1.2 Kernkompetenz

Eine Kernkompetenz ist eine Kombination mehrerer materieller und immaterieller Ressourcen, durch die sich ein Unternehmen langfristig vom Wettbewerb absetzt und durch deren Transfer auf eine Vielzahl von Anwendungen, Produkten und Märkten den heutigen und zukünftigen Kunden ein erheblicher Nutzen angeboten werden kann.

Charakteristisch für diese Kernkompetenzorientierung ist ihre (proaktive) **Inside out-Perspektive,** welche die (reaktive) **Outside in-Perspektive** der traditionellen Marktorientierung ergänzt. Der marktorientierte Ansatz von Porter ging seinerzeit davon aus, dass Unternehmen durch den Aufbau von Geschäftsbereichen Branchenmärkte und Strategische Gruppen auswählen, in denen sie aktiv werden wollen. Die Struktur dieser Märkte und Gruppen definiert damit die Möglichkeit ihrer Erfolgserzielung. Die Unternehmen nutzen diese Möglichkeiten durch die Wahl einer geeigneten Wettbewerbsstrategie und den Aufbau der nötigen Ressourcen. Langfristige Erfolgsunterschiede zwischen ansonsten gleichartigen Unternehmen erklären sich demnach auf Grund der Attraktivität der gewählten Branchenmärkte und Strategischen Gruppen sowie der eingeschlagenen Wettbewerbsstrategie. Strategische Marktpositionen in bisher bearbeiteten Märkten führen zu strategischen Angebotsvorteilen bei der Bearbeitung dieser Märkte, und diese führen wiederum zu Wettbewerbsvorteilen.

Nach dem neueren ressourcenorientierten Ansatz von Hamel/Prahalad gelangen Unternehmen auf Grund ihrer Entwicklung, durch glückliche Umstände oder möglichst auch durch gezieltes Vorgehen zu einzigartigen, nicht mit der Konkurrenz geteilten Ressourcen. Die Nutzung dieser Ressourcen zur Gestaltung bedürfnisgerechter Angebote für bestimmte Branchenmärkte führt zu nachhaltigen Wettbewerbsvorteilen. Langfristige Erfolgsunterschiede zwischen Unternehmen erklären sich demnach auf Grund der Nutzung einzigartiger Ressourcen zur Gestaltung solcher bedürfnisgerechter Angebote. Kernkompetenzen führen somit zu neuen Angeboten durch die neuartige Nutzung der Schlüsselressourcen, diese führen ihrerseits wiederum zu überlegenen Marktpositionen. Bei diesen entscheidenden Ressourcen handelt es sich vor allem um folgende:

- materielle Ressourcen in Form von Sacheinrichtungen wie Produktionsanlagen, Logistikeinrichtungen, Standorte, Grundstücke, Gebäude, IT-Hardware, Kommunikationsnetze,
- finanzielle Ressourcen als liquide Mittel, Kreditlimits, Kapitalkraft,
- organisatorische Strukturen, Systeme und Prozesse wie Planungs- und Kontrollsysteme, Personalführungssysteme, Organisationsstrukturen, Leistungserstellungsprozesse, Informationssysteme und -prozesse,
- Informationen und Rechte in Form von Daten, Dokumentationen, dokumentiertem Wissen, Markenrechten, Schutzrechten, Lizenzen, Verträgen,
- externe immaterielle Werte wie Image, Bekanntheitsgrad von Produktmarken, Firmenmarke, Qualität und Unternehmensgröße, Ruf der Firma bei Lieferanten, Banken, potenziellen Arbeitnehmern und anderen relevanten Gruppen,
- Humanressourcen wie Wissen, Können, Fähigkeiten, Leistungsmotivation der Führungskader und der übrigen Mitarbeiter,
- Merkmale der Unternehmenskultur als Grundeinstellungen und gelebte Werte des Unternehmens oder spezifischer organisatorischer Einheiten,

- Fähigkeiten des Unternehmens als Ganzes in Bezug auf Qualität, Beschaffung, Vermarktung, Kosteneffizienz, Auslandsmarktbearbeitung, Weltmarktbearbeitung etc.,
- Metakompetenzen wie Innovationsfähigkeit, Kooperationsfähigkeit, Umsetzungsfähigkeit, Flexibilität.

Solche Kernkompetenzen entstehen durch ein komplexes und dynamisches Interaktionsmuster aus Routinen, Ressourcen und Fähigkeiten. Fähigkeiten sind in diesem Zusammenhang immaterielle, d. h. stofflich nicht fassbare, an Personen gebundene Ressourcen (Wissensbasis). Ressourcen sind ihrerseits materielle, von Personen unabhängige Routinen. Nicht-kodifiziertes Wissen ist dabei nicht dokumentiert und damit für Andere auch nicht zugänglich, kodifiziertes Wissen ist in Form von Anweisungen dokumentiert und damit für Andere grundsätzlich zugänglich (siehe Abb. 2).

	schwacher / kurzfristiger Wettbewerbsvorteil	starker / langfristiger Wettbewerbsvorteil
geringer Beitrag zum Kundennutzen	Branchenstandard	Potenzialleistung
hoher Beitrag zum Kundennutzen	Schlüsselfähigkeit	Kernkompetenz

Abbildung 2: Kernkompetenz-Matrix

Kernkompetenzen werden durch zahlreiche Kriterien zu umschreiben gesucht, so:
- Valuable, Rare, Durable, Not easily traded, Difficult to imitate, Firm specific,
- Netzwerkeinbindung, Nicht-Kompensierbarkeit, Nutznießung, Nicht-Substituierbarkeit.

Allgemein können daraus die vier Kriterien Relevanz, Alleinstellung, Hebelwirkung und Nachhaltigkeit (RAHN) abgeleitet werden (siehe Abb. 3):
- **Relevanz** besagt, dass im Ergebnis der Kernkompetenz die Fähigkeit zur Befriedigung eines am Markt relevanten, **nachhaltigen Bedarfs** steht (Value). Eine Res-

source muss die Endleistung, die am Absatzmarkt angeboten wird, für Kunden einzigartig und damit werthaltig machen. Kernkompetenzen müssen strategischen Wert haben, indem sie die Wettbewerbsposition und Effizienz des Unternehmens nachhaltig verbessern. Sie schaffen für Kunden einen einzigartigen Wert, werden zu einem späteren Zeitpunkt für die Bedienung von Märkten wichtig oder bereits auf neuen Märkten genutzt. Sie können zudem geschäftsfeldübergreifend eingesetzt werden und verfügen über ein hohes Potenzial zur Weiterentwicklung.

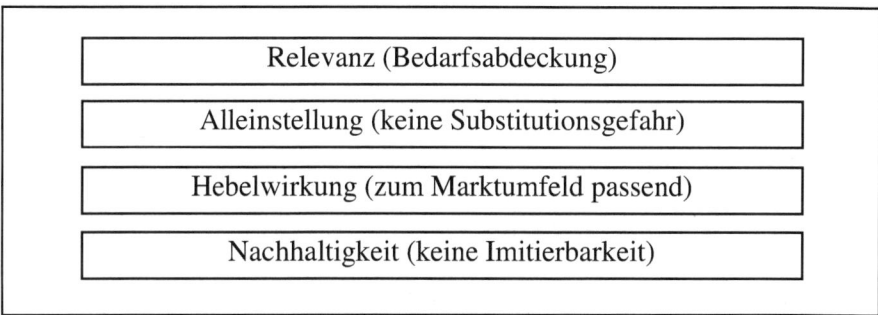

Abbildung 3: Kennzeichen der Kernkompetenz

- **Alleinstellung** besagt, dass eine Problemlösung nicht anderweitig erreicht werden kann (Rareness). Eine **Substitutionsgefahr** kann aus zwei Quellen resultieren. Konkurrenten können alternative Wege zur Realisierung der Wettbewerbsposition einschlagen oder der technologische Fortschritt erodiert die Nicht-Substituierbarkeit. Kernkompetenzen müssen zudem knapp und einzigartig sein, weil sie sonst kaum Differenzierungsvorteile bieten dürften. Nicht-Substituierbarkeit bedeutet damit, dass andere Unternehmen sich die betreffenden Fähigkeiten nicht durch Zukauf aneignen können und diese auch nicht bloß auf bilanziellen Aktiva beruhen. Und wenn auf absehbare Zeit die Entwicklung dieser Fähigkeiten bei anderen nicht kompetenzrelevant möglich ist. Auch dürfen keine anderen Anbieter vorhanden sein, die mit ähnlich gelagerten Fähigkeiten für Kunden einen vergleichbaren Wert schaffen können.
- **Hebelwirkung** besagt, dass die Ressourcen hochgradig in ein **unternehmensspezifisches Umfeld** eingebunden sein sollen (Organisational specificity). Je spezifischer Ressourcen ausgestaltet sind, desto schwieriger (risikoreicher, kostenaufwändiger) ist ihr Transfer in ein anderes Unternehmen. Allerdings führt eine steigende Spezifität auch zur Gefahr der Abhängigkeit von Nachfragern, weil das Unternehmen an Anpassungsflexibilität einbüßt. Spezifität kann aber auch zu Quasi-Monopolstellungen führen. Kernkompetenzen sind nur relevant, wenn die internen Unternehmensstrukturen so angelegt sind, dass diese sich in marktfähigen Produkten konkretisieren. Unternehmensspezifität liegt vor, wenn

Konkurrenten im Falle eines Zugriffs auf die Fähigkeiten daraus nicht den gleichen Nutzen ziehen können wie das betreffende Unternehmen. Zudem bedarf es genauester Kenntnisse und hohen Management-Know-how, um diese Fähigkeiten effektiv wirken zu lassen.

- **Nachhaltigkeit** besagt, dass eine nur geringe Möglichkeit zur **Imitation** der die Kernkompetenz begründenden Fähigkeiten durch andere gegeben ist (Imperfect imitability). Nicht-Imitierbarkeit ist gegeben, wenn Dritte die Fähigkeiten weder durch Produktanalyse, noch durch Befragung unternehmensinterner oder -externer Wissensträger entschlüsseln können. Der Grad der Imitierbarkeit hängt seinerseits im Einzelnen ab von:
    - der unternehmensindividuellen Historie. Die Ressourcenbasis entsteht im Laufe einer historischen Entwicklung, diese ist in sich einzigartig und damit auch nicht imitierbar. Gleichzeitig determinieren in der Vergangenheit getroffene Investitionsentscheidungen den Handlungsspielraum des Unternehmens in der Gegenwart und Zukunft. Je stärker der Imitationsschutz einer Ressource, desto geringer ist damit zugleich auch ihre Flexibilität.
    - dem Ausmaß der Interdependenzen zwischen Ressourcen. Eine solche Interdependenz liegt vor, wenn Ressourcen nur bei ihrem Zusammenwirken einen Wettbewerbsvorteil entstehen lassen. Dabei wirken sowohl „harte" als auch „weiche" Faktoren zusammen. Vor allem die „weichen" Faktoren sind von Konkurrenten nur schwer imitierbar.
    - der Unklarheit über Kausalzusammenhänge, d. h., wenn Wettbewerbsvorteile auf die kombinierte Nutzung mehrerer Ressourcen zurückzuführen sind und der Anteil jeder Ressource am Erfolg von außen nicht einsehbar ist. Wenn Ressourcenkombinationen nicht eindeutig identifizierbar sind, können sie auch nicht nachgeahmt werden.
    - zeitbasierten Kriterien. So können (kumulierte) Erfahrungsvorteile nicht ohne Weiteres unter Zeitdruck nachgeholt werden. Ein Vorsprung auf der Erfahrungskurve bietet aber die Basis für weitere Erfahrungseffekte. Auch ist der Wert der Ressourcen durch das Vorhandensein von Erfahrungseffekten leichter schützbar.

Wichtig ist zu bedenken, dass Inhalt der Kernkompetenz immer nur eine **Problemlösung** sein kann, keinesfalls jedoch ein Produkt. Denn Produkte unterliegen Lebenszyklen, und Kernkompetenzen, die an Produktarten festmachen, drohen mit dem Ende des Lebenszyklus der betreffenden Produktart unterzugehen. Doch Unternehmen müssen länger leben können als eine Produktart. Daher ist nur eine funktionale Bestimmung der Kernkompetenz akzeptabel, denn die wirtschaftsrelevanten Funktionen bleiben immer dieselben, lediglich die Produkte, die diese Funktionen erfüllen, wechseln im Laufe der Zeit. So wird es immer den Problemlösungsbedarf Raumüberbrückung geben, durch welche Produkte diese Funktion aber erfüllt wird, hat sich dauernd verändert und wird sich wohl auch zukünftig weiter ändern.

Dem Hersteller BROTHER war eine produktzentrierte Kernkompetenz in Form von Schreibmaschinen zueigen, in dem Maße, wie diese jedoch durch Textverarbeitung obsolet wurde, war auch die Kernkompetenz von BROTHER nicht mehr gefragt. BROTHER ist nunmehr im Wesentlichen ein mehr oder minder austauschbarer Anbieter von Computerdruckern. XEROX war ebenfalls eine produktzentrierte Kernkompetenz zueigen, nämlich in Form von Fotokopierern im Trockenkopierverfahren. Als diese jedoch nach Xerographie-Patentablauf unter heftigen Preis- und Leistungsdruck gerieten, rettete sich XEROX auf eine funktionszentrierte Kernkompetenz, nämlich die des Dokumentenmanagement. Dort kann man die fehlende Kernkompetenz der Auftraggeber kompensieren.

Die Konzentration auf die Kernkompetenz hat konsequenterweise zu erheblichen Desinvestitionen geführt. Dazu einige Beispiele:
- *Verkauf von STINNES durch VEBA (heute Viag), Verkauf von Halbleiter-Produktion (Infineon), Schienenfahrzeug- und Nachrichtenkabel-Aktivitäten durch SIEMENS, Verkauf von Adler-Bekleidungsmärkte, Vobis-Computershops, Kaufhalle und einzelnen Kaufhof-Filialen durch METRO, Verkauf von Celanese, Trevira und Herberts Lacke durch HOECHST (heute Aventis/Sanofi), Verkauf von Agfa durch BAYER, Verkauf der Stahlaktivitäten durch PREUSSAG (heute TUI), Verkauf von Haniel Logistic durch THYSSEN-KRUPP.*

1.3 Strategisches Geschäftsfeld

An sich richtig gedachte Maßnahmen können dennoch inadäquat sein, weil die Abgrenzung des strategischen Geschäftsfelds (relevanter Markt) unzweckmäßig erfolgt, diese Maßnahmen sich jedoch bei zweckmäßiger Abgrenzung anders darstellen. Levitt nennt als Beispiel die Sichtweise der amerikanischen Eisenbahngesellschaften Anfang des vorigen Jahrhunderts, die ihren relevanten Markt mit Transport auf Schienen umschrieben und dementsprechend alle ihre Maßnahmen darauf ausrichteten. Dabei übersahen sie völlig die aufkommende Konkurrenz der Fluggesellschaften, die, vor allem bei niedrigem Ladungsgewicht, für geringfügig höhere Kosten einen großen Zeitvorteil boten. Folglich hat die Bedeutung des Lufttransports im inneramerikanischen Verkehrswesen stetig zu- und die des Bahntransports stetig abgenommen. Eine zutreffende Marktabgrenzung hätte sich nicht auf den Transportweg Schiene beschränken dürfen, sondern hätte umfassender Transport als Serviceleistung definieren müssen. Dann hätte sowohl die Konkurrenz der Fluggesellschaften rechtzeitig erkannt als auch der Lufttransport für eigene Zwecke entsprechend genutzt werden können.

Allerdings ist die **Abgrenzung des relevanten Markts** eine der schwierigsten Aufgaben überhaupt. Dafür gibt es mehrere theoretische Konzepte. Insbesondere können ein-, zwei- und mehrdimensionale Abgrenzungen unterschieden werden. Diese unter-

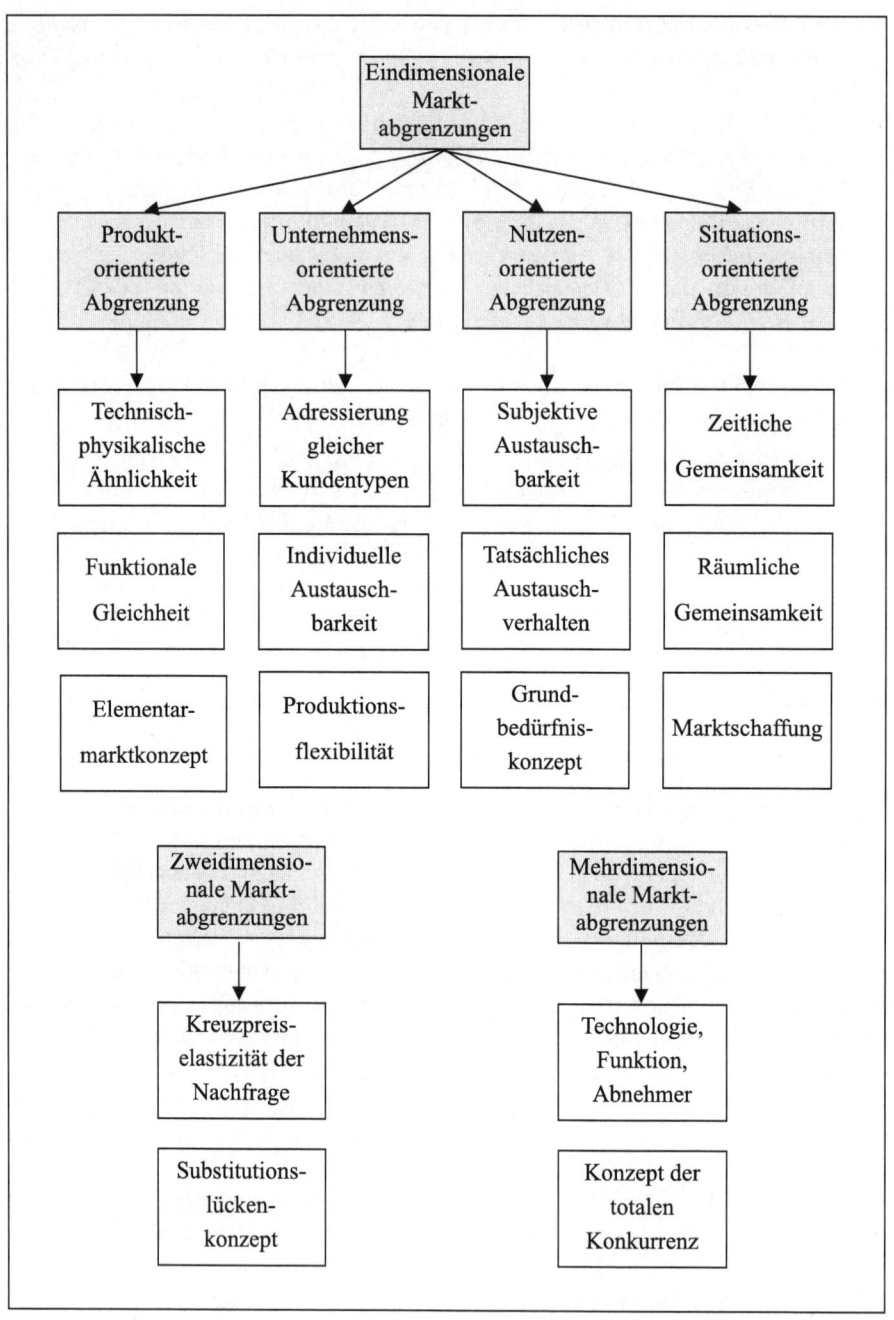

Abbildung 4: Konzepte zur Abgrenzung des relevanten Markts

teilen sich wiederum in viele Ansätze, letztlich bleibt jedoch festzustellen, dass ein überzeugendes, praxistaugliches Konzept zur Abgrenzung des relevanten Markts derzeit nicht vorliegt (siehe Abb. 4).

1.3.1 Eindimensionale Abgrenzung

Hierbei wird nur ein Kriterium zur Abgrenzung des relevanten Markts zugrunde gelegt. Dabei sind verschiedene Ansätze möglich:

- **Produktorientierte** Abgrenzung
Die produktorientierte Abgrenzung geht von der Produktphysis aus und versucht, darüber gemeinsame Markträume zu bestimmen. Hier gibt es im Wesentlichen drei Ansätze:

1. Der Ansatz der **technisch-physikalischen Ähnlichkeit** geht davon aus, dass Produkte, die technisch vergleichbar sind, also auf den selben oder ähnlichen physikalisch-chemischen Prinzipien beruhen, zum selben relevanten Markt gehören. Die Gemeinsamkeit wird also an faktischen Kriterien festgemacht wie Produktionstechnologie oder Rohstoffe. Dies ist freilich zu kurz gesprungen. So können Produkte, die auf denselben technisch-physikalischen Prinzipien beruhen, getrennten Märkten angehören (z. B. Drucker, Scanner, Fotokopierer, Fax) sowohl als auch Produkte, die auf unterschiedlichen technisch-physikalischen Prinzipien beruhen, zum selben Markt (z. B. LCD-Screens, LED-Screens, Plasma-Screens).

2. Der Ansatz der **funktionalen Gleichheit** hebt darauf ab, dass Produkte, welche die gleiche Funktion erfüllen, unabhängig von ihren technisch-physikalischen Prinzipien zum selben relevanten Markt gehören. Dies ist nachvollziehbar. So gehören Handrasenmäher, Elektrorasenmäher, Benzinrasenmäher und Aufsitzrasenmäher zu weiten Teilen durch ihre vergleichbare Funktionserfüllung derselben Arena an. Allerdings können Produkte, welche dieselben Funktion erfüllen, auch unterschiedlichen relevanten Märkten angehören. Zu denken ist etwa an Profihandwerker-Geräte einerseits und Hobbyisten-Geräte andererseits (wie Schlagbohrer, Hochdruckreiniger, Kettensäge etc.).

3. Das **Elementarmarktkonzept** geht davon aus, dass jedes Produkt ohnehin einen eigenständigen Markt etabliert. Es gibt demnach so viele relevante Märkte wie Produkte, jedes Produkt hat in seinem Marktgebiet eine Alleinstellung. Ausgangspunkt für diese Sichtweise ist, dass die Produkte heute sehr individualisiert ausgeprägt sein können und damit Unikatcharakter haben (maßgeschneiderte Produktion). Per Saldo wird damit jedoch die Existenz relevanter Märkte und existierender Konkurrenzbeziehungen dort geleugnet, eine Sichtweise, die letztlich wenig mit der Realität der Wirtschaft zu tun haben mag.

- **Unternehmensorientierte** Abgrenzung
Die unternehmensorientierte Abgrenzung geht von der Perspektive der Anbieter auf dem relevanten Markt aus. Dazu können im Wesentlichen drei Ansätze dienen:

1. Das Konzept der **Adressierung gleicher Kundentypen** behauptet, dass Angebote, die sich an die selbe Zielgruppe wenden, automatisch zum selben relevanten Markt gehören, unabhängig davon, um welche Produktarten es sich dabei jeweils handelt. Dies ergibt sich allein schon daraus, dass diese Angebote offensichtlich um dieselbe Kaufkraft konkurrieren. Allerdings gibt es Pflichtausgaben des Haushalts und Betriebs, die eine völlig andere Reaktion implizieren als Kannausgaben, die man tätigen kann oder eben auch nicht. Daher ist zu bezweifeln, dass beide identischen Marktgebieten angehören.

2. Bei der **individuellen Austauschbarkeit** werden alle Leistungen als zu einem gemeinsamen Markt gehörig angesehen, die Anbieter in ihrer Planung als konjektural verbunden berücksichtigen. Das heißt, jeder Anbieter definiert den relevanten Markt aus seiner Sicht. Dies führt allerdings zu wenig stabilen Ergebnissen. Vor allem ist fraglich, auf welchen Informationsgrundlagen diese Planungsentscheidung getroffen wird. Wenn es sich um produkt- oder nachfrageorientierte Daten handelt, stellt dieser Ansatz keinen eigenständigen dar, sofern es sich um autonome Anbieterdaten handelt, impliziert er eine Beliebigkeit.

3. Beim Konzept der **Produktionsflexibilität** werden alle Leistungen als verbunden betrachtet, die Hersteller aufgrund ihrer Facilitäten durch Umstellung ihrer Ressourcen herstellen können, unabhängig davon, ob sie diese auch tatsächlich herstellen oder nicht. Es reicht schon aus, dass Hersteller bei Bedarf dem Markt Leistungen bereitstellen könnten, denn das führt bereits dazu, dass andere Anbieter diese Möglichkeit in ihre Überlegungen einbeziehen. Grenzen entstehen aber vor allem in der tatsächlichen Durchführbarkeit solcher Produktionsflexibilitäten (Finanzmittel, Know-how, Vermarktung etc.).

- **Nutzenorientierte** Abgrenzung
Die nutzenorientierte Abgrenzung geht von der Sichtweise der Nachfrager an einem Markt aus. Auch dabei wird im Wesentlichen auf drei Ansätze zurückgegriffen:

1. Beim Konzept der **subjektiven Austauschbarkeit** manifestieren alle Leistungen, die von Zielgruppennachfragern in Bezug auf ihren Nutzen subjektiv als austauschbar beurteilt werden, ein gemeinsames Geschäftsfeld. Das Problem liegt jedoch darin, dass diese Austauschbarkeit interindividuell stark voneinander abweicht, d. h., der relevante Markt für jeden Nachfrager ein anderer und die Operationalität dadurch stark eingeschränkt ist. So schwören einige Hausfrauen darauf, dass Gasherde wesentlich besser sind als Ceranfelder, andere halten beide hingegen für austauschbar.

2. Das Konzept des **tatsächlichen Austauschverhaltens** versucht, die Indeminiertheit der subjektiven Austauschbarkeit aufzufangen, indem statt eines vagen, potenziellen, nur auf das faktische Austauschverhalten abgehoben wird. Als relevant ist das anzusehen, was in der konkreten Kaufsituation gemeinsam erwägt wird. Problematisch dabei ist, dass die Zugehörigkeit zu einer Arena erst in der

Transaktionssituation etabliert wird, also kaum bis keine planerischen Aktivitäten zulässt. Gerade darauf käme es im Zuge einer Strategie aber an. So ist unklar, ob ein Fahrrad etwa als Sportgerät, als Fortbewegungsmittel oder als Transportgefährt genutzt werden soll.

3. Das **Grundbedürfniskonzept** geht davon aus, dass alle Leistungen, die ein gleiches Grundbedürfnis befriedigen, einen gemeinsamen Markt konstituieren. Fraglich ist jedoch, was als Grundbedürfnis genau zu verstehen ist. Handelt es sich um generische Bedarfe (wie Durst), entsteht eine sehr weite Marktabgrenzung, je spezifischer aber die Bedarfe, desto weniger nehmen diese Grundbedürfnischarakter ein. Zudem bestehen interpersonelle Abweichungen über Grundbedürfnisse, so ist für den einen Individualmobilität ein Grundbedürfnis für den anderen jedoch nicht, der aber vielleicht dafür Tabakkonsum als Grundbedürfnis ansieht.

- **Situationsorientierte** Abgrenzung
Die situationsorientierte Abgrenzung macht die Zugehörigkeit zu einem gemeinsamen relevanten Markt von fallweise Faktoren abhängig. Auch dabei ist im Wesentlichen an drei Ansätze zu denken:

1. Bei der **zeitlichen** Gemeinsamkeit werden solche Marktangebote als zum selben relevanten Markt gehörig definiert, die zum Zeitpunkt einer Bedarfsentstehung verfügbar sind. Dies mag besonders für Spontankäufe gelten, hier fällt die Kaufentscheidung unter den gerade zum Kaufimpuls vorhandenen Angeboten. Andere Angebote können hingegen allein schon deshalb nicht berücksichtigt werden. Jedoch kann die Bedarfsbefriedigung durchaus aufgeschoben werden, wodurch sich zu einem anderen Zeitpunkt auch der relevante Markt gänzlich anders darstellt. Dies bedeutet aber eine erhebliche Inderminiertheit des Ergebnisses.

2. Bei der **räumlichen** Gemeinsamkeit werden solche Marktangebote als zum selben relevanten Markt gehörig definiert, die am selben Ort angeboten werden. Denn nur für diese besteht in der konkreten Wahlsituation auch Verfügbarkeit. Dies trifft etwa auf die Einkaufssituation in einem Ladengeschaft zu. Die Wahl kann dort nur unter solchen Artikeln getroffen werden, die im Geschäft distribuiert sind. Die Verfügbarkeit am POS ist dann ausschlaggebend für die Auswahl. Angesichts virtueller Marktangebote ist diese Limitation aber immer weniger von Bedeutung. Durch IuK werden Angebote vielmehr vergleichbar, die an gänzlich unterschiedlichen Orten verfügbar sind.

3. Im Zuge der **Marktschaffung** entsteht erst ein relevanter Markt. Bisher wurde davon ausgegangen, dass es sich um die Konfiguration bestehender Marktangebote handelt, die zueinander in mehr oder minder enger Verbundbeziehung stehen. Selten kommt es jedoch infolge von Durchbruchsinnovationen zur Bildung eines neuen relevanten Markts, der zusätzlich zu bestehenden entsteht (z. B. Kaffeepad-Automat, Mobiltelefon, Post-Notizzettel). Dann entstehen erst im Laufe der Zeit durch Folger und Nachahmer weitere Marktteilnehmer. Bei

Marktschaffung besteht auch keine Verdrängung bestehender Angebote, weil diese Produkte zusätzlich zu diesen angeschafft werden (also Mehrportionen-Kaffeeautomat, Festnetztelefon, herkömmliche Notizzettel).

1.3.2 Zweidimensionale Abgrenzung

Der zweidimensionale Ansatz setzt neben dem angebotenen Produkt am bearbeiteten Markt an. Dafür wird die **Kreuzpreiselastizität der Nachfrage** zu Grunde gelegt, also die Veränderung der Nachfrage nach einem Angebot bei Veränderung des Preises für ein anderes. Positive Werte indizieren die Zugehörigkeit zu einem relevanten Markt. Das heißt, Güter, die sich jeweils paarweise Nachfrager abziehen, wenn ihr Preis steigt (und umgekehrt), bilden einen gemeinsamen Markt.

$$\text{Kreuzpreiselastizität } (n) = \frac{\dfrac{\text{relative Änderung des Absatzes des Gutes B } (dx_B)}{\text{Ausgangsabsatz des Gutes B } (x_B)}}{\dfrac{\text{relative Änderung des Preises des Gutes A } (dp_A)}{\text{Ausgangspreis des Gutes A } (p_A)}}$$

alternativ:

$$n = \frac{\text{rel. Änderung des Absatzes des Gutes B } (dx_B)}{\text{rel. Änderung des Preises des Gutes A } (dp_A)} \times \frac{\text{Ausgangspreis des Gutes A } (p_A)}{\text{Ausgangsabsatz des Gutes B } (x_B)}$$

Allerdings ist das Wechselverhalten der Nachfrager ein komplexes Ergebnis mehrerer, häufig gegenläufig wirkender und interagierender Parameter der Anbieter beider Güter und nicht nur Folge bloßer Preisveränderungen. Nachfrageänderungen rühren auch von Maßnahmen anderer Wettbewerber her und nicht immer nur von denen des betrachteten Konkurrenten. Außerdem kann Substitution nur bei Kaufaktivität gemessen werden und bedingt die Vorabbestimmung relevanter Güterpaare. Die Gründe der Austauschbarkeit werden dabei nicht sichtbar. Auch bedingt der Einkommenseffekt einer Preisänderung Verzerrungen.

Ähnlich bilden nach dem **Substitutionslückenkonzept** (Robinson) einheitliche Märkte den Ausgangspunkt, deren Verbindungsdichte in Netzen durch Kreuzpreiselastizitäten der Nachfrage festgestellt werden kann. Man spricht in diesem Zusammenhang auch von vertikaler, also auf den gleichen Bedarf gerichteter Bedürfniskonkurrenz. Als Problem stellen sich jedoch die faktische Messung dieser gleichartigen Bedürfnisse und die ausschließlich nachfrageorientierte Sichtweise, die dem potenziellen, also noch nicht marktwirksamen, Wettbewerb nicht gerecht wird, dar. Zudem können Güter diesseits und jenseits einer Grenze zwischen zwei Märkten einander näher stehen als zu ihren jeweiligen Marktmitten. Güter können zudem auf verschiedenen Abstraktionsebenen definiert werden, was die Marktgröße beeinflusst.

1.3.3 Mehrdimensionale Abgrenzung

Der mehrdimensionale Ansatz legt drei und mehr Kriterien gemeinsam zur Abgrenzung des relevanten Marktes zugrunde. Im Wesentlichen können dabei der dreidimensionale Ansatz nach Abell und der vieldimensionale Ansatz nach von Stackelberg unterschieden werden.

Der Ansatz von **Technologie, Funktionserfüllung, Abnehmergruppe** berücksichtigt neben angebotener Leistung und bearbeitetem Markt noch die dafür verwendete Technologie. Insofern bestimmt sich ein strategisches Geschäftsfeld dann aus der Kombination von Technologie (Wie?, Alternative technologies), Funktionserfüllung (Was?, Customer functions) und Abnehmergruppe (Wer?, Customer groups). Als Kritik zu diesem, häufig als beste Lösung angesehenen Konzept von Abell, ist jedoch zu äußern, dass es zu grob gegliedert ist.

Ein einfaches Beispiel erläutert die Problematik der Ergebnisse. Legt man den dreidimensionalen Ansatz zur Marktabgrenzung zu Grunde, so gehören (normale) Handzahnbürsten und elektrische Zahnbürsten zu unterschiedlichen relevanten Märkten, denn sie unterscheiden sich zweifelsfrei hinsichtlich des Kriteriums Technologie (manuell vs. elektrisch). Es dürfte jedoch ebenso zweifelsfrei sein, dass beide Produkte tatsächlich in substitutivem Verhältnis zueinander stehen, also dem gleichen Markt zuzurechnen sind, denn eine Zahnreinigung (Funktionserfüllung) einer Person (Abnehmergruppe) kann alternativ entweder manuell oder elektrisch erfolgen. Insofern kommt es zu einer unzutreffenden Marktabgrenzung.

Der Ansatz der **totalen Konkurrenz** unterstellt, dass alle Güter, die zum Bedarf einer generell definierten Nachfragerschaft (Haushalte, Produktionswirtschaften) gehören, im Wettbewerb um die Kaufkraft dieser Nachfrager stehen und damit einen gemeinsamen Gesamtmarkt bilden. Dieses Konzept reicht am Weitesten und geht davon aus, dass die Kaufkraft der Wirtschaftssubjekte absolut limitiert ist. Daher treten auch Angebote, die gänzlich unterschiedlichen Märkten angehören, in kompetitive Beziehungen zueinander (z. B. Urlaubsreise und Autokauf, Küchenmöbel und Schmuckwaren). Damit ist die Aussagefähigkeit aber wieder limitiert. Weiterhin hat jeder Nachfrager andere Bedarfe und deshalb auch einen anderen Totalmarkt. Im Ergebnis führt dies zudem zu einer sehr weiten, damit letztlich unpraktikablen Abgrenzung.

Mangels einer systematisch-analytisch tragfähigen Lösung muss die Marktabgrenzung daher pragmatisch erfolgen. Dabei kann man sich dem komplexen Problem der Bestimmung des strategischen Geschäftsfelds hilfsweise wie folgt nähern:

- Ausgangspunkt ist die totale Konkurrenz, d. h., jedes Produkt steht mit allen anderen im Wettbewerb um Kaufkraft, dies ist aber zur Abgrenzung inoperational. Daher ist die Bildung von Bedarfsgruppen bei Nachfragern sinnvoll, jede

Bedarfsgruppe wird von diesen zu einem jeweils gewünschten Minimum befriedigt, bei überstehender Kaufkraft erfolgt die Wahl innerhalb der Bedarfsgruppe. Dies ist dann die Obergrenze des Markts. Die Untergrenze sind alle objektiv gleichartigen Wettbewerbsangebote. Dazwischen liegt das von einem Unternehmen zu bearbeitende strategische Geschäftsfeld (SGF).

Als generelle Empfehlung ergibt sich jedoch die Tendenz zu einer eher weiten Abgrenzung von Märkten. Tatsächlich bestehen zudem Marktketten strategischer Geschäftsfelder, die zu strategischen Gruppen führen.

1.4 Strategische Gruppe

Die Gesamtheit der Marktanbieter lässt sich in Gruppen einteilen, die aus mehreren Unternehmen bestehen, die gleiche oder stark ähnliche Ausgangssituationen in Bezug auf wettbewerbsrelevante Faktoren aufweisen. Man bezeichnet dies als Kohorte, d. h., Einheiten, die ein gleiches Schicksal im Zeitablauf teilen. **Eine strategische Gruppe ist dabei eine Mehrzahl von Unternehmen in einem gemeinsamen Markt, die untereinander homogener sind als von Gruppe zu Gruppe.**

Denn Wettbewerb herrscht nicht nur zwischen unterschiedlichen Branchen und Unternehmen, sondern auch zwischen unterschiedlichen strategischen Gruppen. Dabei existieren normalerweise mehrere strategische Gruppen nebeneinander an einem relevanten Markt, es können aber auch alle Wettbewerber einer gemeinsamen strategischen Gruppe angehören (homogene Konkurrenz), oder aber jeder Wettbewerber bildet seine eigene strategische Gruppe (monopolistische Konkurrenz). Die Ähnlichkeit der Angehörigen einer Gruppe ist abgeleitet aus relevanten Variablen wie der vertikalen Integration, der Kostenstruktur, der Produktpalette, den FuE-Aktivitäten, den Aktivitätsgebieten, den Vertriebskanälen etc.

Im Kfz-Markt handelt es sich in Bezug auf das automobile Programm z. B. um:
- *deutsche Standardhersteller (OPEL, FORD, VOLKSWAGEN),*
- *deutsche gehobene Hersteller (AUDI, BMW, MERCEDES-BENZ),*
- *europäische Importeure (FIAT, PEUGEOT, RENAULT),*
- *japanische Importeure (NISSAN, TOYOTA, MAZDA, MITSUBISHI, HONDA),*
- *„Exoten" (ALFA, LANCIA, SAAB, VOLVO),*
- *Luxuskarossen-Hersteller (LEXUS, JAGUAR, PORSCHE),*
- *Unterklasse-Anbieter (SUZUKI, HYUNDAI, KIA, DAEWOO, SKODA, SEAT).*

Das Konzept kann in drei Richtungen präzisiert werden:

- Zunächst hinsichtlich der **allgemeinen Branchenstruktur**, d. h., der Analyse branchenweiter Strukturelemente, welche die Stärke der fünf Wettbewerbskräfte bestimmen und alle konkurrierenden Unternehmen betreffen, z. B. Wachstumsrate der Marktnachfrage, Potenzial zur Produktdifferenzierung, Struktur der Zulieferbranche.
- Weiter nach der **Analyse der einzelnen strategischen Gruppen**, die sich daraus ergeben und durch Merkmale wie Höhe der Markteintrittsbarrieren, welche eine strategische Gruppe schützen, Verhandlungsstärke der strategischen Gruppe gegenüber Kunden/Lieferanten, Verwundbarkeit der strategischen Gruppe für Ersatzprodukte und Ausmaß, in dem die strategische Gruppe der Rivalität durch andere ausgesetzt ist.
- Und schließlich nach der **Analyse der Position einzelner Unternehmen** innerhalb der strategischen Gruppe, die vom Wettbewerbsgrad innerhalb der Gruppe, von der Größe eines Unternehmens im Vergleich zu anderen innerhalb seiner Gruppe, von den Kosten des Eintritts in die Gruppe und der Umsetzbarkeit der Strategie in operative Ergebnisse abhängt.

Ähnlich wie es Marktbarrieren zwischen einzelnen Branchen gibt, die einen beliebigen Ein- und Ausstieg in bzw. aus Märkten behindern, gibt es Mobilitätsbarrieren innerhalb einer Branche, die einen Wechsel von Gruppe zu Gruppe behindern, wenngleich nicht ganz verunmöglichen. Die Wettbewerbsintensität in einer Branche ist um so größer, je höher die Anzahl der Gruppen einer Branche und je geringer die Größenunterschiede der Anbieter innerhalb einer Gruppe sind. Gruppen sind in steter Entwicklung begriffen, ruhen also keineswegs passiv in sich, sondern bewegen sich aufeinander zu oder voneinander weg. Die Rentabilität eines Anbieters ist hoch bei starker Position innerhalb seiner Gruppe und hohen Mobilitätsbarrieren zwischen den Gruppen. Für beteiligte Unternehmen ergeben sich daraus die Optionen des Aufbaus einer neuen strategischen Gruppe, des Abbaus von Mobilitätsbarrieren zum Wechsel in eine günstigere strategische Gruppe oder des Aufbaus von Mobilitätsbarrieren zur Verhinderung des Zustoßens neuer Mitglieder zu einer günstigeren strategischen Gruppe.

Stärkend für eine strategische Gruppe sind allgemein alle Faktoren, die Mobilitätsbarrieren aufbauen und dadurch die Gruppe schützen, weiterhin Faktoren, welche die Verhandlungsstärke der Gruppe gegenüber den Marktpartnern erhöhen und Faktoren, die eine Gruppe von der Rivalität anderer Unternehmen abschirmen. Für ein einzelnes Unternehmen ist eine überlegene Größe gegenüber den anderen Mitgliedern der Gruppe hilfreich, ebenso alle Faktoren, die es ihm erlauben, zu geringeren Kosten in die anvisierte Gruppe einzutreten als in andere. Dazu gehört auch die Fähigkeit, seine Strategie gegen Wettbewerber durchzusetzen und Mobilitätsbarrieren zu überwinden, um in eine noch attraktivere Gruppe einzutreten. Schwächend hingegen sind alle Faktoren, die Mobilitätsbarrieren abbauen und dadurch den Schutz der strategischen Gruppe verringern, weiterhin solche, welche die Verhandlungsstärke der Gruppe gegenüber Marktpartnern vermindern und eine Gruppe der Rivalität anderer Unternehmen aussetzen. Für ein einzelnes Unternehmen ist eine unterlegene Größe gegenüber den anderen Mitgliedern der Gruppe hinderlich, sowie alle Faktoren, die ihm den Eintritt in die anvisierte Gruppe nur zu höheren Kosten erlauben als anderen. Dazu gehört auch die mangelnde Durchsetzbarkeit seiner Strategie gegen Wettbewerber sowie der Mangel an Mitteln und Fähigkeiten zur Überwindung von Mobilitätsbarrieren, um in eine noch attraktivere strategische Gruppe eintreten zu können.

Für das strategische Verhalten ergeben sich daraus folgende Möglichkeiten:

- Scheinen die Strategischen Gruppen nicht oder nur schwer veränderbar, bleibt als Option die Anstrebung der komparativen **Dominanz** innerhalb der eigenen Strategischen Gruppe, um die Überlebensfähigkeit bestmöglich zu sichern.
  Das Nachrichtenmagazin DER SPIEGEL wies lange Berichte mit schwarzweiß Redaktion und ideologisch vorgeprägten Inhalten auf, d. h., es wurden nicht nur die Fakten dargestellt, sondern dem Leser zugleich auch eine bestimmte Meinung, die er dazu haben sollte, suggeriert. In der Zeit vor FOCUS waren bereits diverse Angriffe auf Der Spiegel gescheitert. Burda hatte mit Helmut Markwort die Idee, eine spezifische Zielgruppe anzusprechen, und zwar gut ausgebildete Personen mit wenig Zeit, die sich dennoch über alle aktuellen Vorgänge informieren wollen (Info-Elite). Ihnen sollte eine interessante Aufmachung (vierfarbig) geboten werden, zudem kurze Artikel, die sich auf die wesentlichen Daten und Fakten beschränken und durch instruktive Grafiken unterlegt sind. Dabei sollte die Darstellung auf die Fakten beschränkt bleiben, denn den Lesern wurde zugetraut, sich selbst eine Meinung bilden zu können. Dieses Konzept wurde ab 1991 ein Riesenerfolg und führte zur Dominanz innerhalb der Gruppe meinungsbildender Magazine.

- Scheint eine Dominanz innerhalb der eigenen Strategischen Gruppe nicht oder nur schwer erreichbar, so ergibt sich die Option zum **Wechsel** aus der eigenen in eine als vorteilhafter angesehene andere Strategische Gruppe.
  Die strategische Neuausrichtung der DOUGLAS AG hatte 1969 aus einer Notlage heraus begonnen. Das Geschäft war wenig profitabel, und die Verluste drohten bis Ende der 1970er Jahre, das Eigenkapital des Unternehmens aufzuzehren. Es musste also etwas geschehen. Man trennte sich vom seitherigen Hauptumsatzträger Lebensmittel. Die aus dem Verkauf gewonnenen Geldmittel wurden in Branchen gelenkt, von denen eine langfristige Existenzsicherung eher zu erwarten war. Heute versteht die Douglas AG sich als „Lifestyle"-Gruppe im europäischen Einzelhandel.

Wichtigstes Geschäftsfeld der Gruppe ist die Parfümeriekette Douglas, die Nr. 1 unter den europäischen Parfümerien. Man hatte nach einer Branche gesucht, in der man schnell Marktführer werden konnte. Aufgrund des großen Erfolgs dieser Sparte wurde 1989 die gesamte Gruppe in Douglas Holding AG umfirmiert. Seit 1997 setzt Douglas in Deutschland verstärkt auf das Konzept großflächiger Parfümerien (House of Beauty), das den Kunden/innen eine großzügigere Kaufatmosphäre bieten soll. Schwerpunkt der geschäftlichen Expansion ist das europäische Ausland. Der Auslandsumsatzanteil der Parfümerien beträgt über 35 %.

Lange Zeit waren die Drogeriemärkte das zweitstärkste Geschäftsfeld der Douglas Holding AG. 1974 als Drogeriemarkt Fuchs GmbH gegründet, erzielte der Geschäftsbereich Drogerie vor allem nach der Wiedervereinigung Anfang der 1990er Jahre enorme Umsatzzuwächse. Anfang 2000 wurde dieser Geschäftsbereich jedoch an die „Ihr Platz"-Gruppe verkauft und damit aufgelöst.

1979 erwarb die Douglas-Gruppe eine 66 %-Beteiligung an der Uhren-Weiss GmbH und erschloss sich damit ein neues Geschäftsfeld: Schmuck. Douglas übernahm 1995 schrittweise die Christ Holding GmbH. Heute ist Christ nach Umsatz und Filialzahl der größte Juwelier in Deutschland. Zielgruppe ist die Kundschaft der gehobenen Mitte.

Ein weiteres wichtiges Geschäftsfeld ist der Bereich Bücher. In den Buchhandel war die damalige Hussel-Gruppe durch eine Beteiligung an Montanus eingestiegen. 2000 kam die renommierte Thalia-Buchhandelskette hinzu, wodurch dieser Geschäftsbereich der größte in Deutschland ist. Es folgte 2002 der Zusammenschluss der Phönix/Montanus- und Thalia-Buchhandlungen unter der Dachmarke Thalia (mit 4 % Marktanteil). Das Konzept sieht vor allem großflächige Buchhandlungen mit über 3000 qm vor. Auch im Internet-Buchhandel ist die Douglas-Holding AG durch buch.de als zweitgrößter Anbieter im deutschsprachigen Raum (GAS) vertreten.

Schließlich ist auch das Segment Mode/Sport ein sehr wichtiges. Dieser Bereich expandiert seit 1990. Den größten Umsatzbeitrag liefert Appelrath-Cüpper, das in der Damenoberbekleidung tätig ist. 1998 kam eine 50 %ige Beteiligung an der Pohland GmbH hinzu. Dort sollen verstärkt Mega-Stores betrieben werden, in denen mehrere Filialgeschäfte aus verschiedenen Geschäftsbereichen des Konzerns unter einem Dach zusammengefasst sind.

Die Douglas-Gruppe hat sich in den letzten Jahrzehnten so von einem mittelständischen Unternehmen zu einem internationalen Handelskonzern entwickelt. Dass dieser Wechsel trotz aller Veränderungen gelang, ist einem Fundament an gemeinsamer Unternehmenskultur zu verdanken, die den Beschäftigten eine verbindliche Richtschnur für ihr tägliches Handeln, aber auch darüber hinaus, gibt. Leitlinien dieses Verständnisses sind gemeinsame Unternehmenswerte, die sich auf Kunden, Mitarbeiter, Ziele, Zukunftsgestaltung und Leistung beziehen.

Diese Gruppe besteht derzeit aus fünf Geschäftsbereichen. Die Douglas-Parfümerien haben ihre europäische Marktführerschaft in den letzten Jahren weiter ausgebaut. Durch ein hohes Service- und Kompetenzniveau versteht sich Douglas zudem als Qualitätsführer in Europa.

- Scheint weder eine Dominanz innerhalb der eigenen noch ein Wechsel in eine vorteilhaftere andere Strategische Gruppe realisierbar, bleibt immer noch die Option der **Gründung** einer neuen Strategischen Gruppe.

    STARBUCKS ist Weltmarktführer im Kaffeehaus-Bereich, indem es eine innovative Form von Kaffeehaus etablierte und sich damit von allen vergleichbaren Formen absetzte. Das Geschäftsmodell basiert auf vier Säulen: Kaffee, Coffee House, Service und Engagement. Kaffee ist der zentrale Baustein der Markenphilosophie. Das Kaffee-Sortiment besteht aus drei Geschmacksrichtungen, aus denen an die 2.000 Kaffeevariationen kombiniert werden können, wobei Mischungen dafür sorgen, dass das Endergebnis häufig wenig mit Kaffee im sortenreinen Sinne gemein hat, sondern mehr mit Aroma- und Genusserlebnis. Der zweite Baustein ist das Coffee House. Es ist nach Starbucks-Philosophie der „Third Place", neben Zuhause und Arbeitsplatz und soll Gemütlichkeit und entspannte Atmosphäre für den Kaffee-Genuss bieten. Dazu tragen behagliche Einrichtungen in verschiedenen Konzeptgrößen bei. Als dritter Baustein ist der Service total kundenorientiert ausgerichtet. Dies drückt sich in Leidenschaft und Wissen um das Produkt sowie individueller Bedienung aus. Die Mitarbeiter sind so Führer in die Welt des Kaffeegenusses. Und als vierter Baustein ist das ökologische und soziale Engagement von Bedeutung, das sich in zahlreichen Aktivitäten ausdrückt, die von kontrolliertem Anbau über Förderung karitativer Einrichtungen bis zum Recycling gehen. Diese Elemente gemeinsam haben dazu geführt, dass Starbucks eine neue Strategische Gruppe begründet hat, an der viele Nachahmer zu partizipieren trachten.

1.5 Strategische Geschäftseinheit

Nach der außenbezogenen Abgrenzung der Produkt-Markt-Kombination (SGF) ist innerhalb des Unternehmens eine organisatorische Abgrenzung der Strategischen Geschäftseinheit (SGE) erforderlich. Die planerische Arbeit bedingt eine Zergliederung des Unternehmens in solche strategisch relevanten Planungseinheiten. Erst danach können gezielt Strategien formuliert werden.

Strategische Überlegungen betreffen nur im Ausnahmefall des Einprodukt-Unternehmens das Unternehmen als Ganzes, ansonsten sind Unternehmensteile als Strategische Geschäftseinheiten unterschiedlich betroffen. Dieser abstrakte Begriff wird gewählt, um deutlich zu machen, dass es sich dabei um durchaus verschiedenartige Größen handeln kann, etwa um Produkte oder Produktgruppen, Kunden oder Kundengruppen, Marktsegmente oder Teilmärkte, Gebiete oder Regionen, Betriebsteile oder Divisions. Praktisch handelt es sich meist um Produktgruppen. Um die Betrachtung aber nicht von vornherein zu verengen, wird hier die allgemeine Formulierung der SGE übernommen. Unter SGEs sind also zumeist Produkt-Markt-Kombinationen zu verstehen, die nachfolgenden Kriterien gehorchen.

Die SGE hat eine eigenständige, strategische Marktaufgabe, die unabhängig von der Marktaufgabe anderer SGEs ist, d. h., jede SGE bedient ein klar definiertes Abnehmerproblem und hat die Kompetenz, intern und extern relativ autonom zu agieren, um dessen Chancen durch Lösungsangebote auszunutzen.

Es handelt sich um einen externen Markt, d. h., es geht um verkaufsbestimmte und nicht nur innerbetriebliche Vorleistungen. Insofern sind interne Leistungsstellen nicht SGE-fähig, was zuweilen zu Problemen der Leistungsverrechnung bei vertikal stark integrierten Unternehmen führt, wo Leistungen von internen Stellen zu SGEs fließen, aber auch von SGEs zu internen Stellen oder von SGEs zu SGEs. Dann sind u. a. Verrechnungspreise erforderlich.

Die SGE ist auf einen Beitrag zur Lösung gesellschaftlich relevanter Probleme als Marktaufgabe ausgerichtet. Allerdings ist strittig, inwiefern Unternehmen überhaupt gesellschaftliche Aspekte abdecken können, oder sich nur auf ihren betriebswirtschaftlichen Verantwortungsbereich konzentrieren sollen. Dies wird etwa im Rahmen der Ethikdiskussion in der Betriebswirtschaftslehre kontrovers gesehen.

Die SGE hat eine eindeutig identifizierbare Konstellation von Konkurrenzunternehmen, d. h., auf diesem Markt sind antinomische Zielsetzungen gegeben, die den eigenen Markterfolg beeinträchtigen, wobei sich die einzelne SGE deutlich von diesem Mitbewerb abhebt und gegenüber diesem auch wettbewerbsfähig ist.

Die SGE ist ein effizienter Wettbewerber im betreffenden Marktsegment oder kann es werden. Das Potenzial der SGE muss es möglich und notwendig machen, für die Erreichung komparativer Wettbewerbsvorteile eigenständige Ziele, Strategien und Programme zu erarbeiten.

Weiterhin besteht ein klar abgrenzbares, strategisches Erfolgspotenzial durch eigene Chancen, das sich nicht mit dem anderer SGEs überschneidet, d. h., der Markterfolg muss durch strategische Maßnahmen steuerbar und damit einer SGE direkt zurechenbar und diese von rentabler Größe sein. Wird eine Organisationseinheit zu einer SGE, ist sie für die strategische Planung verantwortlich, wird eine Organisationseinheit Teil einer SGE, ist Erstere nur für die operative (Durchführungs-)Planung zuständig. Die strategische Planung obliegt dann der Organisationseinheit, die der SGE übergeordnet ist.

Diese Abgrenzung ist während einer mehrperiodischen Analyse stabil und lässt die Unabhängigkeit der Entscheidung gegenüber anderen SGEs und der Unternehmensleitung zu. Dies stößt angesichts immer kürzerer Marktzyklen allerdings auf Probleme. Daher empfiehlt es sich, SGEs weniger von der Produkt- als von der Marktseite her zu definieren, also nicht hinsichtlich der Art der Produkte, die sie anbieten, sondern hinsichtlich der Bedürfnisse, die sie bei Abnehmern befriedigen. Denn diese sind wesentlich stabiler.

Es gibt klar abgegrenzte, rechnungsmäßig direkt zurechenbare Kosten und Leistungseinheiten, denn wenn sowohl Aufwendungen als auch Erträge zurechenbar sind, handelt es sich um ein selbstständiges Teilunternehmen innerhalb eines Dachunternehmens mit eigener Erfolgsverantwortung.

Es bestehen heterogene Tätigkeitsfelder, d. h., es soll nur eine SGE je Produkt-Markt-Kombination tätig werden, und zwar diejenige, die einerseits jeweils möglichst komparative Wettbewerbsvorteile genießt und andererseits intern eine hohe Homogenität der Angebote gewährleistet.

Schließlich sind Führungseffizienz und organisatorische Durchsetzbarkeit gegeben, um als operative Einheit ein selbstständiges Planungsobjekt darstellen zu können. Dies bedingt eine hinreichende Größe und Stabilität der SGEs, sodass relevante Entscheidungen durchgesetzt werden und sie intern und extern hinreichend autonom agieren können. Jede SGE muss von einer Führungskraft geleitet werden, die in der Lage ist, die für den Erfolg ihrer Produkt-Markt-Kombination erforderlichen Entscheidungen zu treffen und Kontrollmaßnahmen einzuleiten. Sie muss über Technologie, Produktion, Marketing, Finanzen etc. im Rahmen genehmigter Pläne entscheiden und kurz- und langfristige Ziele ausbalancieren können.

SGEs werden ohne Rücksicht auf die Organisationsstruktur festgelegt und stimmen daher nur zufällig mit einer Organisationseinheit überein. Sie gehorchen dabei nur dem Gesichtspunkt der Zweckmäßigkeit. Es ergibt sich somit eine sekundäre, duale Organisationsstruktur. Denkbar sind etwa eine Dimension nach Produktlinien und eine andere nach Marktregionen. Möglichkeiten sind dabei folgende:

- die Gliederung einer SGE deckt sich mit der Gliederung in organisatorische Einheiten,
- mehrere organisatorische Einheiten bilden zusammen eine gemeinsame SGE,
- eine organisatorische Einheit wird in mehrere SGEs unterteilt,
- Teile mehrerer organisatorischer Einheiten bilden zusammen eine SGE.

Die DEUTSCHE BAHN gliedert ihre Strategischen Geschäftseinheiten nach:
- *DB Bahn für Fernverkehr, DB Bahn Regio für Nahverkehr, DB Bahn für Stadtverkehr, DB Schenker für Gütertransport auf Schienen, DB Schenker Logistics für allgemeinen Gütertransport und DB Dienstleistungen.*

BERTELSMANN gliedert seine Strategischen Geschäftseinheiten nach:
- *RTL Group (Fernsehen/Hörfunk), RANDOM House (Buchverlage), GRUNER&JAHR (Zeitschriften/Zeitungen), ARVATO (Druck-/Medien-Dienstleistungen), BMG (Musiklabel/-verlag) und DIRECT Group (Buch-/Musikclubs).*

Die DEUTSCHE LUFTHANSA AG etwa gliedert ihre Strategischen Geschäftseinheiten wie folgt:
- *Passage (Personen), Logistik (Fracht), Technik (Wartung), Catering, Touristik, IT-Services.*

Die SIEMENS AG gliedert sich in folgende SGEs:
- *Information and Communications, Automation and Control, Power, Transportation, Medical, Lighting, Finances and Real Estate.*

Die BASF AG gliedert sich in folgende SGE's:
- *Pflanzenschutz und Ernährung, Öl und Gas, Veredelungsprodukte, Chemikalien, Kunststoffe und Fasern.*

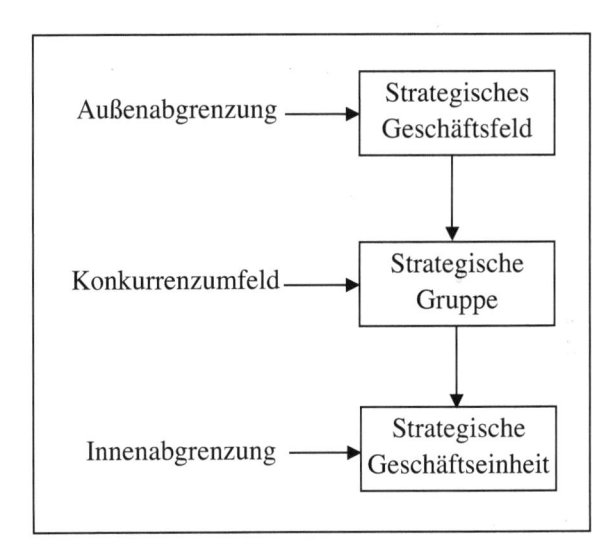

Abbildung 5: Abgrenzung Strategisches Geschäftsfeld, Strategische Gruppe, Strategische Geschäftseinheit

Die EON AG gliedert sich in folgende SGE's:
- *Energie (Preussenelektra, Bayernwerk, Veba Oel), Chemie (Degussa-Hüls, SKW Trostberg), Dienstleistungen (Viag Intercom, E-Plus, Viterra, Stinnes,*

Klöckner&Co), Industrie (Schmalbach-Lubeca, Gerresheimer Glas, VAW Aluminium, Veba Electronics, MEMC).

Die THYSSEN-KRUPP AG gliedert sich in folgende SGEs:
- *Stahl, Rostfreier Stahl, Technologie, Aufzüge, Services.*

Durch die Gliederung in SGEs wird die ursprüngliche Organisationsstruktur nicht aufgehoben. Die Gliederung in SGEs ist nur eine vorläufige und die Abgrenzung als iterativer Prozess anzusehen, d. h., die Definition der SGEs ist laufend zu überprüfen und dem Wandel der Umfeldfaktoren anzupassen. Für den Fall, dass ein Unternehmen mehrere SGEs definiert, ist für jede von ihnen eine eigene Strategie und daraus folgend ein eigener Maßnahmenplan zu erarbeiten. Grundlage sind jeweils spezifische Produkt-Markt-Kombinationen, die als abgrenzbare Organisationseinheiten aus der Zerlegung des gesamten unternehmerischen Tätigkeitsfelds entstehen (siehe Abb. 5).

2. Zielsystem

Im Folgenden werden wesentliche Elemente zur Bestimmung einer geeigneten Strategie dargestellt und bewertet. Dabei wird der ZIS-Ansatz verfolgt, d. h., zuerst sind die Ziele (Z) erforderlich, dann kommt die Ist-Analyse (I) und daraus folgt die Strategie (S) ab. Ziele sind, ganz allgemein definiert, **gewünschte Zustände** der Zukunft. Sie verbinden die Ergebnisse der Analyse zur Ist-Situation mit den Strategien zur geplanten Erreichung der Ziel-Situation. Das Ziel ist dabei die „Destination", die Strategie die „Route" zur Zielerreichung.

2.1 Materielle Zieldimensionen

2.1.1 Entrepreneurial vision

Die Ziele leiten sich im Rahmen einer konsistenten Zielpyramide ab, an deren Spitze die Vision steht (siehe Abb. 6). Sie ist die übergeordnete und wirtschaftlich noch nicht konkretisierte Vorstellung von der Gestaltung der Zukunft, die der/die Unternehmer/in hat. Die Vision ist immer ideell, d. h., es geht nicht allein um das Geldverdienen, sondern um die Erreichung allgemeinerer Zwecke. Allerdings geht diese Vision häufig bei Ausscheiden der Gründer aus dem Unternehmen verloren und wird durch rein materielle Orientierungen nachfolgender Managergenerationen ersetzt und nach und nach sinnentleert. Dadurch mangelt es häufig an der sinnstiftenden Orientierung der Mitarbeiter.

Welche außerordentliche Stärke von einer nachhaltigen Vision ausgehen kann, zeigen einige Beispiele.

Henry Ford hatte die Vision, dass seine Arbeiter in der Ford-Fabrik ihre eigenen Autos fahren sollten, statt nur der „oberen Zehntausend", wie bis dahin. Dafür war es seiner Ansicht nach erforderlich, sowohl die Kosten der Produktion eines Automobils drastisch zu senken als auch die Einkommen der Arbeitnehmer nennenswert zu erhöhen.

Ferdinand Porsche hatte die Vision, die Finanzierung einer Autoanschaffung für jedermann erreichbar zu machen, statt nur für die reiche Oberschicht. Auch ihm ging es um eine Senkung der Kosten der Produktion durch eine anspruchslose technische Konstruktion und die Finanzierbarkeit des Anschaffungswunsches für breite Kreise der arbeitenden Bevölkerung.

Ferry Porsche wird folgende Vision nachgesagt: „Am Anfang schaute ich mich um, konnte aber keinen Wagen, von dem ich träumte, finden. Also beschloss ich, ihn selbst zu bauen." Dies war die Geburtsstunde des legendären 911-er.

Friedrich Krupp wollte seinen Arbeitern angemessene Wohnmöglichkeiten bieten, nicht ohne den kommerziellen Hintergedanken, dass damit ihre Arbeitsleistung steigt und ihr Krankenstand sinkt.

Heinz Nixdorf hatte die Vision, jeden Arbeitsplatz mit zugehöriger Computerintelligenz auszustatten, als es noch ausschließlich gigantische Mainframes in den Unternehmen gab. Die prosperierenden Nixdorf-Werke wurden in dem Moment von IBM mit deren PC-Idee (XT) überholt, als Heinz Nixdorf überraschend verstorben war und sich keiner fand, seine Vision kraftvoll voranzutreiben. Die Nixdorf-Werke wurden bald von SIEMENS übernommen (Siemens-Nixdorf), zu Sinix verschmolzen und gingen schließlich in Siemens auf, das die Werke in ein Joint venture mit FUJITSU einbrachte. Heute sind PC nicht nur in der Wirtschaft selbstverständlich und Mainframes ausgestorben.

Steve Jobs hatte die Vision, Menschen mit Hilfe seiner Computer produktiver zu machen, als Computer noch diffizile Black boxes waren. Als es APPLE vorübergehend wirtschaftlich schlechter ging, wurde der Gründer Steve Jobs entlassen und durch einen Pepsi-Top-Manager ersetzt. Die Folgen waren katastrophal, dem Unternehmen fehlte jede Orientierung am Gründer und seiner Idee. Als die Insolvenz nahte, holte man verzweifelt Steve Jobs für das symbolische Gehalt von einem Dollar zurück. Er schaffte auf Anhieb den Turn around und führte das Unternehmen in eine zweite Prosperitätsphase. Allerdings war schon soviel Boden verloren, dass der Verdrängungswettbewerb enormen Druck ausüben konnte.

Die Vision von COCA-COLA lautet: „A Coke in everybody's reach.". Das heißt, es soll eine ubiquitäre Distribution erreicht werden, und das weltweit. Der Begriff „Reach" wird übrigens mit ca. 50 m Umkreis definiert, d. h. ganz gleich, an welchem Ort der Zivilisation man sich befindet, es soll in einer Entfernung von ca. 50 Metern möglich sein, seinen Durst mit Coke zu stillen. Eine Vision, die beinahe schon Realität geworden ist.

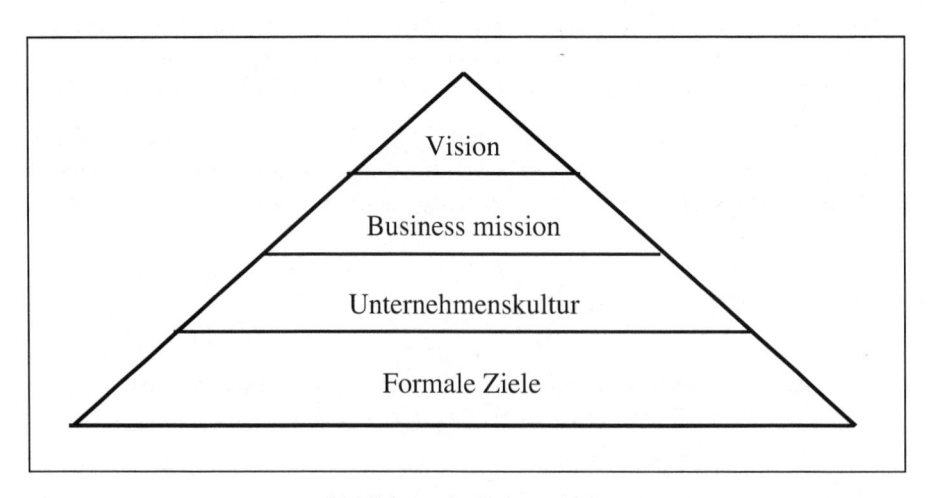

Abbildung 6: Zielpyramide

Die Vision des Kaugummi-Herstellers WRIGLEY lautet: „Wrigley's is where ever money changes hands." Auch hierbei geht es um eine ubiquitäre Distribution, nur dass sie anders definiert ist, nämlich als Verfügbarkeit an allen Orten, an denen (Spontan-)Kaufakte stattfinden. Und in der Tat, Wrigley's hat dies erreicht.

Visionen können auch abstrakt und abgehoben sein. Christopher Kolumbus wollte den Seeweg nach Indien finden, Mahatma Gandhi die britischen Kolonialisten auf friedliche Art und Weise vertreiben. Ludwig Erhard wollte Wohlstand für alle, Martin Luther King seinen Traum (I have a dream) verwirklichen.

Häufig sind Visionen auch kompetitiv formuliert. So bei General Electric (Number one or two in every industry we serve), Philip Morris (Knock off R.J.Reynolds), Nike (Crush Adidas), McDonald's (Be the world's best quick-service restaurant) oder Stanford University (Become the Harvard of the West). Häufiger jedoch generisch, wie bei Walt Disney (Make people happy).

2.1.2 Business mission

Die Business mission unterscheidet sich von der Vision dadurch, dass sie die konkrete betriebswirtschaftliche Aufgabe beschreibt, die aus der Umsetzung der Vision abfolgt (Unternehmenszweck). Die Vision allein reicht nicht aus, es muss zu ihrer Implementierung kommen. Von der Definition eines gemeinsamen Mission statement geht insofern eine ungeheure Sogwirkung für den Unternehmenserfolg aus. Sie führt zu einer Bündelung der Kräfte und setzt Energien frei, die in der Lage sind, selbst wirtschaftlich an sich überlegene Wettbewerber zu übertreffen.

Die Business mission sieht in der Praxis vielgestaltig aus. Dazu einige Beispiele.

So richtete Henry Ford die gesamte Produktion so aus, dass sie auf äußerste Kostengünstigkeit getrimmt war. Dies bedeutete u. a. die Konstruktion eines einfachen Fahrzeugs (T-Modell), die Produktion durch die in den Chicagoer Schlachthöfen abgeschaute Fließbandfertigung und die Reduktion der Ausstattungs- und Modellvarianten (z. B. lieferbar nur in schwarz). Durch Weitergabe der Kostenersparnisse im Preis konnte zum ersten Mal der Massenmarkt für ein Automobil geöffnet werden. Die daraus resultierenden Erlöse spülten den materiellen Erfolg in das Unternehmen und legten die Basis für eines der größten Automobilunternehmen.

Ferdinand Porsche überlegte, wie er potenzielle Käufer bei der Finanzierung ihres Autos unterstützen könnte. Er erfand ein Teilzahlungssystem für sein Modell Volkswagen, wodurch breite Schichten der Arbeiterbevölkerung sich ein Auto anschaffen konnten, das sie in Raten „abstottern" konnten. Der Volkswagen Käfer erhielt auf diese Weise den Anschub zum zeitweise weltweit meistgebauten Pkw.

Friedrich Krupp ließ in unmittelbarer Umgebung seiner Stahlwerke Arbeitersiedlungen errichten, die eine für damalige Verhältnisse komfortable Wohnsituation bo-

ten. Die Ausstattung war umfangreich und die Miete subventioniert. Damit verbesserte er auch die Motivation seiner Arbeiter, konnte unter den leistungsfähigsten Arbeitern auswählen und erhöhte deren Personalbindung.

Heinz Nixdorf machte sich für seine Vision des Desktop-PC daran, vernetzte Workstations zu entwickeln, die für ihre Arbeitsplatzaufgaben ausreichend ausgestattet waren und bei übergreifenden Aufgaben auf den zentralen Mainframe oder die Intelligenz anderer Workstations zugreifen konnten.

Wie sehr eine Business mission aber auch einschränkend wirken kann, zeigt historisch der Fall RANK XEROX. Anfang der 1970er Jahre war deren Unternehmenszweck auf Fotokopierer, bestenfalls auf Kopierlösungen, festgelegt. Quasi als Abfallprodukt hatten die Techniker 1974 jedoch den ersten modernen Personal computer (Alto) entwickelt, der im Grunde bereits alle Funktionalitäten aufwies wie sie PCs heute noch zueigen sind (Monitor, Tastatur, Zentraleinheit, Arbeitsspeicher, internes Laufwerk etc.). Zwar gab es schon Mikrocomputer ohne Monitor (1965: Modul 820 von Nixdorf, mit elektrischer Schreibmaschine als Drucker, 1968: Nova von Data General), aber kein PC-System. Durch die Festlegung des Unternehmenszwecks auf Fotokopierer, und wohl auch durch eine drastische Fehleinschätzung des Marktpotenzials, sah das Management jedoch keinerlei Möglichkeiten zur gewinnbringenden Umsetzung dieser Entwicklung im eigenen Hause. Daher wurden Vertreter einiger Computerunternehmen, die damals ausschließlich im professionellen Mainframe-Bereich tätig waren, eingeladen, um ihnen die Entwicklung vorzustellen. Doch auch diese sahen darin keine Verwendungsmöglichkeiten. Als die Alternativen zur Verwertung der Produktidee langsam ausgingen, lud man schließlich Steve Jobs, einen jungen Computerentwickler, ein und stellte ihm die Idee vor. Auch Jobs winkte dankend ab, hatte aber bei dieser Präsentation augenblicklich das gigantische Potenzial der Idee erkannt und entwickelte diese mit seinem Partner, Steven Wozniak, zum ersten APPLE Computer weiter, der bereits alle komforttypischen Merkmale von PCs hatte (z. B. Plug&play, Maus-Cursor). IBM, Intel und Bill Gates, der Microsoft-Gründer, übernahmen wiederum nach und nach diese Ausstattungsmerkmale von Apple und entwickelten sie ab 1981 zum DOS-/Wintel-Systemstandard weiter. Rank Xerox vermarktete seine Idee nur erfolglos über Lizenznehmer als Altair 8080-PC-Bausatz. Die weitere Entwicklung war rasant: 1982 kam der Commodore 64 als Home computer auf den Breitenmarkt, 1984 der Apple Macintosh mit grafischer Benutzeroberfläche und 1985 der Atari ST Homecomputer speziell für Spiele. 1991 wurde Windows 3.0 als grafische Benutzeroberfläche von Microsoft eingeführt, 1992 kam der erste moderne Laptop auf den Markt (Toshiba T 6400) und 1998 der Apple i-Mac (One box computer). Alle diese Entwicklungen aber gingen wirtschaftlich an Rank Xerox vorbei.

2.2 Unternehmenskultur
2.2.1 Konstrukterklärung

Die Unternehmenskultur schafft als „unsichtbare Hand" verlässliche Orientierungsmuster für alle Personen innerhalb der Organisation und alle, die außerhalb mit ihr zu tun haben. **Die Unternehmenskultur drückt gemeinsame Werte- und Normenvorstellungen und geteilte Denk- und Überzeugungsmuster aus, die das Unternehmen und seine Prozesse leiten.** Dies dient vornehmlich der Erklärung von Markterfolgsunterschieden zwischen Unternehmen, die nicht durch objektive Tatbestände (Hard factors) erklärt werden können, aber zweifelsfrei vorhanden sind. Die Unternehmenskultur ist ein Vorstellungsmuster und das Ergebnis von Interaktionen, die eine gemeinsame Orientierung bieten. Je turbulenter die Umwelt und je weniger prognostizierbar ihre Entwicklung, desto notwendiger ist eine gezielte Gestaltung der Unternehmenskultur. Pluralismus, Differenzen und Widersprüche in den Werthaltungen bei Führungskräften erschweren jedoch die einheitliche Willensbildung und Führung. Werthaltungen sind zudem im Fluss und erfahren einen beschleunigten Wandel.

Unternehmenskultur ist durch die Geschichte des Unternehmens und seiner Umwelt geprägt. Dabei sind es vielfach herausragende Persönlichkeiten, die Wahrnehmungs- und Handlungsmuster der Unternehmensangehörigen grundlegend beeinflussen. Diese Personen waren sich oft nicht einmal bewusst, dass ihr Handeln einmal zur handlungsbegleitenden Norm erhoben wird. Deren Ausprägungen sind somit als das Ergebnis des Zusammenspiels der Handlungen Vieler anzusehen. Auch wenn Einzelne prägend gewirkt haben, konnten ihre Werthaltungen doch nur deshalb zum Kern der Unternehmenskultur werden, weil die Gemeinschaft der Unternehmensangehörigen sie als gut und handlungsbegleitend akzeptiert hat. Kultur ist individuell, sie ist in ihrer Komplexität so einzigartig wie Personen und die Handlungskontexte, in denen Unternehmen tätig sind. Jedes Unternehmen hat also eine eigenständige, typische, charakteristische Kultur, die erlernbar ist. Die Mitarbeiter übernehmen im Laufe der Zeit ihrer Unternehmensangehörigkeit mehr oder weniger die in der Unternehmenskultur zusammengefassten Werte oder scheiden aus. Dabei liegen Muster des Vorbildlernens zugrunde, sowie unterbewusst ablaufende Lernprozesse über längere Zeiträume. Die Regelungen sind häufig impliziter Natur. Die im Unternehmen gültigen Werte werden trotz des zunehmenden Verbreitungsgrads von Unternehmensgrundsätzen, Leitbildern etc. mehrheitlich informell und inoffiziell vermittelt. Oft sind es scheinbare Nebensächlichkeiten, in denen sich Kultur manifestiert. Sie zeigt und materialisiert sich in vielfältigen Ausdrucksformen, auf sprachlicher Basis oder durch Verfahrensregeln zum gegenseitigen Umgang. Unternehmenskultur wird meist anhand eines Eisbergmodells symbolisiert (siehe Abb. 7).

Der Teil von **Basisannahmen und Weltbild** (Corporate mission) ist gänzlich unsichtbar, hierbei handelt es sich um grundlegende Annahmen über die Beziehungen zur Umwelt, das Wesen der Realität, die Vorstellungen von Zeit und Raum, die menschliche Natur oder soziale Handlungen und Beziehungen. Diese sehr hoch aggregierte Ebene zeigt sich ganz pragmatisch in Dimensionen wie der Aufnahme Außenstehender, dem Zusammenleben, der Präsentation, dem Zeigen von Emotion, Traditionen etc. Dazu gehören aber auch Anzahl, Art, Umfang und Ausgestaltung der Führungssysteme sowie die Redundanz dieser Systeme („Heilige Kühe", Stolz).

```
              /\
             /  \
            / Ver-\
           /halten, Aus-\
          /stattung und \
         / Kommunikation \
        /------------------\
       /  Standards         \
      /    und Normen        \
     /------------------------\
    /   Basisannahmen und Weltbild \
   /--------------------------------\
```

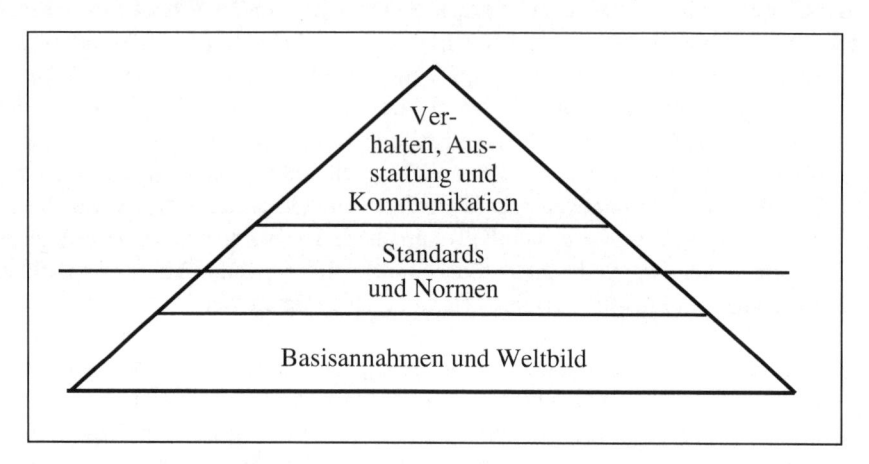

Abbildung 7: Unternehmenskulturpyramide

Der Teil der **Normen und Standards** (Corporate culture) bleibt zumindest halb verborgen, er ist zwar nur teilweise bewusst, aber zumindest anhand der Realität überprüfbar und intersubjektiv nachvollziehbar. Normen sind Regeln und Verhaltensvorschriften, die angeben, welche Aktivitäten und Interaktionen erwünscht sind, meist in Form nicht kodifizierter, impliziter Vorschriften und Spielregeln. Standards dienen zur Entwicklung und Weitergabe von Mindestinhalten von Kulturen. Sie werden als für die Mitglieder einer Organisation verpflichtend angesehen, ebenfalls, ohne kodifiziert zu sein.

Nur der Teil von **Verhalten, Ausstattung und Kommunikation** der Organisation ist tatsächlich sichtbar, er drückt sich durch Artefakte/Schöpfungen aus wie Technologie, Kunst sowie sicht- und hörbare Verhaltensmuster. Die verborgen bleibenden Anteile der Kultur müssen als Soft factor anhand hypothetischer Konstrukte dokumentiert werden. Dies können etwa folgende sein.

Symbole sind Objekte mit bestimmter Bedeutung, die nur von denjenigen als solche erkannt werden, die der gleichen Kultur angehören (z. B. Worte, Gesten, Bilder, Haartracht, Status). Eine besondere Rolle spielen Sprachsystem und Jargon. Häufig anzutreffende Prinzipien sind die der „offenen Tür" oder des „runden Tisches". Dazu gehört aber auch der Zustand und die Ausstattung der Gebäude, das Firmenlogo, die Anordnung, Gestaltung und Lage von Büros, die Art der Firmenwagen und die Parkplatzordnung sowie Kleidungsnormen (Fashion code).

Helden sind Personen, tot oder lebendig, echt oder fiktiv, die Eigenschaften besitzen, die in einer Kultur hoch angesehen werden. Um sie ranken sich Geschichten, Legenden, Witze. Sie dienen als Verhaltensvorbilder (auch im äußeren Erscheinungsbild). Zu denken ist etwa an die Auszeichnung zum Mitarbeiter des Monats.

Rituale sind kollektive Tätigkeiten, die für die Zielerreichung eigentlich überflüssig sind, innerhalb der Kultur aber um ihrer selbst willen als sozial motivierend gelten. Häufig bilden z. B. Mittagessen als Leistungsauszeichnung oder Meetings zur Kommunikationspflege in diesem Sinne Zeremonien. Dazu gehört auch die Beförderungspraxis, die Nachwuchs- und Kaderselektion, das Entscheidungs- und Beziehungsverhalten oder Bezugspersonen mit Vorbildfunktionen. Ebenso die Art des Besucherempfangs, die Begrüßung von Gästen, der Umgang mit Reklamationen als Ausdruck der Wertschätzung von Kunden.

Hinsichtlich der Möglichkeit und der Sinnhaftigkeit der Beeinflussung von Unternehmenskultur sind drei Ansichten verbreitet. Eine Ansicht ist, dass sie vom Management nicht gestaltet werden kann. Denn es ist zwar leicht, äußerliche Veränderungen im Verhalten der Unternehmensmitglieder zu erreichen, jedoch sehr schwer bis unmöglich, tiefergreifende Veränderungen ihrer Einstellungen zu bewirken. Eine zweite Ansicht ist, dass Unternehmenskultur vom Management zwar gestaltbar ist, derartige Eingriffe aber unterlassen werden sollen. Dies bedeutet eine Instrumentalisierung der Mitarbeiter, außerdem ist unklar, welche Eingriffe letztlich welche Wirkungen zeitigen. Eine dritte Ansicht ist, dass Unternehmenskultur sehr wohl gestaltet werden kann und soll, pragmatisch wird dabei Kultur als Mittel zur Verbesserung der Unternehmenssituation angesehen.

2.2.2 Kritische Bewertung

Die **Vorteile** starker Unternehmenskulturen liegen in folgenden Aspekten. Es besteht ein geringer formaler Regelungsbedarf in der Organisation, da alle Beteiligten in ihrer Einstellung und ihrem Verhalten gleichen, einheitlichen Mustern folgen. Auf diese Weise wird ein kohärentes Verhalten weitaus eher erreichbar als durch noch so ausgefeilte Company procedures. Es kommt zu einer raschen Entscheidungsfindung, da hohe gegenseitige Akzeptanz und mehr oder minder blindes Verständnis füreinander herrschen. Es kann sogleich in die Spezialistenebene eingetaucht werden, ohne sich durch mühsame Grundsatzdiskussionen zu verschleißen. Eine schnelle Entscheidungsumsetzung ist darstellbar, da alle Beteiligten sich in Konsens mit der getroffenen und von ihnen auszuführenden Entscheidung befinden. Insofern sind weniger Widerstände in der Durchsetzung von Entscheidungen in der Organisation zu vermuten.

Eine hohe Motivation ist gegeben, da alle Beteiligten sinnstiftenden Nutzen in ihrer Organisationszugehörigkeit sehen und das gemeinsame Leitbild eine hohe Prägnanz aufweist. Dabei kommt der Betonung des „Wir-Gefühls" eine hohe formale Bedeutung zu. Das stabile Gerüst der Normen und Werte schafft willkommene Sicherheit und Vertrauen in eine erfolgreiche Zukunft. Auf dieser Basis können weitaus offensivere, selbstbewusstere Entscheidungen getroffen und ausgeführt werden als bei latenter Unsicherheit und gegenseitigem Misstrauen. Ein hohes Maß an Identifikation mit dem Organisationszweck ist gegeben, die aus tiefer Überzeugung für die Sache ungeahnte Kräfte freisetzt. Diese mentale Ebene vermag bei gleichen sachlichen Startbedingungen durchaus erhebliche Ergebnisvorteile für Unternehmen zu erreichen.

Starke Unternehmenskulturen vermitteln über Handlungsorientierung durch Komplexitätsreduktion ein klar strukturiertes Weltbild und machen die Realität leicht kategorisierbar. Sie schaffen damit Orientierung und Handlungsanweisung. Dies ist extrem bedeutsam, weil Prozederes nicht alle Einzelfälle formal regeln können, aber dennoch ein Interesse an konsistenten Entscheidungen besteht. Die Abstimmungsprozesse vereinfachen sich. Signale werden zuverlässig vom Empfänger so interpretiert, wie der Sender sie meint. Verzerrungen werden damit vermindert. Es entsteht ein effizientes Kommunikationsnetzwerk. Rasche Informationsverarbeitung und Entscheidungsfindung werden möglich. Gemeinsame Sprache, konsistentes Präferenzsystem und akzeptierte Vision lassen rasche Einigung oder zumindest tragfähige Kompromisse erreichen.

Eine beschleunigte Implementierung von Plänen und Projekten, die auf gemeinsamen Überzeugungen beruhen und schnell und wirkungsvoll umgesetzt werden können, ist darstellbar. Bei Mehrdeutigkeiten gibt die Unternehmenskultur eine eindeutige Orientierungshilfe. Ein geringer Kontrollaufwand ist erforderlich, denn da Verhaltensmuster verinnerlicht sind, besteht wenig Anlass zu externer Kontrolle. Dadurch wird vermieden, unnötig Kapazitäten dafür zu binden. Kulturelle Muster und gegenseitig fortwährend bekräftigende Verpflichtung auf die zentralen Werte des Unternehmens lassen eine hohe Bereitschaft entstehen, sich für das Unternehmen zu engagieren und nach außen mit ihm loyal zu identifizieren. Gemeinsame Orientierungsmuster reduzieren Angst und geben Sicherheit und Selbstvertrauen. Dementsprechend besteht wenig Neigung, ein solches stabiles und zuverlässiges „Nest" zu verlassen und gegen die Unwägbarkeiten anderer Organisationen einzutauschen.

Nachteile starker Unternehmenskulturen sind hingegen die Folgenden. Unterliegende Wertsysteme erhalten leicht eine alles beherrschende Tendenz, Kritik, Warnsignale etc., die in Widerspruch zu ihr stehen, zu verdrängen oder zu überhören. Eingeschliffene Traditionen werden zum Selbstzweck, der nicht weiter zu hinterfragen ist. Neue Orientierungen werden blockiert. Innovationen, die in Widerspruch zum herrschenden Weltbild stehen, stoßen auf vehemente Ablehnung, unangenehme Vorschläge werden erst gar nicht registriert. Ein hoher Konformitätszwang führt zur Verdrängung für die Kulturharmonie unangenehmer Problemfälle, die eine kritische Auseinandersetzung mit den kulturellen Gegebenheiten bedingen. Implementationsbarrieren bewirken, dass selbst, wenn neue Ideen Eingang finden, Probleme entstehen. Die willkommene Sicherheit gerät in Gefahr, mit der Folge der Abwehr, denn der Umgang mit dem Neuen ist nicht geübt. Alle Beteiligten haben vielmehr ein Interesse daran, dass Alles mehr oder minder so weitergeht wie bisher. Es besteht eine Fixierung auf traditionelle Erfolgsmotive. Starke Kulturen schaffen emotionale Bindungen an bestimmte gewachsene und durch Erfolg bekräftigte Vorgehensweisen und Denktraditionen. Neue Pläne werden damit oft gar nicht erst verstanden.

Die Aufnahme neuer Ideen setzt ein hohes Maß an Offenheit, Kritikbereitschaft und Unbefangenheit voraus. Diese laufen jedoch in Unternehmenskulturen emotionalen Bindungen entgegen. Kritische Argumentation wird auf subtile Weise für illegitim erklärt, es herrscht eine Konfliktvermeidungshaltung. Starke Kulturen neigen dazu, Konformität zu „erzwingen", indem die kollektiven Werte in den Vordergrund gestellt werden. Der Wille zum Erhalt des kulturellen Rahmens übertrifft damit die Bereitschaft zu dessen konstruktiver Infragestellung. Es entsteht ein hohes Maß an Betriebsblindheit, das zu einer verhängnisvollen Einseitigkeit in Entscheidungen führen kann. Dadurch bleiben Chancen unentdeckt, und Bedrohungen können unvermindert durchschlagen. Das systemimmanente Festhalten an Traditionen bedeutet zugleich eine gefährliche Blockade gegen alles Neue. Dadurch werden Innovationen gehemmt, weil keine neuen Impulse gesetzt und erkannt werden.

Starke Kulturen sind in sich geschlossene Systeme, die aufgrund ihrer Beharrungstendenzen zu mangelndem Anpassungsvermögen bei sich immer rascher verändernden Umfeldbedingungen führen können. Damit ist eine Umstellung als Antwort auf diskontinuierliche Änderungen im Umfeld in Frage gestellt. Der Widerstand gegen Unternehmenszusammenschlüsse, die mit dem Zwang zur Assimilation einer anderen Kultur verbunden sind, steht Marktführerschaftszielen im Weg und hat zum Scheitern mancher auf dem Papier ideal synergetisch wirkender Konzentrationen geführt. Die bewusst in Kauf genommene Einseitigkeit und das begrenzte Suchfeld führen womöglich zu einer grob vereinfachenden Realitätsverzerrung. Die Realität stellt sich vielmehr immer komplexer dar, erfordert also gerade Differenzierung statt Vereinheitlichung.

2.2.3 Kultureller Wandel

Ein Kulturwandel vollzieht sich meist in folgendem Ablauf. Die herkömmlichen Interpretations- und Handlungsmuster der Kultur führen in die Krise. Es tritt Verunsicherung ein. Überkommene Symbole und Riten verlieren an Glaubwürdigkeit, werden kritisiert. „Schattenkulturen" treten hervor, oder eine neue Führungsmannschaft versucht, neue Orientierungsmuster aufzubauen. Alte und neue Kulturen kommen in Konflikt zueinander. Wenn es den neuen Orientierungen gelingt, die Krise zu meistern, werden sie akzeptiert. Die neue Kultur entfaltet sich ihrerseits mit neuen Symbolen, Riten etc.

Die planmäßige Gestaltung des Veränderungsprozesses in der Kultur erfordert ein Management des organisatorischen Wandels (Change management). Das Handling setzt den Abbau von Angst und Verunsicherung voraus, das Aufbrechen alter Seilschaften, die Anregung neuer Orientierungsmuster, deren Vorleben in Führungsverhalten, denn schriftliche Anweisungen sind dazu untauglich, sowie die Veränderung durch Interaktion und Überzeugung der Mitarbeiter.

Eine solcher geplanter Wandel zielt auf die mittel- bis langfristig wirksame Veränderung der Verhaltensmuster, Einstellungen und Fähigkeiten von Organisationsmitgliedern, Organisations- und Kommunikationsstrukturen sowie der strukturellen Regelungen ab, um Problemlösungs- und Erneuerungsprozesse einer Organisation zu verbessern.

Dabei sind vielfältige Widerstände des Individuums zu überwinden. Zu den wichtigsten gehören

- die Gewohnheit (das Bekannte wird bevorzugt), das Übergewicht der Primärerfahrung (wie man beim ersten Mal eine Sache erfolgreich bewältigt hat), selektive Wahrnehmungen (Vorurteile, Stereotypen), Abhängigkeiten (Wertvorstellungen, Einstellungen, Über-Ich), Selbstzweifel (wer den Status quo akzeptiert, ist gut, wer ihn verändert, ist ein Rebell und böse), Unsicherheiten und Regression (Sicherheit wird im Bewährten und Erprobten gesucht).

Hinzu kommen Widerstände auf der Organisationsebene. So vor allem

- Konformität mit Normen, Interdependenz von Subsystemen (Änderungen erfassen meist die gesamte Organisation und nicht nur einzelne Einheiten), Abbau von Privilegien, Tabus und Eingebungen Externer (Berater).

Ebenso wie Schmerz ein Warnsignal im menschlichen Organismus ist, sind solche Widerstände in Organisationen Warnsignale, die es zu beheben gilt, bevor der Erfolg (Heilung) eintreten kann. Daher gilt als Erstes ein Auftauen (**Unfreezing**) verfestigter Strukturen, die aus einem quasi-stationären Gleichgewicht gebracht werden, als erforderlich. Dazu ist zunächst eine Erhebung zu Einstellungen und Wertestrukturen der Organisationsmitglieder notwendig. Dies betrifft Entscheidungsfindungsprozesse, Entscheidungskompetenzen, Art und Umfang der Entscheidungsvorbereitung etc. Durch die Präsentation dieser Fakten werden Betroffene zu Beteiligten gemacht. Dann erfolgt die gemeinsame Diagnose, Interpretation und Bewertung der Fakten.

Danach wird rasch ein neuer Gleichgewichtszustand angestrebt. In dieser Phase des Veränderns (**Change/Moving**) ist es wichtig, dass die fördernde Wirkung genutzt wird, die von den Erwartungen der Betroffenen für den Veränderungsprozess ausgeht. Dazu ist eine klare Zieldefinition erforderlich, meist in Form eines Leitbilds. Daraus folgt der Entwurf des neuen Systems in Zusammenarbeit mit den Mitarbeitern. Darüber wird ein Konsens hergestellt. Dieser muss sowohl Ziele als auch Mittel umfassen. Dabei hat sich die Einschaltung eines externen Moderators (Change agent) bewährt. Dann kommt es zur schrittweisen Implementierung in die Organisation. Eine Zwischenkontrolle beurteilt die Effektivität der eingeleiteten Veränderungen.

Die dritte Phase des Stabilisierens (**Refreezing**) des neuen Gleichgewichts muss unterstützt werden, indem die Bewertung der neuen Situation positiv und routinisiert gehalten wird. Ein festes Einhalten der neuen Systemregeln führt zur Konsolidierung und Verfestigung der neuen Organisationsform und Verhaltensmuster. Dies muss aktiv gestaltet werden, dazu ist eine unvermeidliche und notwendige Eingewöhnungszeit in neue Rollen und Rollenverständnisse erforderlich.

2.2.4 Unternehmensleitsätze

Unternehmensleitsätze regeln die zielgerichtete Zusammenarbeit zwischen Vorgesetzten und Mitarbeitern als wesentlichem Bestandteil für den Unternehmenserfolg. Sie berücksichtigen die Bedürfnisse des Unternehmens und der Mitarbeiter und werden in Kernsätzen auf die wesentlichen Zielsetzungen und Auslegungen zusammengefasst. Die Ausarbeitung soll als ein in sich geschlossenes logisches System mit widerspruchsfreien Aussagen und Begriffen erfolgen. Formulierungen sollen wirklichkeitsnah und praktikabel sein.

Unternehmensleitsätze informieren und unterrichten Vorgesetzte und Mitarbeiter über die Grundprinzipien der Führung. Sie schaffen klare, einheitliche Grundlagen für das Führungsverhalten auf allen betrieblichen Ebenen. Sie helfen Führungskräften, einen zeitgemäßen Führungsstil zu praktizieren und ihr Führungsverhalten zu verbessern. Somit können Führungsunsicherheiten behoben werden. Der Führungsprozess wird somit für Vorgesetzte und Mitarbeiter durchschaubar und ist nicht mehr willkürlich gestaltbar.

Die Leitsätze müssen von den Führungskräften selbst erarbeitet werden. Sie sollen eine leitbildhafte Grundlage bilden. Zu einzelnen Elementen der Führungsgrundsätze sollen unterstützende „Subsysteme" entwickelt werden. Die Unternehmensleitung muss hinter den Führungsgrundsätzen stehen, sie müssen verbindlich sein, sowohl für das oberste Management wie für die Mitarbeiter auf allen Ebenen. Und sie müssen für alle Betroffenen überzeugend eingeführt werden, so dass alle sie verstehen und umsetzen können.

Die Leitsätze enthalten i. d. R. folgende Inhalte:

- Stellung des Unternehmens in der Gesellschaft: Position zum Staat, Position zum Wirtschaftssystem, Position zur Wettbewerbsordnung, Position zur Mitbestimmung,
- Einstellung gegenüber Mitarbeitern: Führungsstil, interne Kommunikation, wünschenswerte Humanisierung der Arbeit, zulässiger Grad der Arbeitsteilung, Motivation, Gestaltung des Arbeitsplatzes und der Arbeitszeit, Förderung der Aus- und Weiterbildung, Förderung der persönlichen Bindungen, Förderung der Identifizierung mit dem Unternehmen,
- Verhalten gegenüber Kunden: Art der Kommunikation, Vertragsgestaltung, Preispolitik,
- Verhalten gegenüber Lieferanten: Art der Kommunikation, Einfluss auf die Organisation, Vertragsgestaltung,
- Umweltgrundsätze: Maßnahmen, die über die gesetzlichen Normen hinausgehen, gesellschaftsfreundliche, verantwortungsbewusste Unternehmensführung,
- Einstellung gegenüber der Konkurrenz: Je nach Stil friedlich, kooperativ, aggressiv oder konfliktär.
- Entscheidungsgrundsätze: Führungspolitische Leitlinien, Wachstumsgrundsätze, bereichsbezogene Grundsätze, Konfliktlösungsgrundsätze.

Als Beispiele für Unternehmensleitsätze seien folgende Unternehmen angeführt:

WILKHAHN:
Wir lassen uns leiten vom Streben nach Wahrhaftigkeit unserer Produkte, nach fairem Miteinander und nach Schutz und Schonung unserer natürlichen Lebensräume.
Die Unternehmensorganisation ist potenzialorientiert. Sie soll Synergieeffekte nutzen, die Kräfte bündeln und dem Einzelnen größere Handlungsspielräume geben. Wir wollen Produkte schaffen, die weder beliebig noch gesucht oder gedankenlos modisch sind, Produkte, die als Beitrag zur Kultur unserer Zeit formal und funktional langfristig gültig bleiben.
Botschaft geht vor Produkt, d. h. informieren, beraten, betreuen und begleiten. Das Produkt ist der Beweis der Botschaft.
Unser Ziel ist es, ein aktives und nützliches Glied der Gesellschaft zu sein, dabei das Image des Unternehmens zu fördern und seine Existenz langfristig zu sichern.

Lamy:
Wir sind die erfolgreichen Pioniere auf dem internationalen Schreibgerätemarkt. Wir entwickeln, produzieren und vermarkten innovative Schreibgeräte, die in Funktion und Form unverwechselbar sind.

Wir treten als Unternehmen überall und jederzeit einheitlich auf – typisch Lamy.
Ein jeder von uns richtet seine Arbeit an den besonderen Ansprüchen und Erwartungen unserer unterschiedlichen Kundengruppen aus.
Wir sichern unsere Zukunft durch überdurchschnittliches Wachstum und angemessenen Gewinn.
Wir sind eine schöpferische Gemeinschaft leistungsfähiger und leistungsbereiter Mitarbeiter.
Wir fühlen uns der Region verbunden und der Umwelt verpflichtet.

HENKEL:
Henkel ist führend mit Marken und Technologien, die das Leben der Menschen leichter, besser und schöner machen.
Wir sind kundenorientiert.
Wir entwickeln führende Marken und Technologien.
Wir stehen für exzellente Qualität.
Wir legen unseren Fokus auf Innovationen.
Wir verstehen Veränderungen als Chance.
Wir sind erfolgreich durch unsere Mitarbeiter.
Wir orientieren uns am Shareholder value.
Wir wirtschaften nachhaltig und gesellschaftlich verantwortlich.
Wir verfolgen eine aktive und offene Informationspolitik.
Wir wahren die Tradition einer offenen Familiengesellschaft.

BASF
Wir sind „The Chemical Company" und arbeiten erfolgreich auf allen wichtigen Märkten.
Wir sind der bevorzugte Partner der Kunden.
Wir sind mit unseren innovativen Produkten, intelligenten Problemlösungen und Dienstleistungen weltweit der leistungsfähigste Anbieter in der Chemischen Industrie.
Wir erwirtschaften eine hohe Rendite auf das eingesetzte Kapital.
Wir treten für nachhaltige Entwicklung ein.
Wir nutzen den Wandel als Chance.
Alle BASF-Mitarbeiter schaffen gemeinsam den Erfolg.

BODY SHOP
The Body Shop setzt sich aktiv für ein Verbot von Tierversuchen in der Kosmetikindustrie ein. Als eines der ersten Unternehmen hat The Body Shop das internationale Human Cosmetic Standard-Logo erhalten.
Mit seinem „Hilfe durch Handel"-Programm baut The Body Shop langfristige Handelsbeziehungen zu Partnern in allen Teilen der Welt auf und bezahlt den Produzenten faire Preise für hervorragende natürliche Inhaltsstoffe und Accessoires.

Jeder Mensch ist schön – jeder auf seine eigene Weise. The Body Shop glaubt, dass Make-up, Düfte und Feuchtigkeitscremes zwar die Persönlichkeit und Individualität von Menschen unterstreichen, sie aber nicht einem festgelegten Schönheitsideal entsprechen sollten.
Mit Kampagnen für die Rechte von Menschen will The Body Shop das öffentliche Bewusstsein aufrütteln und Betroffenen helfen. The Body Shop ist überzeugt, dass Unternehmen die Macht haben, Veränderungen in Gang zu bringen.
The Body Shop nimmt Umweltschutz sehr ernst. Deshalb enthalten die Verpackungen kein PVC und ein Großteil der Flaschen basiert auf einem hohen Anteil an recyceltem Kunststoff. Außerdem haben die Unternehmenszentrale sowie viele Filialen auf erneuerbare Energien umgestellt.

MÖVENPICK
Wir laden unsere Gäste ein, mit Eisgekühltem, Duftendem und Verführerischem aus Küche und Kellerei ein kleines erschwingliches Stück Luxus im Alltag zu genießen. Dabei verbinden wir Bewährtes harmonisch mit Neuem zu einem außergewöhnlichen Genusserlebnis – zuhause, unterwegs oder in den Ferien.
Wir verwöhnen unsere Gäste mit jeder Geste, jedem Detail, jeder unerwarteten Aufmerksamkeit. Unsere Produkte und die dafür verwendeten Rohwaren müssen höchsten Qualitätsansprüchen genügen. Uneingeschränkt verwöhnen zu dürfen, ist die Leidenschaft unserer freundlichen und aufmerksamen Mitarbeitenden – jeden Tag aufs Neue.
Wir pflegen die Kultur einer ehrlichen und authentischen Gastfreundschaft. Dabei paaren wir Schweizer Qualität und Beständigkeit mit einem internationalen, weltoffenen Flair, pflegen Bekanntes und lassen Unbekanntes entdecken. Unser Ziel ist der echte Geschmack und die täglich gelebte Rolle des glaubwürdigen Gastgebers.

2.3 Formale Zieldimensionen

Bei den formalen Zieldimensionen können allgemein die Größen Objekt, Einheit, vertikale Beziehung, horizontale Beziehung, Zeitbezug, Raumerstreckung, Zielausmaß, Inhalt, Richtung und Gewichtung unterschieden werden. Diese werden im Folgenden näher erläutert.

Zunächst ist das **Objekt** zu bestimmen, d. h., die Erfolgsgröße, die Gegenstand der weiteren Zieldimensionen ist. Dabei kann es sich allgemein um Input-, Throughput- oder Outputgrößen handeln. Als Inputgrößen kommen vor allem Produkte, Gebiete und Kunden in Betracht. Als Throughputgrößen treten Prozesse zunehmend in den Mittelpunkt des Interesses, also solche der Leistungsvorbereitung, -erstellung und -verwertung. Als Outputgrößen kommen finanzielle und ideelle betriebswirtschaftliche Größen in Betracht. Dabei verlagert sich die Sichtweise immer mehr von den Output- in Richtung der Inputgrößen.

Eine weitere Größe betrifft die der **Einheit**. Damit ist die Stelle innerhalb der Organisation, oder konkreter die Person oder Personengruppe, die diese Stelle besetzt, gemeint, für die das definierte Ziel gelten soll. Dabei ist darauf zu achten, dass die Zieleinheit auch von ihrer Mittelverfügbarkeit her adäquat ausgestattet ist. Dies betrifft sowohl die Dotierung mit Geldmitteln und die Disposition über alle erforderlichen Hilfsmittel als auch die intellektuelle Fähigkeit des/der Stelleninhaber(s) und die Weisungsbefugnis zur Durchsetzung der Zielvorgaben in umzusetzende Maßnahmen.

Ziele sind **vertikal** eingebettet in ein Zielsystem, das sich mit abnehmender Disposition und zunehmender Exekution hierarchisch aufbaut durch Oberziele des Betriebs, dazu gehören Organisationsphilosophie, -identität und -grundsätze, Bereichsziele einzelner Funktions-(Haupt-)abteilungen, z. B. Marketing, Aktionsziele einzelner Produkt-Markt-Kombinationen (SGE's) und Unterziele einzelner Instrumente. Dabei sind die Zielebenen nicht unabhängig zu betrachten, sondern Unterziele leiten sich aus übergeordneten Zielsetzungen ab. Umgekehrt dient ihre Erfüllung auch der Erreichung der übergeordneten Ziele des Betriebs. Diese betreffen etwa Angebotsleistung, Marktstellung, Rentabilität, Finanzwirtschaft, Sozialverantwortung, Prestigeförderung etc.

Hinsichtlich der **horizontalen** Beziehung von Zielen ergeben sich folgende Möglichkeiten:

- Zielidentität bedeutet, dass zwei oder mehr Ziele gemeinsam das gleiche Ergebnis verfolgen.
- Zielharmonie bedeutet, dass zwei oder mehr Ziele unterschiedliche Ergebnisse verfolgen, die zueinander jedoch in komplementärem Verhältnis stehen.
- Zielneutralität bedeutet, dass zwei oder mehr Ziele Ergebnisse verfolgen, die voneinander völlig unabhängig sind.
- Zielindifferenz bedeutet, dass zwei oder mehr Ziele zwar zueinander in Beziehung stehen, einander jedoch weder begünstigen noch beeinträchtigen.
- Zielkonflikt bedeutet, dass zwei oder mehr Ziele Ergebnisse verfolgen, die in substitutivem Verhältnis zueinander stehen und zwischen denen ein Kompromiss angestrebt werden soll.
- Zielantinomie bedeutet, dass zwei oder mehr Ziele einander vom Ergebnis her gegenseitig ausschließen und als Alternativen anzusehen sind.

Nach dem **Zeitbezug** lassen sich Ziele unterscheiden in kurzfristige, operative Ziele mit einer Laufzeit von bis zu einem Jahr, mittelfristige, taktische Ziele mit einer Laufzeit von einem bis zu drei bzw. fünf Jahren und langfristige, strategische Ziele mit einer Laufzeit von drei bzw. fünf bis zu 30 Jahren. Operative Ziele betreffen regelmäßig die optimale Nutzung vorhandener Leistungspotenziale, taktische Ziele die Veränderung dieser Leistungspotenziale und strategische Ziele die Schaffung neuer Leistungspotenziale. Mehrere verträgliche Ziele können dabei parallel, d. h., zeitgleich nebeneinander, sukzessiv, d. h., zeitlich versetzt nacheinander, intermittierend, d. h., zeitlich voneinander abweichend, und alternierend, d. h., zeitlich einander ablösend, verfolgt werden.

Hinsichtlich ihrer **Raumerstreckung** sind Ziele zweckmäßigerweise zunächst in intranationale und supranationale zu unterscheiden. Intranationale Ziele gelten nur innerhalb der Landesgrenzen des Betriebsstandorts, supranationale gelten über diese hinaus. Nach dem Geltungsgebiet kann man dabei weiter verfeinert unterteilen in lokale, regionale und nationale Gebiete bei der intranationen Raumerstreckung, sowie in ethnozentrale, polyzentrale, regiozentrale und geozentrale Gebiete bei der supranationalen Raumerstreckung.

Nach dem **Ausmaß** von Zielen lassen sich folgende unterscheiden:
- Extremalziele haben die Form von Maximierung oder Minimierung. Hierzu gehören auch die in der Theorie immer wieder angeführten Ziele der Gewinnmaximierung und Kostenminimierung. Die dazu erforderlichen Grenzbetrachtungen entbehren jedoch eines gewissen Realitätssinns.
- Optimalziele haben die Form von Maximierung oder Minimierung unter Nebenbedingungen. Dies ist die praktikable Ausprägung, die sich jedoch auf stark formalisierte Entscheidungssituationen beschränkt.
- Satisfaktionsziele haben die Form eines zufriedenstellenden Grads der Zielerreichung. Dies ist die in der Realität wohl am weitesten verbreitete Zielausprägung. Es geht zwar um ein auskömmliches Sicherheitspolster für den Bestand, jedoch soll der Bogen dabei auch nicht überspannt werden.
- Fixationsziele haben die Form konkreter Zielwerte. Dabei geht es also darum, bestimmte Zielvorgaben möglichst genau einzuhalten.

Ziele lassen sich nach dem sachlichen **Inhalt** einteilen in ökonomische Ziele für quantitative, materielle Größen und psychografische Ziele für qualitative, immaterielle Größen. Psychografische Ziele sind ökonomischen sachlich vorgelagert (prämissiv). Erstere sind damit Mittel zur Erreichung Letzterer und dienen nicht als Selbstzweck, sondern als Mittel zum Zweck. Nach dem formellen Inhalt wird weiter unterteilt in Sachziele, die sich auf das faktische Handlungsprogramm eines Betriebs beziehen und einen Endzustand definieren (Was soll erreicht werden?), sowie Formalziele, die rein monetäre Metavorgaben betreffen und eine Prozessbeschreibung darstellen (Wie soll es erreicht werden?).

Nach der **Richtung** kann ebenfalls mehrfach unterteilt werden:
- Expansion ist als traditionelle Zielsetzung der Betriebswirtschaft noch aus den Zeiten des scheinbar endlosen Wirtschaftswachstums übriggeblieben.
- Erhaltung ist die Festschreibung des erreichten Zustands, sofern eine zufriedenstellende Position erreicht ist oder Wachstumsgrenzen eine weitere Expansion verhindern.

- Etablierung ist die Erreichung von Marktpräsenz. Hier geht es darum, mit einem Angebot überhaupt erst einmal am Markt Erfolg zu haben.
- Reduktion ist die selektive Zurücknahme des Aktivitätenniveaus. Dies repräsentiert zunehmend den Zielhorizont von Betrieben oder Teilen davon, die mehr oder minder angreifbare Angebote vom Markt nehmen und die Nachfrage auf deren Nachfolger umlenken wollen, bevor Imagebeeinträchtigungen auftreten.

Nach ihrer **Gewichtung** lassen sich Ziele unterscheiden in Hauptziele, denen höhere Priorität zukommt, und Nebenziele, denen geringere Priorität zukommt (siehe Abb. 8). Dies ist nötig, um bei knappen Budgetmitteln zur Umsetzung der Zielvorgaben zu einer sachgerechten Zuteilung mehrerer Ziele auf ein und derselben Ebene zu gelangen. Hauptziele werden zuerst mit Budget dotiert, Nebenziele nur insoweit, wie die Budgetgrenze reicht. Dies setzt eine hierarchische Aufteilung des Budgets voraus, d. h., Mittel werden entsprechend der vertikalen Zieleinordnung zugeteilt. Jedoch ist fraglich, inwieweit das Nebenziel einer höheren Ebene vom Hauptziel einer niedrigeren bereits dominiert wird oder nicht. Dieses Dilemma suchen moderne Budgetierungsformen (z. B. Zero base budgeting) sachgerecht zu klären.

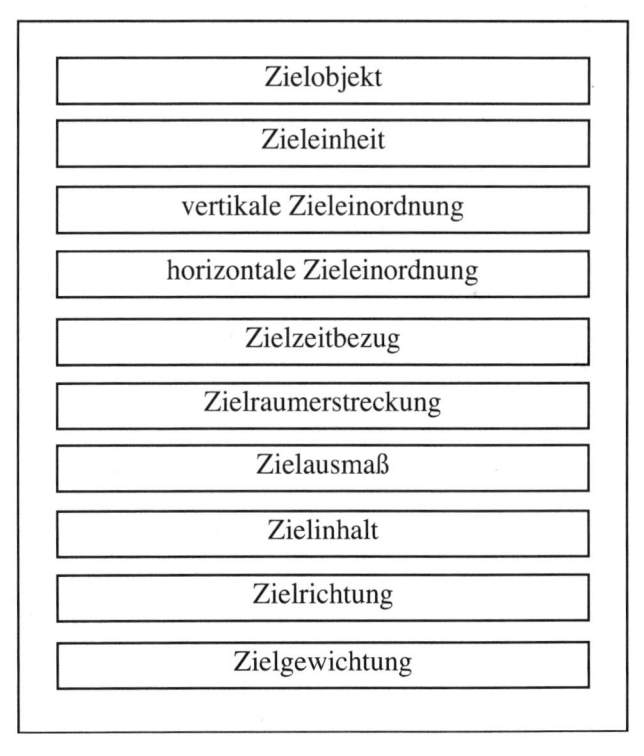

Abbildung 8: Formale Zieldimensionen

Typische Unternehmensziele sind etwa folgende:
- *Marktleistungsziele: Produktqualität, Produktinnovation, Kundenservice, Programm, Kundenzufriedenheit, Angebotsqualität, Kundenloyalität,*
- *Marktstellungsziele: Umsatz, Marktanteil, Marktgeltung, neue Märkte, Wettbewerbsfähigkeit, Unternehmenswachstum,*
- *Rentabilitätsziele: Gewinn, Umsatzrentabilität, Rentabilität des Gesamtkapitals, Rentabilität des Eigenkapitals,*
- *Finanzwirtschaftliche Ziele: Kreditwürdigkeit, Liquidität, Selbstfinanzierung, Kapitalstruktur, Unternehmensbestand, Kosteneinsparung, Liquiditätspolster,*
- *Güterwirtschaftliche Ziele: Kapazitätsauslastung, Produktivität,*
- *Macht- und Prestigeziele: Unabhängigkeit, Image und Ansehen, politischer Einfluss, gesellschaftlicher Einfluss,*
- *Soziale Ziele (in Bezug auf die Mitarbeiter): Einkommen und soziale Sicherheit, Arbeitszufriedenheit, soziale Integration, persönliche Entwicklung, Arbeitsplatzschaffung,*
- *Gesellschaftsbezogene Ziele: Umweltschutz und Vermeidung sozialer Kosten der unternehmerischen Tätigkeit, nicht-kommerzielle Leistungen für externe Anspruchsgruppen des Unternehmens, Beiträge an die volkswirtschaftliche Infrastruktur.*

Ziele gehorchen dabei allgemein **Anforderungen** wie:

- Realitätsbezug, d. h., Ziele müssen objektiv und auch subjektiv erreichbar sein,
- Ordnung, d. h., Ziele müssen systematisch aufbereitet und dargestellt sein,
- Konsistenz, d. h., mehrere Teilziele dürfen einander nicht widersprechen,
- Aktualität, d. h., Ziele müssen zeitbezogenen Entwicklungen jeweils angepasst werden,
- Vollständigkeit, d. h., die komplexe Wunschsituation soll komplett durch Ziele beschrieben sein,
- Kongruenz, d. h., untergeordnete Ziele müssen zum Erreichen übergeordneter dienen,
- Transparenz, d. h., Ziele müssen für alle Beteiligten nachvollziehbar sein,
- Überprüfbarkeit, d. h., Ziele müssen operational formuliert werden.

Häufig fasst man die Zielanforderungen unter dem Akronym SMART zusammen. Dies bedeutet:
- S für specific, d. h. eindeutig,
- M für measurable, d. h. messbar,
- A für ambitious, d. h. ehrgeizig,
- R für realistic, d. h. realistisch,
- T für time-based, d. h. terminiert.

3. Instrumente zur Ist-Analyse

3.1 Allgemeine Verfahren

3.1.1 Branchen-Analyse

Angesichts stagnierender Märkte reicht eine primär unternehmensbezogene Sichtweise längst nicht mehr aus, sondern das gesamte umgebende Marktumfeld muss zwingend in die Betrachtung mit einbezogen werden. Weit verbreitet unterscheidet man (nach Porter) folgende **Bestimmungsfaktoren** des Wettbewerbs als Einflussgrößen auf die Geschäftspolitik im Umfeld, wobei jeweils deren Verhandlungsmacht besonders betrachtet wird. Es geht also um die Machtbalance, positiv zu eigenen Gunsten, negativ zu fremden Gunsten (siehe Abb. 9).

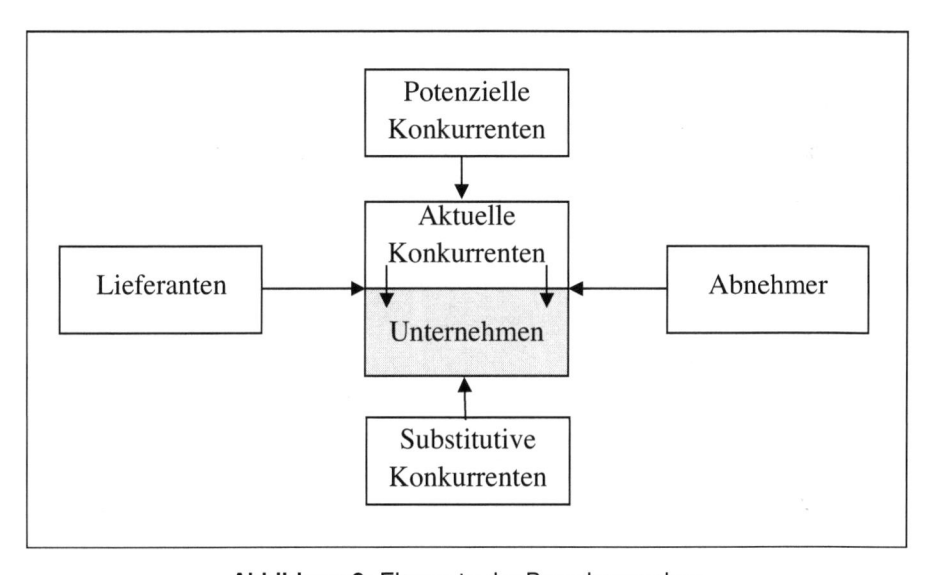

Abbildung 9: Elemente der Branchenanalyse

3.1.1.1 Lieferantenmacht

Ein aggressives Verhalten gegenüber Lieferanten kann diese dazu veranlassen, ihren Positionsvorteil auszuspielen. Die Verhandlungsmacht der Lieferanten ist hoch, wenn:

- der Konzentrationsgrad der Branche groß ist, die Bezugsbranche sich also nur aus wenigen Unternehmen zusammensetzt, von denen eine Leistung überhaupt bezogen werden kann,
- die Substitutionsgefahr gering ist, also keine oder nur schlechte Chancen bestehen, im Konfliktfall auf ein Ersatzprodukt auszuweichen,

- die Produktbedeutung groß ist, die bezogene Leistung also mit hohem qualitativen oder quantitativen Anteil in das eigene Angebot eingeht, vielleicht sogar für dieses bestimmend ist,
- die Umstellungskosten groß sind (Differenzierungsgrad), der Umstieg auf ein Ersatzprodukt also zwar objektiv möglich sein mag, subjektiv aber mit erheblichen Anpassungskosten verbunden ist,
- die Gefahr einer Vorwärtsintegration, mit der Lieferanten glaubhaft drohen können, also des Eindringens in die Abnehmerbranche, groß ist,
- die Wertschöpfung in der belieferten Branche gering ist, also zugelieferte Waren einen hohen Anteil des Verkaufswerts am Endprodukt ausmachen,
- die Auftragsvolumenbedeutung, die der einzelne Abnehmer innerhalb des Lieferantengeschäftsumfangs einnimmt, gering ist (siehe Abb. 10).

Lieferantenmacht	Abnehmermacht
Differenzierung	Abnehmerkonzentration
Umstellungskosten	Abnehmervolumen
Ersatzinputs	Umstellungskosten
Lieferantenkonzentration	Informationsstand
Auftragsvolumen	Rückwärtsintegration
Kostensituation	Ersatzprodukte
Vorwärtsintegration	Preisempfindlichkeit
	Abnehmergewinne

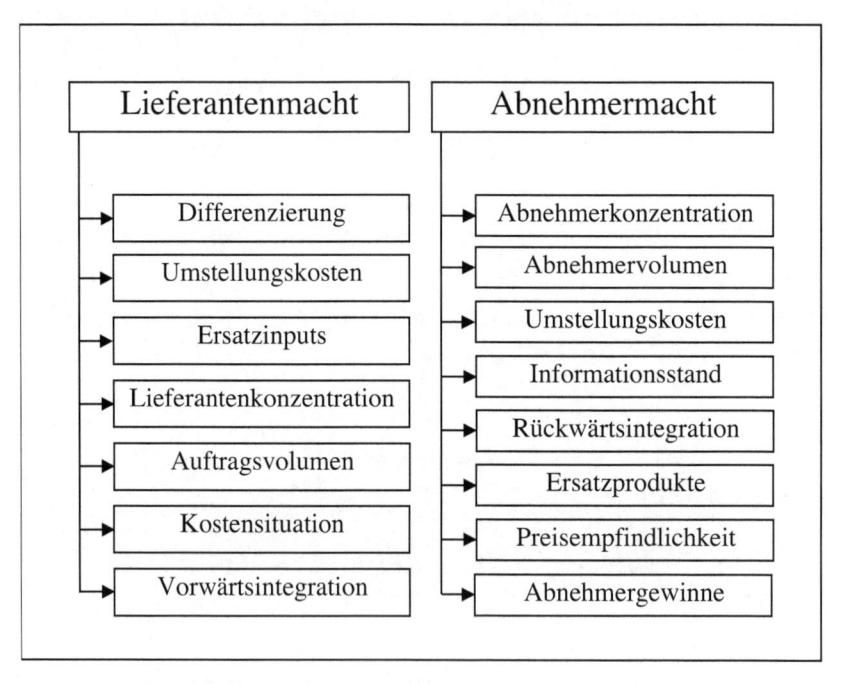

Abbildung 10: Lieferanten- und Abnehmermacht

3.1.1.2 Abnehmermacht

Der Einfluss der Abnehmer durch Nutzung oder Verfügung ihrer Nachfragemacht ist um so größer, je konzentrierter sich die Marktanteilsverteilung dort darstellt und je weniger Ausweichmöglichkeiten sich einem Anbieter deshalb eröffnen. Die daraus resultierende Verhandlungsmacht ist abhängig von:

- dem Geschäftsumfang, der mit einzelnen Kunden getätigt wird. Vereinen relativ wenige Kunden hohe Absatzvolumina auf sich, haben sie für den Unternehmenserfolg einen großen Stellenwert (Key accounts). Diese bedürfen der vordringlichen Bearbeitung, da Absatzausfälle hier das Periodenergebnis spürbar tangieren. De facto ist ein hoher Konzentrationsgrad auf Abnehmermärkten häufig gegeben.
- der Abweichung der eigenen Produkte von denen der Konkurrenz (Alleinstellung). Dabei geht es nicht nur um objektive, sondern vor allem um subjektiv so empfundene Unterschiede. Diese führen zu einer als geringer angesehenen Austauschbarkeit des Angebots und damit zur engeren Bindung der Abnehmer als bei standardisierten Produkten. Umgekehrt begünstigt Qualitätsindifferenz eine starke Austauschbarkeit und verbessert die Position des Abnehmers.
- den Kosten eines Lieferantenwechsels. Diese bestehen aus Kosten der Organisationsumstellung oder aus Einnahmeausfall (Opportunitätskosten). Sind beide als hoch zu bewerten, besteht eine enge Bindung der Kunden, sind beide niedrig, ergibt sich für diese eine bessere Verhandlungsposition, die zu günstigeren Konditionen beim vorherigen oder neuen Vertragspartner führt.
- der Ertragslage des Abnehmers. Ist diese als schlecht einzuschätzen, so sind seine Möglichkeiten zur Ausspielung evtl. vorhandener Marktmacht begrenzt. So kann etwa leicht ein zeitlicher Zugzwang aus mangelnden Rücklagen herrühren und anstelle eines durchzustehenden Verhandlungsmarathons zu schnellen Zugeständnissen zwingen.
- der Transparenz am Markt über Kosten und Preise. Ist eine hohe Übersichtlichkeit gegeben, fällt es leichter, alternative Lieferquellen ausfindig zu machen, zu denen gewechselt oder mit deren Aktivierung zumindest gedroht werden kann. Bei geringer Markttransparenz bleiben solche Ausweichmöglichkeiten eher verborgen.
- der Möglichkeit zur Eigenfertigung. Lohnt sich diese oberhalb eines bestimmten Preislevels und ist objektiv und subjektiv möglich, etwa bei fehlenden Gewerblichen Schutzrechten und vorhandenem Know-how, so entsteht daraus eine hohe Nachfragemacht. Dies gilt auch für die glaubwürdige Drohung mit der Rückwärtsintegration auf vorgelagerte Fertigungsstufen (z. B. Handelsmarken).
- dem Durchhaltevermögen des Abnehmers gegenüber den Lieferanten. Dieses ist wiederum abhängig von dessen Kapitalausstattung, Lagerbestand, Knowhow etc. Je besser die Ausstattung, desto sicherer und hinhaltender ist sein Widerstand gegen nachteilige Veränderungen in der Kontrahierung zu erwarten.
- dem Ausmaß der Bedeutung der zugelieferten Produkte für die Qualität des weiter verarbeiteten Produkts. Je höher diese ist, desto günstiger wird die eigene Verhandlungsposition relativ zu der des Abnehmers.

- der Preisempfindlichkeit der Abnehmer, die wiederum abhängig ist von Faktoren wie Produktunterschieden, Markenbindung, Preis-Leistungs-Relation, Bezugsanreizen aus Menge, Wert, Zielbeitrag etc.

3.1.1.3 Substitutive Konkurrentenmacht

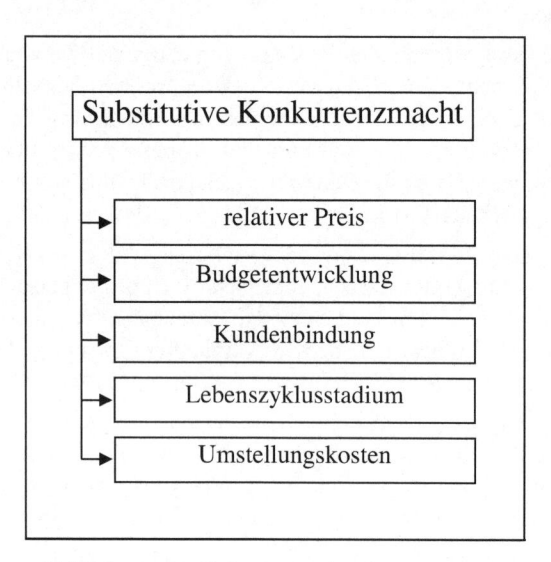

Abbildung 11: Substitutive Konkurrenzmacht

Der Einfluss von Substitutionsgutanbietern als Bedrohung der eigenen Marktstellung bildet eine weitere Größe (siehe Abb. 11). Dabei kann es sich um aktuelle oder potenzielle Ersatzangebote handeln, die auf die Marktposition einwirken. Gewerbliche Schutzrechte versuchen, eine gewisse prozessuale Monopolstellung zu gewährleisten, um den technischen Fortschritt zu forcieren. Letztlich ist der Grad der Bedrohung oberhalb eines Mindesteignungsniveaus aber vor allem vom Preis-Leistungs-Verhältnis abhängig sowie von der Fähigkeit anderer Anbieter, in neue Märkte einzudringen. Die Substitutionsgefahr ist generell hoch einzuschätzen, wenn:

- die Produkte der Branche teuer in Relation zum Einkommen der Konsumenten bzw. zum Budget der Abnehmer sind. Dann werden eher intensive Bemühungen eingeleitet, alternative Produkte auf ihre Einsetzbarkeit hin zu prüfen. Stehen dabei leichte Leistungseinbußen hohen Kostenersparnissen gegenüber, werden selbst diese in Kauf genommen.
- Einkommen/Budgets stagnieren, was heute häufig der Fall ist. Desto dringlicher wird die Notwendigkeit der Nutzwert-Analyse und damit verbunden auch die Gefahr, selbst auf unterlegene Produktalternativen umzusteigen, wenn die damit verbundenen Einschränkungen verkraftbar scheinen.

- die Abnehmer nur einen geringen Grad an Produktloyalität/Markentreue aufweisen, sodass ihnen der Wechsel zu anderen Angeboten subjektiv leicht fällt. Je rationaler die Kaufentscheidung ausfällt, desto geringer ist der Anteil verkürzter Kaufentscheidungsprozesse, die zum eher unreflektierten Wiederholungskauf führen.
- das Lebenszyklusstadium schon weit fortgeschritten ist. Desto wahrscheinlicher wird eine Ablösung durch ein Produkt mit substitutivem Charakter. Dabei kann es sich um ein Neuprodukt handeln oder um die Weiterentwicklung eines vorhandenen Produkts, das im Wachstums- oder Reifestadium seines Lebenszyklus steht, wobei die Übergänge durchaus fließend sind.
- die Umstellungskosten vom einen auf das andere Produkt vergleichsweise gering ausfallen. Dies ist umso eher der Fall, je standardisierter Produkte sind, was infolge des Trends zu Gleichteilekonzepten in der Industrie, aus Lieferantensicht, zunehmend der Fall ist.

3.1.1.4 Potenzielle Konkurrentenmacht

Potenzielle Konkurrenten sind nach Anzahl, Größe und Einfluss sowie dem Grad der Wahrscheinlichkeit ihres Markteintritts bedeutsam. So kann die Abschöpfung der Preisbereitschaft auf einem Markt (Skimming) andere Unternehmen zur Annahme verleiten, dass dort noch relativ hohe Gewinnmargen zu erzielen sind und diese damit zum Markteintritt motivieren. Deshalb kann es sinnvoll sein, auf eine Ausnutzung vorhandener Preisspielräume zu verzichten. Die Bedrohung durch mögliche neue Wettbewerber ist abhängig von mehreren Faktoren, vor allem von der Intensität der zu erwartenden Reaktion und der Höhe der Eintrittsbarrieren. Die Intensität der erwarteten Reaktion der bisherigen Marktanbieter (i. S. v. Vergeltung) dürfte umso stärker sein, je:

- geringer das Marktwachstum ist, d. h., je zwangsläufiger die vorhandenen Marktanteile verteidigt werden müssen, da es wenig Chancen gibt, anderweitig am Markt zu prosperieren,
- höher die Austrittsbarrieren aus dem Markt sind, d. h., je größer die Notwendigkeit ist, im bestehenden Markt zu reüssieren, da ein Ausstieg hohe Vermögensverluste bedingt,
- größer die Kapitalkraft der bisherigen Anbieter ist, d. h., je umfangreicher deren Möglichkeiten scheinen, sich gegen unerwünschte Eindringlinge zur Wehr zu setzen,
- höher die Profitabilität der Branche in Gegenwart und Zukunft einzuschätzen ist, denn damit werden im Gegenzug selbst hohe Risiken akzeptabel.

Die Eintrittsbarrieren in den Markt sind als hoch zu bezeichnen und als schützend anzusehen, wenn:

- Größendegressionsvorteilen eine hohe Bedeutung zukommt, denn dies erfordert große Betriebsanlagen durch internes oder externes Wachstum, damit star-

ken Kapitaleinsatz und hohes Risiko, das andere wiederum vor einem Markteintritt zurückschrecken lässt,
- hohe Umstellungskosten für Kunden bei Lieferantenwechsel gegeben sind, denn dies schafft eine unwillkürliche Bindung der Kunden an bestehende Geschäftsbeziehungen und verschließt dadurch diese Absatzquelle für neue Anbieter,
- der Distributionszugang erschwert ist, denn gelingt es nicht, vorhandene Absatzwege zu erschließen, wie dies bei enger Bindung der Absatzmittler an ihre Lieferanten gegeben ist, oder neue aufzutun, fehlt der Zugang zur Abnehmerschaft.

Akt. Konkurrenzmacht	Pot. Konkurrenzmacht
Branchenwachstum	Größenvorteile
Fixkostenblock	kompar. Kostenvorteile
Wertschöpfung	Markenidentität
Kapazitätsauslastung	Umstellungskosten
Markenindividualität	Kapitalbedarf bei Eintritt
Umstellungskosten	Vertriebszugang
Konzentrationsgrad	politische Einflüsse
Informationsstand	Konkurrenzreaktion
Geschäftsinteressen	Preis-Leistungs-Relation
Marktaustrittsbarrieren	Substitutionsneigung

Abbildung 12: Potenzielle Konkurrenzmacht, Aktuelle Konkurrenzmacht

Die Bedrohung durch neue Konkurrenten infolge zusätzlicher Faktoren ist hoch, wenn:
- der Grad der Produktdifferenzierung durch Markennamen, Image, Qualität etc. wenig ausgeprägt ist, denn das reflektiert eine geringe Loyalität der Abnehmer und potenziell hohe Kundenfluktuation,

- die derzeitigen Wettbewerber keine bzw. nur geringe größenunabhängige Kostenvorteile aus Gewerblichen Schutzrechten, Standortvorteilen, Spezialisten-Know-how etc. haben, denn dann besteht kein uneinholbarer Vorsprung durch Monopoleffekte,
- sich die derzeitige Struktur der Branche in erster Linie aus klein- und mittelständischen Betrieben zusammensetzt, deren Sanktionspotenzial gegenüber okkupierenden Großunternehmen eher als begrenzt anzusehen ist,
- der Eintritt in die Branche nur einen vergleichsweise geringen Kapitaleinsatz verlangt, denn dann kann der versuchte Markteinstieg Externer infolge geringer Verlustgefahr bereits zu erheblicher Unruhe führen,
- die qualifiziert vermutete Gewinnhöhe in der Branche insgesamt hoch ist in Relation zu den für deren Erlangung einzugehenden kumulierten Risiken (siehe Abb. 12).

3.1.1.5 Aktuelle Konkurrentenmacht

Für Anzahl, Größe und Einfluss aktueller Konkurrenten in Bezug auf die Wettbewerbsintensität eines Markts ist der Grad der Reaktionsverbundenheit von Bedeutung. Handelt es sich um wenige, etwa gleich große Anbieter, kommt es oft zur ausdrücklichen oder auch nur stillschweigenden Verhaltensabstimmung. Handelt es sich hingegen um zahlreiche Anbieter am Markt, darunter auch Importeure, ist diese Kollusion schwieriger. Einfacher stellt sich die Situation dar, wenn ein einzelner Anbieter eine überragende Marktposition einnimmt. Die Rivalität unter den etablierten Wettbewerbern ist groß, wenn:

- nach Ansicht der Marktpartner nur geringe Unterschiede hinsichtlich Qualität, Image, Preis etc. zwischen den angebotenen Produkten gegeben sind (Differenzierung) und die Markenbindung niedrig ausfällt. Von daher ist ein stetiges Bemühen zur Sicherung der Nachfrage vonnöten.
- der durchschnittliche Kapazitätsauslastungsgrad in der Branche gering ist und eine hohe Belastung durch Leerkosten besteht. Dann sind die Anbieter eher bereit, bis zur Teilkostendeckung nachzugeben, um wenigstens Fixkostendeckungsbeiträge zu erzielen.
- zahlreiche, annähernd gleich ausgestattete Mitbewerber in der Branche konkurrieren, sodass das Leistungsgefälle zwischen ihnen gering bleibt. Je gleichwertiger die Konkurrenten sind, umso länger können antinomische Prozesse dauern.
- in der Branche hohe Austrittsbarrieren etwa durch Marketingabhängigkeiten, Sozialpläne oder spezialisierte Aktiva mit niedrigen Liquidationserlösen bestehen. Insofern sind alle Anbieter auf erfolgreiche Präsenz auf diesem Markt angewiesen und werden erreichte Marktpositionen deshalb entschlossen verteidigen.
- eine hohe Transparenz oder Intransparenz die Wettbewerbssituation der Branche kennzeichnet. In beiden Fällen besteht die Gefahr direkt konkurrenzverlet-

zender Aktivitäten, zum einen, weil man weiß, wo man den Konkurrenten am Empfindlichsten treffen kann, zum anderen, weil Aktivitäten unbeabsichtigt als Affront gewertet werden und Gegenmaßnahmen induzieren können.
- das Wachstum der Branche gering ist. Denn Stagnation erfordert Konkurrenzverdrängung zur Erfüllung individueller Expansionsziele, d. h., der eigene Bedeutungszuwachs ist nur zu Lasten des direkten Mitbewerbs möglich.
- die Umstellungskosten zwischen den verschiedenen Angeboten niedrig bleiben. Dann ist eine Marktanteilsverschiebung rasch möglich, weil es für Abnehmer leicht fällt, vom einen zum anderen Lieferanten zu wechseln (siehe Abb. 13).

Beispiel einer Branchen-Analyse für die Druckindustrie:
- *Lieferanten: Hoher Konzentrationsgrad bei Papierherstellern und Maschinenlieferanten, Preisdiktat der Papierlieferanten, hohe Lieferzeiten bei den Maschinenherstellern, rasch abfolgende Technologiestandards mit dem Zwang zu kontinuierlichen Investitionen,*
- *Kunden: Geringe Kundenbindung infolge niedriger Wechselkosten und austauschbarer Produkte, stark fragmentierte Nachfrage, rückläufiges Nachfragevolumen (papierloses Büro, Internet), verändertes Informations-/Kommunikationsverhalten (E-Mail, Mobiltelefon statt Briefen),*
- *Potenzielle Konkurrenten: Copyshops (Digitaldruck-Center) für Kleinauflagen, Internationalisierung durch Wettbewerber mit günstigeren Standortkosten,*
- *Substitutionskonkurrenten: Neue Medien, neue Verfahrenstechniken (Internet, elektronische Datenbanken statt Nachschlagewerke, Electronic publishing statt Druck)*
- *Aktuelle Konkurrenten: Stark fragmentierter Markt, wenig Differenzierungsmöglichkeiten bei Produkten, hohe Werbeabhängigkeit, zunehmende Kapitalbindung durch komplexe maschinelle Anlagen, Überkapazitäten, sinkende Renditen durch Preiskampf, zunehmender Verdrängungswettbewerb, steigender Konzentrationsgrad in der Branche.*

Beispiel einer Branchen-Analyse für die Luftfahrtindustrie:
- *Lieferanten: Infrastrukturengpässe bei Flugsicherung, Flugzeugbauern und Flughäfen, Pilotenknappheit,*
- *Kunden: Zunehmende Kundenmacht durch Preistransparenz, steigendes Preis-Leistungs-Bewusstsein, Fliegen hat nichts mehr mit Prestige zu tun, sondern ist Mittel zum Zweck,*
- *Potenzielle Konkurrenten: Nischenanbieter (z. B. Business aviation), Low cost carrier mit No frills-Angeboten sehr erfolgreich,*
- *Substitutionskonkurrenten: Moderne Informations- und Kommunikations-Technologie ersetzt Flüge, Hochgeschwindigkeitszüge mit viel Komfort,*

- *Aktuelle Konkurrenten: Expansion US-amerikanischer und asiatischer Airlines, Transparenz des Flug- und Serviceangebots.*

Macht von Abnehmern			
Faktoren	Punktbewertung	Gewichtung	Einzelsummen
------------------	---------------	---------------	------------------
------------------	---------------	---------------	------------------
------------------	---------------	---------------	------------------
			Gesamtsumme

Macht von Zulieferern			
Faktoren	Punktbewertung	Gewichtung	Einzelsummen
------------------	---------------	---------------	------------------
------------------	---------------	---------------	------------------
------------------	---------------	---------------	------------------
			Gesamtsumme

Macht aktueller Konkurrenten			
Faktoren	Punktbewertung	Gewichtung	Einzelsummen
------------------	---------------	---------------	------------------
------------------	---------------	---------------	------------------
------------------	---------------	---------------	------------------
			Gesamtsumme

Macht von Substitutgutanbietern			
Faktoren	Punktbewertung	Gewichtung	Einzelsummen
------------------	---------------	---------------	------------------
------------------	---------------	---------------	------------------
------------------	---------------	---------------	------------------
			Gesamtsumme

Macht potenzieller Konkurrenten			
Faktoren	Punktbewertung	Gewichtung	Einzelsummen
------------------	---------------	---------------	------------------
------------------	---------------	---------------	------------------
------------------	---------------	---------------	------------------
			Gesamtsumme

Abbildung 13: Formular Five Forces-Analyse

Diese Einflussgrößen werden gelegentlich noch um das Verhalten der Arbeitnehmer und die Eingriffe des Staates erweitert. Diese sollen jedoch im Folgenden außen vor gelassen werden.

3.1.2 Umfeld-Analyse

Durch die Umfeld-Analyse wird die Ist-Situation allgemein deskriptiv dargestellt. Dies ist vor allem hilfreich bei der erstmaligen Auseinandersetzung mit einem strategischen Problem. Eine Systematisierung der Umfeld-Analyse ist durch das Instrument der **STEPP-Analyse** (für Einflussfaktoren aus den Bereichen Socio-cultural, Technological, Economical, Political-legal, Physical-ecological) darstellbar. Hinsichtlich dieser fünf Kriterien ist eine Gliederung der Vermarktungsbedingungen möglich:

- sozio-kulturelle Komponenten sind etwa Geburtenrate und Bevölkerungsstruktur, Arbeitsmentalität, Freizeitverhalten, Sparneigung, Umweltbewusstsein,
- technologische Komponenten beziehen sich auf Produktionstechnologie, Produktinnovation, Verfahrensinnovation, Substitutionstechnologie, Recycling-Technologie,
- ökonomische Komponenten stellen u. a. Entwicklung des Volkseinkommens, Höhe des Realzinssatzes, Konjunktur, Investitionsneigung dar,
- politisch-rechtliche Komponenten sind etwa Gewerkschaftseinfluss, Sozialgesetzgebung, Arbeitsrecht, parteipolitische Entwicklungen, Investitionsanreize, tarifäre und nicht-tarifäre Handelshemmnisse,
- physisch-ökologische Komponenten umfassen u. a. die Verfügbarkeit von Energie und Rohstoffen, Umweltbelastung, klimatischen Faktoren, Infrastruktur.

Im Folgenden ein Beispiel aus der Reifenindustrie zur Situation der Altreifenentsorgung:
- *Socio-cultural: Weiter steigendes Umweltbewusstsein in der deutschen Bevölkerung, weniger Altreifenanfall durch verstärkte Nutzung öffentlicher Verkehrsmittel und Gütertransport per Bahn/Schiff,*
- *Technological: Neue Techniken zum kompletten Recycling von Altreifen stehen bereit, Laufleistung von Reifen erhöht sich,*
- *Economical: Verteuerung von fossilen Brennstoffen führt zum verstärkten Einsatz anderer Brennstoffe, Verknappung der Primärrohstoffe führt zu steigender Nachfrage für die in den Altreifen enthaltenen Rohstoffe,*
- *Political-legal: EU-weite Vorschriften und Erweiterung der EU erschweren Müllexport innerhalb Europas, Kreislaufwirtschaftsgesetz fordert Verwertungsbescheinigung von Werkstätten und Reifenhandel, Kreise und Kommunen lassen zunehmend wilde Altreifendeponien räumen.*
- *Physical-ecological: Verstärkte Beanspruchung der Reifen durch schlechte Straßendecken, stärkere Motorisierung, aggressive Fahrweise, höhere Achsgewichte etc.*

3.2 Deskriptive Verfahren

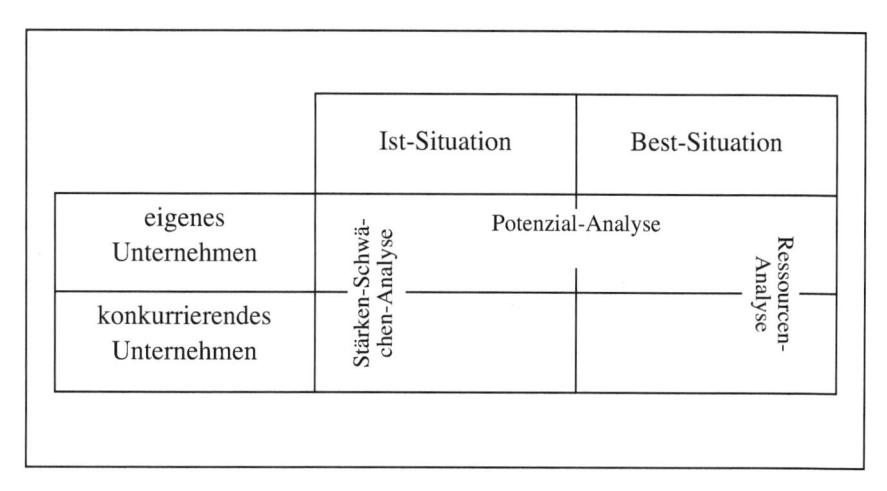

	Ist-Situation	Best-Situation	
eigenes Unternehmen	Stärken-Schwächen-Analyse	Potenzial-Analyse	Ressourcen-Analyse
konkurrierendes Unternehmen			

Abbildung 14: Zusammenhang deskriptiver Analyseverfahren

3.2.1 Ressourcen-Analyse

Bei der Ressourcen-Analyse erfolgt die Beurteilung des Leistungspotenzials des eigenen Unternehmens in Relation zu dem/den jeweils wichtigsten Konkurrenten anhand eines Kriterienkatalogs (Max-Max). Zu solchen Kriterien gehören etwa:

- finanzielle Positionen wie Kosten, Investitionen, FuE-Aufwand etc., personelle Positionen wie Organisation, Qualität, Motivation etc. oder materielle Positionen wie Standort, Rohstoffzufuhr, Produktion etc.

Dabei wird die potenzielle Situation beurteilt, um Konflikte zu antizipieren. Die konkrete Vorgehensweise ist die gleiche wie beim Stärken-Schwächen-Profil (s. u.). Jedoch werden jeweils nicht die ausgeschöpften Potenziale zu Grunde gelegt, sondern die ausschöpfbaren Ressourcen, und je Kriterium wird der jeweils leistungsfähigste Mitbewerber herangezogen. Es ergeben sich Kriterien, bei denen das eigene Unternehmen besser beurteilt wird als der/die Mitbewerber. Dies kennzeichnet einen Ressourcenvorsprung. Und es ergeben sich Kriterien, bei denen der/die Mitbewerber besser beurteilt wird/werden als das eigene Unternehmen. Dies kennzeichnet einen Ressourcenrückstand. Der Abstand der Linien für das eigene und das/die Mitbewerbs-Unternehmen zeigt das Ausmaß der Vorsprünge und Rückstände an (siehe Abb. 15).

Daraus ergeben sich drei mögliche Konsequenzen:

- Ausgleich der Ressourcenrückstände bei den Kriterien mit dem kleinsten Mitbewerbsabstand.

- Defensive Wettbewerbsstrategie hinsichtlich der per Saldo ressourcenüberlegenen Mitbewerber.
- Offensive Wettbewerbsstrategie hinsichtlich der per Saldo ressourcenunterlegenen Mitbewerber über die Kriterien mit dem größten Ressourcenvorsprung.

Durch die Schätzung der Ressourcen sind allerdings gewisse Unsicherheiten der Analyse gegeben.

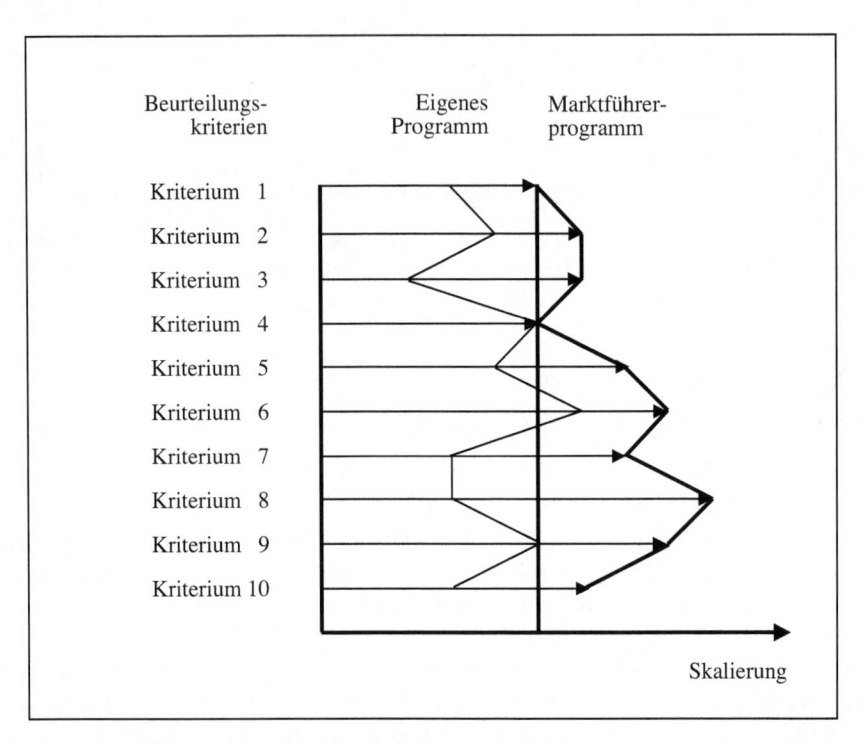

Abbildung 15: Ressourcen-Analyse

3.2.2 Potenzial-Analyse

Die Potenzial-Analyse impliziert die Gegenüberstellung der bereits genutzten und der insgesamt nutzbaren Reserven des eigenen Unternehmens (Ist-Max). Denkbare Beurteilungskriterien sind Markenstärke, Werbepräsenz, Distribution, Lieferfähigkeit, Innovationskraft, Entscheidungsflexibilität, Mitarbeiterqualität, Investitionsattraktivität, Kostenattraktivität, Unternehmensmerkmale etc. Das Ergebnis zeigt an, welche dieser Parameter bereits weitgehend ausgeschöpft sind und welche noch Raum für Zuwachs lassen. Dort ist der relative Abstand zwischen genutztem und nutzbarem Potenzial am Höchsten (siehe Abb. 16).

| Beurteilungs-kriterien | Ist-Zustand | jeweiliges Kriteriums-Maximum |

Kriterium 1
Kriterium 2
Kriterium 3
Kriterium 4
Kriterium 5
Kriterium 6
Kriterium 7
Kriterium 8
Kriterium 9
Kriterium 10

Skalierung

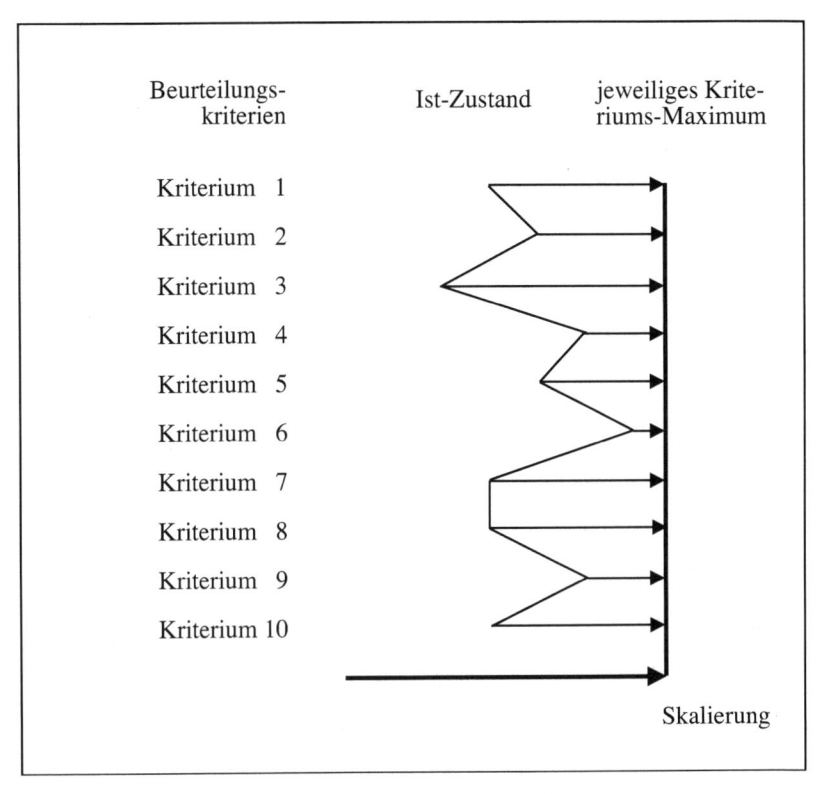

Abbildung 16: Potenzial-Analyse

Die Vorgehensweise zur Ermittlung ist wie folgt:

- Es werden die für die Beurteilung des eigenen Unternehmens relevanten Kriterien ausgewählt. Dazu wird ein Bewertungssystem für die Skalierung festgelegt, z. B. eine bipolare Skala.
- Für jedes Kriterium werden die für die Beurteilung relevanten Teilaspekte des Unternehmens im genutzten Zustand ermittelt und bewertet. Dies erfolgt anhand von Fakten oder Expertenurteil (Letzteres kann subjektiv verzerrt sein). Die Beurteilung für jedes Kriterium wird auf der Skalierung als Wert für das eigene Unternehmen abgetragen.
- Für jedes Kriterium wird der vergleichbare Wert der nutzbaren Potenziale des Unternehmens ermittelt, (subjektiv) bewertet und ebenfalls auf der Skala abgetragen.
- Für eine grafische Darstellung werden die Beurteilungen über alle Kriterien getrennt für den aktuellen und den potenziellen Zustand des Unternehmens durch je eine Linie verbunden. Es ergeben sich Kriterien, bei denen die beiden Linien

deckungsgleich sind. Dort werden alle vorhandenen Potenziale bereits voll ausgeschöpft.
- Und es ergeben sich Kriterien, bei denen im gegebenen Zustand das Potenzial noch nicht voll ausgeschöpft ist. Der Abstand der Linien für die ausgeschöpften und die ausschöpfbaren Potenziale gibt das Ausmaß des Potenzialspielraums an.

Vorhandene, aber noch nicht ausgeschöpfte Potenziale lassen sich ohne großen Zusatzaufwand zur Verbesserung der Marktsituation nutzen. Dort, wo das nicht der Fall ist, müssen Potenziale erst aufwändig aufgebaut werden, um sie nutzbar zu machen.

3.2.3 Abweichungs-Analyse

Die Abweichungs-Analyse betrifft ausschließlich eigene Werte in der Ziel-Zustands-Beziehung des Unternehmens (Ist-Soll). Auch hierbei wird ein Kriterienkatalog angelegt, bei dem jedes Kriterium hinsichtlich seines Zielerreichungsgrads bewertet wird. Daraus entstehen zwei Polaritätenprofile, die relevante Unterdeckungen ausweisen. Dort kann mit Maßnahmen angesetzt werden (siehe Abb. 17). Die konkrete Vorgehensweise ist wie folgt:

- Es werden die in der Zielvorgabe des Unternehmens festgelegten Steuergrößen konkretisiert. Für jede Steuergröße wird der gewünschte Ausprägungsgrad festgelegt. Er dient im Folgenden als Maßstab.
- Es wird ein Bewertungssystem für die Skalierung festgelegt, z. B. Metrikskala. Für jede Steuergröße wird die Zielausprägung als Soll-Zustand auf dieser Skala abgetragen.
- Für jede Steuergröße werden relevante Teilaspekte ermittelt und hinsichtlich ihres Ist-Zustands bewertet. Dies erfolgt anhand von Fakten oder qualifizierter Schätzung (Letzteres kann subjektiv verzerrt sein).
- Die Beurteilung wird für jedes Kriterium als Ist-Zustand auf der Skalierung abgetragen. Für eine grafische Darstellung werden die Beurteilungen über alle Kriterien getrennt für den Soll- und den Ist-Zustand durch je eine Linie verbunden.
- Es ergeben sich Kriterien, bei denen der Ist-Zustand besser oder gleich dem Soll-Zustand ist. Dort sind die Ziele voll erreicht. Und es ergeben sich Kriterien, bei denen der Ist-Zustand schlechter als der Soll-Zustand ist. Dort sind die Ziele noch nicht erreicht.
- Aus dem Abstand zwischen Ist- und Solllinie kann das Ausmaß der Zielabweichung abgelesen werden.

Daraus ergeben sich zwei mögliche Konsequenzen:
- Überprüfung der objektiven Realisierbarkeit der Zielvorgaben (Audit). Denn möglicherweise sind die Ziele zumindest mit den gegebenen Mitteln gar nicht zu realisieren.

- Ressourcenzuweisung in Abhängigkeit vom Grad der Zielabweichung bzw. gewichtet mit der Bedeutung der jeweiligen Zielvorgabe.

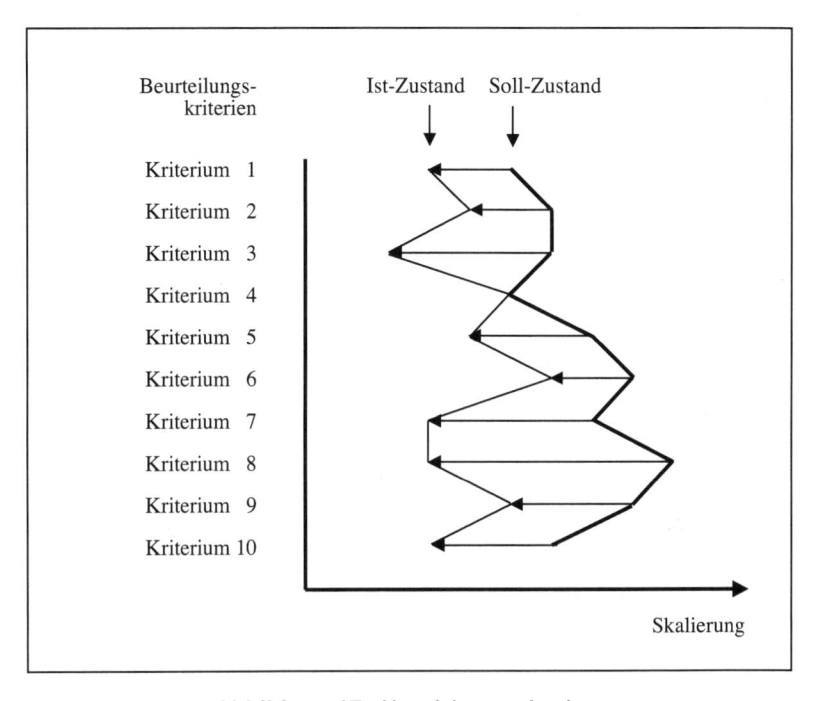

Abbildung 17: Abweichungs-Analyse

3.2.4 Engpass-Analyse

Die Engpass-Analyse, hier in Form der Strategischen Bilanz (auch Argumenten-Bilanz), umfasst die Aufstellung der relevanten Aktiva und Passiva eines Unternehmens nach Rubriken. Statt Bilanzposten werden jedoch Funktionsbereiche des Unternehmens aufgeführt. Jeder Bereich wird hinsichtlich Vorteilen und Nachteilen in Form von Statements dargestellt und auf dieser Basis mit einem Wert zwischen 0 und 100 % bewertet. Der kleinste Saldo, d. h., der addierte Abstand zwischen Aktiva und invertierten Passiva, gibt den Engpass vor, an dem gearbeitet werden muss. Umgekehrt bilden Kriterien mit großem Saldo, d. h., addiertem Abstand zwischen Aktiva und invertierten Passiva, keinen Bottle neck (siehe Abb. 18).

Die Vorgehensweise ist wie folgt:

- Die für den Unternehmenserfolg bedeutsamen Kriterien, werden definiert. Für jeden dieser Faktoren werden alle wichtigen Bestimmungselemente gesammelt, die für eine Bewertung relevant sein können.

- Jedes Bestimmungselement wird grob bewertet. Die Bestimmungselemente werden dann je Faktor in zwei Gruppen unterteilt, solche mit überwiegend positiver Bewertung, diese werden den Aktiva zugeteilt, und solche mit überwiegend negativer Bewertung, diese werden den Passiva zugeteilt.
- Für jeden Faktor werden die positiven und negativen Bestimmungselemente gesammelt und aufgelistet. Diese werden summarisch mit einer Prozentzahl bewertet, welche die Relation des Ist- zum Ideal-Zustand des Unternehmens angibt.
- Je Faktor ergeben sich somit zwei Werte, je einer für die positiven und negativen Bestimmungselemente, entsprechend Soll und Haben in der Buchführung.
- Ein Tableau in Form einer zweiseitigen Bilanz wird aufgemacht, mit Aktiva und Passiva. Auf jeder Seite werden die jeweiligen Faktoren abgetragen. Auf der Aktiva- und Passiva-Seite werden jedem Faktor die jeweiligen Bestimmungselemente zugeordnet. Diese werden mit einem summarischen Wert versehen.
- Auf beiden Seiten werden die Werte von rechts nach links abgetragen, d. h., hohe positive/negative Ausprägungen bedeuten sowohl auf der Aktiva- wie auf der Passiva-Seite hohe Prozentzahlen.

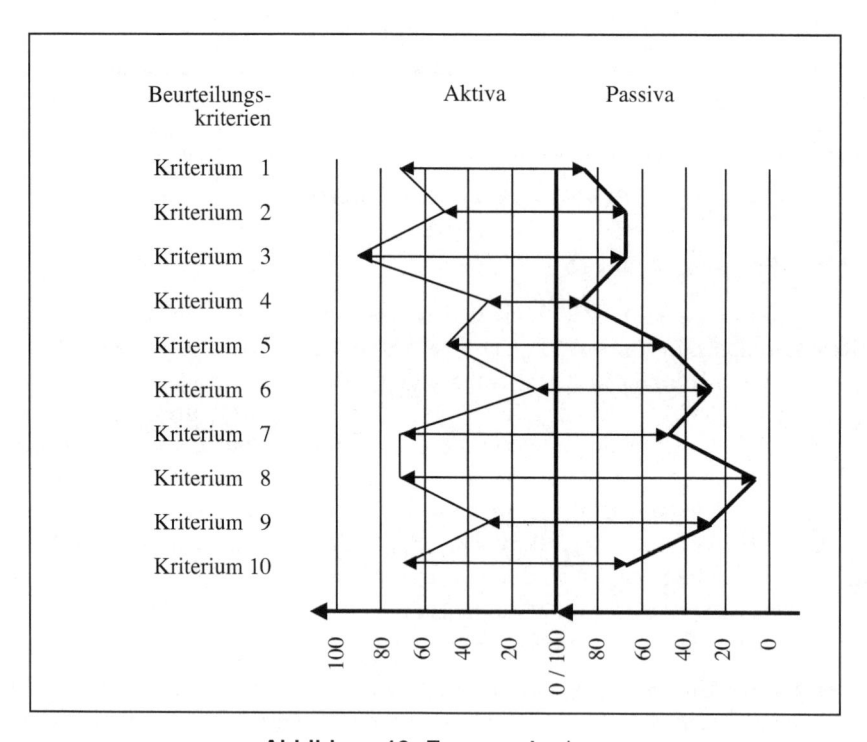

Abbildung 18: Engpass-Analyse

Die Differenz zwischen Aktiva- und Passiva-Werten zeigt die Engpassbeurteilung je Faktor an, im Unterschied zu Ressourcen- und Potenzial-Analyse aber nicht saldiert. Der Grad der Abhängigkeit liegt zwischen 0 und 100. Werte unter 100 zeigen einen Engpass an.

Das Unternehmen wird im Detail etwa hinsichtlich folgender Kriterien beurteilt:

- Kapitalanforderungen: Finanzierungsreserven, -lücken, Verschuldungsgrad, Kapazitätsreserven/Wachstumszwang, Unterbeschäftigungsgefahr, stille/liquidierbare Reserven/Belastungen durch Steuern und Immobilität, Abbau- und Auslastungsmöglichkeiten des Fixkostenblocks,
- Materialanforderungen: Qualitätsvor- und -nachteile gegenüber der Konkurrenz, Ausweichmöglichkeiten bei Rohstoffarten und Lieferanten, Umschlagsbeschleunigung/ -verlangsamung, Chancen der Sortimentsstraffung/Zwang zur Verbreiterung,
- Personalanforderungen: günstige/ungünstige Fluktuationsrate, Attraktivität für potenzielle Mitarbeiter, Schwierigkeiten bei der Personalbeschaffung, geregelte Nachwuchs- und Vertretungsregelungen/unentbehrliche Mitarbeiter, qualitative Personalreserven,
- Absatzanforderungen: Markenprofilierung, Solitärmarken, Produktimage, bessere Problemlösungen, Freiheit in der Preis- und Konditionengestaltung, Auftragsbestände/-eingänge,
- Know-how-Anforderungen: Vergabe/Inanspruchnahme von Patenten und Lizenzen, Projektcontrolling, Leistungsfähigkeit in FuE, Kenntnisse über die Zielgruppe, Innovationen, Krisenbewältigungspläne.

3.3 Analytische Verfahren

3.3.1 Space-Analyse

Die Space-Analyse (Strategic position and action evaluation) dient der Bestimmung der strategischen Grundhaltung von Unternehmen und der ihr zu Grunde liegenden Handlungsmuster innerhalb des strategischen Gestaltungsraums, wobei die Analysierbarkeit der Unternehmensumwelt und der Informationszugang des Unternehmens zu seiner Umwelt das Interpretationsverhalten des Management bestimmen. Insofern wird eine im Hinblick auf die unternehmensinternen und -externen Faktoren passende strategische Grundhaltung entwickelt. Hinsichtlich der (internen) Unternehmensfaktoren wird die Wahl der strategischen Grundhaltung von den Wettbewerbsvorteilen des Unternehmens (Competitive advantage) und der Finanzkraft des Unternehmens (Financial strength) bestimmt. Wettbewerbsvorteile führen zu höheren Gewinnraten und die Finanzkraft des Unternehmens bestimmt den Verhaltenskorridor, der ihm als Bewegungsspielraum zur Verfügung steht.

Hinsichtlich der (externen) Umweltfaktoren sind Turbulenz- und Branchenmerkmale relevant, operationalisiert durch die Stabilität der relevanten Umwelt (Environmental stability) und die Leistungsstärke der Branche (Industry strength). Die Umweltstabilität korreliert eng mit der Finanzkraft eines Unternehmens, weshalb beide auf einer Dimension betrachtet werden können. Die Branchenstärke findet ihre Entsprechung in der Dimension der Wettbewerbsvorteile. Leistungsstarke Branchen ermöglichen es allen Anbietern, rentabel zu arbeiten, leistungsschwache Branchen verschlechtern die Position aller Anbieter.

Operationalisiert werden diese Schlüsselvariablen durch die von der PIMS-Studie ausgewiesenen Einflussgrößen, sie stellen damit eine Verdichtung der Ergebnisse des PIMS-Programms dar. Die angemessene strategische Grundhaltung lässt sich aus den Relationen der vier Schlüsselvariablen Wettbewerbsvorteile, Finanzkraft, Umweltstabilität und Branchenstärke ermitteln. Dazu wird das Unternehmen im Hinblick auf die einzelnen Subfaktoren eingeschätzt, wobei diese untereinander gewichtet werden. Die sich ergebenden Werte werden in einer Matrix abgetragen, mit den Dimensionen

- Leistungsstärke der Branche als Abszisse des 1. und 2. Quadranten, sie ergibt sich aus Wachstums- und Gewinnpotenzial, technischem Know-how, Ressourcenverwendung, Produktivität, Kapazitätsauslastung etc.,
- Finanzkraft des Unternehmens als Ordinate des 1. und 4. Quadranten, sie ergibt sich aus Return on investment, Verschuldungsgrad, Working capital, finanzieller Stabilität, Zugang zum Kapitalmarkt, Leverage, Liquidität, Kapitalbedarf/-bestand, Cash-flow, Marktaustrittsschranken, Geschäftsfeldrisiko etc.,
- Umweltstabilität als Ordinate des 2. und 3. Quadranten, sie ergibt sich aus technologischen Veränderungen, Inflationsrate, Nachfrageschwankungen, Preisvolatilität bei Konkurrenzprodukten, Preiselastizität, Markteintrittsbarrieren, Inflationsrate, Nachfrageverschiebungen, Preisniveau der Konkurrenzprodukte, Markteintrittsbarrieren, Wettbewerbsdruck, Preiselastizität der Nachfrage etc.,
- Wettbewerbsvorteile des Unternehmens als Abszisse des 3. und 4. Quadranten, sie ergeben sich aus Markenstärke, Stellung im Produktlebenszyklus, Konzentrationsgrad der Lieferanten-/Abnehmerbranchen, Kapitalintensität, Einfachheit der Markterschließung, Marktanteil, Produktqualität, Kundenloyalität, Innovationszyklus, vertikaler Integration, Ausnutzung von Wettbewerbspotenzial etc.

Verbindet man die Werte mit Kennlinien, entsteht ein Polygon. Werden die Wettbewerbsvorteile des Unternehmens und die Branchenstärke einerseits sowie die Finanzkraft des Unternehmens und die Umweltstabilität andererseits gegeneinander aufgerechnet, was immanent zulässig ist, weil ein logischer Zusammenhang zwischen ihnen behauptet wird, lässt sich dieses Polygon zu einem Vektor verdichten. Dieser gibt die Richtung der geeigneten strategischen Grundhaltung an.

In Bezug auf die gleiche Marktseite (Mitbewerb) gibt die Begegnung die vollständige oder überwiegende Übernahme der Strategie eines nachzueifernden Anbieters an und die Absetzung die bewusste Eigenständigkeit der Strategie im Verhältnis zu allen vergleichbaren Anbietern am Markt. In Bezug auf die andere Marktseite (Abnehmer) gibt die Aktivität die initiative Einwirkung auf die Marktsituation i. S. d. Veränderung zu eigenen Gunsten an und die Passivität die adaptive Reaktion auf eine gegebene Marktsituation, um diese für sich zu nutzen (siehe Abb. 19).

Liegt der Vektor im 1. Quadranten, ist die aggressive Grundhaltung des **Prospektors** gegeben. Es erfolgt eine Absetzung in Bezug auf die gleiche Marktseite und eine Aktivität in Bezug auf die andere Marktseite. Eine solche aggressive (erobernde) Stoßrichtung hat Kostenführerschaft, Marktanteilssteigerung und Eintrittsbarrierenaufbau für potenzielle Wettbewerber zum Ziel. Daraus leiten sich tendenziell folgende Maßnahmen ab: Akquisition, vertikale Integration, konzentrische Diversifikation, gezielte Produktinnovation, Nutzung und Ausbau von Standortvorteilen, Aufbau und Ausbau von Verhandlungsmacht gegenüber Käufern wie Lieferanten, intensive Kostenkontrolle im Unternehmen und Anstrebung von Erfahrungskurveneffekten.

Als Beispiel dazu kann die Marke APPLE gelten. Dieser Computerhersteller hat erstmals PC-Leistung für Anwender praktisch nutzbar gemacht, und zwar durch einfache Bedienung, klare Bildschirmdarstellung, effektive Arbeitshilfen etc. Gleichzeitig ist diese Leistung auch als Philosophie geschickt vermarktet worden und hat weltweit begeisterte Anhänger gefunden. Die Philosophie, die da lautet, Menschen produktiver zu machen, ist also ganz vom Produkt entrückt. Dadurch konnten im Ergebnis lange Zeit Premiumpreise realisiert werden. Erst viel später ist in der PC-Welt mit der Bildschirmoberfläche WINDOWS eine Alternative erhältlich geworden.

Liegt der Vektor im 2. Quadranten, ist die wettbewerbsorientierte Grundhaltung des **Anpassers** angezeigt. Es erfolgt eine Begegnung in Bezug auf die gleiche Marktseite und eine Aktivität in Bezug auf die andere Marktseite. Eine solche wettbewerbsorientierte (anpassende) Stoßrichtung hat Differenzierung, Aufbau und Ausbau des Produktimages, Schaffung und Erhöhung der Kundentreue und Reduktion der Preisreagibilität der Kunden zum Ziel. Daraus leiten sich tendenziell folgende Maßnahmen ab: Intensivierung der Marketingaktivitäten, Produktverbesserung/-variation, Abgrenzung der Produkte zu Konkurrenzprodukten, Ausbau der Produktqualität, Stärkung des Vertriebs, Verbesserung der Unternehmenskoordination, engere Kooperation zwischen FuE, Vertrieb und Marketing sowie Verbesserung der finanziellen Position durch Kooperation.

Als Beispiel dazu kann die Marke PEPSI gelten. Dieser Softdrink ist jahrzehntelang im Schatten des überragenden Marktführers COKE gesegelt und hat ein im Grunde verwechslungsfähiges Angebot gemacht, das auf Grund aktiven Marketingeinsatzes hohe Verbreitung findet und zum Marktführer immer mehr aufschließt, aber wegen der generischen Annäherung trotz Herausforderung nicht ausreicht, COKE auszuhebeln. Zwar wurde der Marktführer kurzfristig so verunsichert, dass er sogar die bewährte Rezeptur änderte, aber die erlebte Differenz beider Angebote reichte letztlich nicht aus, ihn auf Dauer zu überwinden. Vergnüglich waren dennoch die Werbekampagnen beider Wettbewerber anzusehen („Cola-War").

Liegt der Vektor im 3. Quadranten, ist die defensive Grundhaltung des **Defenders** angezeigt. Es erfolgt eine Absetzung in Bezug auf die gleiche Marktseite und eine Passivität in Bezug auf die andere Marktseite. Eine solche defensive (verteidigende) Stoßrichtung hat die Sicherung profitabler Positionen am Markt, die Melkung dieser Positionen und den selektiven Rückzug von anderen Märkten zum Ziel. Daraus leiten sich tendenziell folgende Maßnahmen ab: Elimination von Produkten mit marginaler Rendite, Reduktion des Kostenniveaus, Abbau von Kapazitäten, Minimierung von Investitionen und Pflege von Produkten in profitablen Positionen.

Als Beispiel dafür kann die Marke PORSCHE gelten. Dieser Sportwagenhersteller baut eine Legende auf Rädern in Form des 911. Obgleich unstreitig ist, dass dessen technisches Konzept hinter den aktuellen Kategoriemöglichkeiten deutlich zurückbleibt, ist er dennoch ein Klassiker, nach dem die Kunden verlangen. Auch die hohen Gebrauchtwagenpreise sind ein Indiz für seine unverminderte Attraktivität und Alleinstellung. Insofern wurde lange Zeit nicht ernsthaft versucht, weitere Modellstandbeine im Programm zu schaffen. Die Folge dieser Passivität schlug sich, wie nicht anders zu erwarten, in heftigen Unternehmensproblemen nieder, deren Ausgang durchaus eng war.

Liegt der Vektor im 4. Quadranten, ist die konservative Grundhaltung des **Risikostreuers** angezeigt. Es erfolgt eine Begegnung in Bezug auf die gleiche Marktseite und eine Passivität in Bezug auf die andere Marktseite. Eine solche ausweichende (risikostreuende) Stoßrichtung hat den Aufbau segmentspezifischer Wettbewerbsvorteile zum Ziel. Daraus leiten sich tendenziell folgende Maßnahmen ab: Identifikation attraktiver Marktsegmente, Beschränkung auf einzelne Segmente, Entwicklung passender Produktversionen für attraktive Marktsegmente, Abflachung und Einengung des Programms, Konzentration der FuE-Aktivitäten.

Als Beispiele können die fernöstlichen Hersteller außerhalb Japans dienen. Sie bieten verwechslungsfähige Produkte durchaus hohen Leistungsstandards an, die sich aber durch nichts Wesentliches von durchschnittlichen anderen Angeboten der Gattung unterscheiden, außer im deutlich niedrigeren Preis, der als hauptsächliches Verkaufsargument dient. Auf eigenständiges Marketing und sonderliche technische Innovation wird zu Gunsten der Nachahmung verzichtet. Erst in dem Maße, wie die Produktionsbedingungen am Standort höhere Gestehungskosten verursachten und technischer Fortschritt gegeben war, bestand die Notwendigkeit einer Differenzierung (z. B. SAMSUNG).

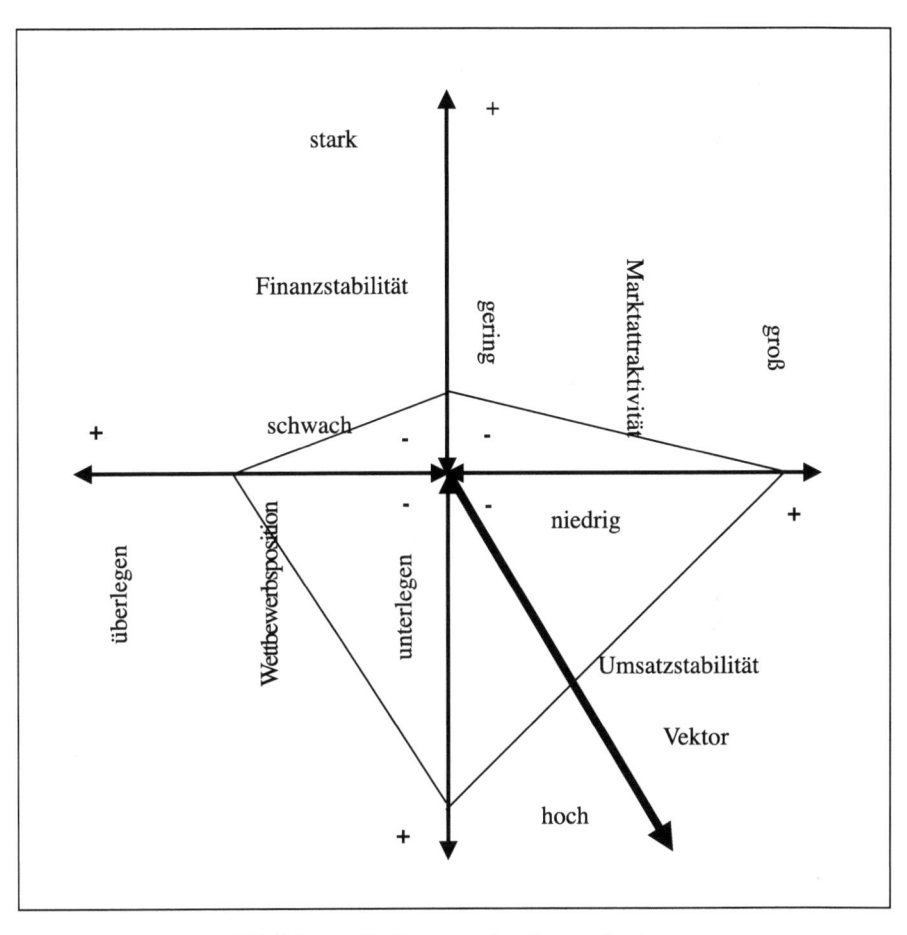

Abbildung 19: Schema der Space-Analyse

Ebenso wie für das eigene Unternehmen kann auch eine Klassifizierung für Mitbewerber vorgenommen werden, sodass verschiedene Polygone bzw. Vektoren verglichen werden können. Damit kann die strategische Grundhaltung klassifiziert und aus der konkreten Handlungssituation abgeleitet werden. Für die Operationalisierung bleibt dabei genügend Spielraum. Kritisch sind jedoch die Grundlagen zu beurteilen. Zum einen die impliziten Mängel der PIMS-Studie, zum anderen die unklare Aufteilung der einzelnen Aktionsvariablen auf die vier Gruppen von Schlüsselvariablen. Auch ist die logische Verknüpfung von Wettbewerbsvorteilen und Leistungsstärke bzw. Finanzkraft und Umweltstabilität ungesichert. Gerade daraus erklärt sich aber die Komprimierung des Vektors als Aussage. Auch sind die Variablen problematisch einzuschätzen, vor allem hinsichtlich ihrer Gewichtung, z. B. können sich Stärken und Schwächen im Rahmen eines Scoring-Modells gegenseitig kompensieren.

3.3.2 SWOT-Analyse

Ein Vorläufer der komplexen Portfolio-Modelle ist die SWOT-Analyse. Der Begriff SWOT entsteht als Akronym für die englischen Übersetzungen von Stärken (Strengths), Schwächen (Weaknesses), Chancen (Opportunities) und Risiken (Threats) (sie wird auch als SOFT- oder WOTS Up-Analyse bezeichnet). Die Analyse stellt damit eine Kombination aus einer Stärken-Schwächen-Analyse und einer Chancen-Risiken-Analyse dar.

3.3.2.1 Stärken-Schwächen-Analyse

Bei der Stärken-Schwächen-Analyse handelt es sich um die **Gegenüberstellung der Ist-Position des Unternehmens im Vergleich zu Konkurrenten anhand eines Kriterienkatalogs.** Aus diesem Konkurrenzvergleich ergibt sich bei entsprechender Anlage ein Polaritätsprofil, aus dem ersichtlich ist, wo gegenwärtige komparative Konkurrenz-Vor- und Nachteile liegen, die Notwendigkeit oder Anlass zu Aktivitäten anzeigen (siehe Abb. 20).

Die konkrete Ausformung geschieht wie folgt:

- Zunächst werden die für die Beurteilung der relativen Situation des eigenen Unternehmens relevanten Kriterien ausgewählt, dies bedarf äußerster Umsicht, um keine relevanten Kriterien auszulassen bzw. irrelevante Kriterien einzubeziehen. Der/die stärkste(n) Wettbewerber wird/werden definiert.
- Danach wird ein Bewertungssystem für die Skalierung festgelegt, z. B. Schulnotenskala. Für jedes Kriterium werden die für die Beurteilung relevanten Teilaspekte für das eigene Analyseobjekt ermittelt und bewertet, dies erfolgt anhand von Fakten oder Expertenurteil, das subjektiv verzerrt sein kann.
- Die Beurteilung für jedes Kriterium wird auf der Skalierung als Wert für das eigene Unternehmen abgetragen. Für jedes Kriterium werden die gleichen Teilaspekte für den/die ausgewählten Mitbewerber ermittelt und bewertet, dies erfolgt ebenfalls anhand von Fakten oder qualifizierter Schätzung, Letzteres kann wiederum verzerrt sein.
- Die Beurteilung für jedes Kriterium des/der ausgewählten Mitbewerber(s) wird ebenfalls als Wert auf der Skalierung abgetragen. Für eine grafische Darstellung werden die Beurteilungen über alle Kriterien getrennt für das eigene und das/die Mitbewerber durch je eine Linie verbunden.
- Es ergeben sich Kriterien, bei denen das eigene Unternehmen besser beurteilt wird als der/die Mitbewerber. Dies ist eine Stärke. Und es ergeben sich Kriterien, bei denen der/die Mitbewerber besser beurteilt wird/werden als das eigene Unternehmen. Dies ist eine Schwäche. Der Abstand der Linien für das eigene Analyseobjekt und den/die Mitbewerber zeigt das Ausmaß der Stärken und Schwächen des Unternehmens an.

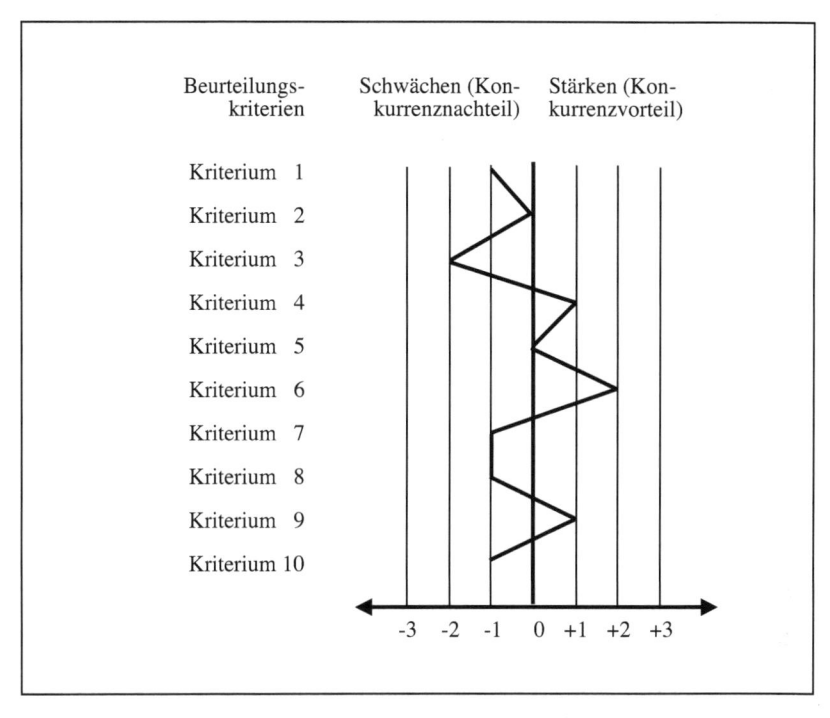

Abbildung 20: Stärken-Schwächen-Analyse

Kriterien, die der Bewertung zu Grunde liegen, können etwa sein:

- Management (Führungskräftequalität, Entscheidungsfindung, Planungseffizienz, Mitarbeitermotivation, Organisationsrahmen etc.), Entwicklung (Technologiestandard, Leistungsfähigkeit etc.), Beschaffung (Methodik, Lieferantenauswahl etc.), Produktion (Kapazitätsauslastung, maschinelle Ausstattung etc.), Finanzen (Mittelfristigkeit, Liquiditätsstand, Cash-flow, Kapitalquellen etc.) oder Absatz (Vertriebsmannschaft, Distributionsnetz, Marktforschungsdaten, Serviceumfang, Werbeaufwand, Preisniveau, Marktanteil, Imageprofil etc.).

Probleme liegen in der Auswahl dieser Kriterien, die je nach Branche und Strategie unterschiedlich zu erfolgen hat, mit dem Ergebnis, dass jeder Kriterienkatalog immer wieder neu ist, und die Ergebnisse untereinander nicht mehr vergleichbar sind. Weiterhin ist die mögliche Gewichtung dieser Kriterien problematisch, denn auch diese hat individuell zu erfolgen. Von Schwierigkeit ist die Feststellung der Werte (Scorings), sofern diese nicht allgemein zugänglich sind, was in den seltensten Fällen gegeben ist. Hierunter leidet die Gültigkeit und Zuverlässigkeit von Daten. Sofern objektive Daten nicht verfügbar sind, birgt die Bewertung durch Experten große Unwägbarkeiten. Ein

Ausweg besteht darin, mehrere Experten unabhängig voneinander zur Bewertung heranzuziehen, möglichst solche, die aus unterschiedlichen Fachgebieten kommen und nicht betriebsblind sind. Trotz dieser Mängel bietet dieses Verfahren sehr gute Anhaltspunkte zur Einschätzung der Ist-Situation des Unternehmens im Wettbewerb. Auch lassen sich daraus bereits zwei „Normstrategien" ableiten:

- bei eigenen, komparativen Schwächen: Prüfung auf Einhaltung eines als unverzichtbar angesehenen Mindestniveaus, ist dieses gegeben, sollen diese Schwächen akzeptiert werden, ist dieses nicht gegeben, sind die Schwächen durch vermehrte Anstrengungen unbedingt auszugleichen (z. B. Kriterium 3 in Abb. 20),
- bei eigenen, komparativen Stärken: Ausbau, um einen entscheidenden Vorsprung zu manifestieren und die größere Hebelwirkung der Stärken im Wettbewerbsprozess zu nutzen (z. B. Kriterium 6 in Abb. 20).

3.3.2.2 Chancen-Risiken-Analyse

Bei der Chancen-Risiken-Analyse handelt es sich um die **Beschreibung der zukünftigen Umfeldfaktoren, denen sich das Unternehmen ausgesetzt sieht.** Im Unterschied zur Stärken-Schwächen-Analyse wird also nicht die Situation des eigenen Unternehmens relativ zur Konkurrenz untersucht, sondern dessen Situation relativ zur mutmaßlichen Umfeldentwicklung. Dabei wird die Gegenwart häufig durch Szenarios in die Zukunft fortgeschrieben. Als Chance wird eine Umweltsituation definiert, die ein Unternehmen positiv nutzen kann, als Risiko eine solche, die ein Unternehmen schädigen kann. Als Analysegröße gelten u. a. natürliche, demografische, gesamtwirtschaftliche, kulturelle, politische oder technologische Gegebenheiten. Die Vorgehensweise ist wie folgt:

- Es werden die für den Unternehmenserfolg relevanten Umfeldfaktoren gesichtet und selektiert. Für jeden dieser Faktoren wird die voraussichtliche zukünftige Entwicklung zu bestimmen versucht. Diese Entwicklung wird auf den Markt/die Märkte zurückbezogen, auf dem/denen das Unternehmen tätig ist.
- Aus den generellen Entwicklungen werden hypothetische Auswirkungen auf das Marktumfeld abgeleitet. Dabei ergeben sich Entwicklungen, die positiv für das Marktumfeld sind, diese wirken verstärkend. Umgekehrt ergeben sich Entwicklungen, die negativ für das Marktumfeld sind, diese wirken hemmend. Verstärker und Hemmer werden katalogisiert.
- Sie können dabei mit Eintrittswahrscheinlichkeiten und Gewichtungen versehen werden. Die Unwägbarkeiten der Zukunft schlagen notwendigerweise auf die Aussagefähigkeit dieser Analyseform durch (siehe Abb. 21).

Zur Einschätzung alternativer Zukunftsgegebenheiten wird häufig die **Szenario-Technik** eingesetzt. Dabei wird die Entwicklung unter Best case scenario-, Medium case scenario- und Worst case scenario-Bedingungen abgeschätzt. Außerdem wird die Eintrittswahrscheinlichkeit jeder Szenarioalternative gewichtet. Daraus ergibt sich der Erwartungswert über alle drei Szenarien hinweg. Dasjenige Szenario ist das wahrscheinlichste, das den höchsten Erwartungswert aufweist. Dessen Chancen und Risiken werden der Analyse zugrunde gelegt.

	Chancen-Analyse			Risiken-Analyse	
	niedrige Eintrittswahrscheinlichkeit	hohe Eintrittswahrscheinlichkeit		niedrige Eintrittswahrscheinlichkeit	hohe Eintrittswahrscheinlichkeit
gering positive Auswirkungen			gering negative Auswirkungen		
stark positive Auswirkungen			stark negative Auswirkungen		

Abbildung 21: Chancen-Analyse und Risiken-Analyse

Die Stärken und Schwächen als interne Analyse sowie die Chancen und Risiken als externe Analyse können in einem Tableau aufgeführt werden, dabei findet noch keine Verknüpfung dieser Aspekte mit strategischen Empfehlungen statt.

Beispiel SWOT-Tableau für einen Solarhersteller:
- *Stärken: Umweltfreundliche Technologie, spart dem Nutzer mittelfristig nennenswert Geld, Innovatorenprestige für Nutzer, technisch sehr zuverlässig, lange Lebensdauer,*
- *Schwächen: Nicht für jede Immobilie geeignet, hohe Anschaffungskosten, zusätzliche Wartungskosten fallen an, Genehmigungsrecht abhängig von Ausmaß, Fassade, Freiflächen, Denkmalschutz etc., unterschiedliche Montagearten,*
- *Chancen: Steigende Strompreise, hohe Fördermöglichkeiten durch den Staat, Medien unterstützen die Thematik, starke Propaganda durch die Politik, Massenkäuferpotenzial Immobilienwirtschaft und Wohnungsbaugesellschaften,*
- *Risiken: Leistungskraft der Solarzellen wächst, daher Einstiegszeitpunkt kritisch, Vorurteile gegen neuartige Technik, teils geringer Informationsstand, Bezugsquellen oft unbekannt, stagnierendes Umweltbewusstsein.*

3.3.2.3 SWOT-Matrix

Für die SWOT-Matrix (auch als TOWS-Analyse bezeichnet) werden die aus dem Konkurrenzvergleich herausgearbeiteten Stärken und Schwächen katalogisiert. Ebenso die aus der Prognose herausgearbeiteten Chancen und Risiken des Marktumfelds. Beide Merkmalskataloge werden in Beziehung zueinander gesetzt. Dazu werden Themenkomplexe gebildet, auf die sich sowohl Stärken bzw. Schwächen als auch Chancen bzw. Risiken beziehen. Für jeden Themenkomplex werden diese Größen in Form einer Matrix zugeordnet. Beide Analysen bilden so je eine Achse einer Matrix, die damit vier Felder umfasst. Mit jedem dieser Felder sind Normverhaltensweisen verbunden. Die Zuordnungen lauten (siehe Abb. 22):

- bei Angebotsstärken und Umfeldchancen, d. h. Marktchancen, die durch parallele Anbietervorteile am Besten zu nutzen sind: Ausbau des Angebots zur Nutzung aller Chancen,
- bei Angebotsstärken und Umfeldrisiken, d. h. Marktrisiken, die durch partielle Anbietervorteile kompensiert werden können: Absicherung der Position zur Vorbeugung gegen Rückschläge,
- bei Angebotsschwächen und Umfeldchancen, d. h. Marktchancen, deren volle Nutzung durch Anbieternachteile behindert wird: Aufholen von Rückständen, damit Chancen nicht entgehen,
- bei Angebotsschwächen und Umfeldrisiken, d. h. Marktrisiken, die durch Anbieternachteile dramatisiert werden: Abbau der Marktposition zur Abwehr von Gefahren.

Beispiel D-C/MCC Smart
Stärken-Schwächen-Analyse:
– *Stärken: Kleinstwagen auf Mittelkasseniveau, nutzt jede Parklücke, niedrige Steuer- und Versicherungseinstufung, sehr hohe passive Sicherheit, solide Verarbeitung, hohe Zuverlässigkeit, anspruchsvolle Technik, geringer Kraftstoffverbrauch, kundenvariable Bauweise, Umweltverträglichkeit nicht nur im Produkt, sondern auch in der Produktion, hohes Markenbewusstsein durch Verbindung zu DaimlerChrysler, Nachfragemacht im Konzern, Innovationskraft, hoher Werterhalt.*
– *Schwächen: Begrenzung des Raumangebots auf zwei Personen und sehr wenig Gepäck, relativ hoher Anschaffungspreis, mangelnder Fahrkomfort, nicht langstrecken-tauglich, spezielle Ausrüstung der Smart-Werkstätten, hohe Entwicklungskosten, eingeschränkte Wintertauglichkeit, Smart-Türme nur für 2-Sitzer geeignet.*

Chancen-Risiken-Analyse:
– *Chancen: Erschließung neuer Märkte im Ausland, kaum „echte" Konkurrenzprodukte, Notwendigkeit zu immer sparsameren Fahrzeugen, auch bei Kleinwa-*

gen wird Sicherheit wichtig, Hebeleffekt durch Know-how aus anderen Fahrzeugklassen, stetige Zuwachsraten im Kleinwagensektor, wachsender Trend zu Nischenfahrzeugen, Anstieg der Unterhaltskosten, Zunahme des Verkehrsaufkommens, wachsendes Umweltbewusstsein, junge Menschen können sich früher ihr eigenes kleines Auto leisten, neues Marktsegment etablieren (First mover advantage), individuelle Mobilität, umweltfreundliche Produktionsverfahren, Parkplatzmangel steigt, Verjüngung im Konzern.

– *Risiken: negative Imageabstrahlung im Konzernprogramm, Aufkommen von Konkurrenten, Kleinstfahrzeuge werden eher unter Preis- als Imageaspekten gekauft, Auto aber bleibt Imageobjekt, Gefahr der Übersegmentierung der Märkte (Aufwands-Nutzen-Verhältnis), steigendes Preisbewusstsein, hohes unternehmerisches Wagnis, komplette Neuentwicklung, hohe Investitionen in Technik und Vertriebsnetz erforderlich, Kundenakzeptanz fraglich, keine Erfahrung mit kleinen Fahrzeugen im Konzern (mangelnde Kernkompetenz), Smart wird oft nur als teures Spielzeug betrachtet*

	Auflistung der Wettbewerbs-nachteile (Schwächen)	Auflistung der Wettbewerbs-vorteile (Stärken)
Auflistung der Marktpo-tenziale (Chancen)	Aktivität: Aufholen	Aktivität: Forcieren
Auflistung der Marktbe-drohungen (Risiken)	Aktivität: Meiden	Aktivität: Absichern

Abbildung 22: SWOT-Matrix

SWOT-Analyse:
 – *Stärken und Chancen: Ausbauen,*
  Maßnahmen: Aufstockung des Programms (Crossblade, Forfour, Roadster, Roadster Cabrio),

- *Stärken und Risiken: Absichern,*
  Maßnahmen: alleinstellende Position als neue automobile Lebensstil-Alternative,
- *Schwächen und Chancen: Aufholen,*
  Maßnahmen: Konstruktion optimieren (Verbrauch/Tankinhalt, Automatik-Schaltrucke, Komfort/Federung etc.),
- *Schwächen und Risiken: Meiden,*
  Maßnahmen: Konkurrenzfähigkeit zu anspruchslosen Mittelklasseangeboten durch Markenimage.

3.4 Komplexe (Portfolio-)Verfahren

3.4.1 Vier-Felder-Portfolio (BCG)

Bei den Portfolio-Modellen werden zumeist zwei, das eher standardisierte Vier-Felder-Portfolio und das eher maßgeschneiderte Neun-Felder-Portfolio, eingesetzt.

3.4.1.1 Darstellung

Die zweidimensionale Portfoliotechnik ist nach der Boston Consulting Group (BCG) benannt und beinhaltet die **ordinale Skalierung der Größen durchschnittliches Marktwachstum und relativer Marktanteil sowie Kreisgrößen analog dem Umsatzanteil von SGEs am Unternehmen im Rahmen einer Matrix.**

Der **relative Marktanteil** ist der Quotient aus eigenem absoluten Marktanteil und der Summe der absoluten Marktanteile der/des größten Wettbewerber(s). Der relative Marktanteil ist also ein doppelt relativer Wert, der
  < 1 ist, wenn die Wettbewerbsposition schwach bleibt (Marktfolger),
  > 1 ist, wenn die Wettbewerbsposition stark ist (Marktführer).
Entsprechend erfolgt der Abtrag für die SGE auf der horizontalen Skalierung (= Abszisse). Sie repräsentiert deren Cash-flow-Generierung.

Das **durchschnittliche Marktwachstum** ist das Ergebnis der mittelfristigen Marktentwicklung in Prozent. Hierbei ist Fingerspitzengefühl angebracht, um dem logistischen Verlauf (Sättigungsfunktion) der Marktentwicklung zu entsprechen. Analog dem jeweiligen Wert erfolgt der Abtrag der SGE auf der vertikalen Skalierung (= Ordinate). Sie repräsentiert deren Cash-flow-Verbrauch. Damit ist die Position der SGE innerhalb der Matrix eindeutig definiert.

Die **Kreisgröße** repräsentiert die relative Umsatzbedeutung der SGE innerhalb des eigenen Unternehmens. Dazu wird mit einem skalierten Radius ein Kreis um den vorher definierten Schnittpunkt gezogen. Bei allen Angaben handelt es sich jeweils um Zustandswerte. Damit ist die Matrix formal vollständig (siehe Abb. 23).

Strategische Geschäftseinheiten	Umsatz absolut (€)	Umsatz vertikal prozentuiert	relativer Marktanteil (Quotient)	durchschnittliches Marktwachstum (%)
1				
2				
3				
.				
.				
.				
n				

Abbildung 23: Positionsbestimmung der Strategischen Geschäftseinheiten (SGEs)

Teilt man Abszisse und Ordinate jeweils in der Mitte der Extremwerte bzw. dort, wo der relative Marktanteil = 1 ist und die Marktwachstumsrate im Durchschnitt liegt (Cut off-Kriterien), ergeben sich vier Felder, in denen sich SGEs befinden können. Gelegentlich werden auch ein relativer Marktanteil von 1,5 und eine Marktwachstumsrate von 10 % als Cut off-Kriterien angelegt. Die Besonderheit der Portfolio-Technik liegt nun darin, dass mit der Position der SGEs innerhalb dieser Matrix bestimmte normative Schlussfolgerungen für die Strategie verbunden sind. Im Falle des BCG-Portfolios tragen die vier Felder anschauliche Namen:

- Die Kombination aus hohem Durchschnittsmarktwachstum und niedrigem Relativmarktanteil bilden **Question marks** (= Fragezeichen). Dies sind Nachwuchs-SGEs in dynamischen Märkten. Gelegentlich werden diese auch als Wildcats oder Babies bezeichnet.
- Die Kombination aus sowohl hohem Durchschnittsmarktwachstum als auch hohem Relativmarktanteil bilden **Stars** (= Sterne). Dies sind marktführende SGEs in dynamischen Märkten.
- Die Kombination aus niedrigem Durchschnittsmarktwachstum und hohem Relativmarktanteil bilden **Cash cows** (= Melkkühe). Dies sind marktführende SGEs in stagnierenden Märkten.
- Die Kombination aus sowohl niedrigem Durchschnittsmarktwachstum als auch niedrigem Relativmarktanteil bilden **Poor dogs** (= Arme Hunde). Dies sind Problem-SGEs in stagnierenden Märkten (auch Lame ducks genannt).

Diese Reihenfolge entspricht dem normalen zeitlichen Ablauf wie in der Lebenszyklus-Analyse zu finden. Damit ist bereits eine Determinante der Matrix festgelegt. Die andere leitet sich aus der Erfahrungskurven-Analyse ab, denn die Marktstellung entspricht der relativen Kostensituation im Wettbewerb. Verknüpft spiegeln sich beide Determinanten im Portfolio (siehe Abb. 24 und Abb. 25).

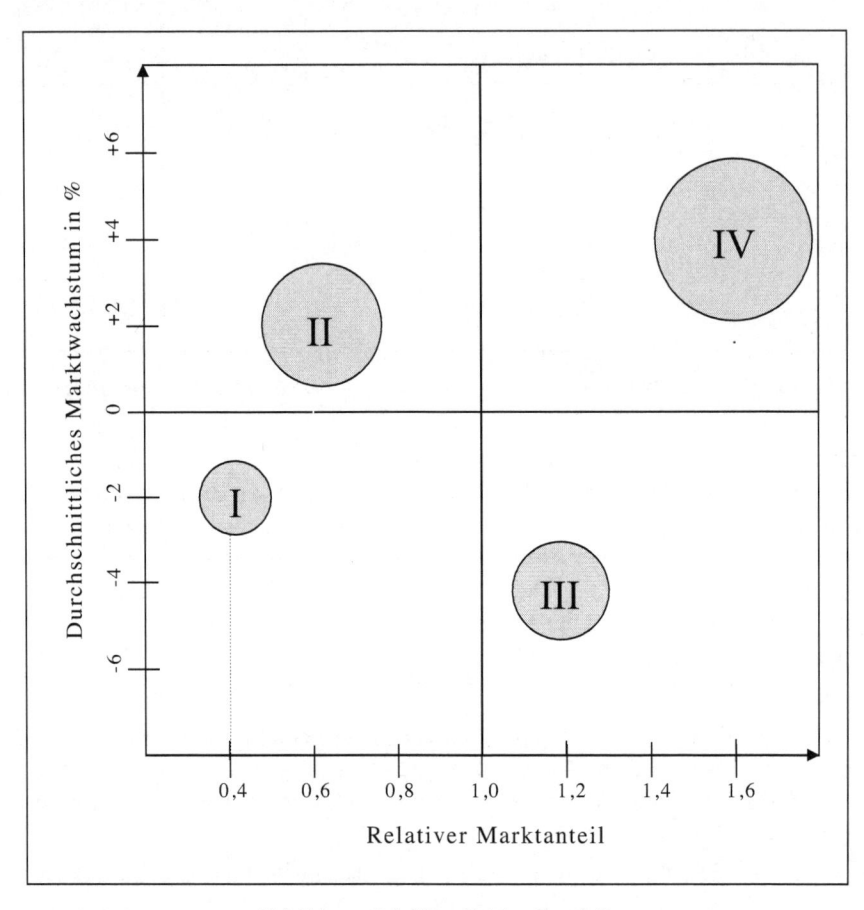

Abbildung 24: Vier-Felder-Portfolio

3.4.1.2 Konsequenzen

Eine Besonderheit der Portfolios gegenüber anderen Methoden der Ist-Analyse ist, dass nicht nur eine Analyse der Ist-Situation vorgenommen wird, die dann jedem Beurteiler freistellt, seinerseits daraus die richtigen Schlüsse zu ziehen, sondern hier die Methode mit einer Art von „Rezeptur" verbunden ist, die nach Durchführung der Analyse die jeweils anzuwendenden Handlungsmaximen in Abhängigkeit von den Analyseergebnissen vorgibt. Das heißt, an jede Position einer SGE knüpfen sich dezidierte strategische Konsequenzen.

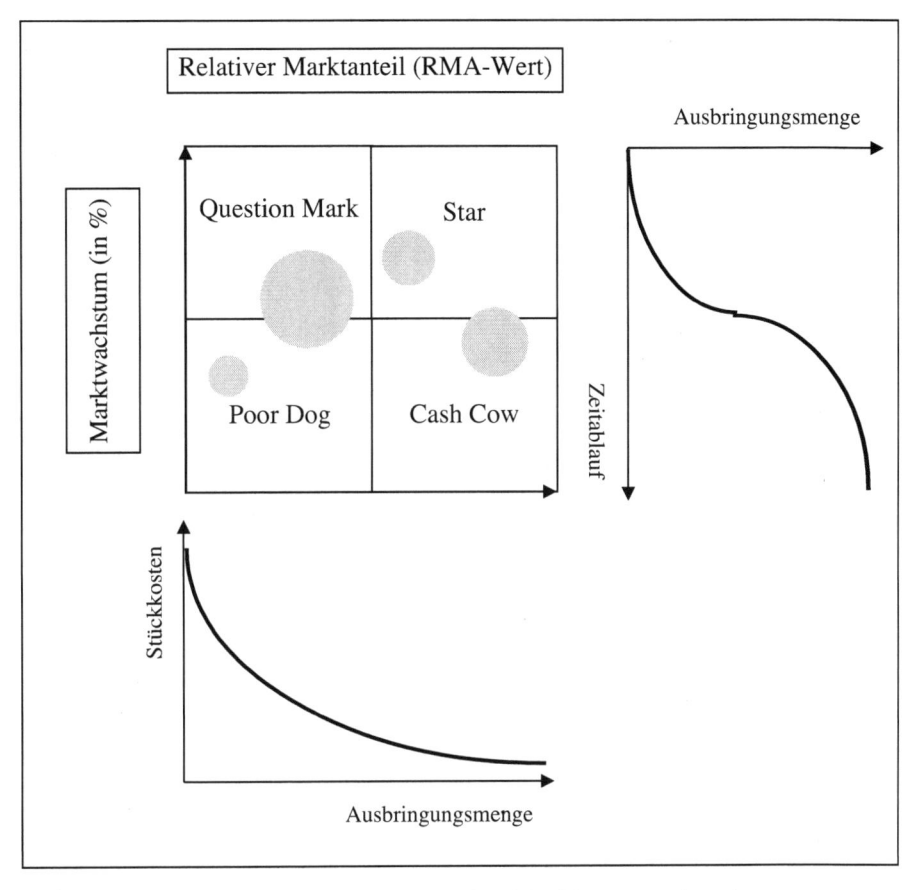

Abbildung 25: Vier-Felder-Portfolio (Zusammenhang)

Bei **Nachwuchsmärkten** heißt es, zu selektieren, welche von ihnen förderungswürdig sind (Cinderellas), denn um alle SGEs gleichermaßen zu fördern, reichen regelmäßig die Finanzmittel nicht aus, und welche besser nach einer Testphase aus dem Markt genommen werden (Trash). Dann muss spekulativ investiert und das damit verbundene Initialrisiko getragen werden. Hohem Einführungsaufwand steht dabei noch niedriger Marktanteil gegenüber. Daraus folgen eine zunächst fehlende Rendite und ein negativer Cash-flow. Mithilfe von Offensivstrategien sollen Erfahrungskurveneffekte genutzt werden. Stetiges Erfolgs-Monitoring hält Verluste in Grenzen. Ziel ist es, das Marktwachstum zu überholen. Der Instrumentaleinsatz erfolgt im Innovationsmanagement durch Produktspezialisierung, gezielte Vergrößerung der Abnehmermärkte, tendenzielle Niedrigpreissetzung und stark forcierte Vertriebspolitik. Damit verbundene Risiken werden akzeptiert und Erweiterungsinvestitionen vorgesehen. Der Liquiditätsverbrauch und die Unsicherheit der Marktentwicklung sind sehr hoch, deshalb kann sich ein Unternehmen nur eine begrenzte Zahl von Nachwuchsmärkten leisten. Dies ist auch erforderlich, um ein ausgeglichenes Portfolio zu bewahren.

Bei **Starmärkten** ist angezeigt, diese zu fördern und durch Investitionen in Richtung Marktdominanz zu stützen. Das Risiko reduziert sich im Zeitablauf mit den ersten Mittelrückflüssen. Der Instrumentaleinsatz erfolgt im strategischen Management durch Aktivitäten wie Programm ausbauen bzw. diversifizieren, Abnehmerbasis verbreitern, Anstreben der Preisführerschaft und aktiver Einsatz von Absatzförderungsmaßnahmen. Damit verbundene Risiken werden akzeptiert und vertretbare Neu- sowie Reinvestitionen vorgesehen. Da der Liquiditätsverbrauch hoch ist, stehen dem bis zur Reifephase des Markts allerdings keine nennenswerten Gewinne gegenüber. Aber eine hohe Marktwachstumsrate und ein hoher Marktanteil lassen erwarten, dass der Übergang zu den Cash cows geschafft wird. Die SGEs erwirtschaften bereits Gewinne. Zur Erhaltung der Position erfordern sie jedoch hohe finanzielle Mittel, die den Netto-Cash-flow belasten. Allerdings steigt der Mittelrückfluss kontinuierlich an.

Bei **Melkmärkten** heißt es, diese zu pflegen, aber keine zusätzlichen Investitionen darin zu tätigen. Ein hoher Marktanteil schafft Kostensenkungspotenzial, und da gleichzeitig Wachstumsaufwand fehlt, verbleibt ein hoher Cash-flow. Mit diesem wird das Wachstum anderer SGEs finanziert. Risiken bleiben daher in engen Grenzen. Die Marktstellung ist unter allen Umständen zu halten, um die Abschöpfung hoher Gewinnmargen zu sichern. Der Instrumentaleinsatz erfolgt im administrativen Management etwa durch Imitation von Konkurrenzprodukten, Verteidigung der Marktposition bzw. Konkurrenzabwehr, Preisstabilisierung, Kundenbindung durch Nachverkaufsservices und gezielte Absatzförderung. Risiken sind zu begrenzen und limitierte Ersatzinvestitionen vorzusehen. Der Liquiditätsüberschuss ist hoch, denn außer zur Rationalisierung sind kaum Neuinvestitionen erforderlich. Daher können Liquidität und Gewinne maximiert („geerntet") werden (Harvesting). Melkmärkte sind zahlreich und haben eine hohe Bedeutung im Unternehmen. Anzustreben ist ein Anteil von 50 % am Programm.

Bei **Problemmärkten** ist angezeigt, Risiken zu minimieren, indem desinvestiert und das Angebot stufenweise oder ganz vom Markt genommen wird. Es sei denn, es wird die Chance zum Relaunch durch Produktvariation gesehen. Der Instrumentaleinsatz erfolgt im Krisenmanagement durch Programmbegrenzung, Aufgabe von Absatzmärkten zu Gunsten der Erträge, tendenzielle Hochpreissetzung, begrenzte Absatzförderung, limitierten Marketingeinsatz und Kostenreduktion. Risiken werden vermieden und keine Investitionen mehr vorgesehen. Die Programmstruktur wird bereinigt, indem Problemprodukte möglichst geräuschlos vom Markt genommen oder Operationen liquidiert werden. Diese Geschäftsfelder befinden sich in der Sättigungsphase. Die Wachstumsrate und der Marktanteil sinken. Es werden nur noch geringe Überschüsse erwirtschaftet. Es greifen Maßnahmen wie Kundenselektion fördern, räumliche Schwerpunkte bilden und selektiven Vertrieb prüfen (siehe Abb. 26).

		Wettbewerbsposition	
		schwach	stark
Marktwachstum	schnell	Fragezeichen: Selektives Investieren: Marktentwicklung, Marktdurchdringung, Produktentwicklung, horizontale Integration, Desinvestition, Liquidation	Sterne: Investieren: Marktentwicklung, Marktdurchdringung, Produktentwicklung, Vorwärtsintegration, Rückwärtsintegration, horizontale Integration, konzentrische Diversifikat.
	langsam	Arme Hunde: Desinvestieren: Rückzug, konzentrische Diversifikation, horizontale Diversifikation, laterale Diversifikation, Desinvestition, Liquidation	Melkkühe: Halten und Melken: Konzentrische Diversifikation, horizontale Diversifikation, laterale Diversifikation, Joint venture

Abbildung 26: Normstrategien im Boston Consulting-Portfolio

Das Beispiel von GLAXO-SMITH-KLINE, einem Konzern, der durch mehrfache Fusionen aus dem Stamm von Lingner&Fischer zu Stande kam, beweist, dass Portfolio-Management auch aktuell noch durchaus tauglich ist. Dort sah man sich Mitte der 1980er Jahre des letzten Jahrhunderts einem Markenportfolio gegenüber, das aus zwei mächtigen Cash cows, UHU-Klebstoff und ODOL Mundwasser (beide eindeutige Marktführer), bestand sowie aus einer Reihe von Poor dogs wie FISSAN, BADEDAS, DUSCHDAS, PITRALON etc. Im Zuge einer notwendigen Konzentration der Aktivitäten auf Nr. 1 oder Nr. 2 Marken am Markt entschloss man sich dennoch, sich von UHU per Management buy-out zu trennen, um Mittel für eine Verjüngung von ODOL Mundwasser freizubekommen. Der Relaunch (moderne Packung, schrille Werbung) misslang jedoch angesichts eines Durchschnittsverwenderalters von immerhin 67 Jahren gründlich. Dennoch wurde in der Marke ein immenses Potenzial gesehen, nicht jedoch allein für Mundwasser, sondern für Zahnhygiene. Insofern wurde aus der Monomarke eine Rangemarke mit einer Universal-Zahncreme (ODOL MED 3, heute Marktführer), modernem Mundspray (Convenience-Produkt) und Kauprodukten (Gum, Bonbon) aufgebaut, alle eindeutige Star- und Cash cow-Produkte. Zugleich wurden neue, erfolgsträchtige Marken im OTC-Bereich hinzugekauft (CETEBE, EUNOVA, CORSODYL, ABTEI, FAGORUTIN, GRANU FINK etc.), ebenfalls eindeutige Star-Produkte. Dafür wurden die notleidenden Marken BADEDAS und DUSCHDAS verkauft. Schließlich wurde die Marke DR.BEST-Zahnbürsten zu einer neuen Cash cow aufgebaut (Testimonial, Schwingkopf etc.). Das Markenportfolio weist nunmehr mit ODOL Mundwasser, ODOL MED 3 Zahncreme und DR. BEST-Zahnbürsten drei mächtige Cash cows auf, die OTC-Präparate sind sämtlichst Stars oder Cash cows, alle Produkte sind in ihren Segmenten die Nr. 1 oder Nr. 2 am Markt, Poor dogs hingegen sind nicht mehr vorhanden.

Ein weiteres Beispiel für die Anwendung der Portfolio-Technik bietet der ehemalige MANNESMANN-Konzern. Sein Portfolio sah gegen Ende der 1960er Jahre nur zwei riesengroße Cash cows, jedoch mit starker Poor dog-Tendenz vor, die Mannesmann-Röhrenwerke und die Mannesmann-Walzstahlprodukte. Allerdings war ohne großes hellseherisches Vermögen absehbar, dass die große Zeit der Stahlprodukte sich ihrem Ende zuneigte, erst erst wenn es sich um weithin unverarbeitete Stahlprodukte handelte. Entsprechend erweiterte der Mannesmann-Konzern sein Portfolio, vor allem um Unternehmen, die in den weiterverarbeitenden Bereichen tätig waren. Das Portfolio sah Anfang der 1990er Jahre zwar immer noch eine Reihe von Cash cows und Poor dogs vor, zu Ersteren gehörte neben den SGEs VDO, REXROTH, HARTMANN&BRAUN, FICHTEL&SACHS, DEMAG Fördertechnik u. a. auch die zwischenzeitlich etablierte Telekommunikationssparte, zu Letzteren gehörten DEMAG, KRAUSS-MAFFEI, MM ANLAGENBAU und MM RÖHRENWERKE. Doch war die Ertragskraft dieser SGEs weitaus höher als vorher. Bis Ende der 1990er Jahre hatte sich das Portfolio soweit bereinigt, dass nur noch vier SGEs übrig geblieben waren, allerdings nach wie vor überwiegend in der Cash cow-Position, vor allem MM Automobilzulieferung, MM Anlagenbau und MM Röhren. Als Star glänzte einzig die MM Telekommunikationssparte. Dennoch wirkte diese Portfolio-Bereinigung so attraktiv auf den Telekommunikationskonzern VODAFONE, dass dieser in der größten Übernahmeaktion der Geschichte den MANNESMANN-Konzern schluckte. Entgegen anders lautenden Beteuerungen trennte sich der neue Eigentümer von allen Aktivitäten außer der Telekommunikationssparte. Die Erlöse aus diesem Asset stripping waren auch dringend erforderlich, um die zur Übernahme eingerichteten Kreditlinien für Fremdkapital zu bedienen. Zwischenzeitlich ist die Firma MANNESMANN aus der deutschen Wirtschaftslandschaft verschwunden (aus Mannesmann D2 wurde D2 Mannesmann-Vodafone, daraus D2Vodafone und schließlich nur VODAFONE).*

3.4.1.3 Bewertung

Kritik entzündet sich beim Vier-Felder-Portfolio vor allem an der Tatsache, dass nur zwei Kriterien in die Beurteilung einbezogen werden, nämlich Marktwachstum und Relativer Marktanteil. Diese Faktoren sind wohl nur unzureichend in der Lage, alle strategierelevanten Dimensionen zu repräsentieren. So fehlt die Berücksichtigung der verschiedenen funktionalen Bereiche im Unternehmen, wie Finanzen, Forschung und Entwicklung, Logistik etc. Zumindest aber sind Wachstumsrate und Relativmarktanteil nicht alleinige Indikatoren für die Fähigkeit von Unternehmen, Ertragspotenziale hervorzubringen. Ein weiterer Kritikpunkt liegt in der Ambivalenz bei der Einschätzung mittlerer Positionen im Portfolio. Letztlich bleibt es Willkür, welchem Feld diese zugeschlagen werden. In Anbetracht der daran geknüpften erheblichen Konsequenzen und der hohen Verbreitung von Mittelpositionen ist dies sicherlich ein unbefriedigendes Ergebnis. Damit scheint die Portfolio-Analyse zu grob strukturiert, bleiben die Strategieempfehlungen zu unspezifisch, um sie auf den Einzelfall zu übertragen. Ein weiteres Problem entsteht aus der Messung der Marktwachstumsrate. Gerade bei dynamischer Marktentwicklung ist deren korrekte Bestimmung sehr schwierig. Sie hängt zu einem erheblichen Anteil von der Anzahl der Zeitperioden ab, die zur Durchschnittswertermittlung herangezogen werden, sowie von der Form des zu Grunde gelegten Trends (linear, progressiv, degressiv, logistisch etc.). Zugleich stellt sich die Frage, inwieweit neben oder statt Vergangenheits- auch Zukunftsentwicklungen mit einbezogen werden. Dann aber entsteht die übliche Prognoseunsicherheit auch bei der Portfoliotechnik. Schließlich sind weiterhin der Erfahrungskurveneffekt und das Lebenszykluskonzept, also die Grundlagen dieser Portfolio-Analyse, nicht unumstritten. Ersteres ist der Tautologiegefahr ausgesetzt, Letzteres kann nur idealtypischen Anspruch anmelden, und die Dimensionen der Messung sind durchaus unklar, wird also Umsatz, Gewinn, Deckungsbeitrag etc. zu Grunde gelegt.

Insgesamt handelt es sich damit um ein statisches, formalisiertes Konzept, bei dem Konstruktionsmängel aus systematischer Sicht infolge simplifizierter Vorgehensweise sowie fehlender Eignung für schlecht strukturierte Fragestellungen bestehen. Das Postulat zur Erreichung hohen Marktanteils ist zudem zweischneidig. Denn dadurch gerät ein Unternehmen erst in den Fokus der öffentlichen Meinung. Dann sorgen gesetzliche Vorkehrungen zum Erhalt des Wettbewerbs dafür, dass marktbeherrschende Stellungen nicht missbraucht oder, wo solche noch nicht gegeben sind, diese zumindest durch externes Wachstum auch nicht erreicht werden. Außerdem führt die Fixierung auf die Erfolgsgröße Marktanteil zum Aufbau zusätzlicher Kapazitäten, für die am Markt Nachfrage entweder nicht besteht oder erst aufwändig generiert werden muss. In Stagnationsphasen belasten deren Leerkosten dann das Unternehmensergebnis.

Die einseitige Berücksichtigung des Marktwachstums entspricht nicht mehr der Realität weithin gesättigter, stagnierender Märkte. Dazu bedarf es vielmehr der Erweiterung der Matrix um zwei weitere Felder auf der Ordinate mit negativem Marktwachstum und entsprechender Strategieempfehlung. Diese Felder heißen **Underdogs** bei niedrigem relativem Marktanteil und Marktschrumpfung, auch Dodos genannt, bzw. **Buckets** bei hohem relativem Marktanteil und Marktschrumpfung (auch War horses). Für diese sind ebenfalls Normstrategien auszuarbeiten und anzuwenden (siehe Abb. 27).

Erfahrung zeigt, dass gerade konservative Märkte mit gemäßigter Wettbewerbsintensität und geordneten Marktbedingungen die Chance auf auskömmliche Renditen bieten. Dennoch werden keine Hinweise auf zusätzliche Aktivitäten gegeben, da nur bestehende SGE´s in die Analyse eingehen. Insofern fehlen Empfehlungen, wie sich ein Unternehmen auf die Markterfordernisse der Zukunft optimal einstellen kann. Damit aber stellen Portfolios keine echte Managementunterstützung dar, sondern sind allenfalls Administrationshilfen. Es werden nur aktuelle Wettbewerber berücksichtigt, nicht jedoch wichtige zukünftige Anbieter. So verändert sich die Beurteilung eines Portfolios fundamental, wenn potenzielle Konkurrenten, die auf Grund ihrer allgemeinen Marktmacht rasch in der Lage sind, Marktzutrittsschranken zu überwinden und nennenswerte Marktanteile zu okkupieren, in die Analyse einbezogen werden. Außerdem werden mögliche Synergieeffekte zwischen einzelnen SGE´s ignoriert. Abgesehen davon, dass solche Synergien nur Potenziale darstellen, die erst noch gezielt zu erschließen sind, mag es dennoch möglich sein, dass sich daraus eine andere Einschätzung der Unternehmenslage ergibt.

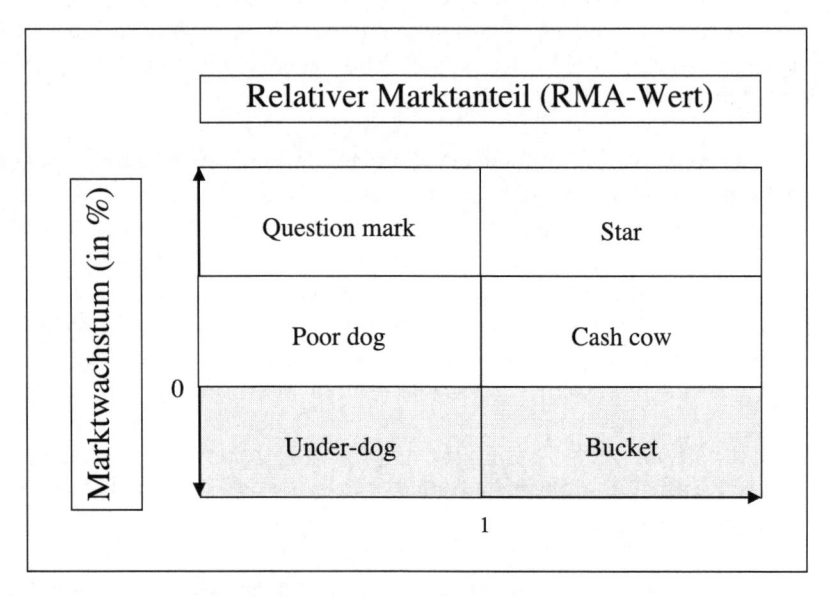

Abbildung 27: Vier-Felder-Portfolio Erweiterungen

3.4.2 Neun-Felder-Portfolio (McKinsey)

Grundsätzlich nach den gleichen Erwägungen wie das Vier-Felder- ist auch das Neun-Felder-Portfolio aufgebaut, jedoch werden im Einzelnen andere, vor allem mehr Kriterien zur Einteilung herangezogen und ein etwas anderer Aufbau gewählt.

3.4.2.1 Darstellung

Diese mehrdimensionale Portfoliotechnik der McKinsey Comp. impliziert die **ordinale Skalierung der Größen Marktattraktivität der Branche und relative Wettbewerbsstärke der Produkte sowie Kreisgrößen analog zur Branchenbedeutung mit Ausschnitten analog dem eigenen Marktanteil im Rahmen einer Matrix** (siehe Abb. 28).

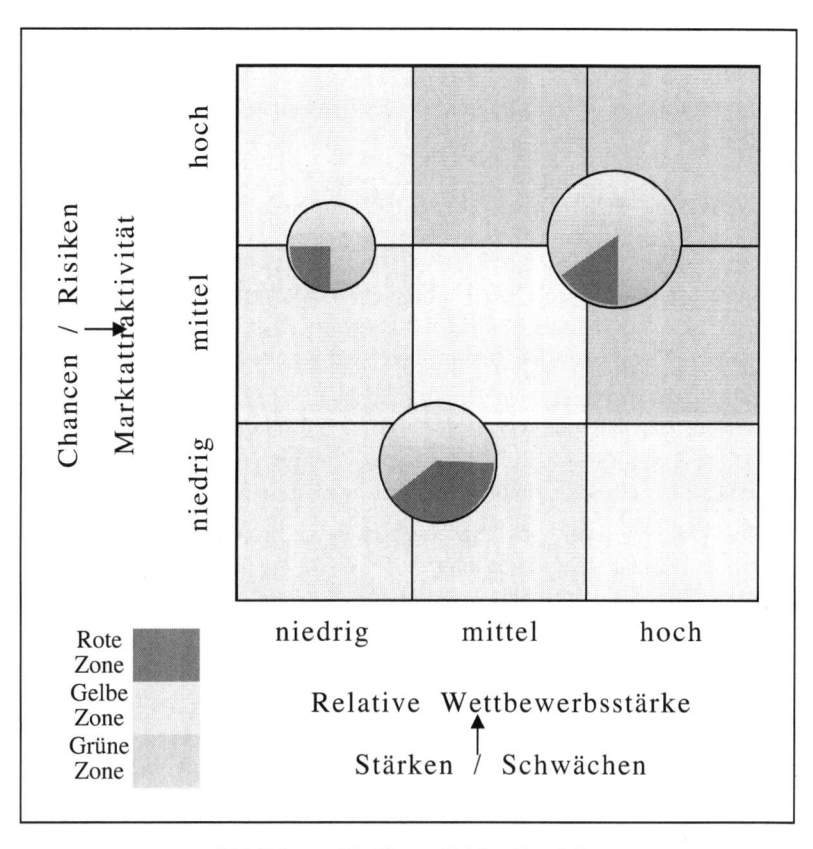

Abbildung 28: Neun Felder-Portfolio

Die **Marktattraktivität** ist eine aggregierte Größe aus verschiedenen Kriterien. Für diese gibt es keinen festgesetzten Katalog, vielmehr können jeweils für die Ist-Analyse relevant erscheinende Daten zusammengestellt werden. Ein Gliederungsvorschlag umfasst die Berücksichtigung von:

- Marktgröße und Marktwachstum, z. B. Marktentwicklung in der Kundenbranche, Einfluss von Produktivitätssteigerungen, Ausdehnung des Marktraums, Substitution durch qualitative Veränderung des Funktionsbedarfs, Stadium im Nachfragezyklus,
- Marktqualität, z. B. Rentabilität der Branche, Stellung im Markt-Lebenszyklus, Spielraum der Preisgestaltung, Schutzfähigkeit und technisches Know-how, Investitionshöhe, Anzahl/Intensität aktueller/potenzieller Anbieter/Nachfrager, Markteintrittsbarrieren, Substitutionsgefährdung, saisonale Schwankungen, Innovationspotenzial, Anforderungen an Distribution/Service, Konkurrenz- und Nachfragesituation, Sozialattraktivität,

- Rohstoff- und Energieversorgung, z. B. Sicherheit, Preisstabilität, Alternativen,
- Umweltsituation, z. B. Konjunkturabhängigkeit, öffentliche Meinung, Gesetzgebung.

Die **relative Wettbewerbsstärke** ist ebenfalls eine aggregierte Größe aus verschiedenen variablen, relativ zur Konkurrenz zu bewertenden Kriterien. Zu nennen sind etwa:

- Marktposition, z. B. relativer Marktanteil, Finanzkraft der Anbieter, Wachstumsstärke des Unternehmens, Unternehmensimage, Preisvorteil, Produktqualität, Kunden-/Marktkenntnis, Rentabilität, Risikograd,
- Produktionspotenzial, z. B. Versorgungsbedingungen, Produktivität, Standortvorteil, größenbedingte Kostenvorteile, technisches Know-how, Lizenzen, technische Flexibilität, Potenzialausnutzung, Energie- und Rohstoffversorgung, Kapazität, Betriebsausstattung, Vertriebswege, Lieferbereitschaft,
- Forschungs- und Entwicklungspotenzial, z. B. Innovationsfähigkeit, Grundlagen- und Anwendungsforschung,
- Führungskräftequalifikation, z. B. Professionalität, Urteilsfähigkeit, Arbeitsklima, Organisation.

Die Ermittlung erfolgt durch Punktbewertung. Dabei wird jedes Kriterium einzeln bewertet und geht in die Gesamtbeurteilung ein. Daraus wird ein Durchschnitt gebildet, der die Lage innerhalb der Skalierungen von Abszisse (relative Wettbewerbsstärke) und Ordinate (Marktattraktivität) definiert.

Die **Kreisgröße** repräsentiert in diesem Fall die Branchengröße. Dazu wird mit einem skalierten Radius ein Kreis um den vorher definierten Schnittpunkt gezogen. Dieser verdeutlicht die absolute Bedeutung des jeweils betrachteten Markts.

Innerhalb dieses Kreises markiert ein **Kreisausschnitt** den Anteil des eigenen Unternehmens an der Branche. Dies verdeutlicht die unternehmensindividuelle Bedeutung des betrachteten Markts.

Durch die Vielzahl einbezogener Einflussfaktoren ist die Neun-Felder-Matrix in der Lage, mehr Informationen zu berücksichtigen als in der zweidimensionalen Vier-Felder-Matrix. Dadurch verspricht man sich eine differenziertere Aussagefähigkeit. Ausgangsbasis der Analyse sind wiederum SGE's.

3.4.2.2 Konsequenzen

Teilt man Abszisse und Ordinate jeweils in drei gleiche Abschnitte, die dem unteren, mittleren und oberen Ergebnisdrittel im Punktbewertungsverfahren entsprechen, entstehen neun Felder, in denen sich SGE´s befinden können. Diese können in drei Zonen zusammengefasst und mit Normstrategien versehen werden. Außerdem können Einzelstrategien für jedes der neun Felder bestimmt werden (siehe Abb. 29).

Die **grüne Zone** in die Zone von Investition und Wachstum. Hier geht es um Aufbau und Sicherung zukünftiger Erfolgspotenziale und damit um die Erschließung neuer Kundengruppen bzw. um Anwendungsmöglichkeiten für langfristigen Gewinn. Maßgaben umfassen u. a. die Akzeptierung bzw. Kontrolle von Risiken, den Aufbau von Marktanteilen bzw. Diversifikation sowie Programmausbau, den aktiven Marketing-Mix-Einsatz, ferner Personalförderung, Verlustbeseitigung sowie das Abhalten der Konkurrenz vom Eintritt ins Geschäftsfeld. Ziele sind die Entwicklung von Bekanntheit, die Suche nach neuen Märkten, die Übernahme von Unternehmen in eigenen oder verwandten Geschäftszweigen sowie ein hohes Preisniveau.

Die dort befindlichen SGE´s sind finanziell durch **Mittelbindung** gekennzeichnet. Die entsprechenden Normstrategien lauten daher: Energisch wachsen, Marktführerschaft anstreben, maximal investieren, Schwächen identifizieren und abbauen, Stärken ausbauen, mindestens das Potenzial halten, Risiken akzeptieren, Preisführerschaft anstreben, Preis und Programm differenzieren, Kostendegressionseffekte ausnützen, für hohen (Produkt-/Firmen-)Bekanntheitsgrad werben, Distributionsquote steigern, kreative, dynamische Manager binden.

Die **rote Zone** ist die Zone der Abschöpfung und Desinvestition. Hier geht es um die Aufgabe bestehender Produkte und bisheriger Märkte, sofern diese keine zukünftigen Erfolgspositionen erwarten lassen und deren „Umwandlung" in Cash-flow wenig aussichtsreich scheint, oder deren Reduktion auf Randbedeutung. Maßgaben umfassen die Vermeidung von Risiken, ferner Programmbereinigung, reduzierten Marketing-Mix-Einsatz, Freigabe von Marktanteilen zu Gunsten außerordentlichen Ertrags sowie Rationalisierung, Risikobereitschaft etc. Denkbar sind dazu auch Verkauf, Fusion oder Abbau von Betriebsstätten.

Die dort befindlichen SGE´s sind finanziell durch **Mittelfreisetzung** gekennzeichnet. Die entsprechenden Normstrategien lauten: Desinvestieren, konsolidieren, auf profitable Nischen spezialisieren, Potenziale ausreizen, Gewinn vor Umsatz anstreben, maximalen Cash-flow durch radikale Kostenreduktion erreichen, Managementkapazität abziehen, Programmbegrenzung durchziehen, Absatzwegeverkürzung anstreben.

Die **gelbe Zone** ist die Zone selektiver Strategien. Hier geht es je nach Konstellation um Verteidigung, Konsolidierung oder Expansion erreichter Positionen. Maßgaben umfassen die Begrenzung von Risiken, selektives Wachstum, Ertragsmaximierung, Nischenpolitik, Rationalisierung, Begrenzung des Mitteleinsatzes, Wechsel der Absatzkanäle, Nutzendifferenzierung, Serviceausweitung, Organisationsstraffung etc. Sinnvolle

Ziele sind hier die Aktivierung bisheriger Nicht- oder Seltenkunden, die Anpassung der Produktionstechnik auf den neuesten Stand, die Förderung der Abnehmerloyalität sowie konservative Finanzierungsmethoden.

Die dort befindlichen SGE's sind finanziell durch die inhomogene Situation der **Selektion** gekennzeichnet. Die entsprechenden Normstrategien lauten: Spezialisieren, extern wachsen, Instandhaltungsinvestitionen vornehmen, kurzfristigen Cash-flow anstreben, Programmränder bereinigen, segmentspezifische Preise bilden, Vertriebswege straffen, auf zielgruppenspezifische Kanäle spezialisieren, Produktimitation prüfen, gezieltes Wachstum, ansonsten Position absichern, stabiles Preisniveau anstreben, Mitarbeitermotivation sichern. Die Konsequenz ist, von Fall zu Fall selektiv zu investieren.

		Relative Wettbewerbsstärke der SGE		
		niedrig	mittel	hoch
Marktattraktivität der SGE	niedrig	Liquidieren (Desinvestieren /Veräußern)	Phasenweiser Rückzug	Selektives Vorgehen (Kapitalfreisetzung)
	mittel	Ernten / begrenzt expandieren	Selektives Vorgehen (Verwalten)	Investieren (Konkurrenzabwehr)
	hoch	Selektives Vorgehen (Spezialisierung)	Investieren (Try harder)	Investieren (Marktführerschaft)

Abbildung 29: Normstrategien des Neun-Felder-Portfolios

Bei weiterer Differenzierung ergeben sich folgende Kombinationen:
- sowohl hohe Marktattraktivität als auch relative Wettbewerbsstärke: Anstreben der Marktführerschaft, Maximierung der Investitionen, Wachstum, Aufbau einer beherrschenden Stellung (Marktführerschaft),

- mittlere Marktattraktivität und hohe relative Wettbewerbsstärke: Identifikation von Wachstumsbereichen und starke Investitionen dort, ansonsten Halten der Position,
- hohe Marktattraktivität und mittlere relative Wettbewerbsstärke: Potenzial für Marktführung durch Segmentation abschätzen, Schwächen identifizieren und Stärken aufbauen, verstärkte Bemühungen in allen Bereichen,
- sowohl niedrige Marktattraktivität als auch relative Wettbewerbsstärke: Planung eines raschen Rückzugs, Desinvestition, Verkauf, Aufgabe mangels langfristiger Gewinnmöglichkeiten (Disinvest),
- mittlere Marktattraktivität und niedrige relative Wettbewerbsstärke: Spezialisierung, Aufsuchen von Nischen, Abwägung eines langsamen Rückzugs (alternativ Konsolidierung),
- niedrige Marktattraktivität und mittlere relative Wettbewerbsstärke: Abschöpfung des Geschäftszweigs, Abbau von Investitionen, Vorbereitung zur Desinvestition,
- hohe Marktattraktivität und niedrige relative Wettbewerbsstärke: Spezialisierung, Aufsuchen von Nischen, Prüfung von Akquisitionschancen, Steigerung der Anstrengungen oder Aufgabe,
- sowohl mittlere Marktattraktivität als auch relative Wettbewerbsstärke: Identifikation von Wachstumsbereichen, Spezialisierung, ausgewählte, fallweise Investition, Konsolidierung oder Wachstum,
- niedrige Marktattraktivität und hohe relative Wettbewerbsstärke: Halten der Gesamtposition, Cash-flow-Generierung, nur noch Instandhaltungsinvestitionen tätigen.

3.4.2.3 Bewertung

Als Kritik gegenüber dem Neun Felder-Portfolio wird vor allem geäußert, dass qualitative Sachverhalte zunächst subjektiv quantifiziert werden müssen, um in das Modell Eingang zu finden. Entscheidungen aber sind durch komplexe Strukturen, unübersehbare Interdependenzen, nichtlineare Wirkungsverläufe, Zielantinomien und Datenmangel gekennzeichnet. Insofern kann eine Einschätzung nur auf Basis von Erfahrung mit allen dabei notwendigerweise implizierten Unsicherheiten erfolgen. Darüber hinaus ist auch die Auswahl der Beurteilungskriterien subjektiven Wertungen unterworfen. Gleiches gilt für die Bewertung der einzelnen Kriterien. Diese Unwägbarkeiten kumulieren noch bei Gewichtung der Kriterien. Deren mutmaßliche Wirkzusammenhänge sind unbekannt, sodass es zu Saldierungen zwischen einzelnen Kriterien kommen kann, die nach Art und Umfang nicht ausgewiesen werden. So kann ein Vorteil dieses Verfahrens rasch in seinen Nachteil umschlagen, statt mehr Information wird letztlich weniger verarbeitet. Zwar werden vielfältige Kriterien zur Beurteilung der strategischen Erfolgsposition herangezogen, doch damit sinkt zugleich auch die Übersichtlichkeit der

Analyse. Die Auswahl der Kriterien ist vom Einzelfall abhängig (z. B. von der betrachteten Branche), und es besteht die Gefahr, dass sich einzelne Kriterien aufschaukeln, weil die Beziehungen zwischen ihnen unbekannt sind. Falls Gewichtungen unter den einzelnen Kriterien eingeführt werden, erhöht dies die Gefahr subjektiver Verzerrung innerhalb der Bewertung. Der zuwachsende höhere Freiheitsgrad der Variablendefinition führt insofern womöglich zu mangelnder Determiniertheit der Analyseergebnisse. Der Übergang zwischen den Feldern ist fließend, und es fehlen klare Abgrenzungskriterien. Damit aber wird der Output der Analyse anfällig für Manipulationen. Die daran anknüpfenden Folgerungen sind insofern nicht validierbar und womöglich von nicht viel größerem Wert als persönliche Einschätzungen.

McKinsey hat auf diese Kritik mit einer anderen Portfoliostruktur reagiert, dem **Branchenattraktivitäts-Unternehmenspositions-Portfolio.** Die Dimension Branchenattraktivität ergibt sich aus einem Unterportfolio, das seinerseits aus den Dimensionen Nachfragestabilität (eingeteilt in hoch/niedrig) und Branchenflexibilität (eingeteilt in hoch/niedrig) besteht. Die Dimension Unternehmensposition ergibt sich ebenfalls aus einem Unterportfolio aus Wettbewerbsstärke (eingeteilt in hoch/niedrig) und Finanzstärke (eingeteilt in hoch/niedrig). Diese vier Größen gehen in das neue Portfolio (McKinsey II) ein. Im Mittelpunkt der Betrachtung steht dabei das Risiko des Geschäftsfelds. Es wird unterstellt, dass dieses gering ist bei stabiler Nachfrage, flexibler Branche, hohen Wettbewerbsvorteilen und großer Finanzstärke, und umgekehrt. Es handelt sich also wiederum um qualitative Daten, die ordinal skaliert und in neun Felder unterteilt werden. Damit bleiben aber die prinzipiell gleichen Vorbehalte bestehen. Zudem stellt sich die Frage, was gerade diese gewählten Dimensionen qualifiziert, allein aussagefähig hinsichtlich des Risikos zu sein.

Das **Geschäftsfeld-Ressourcen-Portfolio** setzt sich weiterhin aus der Dimension Geschäftsfeld, die ihrerseits aus einer Untermatrix mit den Dimensionen Verfügbarkeit und Kostenentwicklung besteht, zusammen, sowie der Dimension Ressourcen, die aus einer Untermatrix mit den Dimensionen Produktlebenszyklus und Marktattraktivität besteht.

3.4.3 Sonstige Portfolio-Ansätze

Darüber hinaus sind zwischenzeitlich eine unübersichtliche Reihe weiterer Portfolios entwickelt worden, denen immer gemein ist, dass sie jeweils eine unternehmens- und eine marktbezogene Größen zueinander in Beziehung setzen. Zu nennen ist vor allem das **Marktstadien-Wettbewerbspositions-Portfolio** (20 Felder-Portfolio/ A.D. Little). Es besteht aus einer **Matrix mit den Achsen Lebenszyklusphase, die in vier Stufen unterteilt ist, nämlich Einführung, Wachstum/Reife, Sättigung, Alter/Verfall, sowie relative Wettbewerbsstellung, die in fünf Stufen unterteilt ist, nämlich dominant, stark, günstig, haltbar, schwach.** Diese erklären sich aus der Branchenposition nach Porter, also der Macht bei Kunden, Lieferanten, potenziellen, aktuellen und substitutiven Konkurrenten. Beide Größen ergeben sich auf Grund qualifizierter Schätzung. Die Lebenszyklusphase beruht auf einer Kombination von Vergangenheits- und Prognosedaten, die Wettbewerbsposition auf der Bewertung einer Kriterienliste.

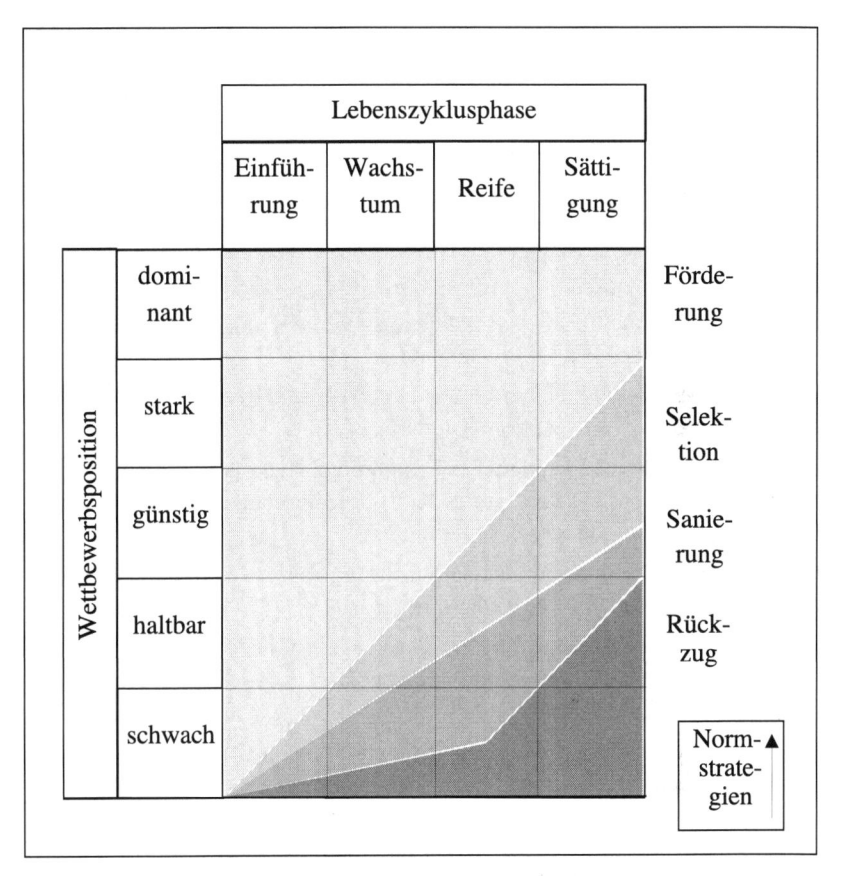

Abbildung 30: Zwanzig-Felder-Portfolio

Beide werden auf Abszisse und Ordinate nach vier bzw. fünf Kategorien abgetragen. Es ergeben sich zwanzig Felder, in denen sich jeweils SGEs befinden können. Die **Umsatzgröße der betreffenden SGE** wird durch deren **Kreisdurchmesser** repräsentiert. An die Position knüpfen sich wiederum Normstrategien bzw. Konsequenzen an:

- dominante Wettbewerbsstellung bei Einführung: Marktanteil hinzugewinnen, hohe Rentabilität, mit voller Kraft um Marktanteil kämpfen, schneller investieren als der Markt,

- dominante Wettbewerbsstellung bei Wachstum/Reife: Marktposition halten, Marktanteil halten, investieren, um Wettbewerber abzuschrecken, Rentabilität ist gegeben,
- dominante Wettbewerbsstellung bei Sättigung: Marktanteil und Position halten, hohe Rentabilität erreichen, nur so viel investieren wie nötig, mit der Branche wachsen, eher Kapitalfreisetzung,
- dominante Wettbewerbsstellung bei Alter/Verfall: Marktposition halten, so viel wie nötig reinvestieren, Kapitalfreisetzung,
- starke Wettbewerbsstellung bei Einführung: Hoher Investitionsbedarf, um Position zu verbessern, auf Marktanteilszugewinn kraftvoll abzielen, Kapitalverbrauch,
- starke Wettbewerbsstellung bei Wachstum/Reife: Investieren, um Marktposition zu verbessern, Gewinnung von Marktanteilen, eher Kapitalverbrauch,
- starke Wettbewerbsstellung bei Sättigung: Position halten, „Ernten" von Erträgen, hohen Mittelüberschuss erzielen, so viel wie nötig reinvestieren, mit der Branche wachsen, Kapitalfreisetzung,
- starke Wettbewerbsstellung bei Alter/Verfall: Marktposition halten oder „ernten", minimale Reinvestition, Kapitalfreisetzung,
- günstige Wettbewerbsstellung bei Einführung: Selektive Verbesserung der Wettbewerbsposition, evtl. mit voller Kraft um Marktanteil kämpfen, Kapitalverbrauch, allerdings niedrige Rentabilität,
- günstige Wettbewerbsstellung bei Wachstum/Reife: Versuch, die Marktposition zu verbessern, selektiv Marktanteile gewinnen,
- günstige Wettbewerbsstellung bei Sättigung: Minimale Investition zur Konsolidierung, Aufsuchen und Verteidigen von Nischen, allerdings niedrige Rentabilität, neutraler Cash-flow,
- günstige Wettbewerbsstellung bei Alter/Reife: „Ernten" und stufenweise Reduktion von Engagements, minimale Erhaltungsinvestitionen oder Veräußerung, Kapitalfreisetzung,
- haltbare Wettbewerbsstellung bei Einführung: Selektive Verbesserung der Wettbewerbsposition, Aufsuchen von Nischen und deren Verteidigung, hoher Investitionsbedarf, Kapitalverbrauch,
- haltbare Wettbewerbsstellung bei Wachstum/Reife: Marktnische suchen und erhalten, selektiv investieren, Kapitalverbrauch, evtl. auch neutraler Cash-flow,
- haltbare Wettbewerbsstellung bei Sättigung: Stufenweise Reduktion von Engagements, Liquidation, niedriger Investitionsbedarf, in Nischen ausharren, minimal reinvestieren oder veräußern, neutraler Cash-flow,
- haltbare Wettbewerbsstellung bei Alter/Verfall: Engagement stufenweise reduzieren oder veräußern, neutraler Cash-flow,

- schwache Wettbewerbsstellung bei Einführung: Durch starken Mitteleinsatz spürbare Verbesserung anstreben oder aufgeben, allerdings hohes Liquiditätsdefizit, investieren oder liquidieren, Kapitalverbrauch,
- schwache Wettbewerbsstellung bei Wachstum/Reife: Starke Verbesserung erreichen (Wende) oder liquidieren, investieren oder liquidieren, Kapitalverbrauch, evtl. auch neutraler Cash-flow,
- schwache Wettbewerbsstellung bei Sättigung: Stufenweise Reduktion von Engagements, Liquidation, Mittel zur Selbstfinanzierung, selektiv investieren oder liquidieren, Kapitalfreisetzung,
- schwache Wettbewerbsstellung bei Alter/Verfall: Liquidierung wegen mangelnder Rentabilität, evtl. Abschreiben.

Durch die Vielzahl der Felder wird zwar eine sehr differenzierte Beurteilung der jeweiligen SGE-Position erreicht, die Übersichtlichkeit, eine der verbleibenden Stärken der Portfoliotechnik, geht jedoch weitgehend verloren. Deshalb werden in diesem Fall meist mehrere Felder zusammengezogen und mit gemeinsamen Maßnahmenempfehlungen versehen, wobei dies nicht immer „symmetrisch" erfolgt, sondern durch asymmetrische Felder (Arrays) (siehe Abb. 30 und Abb. 31).

3.4.4 Gesamtbewertung

Die Portfoliotechniken haben trotz aller Vorbehalte zentrale Bedeutung für die strategische Ist-Analyse. Von Vorteil ist vor allem, dass sie ein Instrument zur didaktisch einfachen Visualisierung strategischer Erfolgspositionen darstellen. Ihre Rastertechnik zwingt zur gedanklichen Strukturierung komplexer Situationen und bringt eine analytische Denkweise auch solchen Personen im Unternehmen nahe, die eher holistisch (analog) zu denken gewohnt sind (rechte Gehirnhälfte). Sie sind zudem Auslöser für umfassendere weitere Analysen und ermöglichen die zentrale Integration externer und interner Sichtweisen. Weiterhin geben sie Anhaltspunkte für Controlling-, Auditing- und Treasuring-Funktionen im Unternehmen. Von daher eignen sie sich besonders für eine erste Grobsichtung und Prioritätensetzung, bevor weitergehende Analysen eingesetzt werden. Vorteile liegen weiterhin in ihrer Eignung als leicht verständliche Hilfsmittel. Ansonsten trostlose Zahlenfriedhöfe werden in ein visuelles Medium transponiert, mit dem man sich lieber beschäftigt und das besser präsentierbar ist. Dabei geht zwangsläufig die Detailschärfe verloren, da eine erhebliche Datenreduktion erfolgt. Dem steht aber ein Gewinn an Prägnanz gegenüber. Sie regen außerdem zur Beschäftigung mit strategischen Fragestellungen an, auch bei Personen, die ansonsten eher pragmatisch veranlagt sind und Probleme kasuistisch lösen. Allerdings erfordert die Handhabung dieses Verfahrens hohes Verantwortungsbewusstsein, um nicht der Versuchung der Manipulation zu erliegen. Auch werden sowohl interne wie externe, quantitative wie qualitative Größen berücksichtigt. Insofern entsteht eine höhere Datenverdichtung als bei anderen Analyseverfahren. Der Einsatz bedarf hoher Sorgfalt, um aus der Vereinfachung keine Verzerrung entstehen zu lassen. Schließlich ist die Position der SGE´s ein wichtiges Argument bei der Zuteilung knapper Ressourcen. Dies betrifft etwa die Budgetierung, die als Voraussetzung Prioritäten als Rechengrundlage zur Steuerung von Investitionen und den Cash-flow auf Gesamtunternehmensebene benötigt.

		Lebenszyklusphase			
		Entstehung	Wachstum	Reife	Alter
Wettbewerbsposition	dominant	Marktanteile hinzugewinnen oder mindestens halten	Position und Anteil halten, Investieren, um Wachstumsrate zu halten	Position halten, Wachstum mit der Branche (reinvestieren)	Position halten (reinvestieren)
	stark	Investieren, um Position zu verbessern, Marktanteilsgewinnung	Investieren, um Position zu verbessern, Marktanteilsgewinnung	Position halten, Wachstum mit der Branche (reinvestieren)	Position halten oder Ernten (minimale Reinvestition)
	günstig	Selektive oder volle Marktanteilsgewinnung, selektive Verbesserung der Wettbewerbsposition	versuchsweise Position verbessern, selektive Marktanteilsgewinnung	minimale Investition zur Instandhaltung, Aufsuchen einer Nische	Ernten oder stufenweise Reduzierung des Engagements (Veräußerung)
	haltbar	selektive Verbesserung der Wettbewerbsposition	Aufsuchen und Erhaltung einer Nische, selektiv investieren	Aufsuchen einer Nische oder stufenweise Reduzierung des Engagements	stufenweise Reduzierung des Engagements oder liquidieren
	schwach	starke Verbesserung (investieren) oder aufhören (liquidieren)	starke Verbesserung oder Liquidation	stufenweise Reduzierung des Engagements	liquidieren

Abbildung 31: Normstrategien im Zwanzig-Felder-Portfolio

Insgesamt überwiegen aber wohl die Nachteile. So ist die Theorie der Portfolio-Analysen recht grob gestrickt, weil eine Fülle relevanter Einflussfaktoren auf eine kleine Auswahl reduziert wird. Meinungsdivergenzen über Gewinnaussichten und Risikoausmaße drohen, sich im Ergebnis zu saldieren. Gerade die vermeintliche Einfachheit und Informationsverdichtung kann so in komplexen Situationen gefährlich sein. Die vorgegebenen Normstrategien verleiten zur generellen Übernahme, bedürfen aber der situativ modifizierten und konkretisierten Überarbeitung. Ihnen mangelt es an operationaler Fassung. Damit besteht ein immanenter Trend zu konservativen Strategien. Breakthrough-Erfolge sind kaum erzielbar. So sind Haarfestiger mit Aussterben der Dauerwelle sicherlich Poor dogs gewesen, die aufzugeben waren, und doch ist es einigen Herstellern gelungen, das Produktkonzept zu modernisieren und trendgemäß als Star zu repositionieren (2 in 1-Produkte von P&G, L`Oreal, Henkel, Beiersdorf). Es besteht eine Tendenz zur Nivellierung des Gesamtportfolios, d. h., zu einer Positionsanhäufung der beurteilten Geschäftseinheiten im Mittelfeld, dies mit steigender Zahl applizierter Beurteilungskriterien. Damit aber wird eine differenzierte Aussage, die gerade Ziel der Analyse ist, erschwert. Durch die weitgehend freie Trennung der Matrixfelder kann es leicht zur falschen Zuordnung von Normstrategien auf SGEs kommen, was dann zu schlechteren Ergebnissen führt, als wenn auf eine Portfolio-Analyse gänzlich verzichtet wird. Diese unterliegt zudem einer statischen Sichtweise. Es handelt sich lediglich um eine Situations-, wenn nicht sogar eine Vergangenheitsaufnahme. Mutmaßliche Entwicklungen der Zukunft werden nur berücksichtigt, wenn dies bei der Kriterienbeurteilung und der Definition der SGEs ausdrücklich vorgegeben wird. Die Möglichkeit sprunghafter (disruptiver) Entwicklungen wird negiert. Die Abgrenzung der SGEs ist subjektiv und unterliegt einer gewissen Willkür, zumal die Forderung nach strategischer Eigenständigkeit nur schwer erfüllbar scheint. Dies führt in der Praxis zu ständig neuen Abgrenzungen. Da die Organisationsstruktur oft genug von der SGE-Struktur abweicht, ergeben sich Friktionen bei der Umsetzung von Konsequenzen im Unternehmen. Liegt bei der Definition der SGEs das Kriterium der internen Gleichartigkeit und externen Verschiedenartigkeit zu Grunde, so stellt sich die Frage der Marktabgrenzung. Dies ist vor allem bei weit verbreitet diversifizierten, vertikal integrierten Unternehmensstrukturen problematisch. Liegt die Priorität auf der Unabhängigkeit, führt dies zur Bildung weniger SGEs mit hoher Relevanz für den Unternehmenserfolg, aber geringer interner Homogenität, da verschiedenartige Produktmärkte zusammengefasst werden müssen. So impliziert die Videosparte eines UE-Herstellers so unterschiedliche Produkte wie Fernseher, Camcorder, Heimvideorecorder, Bildplattenspieler, Zubehör und Personal video, die auf unterschiedlichen Märkten angeboten werden. Liegt umgekehrt die Priorität auf der Verwandtschaft der Geschäftsfelder, führt dies zur Bildung einer Vielzahl von SGEs mit enger Abgrenzung, aber geringer Marktrelevanz. So hängt der Bereich Digitalkamera mit Foto-Drucker zusammen, auf denen die mobil aufgenommenen Daten ausgedruckt werden können. Im Ergebnis sind damit Portfolio-Analysen womöglich ein willfähriges Instrument in der Hand des Planers, der sich damit je nach Erfordernis sein Portfolio „basteln" kann. Es fehlt an genügend festen Eckgrößen, die eine solche Manipulation verhindern können. Im Einzelfall ist das Zustandekommen bestimmter Konstellationen kaum mehr nachvollziehbar. Dort, wo qualitative Daten eingehen, kann auch noch eine lähmende Diskussion über deren Quantifizierung entstehen. Das Konkurrenzverhalten wird zudem durch die Determinierung der Normstrategien bis zu einem gewissen Grad voraussehbar. Damit ist man zwar selbst vor Überraschungen gefeit, aber kann auch andere nicht mehr überraschen. Dieses Manko beheben erst weiter entwickelte Strategien (z. B. New game). Die Marktrealität zeigt, dass gerade solche, zunächst unverständlich erscheinenden Strategien noch in der Lage sind, entscheidende Wettbewerbsvorsprünge zu erzielen (z. B. Walkman/Sony, IKEA, Body Shop). Das Management, das für Halten- oder Schrumpfen-Sektoren zuständig ist, wird instrumentalisiert. Denn folgt es den Handlungsanweisungen, muss es letztlich den eigenen Arbeitsplatz aufgeben. Das ist wenig motivierend, und es scheint fraglich, ob dieser Absicht auch gefolgt wird. Die Konzentration auf Cash-flow-Ausgewogenheit im Portfolio vernachlässigt die immer zahlreicheren Möglichkeiten der externen Kapitalbeschaffung. Dadurch muss nicht mehr zeitgleich der Cash-flow im Unternehmen generiert werden, den aufstrebende Produkt-Markt-Kombinationen aufbrauchen (Innenfinanzierung), sondern Cash-flow-Generierung und -Aufbrauch können zeitlich auseinander fallen. So ist denkbar, dass Kredite für Investitionen in potenzialstarke SGEs aufgenommen und erst später, wenn diese (oder zumindest einige von ihnen) etabliert sind, getilgt werden. Zwischenzeitlich braucht der Cash-flow nur die regelmäßigen Zinszahlungen zu decken, was selbst dann realisierbar scheint, wenn vergleichsweise wenige Harvest-SGEs vorhanden sind.

3.4.5 Ziel-Portfolio

Das Portfolio basiert normalerweise auf Ist-Daten, d. h., die Parameter sind bestenfalls gegenwartsbezogen. Für die Planung ist es aber wichtig, zukunftsbezogene Daten zu Grunde zu legen. Dies erfolgt im Ziel-Portfolio. Dazu werden die Parameter nicht hinsichtlich ihres Ist-Zustands, sondern hinsichtlich ihres gewünschten Soll-Zustands bewertet. Bei den beiden wichtigsten Portfolio-Formen bedeutet dies folgendes.

Der relative Marktanteil einer SGE für die zukünftige Planungsperiode bestimmt sich aus der Relation des prognostizierten eigenen Marktanteils und des prognostizierten Marktanteils des/der wichtigsten Wettbewerber. Das durchschnittliche Wachstum auf diesem Markt für die zukünftige Planungsperiode bestimmt sich durch die Hochrechnung des gegenwärtigen Marktwachstums in die Zukunft. Die relative Umsatzbedeutung für die zukünftige Planungsperiode bestimmt sich aus der Relation des hochgerechneten Umsatzes jeder SGE und des hochgerechneten Gesamtumsatzes des Unternehmens.

Die relative Wettbewerbsstärke einer SGE für die zukünftige Planungsperiode bestimmt sich aus der Punktbewertung der jeweiligen zu ihrer Aggregation herangezogenen Kriterien innerhalb eines festgesetzten bzw. zukünftigen Erfordernissen angepassten Katalogs. Die relative Attraktivität auf diesem Markt für die zukünftige Planungsperiode bestimmt sich ebenfalls aus der Punktbewertung der jeweiligen zu ihrer Aggregation herangezogenen Kriterien innerhalb eines festgesetzten bzw. zukünftigen Erfordernissen angepassten Katalogs. Die Größe der betreffenden Branche für die zukünftige Planungsperiode bestimmt sich aus dem hochgerechneten Totalumsatz der Branche. Der

Marktanteil der SGE für die zukünftige Planungsperiode bestimmt sich aus der Relation des prognostizierten eigenen Umsatzes und des prognostizierten Totalumsatzes der Branche.

Legt man diese Ausgangsdaten bei der jeweiligen Portfolio-Form zu Grunde, ergibt sich das Ziel-Portfolio. Dieses kann in mehrerlei Hinsicht vom Ist-Portfolio abweichen, so in Bezug auf Abszissenposition, Ordinatenposition, Kreisgröße und Kreisausschnitte. Aus der Gegenüberstellung von Ist- und Ziel-Positionen der SGEs ergeben sich dann konkrete Handlungserfordernisse aus der:

- **Höhe der Abweichung** zwischen Ist- und Ziel-Position. Die räumliche Entfernung dieser Positionen innerhalb der Portfolio-Matrix indiziert erfahrungsgemäß einen proportionalen Umfang des Maßnahmeneinsatzes. Dabei sind zwei Veränderungen denkbar, und zwar die Veränderung innerhalb eines Matrixfelds oder die von einem Matrixfeld zu einem anderen. Während sich innerhalb eines Felds an der Zuordnung von Normstrategien nichts ändert, ändern sich zwischen Feldern die zugewiesenen Normstrategien entsprechend der neuen Position. So kann durchaus eine kleine räumliche Entfernung eine große Änderung des Maßnahmeneinsatzes indizieren.

- **Richtung der Abweichung** zwischen Ist- und Ziel-Position. Der Vektor der Veränderung kann parallel zu einer der Matrixachsen zeigen oder aus beiden Matrixachsen zusammengesetzt sein. Geht man davon aus, dass es einen typischen „Weg" durch das Portfolio gibt (was allerdings strittig ist), so kann die Richtung diesem Kreislauf entsprechen oder auch nicht. Gegenläufige Veränderungen sind vor allem bei Auslaufen der Marktpräsenz mit dem Ziel deren Verlängerung anzutreffen.

- **Bedeutung** der infrage stehenden SGEs oder Branchen. Dies bezieht sich auf die Veränderung der absoluten Größe der einzelnen Untersuchungseinheiten. Dabei kann eine SGE zunehmen, abnehmen oder gleich bleiben. Obgleich der Umsatz als Steuerungsgröße zweifelhaft ist, ergibt sich daraus die Möglichkeit, knappe Finanzmittel zieladäquat zuzuteilen. Denn eine steigende gewünschte SGE-Größe bedeutet auch eine wachsende Mittelzuweisung, während eine sinkende gewünschte SGE-Größe einen Mittelentzug im Vergleich zur Vorperiode und eine konstante SGE-Größe eine unveränderte relative Zuweisung bedeutet.

- **Ausgewogenheit** innerhalb des Portfolios. Dies bezieht sich auf die Veränderung der relativen Größe der einzelnen Untersuchungseinheiten innerhalb des gesamten Portfolios. Denn Ziel ist die Erreichung einer gleichmäßigen Verteilung der SGEs im Unternehmen mit vielen aussichtsreichen „Rennern", einigen starken Selbstgängern im Zenit ihrer Leistung und wenigen „Pennern". Dies ist dort gegeben, wo eine Balance aus positivem Cash-flow und Liquidationserlös abzustoßender Einheiten einerseits sowie negativem Cash-flow und Investitionskosten zu forcierender Einheiten andererseits erreicht wird.

Erst alle vier herangezogenen Größen machen es möglich, eine Aussagefähigkeit zu erreichen. Da Daten für die Zukunft allenfalls mit einer gewissen Wahrscheinlichkeit geschätzt werden können, und weil es sich teilweise um intersubjektiv unterschiedlich eingeschätzte qualitative Größen handelt, geht das **Unschärfe-(Bereichs-)Portfolio** durch Bereichs- anstelle einer Punktpositionierung dazu über, nicht mehr exakte Matrix-Positionen zu definieren, sondern Positionsräume, deren konzentrische Ausbreitungsgrenzen als optimistische und pessimistische Schätzwerte definiert werden. Dadurch wird vermieden, infolge einer nur scheinbaren Exaktheit der Positionsbestimmung daran formalistisch weitreichende Konsequenzen zu knüpfen, ohne zu berücksichtigen, dass unvermeidliche Streubreiten vorhanden sind. Zugleich nimmt damit jedoch die Determiniertheit des Portfolio-Instruments ab, obgleich gerade in dieser mechanistischen Zuweisung von Normstrategien dessen großer Vorteil zu sehen ist.

4. Bestimmung des Marktfelds

Angesichts weithin gesättigter Märkte reicht es heute nicht mehr aus, ein neues Angebot ungezielt an den Markt zu geben und dort auf Erfolg zu hoffen. Dazu sind die Märkte viel zu dicht besetzt. Es sei denn, man hat ausnahmsweise einmal die bahnbrechende Neuheit an der Hand, die jeder immer schon haben wollte (aber wer hat das schon?). Vielmehr kommt es darauf an, für ein Angebot gezielt Marktfelder zu identifizieren, die erfolgversprechend scheinen und daraus wiederum ein Marktfeld zu selektieren, auf dessen Eroberung sich alle Aktivitäten fokussieren. Dafür gibt es in Anlehnung an die Analyse der strategischen Lücke prinzipiell verschiedene Möglichkeiten.

4.1 Konzept der Strategischen Lücke

Die Analyse der strategischen Lücke (auch Gap-Analyse genannt) **hat eine Projektion der Erlös- bzw. Ertragsentwicklung und ihre Abweichung von Zielen im Zeitablauf zum Inhalt.** Dazu wird im Planungszeitpunkt die mutmaßliche Entwicklung der Ergebnisse prognostiziert. Dies erfolgt in Abhängigkeit vom Status quo oder weiterem Maßnahmeneinsatz. Im Status quo, also ohne weiteren Maßnahmeneinsatz, dürften sich die Ergebniswerte monoton fallend entwickeln. Dies hängt vor allem damit zusammen, dass in einer dynamisch fortschreitenden Umwelt Stillstand Rückschritt bedeutet, ein passives Unternehmen also zwangsläufig an Boden verliert. Sofern bereits bekannte oder eingeleitete Maßnahmen dies verhindern können, handelt es sich um eine operative (geschlossene) Lücke. Offen bleibt hingegen eine strategische Lücke, die es zu schließen gilt. Die vier Maßnahmenalternativen bei aktiver Haltung leiten sich nach dem Gesetz abnehmender Synergiepotenziale durch bestehende oder neue Produkt-Markt-Kombinationen ab.

4.1.1 Darstellung

Grundlage der Gap-Analyse ist ein Vergleich der gewünschten Ergebnisentwicklung mit der prognostizierten und die Indikation von Maßnahmen zur Gegensteuerung von Abweichungen. Dafür gelten folgende Hypothesen im Zeitablauf (siehe Abb. 32).

Mit Maßnahmen der **Marktdurchdringung**, also dem intensiveren Angebot bestehender Produkte auf bestehenden Märkten, kann eine Verringerung der negativen Abweichung erreicht werden, wenngleich ein befriedigendes Ergebnis dadurch allein noch nicht gegeben ist. Es bleibt weiterhin eine Ergebnislücke zurück.

Mit zusätzlichen Maßnahmen der **Markterweiterung**, also der Bearbeitung neuer Märkte mit bestehenden Produkten, dürfte eine weitere Situationsverbesserung realisierbar sein, ohne dass das Minderergebnis wahrscheinlich schon dadurch allein in einem tolerablen Rahmen bleibt.

Mit zusätzlichen Maßnahmen der **Produkterweiterung**, also der Bearbeitung bestehender Märkte mit neuen Produkten, kann eine gewisse Annäherung des mutmaßlichen Ist-Ergebnisses an die Zielvorstellung erreicht werden, wobei immer noch eine negative Abweichung bestehen bleibt.

Erst durch umfassende Maßnahmen der **Diversifizierung**, also dem Angebot neuer Produkte auf neuen Märkten, dürften ehrgeizige Zielsetzungen egalisiert werden.

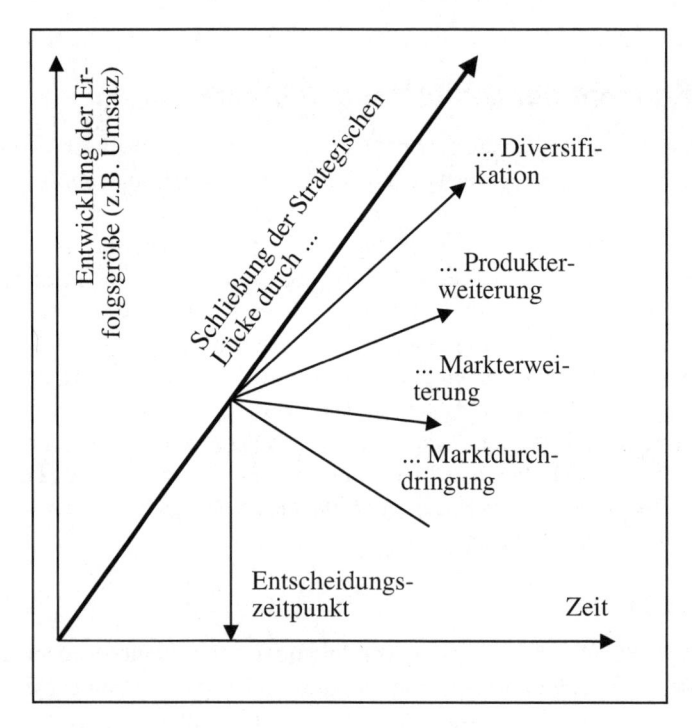

Abbildung 32: Strategische Lücken und ihre Schließung

Da mit diesen Aktivitäten steigende Risikolevels verbunden sind, werden die jeweils risikobehafteteren Maßnahmen erst ergriffen, wenn vorgelagerte Maßnahmen zur Zielerreichung nicht mehr ausreichen. Wie hoch der Aktivitätsbedarf letztlich ist, zeigt erst die Gap-Analyse an. Mit steigender Öffnung der Schere zwischen prognostiziertem Ist- und geplantem Soll-Ergebnis ist zum Abgleich die Aktivierung zunehmend risikobehafteter Maßnahmen erforderlich. Von besonderer Bedeutung ist dabei die Tatsache, dass mit wachsendem Zeithorizont Soll-Ist-Divergenzen eskalieren. Demnach sind möglichst frühzeitige Aktivitäten angezeigt, um Abweichungen zu korrigieren. Dazu werden Frühwarnsysteme installiert, denn wird die strategische Lücke als zu klein prognostiziert, folgt daraus ein posthum sich als unzureichend erweisendes Aktivitätsniveau, wird sie hingegen als zu groß prognostiziert, werden vermeidbare Risiken eingegangen. Als problematisch erweisen sich dabei Strukturbrüche, welche die Vorhersehbarkeit tatsächlich eng begrenzen.

Aktivitäten sollen daher in der angegebenen Reihenfolge vorgenommen werden. Auf Grund der Anordnung dieser Felder in der Ansoff-Matrix spricht man auch von der Z-Reihenfolge. Zwischenschritte zur weiteren Reduzierung der Risiken und Ressourcenschonung sind möglich, indem

- ein bekanntes Produkt zunächst in einem artverwandten Markt eingeführt wird, wodurch sich das Risiko der Markterweiterung reduziert, bevor es einem völlig neuen Markt angeboten wird,
- in einem bekannten Markt zunächst ein artverwandtes Produkt eingeführt wird, wodurch sich das Risiko der Produkterweiterung reduziert, bevor ein völlig neues Produkt angeboten wird,
- ein artverwandtes Produkt in einem artverwandten Markt eingeführt wird, wodurch viele bereits gemachten Erfahrungen übertragbar sind,
- in einem völlig neuen Markt zunächst ein artverwandtes Produkt eingeführt wird, wodurch sich das Risiko der Diversifikation reduziert, bevor dort ein völlig neues Produkt angeboten wird,
- zunächst ein völlig neues Produkt in einem artverwandten Markt eingeführt wird, wodurch sich das Risiko der Diversifikation ebenfalls reduziert, bevor es in einem völlig neuen Markt angeboten wird.

4.1.2 Bewertung

An den Erkenntnissen der Gap-Analyse sind einige Kritikpunkte anzumerken. So ist die Analyse einseitig wachstumsorientiert. Was nicht verwundert, entstammt sie doch dem Denken der 1960er Jahre mit ihrer scheinbar unendlichen Wachstumshoffnung. In der heutigen Zeit, die vermehrt durch Stagnation oder gar Rückgang der Märkte gekennzeichnet ist, sind die Aussagen dieser Analyse jedoch wenig hilfreich. Sie bedarf der Ergänzung um zwei neue Felder strategischer Alternativen:

- **Marktrückzug.** Märkte werden u. a. verlassen, wenn die dort verbleibende Nachfrage als zu gering angesehen wird, sich die Konkurrenzintensität steigert, nicht-tarifäre Handelshemmnisse bzw. sonstiger Protektionismus gegeben sind oder dortige Handelspartner nicht sachgerecht „funktionieren".
- **Produktaufgabe.** Dies gilt vor allem, weil in vielen Bereichen ein Wachstum nicht mehr nur nicht möglich, sondern auch überhaupt nicht mehr wünschens-

wert scheint. Dies betrifft vor allem sozial und ökologisch angreifbare Angebote, die bewusst zu reduzieren sind.

Die Analyse ist ausschließlich zweidimensional angelegt. Verhaltensregeln werden nur aus den Größen Produkt und Markt abgeleitet. Dabei ist jedoch eine Vielzahl anderer Parameter entscheidend für die Unternehmensentwicklung. Namentlich ist hier der Bereich Finanzen zu nennen, denn alle Aktivitäten tangieren die Finanzsituation des Unternehmens. Die daraus sich ergebenden Zusammenhänge bleiben aber unberücksichtigt. Das Gleiche gilt für andere Unternehmensbereiche wie FuE, Logistik und Produktion.

Es erfolgt keine Berücksichtigung finanzieller Ressourcen, die erforderlich sind und vorhanden sein müssen, um die empfohlenen Expansionsschritte praktisch darstellen zu können. Bei dem hohen Aufwand, den eine professionelle Implementierung erfordert, sind solche Finanzmittel aber oftmals die entscheidende Limitation.

Des Weiteren wird der Konkurrenzeinfluss vernachlässigt. Denn natürlich ist die strategische Entscheidung zu einem großen Teil nicht von den internen Gegebenheiten abhängig, sondern von der Konkurrenzsituation. So wird das Eindringen in neue Produkt- oder Gebietsmärkte z. B. durch Marktschranken dort vorhandener Anbieter behindert, d. h., gewünschte Erweiterungsmaßnahmen sind nicht realisierbar oder mit einem unzulässig hohen Risiko behaftet.

Es erfolgt keine Berücksichtigung der unternehmerischen Stärken und Schwächen und der marktlichen Chancen und Risiken. Die Stärke eines Unternehmens kann gerade in seiner Spezialisierung auf einen Produkt-Gebiets-Markt liegen und seine Schwäche in der Zersplitterung der Aktivitäten auf zu viele Aktionsvariable. Andererseits lohnt eine Ausweitung in neue Produkt- oder Gebietsmärkte nur, sofern diese auch ein deutliches Erfolgspotenzial aufweisen, d. h., per saldo ihre Chancen über ihren Risiken liegen.

Somit bietet die Gap-Analyse letztlich keine konkreten Anhaltspunkte dafür, welcher Weg eingeschlagen werden sollte und wie dieser zu exekutieren ist. Zwar gibt es eine generelle Empfehlung zur Reihenfolge, aber diese ist zu allgemein, als dass sie den Besonderheiten spezifischer Unternehmenssituationen gerecht werden kann. Zudem werden schwache Signale nicht berücksichtigt.

Insofern ist eine differenziertere Betrachtung erforderlich. Dabei wird die Option der Diversifizierung an dieser Stelle nicht weiter verfolgt, weil sie ein Verlassen der vorhandenen Aktivitätsbasis (Produkt/Markt) bedeutet.

4.2 Marktfelddimensionen

Das **Marktfeld** (auch Absatzquelle/Source of potential demand genannt) **bestimmt, was die Kaufkraft ausmacht, von der ein Angebot leben soll.** Bei den Absatzquellen können folgende Optionen unterschieden werden (siehe Abb. 33 und Abb. 34).

		Marktnachfrage	
		bestehend	neu
Produktangebot	bestehend	Marktdurchdringung	Markterweiterung
	neu	Produkterweiterung	Produkt-Markt-Entwicklung

Abbildung 33: Absatzquelle als Strategische Lücke

4.2.1 Marktdurchdringung

Zum Marktfeld Marktdurchdringung gehören im Einzelnen die Intensitätssteigerung, der Kundenlieferanteil, die Kundenabhängigkeit und die Kundenrückgewinnung.

Intensitätssteigerung beabsichtigt die Erhöhung der Kaufmenge. Dafür gibt es zwei Ansatzpunkte. Erstens eine engere zeitliche Abfolge der Verwendung mit der Konsequenz höheren Verbrauchs und früherer Ersatzbeschaffung.

Zu denken ist etwa das Postulat der Zahncremehersteller, dreimal täglich die Zähne zu putzen. Gelingt es, diesen Anspruch durchzusetzen, zieht dies einen um 50 % steigenden Zahncremeverbrauch gegenüber zweimal täglichem Zähneputzen nach sich.

Sowie zweitens durch stärkeren Einsatz des Produkts.

So z. B. mittels direkten Auftrag des Flüssigwaschmittels auf verschmutzte Gewebestellen zusätzlich zur normalen Beigabedosierung in der Waschtrommel. Einmalige Effekte nutzen zudem das Gewohnheitsverhalten der Konsumenten. So wurde bei der

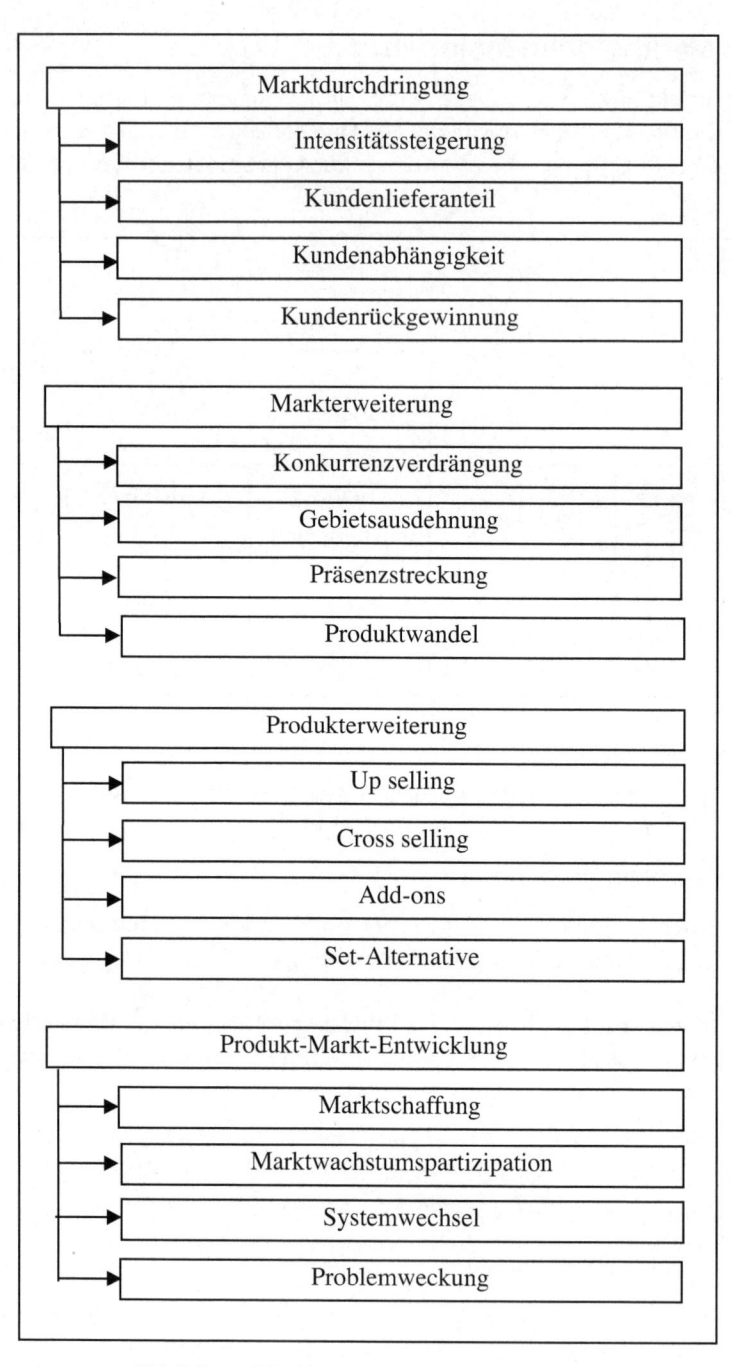

```
Marktdurchdringung
    → Intensitätssteigerung
    → Kundenlieferanteil
    → Kundenabhängigkeit
    → Kundenrückgewinnung

Markterweiterung
    → Konkurrenzverdrängung
    → Gebietsausdehnung
    → Präsenzstreckung
    → Produktwandel

Produkterweiterung
    → Up selling
    → Cross selling
    → Add-ons
    → Set-Alternative

Produkt-Markt-Entwicklung
    → Marktschaffung
    → Marktwachstumspartizipation
    → Systemwechsel
    → Problemweckung
```

Abbildung 34: Alternative Marktfeldstrategien

amerikanischen Zahncreme CREST (P&G) der Öffnungsquerschnitt der Tube vergrößert, worauf solange überschüssig viel Zahnpasta auf die Zahnbürste gelangte, bis sich die Verbraucher an eine vorsichtigere Dosierung gewöhnt hatten.

Manipulative Intensitätssteigerung ist auch durch künstliche Veralterung (Planned obsolescense) nach objektivem oder subjektivem Maßstab möglich. Objektiv bedeutet den Einbau von Sollbruchstellen, die im Rahmen der Wertanalyse als Einsparpotenziale eingeplant werden und die gesamte Produktlebensdauer auf die kürzeste Teillebensdauer begrenzen. Subjektiv bedeutet, dass an sich noch völlig gebrauchsfähige Produkte durch Sozialtechniken (z. B. Modediktat) gesellschaftlich inakzeptabel gemacht und durch neue, zeitgemäße ersetzt werden.

Aus den 1930er Jahren ist bekannt, dass sich die europäischen Glühbirnenhersteller hinsichtlich der Begrenzung der Lebensdauer der Glühfäden vertraglich vereinbarten. Denn neue Glühbirnen werden im Wesentlichen nur noch gekauft, wenn alte defekt sind. Heute darf vorausgesetzt werden, dass solche Praktiken, so sie denn stattfinden, wohl zumindest nicht mehr schriftlich vereinbart werden. Erstaunlich ist dennoch, dass ein Bügeleisen nach dem Fall aus Tischhöhe technisch noch einwandfrei funktioniert, das Plastikgehäuse aber zersprungen ist. Aus Sicherheitsgründen wagt man es nicht mehr, mit einem solchen Gerät zu hantieren, und kauft notgedrungen ein neues. Sicherlich wäre durch Versteifungsrippen im Gehäuse technisch problemlos eine höhere Festigkeit zu erreichen. Gelegentlich greifen jedoch tatsächlich Sicherheitsargumente, so bei Sollbruchstellen, die Verletzungen bei Unfall oder unsachgemäßer Handhabung vermeiden helfen.

Kundenlieferanteil bedeutet, dass es das Ziel jedes Anbieters sein muss, einen möglichst großen Anteil aller Ausgaben, die ein Nachfrager in eine Bedarfsgruppe investiert, auf das eigene Angebot zu konzentrieren (Wallet sizing). Dies kann erreicht werden, indem das eigene Unternehmen zum Exklusivlieferanten eines Abnehmers wird, d. h., der Nachfrager in einer Bedarfsgruppe nur die Leistungen eines einzigen Anbieters abfordert (Single sourcing). Geht man von einer gegebenen Bedarfshöhe aus, kann damit dessen Kaufkraft möglichst weitgehend abgeschöpft werden. Allerdings stehen dem mindestens drei Hindernisse entgegen. Das erste ist die Gefahr der Kundenunzufriedenheit aus einer Austauschbeziehung mit der Konsequenz des Wechsels zu einem anderen Anbieter. Dieser Kunde ist dann zumindest fürs Erste verloren. Das zweite ist die Absicht der Risikoreduktion durch Streuung der Bezugsquellen, häufig, indem zwei alternierende Bezugsquellen genutzt werden (Dual sourcing). Dann ist der Share of wallet aber nicht mehr zu maximieren. Und das dritte ist die Suche der Nachfrager nach Abwechslung (Variety seeking behavior), die sie trotz Zufriedenheit und Willen zum Exklusivbezug „überschaubare Abenteuer" suchen lässt, die zum Ausprobieren neuer Anbieter führen und zum Verbleib dort, bis wiederum Unzufriedenheit entsteht oder der Wunsch nach Abwechslung.

Ein klassisches Beispiel für die Kundenlieferanteilserhöhung ist das Systemangebot in der Automobil-Zulieferbranche. Statt einzelne Komponenten oder gar Teile bei verschiedenen Lieferanten einzukaufen, beziehen Automobilhersteller komplexe Systeme von entsprechenden Lieferanten im Single sourcing. Da die Realisierung solcher Systeme für den Lieferanten mit erheblichem Aufwand verbunden ist, wird mit diesem ein Lifetime contract ausgehandelt, der ihm die alleinige Zulieferung während der Produktgenerations-Lebensdauer sichert. Dadurch wird dieser alleiniger Lieferant in diesem abgegrenzten Bereich.

Kundenabhängigkeit drückt die Loyalität vorhandener Nachfrager zum eigenen Angebot aus. Entscheidend ist dafür, in der konkreten Wahlsituation präsent und profiliert zu sein. Entscheidend dafür wiederum ist die Kundenzufriedenheit, die durch Herstellung einer Kontaktbrücke gefördert wird. Die eigenen Abnehmer werden dadurch hinsichtlich der Richtigkeit ihrer Nachfrageentscheidung bestärkt. Denn entscheidend für den Absatzerfolg ist nicht der erstmalige Kauf eines Produkts, sondern die Gewährleistung einer hohen Wiederkaufrate. Diese soll unabhängig von den Phasen des Kaufentscheidungsprozesses und den Einwendungen der Konkurrenz zum eigenen Angebot führen.

So beschicken die großen Automobilhersteller ihre Kunden nach dem Kauf im Rahmen von Kundenkontaktprogrammen/KKPs mit Direktaussendungen, die den Kontakt zum Absender erhalten. Als Absender fungiert sinnvollerweise der Verkäufer des Händlers, bei dem das Fahrzeug gekauft wurde. In dessen Namen und unter Kostenbeteiligung des Händlerpartners werden Anlässe gefunden, mit Kunden in Verbindung zu bleiben (z. B. Gratulation zum Kauf, Erinnerung an die erste Inspektion, Garantieablaufzeit, Wintercheck zur Sicherheit, Urlaubscheck, Erinnerung an die ASU). Kundenbindung wird in der Praxis aber häufig auch auf anderem Weg erreicht, nämlich durch bewusste Inkompatibilität von Systemen. So werden Nutzer gezwungen, systemtreu zu bleiben, sollen einmal getätigte Investitionen nicht entwertet werden.

Angesichts stagnierender oder gar rückläufiger Märkte ist die einseitige Postulierung von Umsatzzuwächsen freilich umstritten. Nicht selten wären Anbieter bereits völlig zufrieden, gelänge es ihnen, ihren bestehenden Umsatz auch nur zu halten. Dabei ist es von zentraler Bedeutung, ehemalige Kunden, die zur Konkurrenz abgewandert sind oder nicht mehr kaufen, zurückzugewinnen. Zur **Kundenrückgewinnung** ist zunächst eine Analyse dahingehend notwendig, welche Gründe diese Kunden veranlasst haben, den Anbieter zu wechseln bzw. den Kauf einzustellen. Als problematisch erweist sich dabei die Tatsache, dass der Zugriff auf bestehende Kunden zwar hinlänglich vorhanden, der Zugriff auf ehemalige Kunden aber schwierig ist. Selbst wenn Kontaktmöglichkeiten bestehen, gilt es immer noch, einen plausiblen Anlass für die neuerliche Kontaktierung zu finden, besonders, wenn ehedem Unzufriedenheit zum

Kundenverlust geführt hat. Denn dann sehen ehemalige Kunden subjektiv berechtigterweise wenig Anlass, sich erneut mit einem früheren Anbieter zu beschäftigen. Zumal sie wahrscheinlich anderweitig bestens bedient werden. Chancenreicher ist die Situation jedoch, wenn ein Kundenverlust auf den Wunsch nach Abwechslung zurückzuführen ist. Diese ehemaligen Kunden können durch ein verändertes Angebot durchaus aus den gleichen Gründen wieder zurückgewonnen werden, aus denen sie verloren gegangen sind. Allerdings ist ihre Bindungsfähigkeit begrenzt. Unzufriedene Kunden sind allenfalls durch ein neuerliches Testangebot, evtl. versehen mit Garantiezusagen, zum Kauf zu bewegen.

Ein klassisches Beispiel bot vor Jahren die Rückgewinnungsaktion von TCHIBO nach dem Scheitern einer großen Produktumstellung. Durch ein neues Röstverfahren war es TCHIBO Anfang der 1980-er Jahre gelungen, die Aromaergiebigkeit von Kaffeebohnen erheblich zu steigern. Durch Einsatz von Luftdruck wurde es technisch möglich, die „Übertragungsfläche" für Kaffeearoma zu umgebendem Wasser so zu vergrößern, dass die „Leistung" von 500 gr. Kaffeebohnen sich mit tatsächlich nur 400 gr. Kaffeebohnen ergab. Diese Idee schien den Erfindern besonders chancenreich, konnte doch der Wareneinsatz damit um 20 % gesenkt werden. Der Verkaufspreis blieb hingegen im Wesentlichen gleich, da ja auch ein gegenüber 500 gr. unveränderter Nutzen geboten wurde. Mit diesem Konzept wurde das Produkt intensiv beworben. Und entwickelte sich zu einem der größten Flops. Denn Verbraucher akzeptierten eben gefühlsmäßig nur 500 gr. Inhalt als Kaffeepfund, und nicht 400 gr., obgleich diese so ergiebig waren wie ansonsten 500 gr. Marktforschung zeigte, dass die Argumentation zwar rein rational von Verbrauchern nachvollzogen wurde, sie sich jedoch entgegen deren vorherigen, hypothetischen Äußerungen in Pretests dann tatsächlich für das „echte" Kaffeepfund der Konkurrenz, vor allem von JACOBS oder ALDI, entschieden. Mit dem Effekt, dass sie sich mit der Qualität dieser Marken anfreundeten und von TCHIBO wegwechselten. TCHIBO entschied sich angesichts dieser desaströsen Entwicklung zum raschen Stop der gesamten Aktion. Im Rahmen einer Kampagne trat sogar der Mehrheitsteilhaber der Firma, Michael Herz, in Fernsehspots auf und entschuldigte sich bei seinen Kunden für das Missgeschick und versprach ihnen die Wiedereinführung des „echten" Kaffeepfunds mit 500 gr. Inhalt. Dadurch sollten Markenwechsler zur Rückkehr zu TCHIBO bewegt werden.

4.2.2 Markterweiterung

Zum Marktfeld Markterweiterung gehören die Konkurrenzverdrängung, die Gebietsausdehnung, die Präsenzstreckung und der Produktwandel.

Für die **Konkurrenzverdrängung** bestehen mehrere Möglichkeiten. Erstens relativ bei Marktexpansion durch schnelleres Wachstum als der Mitbewerb bzw. bei Marktkontraktion durch langsameres Schrumpfen als dieser. Zweitens indirekt durch Wachstum des eigenen Marktanteils bei Marktstagnation gegen den Misserfolg des Mitbewerbs (dies ist für heutige Märkte charakteristisch). Drittens absolut bei Marktexpansion durch schnelleres Wachstum als der Markt, bei Marktkontraktion durch langsameres Schrumpfen als der Markt (auch dies geht nur zu Lasten des Mitbewerbs). Und viertens direkt bei stagnierenden, wachsenden oder schrumpfenden Märkten zu Lasten eines bestimmten Mitbewerbers als frontaler Angriff auf einzelne Konkurrenten.

Dies erfordert die Aufweichung vorhandener Kundenbindung und Markenloyalität, was gewiss das schwierigste Unterfangen darstellt. Immerhin hält der Mitbewerb dagegen. Von daher ist diese an sich nahe liegendste Möglichkeit zwar die spannendste, aber auch die gefahrenträchtigste. Beim „Angriff" kann noch zwischen ausweichendem Vorgehen, z. B. durch Besetzung latenter Marktnischen, oder frontalem Vorgehen unterschieden werden.

Als Beispiel kann der Erfolg der DR. BEST-Zahnbürsten (GSK) gelten. Der Zahnbürstenmarkt ist ausgesprochen gering involvierend, die Produkte sind weitgehend homogen, und der Wettbewerb wurde daher im Wesentlichen über den Preis geführt. DR. BEST gelang jedoch eine Konkurrenzverdrängung bis zur Erreichung der Marktführerschaft durch eine überlegene Leistungspositionierung. Dazu wurde die Bedeutung einer „intelligenten" Zahnbürste für die Pflege von Zähnen und Zahnfleisch betont. Durch spezielle Ausstattungen wurde die Zahnbürste so verändert, dass diese Intelligenz im Produkt offensichtlich und nachvollziehbar wurde (rutschfester Griff, Schwingkopfelement zum Druckausgleich, unterschiedlich lange Borsten, verwindbarer Bürstenkopf, Sensorgelenk im Bürstenkopf etc.). Zugleich wurde dieser Anspruch durch ein überzeugendes Key visual (Tomate und Zahnbürstendruck), durch ein glaubwürdiges Testimonial (Prof. Dr. James Best) und einen merkfähigen Slogan (Die klügere Zahnbürste gibt nach) penetriert. Im Ergebnis kam es zu einer Zweiteilung im Markt in gewöhnliche Zahnbürsten ohne Zusatzleistung einerseits und die intelligente GSK-Zahnbürste andererseits. Dies führte zu einer erfolgreichen Konkurrenzverdrängung dieser Marke zulasten des Restmarktes.

Gebietsausdehnung erfolgt durch Nutzung neuer Märkte im In- und Ausland. Dabei sind im Einzelnen die Fragen der Marktwahl, des Marktzugangs und der Marktführung zu klären. Dabei geht es um das Bestreben, durch Ausweitung des Absatzgebiets einer größeren Zahl von Nachfragern Zugang zu einem Produkt zu verschaffen und dadurch zusätzliche Kaufkraft zu mobilisieren. Die Gebietsausdehnung vollzieht sich intranational oder supranational, Ersteres innerhalb der Grenzen eines Landes, Letzteres ländergrenzenübergreifend. Intranational kann die Gebietsausdehnung vor sich gehen, indem ein lokaler Anbieter seinen Absatzraum auf regionaler Ebene ausweitet oder ein regionaler Anbieter seinen Absatzraum auf nationaler Ebene vergrößert. Supranational geschieht die Gebietsausdehnung, wenn ein nationaler Anbieter seinen Absatzraum auf internationaler Ebene ausdehnt.

Als Beispiel kann der Versuch des Eindringens des größten amerikanischen Handelskonzerns, WAL-MART, in den europäischen Markt angeführt werden. Durch Übernahme der WERTKAUF-Kette sollte auf dem hoch kompetitiven deutschen Markt ein Standbein geschaffen werden. Zugleich wurde die WAL-MART-typische Positionierung der totalen Kundenorientierung (Total customer care) dort umgesetzt. Dazu gehören z. B. der Greeter, meist ein pensionierter Mitarbeiter, der die Kunden am Eingang freundlich im Laden willkommen heißt, oder die 10-Feet-Regel, die besagt, dass jeder Mitarbeiter auf einen Kunden zugehen und ihn fragen soll, womit er ihm helfen kann, sobald er sich in weniger als 10 Fuß Entfernung (etwa drei Meter) befindet. Eine Kopie der Erfolgsgeschichte im Heimatmarkt bei abweichender Konsumkultur hierzulande war damit allerdings nicht möglich.

Präsenzstreckung betrifft die zeitliche Streckung des Angebots und beabsichtigt, unterjährige, saisonale Märkte in ganzjährige zu überführen. Gelingt es, diese zeitliche Restriktion aufzulösen, öffnet sich de facto ein neuer Markt.

So schaffen es die niederländischen Obst- und Gemüseproduzenten durch perfektionierte Treibhaustechnik, selbst im Winter frische Ware anzubieten. KINDERÜBERRASCHUNG (Ferrero) ist zwischenzeitlich von einem Saisonartikel, gestartet als Oster-Ei, zu einem ganzjährigen Angebot umgestellt worden. Die Speiseeishersteller propagieren den Verzehr von portioniertem Eis auch außerhalb der warmen Jahreszeit. Vor allem Langnese ist es mit MAGNUM gelungen, aus dem engen Korsett der, zudem noch zusehends witterungsanfälligen Sommerzeit auszuscheren und Eis zum Selbstverzehr als ganzjähriges Lebensstilmerkmal zu etablieren (was im übrigen bei Eispackungen als Nachtisch schon vorher gelungen war). Zudem wurden bei Magnum erstmals ausschließlich Erwachsene als Zielgruppe definiert.

Produktwandel bedeutet, neue Einsatzmöglichkeiten bei Gewinnung neuer Angebotsnutzer aufzuzeigen.

Als Beispiel mag der Ausbau herkömmlicher Textverarbeitungsprogramme um DTP-Funktionen gelten. Dadurch werden neue Anwendungen erschlossen, wie etwa Seitengestaltung, die diese Software auch für Personen interessant macht, für die reines Word processing irrelevant wäre. Dadurch werden neue Marktpotenziale erschlossen. Ein ähnliches Ziel verfolgt JÄGERMEISTER mit seiner Etablierung als Longdrink (Jägermeister Tonic), wie dies in Südeuropa bereits vielfach üblich ist. An die Stelle des gesunden, aber doch betulichen Kräuterlikörs soll damit das moderne, lifestylige Mixgetränk treten. Gescheiterte Beispiele sind z. B. Stofftiere zum Verschenken unter Erwachsenen/STEIFF und Kräuterjoghurt als Brotaufstrich/LÜNEBEST. Mit durchschlagendem Erfolg werden hingegen für gesundheits- und kalorienbewusste Konsumenten Light-Versionen aller möglichen

Produkte lanciert (Softdrinks, Kaffees, Wurstwaren etc.). Oft dient das Light-Argument auch nur als Alibi zur Überwindung kognitiver Dissonanzen vor dem Kaufentscheid (z. B. Zigaretten).

Ein mittlerweile klassisches Beispiel für generischen Produktwandel ist das Fahrrad. War es früher nur Fortbewegungsmittel für sozial eher niedere Klassen, die sich kein Automobil oder wenigstens ein Motorrad leisten konnten, ist es heute weniger Fortbewegungsmittel als vielmehr Fitnessgerät für Freizeitspaß. Und durchaus nicht mehr ein „Arme Leute"-Fahrzeug, sondern häufig in aufgerüsteten Versionen anzutreffen. Etwas ähnliches ist bei Kombi-Pkw zu beobachten. Waren sie früher noch als Kleintransporter für Handwerker und Kinderreiche stigmatisiert, so sind sie heute Mittel für Freizeitspaß, etwa bei raumbedürftigen Hobbies. Moderne Kombis (wie BMW Touring, AUDI Avant, MERCEDES-BENZ T etc.) sind daher nicht nur edel ausgestattet und teuer in der Anschaffung, sondern auch hoch angesehen im sozialen Umfeld.

4.2.3 Produkterweiterung

Zum Marktfeld Produkterweiterung gehören das Up selling, das Cross selling, die Add-ons und die Set-Alternative.

Up selling erfolgt durch Erhöhung des Werts je Kaufakt. Dies wird infolge Aufstieg zu einem höherwertigeren Angebot erreicht. On top werden Premiummarken an die Spitze des Programms gesetzt. Dem liegt die Erfahrung des Cascading zugrunde, d. h., Premiummarken werden im Laufe der Zeit popularisiert und verlieren ihre Klasse, wodurch an der Spitze Platz für eine noch hochwertigere Marke geschaffen wird. Doch auch diese wird popularisiert werden etc. Bottom off werden an der Basis der Pyramide Produkte verdrängt, weil sie keine angemessene Nachfrage mehr finden oder das Image der übrigen eigenen Marken beeinträchtigen. Hierbei liegt das primäre Ziel nicht in einer Erhöhung der quantitativen Kaufrate. Wenn es gelingt, Kunden beim Kaufentscheid ein höherwertigeres Produkt anzudienen, resultiert daraus meist auch höherer Ertrag. Dadurch wird dem Kunden eine markentreue Produktkarriere ermöglicht. Dabei darf allerdings seine finanzielle Leistungsfähigkeit nicht überzogen werden (wie z. B. in der Automobilindustrie).

Zu denken ist in diesem Zusammenhang an die Einführung von Kontoführungspaketen durch die Kreditinstitute. Hier wird von Sparkassen etwa in die Gruppen Giro-Konto, Giro-Konto EC, Giro-Konto Classic und Giro-Konto Gold unterteilt. Die einzelnen Pakete unterscheiden sich durch den Umfang der Serviceleistungen und dementsprechend auch den Preis. Es bleibt aber naturgemäß bei einem Giro-Konto je Auftraggeber. Nur wird angestrebt, aus diesem Giro-Konto ein Mehr an Umsatz herauszuholen. Gelingt es, Kunden zum Umsteigen auf das höherwertigere Paket zu überzeugen, kann damit als Folge ein höherer Betrag abgerechnet werden. Mithin liegt Strukturbeeinflussung vor.

Ein anderes Beispiel sind die nicht zu übersehenden Bemühungen der DEUTSCHEN TELEKOM bei Kunden zur Umstellung ihres Anschlusses von Analog- auf Digitaltechnik im Rahmen von (T-)ISDN oder (T-)ADSL. Auch hierbei bleibt es bei einem Anschluss, der nunmehr nur für mehrere Mehrwertdienste parallel genutzt werden kann und/oder eine höhere Übertragungsgeschwindigkeit je Dienst bietet. Diese Zusatzleistung ist vielen Kunden eine höhere Grundgebühr Wert, so dass ihr Geldeinsatz steigt. Auf diese Weise kann je Abrechnung zusätzlicher Umsatz realisiert werden.

Unter **Cross selling** ist die Aktivierung von Kunden, die bereits ein anderes Produkt des eigenen Unternehmens kaufen, zu verstehen. Dem liegt die Erkenntnis zugrunde, wonach die Marktrealität durch Mehrgeschäftsfeldunternehmen geprägt ist. Damit besteht ein mehrfacher Zugriff auf Nachfrager. So liegt es nahe, diese Zugriffsmöglichkeit zu nutzen, um diesen nachdrücklich gleich mehrere Angebote zu unterbreiten.

Zum Beispiel verfolgte die damalige Mediengruppe Kirch diesen Ansatz, da sie eine Verkettung von Zeitungen (BILD/WELT u. a.), Programmzeitschriften (HÖRZU/ FUNKUHR u. a.), Privatfernsehen (SAT 1/PRO 7 u. a.), Privathörfunk, Pay-TV (PREMIERE), Kaufvideos (TAURUS) und Leihvideos anstrebte. Dabei können sich die einzelnen Angebote gegenseitig im Absatz wirkungsvoll unterstützen. Weitere Beispiele sind die Gaststätte im Warenhaus, die als Frequenzbringer vor allem zur Mittagszeit zum längeren Verweilen animiert, oder die Tankstelle am Verbrauchermarkt, die ebenfalls als Traffic builder dient und zeitsparende Bequemlichkeit bietet. Bei beiden kann im Wege der Mischkalkulation ein optimal akquisitorisch wirkendes Angebot erreicht werden.
Ein weiteres Beispiel ist das Allfinanz-Angebot der Finanzdienstleister. Durch Angliederung von Kreditinstituten, Bausparkassen oder Versicherungen zielen die Anbieter dort darauf ab, einen möglichst großen Anteil der relevanten Geldausgaben der Bevölkerung für das eigene Unternehmen zu liquidieren. Allerdings sind die praktischen Erfahrungen bisher eher ernüchternd. Zu verschiedenartig sind die Anforderungen in den jeweiligen Geschäftssparten, als dass diese Potenziale sich bisher hätten materialisieren lassen. Im Gegenteil, die entstandenen Komplexitätskosten scheinen erheblich.

Add-ons entstehen im Einzelnen aus Zusatzverkäufen, Bundling oder Unbundling.

- **Zusatzverkäufe** beabsichtigen eine Absatzsteigerung, indem das Ausgangsprodukt durch zahlreiche Ausstattungen in seinem Gebrauchswert gesteigert wird. Der dadurch mögliche, optisch attraktive Basispreis dient nur als Einstieg und ist oftmals intern subventioniert (Ausgleichsnehmer). Das Folgegeschäft jedoch wird zu Preisen abgewickelt, die nicht nur einen angemessenen Gewinn erwirtschaften, sondern darüber hinaus auch die entgangenen Deckungsbeiträge des Ausgangsprodukts (Ausgleichsgeber).

Als Beispiel dient etwa der Markt für Videospiele (NINTENDO, SONY, MICROSOFT). Die Gerätekonsole als Basis wird vergleichsweise preisgünstig offeriert und suggeriert ein lohnendes Angebot. Deren volle Leistungsfähigkeit ist jedoch erst nutzbar, wenn Spielemodule dazu gekauft werden. Da sich jedes Spiel emotional schnell abnutzt, steigt im Zeitablauf die Nachfrage nach Spielemodulen, und deren Wert übertrifft schnell den Anschaffungspreis der Konsole. Ähnliches gilt für Sofortbildkameras (POLAROID). Die Hardware wird zu extrem niedrigen Preisen in den Markt gebracht. Schnell wird jedoch klar, dass sich die verbrauchten Filme zu erheblichen laufenden Kosten hoch addieren. Somit ist das Folgegeschäft das eigentlich interessante.

- **Bundling** betrifft die Zusammenfügung seither selbstständiger Angebote zu einem neuen Gesamtangebot, das ein neuartiges Erlebnis hervorbringt. Der daraus resultierende Vorteil kann ein Leistungsnutzen sein, indem das synergetische Zusammenwirken von Einzelkomponenten zu mehr Leistung bei gleichem Preis führt, oder es stellt sich ein Preisnutzen ein, da die insgesamt höhere Abnahmemenge eine Realisierung der gleichen Leistung zu einem geringeren Preis ermöglicht. Dies betrifft sowohl Produkte als auch Produkt-Dienstleistungs-Kombinationen (Systems selling).

Als Beispiel dient die Bündelung von Einzelgeräten als Paketangebot bei Computern, wobei PC, Drucker, Bildschirm, Maussteuerung, Betriebssystem-/Anwendungs-Software etc. gemeinsam mit Preisersparnis abgegeben werden. Weit verbreitet ist diese Anwendung auch bei Industriegütern. Hier geht es bei Turn key projects vor allem darum, eine betriebsfertige Anlage zu erstellen, weshalb sich wegen der Verschiedenartigkeit der dazu benötigten Teile meist mehrere Hersteller zu Konsortien zusammenschließen, um als Sublieferanten integrative Teilleistungen abzuliefern. Dadurch lassen sich bedeutsame Wettbewerbsvorteile erzielen. Dies ist auch der leitende Gedanke hinter dem Angebot von Bauträgermaßnahmen, die es dem Bauherrn abnehmen, verschiedene Gewerke selbst koordinieren und beaufsichtigen zu müssen.

- **Unbundling** bedeutet die Trennung von bisher gemeinsam angebotenen Produkten zu Einzelangeboten. So besteht nicht immer Bedarf nach einer Komplettlösung, vielmehr reichen Teillösungen als Ersatz oder Einstieg völlig aus. Zerlegt man ein Komplettangebot in solche selbstständigen Teilangebote, kann dadurch neue Nachfrage generiert werden.

Als Beispiel sei die Auftrennung eines HiFi-Turms in Einzelkomponenten und deren separates Angebot genannt. So besteht immer dann, wenn schon einzelne taugliche HiFi-Komponenten vorhanden sind, kein Bedarf nach einer anderen vollständigen Gerätelösung, sondern vielmehr nach deren Ergänzung. Damit kann ein Anbieter, der bisher nur HiFi-Türme angeboten hat, neue attraktive Angebote offerieren.

Es ist ein Zeichen der Zeit, dass die Anbieter-/Markentreue der Nachfrager erodiert. Statt dessen wechseln diese zwischen verschiedenen Anbietern/Marken. Und dies durchaus nicht deshalb, weil sie mit ihrem ursprünglichen Angebot unzufrieden wären, sondern selbst bei Zufriedenheit aufgrund der Suche nach Abwechslung. Angesichts dieses unvermeidlichen Trends ist eine Positionierung auch denkbar als **Set-Alternative** zu einem bisherigen Angebot, also im Wechsel mit dem Stammangebot. Dabei besteht immer noch die Chance, Nachfrager zu gewinnen, die nicht bereit wären, ausschließlich ein Angebot zu nutzen, dies aber sehr wohl im Wechsel zu anderen tun. Dies setzt freilich voraus, dass das eigene Angebot sich im Set der akzeptierten Kaufalternativen befindet. Man unterscheidet dabei die Mono-Loyalität als Treue zu einem einzigen Angebot, die Dual-Loyalität als wechselnde Treue zwischen zwei Angeboten und die Multi-Loyalität als wechselnde Treue zwischen drei und mehr Angeboten.

Als klassisches Beispiel kann das alkoholfreie CLAUSTHALER-Bier gelten. Da nicht zu erwarten ist, dass Konsumenten ausschließlich alkoholfreies Bier trinken, denn der Trinkanreiz besteht häufig gerade im Alkoholanteil des Bieres, wurde es als gute Lösung angesehen, CLAUSTHALER als Alternative zu normalem (alkoholhaltigen) Bier auszuloben, etwa, wenn man einen klaren Kopf behalten muss oder noch Autofahren will. Der Slogan „Nicht immer, aber immer öfter" suggerierte gerade diesen Wechselkonsum und schaffte damit den Einbruch in den traditionellen Biermarkt.

4.2.4 Produkt-Markt-Entwicklung

Zum Marktfeld Produkt-Markt-Entwicklung gehören die Marktschaffung, das Marktwachstum, der Systemwechsel und die Problemweckung.

Marktschaffung erfolgt durch das Angebot völlig neuartiger Problemlösungen. Dies ist allerdings äußerst selten der Fall. Denn meist ersetzen neue Produkte lediglich alte. Beispiele sind CD-Player, die Analogplattenspieler ablösen, Camcorder, die an die Stelle von Super 8-Kameras treten, Telefaxtechnik, die Telextechnik folgt, DVD-Recorder, die Videorecorder ersetzen usw. Viel seltener gelingt es, originär neue Märkte zu etablieren, die Angebotsmerkmale aufweisen, die es bis dato noch nicht gab, beispielsweise PCs, Videorecorder oder portionierte Joghurts, aber auch Post it-Zettel. Nur im Hinblick auf derartige Produktkategorien liegt wirklich ein neuer Markt vor, der in der Lage ist, aus sich heraus zusätzliche Kaufkraft hervorzubringen. Leider sind solche Quantensprünge selten.

Ein Beispiel dafür ist der Mobilfunkmarkt. Hier wird in der Tat seit einiger Zeit ein Nutzen geboten, der in dieser Form vorher in keiner Weise verfügbar war. Häufiger hingegen entstehen quasi-neue Märkte an der/den Schnittstelle(n) bestehen-

der Märkte, so bei Knusperriegeln (Riegel/Keks), Feuchtriegeln (Riegel/Kuchen), Vans (Limousine/Kombi) etc.

Bei der **Marktwachstumspartizipation** wird auf kompetitive Aktivitäten gegenüber dem direkten Mitbewerb verzichtet und statt dessen darauf gesetzt, am Zuwachs des Marktes mindestens proportional, möglichst aber überproportional, zu partizipieren. Dies wird durch generische Aktivitäten erreicht, die für eine allgemeine Potenzialsteigerung sorgen. Damit müssen oft marktmächtige Mitbewerber nicht durch Frontalangriff provoziert werden. Nachteilig ist jedoch, dass Märkte mit originärem Wachstum kaum mehr anzutreffen sind. Vielmehr ist die Realität durch stagnierende oder gar schrumpfende Märkte gekennzeichnet. Daher bleibt der Einsatz dieser Alternative letztlich eng begrenzt.

Derartige Maßnahmen bieten sich vor allem in (Quasi-)Monopolmärkten an. So versuchte die damalige DEUTSCHE BUNDESPOST mit Erfolg jahrelang, die Anzahl der Telefonanschlüsse voranzutreiben. Und so unternehmen DEUTSCHE BUNDESBAHN und öffentliche Personennahverkehrsbetriebe bis zum heutigen Tag starke Anstrengungen, notorische Autofahrer zum Umsteigen auf ihre Verkehrsmittel zu bewegen, wobei sie die Ergebnisse ihrer Bemühungen allerdings zugleich durch Unzulänglichkeiten in ihrem Leistungsangebot wieder neutralisieren oder gar konterkarieren.

Denkbar ist auch, an der Sogwirkung erfolgreicher Angebote für den Gesamtmarkt teilzuhaben, indem man ein modifiziertes Angebot der gleichen Gattung anbietet. Dabei geht es nicht um eine bloße Kopie, sondern um eine differenzierte Nachempfindung.

Beispiele dafür finden sich zuhauf. So ist die Tafelschokolade Alpia (STOLLWERCK) eine Nachempfindung der erfolgreichen Marke Milka (JACOBS-SUCHARD), Creme 21 (HENKEL) ist eine Nachempfindung der erfolgreichen Marke Nivea (BEIERSDORF) oder PEPSI eine Nachempfindung der erfolgreichen Marke COKE. Wie erfolgreich diese Partizipation letztlich ist, hängt wesentlich von der Reaktion des Vorbilds ab. Je souveräner diese ist, desto weniger kann dieser Ansatz verfangen. So sind die Beispiele ALPIA und CREME 21 erfolglos geblieben, und im Beispiel PEPSI kam Erfolg nur insoweit zustande, als dem Vorbild gravierende handwerkliche Fehler unterliefen, die freilich rasch korrigiert wurden.

Systemwechsel meint den Wechsel zwischen substitutiven Produktgruppen. Denn meist sind zwei oder mehr Systeme am Markt ähnlich gut zur Problemlösung geeignet. Vor der Anbieterentscheidung hat daher die Systementscheidung zu erfolgen. Dies bietet sich vor allem an, wenn innerhalb eines gemeinsamen Marktes zwei qualitativ unterschiedliche Produktgruppen vorhanden sind und Kaufkraft von der einen in die andere Kategorie abgezogen werden soll. Dies kann aufwärts- oder abwärtsgerichtet erfolgen. Wird hier die Weiche falsch gestellt, läuft die Nachfrage unweigerlich am eigenen Angebot vorbei.

Als Beispiel kann der Markt für Monatshygieneprodukte gelten. Hier konkurrieren die Systeme Binde und Tampon miteinander. Es schien bereits so, als gehe der Trend eindeutig in Richtung des moderneren Systems Tampon, das vor allem von jüngeren Frauen präferiert wird. Neuerdings sind jedoch wieder Binden dominant, nicht zuletzt durch gravierende Produktverbesserungen und die werbliche Penetration einzelner Produkte, namentlich ALWAYS/P&G. Die Tamponwerbung, vornehmlich O.B./J&J, hält mit der Auslobung ihrer Systemvorteile dagegen.

Ein weiteres Beispiel ist der Erfolg von PUNICA/PepsiCo. PUNICA ist innerhalb der Kategorie Fruchtsäfte/Nektare ein eher unterlegenes Produkt, dies wegen seines geringen Fruchtanteils. Insofern kommt Konkurrenzverdrängung, trotz eines Preisvorteils, kaum in Betracht. Innerhalb des Marktes für alkoholfreie Erfrischungsgetränke (AFG) gibt es jedoch weitere Kategorien, vor allem Limonaden kommen der Nutzung von Fruchtsäften recht nahe. Die Erfolgsidee von PUNICA bestand darin, statt Kaufkraft von notwendigerweise leistungsüberlegenen Fruchtsäften abzuziehen, was gerade wegen deren gesundheitssensiblen Charakters schwierig ist, eher Kaufkraft von der unterlegenen Kategorie Limonade abzuziehen. Dies gelingt allerdings nur, wenn man den hohen Zuckeranteil von Limonaden als potenziellen Gefährdungsfaktor ausmacht. Dies spricht vor allem Mütter an, die latente Bedenken gegen den Genuss von Limonade durch ihre Kinder haben, diesen aber doch, vor allem mangels preisgünstiger Alternative, dulden. Im Vergleich zu diesen „bedenklichen" Limonaden ist aber selbst der einfachste Fruchtnektar das vorteilhaftere Produkt, bei vergleichbarem Preisniveau. Also kommt es zum Überwechseln aus der Kategorie Limonaden in die Kategorie Fruchtsaft innerhalb des Erfrischungsgetränkemarkts.

Die **Problemweckung** hat tatsächlich zwei Zielrichtungen. Sie zielt erstens auf potenzielle Nachfrager ab, die, obwohl sie ihren objektiven Merkmalen nach als Käufer prädestiniert sind, ein Angebot nicht kennen und es deshalb auch nicht wahrnehmen können. Falls eine gewisse Anzahl von ihnen bei Kenntnis marktaktiv wird, stellt dies ein beträchtliches Nachfragepotenzial dar.

Als Beispiel mag das Angebot von Softdrinks in Dosen gelten, die damit auch für den Unterwegsgebrauch tauglich wurden. Man braucht nicht mehr mit Verschlüssen, die potenziell undicht sind, zu hantieren, mit ungünstigen Packungsproportionen (Standfläche zu Höhe) und hohem Taragewicht. Auch die Gebindegröße ist auf den Einmalkonsum ausgelegt, was den Convenience-Aspekt verstärkt. Zu denken ist weiterhin an Eierlikör, dem als Getränk, wohl unberechtigterweise, unterstellt wird, dass es eher von ältlichen Damen mit spitzen Fingern zum nachmittäglichen Nostalgieplausch eingenommen wird. All jenen, die sich nicht dazu zählen, eröffnet sich eine ganz neue Produktperspektive im Einsatz als exquisite Zugabe zu Desserts wie Gebäck, Pudding oder Eiscreme. Dadurch werden Modernität und Akzeptanz gefördert, was in Kaufneigung resultiert. Ähnliches findet sich bei KLOSTERFRAU MELISSENGEIST, das als Stärkungsmittel auch für junge, und nicht nur kränkliche alte Leute ausgelobt wird, allerdings ohne Erfolg.

Die Problemweckung zielt zweitens auf potenzielle Nachfrager, die ein Angebot zwar kennen, aber nicht als relevant empfinden, weil sie glauben, es nicht zu benötigen bzw. sie etwas brauchen, was das Angebot vorgeblich nicht zu leisten imstande ist. Diese sollen für ihr Problem und die sich ergebende Problemlösungsmöglichkeit sensibilisiert werden.

Bezeichnend waren in dieser Hinsicht so schwerwiegende Probleme wie, Schokodrops, die nicht in der Hand schmelzen (M & M's), Männer, die im Kern ihres Wesens nur domestizierte Abenteurer sind (CAMEL), und Boden und Möbel, die in der Küche frühlingsfrisch duften (DER GENERAL). Ähnliches galt für das Tiefbrühen von Kaffee oder die Vermeidung von Gefrierbrand (beide MELITTA).

5. Bestimmung der Marktwahl

5.1 Markteintrittsschranken

Die Marktwahl bestimmt, welcher Markt bearbeitet werden soll. Darin ist ein Unternehmen jedoch nicht gänzlich frei. Denn Markteintrittsschranken, welche die Verbreiterung der Marktabdeckung beschränken, sind vielfältig bedingt (siehe Abb. 35).

So gibt es zur Marktpräsenz mindestens erforderliche **Investitionsvolumina,** die oft eine Höhe erreichen, die es einem Anbieter unmöglich werden lassen, am Markt zu agieren. Das führt de facto zu einer Marktschließung zu Gunsten der bestehenden Anbieter. Allerdings sind infolge fortschreitender Konzentrationstrends zunehmend Unternehmen in der Lage, selbst immense Anlagesummen aufzubringen.

Das Vorhandensein von **Betriebsgrößenvorteilen** (Skaleneffekten) lässt bei kleinen Losgrößen noch kein konkurrenzfähiges Angebot zu. Auch dies wirkt marktschließend zu Gunsten etablierter Anbieter. Durch konglomerale Strukturen sind jedoch immer mehr Unternehmen fähig, im Wege der internen Subventionierung anlaufende Produktbereiche so lange zu alimentieren, bis diese eine rentable Größenordnung erreicht haben (= kritische Größe).

Oftmals besteht die Erfordernis hoher **Programmbreite** schon zu Beginn der Marktpräsenz. Dies ist immer dann der Fall, wenn Nachfrager, etwa im Business to business-Bereich, von vornherein eine große Programmvielfalt verlangen, die aus dem Stand heraus jedoch nur schwierig zu realisieren ist (Long tail).

Käuferloyalität wirkt ebenso limitierend. In dem Maße, wie Märkte besetzt sind und Käufer durch hohe Marketingaufwendungen an Marken gebunden werden, ist es kaum möglich, Konkurrenzverdrängung zu betreiben. Nur darüber aber kann in weit verbreitet stagnierenden Märkten eine erfolgreiche Präsenz erreicht werden.

Hohe **Umstellungskosten** entstehen, weil mit zunehmender Spezialisierung rentable Einzweckproduktionsanlagen installiert werden, welche die Flexibilität zu Produktumstellungen nicht mehr implizieren. Dann kann ein Markteintritt nicht mehr aus vorhandenen Kapazitäten heraus gestartet werden, sondern bedarf eines Kapazitätswechsels, wodurch sich das Eintrittsrisiko erheblich vergrößert.

Standortlimitationen treffen in vielfältiger Weise etwa in der Ursprungsproduktion oder auch bei Dienstleistungen zu. Günstige Standorte sind nicht ohne Weiteres vermehrbar. In dem Maße, wie diese begrenzt und vergeben sind, haben neue Anbieter aber kaum mehr Durchsetzungschancen.

Fehlender **Zugang zu Vertriebskanälen,** etwa im LEH, macht es vielfach praktisch unmöglich, eine für die Abverkaufschance ausreichende Präsenz zu erlangen, weil der vorhandene Platz auf bestehende Anbieter aufgeteilt ist. Aber nur die physische Konfrontation potenzieller Käufer mit der Ware bietet oft die Chance auf Umsatzakte.

Vielfach bestehen auch **hoheitliche Beschränkungen.** So etwa beim Nachweis der Zulassung für Gaststätten, Privatkliniken, Versteigerer etc., dem Nachweis der Sachkunde, z. B. als Kaufmannsgehilfenprüfung, dem Nachweis der Befähigung bei Apotheken, Wirtschaftsprüfungen, Steuerberatungen etc. oder dem Nachweis der Kapitalbasis etwa bei Banken, Versicherungen, Bausparkassen etc. Weitere Restriktionen ergeben sich aus Bedarfsvolumina, z. B. bei Taxis, und Anbieterzahlen, z. B. bei Schornsteinfegern. Zudem achten Interessengruppen peinlich genau darauf, dass kein „Unbefugter" Zutritt zum Markt erhält.

Markteintrittsschranken	Marktaustrittsschranken
Investitionsvolumen	technische Restriktion
Betriebsgrößenvorteil	wirtschaftliche Restriktion
Programmbreite	remanente Kosten
Käuferloyalität	Konventionalstrafe
Umstellungskosten	Imageproblem
Standortlimination	gesellschaft. Restriktion
Vertriebskanalzugang	institutionelle Restriktion
hoheitl. Beschränkung	Sozialleistung
Gewerbliches Schutzrecht	soziale Restriktion
	emotionale Restriktion

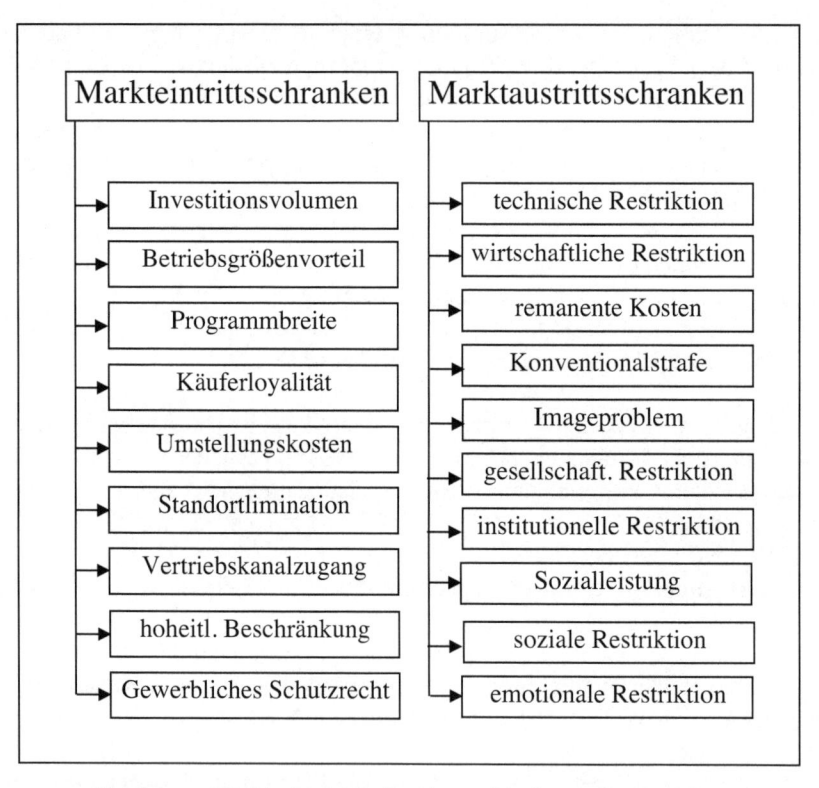

Abbildung 35: Markteintrittsbarrieren, Marktaustrittsbarrieren

Gewerbliche Schutzrechte wirken ebenfalls marktschließend. Dabei handelt es sich um Patente, Markenzeichen, Gebrauchs- und Geschmacksmuster und Urheberrechte, die allein Schutzrechtsinhaber befugt sind, zu nutzen und andere von der Nutzung auszuschließen.

Einer Verbreiterung der Marktabdeckung stehen also tatsächlich vielfältige Hindernisse entgegen. Im Folgenden wird jedoch unterstellt, dass diese zu überwinden sind.

5.2 Marktaustrittsschranken

Der Wunsch eines Unternehmens zur Einengung der Marktabdeckung wird ebenso, diesmal durch zahlreiche Marktaustrittsschranken, limitiert.

Sie sind bedingt durch **technisch-wirtschaftliche Restriktionen**. Dies betrifft etwa spezialisierte Produktionsanlagen, die nicht oder nur mit erheblichem Aufwand umgerüstet werden können und daher eine Weiternutzung nahe legen. Hochrationell arbeitende Einzweckanlagen sind nicht ohne Weiteres auf andere Produkte umrüstbar und zwingen entweder zur Betriebsaufgabe oder zum Weitermachen im Markt.

Remanente Kosten entstehen, weil bei Produktionsaufgabe oft eine weitere Versorgung mit Ersatzteilen sichergestellt werden muss, die so kostenaufwändig ist, dass die Aufrechterhaltung des Produktionsprogramms vorzuziehen bleibt. Dies gilt etwa für langlebige Gebrauchsgüter, bei denen vertraglich oder auf Kulanzbasis eine Verfügbarkeit von Wartungsleistungen und Ersatzteilen für einen bestimmten Zeitraum fixiert wird.

Konventionalstrafen werden nicht selten fällig, wenn laufende Projekte nicht zu Ende gebracht werden, so etwa bei lang laufenden Liefer-, Bezugs- und Produktionsvereinbarungen. Solche Strafen zu vermeiden, kann auflaufende Verluste oder anderweitig entgangene Gewinne leicht überkompensieren, so dass man sich zu einem Verbleib im Markt entschließt.

Imageprobleme entstehen, wenn ein Unternehmen Betriebsteile abstößt oder Teilprogramme mangels Erfolg aufgibt. Leicht wird von dieser Einstellung auf fehlendes Fortüne auch für andere Betriebsteile bzw. das gesamte Unternehmen geschlossen. Dies belastet Kunden- und Lieferantenbeziehungen.

Vielfach bestehen auch **gesellschaftlich-institutionelle Restriktionen**. So müssen bezogene Subventionen oder Steuervergünstigungen bei Ausstieg aus der Branche voll oder teilweise zurückgezahlt werden. Dadurch kann die Liquidität derart belastet werden, dass ein Ausstieg nicht mehr darstellbar erscheint.

Sozialleistungen in Form von Abfindungen an Arbeitnehmer im Rahmen von Sozialplänen gegenüber Gewerkschaften oder einem Vergleich mit dem Management schlagen oft in nennenswerten Beträgen zu Buche. Dann ist es oft sinnvoller zu versuchen, das Unternehmen zu sanieren.

Sozial-emotionale Restriktionen spielen eine große Rolle. Dies gilt gerade auch für inhabergeführte Unternehmen. Dann kommen irrationale Gesichtspunkte (z. B. Tradition) ins Spiel. Man will sich nicht von der angestammten Branche trennen, der man vielleicht schon seit Generationen mit seinem Angebot verhaftet ist.

	niedrige Markteintrittsschranken	hohe Markteintrittsschranken
niedrige Marktaustrittsschranken	„Flohmarkt"	„Goldgrube"
hohe Marktaustrittsschranken	„Mausefalle"	„Goldener Käfig"

Abbildung 36: Kombinationen aus Markteintritts- und -austrittsschranken

5.3 Kombinationen

Die Marktbearbeitung wird insofern durch Markteintritts- und -austrittsschranken entscheidend determiniert. Unterteilt man die beiden Dimensionen jeweils in hoch/niedrig, entstehen vier Felder für mögliche Konsequenzen (siehe Abb. 36).

„**Flohmarkt**" ist die Kombination aus sowohl niedrigen Marktein- als auch -austrittsschranken. Sie ist durch eine hohe Fluktuation der Anbieter charakterisiert, da die Marktchancen ohne allzu großes Risiko quasi unverbindlich getestet werden können und im Misserfolgsfall kein allzu großes Problem darin besteht, diesen Test wieder abzubrechen und den Markt zu verlassen.

Als Beispiel können fast sämtliche Beratungsservices genannt werden, die nur ein Minimum an Investitionsmitteln erfordern, da der Kern der Leistung eher personen- denn sachanlagenabhängig ist. Besteht die erforderliche Qualifizierung, kann die Dienstleistung schnell und kostenschonend aufgenommen und, falls sich diese Entscheidung als Fehlgriff erweist, auch fast ebenso reibungslos wieder eingestellt werden.

„**Goldener Käfig**" ist die Kombination aus sowohl hohen Marktein- als auch -austrittsschranken. Auf diesen Märkten ist es zwar schwer, sich zu etablieren, weil individuelle oder hoheitliche Zugangsbeschränkungen bestehen, zugleich kann aber auch ein etablierter Anbieter nicht mehr ohne Weiteres diesen Markt verlassen.

Als Beispiel sei der Versicherungsmarkt genannt. Per Gesetz/Verordnung werden hier hohe Anforderungen an die Qualität eines Anbieters gestellt, und wegen der Langfristigkeit der Anbieter-Kunden-Beziehung im sensiblen Bereich der Vermögensvorsorge ist auch ein Verlassen des Markts beschwerlich. Dafür winken, teils staatlich sanktioniert, hohe Prämieneinnahmen mit eingebautem Sicherheitspolster und hohen Gewinnspannen als massive Anreize.

„**Mausefalle**" ist die Kombination aus niedrigen Marktein- und hohen -austrittsschranken. Diese Märkte stellen zwar insofern ein großes Risiko dar, als der Markteintritt erstaunlich leicht fällt, es im Misserfolgsfall aber schwierig wird, das Engagement wieder abzubauen und die dabei geleisteten Investitionen zu retten.

Als Beispiel kann das Tonträgergeschäft angeführt werden, das den sukzessiven, kapitalschonenden Aufbau einer angemessenen Repertoirebreite ermöglicht, wodurch am Ende aber eine beträchtliche Kapitalbindung gegeben ist. Bei beabsichtigter Geschäftsaufgabe lässt sich für diesen Bestand kaum mehr ein Käufer finden, der bereit ist, den Einstandspreis zu erlösen, obwohl die Produkte noch ungebraucht, also neuwertig, sind.

„**Goldgrube**" ist die Kombination aus hohen Marktein- und niedrigen -austrittsschranken. Hier werden die Anbieter, die sich einmal erfolgreich am Markt durchgesetzt haben, mit moderatem Konkurrenzdruck und Einbehalt einer Produzentenrente belohnt. Beides hat die Wirkung einer Risikoprämie.

Als Beispiel dafür mögen qualifizierte Freie Berufe gelten. Der mit den berufsständischen Voraussetzungen verbundene Ressourceneinsatz ist nur von wenigen Personen zu leisten. Von daher bleibt die Anbieterzahl absolut gering. Bei erfolgreicher Tätigkeit fließen jedoch hohe Gewinne, welche den Ressourceneinsatz bei weitem übertreffen und ein Verlassen des Markts jederzeit erleichtern, wenn die Anfangsinvestitionen erst einmal amortisiert sind.

5.4 Marktparzellierung

Die Marktparzellierung ergibt sich, wenn die **Marktbearbeitung mit einer Marktsegmentierung kombiniert** wird. Diese geht von der Annahme aus, dass der Erfolg eines Angebots umso größer ist, je eher es den Erwartungen der Zielpersonen entspricht. Für die Marktparzellierung werden zwei Dimensionen zu Grunde gelegt:

- Nach der Art der Marktansprache unterscheidet man undifferenziert, d. h., vorhandene Segmente werden einheitlich bearbeitet, oder differenziert, d. h., vorhandene oder gebildete Segmente werden verschiedenartig bearbeitet.
- Nach der Art der Marktabdeckung unterscheidet man total, d. h., alle möglichen Segmente eines Gesamtmarkts werden bearbeitet, oder partiell, d. h., nur einzelne Teilmärkte des Gesamtmarkts werden bearbeitet (siehe Abb. 37).

	undifferenzierte Marktbehandlung	differenzierte Marktbehandlung
Teil-markt-ab-deckung	undifferenzierte Teilmarktbearbeitung - Produktspezialisierung - Marktspezialisierung	differenzierte Teilmarktbearbeitung - Produktspezialisier. - Marktspezialisierung - mono-selektive Spez. - multi-selektive Spez.
Total-markt-ab-deckung	undifferenzierte Totalmarktbearbeitung	differenzierte Totalmarktbearbeitung

Abbildung 37: Alternativen der Marktparzellierung

5.4.1 Kombinationen

Daraus ergeben sich durch Kombination folgende Gruppen. Bei **einheitlicher Ansprache mit totaler Abdeckung** findet keine Marktparzellierung statt. Beispiele dafür bieten die eher auf Bedarfsdeckung ausgerichteten Dienste von Deutscher Post Worldnet, Deutscher Bahn, Zeitungsverlagen, Elektrizitätsversorgungsunternehmen etc. Diese **undifferenzierte Totalmarktbearbeitung** bedeutet die Abdeckung eines Gesamtmarkts bzw. aller seiner vorhandenen Segmente mit einer einheitlichen Gesamtstrategie.

Ein Beispiel dafür ist NIVEA als Universalcreme mit omnipotentem Anspruch. Sie ist ideal für Mann und Frau, für Jung und Alt, für feuchte und trockene Haut, für Tag und Nacht etc. Sie wird als „Creme de la creme" dem Gesamtmarkt einheitlich angeboten. Eine solche Position ist nur vor dem historischen Hintergrund erklärbar. Heute wäre sie gar nicht mehr aufzubauen und ist deshalb recht untypisch. Es bedarf allerdings großen Geschicks, sie gegen Anfechtungen durch leistungsoptimierte Spezialisten zu verteidigen.

Eine **einheitliche Ansprache mit partieller Abdeckung** (= undifferenzierte Teilmarktbearbeitung) findet in Produktausdehnung oder Marktausdehnung statt. Hier wird also mit Bedacht nur ein Ausschnitt des Markts bedient (z. B. Prothesenreiniger, Haarwuchsmittel, Altbier). Bei der **Produktspezialisierung** werden mehrere Märkte mit einem Produkt abgedeckt, wobei dieses einen einheitlichen Maßnahmeneinsatz aufweist. Dies ist etwa im Rahmen des Global marketing gegeben. Aus Kosten- und Identitätsgründen wird dabei ein Produkt ländergrenzenübergreifend unter Einsatz identischer Vermarktungsmaßnahmen angeboten.

Bei der **Marktspezialisierung** werden mehrere Produkte auf einem Markt angeboten, wobei für alle der gleiche Maßnahmeneinsatz gilt. Als Beispiel mögen die verschiedene Produkte eines Parfümherstellers (z. B. LANCASTER) dienen. Sie werden parallel zueinander durch dieselben Aktivitäten angeboten (Depotparfümerie, hoher Preis, elitäre Werbung, aufwändige Packung).

Bei **differenzierter Ansprache mit totaler Abdeckung** wird der Markt in einzelne Segmente, die mit jeweils spezifischem Maßnahmeneinsatz abgedeckt werden, so aufgeteilt, dass der Gesamtmarkt bedient werden kann. Diese **differenzierte Totalmarktbearbeitung** bedeutet somit die Abdeckung aller vorhandenen oder gebildeten Segmente eines Gesamtmarkts mit jeweils verschiedenartigen Strategien.

Als Beispiel kann der Volkswagen-Konzern angeführt werden, zu dem u. a. die Marken VW, AUDI, SEAT und SKODA gehören. Diese decken durch die breite Vielfalt ihres Angebots unterschiedlichste Bedarfe individuell ab, so für Kleinstautos, Kompaktwagen, Mittelklassefahrzeuge, Oberklasselimousinen, Sportcoupés, Cabrios, Transporter etc. Und das jeweils mit verschiedenen Karosserieformen, Motorisierungsklassen, Motorenkonzepten und Antriebstypen. Damit findet beinahe jeder Käufer ein relevantes Angebot innerhalb des Konzerns.

Eine **differenzierte Ansprache mit partieller Abdeckung** (= differenzierte Teilmarktbearbeitung) findet als Produktspezialisierung, Marktspezialisierung oder selektive Produkt-Markt-Kombination statt. Hier wird der Markt ebenfalls in einzelne Parzellen aufgesplittet, die jeweils mit einem spezifischen Maßnahmeneinsatz bearbeitet werden. Bei der **Produktspezialisierung** werden mehrere Märkte mit einem Basisprodukt und dessen

Produktversionen abgedeckt, wobei dieses durch einen differenzierten Maßnahmeneinsatz unterstützt wird. Als Beispiel kann der VW Golf dienen. In Deutschland ist er das klassenlose „Jedermann-Automobil". In den meisten Exportmärkten hingegen ist er ein ausgefallenes Understatement-Auto, was durch die dort höheren Anschaffungskosten bedingt ist. Daraus resultiert die Notwendigkeit zur unterschiedlichen Vermarktung.

Bei der **Marktspezialisierung** werden mehrere Produkte auf einem Gesamtmarkt angeboten, wobei Parzellen durch einen differenzierten Maßnahmeneinsatz gebildet werden. Als Beispiel kann PORSCHE gelten. Es wird ausschließlich der Markt der Sportwagen bearbeitet, jedoch werden dort mehrere Modelle angeboten, früher 968 für Einsteiger, 928 für Arrivierte und 911 als Klassiker, heute Boxster für Einsteiger, Cayenne im Offroad-Bereich und Panamera als Coupé-Limousine. Die Vermarktung folgt jedoch einer einheitlichen Philosophie.

Bei der **mono-selektiven Spezialisierung** wird nur eine Produkt-Markt-Kombination bedient, wobei deren Maßnahmeneinsatz so ausgelegt ist, dass er sich vom Restmarkt differenziert. Als Beispiel kann der Duden-Verlag gelten. Er bietet ausschließlich Rechtschreiblexika an, und dies auch nur im deutschsprachigen Raum, es erfolgt also sowohl eine produkt- als auch eine marktbezogene Konzentration.

Bei der **multi-selektiven Spezialisierung** werden mehrere, wenngleich nicht alle Produkte bzw. Märkte bedient. Dabei ist deren Maßnahmeneinsatz so ausgelegt, dass jedes der bearbeiteten Segmente gegenüber den anderen differenziert. Als Beispiel ist die FISCHER GMBH zu nennen. Sie stellt so unterschiedliche Produkte wie Handwerksdübel, Technikspielzeug oder Autoinnenausstattungen (Aufbewahrungssysteme) her. Die zugehörigen Märkte müssen daher völlig verschiedenartig bearbeitet werden.

5.4.2 Bewertung

Wird von der Marktabdeckung abstrahiert, kann die undifferenzierte Marktabdeckung auch als Massenmarktstrategie bezeichnet werden, die differenzierte als Partikularmarktstrategie. Die **Vorteile** der Massenmarktstrategie liegen in folgenden Aspekten:

- Ersparnisse durch Kostendegression bei großen Mengen, die erst entstehen, wenn keine differenzierten Produktversionen angeboten werden, sondern nur vereinheitlichte.
- Potenzialausschöpfung durch Abdeckung des gesamten Grundmarkts, d. h., es erfolgt keine Verengung der Sichtweise auf konstruierte Marktnischen, die durch mangelndes Potenzial oft unwirtschaftlich sind.
- Vereinfachter, durchschnittsorientierter, damit weniger aufwändiger Maßnahmeneinsatz, denn es brauchen keine differenzierten Angebote parallel präsentiert und ausgelobt zu werden.

- Geringerer organisatorischer Aufwand durch einfache Abstimmung der Aktivitäten mit Nutzung der stärksten Argumente für den gesamten Markt.

Als **Nachteile** sind allerdings zu nennen:

- Fehljustierung des Angebots ist durch nicht vollständige Entsprechung mit Käuferwünschen möglich, was vor allem aus mangelnder Profilierung des Angebots herrühren kann, die wiederum Folge der generalisierten Ansprache ist.
- Begrenzter Preisspielraum durch geringes akquisitorisches Potenzial, denn nur in dem Maße, wie ein Programm profilierend wirkt, lassen sich über die Honorierung des Grundnutzens hinausgehende Preisforderungen durchsetzen.
- Eingeschränkte Möglichkeiten der Marktsteuerung angesichts zunehmend fraktionierter Nachfragersegmente, deren Bedürfnisse nur durchschnittlich, von differenzierten Mitbewerbsangeboten hingegen womöglich überlegen befriedigt werden können.
- Gefahr der Dominanz des Preises als Wettbewerbsparameter mangels anderer durchschlagender Argumente in der Vermarktung.

Die **Vorteile** der Partikularmarktstrategie liegen demgegenüber in folgenden Aspekten:

- Erfüllung differenzierter Käuferwünsche durch große Bedarfsentsprechung des Angebots (= hoher Aufforderungsgradient), damit verbunden erhöhte Kaufwahrscheinlichkeit bei Nachfragern,
- Erarbeitung überdurchschnittlicher Preisspielräume durch die Bildung eines akquisitorischen Potenzials, das über die Grundnutzenbefriedigung hinaus in den Zusatznutzenbereich hineinreicht.
- Aktive Marktbearbeitung mit der Möglichkeit der Absetzung, während ansonsten nur die passive Anpassung an Markttrends bleibt, die von anderen Anbietern gesetzt werden.
- Substitution von Preis- durch Qualitätswettbewerb, die einem erhöhten Sicherheitsdenken in der Unternehmensleitung gerecht wird.

Als **Nachteile** sind allerdings zu nennen:

- Komplizierung und damit Verteuerung im Maßnahmeneinsatz, denn statt einer durchschnittsorientierten Vereinfachung ist eine individuelle Anpassung der Angebote an Marktsegmente erforderlich.
- Eingeschränkte Nutzung von Massenproduktionsvorteilen, denn je stärker die einzelnen Angebote gegeneinander differenziert sind, desto weniger schlagen Losgrößenvorteile durch.
- Das Potenzial gegebener Märkte wird bei partieller Abdeckung, gerade bei Wandel durch mangelnde Stabilität, nur teilweise ausgeschöpft, dadurch besteht die

Gefahr, dass Zusatzerlöse aus differenzierter Bearbeitung durch Auslassung ganzer Segmente überkompensiert werden.
- Hoher Bedarf an Management-Know-how, denn nur bei exakter Justierung auf die Marktspezifika können Segmentierungsvorteile gewinnbringend realisiert werden.

Bei den Optionen der Teilmarktabdeckung ist zu beachten, dass eine Bearbeitung um so besser gelingen kann, je feinteiliger die Eingrenzung erfolgt. Zugleich ist damit aber auch ein immer kleineres Marktpotenzial verbunden. Insofern kommt es auf eine Gratwanderung an, so feinteilig wie möglich, aber so potenzialstark wie möglich.

5.5 Strategisches Spielbrett

Im Strategischen Spielbrett (McKinsey) erfolgt die Identifizierung von kompetitiven Haupterfolgsfaktoren. Diese kann ein Unternehmen einsetzen, um seine Wettbewerbsstellung zu verbessern. Sie konzentrieren sich auf zwei Fragen:
- Wie konkurrieren?
- Wo konkurrieren?

Variable sind dabei Funktionsbereiche, Produktkategorien, Regionen, Ressourcen etc., aus denen der strategische Handlungsspielraum resultiert. Danach ist die eigene Unternehmensstrategie abhängig vom **Wettbewerbsverhalten** etablierter sowie von der **Bedrohung** durch neue Konkurrenten.

Das Marktverhalten etablierter Unternehmen bestimmt sich aus den Größen Wettbewerbsstruktur und Strategien der Wettbewerber. Die **Wettbewerbsstruktur** wiederum ist abhängig von zahlreichen Faktoren wie aktuellem und potenziellem Rivalitätsgrad unter Wettbewerbern, relativer Marktstellung der Wettbewerber, Bildung strategischer Gruppen innerhalb der Anbieter, Erfolgsfaktoren der Wettbewerber in Form von Preis-Leistungs-Verhältnis ihrer Produkte, deren Ressourcen und Fähigkeiten bzw. deren Stärken und Schwächen. Die **Strategien** der Wettbewerber sind u. a. abhängig von Inhalt und Erfolg ihrer gegenwärtigen und mutmaßlichen zukünftigen Marktstrategien, tatsächlichen und mutmaßlichen Reaktionen auf Strategien anderer Anbieter sowie in Markt und Umfeld.

Die Bedrohung durch potenzielle Konkurrenten ist im Einzelnen abhängig von der Höhe der Eintrittsbarrieren in den Markt, der hypothetischen Reaktion etablierter Anbieter auf einen Eintritt und der Existenz und Schaffung von Substitutionsprodukten.

Das Kriterium „Wie konkurrieren?" unterteilt sich in die Alternativen:
- **bekannte Spielregeln** (Anpassung an das Old game) oder
- **neue Spielregeln** (Veränderung durch New game).

Das Kriterium „Wo konkurrieren?" unterteilt sich in die Alternativen:
- **Kernmarkt** (auf breiter Front als Head on) oder
- **Marktnische** (durch Ausweichen als Avoid).

	Bekannte Spielregeln	Neue Spielregeln
Kernmarkt	Aufbau auf bestehenden Erfolgsfaktoren	Änderung der Wettbewerbsgrundlagen
Marktnische	Pragmatische Segmentierung	Innovative Segmentierung

Abbildung 38: Strategisches Spielbrett

Die Wettbewerbsverhältnisse bestimmen die individuellen Spielregeln an jedem Markt. Durch Änderung der Spielregeln werden die Grundlagen der Wettbewerbs verändert. Dies kann sich auf die intensivere Bearbeitung des Kernmarkts erstrecken oder auf Versuche in Teilmärkten beschränkt bleiben. Daraus ergeben sich vier **Kombinationen**, die das Strategische Spielbrett bilden und aus denen strategische Optionen folgen (siehe Abb. 38).

Wird die Anwendung bekannter Regeln auf dem Zentralmarkt durch überlegene Marktabdeckung auf breiter Front versucht, so wird auf bestehende **Haupterfolgsfaktoren** gebaut. Dies ist die Kombination aus Old game und Head on.

Ein Beispiel dafür war im Software-Markt das Angebot des Betriebssystems DOS durch MICROSOFT für IBM- bzw. kompatible PCs. Es folgte einer reinen Technikorientierung, welche die Eingabe kryptischer Befehlsfolgen vom Benutzer ver-

langte, um gewünschte Operationen abzurufen. Es stand damit ganz in der Tradition von Betriebssystemen für Großcomputer, die allerdings im Unterschied dazu von Computerspezialisten (Operators) bedient wurden.

Werden bekannte Regeln auf einem Teilmarkt durch Konzentration auf eine erfolgversprechende Marktnische angewendet, so herrscht eine pragmatische **Segmentierung** vor. Dies ist die Kombination aus Old game und Avoid.

Beispiele dafür boten die Nachahmungen des DOS-Betriebssystems durch andere Software-Hersteller, die vor allem eine Erweiterung der Funktionen oder eine Unterbietung des Preises zum Ziel hatten, um DOS damit Marktanteile abzugewinnen (z. B. DIGITAL RESEARCH).

Die Anwendung neuer Regeln auf einem Teilmarkt durch Ergreifen der Initiative dort entspricht der **Innovation** in einer Marktnische. Dies ist die Kombination aus New game und Avoid.

Ein Beispiel dafür ist das APPLE-Betriebssystem. Es folgt in seinem Aufbau einer strikten Anwenderorientierung und entlastet den Benutzer folgerichtig von allem technischen Ballast, den dafür der Mac übernimmt, sodass er sich voll auf seine eigentliche Aufgabe konzentrieren kann, entsprechend dem Hersteller-Credo, Menschen durch Computer produktiver zu machen. Daraus folgen alle Produktmerkmale wie grafische Benutzeroberfläche, Maussteuerung, Steckerkompatibilität etc., allerdings auch höherer Preis, anfangs geringere Arbeitsgeschwindigkeit etc.

Die Anwendung neuer Regeln auf dem Zentralmarkt entspricht der Änderung der Grundlagen des Wettbewerbs durch **Differenzierung** zum eigenen Vorteil. Dies ist die Kombination aus New game und Head on.

Ein Beispiel dafür ist die versuchte Einführung von Net Computers (NC's, z. B. durch SUN), die mit einem Betriebssystem (meist von ORACLE) ausgestattet sind, das sich nur die jeweils gewünschten Anwenderprogramme aus dem Internet herunter lädt. Damit können Übersichtlichkeit und Flexibilität gegenüber herkömmlichen Betriebssystemen bei deutlich geringeren technischen Ansprüchen (= niedrigerem Preis) gewonnen werden.

Erfolgreiche Beispiele für die Anwendung neuer Spielregeln finden sich zur Genüge. So verkauft AVON Kosmetika im Bringprinzip, ganz im Gegensatz zum traditionellen Holprinzip der Branche. MCDONALD'S geriert sich als Schnellrestaurant, ganz im Gegensatz zur traditionellen Bedien-Gastronomie. UPS bietet Schnelligkeit und Service beim Pakettransport, ganz im Gegensatz zur eher betulichen Briefpost. BODY SHOP propagiert tierversuchsfreie Naturkosmetik, ganz im Gegensatz zu etablierten Beauty-Marken, die immer artifiziellere Rezepturen anbieten. BIC macht Wegwerffeuerzeuge und Einwegkugelschreiber populär, wo diese Produktgattungen ansonsten eher prestigeträchtige Objekte darstellen. SWATCH lobt die Armbanduhr als Modeobjekt und Lifestyle-Element aus, was viel mehr aussagt als nur Zeit anzeigen oder soziale Arriviertheit.

Ein gänzlich anderer Ansatz zu einem New game kommt aus der SMART-Kleinstwagen-Idee. Hier ist durch mehrere Ansätze eine Innovation gelungen. Es handelt sich um ein völlig neues Produktkonzept, u. a. Tridion-Träger mit Beplankung, Baumodule, reiner Zweisitzer, Unterflurmotor etc., ein neues Fertigungskonzept, u. a. SMART-Fabrik mit sequenzgenauer Montagetaktung, Industriepark etc., ein neues Vertriebskonzept, u. a. SMART-Satelliten im Franchisesystem mit Schauturm, Umrüstung vor Ort etc., und ein neues Mobilitätskonzept, das allerdings auf Grund bürokratischer Hemmnisse in den Anfängen stecken geblieben ist, z. B. quer einparken, Fahrerlaubnis ab 16 Jahren).

Ein weiteres Beispiel ist die Entwicklung des Tintenstrahldruckers durch HEWLETT-PACKARD. Im Druckermarkt war die Generation der Nadeldrucker (EPSON) durch die der Laserdrucker (EPSON) abgelöst worden. In dieser Generation war auch HP tätig, allerdings unter hartem preislichen Verdrängungswettbewerb der japanischen Druckerhersteller. HP überlegte, wie ein nachhaltiger Wettbewerbsvorsprung erreicht werden könnte. Klar wurde, dass dazu ein technologischer Sprung erforderlich war. Marktforschung zeigte, dass Nachfrager Akzeptanz für einen zwar relativ langsamen, aber klar druckenden Printer hatten, wenn dieser ungefähr zum halben Preis eines konventionellen Laserdruckers angeboten würde. Tintenstrahldrucker waren zu diesem Zeitpunkt bereits für Laborzwecke (Plotter) eingesetzt worden. Diese Technologie wurde daher aufgegriffen und in Form eines Prototypen, und dann eines Vorserienmusters aufgebaut und als Handmuster hergestellt. Diese Geräte wurden Beta-Users zur Erprobung überlassen, die zahlreiche Verbesserungsvorschläge einbrachten. Das erste Serienprodukt konnte dann 1988, 26 Monate nach Projektstart, auf den Markt gebracht werden. Heute sind Tintenstrahldrucker der Standard im Home office/Small office-Bereich.

Keinesfalls zu vergessen ist, dass es sich bei New Games ausnahmslos um ausgesprochen risikoreiche Entscheidungen handelt. Auf jeden erfolgreichen „New gamer", der durch die Medien gereicht wird, kommen wahre Heerscharen von Gescheiterten, die heftig gebeutelt sind. Häufig handelt es sich bei gescheiterten Ansätzen um „Kopfgeburten", die bei näherer Überlegung keine Marktberechtigung haben.

Ein Beispiel war der BMW C 1, ein Motorroller mit verwindungssteifer Fahrgastzelle, Überroll- und Schulterbügel. Der Fahrer (ab 16 Jahre) war von der Helmtragepflicht befreit, der Unfallschutz bei Frontalaufprall entsprach dem eines Kleinwa-

gens. Es gab keine Parkplatzprobleme für urbane Mobilität. Vor Kälte und Nässe bestand weitgehender Schutz. Also jede Menge eindeutiger Vorzüge. Und dennoch war dieser Zwitter weder Fisch noch Fleisch, statt eines Autos nur ein Behelf, nichts für Motorradfreaks, eher etwas für „Warmduscher".

6. Bestimmung des Konkurrenzvorteils

6.1 Marktpolarisierung

Es besteht ein gut fundierter betriebswirtschaftlicher Zusammenhang zwischen Unternehmenserfolg (Gewinn/ROI) und Mengenoutput (Absatz/relativer Marktanteil) derart, dass der Unternehmenserfolg hoch ist, wenn der Mengenoutput entweder sehr niedrig ist (=Nischenangebot), weil auch der Betriebsaufwand in engen Grenzen gehalten werden kann, oder sehr hoch ist (=Volumenangebot), weil Degressionseffekte genutzt werden können. Und niedrig, wenn der Mengenoutput nur ein mittleres Niveau erreicht. Danach muss ein Unternehmen entweder anstreben, einen hohen Grad an Exklusivität zu erreichen oder eine extrem hohe Verbreitung. Ersteres ist auf Grund des geringen Geschäftsvolumens zwar mit höheren Stückmargen, aber absolut mit geringeren Gewinnen verbunden als Letzteres. Dieser Zusammenhang wird durch die Porter-U-Kurve visualisiert.

Zum anderen gibt es einen Zusammenhang zwischen Leistungs- und Preislevel jedes Angebots derart, dass als realistisch nur die Kombinationen aus hoher Qualität und hohem Preis zur Betonung der Leistungskomponente oder niedriger Qualität und niedrigem Preis zur Betonung der Preiskomponente einzuschätzen sind, nicht jedoch eine unentschiedene Kombination dazwischen. Man nennt dies Trade off-Relation. Diese Polarisierung führt nur noch durch Leistungsführerschaft oder Kostenführerschaft zu einer Überlebensfähigkeit, während der Bereich dazwischen profilschwach bleibt.

Die Marktstimulierung betrachtet die Kombination aus Nischenangebot und Leistungskomponente einerseits sowie Volumenangebot und Preiskomponente andererseits. Erstere bezeichnet man als Präferenz-Position (= Differenzierung), und dies bedeutet Qualitätswettbewerb mit konsequentem Einsatz aller nichtpreislichen Parameter zur Beeinflussung des Markts. Dies erfordert einen kontinuierlichen Aufbau, die dadurch gewonnenen Käufer dürften jedoch bei geschicktem Vorgehen zum Kundenstamm gerechnet werden und Anfechtungen der Konkurrenz in hohem Maße widerstehen.

Letztere bezeichnet man als Preis-Mengen-Position (= Kostenführerschaft), die den Preis als zentralen Parameter zur Marktbeeinflussung in den Mittelpunkt stellt. Dabei wird eine Marktposition kurzfristig aufgebaut, die allerdings kaum reversibel ist, zumal sie sich an Käufer wendet, die ein Angebot nicht in erster Linie aus emotionaler Zuwendung heraus bevorzugen, sondern bei noch preisgünstigeren Angeboten leicht zum Mitbewerb abwandern. Sie repräsentieren damit in hohem Maße vagabundierende Kaufkraft.

Bei beiden Positionen handelt es sich um Erfolgspositionen, d. h., beide können parallel am Markt gleichermaßen erfolgreich sein (siehe Abb. 39). Der Grund dafür liegt im Phänomen des **hybriden Nachfragers** mit der Unterscheidung des Angebots in

Grundnutzenprodukte und Zusatznutzenprodukte. Grundnutzen ist die Eignung eines Angebots, den gestellten Anforderungen gebrauchstechnisch, also in Bezug auf die Funktionserfüllung, gerecht zu werden. Zusatznutzen betreffen die wettbewerbsdifferenzierende Wirkung im affektiven Bereich. Hybride Nachfrager sind dadurch charakterisiert, dass ihre Beschaffungsprogramme für beide Arten, Grundnutzen- und Zusatznutzenprodukte, voneinander abweichen. Sie handeln also nicht mehr konsistent, sondern gespalten, eben hybrid.

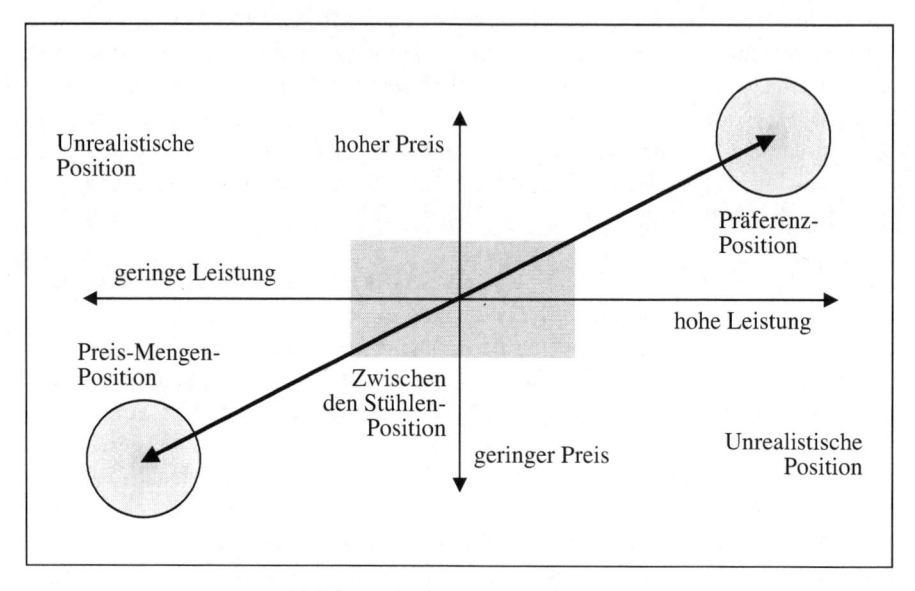

Abbildung 39: Marktstimulierung

Grundnutzenprodukte sind dem Low involvement-Bereich zuzuordnen und werden unter strikter Preisorientierung gekauft. Dies führt zur Bevorzugung von Gattungsware. Als Einkaufsstätte wird dafür der Versorgungshandel gewählt. Im Vordergrund stehen Rationalargumente mit dem Ziel der Einsparung von Budget. Ganz anders bei Zusatznutzenprodukten. Sie sind dem High involvement-Bereich zuzuordnen und werden unter Leistungsorientierung gekauft. Dies führt zu einer Bevorzugung von Markenartikeln. Als Einkaufsstätte wird der Erlebnishandel gewählt. Im Vordergrund stehen Emotionalargumente mit der Möglichkeit, die im Grundnutzenbereich eingesparten Geldmittel zusatznutzenstiftend einzusetzen. Das heißt, die Einsparungen im Grundnutzenbereich werden nicht gehortet, sondern in diesen emotional viel wichtigeren Bereich investiert.

Daneben gibt es aber auch eine eindeutige Misserfolgsposition. Diese ist bei Unentschiedenheit zwischen den beiden Polen zu sehen. Man nennt dies **Stuck in the middle**.

Ein Beispiel dafür stellen die Warenhaus-Konzerne dar. Sie werden von ihren Kunden weder als hochwertig genug erlebt, als dass sie gleichwertig zu Fachgeschäften angesehen werden noch als preisgünstig genug, als dass sie mit Verbrauchermärkten konkurrieren können. Insofern sitzen sie tatsächlich zwischen den Stühlen. Daran ändern auch moderne Fachabteilungskonzepte wie z. B. Galeria von KAUFHOF/METRO, KaDeWe von HERTIE/KARSTADT/QUELLE nichts. Denn die bloße Ansammlung von fachgeschäftsähnlichen Abteilungen unter Beibehaltung der warenhaustypischen Kriterien wie Großflächigkeit, Massenpublikum, Teilselbstbedienung etc. führt nicht dazu, diese Einkaufsstätte anders einzuschätzen. Sie wird nach wie vor als Warenhaus erlebt, und damit bleibt die Preisbereitschaft unverändert. Umgekehrt führten auch preisaggressive Konzepte, wie z. B. Kaufhalle von KAUFHOF, Bilka von KARSTADT nicht dazu, dass man diese Warenhäuser nun als preisaggressiv erlebt, zumal deren Kostenniveau auf Grund der betriebstypischen Faktoren wie Fachpersonal, aufwändige Ausstattung, zentrale Lage etc. auch gar nicht mit der von Einkaufsstätten am Stadtrand konkurrieren konnte. Damit zieht es den preissensiblen Teil der Kundschaft aber nach wie vor dorthin. Von daher scheint kein Ausweg in Sicht, weil auch die Diversifikationsbestrebungen in Fachmärkte, Versandhandlungen, Spezialgeschäfte etc. nicht reibungslos verlaufen. In Bezug auf die Exklusivität fehlt es Warenhäusern an Beratungsniveau, Individualität und Ausstattung. Kunden, für die diese Parameter von kaufentscheidender Bedeutung sind, nehmen ein höheres Preisniveau zur besseren Befriedigung ihrer Bedürfnisse gern in Kauf. Umgekehrt fehlt die Kostengünstigkeit, weil Discounter in Stadtrandlagen bei Minimierung kaufbegleitender Services ihren Kostenvorsprung im Preis weitergeben können. Verbraucher, für die dies kaufentscheidend ist, akzeptieren bereitwillig das fehlende Einkaufserlebnis und nehmen selbst weite Wege auf sich.

Es gibt allerdings auch bedeutsame Kritik an den Grundlagen der Porter-U-Kurve. So hängt die Angebotsposition im linken oder rechten Ast u. a. von der Marktabgrenzung ab. Rover ist sicherlich innerhalb des Markts der Pkw als Nischenanbieter anzusehen (linker Ast), betrachtet man jedoch nicht den gesamten Pkw-Markt, sondern nur den Ausschnitt der Geländefahrzeuge, dann ist Rover ein Großanbieter in diesem Markt, also im rechten Ast angesiedelt. Sofern diese Unsicherheit besteht, wäre es letztlich eine Frage der Beliebigkeit, welche Aussagen der Porter-U-Kurve man für gültig erklärt.

6.2 Präferenz-Position

Die Polarisierung am Markt bedeutet, dass eine Überlebensfähigkeit nur noch durch Qualitäts- oder Kostenbetonung möglich wird, während der Bereich dazwischen durch den Wettbewerb aufgerieben wird. Insofern besteht nurmehr die Wahl zwischen Präferenz-Position, d. h., Leistungsführerschaft durch Aufbau akquisitorischen Potenzials, Spezialisierung und Nichtpreiswettbewerb einerseits (= Differenzierung), sowie

Preis-Mengen-Position, d. h., Kostenführerschaft durch Aufwands-Leistungs-Minimierung in Wertanalyse und Einsparung an Maßnahmeneinsatz (= Standardisierung) andererseits.

Zunächst zu den Merkmalen der Präferenz-Position. Dabei handelt es sich um folgende.

Der **Markenartikel** ist durch die Inhalte einheitliche Aufmachung, gleich bleibende oder verbesserte Qualität, standardisierte Fertigware, durchgängiges Warenzeichen, Eigenschaftszusage, dichte Distribution und hohe Bekanntheit im Markt charakterisiert. Seine Persönlichkeit hebt ihn aus der Masse des Angebots hervor. Die damit verbundenen Präferenzen führen zur Markenbindung und damit wiederum zur Planbarkeit des Umsatzes des Markenabsenders, die notwendig ist, um die positions-immanent höheren Kosten bei reduziertem Risiko eingehen zu können.

Gewinnpriorität vor Umsatz/Absatz impliziert ein Wert- anstelle eines Mengendenkens. Dies mag selbstverständlich klingen, ist aber in einer vordergründig immer noch auf Wachstum fixierten Wirtschaftsordnung eher außergewöhnlich. Zudem wird oftmals fälschlich unterstellt, dass mit steigendem Um-/Absatz Gewinne parallel oder gar überproportional steigen. Dem steht jedoch wachsende Komplexität mit Zunahme organisatorischer, nicht direkt wertschöpfender Aktivitäten entgegen, welche die Rentabilität belasten. Moderne Budgetierungs- und Kalkulationsverfahren sind erst neuerdings in der Lage, diese Zusammenhänge aufzudecken und Unwirtschaftlichkeiten vorzubeugen.

Die Durchsetzung eines **Hochpreislevel** wird erst über Präferenzaufbau in der Nachfragerschaft möglich. Eine solche Prämienpreissetzung bedeutet, dass der Preis eines Produkts durchgängig über dem durchschnittlichen Preis des Mitbewerbs angesetzt ist. Dadurch wird die Preisbereitschaft der Nachfrager ausgereizt, und es können hohe Stückgewinnspannen erzielt werden. Diese Preisforderung engt den Kreis der Nachfrager ein und führt zur angestrebten Exklusivität. So ist eine schnelle Amortisation des eingesetzten Kapitals erreichbar. Außerdem dient der Preis oft als Qualitätsindikator. Allerdings höhlen preisaggressive Mitbewerber die Marktstellung leicht aus, und es besteht die Gefahr, dass Nachfrager sich übervorteilt fühlen. Schließlich ist die Umsetzung anspruchsvoll.

Beim **monopolistischen Preisspielraum** geht es um die Erarbeitung eines Bereichs mit geringerer Preiselastizität der Nachfrage. Dem liegt das gedankliche Modell einer zweifach-geknickten Preisabsatzfunktion zu Grunde. Sie stellt eine Kombination aus linear-negativ geneigter Preisabsatzfunktion des Monopols und voll-elastischer Gerade des Polypols dar und führt zu einem Verlauf, der, negativ geneigt, in drei Abschnitte unterteilt werden kann: einen Abschnitt mit relativ geringer negativer Neigung, ähnlich der Situation im Polypol, einen Abschnitt mit großer negativer Neigung, ähnlich der Situation im Polypol und einen weiteren Abschnitt mit relativ geringer negativer Neigung. Dadurch entstehen zwei Knickstellen in der Preisabsatzfunktion, innerhalb derer ein monopolistischer Bereich liegt. Dies ist typisch für viele Märkte mit großer Anzahl von Anbietern bei hoher Unvollkommenheit. Diese fehlende Homogenität führt dazu, dass jeder dieser Anbieter eine quasimonopolistische Stellung einnimmt. Die Grenzen werden durch einen oberen und unteren Grenzpreis (Knickstellen) markiert. Innerhalb dieser Grenzpreise ist jeder Anbieter relativ frei in der Setzung seiner individuellen Preis-Mengen-Kombination. Die Nachfrager ziehen einen bestimmten Anbieter anderen vor und sind deshalb bereit, einen höheren Preis zu akzeptieren. Ziel ist es nunmehr, den monopolistischen Bereich möglichst steil zu gestalten, denn je steiler der Verlauf, desto geringer fällt ein Nachfragerückgang bei einer Preisanhebung aus. Die Steilheit der Kurve ist unmittelbar abhängig vom Ausmaß der Präferenzen. Je größer diese sind, desto inflexibler reagiert die Nachfrage. Zugleich geht es darum, die Grenzpreise soweit wie möglich zu spreizen. Dies gilt besonders für den oberen Grenzpreis, der den Preissetzungsspielraum des Anbieters limitiert. Darüber hinaus führen Preisanhebungen zu umfangreichem Absatzrückgang, weil dann die Preisbereitschaft der Nachfrager überstrapaziert wird. Der untere Grenzpreis ist demgegenüber wegen der sich dort ergebenden niedrigen Erlöse weniger interessant.

Die Gewährleistung **hoher Produktqualität** ist unerlässliche Voraussetzung jedes Präferenzaufbaus. Total quality management steht damit an erster Stelle. Als vorbildlich können hierbei japanische Hersteller gelten. Durch ausgefuchste Prozesssysteme gelingt ihnen eine dramatische Senkung der Fehlerrate. Dabei ist der Mensch der Engpass, erst seine Ambition setzt Ansprüche in Realität um. Insofern kommt es auf die Fähigkeit und Willigkeit der Mitarbeiter an, Qualität zu produzieren. Die Fähigkeit kann durch Schulung und Training verbessert werden, die Willigkeit muss durch Motivationsmaßnahmen angestrebt werden, wie die Verlagerung der Verantwortung für die Arbeit an die Ausführenden selbst, denn sie wissen am Besten, wie das Qualitätsziel erreicht werden kann.

Eine **attraktive Packung** hat bei vielen Produkten wichtige Aufgaben zu erfüllen. Dazu gehören die adäquate Anmutung in der Zielgruppe, die wirksame Differenzierung und Identifizierung, eine hohe Auffälligkeit zur Selbstverkäuflichkeit, die Auslobung am Produkt durch Werbeaussage, die qualitätssichernde Markierung, Herkunftskennzeichnung und Produktbezeichnung. Anstelle der Packung kann auch Design oder Styling treten, wenn es um Gebrauchsgegenstände, vornehmlich solche, die sozial auffällig sind, geht.

Mediawerbung dient zur Erreichung hoher Bekanntheit und Vertrautheit in der Zielgruppe, und zwar sowohl über klassische als auch nichtklassische Medien. Dies stößt insofern auf nicht geringe Schwierigkeiten, als das allgemeine „Grundrauschen" der

Werbung bereits so hoch ist, dass es schon besonderer Aufwendungen bedarf, sich daraus noch hervorzuheben. Ansonsten unterliegt man der Neutralisierungswirkung. Dies ist aber nur eine Seite der Medaille. Die Andere ist, dass dort, wo eine solche Penetration gelingt, die Zielpersonen nicht selten mit Reaktanz reagieren, da sie Manipulation wittern. Von daher sind die Erfolge heutzutage eher fraglich. Die einzige Alternative dazu liegt in der Substitution von Menge durch schlagkräftige Ideen, bei denen die Rezipienten bereit sind, sich damit auseinander zu setzen. So gibt es immer wieder Beispiele dafür, dass exzellent umgesetzte, limitierte Kampagnen sogar in marktlichen „Materialschlachten" überlegen sind (z. B. Lucky Strike). Tatsächlich aber ist der Leistungsbeitrag der Werbung am wirtschaftlichen Erfolg eines Angebots nur sehr schwer feststellbar.

Selektive Distribution unterstützt die Sicherung eines angebotsadäquaten Verkaufsumfelds. Dabei wird nur ein Absatzkanal mit ausgewählten Akteuren eingeschaltet. Dies entspricht zwar einer eher geringen Erhältlichkeit im gewählten Absatzgebiet, führt aber zur homogenen Struktur der Abnehmer (z. B. nur Fachhandel).

6.3 Preis-Mengen-Position

Die Preis-Mengen-Position ist durch gänzlich andere, geradezu gegensätzliche Merkmale charakterisiert. Die wesentlichen sind folgende.

Preiswettbewerb bedeutet eine aggressive, kompetitive Preissetzung durchgängig unter dem durchschnittlichen Preis des Mitbewerbs. Dabei handelt es sich um die wirksamste und zugleich auch sensibelste Waffe. Bestehende Mitbewerber können dadurch verdrängt, neue vom Markteintritt abgeschreckt werden. Preisbrecher können zudem auf Goodwill und Sympathie in der Öffentlichkeit rechnen. Dadurch kommt ein Angebot in die engere Auswahl eines breiten Publikums. Allerdings sind große Produktionsmengen Voraussetzung, da ein gewinnbringendes Angebot nur bei Nutzung der Stückkostendegression darstellbar ist. Außerdem ist das Risiko höher.

Umsatz-/Absatzpriorität vor Gewinn ist als primäres Ziel zu nennen. In der Marktform des Monopols wird dies grafisch auf halbem Weg zwischen Prohibitivpreis und Sättigungsmenge erreicht, in der Marktform des Polypols an der Kapazitätsgrenze jedes Betriebs. Diese kann durch zeitliche und intensitätsmäßige Anpassung kurzfristig ausgedehnt werden. Dem liegt die Vermutung zu Grunde, dass es einfacher ist, am Markt einen Zielgewinn durch eine große Menge bei niedrigem Preis/Stückgewinn zu erreichen als durch eine geringe Menge bei hohem Preis/Stückgewinn. Gefährlich ist dabei, dass zuwachsende Um-/Absätze dann mit unterdurchschnittlicher Rendite erkauft werden, wodurch ein Zwang zum Marktanteilsausbau und zur Kapazitätsauslastung aufgebaut wird.

Für eine **hohe Preisgünstigkeit** ist eine interne Kostenorientierung bei mittlerer Produktqualität hilfreich. Denn Marken werden nicht allein anhand ihrer Preiswürdigkeit (Preis-Leistungs-Quotient) beurteilt, sondern bei geringem subjektiven Interesse zusätzlich nach ihrer Preisgünstigkeit. Notwendige Bedingung ist also ein vorteilhaftes Preis-Leistungs-Verhältnis, hinreichende jedoch erst ein absolut niedriger Preis. Damit ist die Preis-Mengen-Position in bestimmten Marktbereichen hohen Interesses chancenlos oder vermag nur anspruchslose Nachfragersegmente zu erreichen.

Absatzrationalisierung erfolgt durch Effizienzsteigerung bei Akquisition und Logistik. Während Ersteres im Wesentlichen den Verzicht auf Formen des persönlichen Verkaufs und stattdessen die Nutzung medialer Formen der Direktansprache impliziert, betrifft Letzteres die Optimierung von Transport und Lagerung. Einflussgrößen darauf sind Eigen- oder Fremdbetrieb sowie die Wahl des Transportmittels und des Lagerstandorts.

Grundnutzenargumentation meint den Verzicht auf profilierende Zusatznutzen. Grundnutzen ist dabei die Eignung eines Angebots, den gestellten Anforderungen gebrauchstechnisch, d. h., in Bezug auf die Funktionserfüllung, gerecht zu werden. Diese Grundnutzen sind bei der heute allgemein vorauszusetzenden hohen Qualität des Marktangebots allerdings weit überwiegend erfüllt.

Die durch **Maßnahmeneinsparung** erzielte Kostenreduktion soll im Preis weitergegeben werden. Denn Kosten gehen durch die weit verbreitete Mark up-Kalkulation in den Angebotspreis ein. Als Beispiel kann ALDI gelten. Dort wird sparsames Profilmarketing mit Erfolg demonstriert. Beim Standort werden Cityrandlagen bevorzugt, die niedrige Mieten ermöglichen. Beim Sortiment wird eine strikte Reduktion auf schnelldrehende und selbstverkäuferische Produkte durchgehalten. Die Preisgestaltung vollzieht sich auf Dauerniedrigpreisniveau. Der Vorgang des Verkaufsabschlusses ist auf das unerlässliche Mindestmaß reduziert. Gleiches gilt für das Ausmaß von Kundenservices. Auf Händlereigenwerbung wird jedoch nicht verzichtet, denn sie ist wesentliche Voraussetzung für hohe Umschlaggeschwindigkeit.

Die **Akzeptanz von Risiken** ergibt sich aus der Tatsache des Preises als gefährlichstem Wettbewerbsinstrument. Dies betrifft vor allem die Preisuntergrenze, da es bei geringer Gewinnspanne durch Preisnachgiebigkeit, etwa infolge falsch verstandener Deckungsbeiträge, rasch zu Verlusten kommt. Dabei ergeben sich mehrere Preisuntergrenzen, einmal diejenige, die nicht nur die Deckung aller Kosten, sondern auch die Erzielung eines Mindestgewinns zulässt, dann diejenige, die zwar die Deckung aller Kostenelemente erlaubt, jedoch nicht mehr die Erzielung eines Gewinns, und schließlich diejenige (kurzfristige), die zwar keine Gewinnerzielung mehr erlaubt, aber wenigstens alle ausgabewirksamen (i. d. R. variablen) Kosten abdeckt.

Breite Distribution wird im Extrem bis zur Überallerhältlichkeit angestrebt, um ein Maximum von Kontaktchancen zu erzeugen. Dabei sollen möglichst viele, im Grenzfall alle, mit vertretbarem Aufwand zu erfassenden Akteure in den Absatzkanal einbezogen werden. Dadurch ergeben sich die Voraussetzungen für eine vollständige Marktausschöpfung mit umfassender Kapitalisierung des Aufwands zur Absatzvorbereitung und Initiierung ungeplanter Käufe.

6.4 Größeneffekte als Voraussetzung
6.4.1 Statischer Größeneffekt

Die Ausprägungen der (statischen) Kostendegression (**Savings**) treten in der Wertschöpfung automatisch ein und beziehen sich nur auf die aktuelle Ausbringungsmenge je Zeiteinheit, d. h. sind allein mengenabhängig. Sie drücken sich ihrerseits in der Fixkostendegression und dem Betriebsgrößeneffekt aus. Bei der **Fixkostendegression** legen sich die Fixkosten auf eine höhere Stückzahl um und führen demzufolge zu sinkenden Gesamtstückkosten (= Bücher'sches Gesetz).

Das Bücher'sche Gesetz resultiert aus der Tatsache, dass es sowohl beschäftigungsgradunabhängige (Fix-)Kosten gibt als auch solche, die beschäftigungsgradabhängig sind (variable Kosten). Erstere fallen an, gleich ob Ausbringung erfolgt oder nicht, Letztere fallen nur bei Ausbringung an. Bezogen auf Mengeneinheiten sind die variablen Kosten also starr, die fixen Kosten aber flexibel. Mit steigender Ausbringung legen sich die Fixkosten mit immer geringerem Betrag und Anteil auf das einzelne Stück um. Und zwar bis an die Kapazitätsgrenze. Bei Überschreitung entstehen zumeist einmalige zusätzliche Investitionskosten, z. B. für weitere maschinelle Anlagen, zusätzlichen Lagerraum, die zum vorübergehenden sprunghaften Stückfixkostenanstieg führen, der in der Folge jedoch durch weitere Degressionseffekte wieder kompensiert wird.

Neben dieser kapazitativen Anpassung besteht auch die Möglichkeit der intensitätsmäßigen und zeitlichen Anpassung, Erstere z. B. durch schnellere Tourenzahl, Letztere z. B. durch Überstunden. Damit bleiben zwar die fixen Kostenbestandteile unverändert, es erhöhen sich jedoch die variablen Kosten. Der Vorteil der zeitlichen Anpassung liegt in der besseren Abbaubarkeit dieser Kostenpositionen bei Beschäftigungsrückgang. Kapazitative Anpassung führt dagegen zu Unterauslastung und damit zu Leerkosten, die weitgehend remanent sind oder nur durch Sonderabschreibung (z. B. Verschrottung), außerordentlichen Verlust (z. B. Notverkauf) oder Zusatzkosten (z. B. Umrüstung, Sozialplan) vermieden werden können. Der Nachteil intensitätsmäßiger Anpassung liegt in der Gefahr erhöhter Reparaturanfälligkeit der Anlagen mit entsprechenden Ausfallzeiten und größerer Mängelquote der Produkte infolge erhöhter Beanspruchung. Der Nachteil zeitlicher Anpassung liegt in tarifvertraglicher Inflexibilität des Faktors Arbeit sowie in sozialpolitischen Erwägungen wie Sonntagsarbeit, Neueinstellungen etc.

Die andere Form der Ausprägung statischer Größeneffekte bezieht sich auf die **Betriebsgröße**. Dieser begründet sich daraus, dass Großbetriebe potenziell insgesamt kostengünstiger zu produzieren in der Lage sind als kleinere. Man kann sich dies als multiple Aggregation von Fixkostendegressionseffekten bei Kapazitätsausweitung vorstellen. Die Fixkostendegression findet an der Kapazitätsgrenze ihr Ende. Das heißt, je weiter diese Kapazitätsgrenze ausgedehnt ist, desto niedriger können die Stückfixkosten fallen. Dies führt dazu, dass Großbetriebsformen am meisten von diesem Effekt profitieren. Das wiederum bedeutet, dass ein Großbetrieb kostengünstiger anbieten kann als eine entsprechend aggregierte Anzahl kleiner Betriebe. Der Kostenvorteil kann über niedrigeren Preis zum Wettbewerbsvorteil instrumentalisiert oder als zusätzliche Gewinnmarge einbehalten werden. In jedem Fall ergeben sich betriebswirtschaftliche Vorteile. Diese haben zu gewaltigen Konzentrationsbewegungen geführt, die sich unvermindert fortsetzen und in einer zunehmenden Oligopolisierung der Märkte münden. Dies setzt freilich physische Konzentration der Produktion voraus. Daher haben Mergers meist die Stilllegung von Betriebsstätten und die räumliche Zusammenlegung an einem Standort zur Folge. So fürchten Arbeitnehmervertreter nicht zu Unrecht Entlassungen im Anschluss an Unternehmenskonzentrationen. Von daher ist die öffentliche Hand oft zu Zugeständnissen in Form von Subventionen, Infrastrukturmaßnahmen, Steuererleichterungen etc. bereit, um diese unliebsame Konsequenz zu vermeiden.

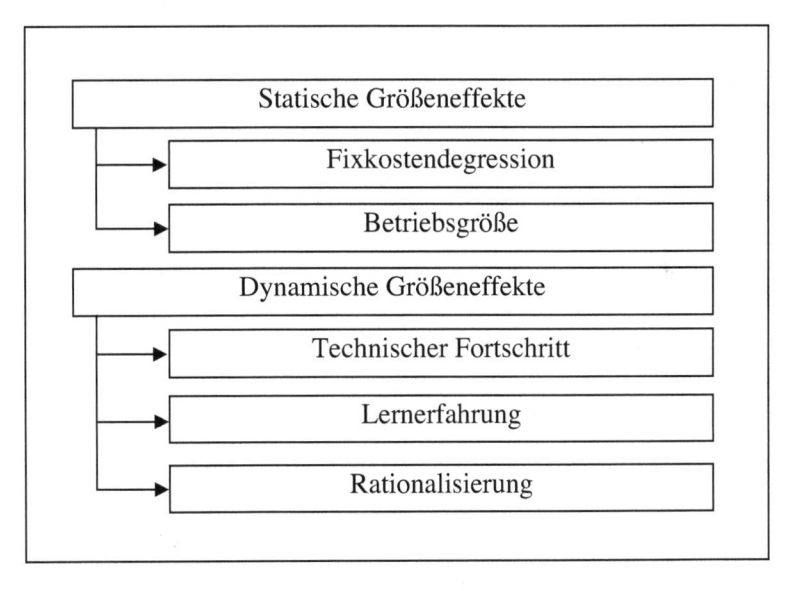

```
┌─────────────────────────────────────────┐
│        Statische Größeneffekte          │
├──┬──────────────────────────────────────┤
│  │        Fixkostendegression           │
│  ├──────────────────────────────────────┤
│  │           Betriebsgröße              │
├──┴──────────────────────────────────────┤
│        Dynamische Größeneffekte         │
├──┬──────────────────────────────────────┤
│  │        Technischer Fortschritt       │
│  ├──────────────────────────────────────┤
│  │           Lernerfahrung              │
│  ├──────────────────────────────────────┤
│  │          Rationalisierung            │
└──┴──────────────────────────────────────┘
```

Abbildung 40: Größeneffekte

Mit der wirtschaftlichen Tätigkeit ist allerdings immer auch ein mehr oder minder großes Ausmaß an (unproduktiven) Administrationstätigkeiten verbunden (Overheads). Zwar steigen diese Gemeinkosten mit wachsender Betriebsgröße absolut an, jedoch verlaufen sie unterproportional zu dieser. Insofern wird Großbetriebsformen generell eine bessere Abstimmung des Gemeinkostenblocks möglich. Doch umgekehrt belasten diese Overheads bei Unterauslastung oder kleinen Auftragslosen auch die Rentabilität, zumal die Unübersichtlichkeit von Großbetriebsformen die Ausbildung vermeidbarer Gemeinkosten in Bereichen, die nicht im Fokus des Interesses stehen, fördert. Die mit den Kosten verbundenen Nutzen werden von Mitarbeitern leicht zu Besitzstand erklärt und sind dann nur unter Zugeständnissen oder auch gar nicht mehr abbaubar. Dem versucht man zu begegnen, indem zum einen der Großbetrieb in eine Vielzahl autonomer Einheiten aufgebrochen wird, die in gewissem Rahmen eigenverantwortlich arbeiten (= Divisionalisierung), und zum anderen die Komplexität offen legende Budgetierungs- und Kalkulationsverfahren angewendet werden wie Zero base budgeting, Gemeinkostenwertanalyse, Prozesskostenrechnung etc. Daraus folgt jedoch die Empfehlung der Konzentration auf Produkte mit (Aussicht auf) hohe(n) Stückzahlen, der Investition in Produktionskapazitäten zu deren Herstellung und zu einer Preispolitik, die derartige Mengensteigerungen zulässt.

6.4.2 Dynamischer Größeneffekt

Die dynamische Größendegression (**Economies of scale**) behauptet strategisch weitreichend, dass eine Verdopplung der kumulierten Ausbringungsmenge eines Produkts über alle Perioden seit Produktionsbeginn die inflationsbereinigten Stückkosten um 20–30 % zusätzlich zur statischen Degression bezogen auf die eigene Wertschöpfung potenziell senkt. Die Verdopplungszeit ist umso kürzer, je höher die jährliche Wachstumsrate ist. Begünstigend wirken dabei hohe Ausbringungsmenge/hoher Marktanteil, hohes Marktwachstum und hohe Wertschöpfung zur schnellen Mengenausweitung (Verbindung zum Vier-Felder-Portfolio). Bei 30 % Degressionseffekt ist eine Verdopplung der Produktionsmenge zu 70 % der Ausgangskosten darstellbar, eine Vervierfachung der Menge zu 49 % der Ausgangskosten, eine Verachtfachung zu 34,2 % usw. Der Unterschied zur statischen Fixkostendegression liegt darin, dass hier nicht nur die „stückfixen" Kosten sinken, sondern auch die **variablen** Stückkosten, die ansonsten als größenunabhängig angesehen werden (siehe Abb. 40).

Die Bedeutung des Marktanteils als kritischem Erfolgsfaktor wird somit zentral. Nutzen alle Anbieter eines Produkts die Erfahrungskurve optimal aus, bestimmt der relative Marktanteil die relative Kostenposition jedes Anbieters. Das Unternehmen mit dem größten relativen Marktanteil verfügt damit ständig über die größte potenzielle Gewinnspanne. Die Bedeutung einer Investition in wachsende Märkte wird betont, da dort Erfahrungseffekte schnell genutzt und Marktanteile leicht errungen werden können (siehe Abb. 41 und Abb. 42).

Empirische Erkenntnisse lassen auf drei Ursachenbereiche schließen. Einer davon ist der **technische Fortschritt**. Für Unternehmen hoher Ausbringung lohnt sich der Umstieg auf eine leistungsfähigere Technologie bereits frühzeitig, wenn sich abzeichnet, dass vorhandene technische Potenziale begrenzt bleiben, während andere derartige Investitionsrisiken noch scheuen und versuchen, bestehende Technologien auszureizen. Spezialisierte Anlagen ermöglichen bei höherem Fixkostenblock geringere direkte Kostenanteile und damit stärker fallende Gesamtstückkosten. Typisch für solche Neuerungen ist, dass sie mit höheren Anschaffungskosten verbunden sind, dafür aber geringere laufende Kosten verursachen, sofern Vollauslastung gegeben ist. Denn die niedrigeren variablen Stückkosten werden durch größere Spezialisierung erkauft, wobei diese wiederum die Anpassungsflexibilität einengt. Demgegenüber sind Mehrzweckanlagen durch höhere variable Stückkosten gekennzeichnet, bieten aber die Chance, bei Auftragsfriktionen ohne oder durch nur leichte Umrüstungen für andere Produkte genutzt zu werden. Eine derartige Struktur ist jedoch kaum geeignet, Kostenvorteile auszuschöpfen, sodass der Erfolgstrend in Richtung Einzweckanlagen geht. Hier schafft technischer Fortschritt allerdings rasche Entwertung und damit Anlass zu Umstieg auf die jeweils neueste Technologie. Dieser erfordert wegen der höheren Fixkostenbelastung regelmäßig höhere Stückzahlen, um absolut kosteneffizienter zu bleiben (= mutative Betriebsgrößenerweiterung). Dies lohnt sich nur für Großbetriebsformen oder Unternehmen, die in einer Marktnische hohe Outputlevels erreichen. Selbst dann fällt es Großunternehmen vergleichsweise leichter, die damit verbundenen Finanzierungsrisiken zu tragen, zumal dabei oft Innenfinanzierung gegeben ist. Wer also weder über die Auslastung hoher Stückzahlen noch über Finanzierungsquellen verfügt, bleibt vom Nutzen technischen Fortschritts in der Anwendung mehr oder minder ausgeschlossen.

Ein weiterer Nutzen ist die **Lernerfahrung**. Sie beruht auf der individuellen Ansammlung von Wissen bei Experten mittels Transparenz, Effizienz und Kompetenz. Denn es entspricht der Erfahrung, dass eine intensive Auseinandersetzung mit einem Markt im großen Stil zeitabhängige Lerneffekte bewirkt, die einen Vorsprung vor anderen Anbietern gewähren. Vor allem ist es dadurch möglich, im Zeitablauf kontinuierlich oder bei Verschärfung der Wettbewerbsintensität fallweise Preissenkungen entlang der sinkenden Stückkostenkurve vorzunehmen und damit die Marktpräsenz zu sichern. Lernkurveneffekte beschränken sich jedoch im weitesten Sinne auf den Produktionsbereich bzw. die Fertigungskosten. So basiert das enorme Wachstum wirtschaftlicher Tätigkeit auf Arbeitsteilung. Durch die Aufsplittung komplexer Gesamtvorgänge in homogene, überschaubare Einzelvorgänge und deren Zuweisung auf Arbeitskräfte, oder allgemeiner Produktionsfaktoren, kann die Produktivität drastisch gesteigert werden. Zumal wenn effiziente Produktionsbedingungen wie Fließband etc. gegeben sind, ergänzt um ein motivatorisches Arbeitsumfeld (Teilautonome Arbeitsgruppen etc.). Diese Arbeitsteilung kann sich nun zwischenbetrieblich (vertikale Wertketten) oder innerbetrieblich vollziehen. In jedem Fall resultieren daraus Lernkurveneffekte. Diese sind um so größer, je intensiver die Auseinandersetzung mit einer Materie erfolgt. Diese Intensität ist wiederum vom Ausmaß der Beschäftigung abhängig, das mit dem Geschäftsvolumen wächst. So verfügen Großanbieter über mehr und tendenziell besser qualifizierte Arbeitskräfte, lässt die größere Absatzbasis die Risiken von Trial&error leichter eingehen, womit die Suche nach Optimierungsmöglichkeiten auf fortgeschrittenem Niveau nachhaltiger betrieben wird. Betriebliche Teilbereiche können weiter detailliert und mit Spezialisten besetzt werden. Dadurch nehmen die Qualität der Leistungen, die Optimierung bestehender und die Nutzung neuer Arbeitstechniken weiter zu und zwar mit steigender Ausbringung auf einem Markt.

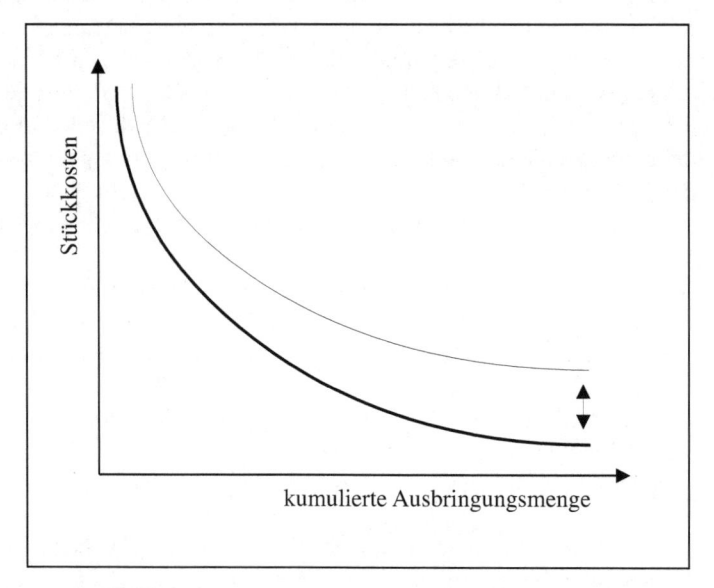

Abbildung 41: Dynamischer vs. statischer Größeneffekt

Die **Rationalisierung** schließlich betrifft Mengenvorteile bei den Produktionsfaktoren in Fertigung, Absatz und Beschaffung durch Substitution von Arbeit durch Kapital und Einsatzanpassung bei limitationalen Wertschöpfungsprozessen. Rationalisierung bewirkt, dass eine relative Marktsicherheit erreicht werden kann. So ist eine gegebene Absatzmenge mit zunehmendem Rationalisierungsgrad zu immer niedrigeren Stückkosten darstellbar. Besteht also Preisdruck von außen an einem Markt, so kann der kostengünstigere Anbieter unter Erhalt einer Gewinnspanne im Preis nachgeben, während weniger rationalisierte Anbieter bereits vom Markt ausscheiden. Außerdem kann der rationeller arbeitende Anbieter initiativ den Preis senken, um diese anderen vom Markt auszuschließen und deren Marktanteile zu übernehmen. Die relativ höchste Marktsicherheit hat in beiden Fällen der absolut kostengünstigste Anbieter. Unterstellt man einen positiven Zusammenhang zwischen Absatz und Kostensituation, so ist der für ein

Produkt größte zugleich der beständigste Anbieter. Diese Überlegung führt zum Ziel der quantitativen Marktführerschaft. Kumulierte Marktanteile führen somit nicht nur zu größerer Erfolgsspanne aus dem wachsenden statischen Produkt von Absatzmenge und Stückgewinn, sondern zusätzlich zu überproportional wachsender Erfolgsspanne. Von am Markt ausscheidenden Anbietern zuwachsende Marktanteile verbessern so die Wettbewerbsposition und bewirken weiteres Übernahmepotenzial mit Konzentrationstendenz.

Bisher konnten empirisch u. a. folgende Kostensenkungen bei einer Ausbringungsmengenverdopplung festgestellt werden:
- *Viskosefaser Rayon – 31,0 %, Integrierte Schaltkreise – 27,8 %, Silizium Transistoren – 27,7 %, Elektrorasierer – 23,0 %, Germanium Transistoren – 22,8 %, S/W-Fernsehgeräte – 22,3 %, Niederdruck-Polyäthylen – 21,4 %, Großklimaanlagen – 20,0 %, Gasherde – 17,2 %, Polypropylen – 14,7 %, Wäschetrockner – 12,5 %, Heimklimaanlagen – 12,3 %, Elektroherde – 11,7 %.*

Menge	Fixkosten gesamt: 1.000 GE variable Kosten: 10 GE (GE=Geldeinheiten)	Statischer Größeneffekt (gesamte Stückkosten) in GE	Dynamischer Größeneffekt (gesamte Stückkosten bei ca. 25 % Degression in GE)	Absolute Differenz in GE
1		1.010	1.010	0
10		110	82,5	275
20		60	45	300
40		35	26,5	350
80		22,5	17	440
100		20	15	500
200		15	11,5	750
500		12	9	1.500
1.000		11	8,5	2.500

Abbildung 42: Dynamischer Größeneffekt (Rechenbeispiel)

6.4.3 Bewertung

Es gibt vielfältige Kritik an der Aussagefähigkeit von Größeneffekten. Diese beziehen sich vor allem auf die Aspekte Datengrundlage, Untersuchungsmethodik und Strategieempfehlung.

6.4.3.1 Datengrundlage

Der mengenmäßige Marktanteil ist nur ein unzureichender Indikator für den Unternehmenserfolg, nämlich nur bei homogenen Produkten, gleichen Erfahrungsraten, einheitlichen Marktpreisen, gleichen Markteintrittszeitpunkten etc., alles Voraussetzungen, die in der Realität praktisch nicht vorhanden sind. Vielmehr zeigt sich, dass marktführende Unternehmen gelegentlich wirtschaftlich angeschlagen sind, während findige Nischenanbieter sich hoher Prosperität erfreuen.

Verbundwirkungen innerhalb des Programms finden keine Berücksichtigung. Denn typischerweise handelt es sich in der Praxis nicht um Einprodukt-, sondern Mehrproduktunternehmen, deren Angebote in ganz unterschiedlichem Maße von Degressionseffekten betroffen sind und sich intern alimentieren können. Diese Möglichkeit preispolitischen Ausgleichs schafft eine gewisse Unabhängigkeit von der Kostensituation spezifischer Produkte, und zwar auch bei kleineren Mengen.

Einsparungseffekte sind nicht nur mengen-, sondern zu einem mindestens ebenso großen Anteil auch zeitabhängig. Daher ist nicht nur die Ausbringung für die Wettbewerbsposition einschlägig, sondern gerade auch die Dauer erfolgreicher Marktpräsenz. Zudem diffundiert Erfahrung innerhalb einer Branche in Abhängigkeit von der Fluktuationsrate der Mitarbeiter mehr oder minder schnell und wird so für mehrere Anbieter verfügbar.

Es werden zur Erreichung von Erfahrungseffekten gleiche Produkte über einen längeren Zeitraum unterstellt. Dies ist jedoch angesichts kürzerer Lebenszyklen reichlich unwahrscheinlich. Ergeben sich aber nennenswerte Abweichungen am Produkt oder seiner Produktion, welche die Kostensituation tangieren, etwa durch abweichende Produktionsprozesse bzw. Degressionseffekte, sind kumulierte Erfahrungseffekte weitgehend hinfällig bzw. beginnen bei jedem modifizierten Produkt von vorn, nun aber mit höherer Einheitenzahl, sodass eine Verdopplung ungleich schwieriger wird. Tatsächlich bleibt ein Produkt typischerweise im Zeitablauf bei steigender Menge nicht unverändert, sondern wird differenziert, allein schon, um Mitbewerberaktivitäten, Marktausschöpfung oder technischem Fortschritt Rechnung zu tragen.

Empirische Ergebnisse beruhen zumeist auf Preisdaten statt auf Kosten. Damit aber ist der Faktor Gewinn beinhaltet, der Effekte verzerrt. So kann eine längere Marktpräsenz etwa durch Nachziehen kopierender Wettbewerber oder zur proaktiven Verhinderung deren Markteintritts einen Gewinnverzicht beim anbietenden Unternehmen selbst bei unverändertem Kostenniveau angezeigt erscheinen lassen. Preissenkungen wären dann eindeutig wettbewerbs- und nicht produktionskostendeterminiert.

Eine exakte Kostendefinition fehlt, vor allem ist eine zutreffende Interpretation und verursachungsgerechte Zurechnung der Stückkosten schwierig. Die im Rechnungswesen normalerweise ausgewiesenen Kosten sind für die Konstruktion von Erfahrungskurven problematisch, weil sie den Wertschöpfungsanteil eines Produkts verwässert abbilden. Stattdessen müssen andere Größen wie der Quotient aus kumuliertem Cashflow und Veränderung der kumulierten Erfahrung eingesetzt werden.

Bei der Erfahrungskurvenempfehlung wird ein problemloser Absatz des Angebots vorausgesetzt, es stellt sich jedoch die Frage nach der Aufnahmefähigkeit der Märkte. Tatsächlich ist der Absatz nicht beliebig steigerbar, erst recht nicht in einer Größenordnung wie sie erforderlich ist, um in den Genuss erheblicher Skaleneffekte zu kommen. Erhöhte Absatzbemühungen überkompensieren daher möglicherweise Kosteneinsparungen.

Ebenso wird eine problemlose Produktionsausweitung vorausgesetzt. Hierbei stellt sich jedoch die Frage nach den Einsatzstoffen und den erforderlichen Budgetmitteln, eine solche Expansion finanziell zu unterlegen. Die potenzielle Wirkung der Erfahrungskurve lässt mit wachsendem Umsatz jedoch immer stärker nach, weil eine Verdopplung der Menge immer länger dauert. Insofern sind allenfalls zu Beginn des Marktangebots Skaleneffekte von Bedeutung.

Es wird ein fest vorgegebener isolierter Markt angenommen, der bedient werden soll. Dabei bleiben Abgrenzungsprobleme und abgeschnittene Verbundbeziehungen verschiedener Teilmärkte außer Acht.

6.4.3.2 Untersuchungsmethodik

Es wird nicht näher spezifiziert, welche Kostenbestandteile in welchem Ausmaß von Erfahrungskurveneffekten profitieren und welche nicht. Da auf die Stückkosten als ausschlaggebender Größe abgehoben wird, stellt sich automatisch die strittige Frage der Fixkostenaufteilung. Handelt es sich bei den Stückkosten um die Kosten der letzten produzierten Einheit (= Grenzkosten), um die durchschnittlichen Kosten der in einer beliebigen Periode erzeugten Einheiten (= Normalkosten) oder um die Kosten der kumulierten Einheiten im Durchschnitt?

Bei diversifizierten Unternehmen anzutreffende Synergieeffekte werden nicht berücksichtigt. Diese können durch gemeinsame Nutzung vorhandener Ressourcen ebenfalls zu Kostenvorteilen führen, ohne dass beim einzelnen Produkt große Ausbringungsmengen vorliegen müssen (geteilte Erfahrung ist doppelte Erfahrung). Allerdings ist zu konzidieren, dass Synergismen allenfalls Kosteneinsparungspotenziale darstellen, deren Materialisierung in der Praxis oft genug an Abteilungsegoismen scheitert.

Es wird eine Monokausalität zwischen Menge und Kosten propagiert. Empirische Analysen (z. B. PIMS-Studie) zeigen jedoch, dass es vielfältige gegenseitige Abhängigkeiten zwischen Unternehmensparametern gibt, die vermuten lassen, dass auch auf die Größe Kosten andere Faktoren als allein die Menge Einfluss ausüben.

Es fehlt an einem geeigneten Inflator zur Bereinigung von Preissteigerungsraten, um die nominalen Kostendaten in reale Werte zu transformieren. Problematisch ist dabei vor allem, dass die Erfahrungskurve eine Funktion der Zeit ist. Die Aussage stimmt daher nur, wenn alle Werte inflationsbereinigt, also zu konstanten Preisen, betrachtet werden. Ansonsten ist der Skaleneffekt weitaus geringer einzuschätzen.

Der interne Know-how-Transfer bleibt weitgehend außer Acht. Dieser tritt umso stärker auf, je häufiger Produkte gemeinsame Ressourcen beanspruchen, je intensiver Produkte aus einzelnen Komponenten zusammengesetzt sind und je stärker der Produktionsprozess differenziert ist, den ein Produkt durchlaufen muss.

Die Auswirkungen der Kostendegression sind je nach Anteil der fixen und variablen Kosten sehr verschiedenartig, und um so größer, je höher der Anteil der fixen an den gesamten Kosten ist. Daher profitieren anlage- oder overheadintensive Betriebe überproportional. Dementsprechend gibt es keine generelle Gültigkeit, sondern individuell sehr verschiedenartig verlaufende Erfahrungskurven. Durch den degressiven Kurvenverlauf nehmen Kostenvorteile zudem mit steigender Menge nur unterproportional zu, treten relativ also in ihrer Bedeutung gegenüber qualitativen Argumenten zurück.

Vor allem steht das Erfahrungskurvenkonzept unter Immunisierungsverdacht. Denn es wird herausgestellt, dass das Kostensenkungspotenzial nicht quasi automatisch wirksam wird, sondern der bewussten Einwirkung durch das Management zu dessen Realisierung bedarf. Dies bedeutet aber nichts anderes, als dass eine Kostensenkung das Vorhandensein von Erfahrungskurveneffekten beweist, eine Kostenstagnation aber nur, dass vorhandenes Kostensenkungspotenzial noch nicht ausreichend genutzt wird. Das ist dann aber tautologisch.

6.4.3.3 Strategieempfehlung

Die Erkenntnisse des Erfahrungskurvenkonzepts führen konsequenterweise zur konzentrischen Auslegung von Kapazitäten. Dies hat zur Folge, dass Unternehmen erheblich an Flexibilität auf Grund der hohen Kapitalbindung verlieren (Einzweckmaschinen). Außerdem besteht die Gefahr der technischen Veralterung und damit Entwertung der Anlagen. Somit sind eine gewisse Anfälligkeit für Beschäftigungsschwankungen und fehlender Risikoausgleich zu konstatieren. Es entstehen womöglich Mammutbetriebe, die mangels Anpassungsfähigkeit in Bedrängnis geraten und dann oft nur noch durch massive Subventionen des Staates zum Erhalt von Arbeitsplätzen existieren.

Bei Stagnation am Markt führen Kapazitätsüberhänge zu Leerkosten und ruinösem Preiswettbewerb bis an die kurzfristige Preisuntergrenze, um so Preisbestandteile als

Deckungsbeitrag zur Abdeckung des Fixkostenblocks zu erreichen. Diese Situation ist für reife Branchen typisch, wie die Stahl- und Reifenindustrie. Überkapazitäten führen hier zur Konzentration mit Betriebsstilllegungskonsequenz oder der Tendenz zu quotierenden Absprachen.

Wenn Größeneffekte für mehrere oder alle wesentlichen Unternehmen einer Branche zutreffen, alle oder wesentliche Anbieter also gleich erfahren sind, wird ein daraus resultierender Wettbewerbsvorsprung des einzelnen Anbieters letztlich wieder neutralisiert. Dies ist die Realität vieler Märkte, die von ganz wenigen Anbietern dominiert werden, welche die kritische Größe bereits weit überschritten haben und sich voneinander in Bezug auf Kostenvorteile wenig unterscheiden, also keine Alleinstellung bieten.

Ebenso kann technischer Fortschritt zu einer besseren Anbieterstellung führen, ohne dass damit notwendigerweise große Ausbringungsmengen verknüpft sind, denn rationellere oder bessere Verfahrenstechniken führen zur Etablierung vorteilhafter Marktpositionen. Die Aussagen des Erfahrungskurven-Konzepts gelten jedoch nur für den jeweils gegebenen Stand der Technik. Neue Technologie etabliert auch eine neue Stückkostenkurve auf typischerweise niedrigerem Niveau. Dieser Vorteil nivelliert sich in dem Maße, wie Mitbewerber technischen Fortschritt adaptieren.

Besonders ausgeprägt sind Kosteneinsparungen dann, wenn von einer weniger leistungsfähigeren auf eine leistungsfähigere Technologie umgestiegen wird. Um deren Potenzial jedoch nutzen zu können, ist zunächst die Beherrschung dieser neuen Technologie entscheidend, da ansonsten nur teures Lehrgeld bezahlt wird.

Die Aussage bezieht sich nicht auf zugekaufte Leistungen, gilt also in vollem Umfang nur bei 100 % Eigenwertschöpfung. Eine solche Fertigungstiefe ist jedoch unrealistisch, vielmehr geht ein starker Trend hin zur Verkürzung der Fertigungstiefe, wo, etwa in der Automobilindustrie, Werte unter 30 % erreicht sind, und das mit sinkender Tendenz. Dann aber sind Erfahrungseffekte weitaus geringer und fallen möglicherweise kaum mehr nennenswert ins Gewicht.

Der Preis ist zwar ein wichtiger, aber längst nicht der einzige Markterfolgsparameter. Das heißt, Kostenvorteile führen nicht zwangsläufig zu Marktvorteilen, nämlich dann nicht, wenn niedrigere Preise am Markt durch Leistungsnachteile überkompensiert werden. Nichtpreis-Parameter wie Qualität, Image, Design etc. gewinnen sogar zunehmend an Bedeutung und relativieren den Preis zumindest im Bereich der High interest-Produkte. Ein Abheben nur auf Erfahrungseffekte und die Weitergabe der dabei erzielten Kosteneinsparungen im Preis sind also in ihrer Wirksamkeit stark gefährdet.

Es kommt zu einer Überbetonung der Kosten als Basis der Preisbildung, außer Betracht bleiben etwa Möglichkeiten wie Verbundpreisbildung, kalkulatorischer Ausgleich,

Nachfrageelastizität etc., kurz alle anderen als die kostenorientierte Preisbildung. So kommt es zu einer Vernachlässigung von Qualität, Service, Innovation etc. Zugleich besteht die Gefahr einer Preis-Abwärtsspirale.

Die mit der Absatzexpansion verbundene Marktführerschaft bedeutet eine exponierte Stellung am Markt. Daraus folgen hohe Marktaustrittsschranken infolge gebundenen Kapitals und womöglich gesellschaftlicher Verantwortung. Dies erfordert wiederum den Aufbau von Markteintrittsschranken, evtl. auch über gesetzliche Restriktionen, um das Unternehmensrisiko zu begrenzen.

6.5 Wettbewerbsvorteilsmatrix

Die Analyse des Wettbewerbsvorteils kann zwei- oder dreidimensional dargestellt werden. Dementsprechend ergibt sich die einfache Einteilung der Wettbewerbsvorteilsmatrix oder die komplexe Einteilung der erweiterten Wettbewerbsvorteilsmatrix.

6.5.1 Einfache Einteilung

Nach der (einfachen) **Wettbewerbsvorteilsmatrix** der Boston Consulting Group werden Angebote dahingehend beurteilt, ob der durch sie erzielbare Wettbewerbsvorteil groß oder klein ist und ob zur Erringung dieses Vorteils viele oder wenige Alternativen gegeben sind. Also konkret:

- Wie viele Wettbewerbsvorteile können erzielt werden? Bestehen viele oder wenige Alternativen zur Umsetzung von Vorteilen am Markt? Für die Anzahl möglicher Vorteile gilt, je heterogener die im Geschäft relevanten Entscheidungsvariablen sind, um Wettbewerbsvorteile zu erreichen, desto geringer ist der Überschneidungsgrad und somit die Konkurrenzintensität aller Wettbewerber und desto sicherer die Ertragsbasis.
- Wie hoch sind jeweils erzielbare Wettbewerbsvorteile? Sind am Markt hohe oder geringe mögliche Vorteile erreichbar? Die Größe des Vorteils ergibt sich als Differenz des maximal möglichen Vorteils der Wettbewerber zum gerade noch lebensfähigen marginalen Anbieter. Haben alle Anbieter ähnliche Voraussetzungen, ist für alle das Gewinnpotenzial gleichartig.

Beide Dimensionen werden jeweils ordinal in viel/wenig unterteilt. Daraus ergeben sich vier **Kombinationen** für die kompetitive Strategie. Erforderlich ist ein „Fit" zwischen den Wettbewerbsumfeldern und den Strategiemerkmalen, daraus folgen dann Strategieempfehlungen. Die Wettbewerbsvorteilsmatrix erlaubt somit eine Analyse struktureller Merkmale von Märkten und ihrer Einflüsse auf das Wettbewerbsverhalten von Unternehmen. Dafür ergeben sich vier Ausprägungen (siehe Abb. 43).

		Absolute Bedeutung des Volumens	
		Volumen führt zu großen Vorteilen	Volumen führt zu kleinen/keinen Vorteilen/Nachteilen
Relative Bedeutung der Position	Alleinstellung schwierig (Kunden kaufen nach Preis, es gibt kaum Segmentierungsmöglichkeiten)	Standardisierung (Volume) als monooptionaler Volumenanbieter daher: Kostensenkung	Patt-Situation (Stalemate) daher: optimale Betriebsgröße und Kostensenkung
	Alleinstellung möglich (Kunden kaufen nach Leistung, Segmentfokussierung ist durchsetzbar)	Differenzierung (Specialised) als multioptionaler Volumenanbieter daher: Spezialisierung	Insel-Situation (Fragmented) als Nischenanbieter daher: Gemeinkostensenkung

Abbildung 43: Konkurrenzvorteil: Einfache Einteilung

Wenige Vorteile in hohem Ausmaß führen zum Massengeschäft durch Standardisierungsvorteil (**Volume**). In Volumengeschäften bestehen nur wenige relevante Entscheidungsvariablen und Differenzierungsmöglichkeiten für Anbieter, diese sind jedoch stark ausgeprägt und führen zu erheblichen Ertragsdifferenzen. Daher ist für eine von ihnen Kosten- bzw. durch Weitergabe Preisführerschaft anzustreben. Der Kosten-/Preisführer ist relativ autark, die Markteintrittsbarrieren sind hoch. Daraus folgt betriebswirtschaftlich eine große Mindestmengenerfordernis mit der Notwendigkeit zu hohen Absatzinvestitionen, außerdem zu Volumenexpansion, Imagepflege etc. Kleine Anbieter müssen sich zurückziehen oder in Marktlücken ausweichen.

Beispiele dafür sind Branchen wie Großcomputer, Passagierflugzeuge und LKWs. Normstrategien sind dabei Kapazitätserweiterung, Erhöhung des Marktanteils und möglichst Erreichung der Marktführerschaft. Meist kommt es zur Bildung strategischer Gruppen.

Viele Vorteile in hohem Ausmaß führen zur Alleinstellung über den Differenzierungsvorteil spezifischer Leistungsmerkmale (**Specialised**). Dies ist die einfachste Konstellation, da sie Entscheidungsfreiräume für die Marktwahl lässt und kompetitive Nachteile nicht zu befürchten sind. Sie führt durch Marktnischenpolitik zur Segmentführerschaft mit meist hohen Erträgen. Allerdings ist die Varianz möglicher Erträge recht groß. Hier hilft die Ausrichtung an Erfolgsfaktoren (= Marktgesetzen). Charakteristisch ist ein ausgeprägtes Angebotsprofil. Spezialisierungsgeschäfte zeichnen sich durch viele verschiedene Möglichkeiten aus, Wettbewerbsvorteile und damit hohe Rentabilitäten zu erreichen. Die Anbieter versuchen, durch Differenzierungsstrategien eine einzigartige, sie auszeichnende und abhebende Kompetenz zu erreichen. Zentral ist dabei der Markenartikel. Es gibt mehrere, strategisch bedeutsame Entscheidungsvariablen und mehrere strategische Gruppen, damit verbunden geringe wettbewerbliche Überschneidungen und große Ertragschancen durch hohe Kundenloyalität. Die Markteintrittsbarrieren sind hoch. Kostennachteile werden von Differenzierungsvorteilen überwogen.

Beispiele bieten Branchen wie Kosmetika, Modeartikel, Unterhaltungselektronik, Software. Normstrategien sind Preis- und Produktdifferenzierung.

Viele Vorteile in geringem Ausmaß führen zur Inselsituation (**Fragmented**). Hier bestehen erhebliche Gewinnchancen für spezialisierte, kaum miteinander konkurrierende Unternehmen, indem jedes von ihnen ein Quasi-Monopol aufbaut und den reaktionsarmen Raum für Premiumpreise nutzt. Bei fragmentierten Geschäften ist der maximal mögliche Wettbewerbsvorteil nur gering, dennoch sind die Wege, diese Vorteile zu erreichen, vielfältig. Die Märkte sind zersplittert, es besteht eine Vielzahl unterschiedlicher Leistungsanforderungen. Es gibt allerdings auch kaum Markteintrittsschranken. Erfordernisse sind daher Innovation, Dezentralisation, Kostenbewusstsein etc. Risiken bestehen bei Investitionen zur Umsetzung von Expansionsplänen. Die Rentabilität steigt mit sinkender Unternehmensgröße, denn Komplexitätskosten überkompensieren etwaige Degressionsvorteile. Erfolgreich ist, wer klein bleibt und sich auf bestimmte Kunden spezialisiert.

Beispiele sind Branchen wie Getränkeabfüllung, Restaurants oder Hotels, lokaler Handel. Normstrategien sind hierbei nicht vorhanden, da prinzipiell alle Alternativen, je nach Absatzzielen, offen stehen.

Wenige Vorteile in geringem Ausmaß führen zu einer Patt-Situation (**Stalemate**). In Pattgeschäften ist sowohl das Differenzierungspotenzial als auch der maximal mögliche Wettbewerbsvorteil sehr gering, dies wegen verschärfter Konkurrenzintensität. Die Anbieter arbeiten unter weitgehend ähnlichen Bedingungen, kein Anbieter kann einen maßgeblichen Wettbewerbsvorteil erringen. Dies ist typisch für Märkte mit relativ alter, ausgereizter, allgemein zugänglicher Technologie. Dabei zwingen geringe Erträge zur Erreichung optimaler Betriebsgrößen für die Realisierung von Erfahrungskurveneffekten. Es gibt kaum mehr technischen Fortschritt und Innovation. Daraus folgt die Notwendigkeit zur Bewegung im Gleichschritt. Kein Unternehmen dominiert den Markt, alle Wettbewerber haben vergleichbare Kosten und Gewinne. Die Kapazitätsauslastung ist gering. Die Rentabilität bleibt bei steigendem Umsatz/Marktanteil unverändert. Der Frontalwettbewerb gleich starker Konkurrenten führt zu Kollusion oder Kampf.

Beispiele sind Montanindustrie, Grundchemie, Weiße Ware (Elektro), Textilien, Grundnahrungsmittel. Als Normstrategien gelten der Umstieg auf neue Technologien und die Fokussierung auf Marktnischen.

Aus diesem Ansatz lassen sich einige Schlussfolgerungen ziehen. Bei hoher Anzahl von Vorteilen, gleich, ob im geringen oder hohen Ausmaß, hat das Volumen untergeordnete Bedeutung, die Kunden kaufen vielmehr nach Leistung. Dabei bieten segmentspezifische Kosten gute Fokussierungsmöglichkeiten, zentral ist der Leistungsnutzen. Bei niedriger Anzahl von Vorteilen, gleich, ob im geringen oder hohen Ausmaß, hat das Volumen hingegen übergeordnete Bedeutung, Kunden kaufen nach Preis, und die geringen segmentspezifischen Kosten bieten kaum Fokussierungsmöglichkeiten. Zentral ist daher der Preisnutzen. Bei geringem Ausmaß von Vorteilen, gleich, ob in hoher oder niedriger Anzahl, führt das Geschäftsvolumen nur zu kleinen oder gar keinen Vorteilen bzw. sogar zu Nachteilen. Dies bietet besondere Chancen für Klein- und Mittelunternehmen. Und bei hohem Ausmaß von Vorteilen, gleich, ob in hoher oder niedriger Anzahl, führt das Volumen zu großen Vorteilen, die typischerweise in Großunternehmen genutzt werden.

Eine kritische Bewertung muss Folgendes berücksichtigen. Im Rahmen der Analyse ist eine dynamische Sichtweise möglich, d. h., eine Transformation durch Veränderung der Vorteile, die dann das Wettbewerbsgefüge verändern. So entwickelt sich ein ursprüngliches Volumengeschäft auf Grund allgemeinen Know-how-Transfers, Verringerung des Marktwachstums, Aufbau von Überkapazitäten etc. zu einem Pattgeschäft, in dem wiederum einige Anbieter, z. B. durch Produktdifferenzierung, originäre Vertriebswege etc., eine Transformation in ein Spezialisierungsgeschäft anstreben. Falls dies nur geringe Erfolgsaussichten bietet, ist ein Wechsel in eine andere strategische Gruppe sinnvoll. Außerdem erfolgt dadurch eine Rückbesinnung auf kritische Erfolgsfaktoren als Grundlage des Wettbewerbs, es werden unmittelbare Ansatzpunkte zur Marktpositionsverbesserung gegeben und die Geschäftseinheiten individuell analysiert. Probleme ergeben sich allerdings daraus, dass diese Einteilung nicht eindeutig und stabil ist. Stets muss daher versucht werden, abstrakte Wettbewerbspositionen in tatsächliche Vorteilsmuster zu überführen. Dies ist zudem bei den real vorhandenen Mehrgeschäftsfeld-Anbietern nur für einzelne Geschäftseinheiten möglich, nicht jedoch für das gesamte Unternehmen.

6.5.2 Komplexe Einteilung

Bei der komplexen Einteilung treffen drei Wettbewerbsdimensionen zusammen, nämlich:

- „Wie konkurrieren?" als Regeln des Wettbewerbs (bekannte Regeln/neue Regeln),
- „Wo konkurrieren?" als Ort des Wettbewerbs (Kernmarkt/Marktnische) und

- „Worauf aufbauen?" als Schwerpunkt des Wettbewerbs. Letzterer ist unterteilt nach den Alternativen Kostenführerschaft (Standardisierung) und Leistungsführerschaft (Differenzierung).

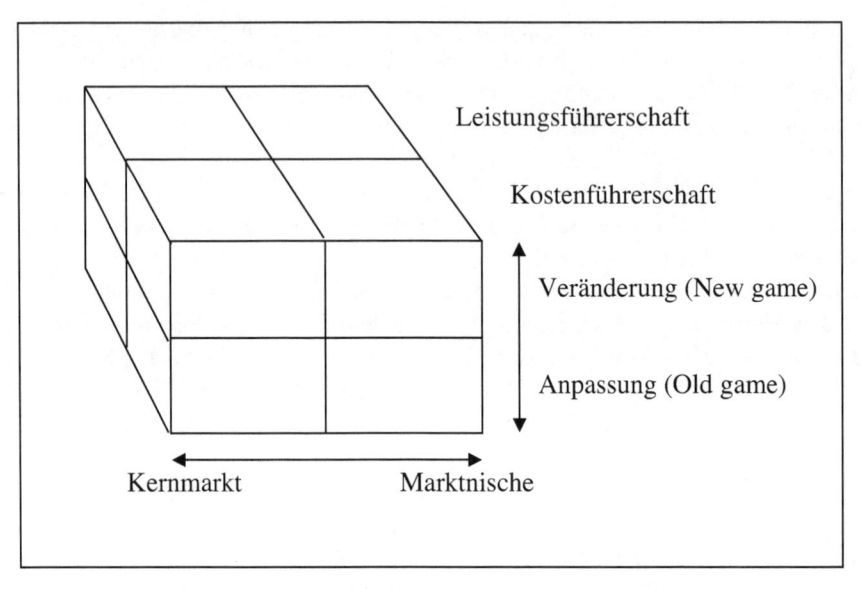

Abbildung 44: Konkurrenzvorteil: Komplexe Einteilung

Die (erweiterte) **Wettbewerbsvorteilsmatrix** stellt damit eine Kombination der zweidimensionalen Ansätze „Strategisches Spielbrett" mit den Dimensionen „Bekannte Regeln/Old game" oder „Neue Regeln/New game" einerseits und „Kernmarkt/Head on" oder „Marktnische/Avoid" andererseits dar sowie der „Wettbewerbspositionsmatrix" mit den Dimensionen „Gesamtmarkt" oder „Teilmarkt" im Ausmaß der Marktabdeckung und „Leistungsführerschaft" oder „Kostenführerschaft" in Bezug auf den kompetitiven Vorteil. Aus der flächigen Matrix ergibt sich damit eine Würfelform mit acht Feldern für jede **Kombinationsmöglichkeit** (siehe Abb. 44).

*Als Beispiel für die **Anpassung** in einer **Marktnische** bei **Kostenführerschaft** können LG, Thomson, Orion etc. gelten. Diese Unternehmen stellen ein limitiertes Programm eher anspruchsloser Unterhaltungselektronikgeräte her, offerieren diese dafür aber auf Discountpreislevel. Es wird jedoch bereits versucht, ein Full line-Angebot zu machen und in elaboriertere Produktausführungen zu expandieren.*

*Als Beispiel für **Anpassung** im **Kernmarkt** bei **Kostenführerschaft** können Hyundai, Daewoo, Kia etc. gelten. Diese Unternehmen vertreten Automobile im Volu-*

menbereich der unteren, mittleren und oberen Mittelklasse, indem bewährte technische Lösungen übernommen werden. Der Anreiz liegt auch hier im Angebot auf Discountpreislevel, sogar noch unterhalb dem japanischer Hersteller. Es wird jedoch (zumindest derzeit noch) nicht versucht, Oberklassemodelle zu bauen oder sich an raffinierte Problemlösungen zu wagen, wenngleich dies hochwahrscheinlich so kommen wird.

Als Beispiel für **Anpassung** in einer **Marktnische** bei **Leistungsführerschaft** können Loewe Opta, Bang&Olufsen etc. gelten. Diese Unternehmen stellen ein limitiertes Programm fortschrittlicher UE-Geräte mit teilweise neuartigen Problemlösungen her. Das Angebot ist zudem extrem orientiert an Design, New media und High tech. Dafür soll als Gegenleistung am Markt ein Premiumpreislevel erreicht werden. Dies gelingt auch innerhalb einer avantgardistischen Zielgruppe, ist jedoch anfällig für Versäumnisse (z. B. Flachbildschirme).

Als Beispiel für **Anpassung** im **Kernmarkt** bei **Leistungsführerschaft** können Mercedes-Benz, BMW etc. gelten. Diese Unternehmen stellen Automobile im Volumenbereich der Mittel- und Oberklasse sowie im prestigeträchtigen Bereich der Spitzen- und Luxusklasse her. Durch kontinuierliche technische Weiterentwicklung konnte dabei stets eine Führungsposition eingenommen werden. Dies wird von Kunden auch entsprechend durch Premiumpreislevel honoriert, wenngleich der Marktwiderstand wächst.

Als Beispiel für **Veränderung** in einer **Marktnische** bei **Kostenführerschaft** kann IKEA gelten. Dieses „unmögliche Möbelhaus aus Schweden" offeriert preisgünstige, stilsichere Möbel für eine junge, aufstrebende Zielgruppe. Im Gegensatz zur traditionellen Einrichtungsbranche müssen die Möbelstücke jedoch selbst kommissioniert, transportiert und montiert werden. Der daraus entstehende Kostenvorteil wird im Preis an die Abnehmer weitergegeben.

Als Beispiel für **Veränderung** im **Kernmarkt** bei **Kostenführerschaft** kann SIXT gelten. Dieser Dienstleister für Mietwagenverleih spannt dominant die Attraktivität der zu buchenden Automodelle für seine Zwecke ein und deckt alle Individualverkehrsmittel ab, inkl. Transporter und Motorrad. Das Ganze wird auf Discountpreislevel abgewickelt und ist werblich äußerst spektakulär aufgemacht.

Als Beispiel für **Veränderung** in einer **Marktnische** bei **Leistungsführerschaft** kann Apple gelten. Dieser Computerhersteller hat die Nutzen elektronischer Datenverarbeitung erstmals auch Nichttechnikkennern in großem Stil verfügbar gemacht, und zwar durch ein mächtiges Betriebssystem, durch eine nutzerfreundliche Bederneroberfläche und eine leichte Maussteuerung des Cursors. Für diese Leistungen wird ein Premiumpreisniveau durchgesetzt, allerdings bei limitiertem Marktanteil.

*Als Beispiel für **Veränderung** im **Kernmarkt** bei **Leistungsführerschaft** kann Audi gelten. Dieses Unternehmen stellt Automobile im Volumenbereich der Mittel-, Ober- und Spitzenklasse her. Diese werden auf Premiumpreislevel angeboten. Denn Audi stellt einige konstruktive Besonderheiten bereit wie z. B. Allradantrieb (Quattro/ 1980), niedrigsten Luftwiderstandsbeiwert der Klasse (100/1983), vollverzinkte Karosserie (1985), 5-Zylinder-TDI-Motor (1990), Procon ten-Sicherheitssystem (1992), 5-Ventil-Motorsteuerung (1994) und Alu-Karosserierahmen (1994).*

7. Bestimmung des Marktverhaltens

7.1 Marktrollen

Für die relative Rolle des Unternehmens im Marktumfeld, also auf der gleichen Marktseite, bieten sich folgende Alternativen:

- Marktführerschaft, dies ist freilich letztlich eine Frage der zweckmäßigen, oder genügend engen, Abgrenzung des relevanten Marktes.
- Marktfolgerschaft. Diese wiederum lässt sich unterteilen in die Möglichkeiten von Marktherausforderer, Marktmitläufer und Marktnischenanbieter (siehe Abb. 45 und Abb. 46).

		Führungsanspruch	
		ja	nein
Konkurrenz-einstellung	autonom	Marktführer	Marktmitläufer
	konjektural	Marktherausforderer	Marktnischenanbieter

Abbildung 45: Alternativen des Marktverhaltens I

		Wettbewerbseinstellung	
		Begegnung	Vermeidung
Angebotsrichtung	Passivität / Marktanpassung	Autonomie	Anpassung
	Aktivität / Marktgestaltung	Konflikt	Ausweichung

Abbildung 46: Alternativen des Marktverhaltens II

7.1.1 Marktführerschaft

Als Marktführer wird gemeinhin der vom Umsatz her größte Anbieter auf einem Markt bezeichnet. Dabei kommt es darauf an, wie der relevante Markt abgegrenzt wird. Durch kumulative Einschränkung des relevanten Markts ist es beinahe jedem Anbieter möglich, sich als Marktführer zu definieren. Die damit mutmaßlich verbundene positive Anmutung wird in der werblichen Kommunikation vielfach genutzt. Die dem Marktführer im Folgenden zugesprochenen Chancen und Risiken betreffen gelegentlich aber auch andere Anbieter. So gibt es Meinungsführer am Markt, d. h., Anbieter, die zwar nicht unbedingt die größten sind, denen aber auf Grund ihres herausgehobenen Images marktführergleiche Eigenschaften zukommen. Oder Anbieter, die auf anderen als dem betrachteten Markt führend sind, und deren Potenzial auf diesen ausstrahlt. Oder Anbieter, denen in der veröffentlichten Meinung Marktführereigenschaft beigemessen wird, ohne dass die entsprechende Substanz vorhanden ist.

Marktführerschaft ist auch deshalb entscheidend, weil man sich im Markt meist nur an die Nummer Eins einer Kategorie erinnert. Dies gilt nicht nur im Management. So weiß wohl jeder, wer als Erster den Atlantik in West-Ost-Richtung im Flugzeug überquerte (Charles Lindbergh), aber wer kennt schon den zweiten oder dritten, dem dies gelang? (Chamberlin, Levine) Und wer die ersten waren, die den Atlantik später in Ost-West-Richtung überflogen? (Köhl, Fitzmaurice, von Hünefeld). Wer erinnert nicht an den ersten Menschen auf dem Mond 1969 (Neil Amstrong), aber wer kennt schon den zweiten, der nur Minuten später die Mondoberfläche betrat? (Buzz Aldrin)

Mit der Marktführerschaft gehen eine Reihe von besonderen Vorteilen und Nachteilen einher. Zu den **Vorteilen** gehören vor allem folgende (siehe Abb. 47).

Die Möglichkeit zur dominanten **Preisführerschaft** ist gegeben, wenn ein Unternehmen mit seiner Preissetzung immer die übrigen Anbieter determiniert, barometrische Preisführerschaft liegt vor, wenn mehrere Anbieter wechselseitig mit der Preissetzung vorangehen. Dies ist oft bei oligopolistischen Märkten gegeben. Kolludierende Preisführerschaft ist als stillschweigende Abstimmung über den Preis in „gut" funktionierenden Oligopolmärkten gegeben. Wenngleich durch die Internationalisierung der Märkte Preisführerschaft immer schwieriger durchzusetzen ist, gibt sie im Falle des Gelingens die Möglichkeit, überdurchschnittliche Gewinne für ein Unternehmen einzufahren oder aggressive Konkurrenzverdrängung zu betreiben.

Ein breiter **Kompetenzvorsprung** ist in der Kundschaft durch das kategorische Vertrauen in die Leistungsfähigkeit und das Know-how des Marktführers vorhanden. Dies führt potenziell zu einer weniger kritischen Kaufeinstellung und zur Chance, selbst partiell wettbewerbsunterlegene Produkte erfolgreich zu vermarkten. Dieser Vorsprung ist damit unbezahlbar. Als Beispiel kann IBM gelten, deren Computer, obgleich gewiss nicht leistungsführend, sich früher dennoch bestens verkauften, wohingegen andere Anbieter mit durchaus überlegenen Geräten durch Mangel an Kompetenz und Vertrauen bei den Abnehmern selbst zu niedrigeren Preisen Absatzprobleme hatten.

Es besteht **Marktmacht** gegenüber Partnern auf der gleichen wie auf der gegenüber liegenden Marktseite. Diese erleichtert die Durchsetzung eigener Vorstellungen ungemein, wodurch der Aktionsspielraum und die Zahl vorteilhafter Verhaltensalternativen wachsen. Dadurch werden zugleich Stabilität und Kontinuität des Unternehmens begünstigt. Widerstrebende werden in ihrem antagonistischen Verhalten gemäßigt oder gehen ein hohes Risiko des Misserfolgs ein, wenn sie den Marktführer angreifen.

Eine **Beeinflussung der Gesamtmarktentwicklung** im Sinne eigener Vorteilhaftigkeit wird möglich. Geschickt eingesetzt, kann die Marktstellung gefestigt und gegen Konkurrenten abgesichert werden, indem von mehreren strategischen Handlungsalternativen jeweils diejenige eingesetzt wird, die der Mitbewerb am Wenigsten nachvollziehen kann. So können die eigenen Stärken ausgebaut und die Schwächen der Mitbewerber ausgenutzt werden.

```
┌─────────────────────────────────────────────────┐
│  ┌───────────────────────────────────────────┐  │
│  │            Preisführerschaft              │  │
│  └───────────────────────────────────────────┘  │
│  ┌───────────────────────────────────────────┐  │
│  │  Kompetenzvorsprung in der Öffentlichkeit │  │
│  └───────────────────────────────────────────┘  │
│  ┌───────────────────────────────────────────┐  │
│  │               Marktmacht                  │  │
│  └───────────────────────────────────────────┘  │
│  ┌───────────────────────────────────────────┐  │
│  │   Beeinflussung der Gesamtmarktentwicklung│  │
│  └───────────────────────────────────────────┘  │
│                                                 │
│  ┌───────────────────────────────────────────┐  │
│  │       Produktenttäuschung gravierend      │  │
│  └───────────────────────────────────────────┘  │
│  ┌───────────────────────────────────────────┐  │
│  │ Anker von öffentlicher Kritik / Wettbewerbsgesetzgebung │  │
│  └───────────────────────────────────────────┘  │
│  ┌───────────────────────────────────────────┐  │
│  │          Inflexibilität durch Größe       │  │
│  └───────────────────────────────────────────┘  │
│  ┌───────────────────────────────────────────┐  │
│  │            Innovationshemmung             │  │
│  └───────────────────────────────────────────┘  │
│  ┌───────────────────────────────────────────┐  │
│  │        Begünstigung von Marktnischen      │  │
│  └───────────────────────────────────────────┘  │
└─────────────────────────────────────────────────┘
```

Abbildung 47: Vor- und Nachteile der Marktführerschaft

Allerdings gibt es auch nicht zu verkennende **Nachteile** der Marktführerschaft. Dazu gehören folgende.

Gravierende Folgen bei **Produkttäuschung** drohen, denn ein festes Wertgefüge, das gewachsen ist und absichernd wirkt, wird damit erschüttert. Wenn Vertrauen missbraucht wird, ist dies nur sehr schwer bis gar nicht wieder gutzumachen. Denn es dauert sehr lange, bis ein Vertrauensschaden auch nur halbwegs in der Zielgruppe wieder repariert ist.

Es gibt vielfältige **Angriffsfläche** für Kritik. Die öffentliche Meinung hält Größe an sich schon für suspekt. Deshalb ist starke Zurückhaltung und freiwillige Selbstbeschränkung in den Aktionen erforderlich. Das führt dazu, dass Marktführer sich Aktivitäten versagen müssen, die für Marktfolger problemlos umsetzbar sind, weil sie eine gesamtwirtschaftliche Verantwortung tragen und nicht nur, wie jene, eine einzelwirtschaftliche.

Der Konflikt mit der **Wettbewerbsgesetzgebung** droht. Dies gilt für die Missbrauchsaufsicht über marktbeherrschende Unternehmen ebenso wie für die Fusionskontrolle im GWB. Der Fokus der Kontrollorgane liegt besonders auf marktführenden Anbietern, weil bekannt ist, dass diese objektiv über die Möglichkeit zur Marktbeeinflussung verfügen und die Versuchung nahe liegt, diese Option auch zu nutzen.

Inflexibilität ist eine latente Gefahr, denn Marktführerschaft erfordert höchste Wachsamkeit und Vorausschau, damit Manövrierunfähigkeit nicht zu Schieflagen führt. Denn hochrationelle Fertigung führt zu einem hohen Fixkostenblock infolge Standardisierung und damit zur Anfälligkeit gegen Marktänderungen.

Innovationshemmung kann unterstellt werden, denn Innovationen führen immer auch zumindest zur teilweisen Entwertung des Anlagekapitals. Deshalb sind Marktführer selten Innovationsvorreiter, dies sind vielmehr erfolgshungrige Newcomer, die wenig zu verlieren und dafür alles zu gewinnen haben. Für Marktführer bedeutet Innovation immer auch Existenzgefährdung ihrer Position.

Es kommt zur Begünstigung **latenter Marktnischen**, denn Spezialisten haben die Chance, die vom Marktführer überlassenen Marktnischen erfolgreich zu füllen und Nachfrage von diesem abzuziehen. Der Marktführer wird damit zur willkommenen Absatzquelle für alle Nischenanbieter. Gleichzeitig kann er diese in ihren Nischen nicht effizient angreifen, weil er sich dann verzettelt und seine Kernmärkte bedroht sind.

7.1.2 Marktherausforderschaft

Marktherausforderer ist ein Anbieter, der innerhalb der Marktfolgerschaft dem Marktführer seine, faktische oder kommunikative, Stellung streitig machen will. Dies ist nur durch aggressiven Maßnahmeneinsatz möglich. Typisch sind dafür der Ansatz niedriger Preise, das Angebot komparativ besserer Qualität bzw. Services, Line extensions zur Nachfrageausschöpfung, Innovationen in Produkte und Prozesse, intensive Werbung etc.

		Eigener Ressourcenvorteil	
		ja	nein
Konfrontations-schwerpunkt	direkt	Frontalangriff	Guerillaangriff
	indirekt	Flankenangriff	Überraschungsangriff

Abbildung 48: Handlungsalternativen des Marktherausforderers

Für die Vorgehensweise sind zwei Dimensionen von Bedeutung, und zwar die **Ressourcenrelation**, d. h., das Verhältnis der aktivierbaren eigenen Ressourcen im Vergleich zu denen der Konkurrenz, diese ergibt sich zu eigenem Vorteil oder zu fremdem Vorteil, sowie der **Konfrontationsschwerpunkt**, d. h., Art und Ausmaß der Angriffsfläche, die der Angreifer gegenüber der Konkurrenz bietet, dieser ist direkt oder indirekt. Aus der Kombination dieser Ausprägungen entstehen vier Handlungsmöglichkeiten (siehe Abb. 48).

Direkte Konfrontation bei eigenem Ressourcenvorteil ergibt den **Frontalangriff**. Hier werden Konkurrenzhindernisse durch Nutzung eines Wettbewerbsvorsprungs überwunden. Es handelt sich um eine Strategie der Stärke.

Diese Strategie wendeten z. B. die Großbanken beim Eintritt in das Privatkundengeschäft an. Bis Ende der 1960er Jahre war dieses eine Domäne der Sparkassenorganisationen gewesen. Erst als sich die DEUTSCHE BANK zur Kleinkreditvergabe entschloss, trat sie in diesen Markt ein und konnte durch ihre straffere Organisation die Sparkassen überflügeln. Ähnliches wurde durch das Angebot von Versicherungsleistungen probiert, die über Cross selling die überlegene Distribution der Großbanken zusätzlich kapitalisieren sollen. Allerdings ergeben sich dabei vorläufig noch organisatorische Hemmnisse.

Indirekte Konfrontation bei Ressourcenvorteil ergibt den **Flankenangriff**. Hier werden Konkurrenzhindernisse durch Veränderung der Marktstrukturen umgangen. Es handelt sich um eine Strategie der Ausnutzung von Wettbewerbsschwächen.

Als Beispiel sei die Autovermietung SIXT genannt. Auf Grund der Distributionsstruktur war SIXT eigentlich ohne Chance gegen die etablierten Autovermieter. Deren

partieller Nachteil war jedoch, dass sie durch Flottenverträge im Wesentlichen an bestimmte Automarken gebunden waren. Hier setzte SIXT den Hebel an und bot interessante Modelle, z. B. Mercedes-Benz CLS-Klasse, Porsche 911 Cabrio, zu interessanten Konditionen an. Dort konnte der Wettbewerb nicht folgen, und SIXT gehört zwischenzeitlich zu den Topanbietern am Markt.

Direkte Konfrontation bei eigenem Ressourcennachteil ergibt den **Guerillaüberfall**. Hier werden Konkurrenzhindernisse durch sukzessive Reduktion der Zugangsbeschränkungen und Unterminierung der Marktstruktur überwunden.

Als Beispiel mag EUROCARD gelten, die sich für das Angebot von Credit cards über den neuen Weg der Kooperation mit Großbanken entschloss. Dadurch wurde dieser Markt für alle Nachfrager geöffnet, die zwar mit ihrem Kreditinstitut, nicht aber mit Credit card-Anbietern Kontakt hatten. Durch diese Innovation im Distributionsweg wurden nicht nur die Marktstrukturen, sondern auch die Marktanteile verändert. Es kam zu einer raschen Sättigung des Nachfragepotenzials, und der langjährige Marktführer AMEXCO geriet in Zugzwang, der seinerzeit über eine Kooperation mit der CITI BANK ebenso vorgegangen war.

Indirekte Konfrontation bei eigenem Ressourcennachteil ergibt den **Überraschungsangriff**. Hier soll die Reaktionsverzögerung zur Überwindung von Konkurrenzhindernissen verhelfen.

Als Beispiel kann der berühmte Cola-War der 1990er Jahre in den USA gelten. PEPSI startete dabei eine Werbeoffensive gegen den traditionellen Marktführer COKE. Inhalt der „New generation"-Kampagne war es, Coke-Trinker als altmodisch und hausbacken zu diskriminieren, indem die wirklich hippen und coolen Leute sich zu Pepsi bekannten. Diese Kampagne wurde mit enormem Werbedruck gefahren und erwischte Coke völlig unvorbereitet. In die Defensive getrieben, versuchte man sich in eine Änderung der Rezeptur zu retten, da in Blindtests der Geschmack von Pepsi als überlegen wahrgenommen wurde. Dies vergrößerte jedoch nur die Angriffsfläche für Pepsi, sodass ein marktliches Desaster entstand. Erst als sich Coke auf die Souveränität seiner Marktführerschaft besann, konnte der Angriff von Pepsi, und das bis zum heutigen Tag, abgewehrt werden.

7.1.3 Marktmitläuferschaft

Marktmitläufer sind weitere Anbieter innerhalb der Marktfolgerschaft, die im Windschatten des Marktführers und -herausforderers prosperieren. Sie sind daran interessiert, weitgehend unbehelligt zu bleiben. Ihre Position ist deshalb defensiv ausgerichtet. Sie befinden sich allerdings in stetiger Verdrängungsgefahr, denn die für moderne Produktionsbedingungen typischen hohen Ausbringungsmengen zur Erzielung von Kostendegressionseffekten fehlen bei ihnen oft und verhindern kompetitive Preise.

Umgekehrt ist die Profilierung des Angebots gegenüber der Nachfrageseite aber auch nicht so ausgeprägt, dass sie die Abschöpfung fortgeschrittenen Preisniveaus erlaubt. Damit befinden sich Marktmitläufer in der gefährlichen Mittenposition des Markts, die im Rahmen der Polarisierung der Angebotsstellungen auszudünnen droht. Die Chance für Marktmitläufer liegt in der Kooperation mit marktmächtigen Anbietern. Dies ist derzeit in der Automobilbranche zu beobachten, wo schwache Marken strategische Allianzen mit starken suchen. Dadurch sichern sie zumindest zeitweilig ihre Marktpräsenz. Andere Alternativen sind problematisch:

- **Positionsverteidigung.** Marktmitläufer sehen sich kontinuierlich der Gefahr ausgesetzt, am Markt zwischen Marktführer und -herausforderer zerrieben zu werden. Deshalb gilt es, zunächst die erreichte Position zu verteidigen.
- **Flankenpositionsverteidigung.** Dies bedeutet, dass periphere Marktfelder verstärkt bearbeitet werden. Dadurch hofft man, Verluste im zentralen Marktfeld ohne größeren Widerstand kompensieren zu können.
- **Bewegliche Verteidigung.** Dies impliziert das Ausweichen auf Angebotsparameter, die sich einer direkten Vergleichbarkeit entziehen.
- **Vorbeugender Angriff.** Dies entspricht dem Motto, dass Angriff die beste Verteidigung ist. Im Erfolgsfall kann damit wieder eine offensive Marktposition eingenommen werden.
- **Gegenangriff.** Hier wird auf einen konkreten Wettbewerbsvorstoß hin mit Aktivitäten geantwortet, um wieder einen Einstand zu erreichen.
- **Strategischer Rückzug.** Damit wird eine gefährdete Position aufgegeben, um Verluste zu limitieren und Kräfte für andere Marktfelder zu sammeln.

7.1.4 Marktnischenanbieterschaft

Marktnischenanbieter sind Unternehmen, die sich in der Marktfolgerschaft freiwillig mit einem kleinen Marktanteil begnügen und keinen Anspruch auf breite Marktpräsenz hegen. Im Gegensatz zum offensiven Marktherausforderer und zu defensiven Marktmitläufern verhalten sich Marktnischenanbieter neutral, solange ihre Geschäftsbasis unangetastet bleibt. Vielmehr zeichnen sie sich durch überragende Qualität und/ oder Gestaltung aus. Beides vermag aus der Sicht bestimmter Zielgruppen ein höheres Preisniveau und eine geringere Erhältlichkeit zu rechtfertigen. Dazu gehören am Lifestyle orientierte Hedonisten, aber auch gewerbliche Einkäufer. Eine Gefahr entsteht aus der ausfernden Popularisierung dieser Angebote. So hatte Lacoste in dem Maße an Attraktivität verloren, wie die Marke in immer breiteren Kreisen der Bevölkerung Zuspruch fand. Dies machte neue Nischen für profilierte Anbieter frei, denen sich ehemalige Lacoste-Verwender zuwandten. Im gleichen Maße ging aber die Referenzfunktion der Marke verloren, die wiederum für zugewanderte Nachfrager von hoher Bedeutung war. Am Ende stimmte die Akzeptanz dann weder bei den alten noch bei den neuen Kunden.

Als Beispiel für erfolgreiche Nischenstrategien können im UE-Markt BANG&OLUFSEN und LOEWE OPTA gelten. Beide sind in einer hoch kompetitiven, von vorwiegend japanischen Anbietern dominierten Branche tätig, die üblicherweise keine Überlebenschance für Unternehmen unterhalb einer kritischen Größe und mit komparativen Standortnachteilen lässt. Dennoch prosperieren beide recht gut, weil sie sich auf die Nischenkombination Top-design und High-tech kapriziert haben. Außergewöhnliche technische Lösungen abseits des Mainstream, gepaart mit hochästhetischer Produktformgebung, schaffen eine relative Alleinstellung, die es ermöglicht, höhere als die allgemein gängigen Marktpreise zu erlösen. Diese wiederum decken die höheren FuE- bzw. Fertigungskosten ab.

7.2 Wettbewerbspositionsmatrix

Ein marktaktives Vorgehen kann in zwei Richtungen erfolgen, hinsichtlich der Wahl des primären kompetitiven Vorteils und des Ausmaßes der Marktabdeckung. In Zusammenhang mit der Wahl des primären kompetitiven Vorteils ist zunächst der **Kostenvorteil** zu nennen. Ein Unternehmen nimmt hier mit seinem Angebot eine führende Rolle in Bezug auf niedrige Gestehungskosten ein (z. B. Seat, Skoda, Hyundai, Daewoo, Toyo). Dieser Kostenvorteil wirkt sich besonders auf die Sicht der Preisuntergrenze aus, wohingegen die Preispolitik des Unternehmens ansonsten eher darauf gerichtet ist, die Preisobergrenze zu testen. Je nach Sichtweise unter Nachfrage- oder Konkurrenzgesichtspunkten gibt die Kostenorientierung Anhaltspunkte für die kurz- und langfristige Rentabilitätsgrenze.

Beim **Leistungsvorteil** nimmt ein Unternehmen mit seinem Angebot eine führende Rolle in Bezug auf die Leistungsdimension ein (z. B. BMW, Mercedes-Benz, IBM, Hewlett Packard, Boss, Siemens, Canon, Michelin, Minolta). Dieser Qualitätsvorteil wirkt sich besonders auf die Sicht der Nachfrager zu einem Angebot aus. Bietet dieses Angebot objektive, oder, da dies immer weniger möglich ist, subjektive Vorteile gegenüber anderen Angeboten, besteht ein höherer Grad der Nachfragerbindung. Diese schafft Sicherheit hinsichtlich des Nachfragevolumens und gewährt darüber hinaus die Chance zur Durchsetzung eines Premiumpreisniveaus.

Hinsichtlich des Ausmaßes der Marktabdeckung eines Anbieters kommen ebenfalls zwei Ausprägungen in Betracht. **Umfassende Marktabdeckung** bedeutet, dass ein Unternehmen beabsichtigt, mit der eingeschlagenen Strategie den Gesamtmarkt abzudecken. Damit ist weniger die räumliche Ausdehnung von Märkten gemeint, denn diese unterliegt angesichts der Internationalisierung ohnehin Wandlungen, sondern vielmehr der Grad der Differenzierung in der Marktbearbeitung. Von daher meint umfassende Marktabdeckung eher die undifferenzierte Bearbeitung eines wie auch immer gearteten Gesamtmarkts mit Produkten.

Konzentrierte Marktabdeckung bedeutet, dass ein Unternehmen beabsichtigt, mit der eingeschlagenen Strategie nur einen Teilmarkt oder Teile des Gesamtmarkts abzudecken. Dieser Sichtweise geht voraus, dass dieser Gesamtmarkt nach definierten Kriterien in Segmente unterteilt wird. Solche Kriterien können etwa biologische, geografische, soziodemografische, psychologische, habituelle oder kommunikative Besonderheiten sein. Danach erfolgt eine Bewertung dieser Teilmärkte mit der Präferenz auf ein (oder mehrere) Segment(e). Maßnahmeneinsätze werden dann speziell auf deren Situation maßgeschneidert.

Aus der Kombination dieser Faktoren ergeben sich vier strategische Möglichkeiten:

- Umfassende Kostenführerschaft, d. h., konsequenter Aufbau eines Kostenvorteils und dessen Nutzung im Gesamtmarkt.
- Umfassende Leistungsführerschaft, d. h., konsequenter Aufbau eines Qualitätsvorteils und dessen Nutzung im Gesamtmarkt
- Konzentrierte Leistungsführerschaft, d. h., strategische Fokussierung auf eine leistungsorientierte Marktnische.
- Konzentrierte Kostenführerschaft, d. h., strategische Fokussierung auf eine kostenorientierte Marktnische (siehe Abb. 49).

	Kostenvorteil	Leistungsvorteil
Umfassende Marktabdeckung	Umfassende Kostenführerschaft	Umfassende Leistungsführerschaft
Konzentrierte Marktabdeckung	Konzentrierte Kostenführerschaft	Konzentrierte Leistungsführerschaft

Abbildung 49: Wettbewerbspositionsmatrix

7.2.1 Umfassende Kostenführerschaft

Aus der umfassenden Kostenführerschaft ergeben sich erhebliche **Positionsvorteile** im Wettbewerb. Denn das Unternehmen mit den niedrigsten Kosten einer Branche ist auch dann noch in der Lage, Gewinne zu erzielen, wenn die Marktkräfte (= Preisdruck) die Konkurrenten bereits in die Verlustzone bringen. Insofern bedeutet Kostenführerschaft immer auch Existenzsicherung. Gelegentlich motiviert dieser Zusammenhang solche Unternehmen zur Einleitung einer aggressiv-expansiven Marktpolitik. Unter Nutzung des Kostenvorsprungs werden dabei gegenseitige Preisunterbietungen provoziert, welche die ungünstiger produzierenden Anbieter am Markt zur Aufgabe zwingen und damit übersichtlichere Marktverhältnisse herbeiführen. Da allerdings viele Anbieter eine diversifizierte Programmstruktur aufweisen, sind sie womöglich in der Lage, Verlustphasen auf einem Markt ihres Aktivitäten-Portefeuilles durch Gewinne auf anderen Märkten über eine gewisse Zeitspanne hinweg intern zu subventionieren. Da sich Unternehmen damit wechselseitig auf verschiedenen Märkten in der jeweils ungünstigeren Situation gegenüberstehen, ist damit zweifelhaft, ob solche ruinösen Marktstrategien als sinnvoll zu erachten sind. Unter diesen Bedingungen sind auch Zweifel an der Wirksamkeit potenzieller Konkurrenz anzubringen.

Es entsteht ein gewisser Schutz vor nachfragemächtigen Kunden, weil diese den Preis höchstens bis auf das Niveau des zweiteffizientesten Konkurrenten zu drücken vermögen. Dieser Zusammenhang ist z. B. im Konsumgütergeschäft mit dem Handel von Bedeutung. Auf Grund der marktbeherrschenden Position einiger weniger Handelsketten sind diese in der Lage, Verhandlungsdruck gegenüber ihren Lieferanten auf Zugeständnis günstigstmöglicher Konditionen auszuüben. Eine solche Pression findet erst dort ein Ende, wo Anbieter wegen einer entstehenden Verlustsituation auf Geschäftsabschlüsse verzichten müssen. Dann ist ein gegenseitiges Ausspielen verschiedener Anbieter nicht mehr möglich. Das Gleiche gilt für den industriellen Beschaffungsbereich. Auch hier versuchen, wegen des aus geringer Fertigungstiefe resultierenden, überaus hohen Fremdleistungsvolumens, trickreiche Einkäufer, nur zu günstigstmöglichen Konditionen abzuschließen.

Der Verhandlungsspielraum mit mächtigen Lieferanten wächst, da Kostensteigerungen im Einkauf weniger zur Weitergabe im Preis veranlassen. Vielmehr können höhere Kosten durch Gewinnverzicht aufgefangen oder nur teilweise im Preis weitergegeben werden. Dies erlaubt die Beibehaltung des Preisniveaus, wohingegen sich andere Anbieter auf Grund ihrer schlechteren Gewinnstruktur gezwungen sehen, ihren Preis anzuheben und damit Wettbewerbsnachteile in Kauf zu nehmen oder sich mit Lieferanten auf wenig erfolgversprechende Verhandlungsrunden einzulassen.

Es bestehen hohe Eintrittsbarrieren in den Markt, die einen relativen Schutz vor Mitbewerbern bieten. Das Potenzial zu Preissenkungen und damit zur Abwehr für neue Marktanbieter erhöht das Risiko eines Markteintritts erheblich. Besteht nicht die Möglichkeit, anfängliche Verlustphasen durch interne Subventionierung aus anderen Geschäftsbereichen zu eskomptieren, wird ein solches Vorhaben daher wahrscheinlich unterbleiben. Auch hierbei stellt sich für den Kostenführer auf einem Markt die Frage, ob es sich lohnt, diversifizierte Neuanbieter aus dem Markt zu kämpfen, da dies erstens ein sehr langwieriges Unterfangen sein kann, zweitens mit Vergeltungsmaßnahmen dieser Anbieter auf anderen Märkten, in die das Unternehmen einzutreten versucht, gerechnet werden muss und drittens das Preisbewusstsein der Nachfrager während solcher Kampfphasen nachhaltig geschärft wird. Allerdings müssen Abwehrmaßnahmen nicht zwangsläufig über den Preis geführt werden. Denkbar ist etwa auch die Sperrung von Regalplatz durch Sondervereinbarungen mit dem Einzelhandel über Platzierungen.

Substitutionsprodukte können eher abgewehrt werden, weil Kostenvorteile eine hohe Preisreagibilität bewirken. Da Substitutionsprodukte immer dann Erfolg haben, wenn sie ein besseres Preis-Leistungs-Verhältnis bieten, kann auf dieses eingewirkt werden, indem der eigene Preis bei gleicher Leistung unter den des Substitutionsprodukts gedrückt wird, bei besserer eigener Leistung der Preisabstand nach oben verringert oder bei schlechterer eigener Leistung der Preisabstand nach unten vergrößert wird. Insofern kann flexibel auf Herausforderungen reagiert werden, jedenfalls flexibler, als dies Anbieter mit weniger vorteilhafter Kostenstruktur zu tun vermögen.

Existenzsicherung auch bei extremem Preisdruck
weitgehender Schutz gegen Nachfragemacht (Großkunden)
Verhandlungsspielraum bei Preisen gegenüber Lieferanten
hohe Eintrittsbarrieren in den Markt
weitgehende Abwehr von Substitutionsprodukten

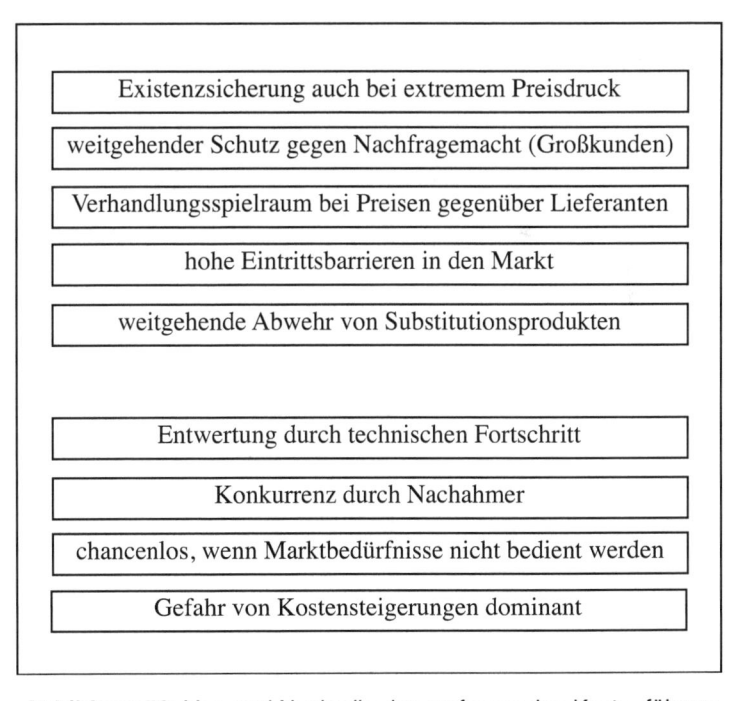

Entwertung durch technischen Fortschritt
Konkurrenz durch Nachahmer
chancenlos, wenn Marktbedürfnisse nicht bedient werden
Gefahr von Kostensteigerungen dominant

Abbildung 50: Vor- und Nachteile des umfassenden Kostenführers

Als **Nachteile** der umfassenden Kostenführerschaft sind vor allem zu nennen, dass grundlegend neue Technologien diese Position schnell entwerten. Zu denken ist an einen Technologiesprung, der durch frühzeitige Nutzung hocheffizienter technischer Prozesse zu eruptiver Kostenreduktion führen und damit bisherige Kostenvorteile ganz oder erheblich aufzehren kann. Neue Technologien zeichnen sich meist dadurch aus, dass eine Substitution von Arbeit durch Kapital vorliegt und die variablen Kosten zulasten des Fixkostenanteils gesenkt werden. Deshalb involvieren sie erhebliche Investitionsvolumina, die wiederum nur von Großunternehmen einer Branche zu finanzieren sind. Das mit hohen Leerkosten verbundene Risiko zwingt zur Auslastung vorhandener Kapazitäten, im Zweifel auch durch aggressives Marketing. Deshalb ist eine kontinuierliche Kostensenkungsanalyse erforderlich, die auch vor hohem Kapitaleinsatz zur Finanzierung niedrigerer Stückkosten nicht zurückschreckt.

Nachahmer können durch Lerneffekte bald die gleiche Kostenstruktur wie der (dann ehemalige) Kostenführer erreichen. Solche Lerneffekte sind grundsätzlich jedem Anbieter zugänglich. Deshalb bietet die Kostenführerschaft keinen Schutz vor Mitbewerbern gleichen Erfindungsreichtums. De facto erfolgt die Anpassung meist durch abgeworbene Mitarbeiter, die ihr inkorporiertes Know-how in allen Betriebsbereichen bei ihrem neuen Arbeitgeber einbringen. Ebenso weit verbreitet ist die Übernahme bestehender Betriebe unter Nutzung aller dort vorhandenen Fazilitäten.

Die beste Kostenführerschaft hilft nichts, wenn dabei die Bedürfnisse des Markts außer Acht gelassen werden. Es ist geradezu so, dass bestimmte Produkte ungeachtet ihres niedrigeren Preises keine Nachfrage zu binden vermögen, wenn sie nicht Mindestanforderungen in der Qualität erfüllen. Zu denken ist an Waren aus dem ehemaligen Ostblock, die trotz Billigpreisen kaum absetzbar waren, weil sie nicht dem gewohnten Produktleistungsstandard entsprechen. Im Konsumgüterbereich finden sich dafür oft nur noch Käufer in den unteren Sozialklassen. Allerdings gibt es auch Gegenbeispiele (Rotkäppchen, Spee, F6 etc.).

Kostensteigerungen in hohem Ausmaß oder kumulierter Wirkung schwächen die Kostenführerschaft. Dies ist zu Zeiten eskalierender Rohstoff-, Kapital- und Arbeitskosten nicht unwahrscheinlich. Zwar treffen diese Kostensteigerungen alle Anbieter mehr oder minder gleichmäßig, da aber die Position des Kostenführers mehr auf diesem Vorteil aufbaut als die Strategien der Mitbewerber, trifft ihn eine Schwächung dort existenzieller. Dann rächt sich das Versäumnis der Etablierung einer starken Imageposition, die eine Weitergabe von Kostenerhöhungen im Preis zuließe. Baut der Vorteil hingegen auf der bloßen Kostengünstigkeit auf, geht er vollends verloren, wenn diese nicht mehr gegeben ist.

Die Kostenführerschaftsposition ist früher vorwiegend von japanischen Unternehmen eingenommen worden, die durch hohen Arbeitseinsatz ihrer Belegschaft und ausgefeilte Organisationsmethoden (z. B. Ringi, Kanban, Kaizen) eine extrem hohe

Effizienz erreicht hatten. Neuerdings füllen eher die übrigen asiatischen Länder der „Little tigers" diese Position, da die japanische Industrie zunehmend einen Wende in Richtung Leistungsführerschaft vollzieht. So werden Automobile heute nicht mehr nur über den Preisvorteil verkauft, sondern gerade auch über fortschrittliche Technik. Zudem führen Importrestriktionen in zahlreichen Ländern zu einem gewissen Nachfrageüberhang, der höhere Preise auch problemlos durchsetzbar macht. Bei Fotokameras haben die Preise nach weitestgehender Räumung der Märkte von europäischen und amerikanischen Anbietern, zwar untermauert von starkem technischen Fortschritt, doch wieder angezogen. Die gleiche Entwicklung ist bei Produkten der Unterhaltungselektronik zu beobachten. Hier setzen japanische Anbieter Leistungsmaßstäbe durch enorm kurze Innovationszyklen und vor allem Miniaturisierung. Andere fernöstliche Länder besetzen sukzessiv die dadurch freigewordenen Kostenführerschaftspositionen. Dies gilt in erster Linie für normierte Produkte, administrierte Anforderungen in Ausschreibungen (Lastenheft) und relativ leicht herzustellende Massenprodukte. Diese Teile finden zwischenzeitlich in den meisten Bereichen als OEM-Elemente Verwendung.

7.2.2 Umfassende Leistungsführerschaft

Aus der umfassenden Leistungsführerschaft ergeben sich mehrere relevante **Positionsvorteile** im Wettbewerb. Gegenüber aktuellen Konkurrenten entsteht ein Vorsprung am Markt, den diese allerdings aufzuholen versuchen. Oft geschieht dies, indem die Maßnahmen des Leistungsführers in der Annahme übernommen werden, dass das, was gut für diesen ist, auch mindestens ebenso gut für andere sein muss. Sofern diese Nachahmung absehbar ist, können Gegenmaßnahmen nach dem Kriterium des größten relativen Vorsprungs ausgewählt werden, wodurch sich der Abstand im Zweifel dann noch vergrößert.

Substitutionsangebote sind nicht vergleichbar, wenn wirklich das Kriterium der Leistung dominant ist. Insofern lassen sich andere Lösungen leicht als Notbehelf diskriminieren und werden damit umso weniger als äquivalent angesehen. Allerdings darf der Preisabstand auch nicht überzogen werden. Gegenüber Abnehmern entsteht durch diese Alleinstellung eine äußerst starke Position. Denn wer keine Kompromisse mehr eingehen will, hat letztlich keine andere Wahl als früher oder später auf das Angebot des Leistungsführers zurückzukommen.

Gegenüber Lieferanten entstehen Vorteile nur insofern, als diese sich im Qualitätsniveau auf die hohen Ansprüche des Leistungsführers spezialisiert haben und anderweitig für ihre dann überteuerte Ware nicht genügend Absatz finden. Dabei ist zu berücksichtigen, dass sich die Qualität des abgesetzten Produkts vor allem durch zwei Komponenten erklärt, die Qualität der Einsatzstoffe einerseits und die Qualität der Herstellungsprozesse andererseits. Insofern ist strikte Qualitätsorientierung bereits durch selektive Lieferantenauswahl erforderlich.

Potenzielle Konkurrenten bleiben so lange ausgeschlossen, wie es ihnen nicht gelingt, ein unter Leistungsaspekten akzeptables Angebot zu unterbreiten. Dies geht nicht aus dem Stand heraus, und oft schadet das unvermeidliche Lehrgeld, das sie zu Beginn zahlen, noch lange dem Image. Dieser Gefahr wird verstärkt durch Fusionen zu begegnen versucht, indem man sich der Unterstützung eines bereits am Markt erfahrenen Anbieters versichert und damit dort bereits realisierte Lerneffekte nutzen kann.

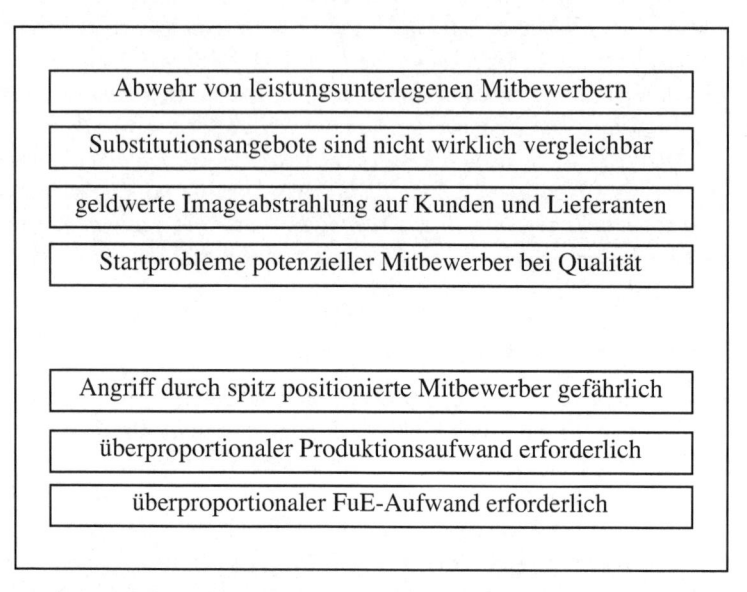

```
┌─────────────────────────────────────────────────────────────┐
│  ┌─────────────────────────────────────────────────────┐    │
│  │   Abwehr von leistungsunterlegenen Mitbewerbern     │    │
│  └─────────────────────────────────────────────────────┘    │
│  ┌─────────────────────────────────────────────────────┐    │
│  │  Substitutionsangebote sind nicht wirklich vergleichbar │
│  └─────────────────────────────────────────────────────┘    │
│  ┌─────────────────────────────────────────────────────┐    │
│  │  geldwerte Imageabstrahlung auf Kunden und Lieferanten │
│  └─────────────────────────────────────────────────────┘    │
│  ┌─────────────────────────────────────────────────────┐    │
│  │   Startprobleme potenzieller Mitbewerber bei Qualität │
│  └─────────────────────────────────────────────────────┘    │
│                                                             │
│  ┌─────────────────────────────────────────────────────┐    │
│  │  Angriff durch spitz positionierte Mitbewerber gefährlich │
│  └─────────────────────────────────────────────────────┘    │
│  ┌─────────────────────────────────────────────────────┐    │
│  │   überproportionaler Produktionsaufwand erforderlich │
│  └─────────────────────────────────────────────────────┘    │
│  ┌─────────────────────────────────────────────────────┐    │
│  │    überproportionaler FuE-Aufwand erforderlich      │    │
│  └─────────────────────────────────────────────────────┘    │
└─────────────────────────────────────────────────────────────┘
```

Abbildung 51: Vor- und Nachteile des umfassenden Leistungsführers

Als **Nachteile** der umfassenden Leistungsführerschaft sind vor allem zu nennen, dass ein Verlust der Führerschaftsposition in dem Maße droht, wie spitz positionierte Anbieter ihre Präsenz aufbauen. Denn es fällt immer schwerer, omnipotente Kompetenz aufrecht zu erhalten, wenn sich andere Anbieter in Marktnischen profilieren und akzeptiert werden. Apple etwa profilierte sich gegenüber dem Qualitätsführer IBM durch ein besonders bedienungsfreundliches, anwenderorientiertes Gerätekonzept. Commodore schöpfte ehedem den Home computer-Markt durch Abstrippen der Leistungsfeatures ab, und Nixdorf baute auf arbeitsplatzorientierte Systeme statt auf herkömmliche Mainframes. So ist an allen Ecken des Markts die umfassende Kompetenz bedroht.

Es besteht die Gefahr, dass tatsächlich wahrnehmbare Leistungsunterschiede nur noch durch Einsatz überdimensional aufwändiger Technik erreichbar sind. So bedarf es ausgefeilter Konstruktionsprinzipien wie etwa selektierter Regler, eng tolerierter Bauteile, gekapselter Motoren und massiver Anschlussbuchsen, um bei CD-Players noch hörbare Unterschiede zu produzieren. Dadurch verteuert sich aber das Angebot derart, dass es automatisch aus dem Markt herauszuwachsen droht. In vielen Fällen sind auch Leistungsunterschiede subjektiv kaum nachvollziehbar. So kann bei Reifen die Mehrleistung eines Leistungsführers nur geglaubt, aber kaum nachgeprüft werden. Bei Mineralwasser sind Inhaltsunterschiede, obgleich objektiv vorhanden, überwiegend nicht reproduzierbar. Bei Dienstleistungen ist die Verifikation der Führerschaftsposition dominant vom Personal abhängig und damit wenig zuverlässig.

Zur Sicherung der Leistungsführerschaft sind überproportionale FuE-Aufwendungen vonnöten. Weil gleichzeitig die Mitbewerber danach streben, die Führung zu nivellieren, resultiert dies in einem eskalierenden Aufwandswettstreit. Da der Qualitätsführer zum Erhalt seines Vorsprungs mindestens den Leistungslevel des nächstbesten Anbieters übertreffen muss, entsteht ein enormer Leistungsdruck. Dabei sind weniger die Kosten ein Problem, da diese wohl im Preis weitergegeben werden können, sondern vielmehr die Humanressourcen qualifizierter Mitarbeiter und das steigende Risiko wegen der Fixkostenlastigkeit des Betriebs.

Als Beispiel einer Leistungsführerschaft mag IBM gelten. Dieses Unternehmen hat im IT-Bereich wenn schon nicht immer die überlegene Technologie, so doch überall das Durchsetzungsvermögen, seine Technologie zum Industriestandard zu machen (heute LENOVO), von dem sich Mitbewerber allenfalls durch Tuning oder Dumping abzusetzen vermögen. So wirkt die Implementierung bestimmter Processorchips (INTEL) durch den Qualitätsführer IBM als Standard für alle anderen, wirkt die Auswahl eines bestimmten Betriebssystems (MICROSOFT) als Signal für dessen generelle Eignung und Anwendung. Durch diesen Referenzstatus werden Verhandlungsvorteile erreicht, denn der Lieferanten Zugeständnisse gegenüber IBM können durch die Vorreiterrolle gleich mehrfach bei nachfolgenden Anbietern monetarisiert werden.

7.2.3 Konzentrierte Leistungsführerschaft

Aus der konzentrierten Leistungsführerschaft ergeben sich mehrere **Positionsvorteile** im Wettbewerb. Die Kunden werden an das eigene Produkt in hohem Maße gebunden. Es wird in ihren Augen, trotz möglicher objektiver Austauschbarkeit, einzigartig und verringert damit die Preiselastizität der Nachfrage, d. h., durch wirksame positive Differenzierung ergeben sich Preissetzungsspielräume, welche die durch die Differenzierung entstandenen höheren Kosten mehr als auffangen. Diese Honorierung gelingt jedoch nur bei konsequenter Markenprofilierung, denn Marken sind die Medien, die allein einen Ausdruck des eigenen Wunschimages im sozialen Umfeld erlauben. Wenn eine Marke etwa dahingehend bekannt ist, dass sie von aktiven, erfolgreichen, dynamischen Personen bevorzugt wird, und man selbst von seiner Umwelt als aktiv, erfolgreich, dynamisch angesehen werden möchte, dann bietet die Nutzung dieser Marke die einzige rationelle Möglichkeit dazu. Denn es besteht nicht die Chance, dies einer genügend großen Zahl von Mitmenschen persönlich mitzuteilen. Umgekehrt birgt dieser Effekt auch die Gefahr der Verbreitung eines subjektiv falschen Images, nämlich dann, wenn die Nutzung der falschen Marken dem sozialen Umfeld unzutreffende Signale übermittelt. Daher besteht eine geringe Austauschbarkeit des Anbieters und die Möglichkeit zur Setzung von Premiumpreisen.

Die Marktzutrittsschranken erhöhen sich in dem Maß, wie die Kundenbindung ausgeprägt ist. Denn der Akquisitionserfolg neuer Anbieter hängt entscheidend davon ab, in welchem Maß es ihnen gelingt, „Eroberungen" zu tätigen, d. h., Kunden zum Markenwechsel zu bewegen. Scheinen die Chancen dafür gering, erhöht sich zugleich das mit jedem Markteintritt verbundene Risiko und wird ab einer gewissen Grenze, in Abhängigkeit von der Risikoscheu eines Unternehmens, ganz unterbleiben. Je treffender ein Angebot das Anforderungsprofil eines Nutzers beschreibt, desto ausgeprägter ist die Bindung und desto schwieriger ist es, Illoyalität zu provozieren. Allerdings unterliegt das Image von Produkten im sozialen Umfeld Zeitströmungen. So entwerten sich etwa Produkte, sobald sie eine gewisse Marktbreite erhalten haben, da sie ihre Differenzierungswirkung nicht mehr erfüllen (= Snobeffekt), die ihnen als Preisrechtfertigung zugeschrieben wird. Diese Position wird dann für andere Angebote geräumt, die in den Markt eintreten. Die Bindung vollzieht sich also weniger an eine Marke als vielmehr an Wertungen, die von Marken repräsentiert werden und mit denen man sich als Käufer identifizieren möchte.

Der mit der Differenzierung erreichte höhere Ertrag schafft mehr Verhandlungsspielraum mit Lieferanten. Denn höhere Gewinnmargen lassen Kostensteigerungen bei den Einsatzfaktoren besser verkraften, zumal durch die subjektive Alleinstellung eher die Möglichkeit zur Weitergabe von Kostensteigerungen im Preis besteht, wobei man allerdings berücksichtigen muss, dass der Preisbereitschaft der Nachfrager zunehmend enge Grenzen gesetzt sind. Das heißt, Anbieter müssen darauf bedacht sein, die Zahlungsfähigkeit ihrer Klientel nicht zu überfordern. Dies ist etwa im Automobilsektor zu beobachten, wo neue Modellgenerationen im Wege des Up grading größer und damit teurer ausfallen als ihre Vorgänger und dadurch immer mehr aus der ursprünglichen Zielgruppe herauswachsen. Dadurch entstehen Lücken für Mitbewerber, denen Kunden aus Gründen monetärer Restriktion zuwandern. Daher gibt es verstärkt preisstabile Einstiegsmodelle (z. B. 316iC von BMW oder C 180 Compact von Mercedes-Benz).

Die Nachfragemacht von Großkunden wird relativiert. Denn in dem Maße, wie die Austauschbarkeit eines Angebots abnimmt, kann ein Abnehmer auch immer weniger auf ein bestimmtes Angebot verzichten. Diese Situation hat z. B. zum Entstehen von Pflichtmarken des Handels geführt. Darunter versteht man solche Angebote, von denen ein durchschnittlicher Konsument erwartet, sie am Handelsplatz vorzufinden. Ist dies nicht der Fall, schließt er daraus auf eine mindere Leistungsfähigkeit des Händlers und erwägt womöglich, die Einkaufsstätte ganz zu wechseln und auch seinen übrigen Bedarf woanders zu decken. Daraus resultiert für die einzelne Geschäftsstätte de facto der Zwang, diese Pflichtmarken vorzuhalten, um nicht auch anderweitige Nachfrage zu verlieren.

Die Substitutionskonkurrenz wird erschwert. Hierbei stellt sich die Frage nach der Abgrenzung von Märkten. Diese kann nicht nur unter Zugrundelegung objektiver Maßstäbe erfolgen, sondern auch aus subjektiver Sicht. So mögen Angebote objektiv durchaus austauschbar sein, subjektiv stellen sie sich als ganz verschiedenartig dar. Je mehr sich ein Angebot von anderen subjektiv positiv abhebt, umso deutlicher ist der relevante Markt abgegrenzt und so weniger unterliegt es der Substitutionsgefahr.

```
┌─────────────────────────────────────────────────────────┐
│  ┌───────────────────────────────────────────────────┐  │
│  │    geringe Preiselastizität der Nachfrage         │  │
│  └───────────────────────────────────────────────────┘  │
│  ┌───────────────────────────────────────────────────┐  │
│  │ defacto Marktzutrittsschranken durch Kundenbindung│  │
│  └───────────────────────────────────────────────────┘  │
│  ┌───────────────────────────────────────────────────┐  │
│  │   gewisser Verhandlungsspielraum mit Lieferanten  │  │
│  └───────────────────────────────────────────────────┘  │
│  ┌───────────────────────────────────────────────────┐  │
│  │   Nachfragemacht von Großkunden relativiert sich  │  │
│  └───────────────────────────────────────────────────┘  │
│  ┌───────────────────────────────────────────────────┐  │
│  │   subjektive Austauschbarkeit des Angebots gering │  │
│  └───────────────────────────────────────────────────┘  │
│                                                         │
│  ┌───────────────────────────────────────────────────┐  │
│  │ Leistungsvorteil wird durch Preisnachteil relativiert│
│  └───────────────────────────────────────────────────┘  │
│  ┌───────────────────────────────────────────────────┐  │
│  │   Wertewandel lässt Position evtl. obsolet werden │  │
│  └───────────────────────────────────────────────────┘  │
│  ┌───────────────────────────────────────────────────┐  │
│  │ Differenzierungspotenzial durch Nachahmer gemindert│ │
│  └───────────────────────────────────────────────────┘  │
└─────────────────────────────────────────────────────────┘
```

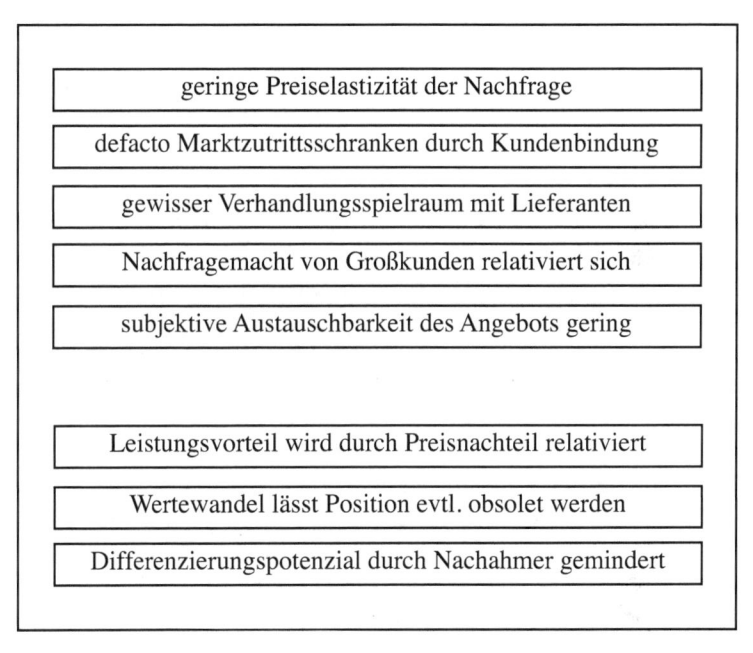

Abbildung 52: Vor- und Nachteile des konzentrierten Leistungsführers

Nachteile einer konzentrierten Leistungsführerschaft sind darin zu sehen, dass der auf Grund von Kostenvorteilen mögliche Preisvorsprung des Kostenführers die Markenloyalität zum differenzierten Angebot strapazieren oder überkompensieren kann. Das heißt, sobald die Preis-Leistungs-Relation einen Leistungsvorteil ausgleicht, lässt die Wirkung der Markenbindung nach und induziert einen Anbieterwechsel. Die Differenzierungsprämie darf umso höher sein, je größer die Markenbindung ist. Mit steigendem Aufschlag verkleinert sich jedoch zugleich die Zielgruppe, die für dieses Angebot noch infrage kommt. Diesem Effekt unterliegt etwa Apple, da auch andere Computermodelle zwischenzeitlich sehr benutzerfreundlich sind, sodass man ihren niedrigeren Preis nicht ohne Weiteres ignorieren kann. Im professionellen Grafikbereich hingegen sind die verbleibenden Unterschiede, zumindest derzeit noch, Zeit und Geld Wert und rechtfertigen insofern den Mehrpreis. Doch dieser Anwenderkreis ist eng limitiert, und die Zukunft liegt sicherlich im Publikumsmarkt (Home office).

Die gewählte Alleinstellung unterliegt einem Wertewandel im Zeitablauf. Nur solange der Angebotsnutzen psychologisch oder soziologisch attraktiv scheint, rechtfertigt er einen Preisaufschlag. Sofern dieses Äquivalent nicht mehr gegeben ist, wird die Position geschwächt. Angesichts raschen, tief greifenden Wandels von Lebensbedingungen und Einstellungen scheint dies nicht unwahrscheinlich. Das Beispiel ROLEX zeigt, dass zu Zeiten des Understatement die protzende Nutzung einer Uhr als Wohlstandssymbol nur noch von einer gewissen Klientel betrieben wird, von der sich die restliche Zielgruppe eher durch Meidung dieser Marke und Wechsel zu dezenteren anderen absetzen will.

Nachahmer mindern das Differenzierungspotenzial. Sobald eine erfolgreiche Position am Markt eingenommen ist, zieht diese Nachahmer an, die durch Me too-Strategie am Markterfolg partizipieren wollen. Dies geschieht regelmäßig durch partielle Preisunterbietung, gelegentlich sogar durch Markenpiraterie (Counterfeiting). Dann bleibt oft nur der Rückzug auf die Position des Originals. So diskriminierte Levi´s andere Designer-Jeans geschickt durch werbliche Rekurierung auf seine Pionierposition in den 1960er Jahren (mit Oldiehits als Musikuntermalung in der Werbung). Außerdem können Mitbewerber vorhandene Nischen einer bestimmten Mindestgröße in neue Nischenmärkte aufteilen. So ist die Marktnische Sportschuhe von Adidas und Puma etabliert worden. In dem Maße, wie sich diese Position als profitabel herausstellte, haben andere Anbieter wie Nike oder L.A.Gear sie untersegmentiert und sich damit neue Vorteilsquellen geschaffen. Die Originale haben sich zeitweilig in den Breitenmarkt abdrängen lassen, wo es allerdings an Preisakzeptanz fehlt. Die Absetzung von der Masse erforderte daher die Generierung eigener, solitärer Lösungskonzepte, wie der Rückbesinnung auf die Ursprünge der Sportmode.

Eine Individualisierungsstrategie ist vor allem bei High involvement-Produkten anzutreffen, so bei hochwertigen Konsumgütern wie Mode, Duftwässer, Spirituosen (= High touch) und erklärungsbedürftigen Produkten wie Autos, Unterhaltungselektronik, PC (= High tech). Je ausgeprägter deren Image ist, desto nachhaltiger lässt sich daraus eine Produzentenrente einstreichen.

7.2.4 Konzentrierte Kostenführerschaft

Aus der konzentrierten Kostenführerschaft ergeben sich mehrere **Positionsvorteile** im Wettbewerb. Spezialprodukte gehören oft zu den B- und C-Artikeln des Einkaufs, auf denen weniger Fokus liegt als auf den A-Artikeln. Typischerweise handelt es sich um Teile, Hilfs- oder Betriebsstoffe, deren Anteil am Einkaufsvolumen eher gering ist. Da Beschaffungsmarketing sich auf A-Artikel konzentriert, lassen sich anderweitig eher bessere Konditionen durchsetzen, wobei mit dem Spezialisierungsgrad auch die Austauschbarkeit abnimmt. So bleiben selbst bei konsequenter Kostensenkungspolitik auskömmliche Margen, zumal zugleich auch die allgemeine Markttransparenz ansteigt und mehr vorteilhafte Vermarktungsmöglichkeiten in Form zahlungsbereiter und zugänglicher Marktsegmente gewahr werden lässt.

Diese Marktsegmente sind oft wegen ihres geringen Volumens unattraktiv für potente potenzielle Konkurrenten, sodass diese vom Markteintritt absehen. Die erzielbaren Gewinne scheinen zu gering in Relation zum Risiko, das mit dem Markteintritt verbunden ist. Kleinere Anbieter, denen das Marktvolumen durchaus attraktiv erscheinen mag, nehmen auf Grund des Rationalisierungsvorsprungs des etablierten Anbieters oft Abstand von ihrem Vorhaben. So bieten Nischenangebote bis zu einem gewissen Grad Wettbewerbsschutz.

Die andere Seite der Medaille ist allerdings eine hohe Anfälligkeit gegenüber Marktschwankungen. Spezialisierte Anbieter haben typischerweise insofern keine Chance, Strukturkrisen ihres Vermarktungsumfelds auszuweichen. Deshalb gewinnen Frühwarnsysteme an Bedeutung, die mit Hilfe vorlaufender Indikatoren Risiken rechtzeitig aufspüren, sodass entweder die Möglichkeit bleibt, auszuweichen, indem Aktivitäten auf andere Märkte verlagert werden, oder gegen zu steuern, indem das Angebot angepasst wird, oder auch vorzubeugen, indem man das Geschäftsniveau vorsorglich auf einen niedrigeren Level einjustiert.

Gegenüber Lieferanten ergeben sich nur Vorteile, wenn auch diese hoch spezialisiert sind. Dann führt das hohe Abnahmevolumen für diese zu geringer Austauschbarkeit des Abnehmers, die ihren Verhandlungsspielraum einengt. Sind Lieferanten nicht in gleichem Maße spezialisiert und ist die Austauschbarkeit der beschafften Waren gleichermaßen gering, kommt es zur umgekehrten Abhängigkeit.

Je spezialisierter ein Angebot ist, desto weniger hat es Substitutionskonkurrenz zu fürchten. Zwar gibt es intensive Bemühungen, im Wege der Wertanalyse immer bessere Möglichkeiten zu finden, die gleiche Qualitätswahrnehmung zu geringeren Gestehungskosten bzw. mehr Qualität zu gleichen Kosten zu erreichen. Diese finden aber dort ihre Grenze, wo vorhandene Ersatzprodukte weder besser noch billiger sind. Allerdings können Neuentwicklungen die spezialisierte Marktposition lebensbedrohlich angreifen. Oft ist jedoch der Know-how-Vorsprung so groß, dass neue Anbieter erst einmal umfangreiches Lehrgeld zahlen müssen, ehe sie konkurrenzfähig agieren können. Dies hält viele potenzielle Anbieter ab und zwingt nicht einmal zur Realisierung aller Kostenvorteile.

Hochspezialisierte Anbieter sehen sich meist nur geringer Konkurrenz gegenüber. Dort, wo aktive Mitbewerber vorhanden sind, dulden diese oft Spezialisten, weil ihre Aufmerksamkeit auf Märkten liegt, die sie als wichtiger erachten. Andererseits werden Spezialisten von diesen sogar zunehmend als Sublieferanten bei Turn key-Projekten einbezogen oder für strategische Allianzen ausgewählt, um das Angebot mit Spezialitäten abzurunden. So ergänzen Systemlieferanten etwa im Anlagengeschäft ihr Angebot um Teile, die sie nicht selbst fertigen, sondern von Sublieferanten billig einkaufen, um eine komplette Hard- und Softwarepalette zu offerieren. Komplexe Angebote sind immer nur so gut wie ihre einzelnen Facetten. Daher kommt es darauf an, die leistungsfähigsten Teile zu integrieren und zu einem unschlagbaren Angebot zu kombinieren. Dies führt im Zuliefermarkt zu einer Vielzahl von Quasi-Monopolen.

```
┌─────────────────────────────────────────────────────────────┐
│     häufig höhere Profitabilität mit B- und C-Lieferanten   │
│        für andere Anbieter unattraktive Marktnischen        │
│     Ersatzprodukte sind oft weder besser noch billiger      │
│   guter Einsatz als Sublieferanten in Anbietergemeinschaften│
│                                                             │
│           Anfälligkeiten gegenüber Strukturkrisen           │
│     Preisvorteil wird durch Leistungsnachteil relativiert   │
│                Mass customization machbar                   │
│            hohe logistische Distributionskosten             │
└─────────────────────────────────────────────────────────────┘
```

Abbildung 53: Vor- und Nachteile des konzentrierten Kostenführers

Nachteile der konzentrierten Kostenführerschaft liegen darin, dass die Vorzüge von Nischenangeboten durch Preisunterschiede zu billigeren Anbietern mit Standardwaren überkompensiert werden können. Diese Gefahr besteht etwa im Rahmen von Wertanalysen, bei denen vor allem unsichtbare Qualitätskomponenten rationalisiert werden. Da universelle Produkte in den Gestehungskosten regelmäßig unter denen spezieller liegen, besteht die latente Gefahr, dass Konstruktionen so weit vereinfacht werden, dass auf Einfachstbausteine (Module) zurückgegriffen werden kann. In der Unterhaltungselektronik wurden etwa diskrete Schaltungen im Laufe der Modellgenerationen durch Universalchips verdrängt, die durch wenige Peripheriebauteile an Spezialanwendungen anpassbar sind.

Es besteht die Gefahr, dass der Gesamtmarkt Teilmarktbesonderheiten assimiliert. Im Rahmen immer größerer technischer Leistungsfähigkeit werden dann Ein-Verfahren-Methoden durch Mehr-Verfahren-Methoden absorbiert. So ist es auf den vollautomatisierten Fertigungsbändern in der Automobilindustrie wieder möglich, zur Einzelfertigung zurückzukehren. Die Vielzahl von Ausstattungs- und Technikversionen, die bei einem bestimmten Fahrzeugtyp abrufbar sind, führt bereits dazu, dass kaum ein Fahrzeug dem nächsten gleicht. Die Hersteller nutzen dies zur Auflage von Sondermodellen in Kleinserien. Japanische Importeure allerdings haben auf Grund ihrer ungünstigen Transportvoraussetzungen zu den meisten Exportmärkten das Problem, möglichst gleichartige Fahrzeuge zu produzieren, die an beliebige Kunden ausgeliefert werden können. Dies hat sie dazu gezwungen, Komplettausstattungen zu liefern. Dieses Problem löst sich in dem Maße, wie Produktionsstätten in der Nähe der Abnehmermärkte (Transplants) hochgezogen werden.

Ein weiteres Problem liegt in der geografischen Ausweitung der für große Auftragslose zu bearbeitenden Märkte. Diese erfordern hohe Distributionskosten, welche die Einstandspreise der Kunden erhöhen. Damit besteht die Gefahr, dass lokale, weniger kostengünstig arbeitende Anbieter, ganz abgesehen von etwaigen nationalen Präferenzen (Country of origin-Effekt), niedrigere Einstandspreise bieten und der Spezialisierungsvorteil damit verloren geht. Gleichartige Bedenken gelten für die Aufrechterhaltung von Nachverkaufservices. Diese sind aufwändig zu gewährleisten und bilden Selbstkostenbestandteile.

Spezialisierung liegt z. B. in vielen Bereichen dem Erfolg der ehemals weltweit führenden deutschen Maschinenbauindustrie zu Grunde. Im internationalen Maßstab eher kleine und mittlere Unternehmen können hier durch Know-how-Akkumulation exzellent fertigen. Durch die Ausweitung der Absatzmärkte wird wiederum Kostendegression möglich. Beides gemeinsam resultiert in einer äußerst starken, der Öffentlichkeit meist verborgen bleibenden Marktstellung (Hidden champions), die deshalb auch vor kartellrechtlichen und handelswirtschaftlichen Restriktionen weitgehend geschützt ist.

Beispiele für deutsche Hidden champions sind folgende:
- *3B SCIENTIFIC: anatomische Lehrmittel*
- *AENNA BURDA VERLAG: Modezeitschriften, Modeschnitte*
- *ARNOLD&RICHTER: Arri Profikameras*
- *BAADER: Bau von Fischverarbeitungsanlagen*
- *BARTH: Hersteller von Hopfenprodukten*
- *BELFOR: Sanierung von Brand-, Wasser-, Sturmschäden*

- *BRITA:* Haushalts-Wasserfilter
- *BRÜCHNER:* Biaxiale Folien-Reckmaschinen
- *CEAG:* Ladegeräte (Friwo)
- *DORMA:* Türschließsysteme, Glasbeschläge
- *DRÄGERWERK:* Atemtechnik
- *FLEXI:* Hunderolllaufleine
- *GARTNER:* Verkleidung von Hochhausfassaden
- *GEMETS:* Theater-, Bühnenausstattungen
- *HARIBO:* Gummibärchen-Hersteller
- *HASENKAMP:* Kunsttransporte
- *HAUNI:* Zigarettenmaschinen
- *HEIDELBERGER Druckmaschinen:* Offset
- *HILLEBRAND:* Weintransporte
- *HOPPE:* Tür- und Fensterbeschläge
- *KIROW:* Bau von Bahnkränen
- *KLAIS:* Orgelhersteller
- *MERCK:* Flüssigkristalldisplays
- *SCHERDEL:* Ventil-, Kolbenfilter für Fahrzeuge
- *SCHWAN-STABILO:* Eyeliner, Lipliner (OEM)
- *SACHTLER:* Kamerastative
- *STENGEL:* Achterbahnplanung für Events
- *STIHL:* Profi-Sägen
- *TETRA:* Aquaristik- und Gartenbedarf
- *WANZL:* Einkaufswagen, Gepäckkarren
- *WEBASTO:* Standheizung in Fahrzeugen
- *W.E.T.:* Sitzheizung in Fahrzeugen
- *WINTERHALTER:* Spülmaschinen für Gastronomie
- *WIRTGEN:* Straßenfräsen und Asphaltrecyclinggeräte
- *WÜRTH:* Montageprodukte.

Fasst man die Aussagen der Wettbewerbspositionsmatrix zusammen, so steht hinter der Dimension Kosten- vs. Leistungsvorteil die Preis-Qualitäts-Entscheidung des Anbieters. Sieht man einmal von den unrealistischen Kombinationen aus hohem Preis und geringer Qualität bzw. großer Qualität und niedrigem Preis ab, verbleiben zwei realistische Kombinationen: niedriger Preis bei zugleich limitierter Qualität oder große Qualität bei immer noch angemessenem Preis. Die Mittelpositionen sind nicht erfolgversprechend. Hinter der Dimension umfassende vs. konzentrierte Marktabdeckung steht die Kostenführerschafts- bzw. Differenzierungsentscheidung des Anbieters. Beide Alternativen sind prinzipiell geeignet, ihm eine auskömmliche Rendite zu erwirtschaften. Die Mittelpositionen dazwischen bieten hingegen keine vernünftige Perspektive, weil sie Kunden weder über Exklusivität noch über Schnäppchenjagd zu attrahieren vermögen. Insofern kommt es darauf an, sich in den Ecken der Matrix zu positionieren, deutlich gegenüber der Nachfrage profiliert und erkennbar zum Mitbewerb abgegrenzt.

		Kostenvorteil	Leistungsvorteil
Umfassende Marktabdeckung		Generalisierung (Umfassende Kostenführerschaft)	Involvierung (Umfassende Leistungsführerschaft)
Konzentrierte Marktabdeckung		Spezialisierung (Konzentrierte Kostenführerschaft)	Individualisierung (Konzentrierte Leistungsführerschaft)

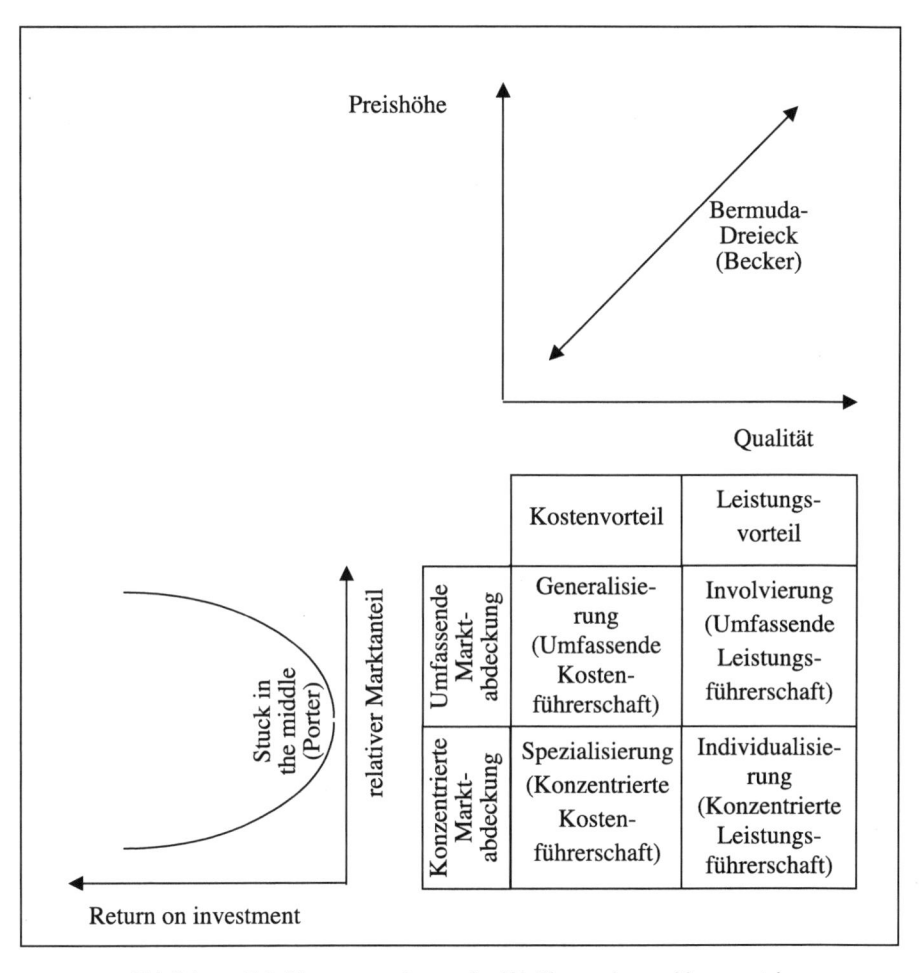

Achsen: Preishöhe / Qualität (Bermuda-Dreieck (Becker)); relativer Marktanteil / Return on investment (Stuck in the middle (Porter))

Abbildung 54: Zusammenhang der Wettbewerbspositionsmatrix

8. Bestimmung der Zeitabfolge

8.1 Innovationsneigungen

Die Innovationsneigung drückt die Präferenz für ein adaptives oder innovatives Vorgehen am Markt aus. Dafür ergeben sich verschiedene, prototypisch charakterisierbare Innovationsneigungen, so im Typ des Pioniers, des frühen Folgers, des Modifikators und des Nachzüglers (siehe Abb. 55).

	innovativ (schnell) (risikoaffin)	imitativ (langsam) (risikoavers)
Vorstoß (Challenge)	Pionier (Innovationsführer)	Modifikator (Später Folger)
Verfolgung (Response)	Früher Folger (Innovationsfolger)	Imitator (Nachzügler)

Abbildung 55: Alternativen der Innovationsneigung

8.1.1 Pionier

Pioniere sind **Innovationsführer durch Original** und halten unablässig nach neuen Märkten und Produkten Ausschau und nehmen Chancen entschlossen wahr. Zur Philosophie dieser Unternehmen gehört es, Ansätze technischen Fortschritts unvermittelt umzusetzen und daraus Chancen für Wettbewerbsvorsprünge abzuleiten. Sie sind gekennzeichnet durch umfangreiche FuE, hohe Finanzstärke und Risikofreudigkeit.

Als Beispiel mag der Launch des Walkman durch SONY dienen. Dieser Gerätetyp schien zunächst keine Marktberechtigung zu haben, da er im Unterschied zu traditionellen Casettenrecordern keine Aufnahmefunktion hatte und im Unterschied zu herkömmlichen Stereoanlagen keine Lautsprecher. Sein Vorteil lag jedoch in den kompakten Abmessungen und der Portabilität. Getragen von aktiven Freizeittrends (Jogging, Power walking, Cycling, Work out) ist das Risiko der Investition zwischenzeitlich durch millionenfachen Absatz belohnt worden.

Eines der innovativsten Unternehmen in Deutschland ist die ROBERT BOSCH GMBH. Von ihr stammen allein im Bereich der Automobiltechnik so bahnbrechende

Erfindungen wie elektrische Zündkerzen, Starterautomatik, Scheinwerfer, Benzineinspritzung, Blei-Cadnium-Batterie, Hydraulik-Bremse, Airbag, Anti-Blockier-System, Antriebs-Schlupf-Regelung etc. Entsprechend ist Bosch der größte unabhängige Autozulieferer der Welt.

Die **Vorteile** des Pioniers sind vor allem die Folgenden. Am Anfang eines Innovationszyklusses besteht noch kein direkter Konkurrenzeinfluss. Insofern bleibt der Innovator zumindest vorübergehend von den unliebsamen Konsequenzen des Wettbewerbs verschont. Daraus resultieren preispolitische Spielräume, die sich meist als Abschöpfungspreispolitik materialisieren, die vorübergehend überdurchschnittliche Spannen (Produzentenrente) und schnellen Return on investment ermöglichen. Es besteht die Möglichkeit zur Etablierung eines dominanten Standards, für den jedoch eine rasche Diffusion von Neuerungen Voraussetzung ist. Zu denken ist etwa an die, technisch unterlegene, VHS-Systemnorm bei Video. Dies wirkt als Markteintrittsschranke für Nachfolger. Hinzu treten Gewerbliche Schutzrechte als Marktbarriere.

Die Mengensteigerung schafft durch einen Vorsprung auf der Erfahrungskurve langfristige Kostenvorteile. Dem liegt der bekannte, jedoch nicht unumstrittene, Boston-Effekt zu Grunde (dynamische Größendegression). Hinzu treten statische Größeneffekte. Der frühe Eintritt in einem Markt schafft dort die längste Verweildauer und damit, zumindest potenziell, die Möglichkeit zum höchsten kumulierten Gewinn. Dieser resultiert aus dem Aufbau von Markt-Know-how und Kundenkontakten. Dadurch ist eine attraktive Produkt-/Marktposition einzunehmen.

Der Innovator hat oft Imagevorteile durch einen generellen Goodwill (Ruf als Pionier) in der Öffentlichkeit, weil, zumal bequemlichkeitsfördernde, Neuigkeiten emotional positiv besetzt sind. Es gibt die Option der Wahl des potenzialstärksten Absatzkanals und die Möglichkeit zu dessen Belegung.

Die **Nachteile** des Pioniers sind hingegen folgende. Er trägt als Schrittmacher immer die größte Ungewissheit über die weitere Marktentwicklung. Insofern bedarf es einer ausgeprägt hohen Risikoaffinität zur Einnahme dieser Rolle. Man kann keine fremden Vorbilder nutzen, etwa hinsichtlich der Abschätzung der Nachfragebedingungen. Es besteht kontinuierlich die Gefahr von Technologieschüben, die Innovationsvorsprünge, und alle damit verbundenen hohen Aufwendungen, entwerten. Und dies wird angesichts zunehmend sprunghaften technischen Fortschritts immer wahrscheinlicher.

Um seine Vorteile zu nutzen, muss der Innovator eine vorübergehende Marktmonopolisierung durchsetzen. Dies sicherzustellen, hat hohe Markterschließungskosten zur Folge, da keine „Infrastruktur" vorhanden ist. Die dabei entstehenden Kosten lassen die Gefahr des Überholens durch Niedrigkosten-Imitatoren, die sich die geschaffenen Rahmenbedingungen zunutze machen, entstehen.

| Etablierung eines De facto-Standards möglich |
| Abschöpfungspreise darstellbar |
| Erfahrungsvorsprung auf der Zeitachse |
| Imagevorsprung |

| größte Erfolgsungewissheit |
| hohe Markterschließungskosten (Infrastruktur) |
| Weckung latenter Bedürfnisse fraglich |
| hoher FuE-Aufwand erforderlich |
| „Kinderkrankheiten" führen zu Imageschäden |

Abbildung 56: Vor- und Nachteile des Pioniers

Das Auftreten von „Kinderkrankheiten" am neuen Produkt/Prozess ist wahrscheinlich. Hinzu kommen Pionierkosten für Produktionserlaubnis, Auflagen, Kundenschulung, Infrastrukturaufbau, Ressourcenerschließung, Komplementärproduktentwicklung etc.

Neuerungen sind definitionsgemäß mit höheren Risiken für Abnehmer verbunden als bestehende Angebote, insofern ist ein hoher Überzeugungsaufwand bei Kunden zu leisten, und zwar umso mehr, als je bedeutsamer die Neuerung von Abnehmern wahrgenommen wird. Dazu ist die Weckung latenter Bedürfnisse notwendig. Zur Marktreifung von Neuerungen ist die Mobilisierung hoher FuE-Aufwendungen erforderlich. Da zugleich der Payback ungewiss bleibt, hängt die Existenz des Innovators nicht selten vom Erfolg jeder einzelnen neuen Produktgeneration ab. Zudem besteht die Gefahr der Überalterung von Erstinvestitionen.

Die Markthistorie kennt zahlreiche Beispiele sowohl erfolgreicher wie erfolgloser Pioniere. Erfolgreich waren u. a. MINOLTA (mit der Autofocus-SLR-Kamera), SONY (mit der CD-Technologie), SEARLE (mit dem Süßstoff Nutrasweet), DUPONT (mit der Teflon-Beschichtung), P&G (mit der Fertigwindel Pampers), NINTENDO (mit dem Game Boy), BRITA (mit Wasserfiltern). Erfolglos waren u. a. PHILIPS (mit

dem Videorecorder-System 2000), XEROX (mit Personal Computers), HELL (mit dem Telefaxgerät), EMI (mit der Computertomografie), DE HAVILLAND (mit düsengetriebenen Flugzeugen).
Aber auch Marktnachzügler sind sowohl durch Erfolg wie Misserfolg gekennzeichnet. Erfolgreich waren u. a. *IBM (mit dem Personal computer), INTEL (mit dem Mikroprozessorchip), SEIKO (mit der Quarzuhr), MATSUSHITA (mit dem Videorecorder-System VHS). Erfolglos waren u. a. KODAK (mit der Sofortbildfotografie), DEC (mit Personal computer), SEGA (mit Computerspielen).*

8.1.2 Früher Folger

Frühe Folger sind **Innovationsfolger durch Abwandlung** und suchen systematisch nach der Adaptation von Neuerungen, ohne aber den ersten Schritt zur Umsetzung zu wagen. Möglicherweise auch, weil diese Unternehmen selbst nicht forschungsintensiv genug sind, wohl aber entwicklungsstark. Sofern sich jedoch ein Innovator gefunden hat, beobachten sie dessen Markterfolg genau und übernehmen die Neuheit mit dem Ziel der optimierenden Veränderung. Dies ist für Unternehmen typisch, die visionären Neuerern zwar an Genialität unterlegen, jedoch an Kapitalkraft überlegen sind. Weil es darauf letztlich ankommt, haben es innovative Klein- und Mittelständler immer schwerer zu überleben.

Als Früher Folger ist MCDONALD'S aufgetreten, als es um zu einer erheblichen Wandlung im Fastfood-Markt kam. Wettbewerber waren frühzeitig auf frischere und gesündere Kost umgestiegen und gruben dem Marktpionier dadurch das Wasser ab. McDonald's erkannte diese Entwicklung rasch und stieg ebenfalls auf leichtere und gesündere Kost um. Dies wurde durch eine große Marketingkampagne unter dem Slogan „I'm lovin' it" unterstützt und führte zu signifikanten Markterfolgen, welche die Marktführerschaft untermauerten.

Die **Vorteile** des frühen Folgers sind vor allem folgende. Er trägt ein weitaus geringeres Risiko als der Innovator, weil bereits Erkenntnisse aus dessen Marktpräsenz und ein erster Überblick über die Marktentwicklung vorliegen. Die Erfahrungen des Pioniers können insoweit genutzt werden.

Unter Umständen besteht noch die Möglichkeit zur Etablierung eines eigenen Standards, wenn die vorgestellten Standards nicht überzeugen und noch keine ausreichende Marktbreite erreicht haben (Beispiel VHS von Panasonic/Matsushita nach Betamax/U-matic von Sony).

Die Marktpositionen sind noch nicht verteilt, insofern ist gegenüber dem Pionier noch kein entscheidender Boden verloren, und die Karten können neu gemischt werden. Allerdings arbeitet die Zeit gegen den frühen Folger.

Der Lebenszyklus des Marktes steht noch am Anfang, das bedeutet, bei Erfolg, stark steigende Wachstumsraten, geringe Wettbewerbsintensität und die Durchsetzung von Prämienpreisen, also ein insgesamt angebotsförderndes Umfeld.

```
┌─────────────────────────────────────────────────────────┐
│         ┌───────────────────────────────────────┐       │
│         │      geringeres Risiko als der Pionier │       │
│         └───────────────────────────────────────┘       │
│         ┌───────────────────────────────────────┐       │
│         │  Etablierung eines Alternativstandards möglich │
│         └───────────────────────────────────────┘       │
│         ┌───────────────────────────────────────┐       │
│         │   Marktpositionen sind noch nicht vergeben │    │
│         └───────────────────────────────────────┘       │
│         ┌───────────────────────────────────────┐       │
│         │       stark steigendes Marktwachstum   │       │
│         └───────────────────────────────────────┘       │
│                                                         │
│         ┌───────────────────────────────────────┐       │
│         │ Überwindung der Markteintrittsbarrieren des Pioniers │
│         └───────────────────────────────────────┘       │
│         ┌───────────────────────────────────────┐       │
│         │   (konjekturale) Strategieausrichtung am Pionier │
│         └───────────────────────────────────────┘       │
│         ┌───────────────────────────────────────┐       │
│         │   schnelle Reaktion erforderlich („Zeitfalle") │
│         └───────────────────────────────────────┘       │
└─────────────────────────────────────────────────────────┘
```

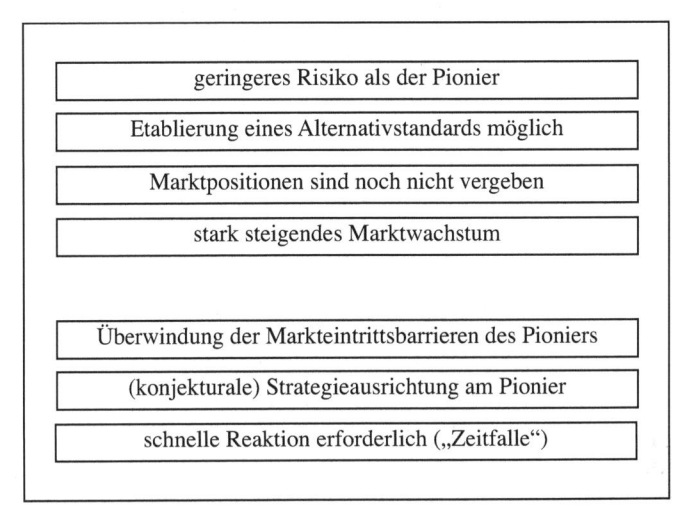

Abbildung 57: Vor- und Nachteile des Frühen Folgers

Die **Nachteile** des frühen Folgers sind hingegen folgende. Möglicherweise bestehen Markteintrittsbarrieren des Innovators, etwa durch Gewerbliche Schutzrechte, Etablierung eines Systemstandards oder rasche Kostendegressionseffekte. Dann müssen Umgehungsmöglichkeiten gefunden werden.

Es ist eine Strategieausrichtung am Innovator erforderlich, sodass nicht mehr unbedingt freie strategische Wahl im Maßnahmeneinsatz besteht, sondern eine mehr oder minder große Abhängigkeit von diesem. Es besteht die Notwendigkeit der Herausarbeitung eines eigenen komparativen Konkurrenzvorteils, da Nachfragern ansonsten kein Argument für die Angebotswahl offeriert werden kann, es sei denn, ein niedrigerer Preis. Dafür sollten günstigere Produktionsverfahren als beim Pionier vorliegen, die vor allem aus Synergieeffekten resultieren können.

Auf den Vorstoß des Innovators ist eine schnelle Reaktion erforderlich, da die Zeit für ihn arbeitet und eine Nachfolge durch andere Wettbewerber immer wahrscheinlicher wird, sodass die Position des frühen Folgers rasch vergeben ist. Weiterhin ist auch von einem baldigen Markteintritt weiterer Konkurrenten auszugehen, sodass die Zeitspanne zur Materialisierung von Marktvorteilen eng begrenzt bleibt. Insofern entsteht eine Zeitfalle, d. h., womöglich reicht die Zeit nicht aus, durch eine Produzentenrente die Aufwendungen der Marktreifmachung ausreichend zu alimentieren.

8.1.3 Modifikator

Modifikatoren sind **Innovationsführer durch Abwandlung** und kaprizieren sich auf hohes Fachwissen und laufende Detailverbesserungen von Lösungen. Hierbei steht die kundenspezifische Umsetzung allgemeinen technischen Fortschritts im Fokus. Hohe Produktqualität erlaubt Marktsegmentierung und strenge Kostenkontrolle auskömmliche Rendite auch bei kleinen Stückzahlen.

Als Beispiel für eine erfolgreiche Modifikation können ViewCams, d. h. Camcorder mit großem Sucherdisplay, Anfang der 1990er Jahre dienen. Camcorder stießen vorher vor allem bei älteren Personen, wegen mangelnder Sehschärfe infolge der sehr kleinen Sucheroptik, und bei Frauen, wegen der Make up-Gefahr beim engen Anliegen der Suchermanschette am Auge, auf Ablehnung. SHARP, ein Anbieter mit damals sehr kleinem Marktanteil, suchte nach einer erfolgversprechenden Möglichkeit der Modifikation bisheriger Camcorder, welche die genannten Nachteile vermeidet und damit neue Zielgruppen für die Marke erschließt. Dies gelang durch den erstmaligen Einbau eines großen LCD-Bildschirms bei ansonsten unveränderten Camcorderfunktionen, der vom Gerät abgeklappt werden kann. Dies ermöglichte etwa älteren Personen eine große und klare Bildschirmdarstellung der Aufnahmeobjekte und Frauen die Aufnahmekontrolle auf Distanz zum Auge. Da außerdem auch allen anderen Zielgruppen ein Bequemlichkeitsnutzen geboten werden konnte, entwickelte sich der Marktanteil von SHARP rapide nach oben. Allerdings haben zwischenzeitlich alle Camcorder-Hersteller derartige ViewCams ins Programm genommen.

Die **Vorteile** des Modifikators sind vor allem die Folgenden. Durch die Identifizierung und Besetzung von Marktnischen findet der Modifikator Schutz im hart umkämpften Markt, verbunden mit relativer Alleinstellung und der Möglichkeit zur Durchsetzung einer Preisprämie oder sonstigen Spielräumen bei der Preisgestaltung.

Im Regelfall entstehen nur relativ geringe Entwicklungskosten, da viele Aufwendungen, vor allem solche der Grundlagenforschung, erspart werden. Angewandte Forschung weist aber eine weitaus höhere Rentabilitätschance auf.

Der Modifikator geht weniger Risiko ein, weil er keine Durchbruchsinnovation vollzieht, sondern nur eine Inkrementalinnovation. Dadurch ist ein guter Kompromiss zwischen Innovationsnutzung und Begrenzung des Geschäftsrisikos erreichbar.

Es besteht die Chance, durch frühzeitiges Reagieren dem immer rascher einsetzenden Preisverfall an den Märkten zu entgehen. Denn ehe dieser einsetzt, kann der Modifikator sich schon wieder auf die nächste Neuerung stürzen.

```
┌─────────────────────────────────────────────────────────┐
│     ┌─────────────────────────────────────────────┐     │
│     │     Besetzung von Marktnischen möglich      │     │
│     └─────────────────────────────────────────────┘     │
│     ┌─────────────────────────────────────────────┐     │
│     │          geringe Forschungskosten           │     │
│     └─────────────────────────────────────────────┘     │
│     ┌─────────────────────────────────────────────┐     │
│     │       weniger Risiko als die „Vorläufer"    │     │
│     └─────────────────────────────────────────────┘     │
│     ┌─────────────────────────────────────────────┐     │
│     │     Preisverfall kann zuvorgekommen werden  │     │
│     └─────────────────────────────────────────────┘     │
│                                                         │
│     ┌─────────────────────────────────────────────┐     │
│     │   Markteintrittsbarrieren etablierter Anbieter │  │
│     └─────────────────────────────────────────────┘     │
│     ┌─────────────────────────────────────────────┐     │
│     │ Zusatznutzen oft erklärungsbedürftig („Nice to have") │
│     └─────────────────────────────────────────────┘     │
│     ┌─────────────────────────────────────────────┐     │
│     │         Anlockung von Großanbietern         │     │
│     └─────────────────────────────────────────────┘     │
└─────────────────────────────────────────────────────────┘
```

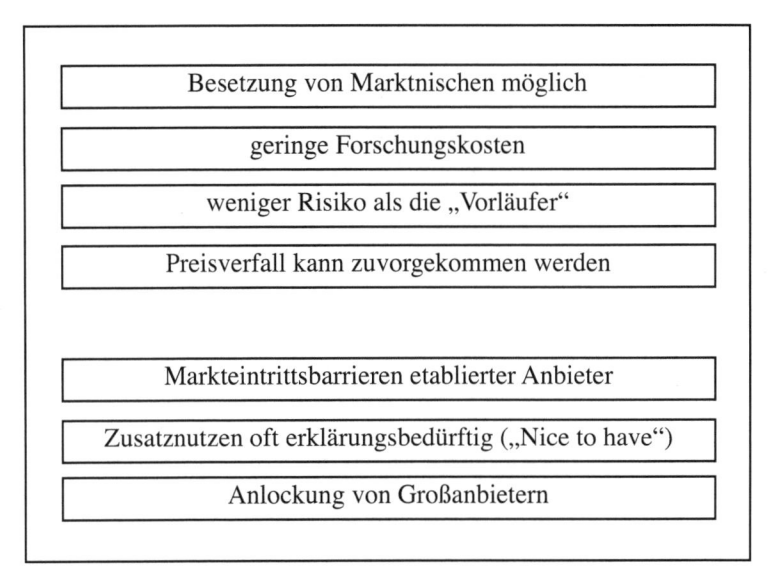

Abbildung 58: Vor- und Nachteile des Modifikators

Die **Nachteile** des Modifikators sind hingegen folgende. Zunächst sind die Markteintrittsbarrieren etablierter Anbieter zu überwinden. Dazu gehören vor allem Gewerbliche Schutzrechte mit Ausschlussfristen, die erst einmal zu umgehen sind, falls keine Lizenzübernahme möglich ist.

Vor Kunden ist meist viel Überzeugungsaufwand notwendig, um Zusatznutzen zu verdeutlichen, die erst auf den zweiten Blick erkennbar und nutzenrelevant sind, dafür aber gleich auf den ersten Blick einen nennenswerten Mehrpreis implizieren.

Es besteht die Gefahr, sich bei vielen Einzellösungen zu verzetteln, weil das Kernfeld des Markts durch den Innovator besetzt oder sogar geschützt ist. Die Effektivität dieser Strategie ist dann sehr in Zweifel zu ziehen.

Weiterhin besteht die Gefahr, Großanbieter anzulocken, die ein größeres als das seither ausgeschöpfte Potenzial hinter der Marktnische vermuten und Märkte, selbst bei Fehlschlag, mit ihrem Programm verstopfen.

8.1.4 Nachzügler

Nachzügler sind **Innovationsfolger durch Imitation** und reagieren nur auf Grund von von der Umwelt mehr oder minder unausweichlich vorgegebenen Änderungen. Sie machen sich den Input von Innovatoren zueigen und beuten diesen aus. Das traf etwa in den Anfängen des japanischen Wirtschaftswunders zu und gilt heute für andere fernöstliche Anbieter (Take off markets). Dies beginnt mit dem simplen Abkupfern von Produktideen und der konsequenten Wertanalyse zur Einsparung von Gestehungskosten an verdeckten Stellen mit nicht sofort feststellbaren Folgen. Kommen kostengünstige Arbeitsbedingungen hinzu, ist der Anbieter in der Lage, auf den ersten Blick verwechslungsfähige Produkte gegenüber anderen signifikant billiger anzubieten. Dies endet in sklavischer Nachahmung, die, oft Gewerbliche Schutzrechte missachtend, Me too-Angebote präsentiert. In vielen Fällen geringen sozialen, persönlichen oder finanziellen Risikos reicht die gebotene Leistung tatsächlich auch aus.

Als Beispiel kann die Benutzeroberfläche Windows gelten. Sie imitiert die Ikonensteuerung des APPLE-Betriebssystems und bietet damit auf MS-DOS-Rechnern annähernd dessen Bedienungskomfort, freilich erst mit erheblichem Time lag, dafür aber auch erheblich preisgünstiger.

Chinesische Autohersteller greifen derzeit die technischen Standards westlicher und fernöstlicher Produzenten auf und setzen diese, teilweise gewerbliche Schutzrechte grob missachtend, unter Nutzung ihrer standortspezifischen Kostenvorteile in eigene Produkte um. Noch werden deren unzulängliche Bemühungen belächelt. Erfahrung aus dem Erfolg japanischer und koreanischer Produzenten zeigt jedoch, dass dies im Gegenteil sehr ernst zu nehmen ist. Auch diese, heute vollständig am Markt etablierten Anbieter, haben mit der Kopie westlicher Standards begonnen. Ihre Lernkurve verlief jedoch sehr steil, sodass sie sich rasch zu nennenswerten Konkurrenten entwickelten. In gleicher Weise oder noch schneller dürfte sich dies angesichts der enormen Ressourcen Chinas vollziehen.

Die **Vorteile** des Nachzüglers sind vor allem folgende. Dem Nachzügler entstehen erheblich niedrige FuE-Aufwendungen, wenn es nicht sogar zu einer reinrassigen Kopie des Originals kommt. Die ersparten Kosten können voll im Preisvorteil weitergegeben werden.

Das erforderliche Know-how kann ggf. zugekauft werden, sodass es letztlich weniger eine Frage des Erfindungsreichtums, sondern eher eine der Finanzkraft ist, ob ein Markt bearbeitet werden kann oder nicht.

Infolge des bereits fortgeschrittenen Lebenszyklusses besteht eine geringere Unsicherheit über die weitere Marktentwicklung, da von einer üblicherweise vorzufindenden Projektion auszugehen ist. Da bereits fortgeschrittene Produktversionen vermarktet werden, können Standardisierungspotenziale weitgehend ausgenutzt werden. Dies ermöglicht niedrigere Gestehungskosten.

Die Anlehnung an Standards schafft Sicherheit für die Vermarktung durch ausgereifte Technik und hohen Verbreitungsgrad. Insofern ist die Gefahr von Fehlinvestitionen vergleichsweise geringer.

```
┌─────────────────────────────────────────────────────────┐
│         ┌──────────────────────────────────────┐        │
│         │      niedrige FuE-Aufwendungen       │        │
│         └──────────────────────────────────────┘        │
│      ┌────────────────────────────────────────────┐     │
│      │  Zukauf von Know-how über Finanzkraft möglich │  │
│      └────────────────────────────────────────────┘     │
│                ┌──────────────────┐                     │
│                │  geringes Risiko │                     │
│                └──────────────────┘                     │
│        ┌──────────────────────────────────────┐         │
│        │  Anlehnung an Standards schafft Klarheit │     │
│        └──────────────────────────────────────┘         │
│                                                         │
│     ┌──────────────────────────────────────────┐        │
│     │  Aufbrechen von Geschäftsbeziehungen erforderlich │
│     └──────────────────────────────────────────┘        │
│         ┌──────────────────────────────────┐            │
│         │    kein eigenes Know-how aufbaubar │          │
│         └──────────────────────────────────┘            │
│                   ┌────────────┐                        │
│                   │ „Zeitfalle" │                       │
│                   └────────────┘                        │
│            ┌──────────────────────────┐                 │
│            │  Imagenachteile als Kopist │               │
│            └──────────────────────────┘                 │
└─────────────────────────────────────────────────────────┘
```

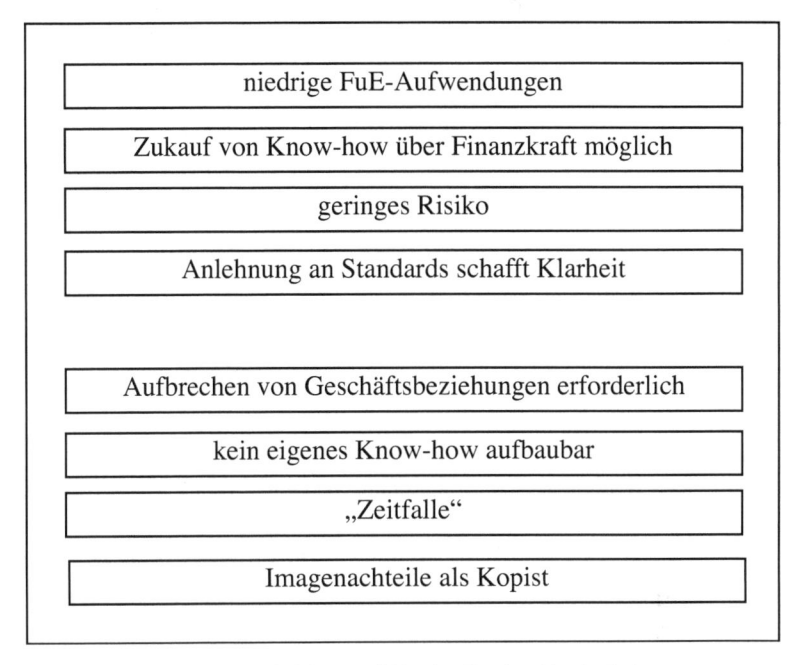

Abbildung 59: Vor- und Nachteile des Nachzüglers

Die **Nachteile** des Nachzüglers sind hingegen folgende. Späte Folger haben es mit bereits etablierten Konkurrenten zu tun, die darauf angewiesen sind, nach der risiko- und aufwandsreichen Startphase eines Marktes dort auch weiterhin erfolgreich zu bleiben, um einen angemessenen Return on investment zu erreichen. Es besteht die Notwendigkeit des Aufbrechens von Geschäftsbeziehungen, die sich im Zeitablauf zwischen bereits vorher marktpräsenten Unternehmen und ihren Kunden etabliert haben und zu Kauftreue und Markenloyalität führten.

Es besteht die Gefahr von Preiskämpfen, denn der Nachzügler wird, und kann, beinahe nurmehr durch niedrigere Preise zum Erfolg kommen, den aber auch die bestehenden Anbieter für ihren Absatz brauchen und deshalb ihrerseits mit Preisunterbietungen darauf reagieren.

Durch die bloße Imitation innovativer Lösungen kann es nicht zur Entstehung eigenen technischen Know-how kommen, das wiederum Voraussetzung ist, eines Tages als Innovator aufzutreten.

Für den Fall, dass der Lebenszyklus schon zu weit fortgeschritten ist und die verbleibende Marktpräsenz nicht mehr ausreicht, einen genügenden Mittelrückfluss zu erwirtschaften, bleiben Fehlinvestitionen in Fertigungsanlagen.

Regelmäßig ergeben sich Imagenachteile, die aus minderer Bewertung der Leistung im Publikum resultieren. Inwieweit dies ausschlaggebend für Kaufentscheide ist, hängt von der jeweilig betroffenen Produktart ab.

8.2 Outpacing-Konzept

Das Outpacing-Konzept versucht eine Aussage über den komparativen Erfolg einzelner strategischer Gruppen zu treffen. Es nimmt eine dynamisierte Perspektive ein und besteht aus einer Matrix mit den Dimensionen

- wahrgenommener Produktwert (**Qualitätsvorteil**),
- effektive Prozesskosten (**Preisvorteil**)

eines Angebots am Markt. Beide Dimensionen sind jeweils ordinal (hoch/niedrig) unterteilt. Es wird davon ausgegangen, dass zu Beginn der Marktpräsenz (= Ausgangssituation) der wahrgenommene Produktwert eines Angebots durch Zielpersonen für gewöhnlich mangels Kenntnis und Vertrauen eher gering ist, zugleich die entstehenden Prozesskosten mangels Größen- und Erfahrungsdegression aber eher hoch sind. Erreicht werden soll im Ergebnis genau das Gegenteil, nämlich ein hoher wahrgenommener Produktwert bei gleichzeitig niedrigen, dafür anfallenden Prozesskosten (= Endsituation). Die verschiedenen, konkurrierenden Anbieter stehen in einem Wettlauf um den schnellstmöglichen Weg von der Ausgangs- zur Endsituation und versuchen dabei, einander zu überholen. Für dieses Outpacing gibt es zwei grundsätzliche Wege.

Zum einen kann versucht werden, über Leistungsführerschaft bei akzeptierten hohen Prozesskosten zunächst den wahrgenommenen Produktwert zu steigern (= reaktives Outpacing). Danach wird dann versucht, über Standardisierung, z. B. Gleichteilekonzepte, die Prozesskosten bei unverändert hohem Produktwert zu senken. Dieser Weg wird vornehmlich von westlichen Anbietern eingeschlagen. Sie haben mit allen Mitteln versucht, die Wertanmutung ihrer Produkte, z. B. im Automobilbereich, zu steigern und konnten dadurch Kostenerhöhungen im Preis weiterwälzen. Dies gelang solange, bis einerseits die preisliche Schmerzgrenze der Nachfrager erreicht war, die zu Kaufverzicht oder Abwanderung zu kostengünstigeren Angeboten führte, und bis andererseits diese kostengünstigeren Angebote in Form von Billigprodukten, z. B. aus Fernost, mit passablem Leistungsniveau in großer Vielzahl verfügbar wurden. Daher besteht für sie nun der Zwang, um jeden Preis zu rationalisieren, ohne dabei den Produktwert anzutasten.

Zum anderen kann versucht werden, über Kostenführerschaft bei akzeptiertem niedrigen Produktwert zunächst die entstehenden Prozesskosten zu senken (= präventives Outpacing). Erst danach wird angestrebt, über Differenzierung, z. B. Design, den Produktwert bei unverändert niedrigen Prozesskosten zu steigern. Dieser Weg wird vornehmlich von fernöstlichen Anbietern eingeschlagen. Zur Umsetzung der Prozesskostensenkung wurde ein ganzes Arsenal neuartiger Managementmethoden eingesetzt, die unter dem Begriff Lean management bekannt geworden sind. Restriktive Produktionsbedingungen im Heimatland und Zutrittsbeschränkungen auf vielen Exportmärkten haben zu einer Erlössteigerung über Preiserhöhung geführt. Diese wurde durch innovative Problemlösungen bis hin zur Maßstabsetzung (= Benchmarking) in allen betrieblichen Bereichen möglich (siehe Abb. 60).

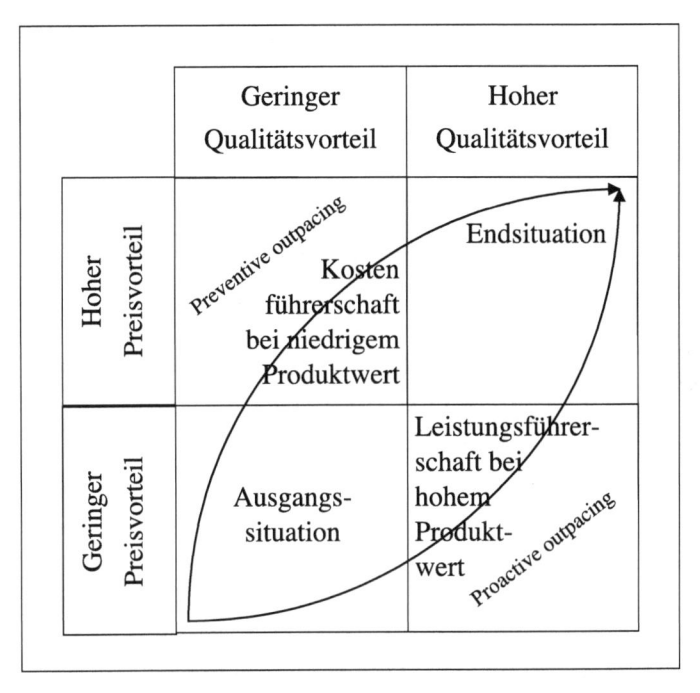

	Geringer Qualitätsvorteil	Hoher Qualitätsvorteil
Hoher Preisvorteil	*Preventive outpacing* — Kostenführerschaft bei niedrigem Produktwert	Endsituation
Geringer Preisvorteil	Ausgangssituation	Leistungsführerschaft bei hohem Produktwert — *Proactive outpacing*

Abbildung 60: Outpacing-Konzept

Vorläufig sieht es so aus, als wenn der zweite Weg der bessere ist. Ein Mittelweg ist ungeeignet als Erfolgsstrategie, obgleich er rein zeitlich zunächst der vorteilhafteste scheint (bildlich die Diagonale in der Matrix). Doch eine solche Kombination aus jeweils mittlerem wahrgenommenen Produktwert und mittleren effektiven Prozesskosten führt zwangsläufig zu einem wenig ausgeprägten, diffusen Erscheinungsbild am Markt. Damit kann weder aus einer Profilierung über den Qualitätsvorteil noch einer solchen über den Preisvorteil Nutzen gezogen werden. Dies bedeutet im Ergebnis aber, dass Anbieter bei einer solchen Strategie sowohl von Leistungsführern wegen deren Qualitätsvorteils, der von Teilen des Marktes hoch geschätzt wird, als auch von Kostenführern wegen deren Preisvorteils, der von anderen Teilen des Marktes hoch geschätzt wird, überholt werden. Insofern ist dies nicht der beste, sondern der problematischste Weg.

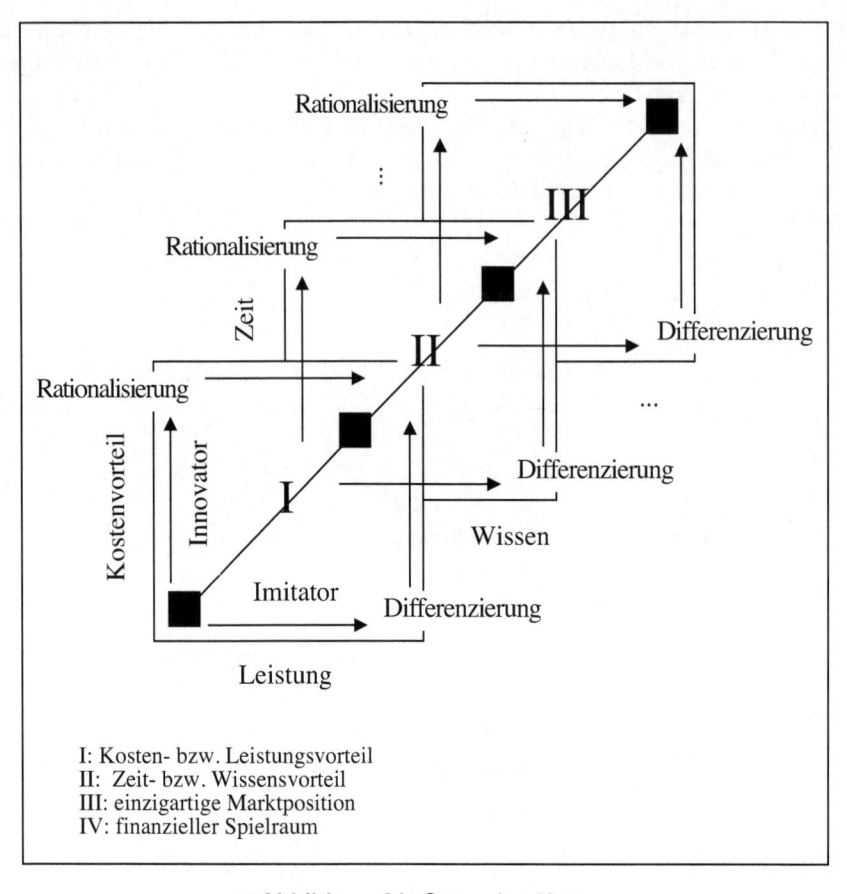

Abbildung 61: Outpacing-Kette

8.3 Hyper competition

Das Konzept des hypertrophierten Wettbewerbs geht auf D'Aveni zurück. Er behauptet vier wesentliche Basen für Wettbewerbsvorteile, und zwar Kosten- bzw. Leistungsvorteile, Zeit- bzw. Wissensvorteile, eine einzigartige Marktposition sowie hohe finanzielle Spielräume (siehe Abb. 61). Danach besteht eine Tendenz zu eskalierenden Wettbewerbskämpfen zwischen den am Markt verbliebenen Anbietern, wobei die jeweiligen Wettbewerbsvorteile rasch erodieren. Es kommt zu einer immer schnelleren Abfolge neuer Strategien, wobei traditionelle Markteintrittsbarrieren an Abschreckungskraft verlieren:

- 1. „Runde": Zunächst konkurrieren die im Wettbewerb beteiligten Unternehmen mit den Instrumenten Preis und Leistung. Unternehmen, die bei einem die-

ser beiden (oder beiden) Instrumenten Wettbewerbsnachteile haben, scheiden sukzessiv vom Markt aus.
- 2. „Runde": Die verbleibenden Unternehmen kämpfen mit den Instrumenten Zeit und Wissen, den härtesten Konkurrenzwaffen. Unternehmen, die Zeit- oder Wissensdefizite aufweisen, scheiden daraufhin ebenfalls vom Markt aus.
- 3. „Runde": Die verbleibenden Unternehmen kämpfen um die Überwindung von Markteintrittsschranken, um neue Konkurrenten von der Beteiligung an einem profitablen Markt abzuhalten. Unternehmen, denen es nicht gelingt, diese Barrieren zu überwinden, bleiben von den Pfründen ausgeschlossen.
- 4. „Runde": Die dann verbleibenden Unternehmen wollen ihre Wettbewerber schlucken, um ihre Marktposition abzusichern. Dies ist in erster Linie von den verfügbaren finanziellen Ressourcen abhängig. Wer dabei nicht mithalten kann, wird übernommen.

Insofern wird nicht mit einem Wettbewerbsparameter, sondern nacheinander mit mehrfachen Wettbewerbsparametern am Markt gekämpft, eine Situation, die als Hyper competition bezeichnet wird. Dieser wohnen eine Tendenz zu eskalierenden Wettbewerbskämpfen zwischen großen Rivalen, die rasche Erosion ehemaliger Wettbewerbsvorteile, die rasche Abfolge immer wieder neuer Strategievorstöße und die gegenseitige Errichtung und Überwindung von Markteintrittsbarrieren inne.

Die nach diesen Phasen verbleibenden, wenigen und großen Unternehmen haben alle vier Wettbewerbsvorteile ausgenutzt, sie haben damit grundsätzlich die gleiche Ausgangsposition für das Endspiel, die letzten Runden im Marktwettbewerb.

In dieses Endspiel gelangen sie nur durch Nutzung „strategischer Fenster" (Misfit-Analyse), die vorliegen, wenn unternehmensinterne und -externe Strukturen miteinander übereinstimmen. Dabei handelt es sich um begrenzte Perioden, während derer sich die Bedingungen eines Marktes und die Kompetenzen eines Unternehmens optimal entsprechen. Dazu muss das Unternehmen seine Märkte aktiv gestalten, d. h., kontinuierlich die externen an die internen Bedingungen anzupassen versuchen. Wo das aus Wettbewerbsgründen nicht möglich ist, helfen nur diskontinuierliche Sprünge, die neue Fenster öffnen und damit Erfolgsgrundlagen schaffen (New game). Gründe für solche Diskontinuitäten sind etwa erhebliche Umfeldveränderungen, starke Verschiebungen der Kundenpräferenzen, die Einführung grundlegend neuer Technologien etc.

So bot der Übergang vom Home computer- zum PC-Markt Einsteigern in diesen Markt ein strategisches Fenster, zugleich wurden Anbieter, die diesen Sprung nicht mitmachten, vom Markt verdrängt (z. B. COMMODORE/ATARI). Ein anderes Beispiel war die Osteuropa-Öffnung nach dem Fall des Kommunismus.

9. Strategieprofil

9.1 Elemente der Strategie

Alle strategischen Bestimmungen lassen sich in den fünf Oberbereichen Marktfeld, Marktwahl, Konkurrenzvorteil, Marktverhalten und Zeitabfolge zusammenfassen.

Beim Oberbereich **Marktfeld** (**Was** stellt die zu aktivierende Kaufkraft dar?) besteht die Wahl unter 16 Alternativen, so

- Intensitätssteigerung, Kundenlieferanteil, Kundenabhängigkeit, Kundenrückgewinnung, Konkurrenzverdrängung, Gebietsausdehnung, Präsenzstreckung, Produktwandel, Up selling, Cross selling, Add-ons, Set-Alternative, Marktschaffung, Marktwachstumspartizipation, Systemwechsel, Problemweckung.

Bei der **Marktwahl** (**Wo** ist der zu bearbeitende Markt?) sind acht Auswahlmöglichkeiten gegeben, die

- undifferenzierte Totalmarktabdeckung, undifferenzierte Produktspezialisierung, undifferenzierte Marktspezialisierung, differenzierte Produktspezialisierung, differenzierte Marktspezialisierung, mono- und multiselektive Spezialisierung und differenzierte Totalmarktabdeckung sowie
- bei den Marktspielregeln die Optionen von Haupterfolgsfaktoren, Segmentierung, Differenzierung oder Innovation.

Und beim **Konkurrenzvorteil** (**Woraus** bezieht sich der Angebotsvorsprung?) entweder die Optionen für

- Präferenz-Position, Preis-Mengen-Position sowie
- beim Wettbewerbsvorteil die Optionen von Volume, Specialised, Fragmented, Stalemate.

Hinsichtlich des **Marktverhaltens** (**Wie** will man sich am Markt verhalten?) ergeben sich die Optionen für

- Marktführer, Marktherausforderer, Marktmitläufer und Marktnischenanbieter
- bei der Wettbewerbsposition die Optionen von umfassender Kostenführerschaft, umfassender Leistungsführerschaft, konzentrierter Leistungsführerschaft und konzentrierter Kostenführerschaft.

Bei der **Zeitabfolge** (**Wann** wird man am Markt aktiv?) ergeben sich die Optionen

- Pionier, Früher Folger, Modifikator oder Nachzügler sowie
- beim Outpacing die beiden Optionen zunächst Qualitätsvorteil, dann Preisvorteil (reaktiv) oder zunächst Preisvorteil, dann Qualitätsvorteil (präventiv).

Marktfeldbestimmung
Marktdurchdringung (4)
Markterweiterung (4)
Produkterweiterung (4)
Produkt-Markt-Entwicklung (4)
Marktwahlbestimmung
Markteintrittsschranken
Marktaustrittsschranken
undifferenzierte Totalmarktabdeckung
undifferenzierte Teilmarktabdeckung (2)
differenzierte Totalmarktabdeckung
differenzierte Teilmarktabdeckung (4)
bestehende Erfolgsfaktoren
pragmatische Segmentierung
Änderung der Wettbewerbsgrundlagen
innovative Segmentierung
Konkurrenzvorteilsbestimmung
Präferenz-Position
Preis-Mengen-Position
Volume (Standardisierung)
Specialised (Differenzierung)
Fragmented (Insel)
Stalemate (Patt)
Marktverhaltensbestimmung
Marktführer
Marktherausforderer
Marktmitläufer
Marktnischenanbieter
umfassende Kostenführerschaft
umfassende Leistungsführerschaft
konzentrierte Kostenführerschaft
konzentrierte Leistungsführerschaft
Zeitabfolgebestimmung
Pionier
Früher Folger
Modifikator
Imitator
Präventives Outpacing
Reaktives Outpacing

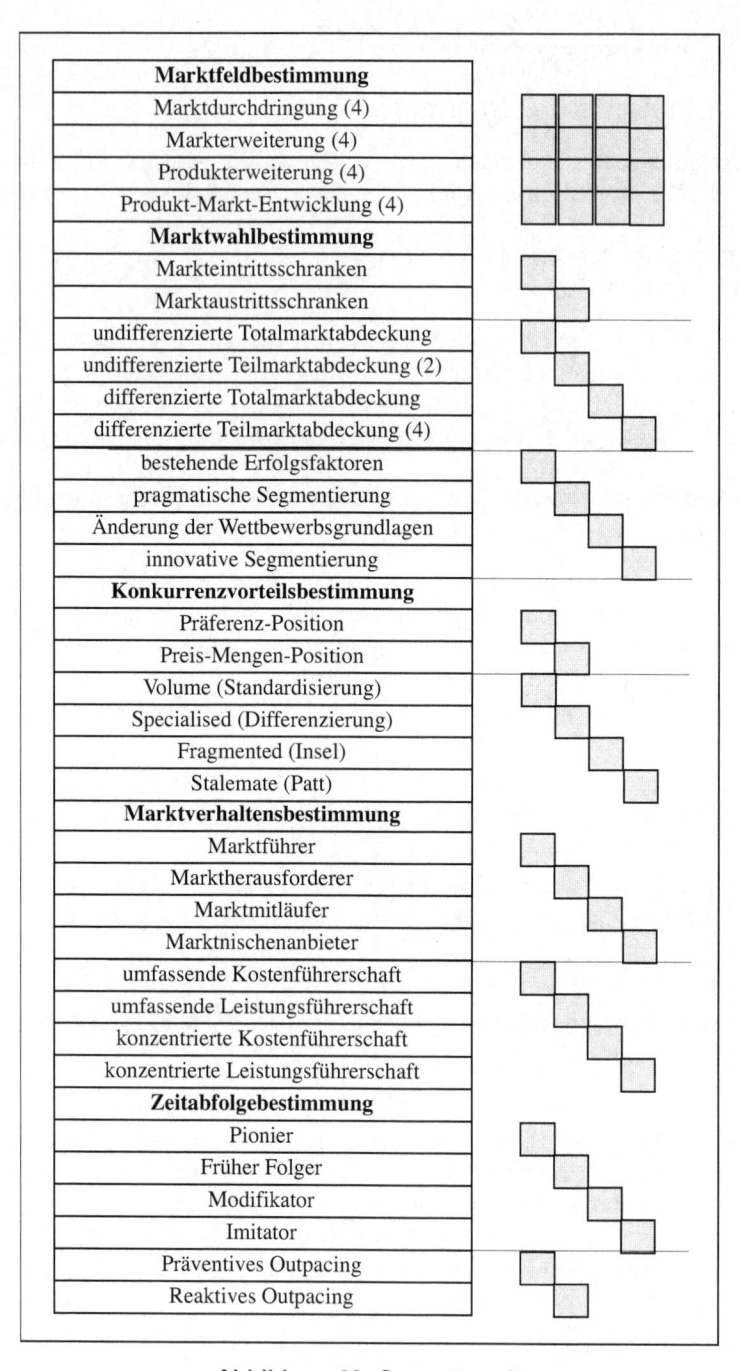

Abbildung 62: Strategieprofil

Das Strategieraster ist insofern in der Lage, ganzheitlich alle relevanten Stellgrößen der Strategie zu erfassen, aufeinander abzustimmen und zu veranschaulichen. Außerdem kann durch Vergleich der Strategieraster zwischen verschiedenen Perioden oder zwischen Wettbewerbern eine Aussage über Veränderungen bzw. Abweichungen vorgenommen werden. Die Strategie wird jeweils für eine Strategische Geschäftseinheit erstellt und in regelmäßigen Abständen revidiert. Aus den Ausprägungen des Strategierasters ergeben sich die Indikationen für den Maßnahmeneinsatz folgerichtig. Zudem ist das Strategieraster Maßstab für die Beurteilung (Management-Assessment), die positiv ist, wenn alle Aktivitäten den Ausprägungen des Strategierasters entsprechen und negativ, wenn sie ihm zuwiderlaufen (siehe Abb. 62).

9.2 Verfahren zur Strategiebewertung

Meist ist nicht ein einziges Strategieprofil das Ergebnis entsprechender Überlegungen, sondern zwei oder mehr Strategieprofile stehen zur Auswahl. Dann ist eine Entscheidung erforderlich, die eine Bewertung der Alternativen erfordert. Diese Bewertung kann auf vielerlei Art und Weise stattfinden,. Dafür stehen verschiedene Ansätze zur Verfügung. Zu den einfachsten gehören **erfahrungsbasierte**, dazu zählen Schnittvergleich und Checkliste.

Schnittvergleiche sind als Längsschnitt- oder Querschnittvergleich möglich. Der Längsschnittvergleich vergleicht das aktuelle Strategieraster mit den (rekonstruierten) Strategien vergangener Perioden beziehungsweise den geplanten Strategien zukünftiger Perioden. Daraus werden Übereinstimmungen und Abweichungen ersichtlich, die aufschlussreiche Erkenntnisse liefern. Der Querschnittvergleich vergleicht das aktuelle Strategieraster mit den (rekonstruierten) Strategien konkurrierender Anbieter. Auch daraus werden Übereinstimmungen und Abweichungen ersichtlich. Dies ergibt eine gute Handhabbarkeit der komplexen Aufgabe.

Die **Checkliste** legt verschiedene Anforderungskriterien an eine Strategie zugrunde und prüft, ob diese jeweils erfüllt sind oder nicht. Sie kommt also zu Ja-Nein-Aussagen. Die Anforderungskriterien sind jeweils individuell zu bestimmen. Verbreitet sind etwa folgende:

- Wird durch die Strategie ein Kundennutzen gewährleistet?
- Erlaubt die Strategie einen gravierenden Wettbewerbsvorteil?
- Trägt die Strategie zur Erreichung der Unternehmensziele bei?
- Baut sie auf Erfahrungen bzw. Stärken auf?
- Bündelt sie vorhandene Kräfte (Synergien)?
- Nutzt sie eindeutige Marktchancen?

- Ist die Strategie unter Kosten- und Umfeldaspekten mittel- bis langfristig durchhaltbar?
- Stehen die Entscheidungsträger hinter der Strategie?
- Sind die Realisierungsmöglichkeiten aussichtsreich?

Vergleich		von Strategiealternative				
		A	B	C	D	E
zu Strategiealternative	A		+	+	−	−
	B	−		+	−	−
	C	−	−		−	−
	D	+	+	+		−
	E	+	+	+	+	
Überlegenheiten		2	3	4	1	0
Prioritätenfolge		3	2	1	4	5

Abbildung 63: Paarvergleichs-Matrix

Zumeist ist es jedoch erforderlich, exaktere, **analytische** Verfahren einzusetzen. Werden zwei Strategiealternativen hinsichtlich **eines** Bewertungskriteriums beurteilt, bietet sich die **Paarvergleichs-Matrix** (Cross impact-Matrix) als rechnerische Lösung an. Diese werden hinsichtlich ihrer komparativen Überlegenheit bei verschiedenen Beurteilungskriterien bewertet. Dazu wird für jedes Kriterium die Überlegenheit einer der beiden Strategiealternativen bestimmt und das Ergebnis in einer Matrix abgetragen. Dies erfolgt auf Basis einer Konstantsummenskala, d. h., die Addition beider Punktwerte je Strategie/Kriterium ergibt immer die selbe Zahl. So werden Entscheidungen erzwungen. Die Matrix besteht aus den beiden Strategiealternativen jeweils in der Kopfzeile sowie in der Kopfspalte, die in Paarvergleichen aufeinander bezogen werden. Für die jeweils überlegene Alternative wird ein „+" in die Matrix eingetragen, für die unterlegene ein „-". Dann werden für jede Strategiealternative die Überlegenheitsurteile addiert. Aufgrund der Symmetrie ist es gleichgültig, ob dies horizontal oder vertikal erfolgt. Daraus ergibt sich eine Prioritätenfolge. Die Alternative mit den meisten komparativen Überlegenheitsurteilen ist die zu bevorzugende (siehe Abb. 63).

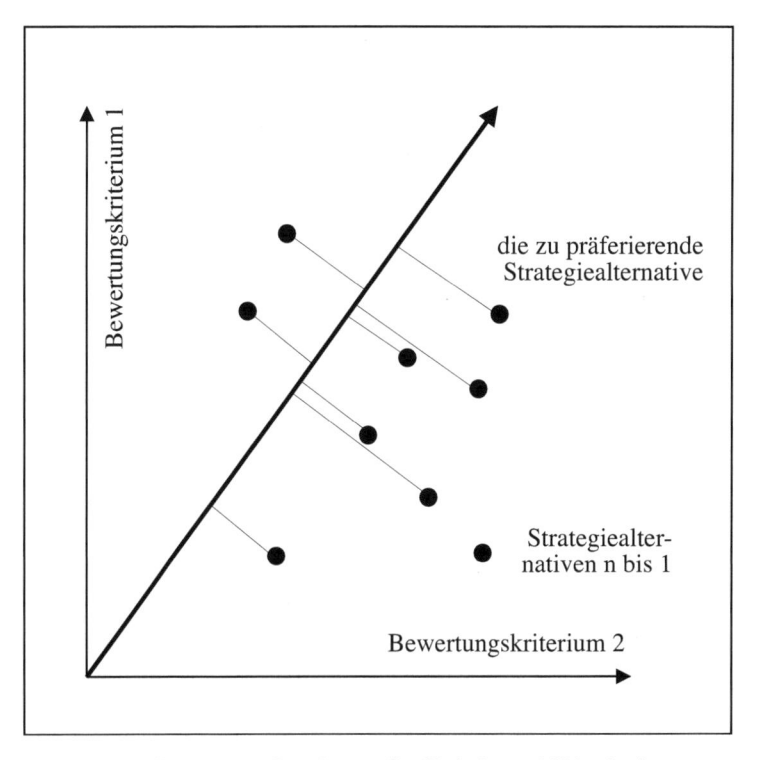

Abbildung 64: Dominanz-Grafik (mit zwei Kriterien)

Liegen **zwei** Bewertungskriterien vor, die für mehrere Strategiealternativen zu sichten sind (oder auch **zwei** Strategiealternativen, die hinsichtlich verschiedener Kriterien zu bewerten sind), so bietet sich die **Dominanz-Grafik** als grafische Lösung an. Dazu wird ein Quadrant aufgespannt, dessen Achsen die beiden Strategien/Kriterien bilden. Alle bewerteten Strategien/Kriterien werden entsprechend ihrer jeweiligen Zahlenkombination als Punktkoordinaten dort abgetragen. Dann wird eine Winkelhalbierende in den Quadranten gelegt. Liegen mehr Punktkoordinaten oberhalb des Fahrstrahls, ist die Strategiealternative, die auf der Ordinate abgetragen wurde, überlegen und umgekehrt. Vorausgesetzt wird dabei, dass alle Kriterien gleichgewichtig sind. Im anderen Fall ist diejenige Strategiealternative überlegen, deren auf den Fahrstrahl gefälltes Lot am Weitesten vom Koordinatenursprung entfernt liegt. Hier kann durch den Steigungswinkel des Fahrstrahls zusätzlich eine unterschiedliche Gewichtung der Beurteilungskriterien berücksichtigt werden (siehe Abb. 64).

Gibt es **mehr als zwei** Strategiewahlmöglichkeiten und Bewertungskriterien, werden meist Punktbewertungsverfahren und Nutzwertanalysen angewendet.

	Strategiealternative 1	Strategiealternative 2	Strategiealternative 3
Finanzbedarf/ Liquiditätsabfluss	Punkte: ___	Punkte: ___	Punkte: ___
Investitionen und lfd. Betriebskosten	Punkte: ___	Punkte: ___	Punkte: ___
Absatzmengen und Umsatzvolumina	Punkte: ___	Punkte: ___	Punkte: ___
Rohstoff- und Einsatzkosten	Punkte: ___	Punkte: ___	Punkte: ___
Rentabilität bzw. Gewinn	Punkte: ___	Punkte: ___	Punkte: ___
FuE-Aufwand/ Vorentwicklung	Punkte: ___	Punkte: ___	Punkte: ___
Punktsumme	___	___	___

Abbildung 65: Punktbewertungsverfahren (Beispiel)

Beim **Punktbewertungsverfahren** (Scoring) erfolgt die Beurteilung der Strategien anhand individuell relevanter Faktoren, welche die Gesamtheit der auf den Erfolg einwirkenden Einflussgrößen erfassen. Jede Strategie wird dabei über alle Faktoren mittels einer einheitlichen Skala beurteilt. Die Urteile aller Einzelfaktoren werden aggregiert. Dabei können für einzelne Faktoren auch Gewichtungen festgelegt werden, die zum

Ausdruck bringen, welcher Anteil dem einzelnen Faktor zur Erfolgsträchtigkeit beigemessen wird. Dabei handelt es sich jeweils um quantifizierbare Faktoren wie:

- Finanzbedarf/Liquiditätsabfluss,
- Investitionen und laufende Betriebskosten,
- Absatzmengen und Umsatzvolumina,
- Rohstoff- und Einsatzkosten,
- Rentabilität bzw. Gewinn,
- FuE-Aufwand/Vorentwicklung.

Scorings sind universell anwendbar und einfach handhabbar, sie bedingen einen geringen Zeitaufwand und zwingen zu klaren Aussagen. Aber die Ergebnisse hängen von subjektiven Einschätzungen ab, produzieren grobe und pauschalisierte Ergebnisse und beziehen sich nur auf quantitative Größen (siehe Abb. 65).

Allerdings spielen aufgrund steigender Komplexität häufig qualitative, d. h. mehrfach, nicht-quantifizierbare Faktoren eine entscheidende Rolle. Diese werden durch **Nutzwertanalysen** operationalisiert, d. h. messbar gemacht. Jede Strategiealternative wird hinsichtlich jedes Bewertungskriteriums bewertet, d. h., die Erfüllung des im Kriterium enthaltenen Ziels wird ermittelt. Die Zielerreichungsgrade sind wie die Gewichte dimensionslose Größen. Die Multiplikation der Größen Gewicht und Zielerfüllungsgrad ergibt den Teilnutzwert jeder Lösungsmöglichkeit für jedes Bewertungskriterium. Die erreichte absolute Zahl ist nichtssagend. Ihr Wert entsteht erst im Vergleich der Teilnutzwerte zwischen den Alternativen.

Die Addition der Teilnutzwerte je Lösungsmöglichkeit ergibt deren Nutzwert. Die Strategiealternative mit dem höchsten Nutzwert bietet sich zur Realisierung als erste an. Da die Nutzwertanalyse einen Objektivitätseindruck vermittelt, der die zugrunde liegenden qualitativen Bewertungen verdecken kann, muss man sich bewusst machen, dass es sich letztlich um eine subjektive Einschätzung handelt. Mussanforderungen sind K.O.-Kriterien, werden sie von einer Handlungsalternative nicht erfüllt, ist sie keine Handlungsalternative. Die Kriterien sind wiederum individuell zu bestimmen, denkbar sind etwa folgende:

- Nutzung von Synergien,
- Risikoausmaß der Strategie,
- Profilierungschance am Markt,
- Know-how-Erfordernis,
- Flexibilität der Anpassung,
- Zeitbedarf zur Umsetzung.

Kriterien	Gewichtung	Strategiealternative 1		Strategiealternative 2		Strategiealternative 3	
Marktsituation	20 %, davon	Nutzwert 1,00		Nutzwert 1,26		Nutzwert 1,38	
Marktvolumen	5 %	6	0,30	7	0,35	6	0,30
Marktpotenzial	5 %	5	0,25	5	0,25	8	0,40
Marktmacht	4 %	3	0,12	6	0,24	8	0,32
wirtschaftliches Umfeld	3 %	7	0,21	6	0,18	5	0,15
Marktzutrittsbarrieren	3 %	4	0,12	8	0,24	7	0,21
Unternehmenspotenzial	40 %, davon	Nutzwert 3,00		Nutzwert 1,65		Nutzwert 2,77	
technologisches Know-how	12 %	8	0,96	3	0,36	9	1,08
Produktionskapazitäten	8 %	6	0,48	5	0,40	5	0,40
Gewerbliche Schutzrechte	8 %	9	0,72	3	0,24	6	0,48
Anlagenintensität	7 %	7	0,49	5	0,35	8	0,56
Mitarbeiterqualifikation	5 %	7	0,35	6	0,30	5	0,25
Budgetsituation	25 %, davon	Nutzwert 0,74		Nutzwert 1,79		Nutzwert 1,35	
Unternehmenswert	9 %	4	0,36	8	0,72	5	0,45
erreichbare Rendite	6 %	1	0,06	7	0,42	4	0,24
Mittelrückfluss	5 %	2	0,10	6	0,30	7	0,35
Liquiditätsentwicklung	3 %	4	0,12	7	0,21	5	0,15
Risikoausmaß	2 %	5	0,10	7	0,14	8	0,16
Synergiepotenzial	15 %, davon	Nutzwert 1,00		Nutzwert 0,34		Nutzwert 0,83	
Standortsynergien	4 %	8	0,32	3	0,12	4	0,16
Informationssynergien	3 %	4	0,12	2	0,06	7	0,21
Beschaffungssynergien	3 %	6	0,18	1	0,03	5	0,15
Absatzsynergien	3 %	10	0,30	3	0,09	5	0,15
Infrastruktursynergien	2 %	4	0,08	2	0,04	8	0,16
Summe	100 %		5,74		6,04		6,33

Abbildung 66: Checklisten-Verfahren (als Nutzwertanalyse)

Vorteile der Nutzwertanalyse sind ihre streng systematische Vorgehensweise, die Berücksichtigung einer Vielzahl von Größen, eine gute Objektivierung durch Expertenurteil, die Transparenz und Nachprüfbarkeit der Entscheidungsgrundlage auch bei hoher Komplexität. Nachteile sind jedoch der hohe Erstellungsaufwand und die Abhängigkeit von vielfältigen subjektiven Einflüssen, die eine Scheingenauigkeit produzieren (siehe Abb. 66).

9.3 Konzeptionelle Positionierung

Nachdem die Strategieentwicklung als Prozess durchlaufen ist, steht an deren Ende ein konzeptionelles Ergebnis. Dieses verdichtet sich in Form der Positionierung eines Angebots (bei mehreren Angeboten gibt es entsprechend auch mehrere Positionierungen). Diese Angebotsprofilierung kann auf zwei Wegen realisiert werden, zum einen als grafisches Verfahren (genannt: **Mapping**) und zum anderen als verbales Verfahren (**Positioning statement**).

Beim grafischen Verfahren handelt es sich um die Nutzung statistischer Datenauswertungen. Dazu werden die marktrelevanten Meinungsobjekte in einem mehrdimensionalen Positionierungsraum grafisch derart angeordnet, wie sie von den intendierten Zielpersonen subjektiv wahrgenommen werden oder wie sie objektiv tatsächlich gegeben sind. Die Abstände zwischen den Objekten bzw. deren Distanzen zu einem fiktiven Idealobjekt im Raum sollen eine möglichst hohe Übereinstimmung mit der Metrik oder Rangordnung dieser Objekte hinsichtlich der zugrunde gelegten ganzheitlichen Vergleichskriterien (Angebotsdimensionen) aufweisen.

Das Verfahren zur Erreichung dieser komplexen Zielsetzung ist vielstufig. Es umfasst im Einzelnen die Dimensionierung des relevanten Marktes, die Reduktion der Beurteilungsdimensionen auf die wesentlichen, die Auswahl der strategischen Mitbewerber, die Positionierung der wichtigsten Mitbewerber, die Interpretation der entstehenden Positionen und die Positionsbestimmung.

9.3.1 Verfahrensstufen

9.3.1.1 Dimensionierung des relevanten Markts

Der relevante Markt wird auch anschaulich „Arena" genannt. Er grenzt den Schauplatz aufeinander bezogener marktlicher Unternehmensaktivitäten ab. Die zutreffende Abgrenzung des relevanten Markts ist eine der wenigen, noch nicht zufriedenstellend gelösten zentralen Fragen. Es gibt eine ganze Reihe von Ansätzen, die freilich alle nicht mangelfrei sind (s. o.).

Ist der relevante Markt erst einmal abgegrenzt, gilt es, ihn zu kennzeichnen. Dazu dient die Bestimmung der Angebotsdimensionen, diese können sich auf zwei Bereiche beziehen, zum einen auf objektive, sachlich so gegebene Dimensionen, man spricht dann von einem **Eigenschaftsraum**, zum anderen auf subjektive, von Zielpersonen so empfundene Dimensionen, man spricht dann von einem **Wahrnehmungsraum**.

Für die Konzeption ist der Eigenschaftsraum nur begrenzt von Belang, weil er die Realebene des Marktes abbildet, Entscheidungen von Nachfragern jedoch auf ihrer Wahrnehmungsebene erfolgen, die mehr oder minder stark davon abweichen kann, d. h. es kommt weniger darauf an, wie eine Leistung objektiv beschaffen ist, als vielmehr darauf, wie sie subjektiv gesehen wird. Zunächst kommt es dabei auf eine gewisse Vollständigkeit der Erfassung aller Angebotsdimensionen an.

9.3.1.2 Reduktion der Beurteilungsdimensionen

Sind auf diese Weise alle relevanten Angebotsdimensionen erfasst, stellt sich meist heraus, dass diese vielfältig sind und die Dimensionen nicht unabhängig voneinander. Dies ist rein rechnerisch kein Problem, dazu werden multivariate statistische Analyseverfahren, z. B. die Mehrdimensionale Skalierung, eingesetzt. Praktische Probleme ergeben sich jedoch bei der Interpretation deren Ergebnisse. Diese stellen sich als sehr komplex dar und überfordern rasch die Auffassungs- und Verarbeitungskapazitäten aller Beteiligten.

Daher sollte angestrebt werden, die Dimensionen idealerweise auf zwei oder drei zentrale zu verdichten, die dann den Angebotsraum grafisch darstellbar und so leichter interpretierbar machen. Dazu werden nah beieinander liegende Dimensionen komprimiert, z. B. mit Hilfe der Faktorenanalyse. Die verbleibenden Dimensionen werden dann nach ihrer Relevanz gerangreiht und nur die wichtigsten von ihnen berücksichtigt. Meist läuft das auf eine Dimension, die Wert bzw. Nutzen repräsentiert, sowie eine andere Dimension, die Leistung bzw. Funktion repräsentiert, hinaus. Der dabei eintretende Informationsverlust kann billigend hingenommen werden.

9.3.1.3 Auswahl der strategischen Mitbewerber

Der Marktraum ist nun hinsichtlich des relevanten Markts abgegrenzt und hinsichtlich seiner wichtigsten Dimensionen charakterisiert. Damit ist bereits ein guter Überblick über die „Arena" gegeben. Nun geht es darum, festzustellen, welche anderen Anbieter in eben dieser Arena ebenfalls anbieten. Dazu werden zunächst alle Mitbewerber, die diesen Markt ausschließlich oder unter anderem bearbeiten, erfasst.

Bei der dichten Besetzung der Märkte kann und muss jedoch nicht jeder Mitbewerber in der Konzeption berücksichtigt werden. Vielmehr geht es darum, die Strategischen Mitbewerber zu identifizieren. Das sind solche, die zum eigenen Angebot sehr ähnliche Leistungen vertreten. Sie bieten in derselben Strategischen Gruppe an wie man selbst.

Eine Strategische Gruppe ist dadurch charakterisiert, dass die Mitbewerber darin untereinander ähnlicher sind (gruppeninterne Homogenität) als zu Mitgliedern anderer Strategischer Gruppen (gruppenexterne Heterogenität). Die Mitbewerber derselben Strategischen Gruppe sind aufgrund ihrer Ähnlichkeit für einen Anbieter weitaus engere Konkurrenten als die Mitglieder anderer Strategischer Gruppen. Auf sie konzentriert sich daher die weitere Vorgehensweise, die restlichen Mitbewerber können meist vernachlässigt werden (siehe Abb. 67).

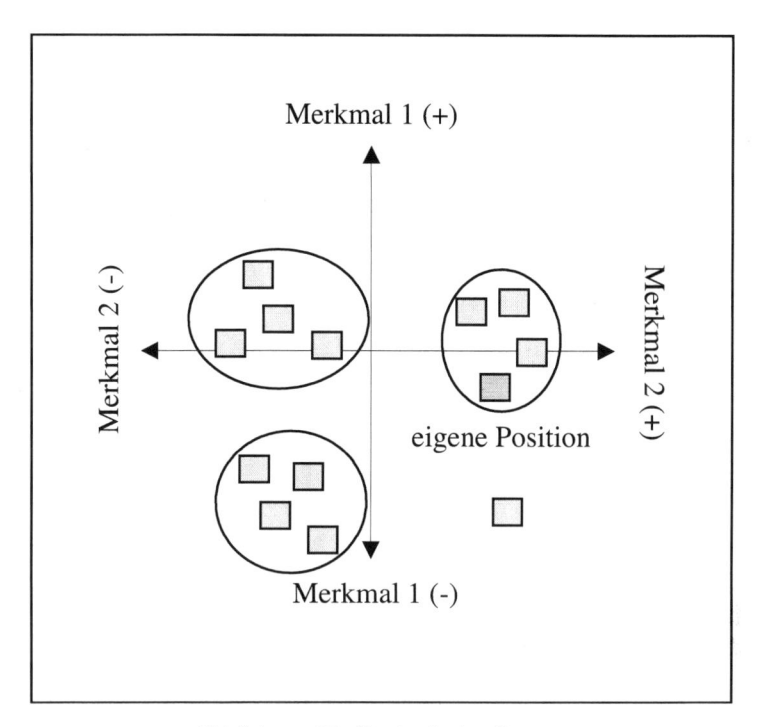

Abbildung 67: Strategische Gruppe

Hinsichtlich des Verhaltens in Strategischen Gruppen sind drei Optionen gegeben. Die Dominanz innerhalb der bestehenden Strategischen Gruppe zielt darauf ab, die Gruppenführung zu übernehmen und damit die Marktmechanik zu beeinflussen. Der Wechsel in eine andere Strategische Gruppe erfolgt, weil diese als günstiger als die bestehende angesehen wird. Freilich sind dazu zunächst Austrittsbarrieren der bestehenden Gruppe sowie Eintrittsbarrieren der optierten anderen Gruppe zu überwinden. Die Gründung einer neuen Strategischen Gruppe versucht, eine gewünschte Monopolstellung zu erreichen und in Folge dort eine First mover advantage zu halten. Für eine dieser drei Optionen ist die Konzeption dann zu erstellen (s. o.).

9.3.1.4 Positionierung der wichtigsten Mitbewerber

Auf Basis der abgegrenzten Strategischen Gruppe und der identifizierten Hauptmitbewerber können diese nun im Marktraum positioniert werden. Als Basis dienen die ermittelten Angebotsdimensionen, hinsichtlich derer jeder relevante Mitbewerber qualifiziert wird. Bei grafischer Darstellung werden auf jeder Achse die Ausprägungen abgetragen und dann das Lot gefällt. Im Schnittpunkt der Dimensionen ergibt sich die Position sowohl, falls bereits vorhanden, für das eigene Angebot wie auch für die Mitbewerber.

Werden dabei nur reale Objekte herangezogen, handelt es sich um einen **Ähnlichkeitsraum**. Die Bezeichnung rührt daher, dass die Positionen der Mitbewerber so interpretiert werden können, dass enger beieinander liegende Positionen eine größere Ähnlichkeit der Mitbewerber indizieren als weiter voneinander entfernt liegende Positionen.

Werden hingegen ideale Objekte abgetragen, handelt es sich um einen **Präferenzraum**. Wie ein Idealobjekt „auszusehen" hat, ist von Zielperson zu Zielperson verschieden. Insofern gibt es nicht ein Idealobjekt, sondern diverse. Um zu konsistenten Ergebnissen zu gelangen, ist es wichtig, sich auf eine Sichtweise des Idealobjekts zu konzentrieren.

Werden sowohl reale als auch das ideale Objekt in einem gemeinsamen Marktraum dargestellt, handelt es sich um einen **Joint space**. Eine solche Konstellation macht vor allem deshalb Sinn, weil zu unterstellen ist, dass ein individuelles Marktangebot eine umso größere Erfolgschance hat, je ähnlicher es einem fiktiven Idealangebot ist. Daher kann es das Ziel einer Positionierung sein, das eigene Angebot nahe dem Ideal zu konzipieren.

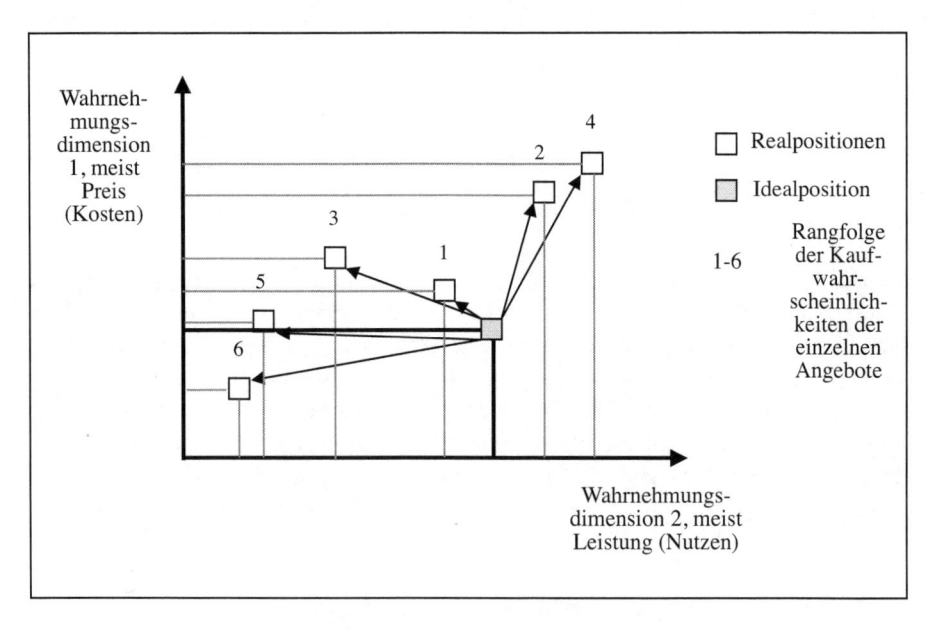

Abbildung 68: Idealpunktverfahren

Dabei stellt sich allerdings die Frage der Interpretation des Begriffs Nähe. Dazu werden zwei Ansätze propagiert. Beim **Idealpunktverfahren** werden um das Idealangebot konzentrische Kreise mit wachsendem Abstand gezogen. Ein reales Angebot wird einem solchen Ideal als umso ähnlicher angesehen, je geringer der geometrische Abstand zwischen beiden ist. Mit zunehmendem Abstand des realen Angebots vom Ideal nimmt also dessen Präferenzwert ab. Dabei ist unerheblich, in welcher Dimensionsrichtung dieser Abstand liegt. Ist die Dimensionsrichtung hingegen bedeutsam, werden mit der Dimension gewichtete Ellipsen um den Idealpunkt gezogen (siehe Abb. 68).

Beim **Idealvektorverfahren** wird ein Fahrstrahl, ausgehend vom 0-Punkt und in seiner Richtung über die Dimensionen entsprechend der Idealausprägung gewichtet (bei gleicher Gewichtung im 45°-Winkel), in den Marktraum gelegt. Dann wird von jedem realen Objekt das Lot auf diesen Fahrstrahl (Idealvektor) gefällt. Dasjenige reale Objekt kommt dabei dem Ideal am nächsten, das auf diesem Fahrstrahl am Weitesten vom 0-Punkt entfernt liegt. Es wird also unterstellt, dass eine steigende Ausprägung der Dimensionen bei Zielpersonen eine umso höhere Präferenz hervorruft. Das muss aber durchaus nicht sein, da es real Sättigungseffekte gibt (siehe Abb. 69).

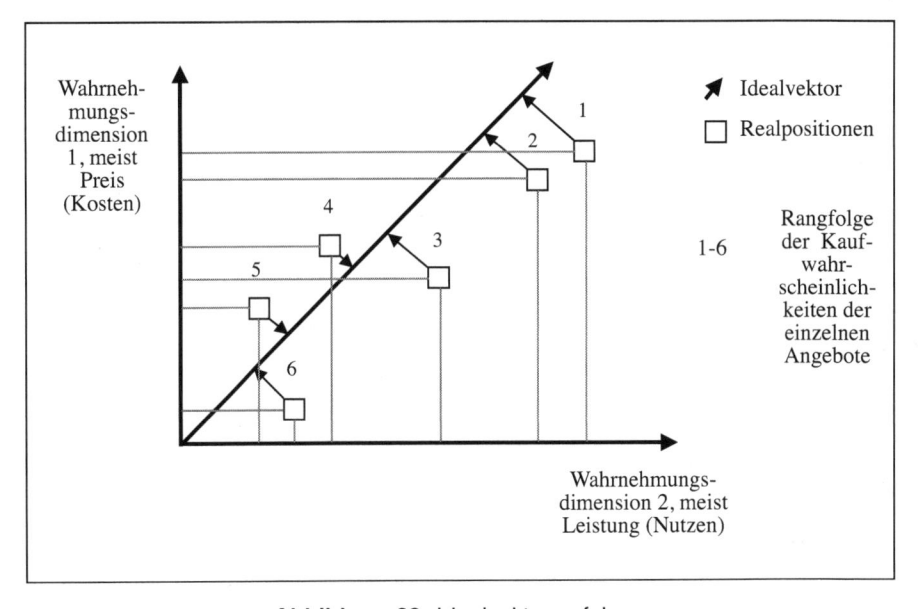

Abbildung 69: Idealvektorverfahren

9.3.1.5 Interpretation der Positionen

Nachdem die Relation der realen Positionen zur Idealposition geklärt ist, sind deren Auswirkungen auf den mutmaßlichen Markterfolg der Realobjekte zu interpretieren. Dabei gibt es zwei Sichtweisen. Die **Single choice**-Sichtweise unterstellt, dass ausschließlich dasjenige Realobjekt gewählt wird, das dem Idealobjekt am nächsten kommt. Zielpersonen verzichten also lieber auf einen Kauf, statt eine Leistung zu erwerben, die von ihnen als ideal angesehenen Dimensionen nennenswert abweicht. Das heißt, Kunden werden erst aktiv, sobald ein Angebot, das ihrem Ideal entspricht, am Markt verfügbar ist.

Man spricht dann von einer **manifesten** Marktnische, d. h. es gibt frei verfügbare Kaufkraft, die nicht abgeschöpft werden kann, weil es an einem geeigneten Angebot fehlt.

Die **Wahlaxiom**-Sichtweise unterstellt, dass auch die Realobjekte, die mehr oder minder stark vom Idealobjekt abweichen, eine von Null verschiedene Chance haben, gekauft zu werden. Das bedeutet, Zielpersonen sind zu einem Kauf auch bereit, wenn eine Leistung Abweichungen gegenüber dem von ihnen so gesehenen Ideal aufweist. Nur sinkt die Kaufwahrscheinlichkeit einer Leistung eben mit steigender Entfernung von deren Ideal. Dabei kaufen Kunden ein Angebot, obwohl es nicht ihrem eigenen Ideal entspricht, mangels anderer Auswahl. Sobald jedoch ein Angebot am Markt auftaucht, das ihrem Ideal entspricht oder noch näher kommt, wechseln sie zu diesem. Man spricht dann von einer **latenten** Marktnische, d. h., es gibt Platz am Markt aus dem Potenzial, das derzeit andere Angebote kauft.

Die Interpretation der Positionen ist durchaus topographisch, also geometrisch exakt, gemeint. Dafür stehen dann statistische Programme zur Verfügung (SPSS-Paket oder Spezialprogramme wie Perceptor, Proposas, Trinodal, Defender, Wisa etc.). Für viele Fälle ist es aber durchaus ausreichend, eine heuristische Einordnung vorzunehmen, zumal die statistisch exakten, normativen Verfahren häufig eine Scheingenauigkeit vorspiegeln, die in der Realität so nicht gegeben ist (z. B. infolge Erhebungs-, Mess- oder Auswertungsfehlern).

9.3.1.6 Positionsbestimmung

Nunmehr ist die Position in einem Marktraum abstrakt bestimmt. Es ist jedoch unerlässlich, diese Position auch zu verbalisieren. Aus der Positionierung folgt somit das konkrete Positioning statement. Dieses besteht im Regelfall aus zwei Formulierungen.

Der **Angebotsanspruch** (Claim) formuliert, was ein Angebot behauptet, besser zu können als jedes andere. Es handelt sich dabei noch nicht um Werbetext, sondern um Konzeption, sodass Alleinstellungen und Übertreibungen zulässig und für die Zuspitzung sogar erwünscht sind. Die **Anspruchsbegründung** (Reasen why) formuliert, warum der behauptete Anspruch glaubwürdig ist, welche sachliche Argumentation also die Vertrauensbasis erzeugt.

Die Positionsformulierung muss sich auf die Dimensionen, die dem Positionierungsmodell zugrunde liegen, beziehen, damit eine konzeptionelle Stringenz gewährleistet bleibt.

Aus dem Positioning statement ist dann die **Zielposition** eines Angebots im Markt bestimmbar. Dazu wird in den Marktraum neben der Idealposition der Zielpersonen, ggfs. der Ist-Position des eigenen Angebots und den Realpositionen der Mitbewerber die eigene Zielposition eingetragen. Diese sollte aus den genannten Gründen möglichst nahe der Idealposition der Zielpersonen liegen und zugleich deutlich differenziert gegenüber den Realpositionen der Mitbewerber. Ersteres schafft ein hohes akquisitorisches Potenzial, Letzteres eine willkommene Differenzierung.

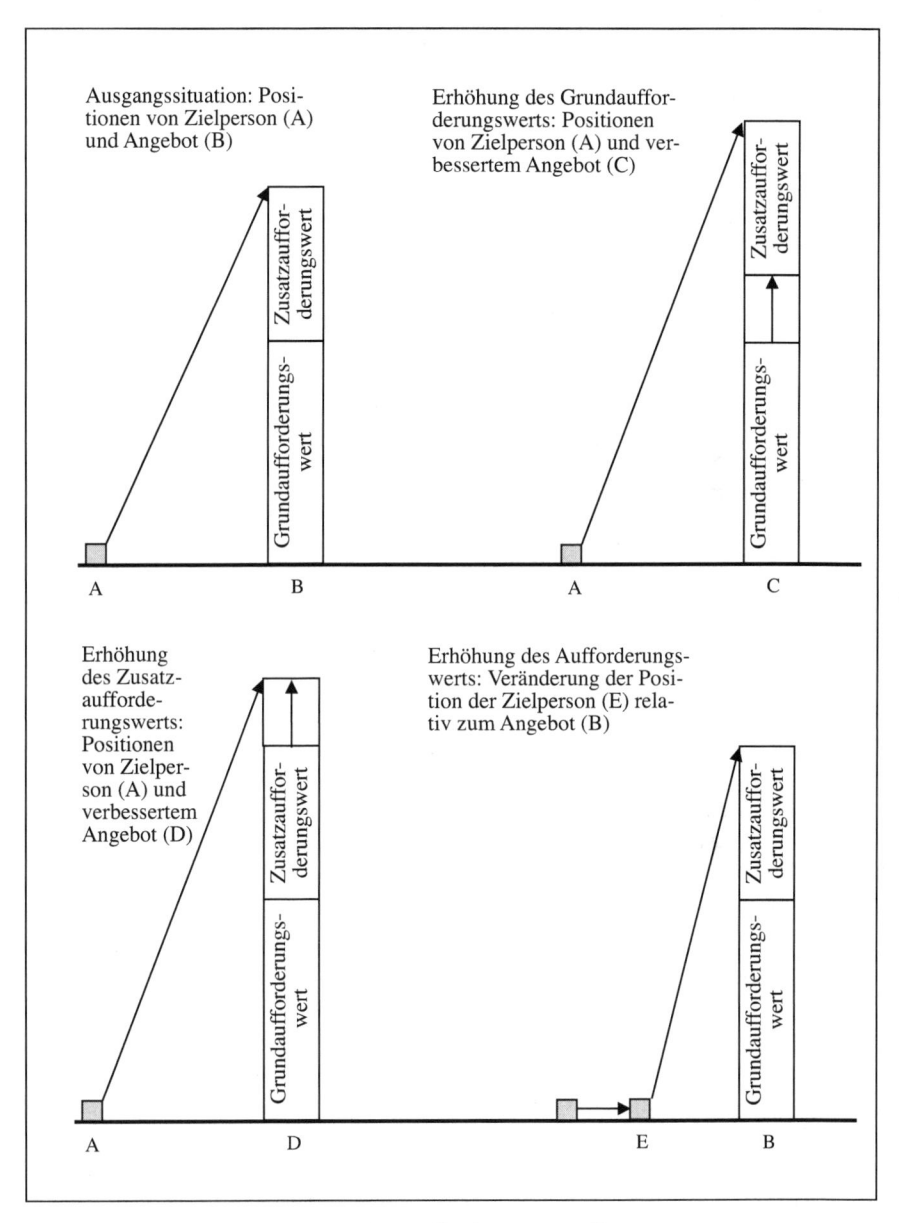

Abbildung 70: Aufforderungsgradienten

Um eine gewünschte Profilierung bei Nachfragern und zugleich eine Abgrenzung gegenüber Mitbewerbern zu erreichen, gibt es drei Ansatzpunkte (siehe Abb. 70).

Erstens kann der **Grundaufforderungswert** des eigenen Angebots gegenüber dem Mitbewerb erhöht werden, d. h. die gattungstypische Leistung wird betont, um dem Angebot eine Prominenz in der Wahrnehmung der Zielpersonen zukommen zu lassen. Das Problem dabei ist, dass diese Strategie in gleichem Maße allen Mitbewerbern zugute kommt, die ja denselben Grundnutzen stiften können.

Daher kann zweitens der **Zusatzaufforderungswert** des eigenen Angebots gegenüber dem Mitbewerb erhöht werden, d. h. die spezifische Leistung wird betont, um das eigene Angebot gegenüber dem Mitbewerb abzugrenzen. Dies setzt freilich ein relevantes Alleinstellungsmerkmal voraus. In den dicht besetzten Märkten der Gegenwart sind solche wirksamen Alleinstellungen immer schwerer zu finden und werden zudem rasch obsolet.

Drittens kann eine **Präferenzumwertung** bei Zielpersonen vorgenommen bzw. versucht werden, d. h. Zielpersonen sollen Angebotsmerkmale, die für sie seither nur von geringerer Bedeutung waren und über die das eigene Angebot verfügt, nicht aber der Mitbewerb, nunmehr als wichtiger ansehen als vordem, bzw. Angebotsmerkmale, die für sie seither von hoher Bedeutung waren und über die der Mitbewerb disponiert, das eigene Angebot jedoch nicht, nunmehr als weniger wichtig ansehen. Gelingt eine solche Präferenzumwertung, können sogar bislang konkurrenzunterlegene Angebote am Markt reüssieren.

9.3.2 Positionierungsanlässe

Für eine solche Positionierung gibt es mindestens vier Anlässe (siehe Abb. 71). Die **Erstpositionierung** findet bei der Einführung eines neuen Angebots am Markt statt. Es ist heute nicht mehr möglich, ein Angebot ungezielt am Markt anzubieten und darauf zu hoffen, dass es sich seine Nachfrage selbst sucht, dies ist unrealistisch. Vielmehr geht es darum, jedes Angebot so spitz und prägnant am Markt zu positionieren, dass die intendierten Zielpersonen attrahiert werden. Die Erstpositionierung ist insofern eine historische Chance, da die Position frei von „Altlasten" bestimmt werden kann, und zwar nach dem Prinzip der maximalen Erfolgsträchtigkeit.

Die **Positionsvitalisierung** dient der Aktualisierung einer Positionierung. Häufig wird die Positionierung im Markt, z. B. mangels entsprechender Budgetmittel, nicht mehr genügend betont, sie gerät dadurch in Vergessenheit. Zugleich leidet die Kaufbegründung für das dahinter stehende Angebot und ehemaliger Markterfolg geht verloren. Dann ist es erforderlich, die bestehende Positionierung wieder aus der Vergessenheit zu holen und zu penetrieren. Geschieht dies in regelmäßigen Abständen, kann es gelingen, die Positionierung in aktiver Erinnerung der Zielpopulation zu halten.

Eine **Umpositionierung** ist dann erforderlich, wenn die Durchsetzungsfähigkeit der bestehenden Positionierung in Zweifel zu ziehen ist. Dies kann daran liegen, dass die konzeptionellen Überlegungen in die falsche Richtung gegangen sind oder auch daran, dass Mitbewerber die eigenen Pläne durchkreuzen. Dann macht es wenig Sinn, die bestehende Position zu perpetuieren. Vielmehr ist es angezeigt, auf dem nunmehr erreichten höheren Wissensstand eine veränderte Positionierung zu entwickeln und in den Markt zu geben. Zu klären ist dabei, wie die Relation zur alten Positionierung gestaltet werden soll. Denkbar ist eine abändernde Fortführung in mehreren kleinen Stufen, denkbar ist ein abrupter Wechsel unter möglicher Mitnahme der bisherigen Nachfrager, möglich ist aber auch ein abrupter Wechsel ohne Referenz auf die bestehende, alte Position. In allen Fällen werden Investitionen in die Erstpositionierung entwertet, sodass eine Vernichtung immateriellen Vermögens erfolgt. Daher ist eine Umpositionierung im Relaunch häufig nur Ultima ratio.

	Etablierung / Revival	Vorhandene Marktpräsenz
Bestehende Position	Positionsvitalisierung	Positionsverstärkung
Neue Position	Erstpositionierung (Launch)	Umpositionierung (Relaunch)

Abbildung 71: Positionierungsanlässe

Eine **Positionsverstärkung** dient der Profilierung der Positionierung. Es ist wohl unvermeidlich, dass die Positionierung im Zeitablauf an Prägnanz verliert. Sie verschleißt und büßt durch Verunschärfungen an Attraktionswirkung ein. Dann ist es erforderlich, die bestehende Positionierung zu verstärken. Zugleich ist dabei auch eine Feinjustierung möglich, etwa um sich autonomen Entwicklungen anzupassen oder auch auf Mitbewerber zu reagieren. Diese Nachregelung kann der Positionierung neue Kraft verleihen und ihr Potenzial voll ausschöpfen lassen. Häufig wird dabei zum Mittel der Line extension (Programmdifferenzierung) oder Flankers (Programmdiversifizierung) gegriffen, die jedoch nur dann sinnvoll sind, wenn dadurch die Position geschärft wird.

9.3.3 Positionierungsrichtung

Für die Positionierung gibt es Optionen, die bewährt sind und sich dadurch anbieten (siehe Abb. 72). Am Bekanntesten ist sicherlich die **faktische Alleinstellung** eines Angebots als Unique selling proposition. Problematisch dabei ist, dass die eigene Positionierung sich dann im Wesentlichen aus dem ergibt, was der Mitbewerb am Markt noch unbesetzt gelassen hat. Dies entspricht aber einer reaktiven Sichtweise (Outside in/Porter). Insofern steht zu vermuten, dass die potenzialstärksten Positionen bereits vergeben sind und ein prospektiver Markterfolg daher begrenzt bleibt. Zudem ist die Fortschrittsgeschwindigkeit in vielen Märkten so hoch, dass Alleinstellungen von heute morgen bereits getoppt sind und dann zu Konkurrenznachteilen mutieren. Insofern ist die USP-Denkweise sehr bedenklich.

Eine Alternative dazu ist eine Alleinstellung des eigenen Angebots auf der Wahrnehmungsebene als Unique communications proposition. Solche Alleinstellungsbehauptungen müssen nur relevant und plausibel sein, dann sind sie für Konkurrenten gesperrt, selbst wenn diese mit gleicher Berechtigung diese Alleinstellungsbehauptung aufgreifen könnten. Im Unterschied zum USP ist der UCP also besser zu verteidigen und wird erst hinfällig, wenn er für Zielpersonen nicht mehr relevant ist oder vom Anbieter nicht mehr aktiv besetzt wird. Denkbar ist auch eine künstliche Alleinstellung durch ein Angebotsmerkmal, das nur wegen der Alleinstellungsabsicht, nicht hingegen aus sachlichen Gründen, in das Angebot aufgenommen wird und durch seine Ingredienz eine **kommunikative Alleinstellung** erlaubt. Auch hierbei kommt es zentral auf Relevanz und Plausibilität an (z. B. Trill/Effem mit Jod S-11-Körnchen).

Denkbar ist aber auch eine prägnante **Zuspitzung** der Positionierung, also die freiwillige Potenzialbeschränkung auf ein kleines Marktsegment in der Annahme, dieses voll ausschöpfen zu können oder im Umfeld dieser attraktiven Positionierung weitere Zielpersonen einzusammeln. Beispiele für Ersteres sind Senior- oder Premium-Petfood-Waren (Sheba, Cesar, Whiskas etc.), für Letzteres After Eight-Süßwaren oder Fishermen's Friend. Die Idee ist dabei, dass die überspitzte Positionierung sich im Markt ohnehin glattschleift und auf ein zumutbares Maß reduziert wird oder umgekehrt, ohne diese Zuspitzung das Profil des Angebots ausgesprochen flach bleibt. Außerdem werden im Umkreis der zugespitzten Positionierung weitere Zielgruppen angesprochen, sodass das Absatzpotenzial sich vergrößert.

Der Gegenpol dazu, nämlich der der breiten **Bedarfsabdeckung**, ist heute kaum mehr anzutreffen. Dies ist vielmehr Angeboten vorbehalten, die zu Zeiten die Märkte beherrschten, als diese noch nicht so dicht besetzt waren wie heute. Das Angebot konnte mehr oder minder undifferenziert an den Markt gegeben werden. Die Kunst besteht heute eigentlich darin, diese omnipotente Position in die Gegenwart zu retten (etwa Nivea für Hauptpflege oder Volkswagen für Pkw). Dabei ergeben sich erhebliche Probleme, weil durch Line extensions und Flankers die Positionskompetenz überdehnt wird und der Angebotskern nicht mehr genügend Zugkraft bereitstellen kann (z. B. Milka/KJS).

	Begegnung	Ausweichen
Positionsart	Kommunikative Alleinstellung (UCP)	Faktische Alleinstellung (USP)
Positionsumfang	Breite Anlage (Bedarfsabdeckung)	Zuspitzung (Angebotsfokussierung)
Positionszustand	Partizipation am Mitbewerb (Me too)	Marktschnittstelle

Abbildung 72: Positionierungsrichtung

Eine aussichtsreiche Option ist die Positionierung von Angeboten an der **Schnittstelle von Märkten**. Geht man davon aus, dass alle Markträume heute dicht besetzt und chancenvergeben sind, ist dort eine erfolgreiche Positionierung kaum mehr möglich. Jedoch kann man sich die Märkte als Perlen an einer Kettenschnur vorstellen, d. h. die Markträume haben Berührungspunkte zueinander. Wenn es nun gelingt, eine Position an einer solchen Kontaktstelle zwischen zwei Märkten aufzubauen, können damit Angebotsmerkmale verbunden werden, die den Angeboten in den beiden Einzelmärkten jeweils verwehrt bleiben und damit eine Überlegenheit etablieren. Dies wiederum kann bei Erfolg zu einem neuen eigenständigen Marktraum führen, in dem der Schnittstellenanbieter bereits dominiert. Beispiele dafür sind Knusperriegel (Keks und Schokoriegel), „Rinpoos" (Shampoo und Spülung), SUV (Offroader und Limousine), Eisriegel oder Sportlimousinen (wie Mercedes CLS, Audi GT oder BMW GT).

Eine zwar wenig fantasievolle, aber durchaus praktikable Option der Positionierung besteht auch in der Nachahmung und Dominanz erfolgreicher Mitbewerber. Dabei kann man an deren Erfolg partizipieren oder deren Investitionen für sich liquidieren. Ersteres setzt eine hohe Verwechslungsfähigkeit der Angebote voraus, sodass diese aus Käufersicht für identisch oder zumindest vergleichbar gehalten werden (z. B. Milka vs. Alpia). Letzteres setzt überlegene Budgetmittel voraus, damit Marktpositionen okkupiert werden können (z. B. JVC vs. Sony, IBM vs, Nixdorf). Eine solche **Me too**-Positionierung kann jedenfalls große Chancen bergen, selbst wenn sie nicht gerade von hoher konzeptioneller Kompetenz zeugt.

10. Erfolgsfaktorenforschung

10.1 Erkenntnisse der PIMS-Studie

10.1.1 Untersuchungsanlage

Das Akronym PIMS steht für Profit impact of market strategies. Diese Methode entstand bei General Electric und wurde seit 1984 zu einer Multi Company-Studie weiterentwickelt. Absicht dieser umfangreichen empirischen Untersuchung war es, festzustellen, wie sich strategische Entscheidungen auf die Rentabilität eines Unternehmens auswirken. Empirisch beobachtbare dauerhafte Erfolgsunterschiede zwischen über 3.000 verschiedenen Unternehmensteilen (SGE´s) aus 300 Unternehmen weltweit wurden in Form finanzieller Zielgrößen gemessen. Alle branchenbezogenen Daten wurden in einer Datenbank gesammelt, analysiert und strukturiert ausgegeben, sodass es den Teilnehmern dieses Programms möglich war, die Erfahrung Aller zu nutzen und gültige Erfolgsprinzipien daraus abzuleiten. Mithilfe statistischer Verfahren (z. B. multiple Regressionsanalyse) sollten Zusammenhänge zwischen Umwelt-, SGE- und Ergebnisvariablen entdeckt und, darauf aufbauend, Handlungsempfehlungen für „gute" strategische Entscheidungen formuliert werden.

Ziel war also das Lernen durch Erfahrung über erfolgreiche bzw. erfolglose Geschäftsbereiche sowie über verschiedene Arten von Geschäften. Die Rentabilität (= Output des Modells) wurde durch die zentrale Größe Return on investment/ROI gemessen, als Quotient aus operativem Gewinndurchschnitt der letzten vier Jahre und Umlauf- plus Anlagevermögen einer SGE. Eine SGE ist hierbei eine Division, Produktlinie oder ein Profit center, das eine genau definierte Menge von verwandten Produkten und/oder Diensten herstellt und vermarktet, einen klar definierten Kreis von Kunden innerhalb eines abgegrenzten geographischen Bereichs bedient und mit einem genau definierten Kreis von Konkurrenten in Wettbewerb steht. Pro Geschäftseinheit werden 200 absolute Kennzahlen erhoben, zusätzlich 300 relevante Verhältniskennzahlen.

Grundannahme der Studie war, dass Marktgesetze existieren, die bestimmen, wie stark sich der Output verändert, wenn der Input um eine bestimmte Einheit verändert wird. Diese Gesetze sind unabhängig von Ort und Zeit, also steckt hinter ihnen die Unterstellung, dass die ermittelten Wirkzusammenhänge unter gleichen Rahmenbedingungen immer und überall gelten. Man ging davon aus, dass diese Marktgesetze erfassbar, also auch erlernbar sind. Erlernen bedeutet, dass man aus den Erfolgen und Fehlern anderer Geschäftseinheiten Prämissen für das eigene Handeln ableiten kann. Außerdem wird unterstellt, dass die aufgedeckten Gesetzmäßigkeiten für alle Unternehmen gelten, unabhängig von deren Unterschieden.

10.1.2 Schlüsselfaktoren

Wesentliche Messgrößen der Studie waren folgende:

- kurz- und langfristiges Marktwachstum, Inflationsrate, Export-/Importrate, Konzentrationsgrade auf Anbieter- und Nachfragerseite, Auftragsgröße, Produktpräferenz, gewerkschaftlicher Organisationsgrad, absoluter/relativer Marktanteil, relative Produktqualität, relatives Lohnniveau, Investitionsintensität, Wertschöpfung in Relation zum Umsatz, Umsatz pro Mitarbeiter, Kapazitätsauslastung, Marketingaufwand und Relation zum Umsatz, FuE-Aufwendungen in Relation zum Umsatz, Produktinnovationsrate, Betriebs- und Unternehmensgröße, Diversifikationsgrad, Verfügbarkeit/Nutzung von Absatzmittlern, Steigerungsrate der Verkaufspreise und Kosten, Anzahl/Größe der belieferten Zwischenabnehmer, Anzahl der Endabnehmer, Bestellhäufigkeit/-umfang, relative Preishöhe, Kapitalintensität, Ausmaß der vertikalen Integration, Anlagen- und Personalproduktivität, Lagerbestände, Werbe-/VKF-Budgets, Vertriebsaufwand, sowie Veränderungen in den fünf Variablenklassen Marktanteils-, vertikale Integrations-, relative Preis-, Produktqualitäts- und Kapazitätsänderung.

Mithilfe dieser 37 Faktoren werden 75–80 % des Unterschieds im ROI zwischen zwei Geschäftseinheiten erklärt. Der verbliebene Rest kann mithilfe der von PIMS genutzten Methoden nicht erklärt werden. Die sieben Haupteinflussgrößen sind im Einzelnen folgende.

Die **Marktwachstumsrate** hat positiven Einfluss auf die Rentabilität (ROI/ROS), bei einer positiven Wachstumsrate über 10 % liegen die ROI-Werte um durchschnittlich 4 % höher als bei einer negativen Wachstumsrate von 5 %, die Rentabilität wird aber auch tendenziell durch die Lebenszyklusphase beeinflusst. Der ROI sinkt ab, je mehr sich das Produkt im Lebenszyklus weiterentwickelt. Ein positiver Einfluss des Marktwachstums auf den absoluten Gewinn und ein negativer Einfluss auf die Liquidität sind gegeben. Je attraktiver ein Markt, desto gefährdeter ist die kurzfristige Liquiditätssteuerung des Unternehmens und desto höher sind die absoluten Gewinne. In schnell wachsenden Märkten ist die Rentabilität am Höchsten, in schrumpfenden Märkten am Niedrigsten. Märkte mit hohen Wachstumsraten weisen hohe Bruttospannen, hohe Marketingkosten, niedrige Steigerungsraten bei Verkaufspreisen und Löhnen, steigende Produktivität, die Notwendigkeit zur Investitionsausdehnung und geringen oder negativen Cash-flow bei steigendem ROI auf.

Die **Auftragsgröße** ist definiert als Größe der einzelnen Transaktion und hat negativen Einfluss auf den ROI. Dies lässt sich erklären, indem gewerbliche Kunden bei Einkäufen mit hohen Beträgen aggressiver verhandeln und verschiedene Vergleichsangebote einholen. Quantifiziert man die Bedeutung der Produkte/Dienste für Kunden (definiert als Anteil an den Gesamteinkäufen eines Kunden), so besteht ein negativer Einfluss auf die Rentabilität. Lieferantenkonzentration verbessert bei Geschäftseinheiten mit nur wenigen Lieferanten die Rentabilität. Die Auftragsgröße hat schmälernde Wirkung vor allem in Märkten für Industriegüter, Transaktionen mit hohen Auftragsgrößen stellen sich dort als nicht so rentabel dar.

Der **Marktanteil** wird als Umsatz der SGE : Umsatzvolumen des bedienten Markts bzw. Umsatz der SGE : gemeinsamer Umsatz der drei Hauptwettbewerber definiert. Ein hoher relativer wie absoluter Marktanteil hat einen deutlich positiven Einfluss auf den Gewinn und Cash-flow. Gründe sind Größenvorteile, Risikoaversion der Kunden, Marktmacht und Managementqualität. Dabei unterscheidet man zwischen absolutem, relativem und effektivem Marktanteil. Er bezieht sich immer auf den relevanten Markt, also das Segment, das bedient wird und in dem eine Geschäftseinheit mit anderen Anbietern tatsächlich konkurriert. Marktanteil und Rentabilität korrelieren positiv, hoher Marktanteil bedeutet auch hohen finanziellen Erfolg. Durch den vergrößerten Marktanteil erzielt die Geschäftseinheit gegenüber der Konkurrenz Kostenvorteile. Geschäftseinheiten mit kleinem Marktanteil stehen vor dem Problem, eine notwendige effiziente Betriebsgröße zu erreichen. Hohe Qualität schafft zugleich die Voraussetzung für relativ hohe Preise und die Vergrößerung des Marktanteils. Gründe für die positive Korrelation zwischen ROI und Marktanteil können in den Größenvorteilen (Economies of large scale), in der Risikoaversion von Kunden, in der Marktmacht des Anbieters oder in der Qualität des Management liegen (siehe Abb. 73).

Die (relative) **Produktqualität** ist als %-Anteil des Umsatzes der SGE mit qualitativ überlegenen Produkten abzgl. %-Anteil des Umsatzes der SGE mit qualitativ unterlegenen Produkten definiert. Sie wird nicht aus interner, produktionsorientierter Sicht, sondern aus dem Blickwinkel des Kunden betrachtet. Sie hat eine besonders stark positive Beziehung zum ROI. Bessere Qualität führt zu stärkerer Kundentreue, zur Durchsetzung höherer Preise und zu Marktanteilserhöhungen. Die relative Produktqualität im Konkurrenzvergleich beeinflusst den relativen Preis, definiert als Preis einer Geschäftseinheit im Vergleich zu ihren wichtigsten Konkurrenten, positiv. Mit zunehmendem Marktanteil sinken die relativen Kosten, definiert als Kosten einer Geschäftseinheit im Vergleich zu den wichtigsten Konkurrenten. Höhere Preise und niedrigere Kosten führen dann zu hohem ROI. Die Qualität korreliert, wie auch die Produktinnovation, stark positiv mit ROI, ROS und Cash-flow.

Die **Investmentintensität** ist als Buchwert des Anlagevermögens korrigiert um das Ausmaß der Kapazitätsauslastung dividiert durch Umsatzerlöse bzw. Wertschöpfung definiert. Sie wird gemessen als Investment im Verhältnis zum Umsatz und wirkt sich negativ auf den ROI aus. Das Verhältnis von durchschnittlich gebundenem Kapital zu Umsatz korreliert negativ mit dem ROI, weil internes Investment zu aggressivem Wettbewerb führt und hohe Anlageninvestitionen sich als unüberwindbare Marktaustrittsbarrieren erweisen. Hohe umsatzbezogene Budgets bei hohem relativen Marktanteil beeinflussen den ROI positiv. Unternehmen mit hoher Investitionsintensität weisen einen niedrigeren ROI, einen niedrigeren ROS und einen niedrigeren Cash-flow aus. Gründe sind Preiskämpfe auf Grund hoher Investitionsintensität, der erschwerte Austritt aus unwirtschaftlichen Geschäften oder die geringere Effizienz bei der Nutzung des Anlagevermögens oder des Working capital. Auch orientieren sich Gewinnvorgaben nicht an Investitionen, so erreicht der durchschnittliche ROS nur ein Drittel der erforderlichen Höhe, um einen ROI von 20 % zu erwirtschaften.

		Relativer Marktanteil	
Relative Produktqualität 60 %	21	27	38
25 %	14	20	29
	7	13	20
Return on investment	33 %	67 %	

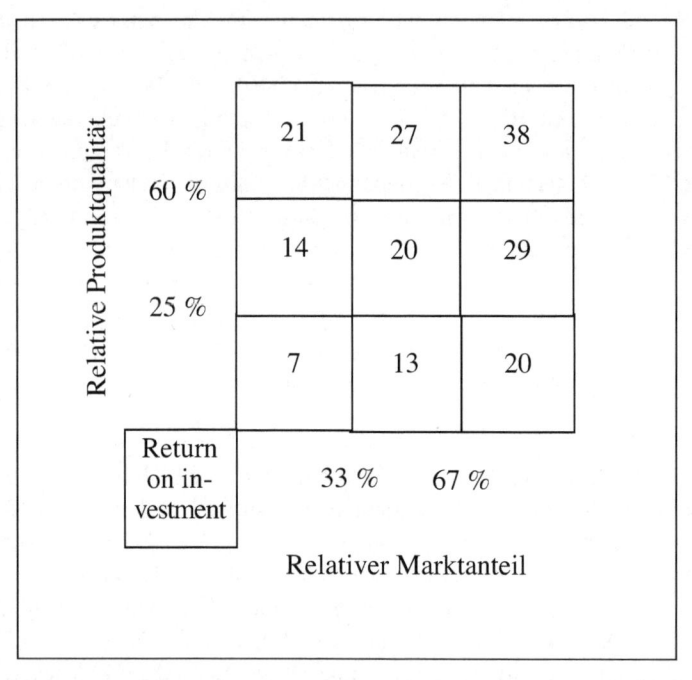

Abbildung 73: Ergebnis PIMS-Studie (Einfluss Qualität/Marktanteil)

Die **vertikale Integration** ist als Wertschöpfung (Umsatz abzgl. Materialkosten) : Umsatzerlöse definiert. Dabei besteht ein V-förmiger Zusammenhang zum ROI, der ROI ist also hoch bei niedriger und hoher vertikaler Integration. Vertikale Integration ist die Kombination mehrerer Produktions- oder Vertriebsstufen, die meist organisatorisch getrennt sind, als absolute oder relative Größe (im Konkurrenzvergleich) ermittelt. Unternehmensgröße und Grad der vertikalen Integration tragen entscheidend zur Erklärung des ROI bei. Geschäftseinheiten mit hohem Marktanteil und hohem vertikalen Integrationsgrad kommen auf einen hohen ROI. Für Unternehmen in ausgereiften oder stabilen Märkten hat ein hoher Integrationsgrad positive Auswirkungen auf ROI, ROS und Cash-flow. In rasch wachsenden Märkten oder auch in schrumpfenden oder oszillierenden Märkten ist das Gegenteil der Fall. Die Zunahme des ROI ab etwa 60 % hängt mit dem langsameren Anstieg der Investmentintensität zusammen.

Die **Produktivität** wird als Wertschöpfung pro Mitarbeiter gemessen und hat eine positive Wirkung auf den ROI, gegenläufig wirkt die Investitionsintensität als investiertes Kapital je Arbeitsplatz. Eine höhere Produktivität bei gleich bleibendem investierten Kapital pro Mitarbeiter führt zur Erhöhung des ROI, mehr investiertes Kapital pro Mitarbeiter bei gleich bleibender Produktivität führt zu niedrigerem ROI. Unternehmen mit höherer Wertschöpfung je Mitarbeiter haben einen höheren ROI, ROS und Cash-flow als diejenigen mit einer niedrigeren Kennzahl. Ist eine Erhöhung der Produktivität mit einer Erhöhung der Investitionsintensität verbunden, ist die negative Auswirkung der höheren Investitionsintensität auf ROI, ROS und Cash-flow größer als die positiven Auswirkungen der höheren Produktivität. Höhere Produktivität bei gleich bleibendem investierten Kapital pro Mitarbeiter führt zur Erhöhung des ROI, dagegen entsteht durch Erhöhung des investierten Kapitals pro Mitarbeiter bei gleich bleibender Produktivität ein niedrigerer ROI.

10.1.3 Sonderauswertungen

Neben dem Grundlagenreport lagen weitere ergänzende Reports auf Basis des gleichen Datenbestands als Sonderauswertungen vor.

Der **PAR-Report** gibt Auskunft über den durchschnittlichen ROI von vergleichbaren Geschäftseinheiten auf Grund ihrer Rahmenkonstellation. Auf Basis von 28 Strategievariablen und 200 Eingabedaten wird darin ein Erwartungswert für das Renditeergebnis einer SGE errechnet. Dies ermöglicht die aussagefähige relative Einordnung des Erfolgs der eigenen Unternehmensstrategie im Vergleich zu Erfolgen gleichartiger anderer Unternehmen. Abweichungen zwischen modellhafter Renditevorgabe und Ist-Rendite im negativen Bereich können deshalb a priori als Managementschwächen interpretiert werden.

Für Ad hoc-Analysen und Krisenmanagement ist ein spezielles **LIM-Modell** vorgesehen. Dieses beruht auf limitierten Eingabedaten (16 Größen) und ermöglicht daher eine schnellere Aussage mit allerdings verringerter Güte, aber gleicher Absicht wie im PAR-Report. Der PAR-ROI ist die unter den gegebenen Bedingungen erreichbare, mit einer Bandbreite von +/- 3 %, mittlere Rendite der SGE. Diese Aussage wird durch Vergleich mit den erfolgreichsten SGE's in der Datenbank gleicher Struktur erreicht (Strategy peers). Allerdings handelt es sich dabei um einen durchschnittlichen, aus verschiedenen Branchen zusammengesetzten fiktiven Wert.

Der **Strategy analysis-Report** ermöglicht die bessere Abschätzung von Auswirkungen geplanter Strategieänderungen auf das Unternehmensergebnis (ROI) über Strategie-Simulation, indem die sich ergebende Strategieposition gegen dann vergleichbare andere SGE´s gespiegelt wird. Als Inputdaten kommen Umweltentwicklung, strategische Stoßrichtung und Position sowie operative Effektivität in Betracht. Den Output bilden drei Faktoren, die Gewinnsimulation für das erste Jahr nach der Anpassung, der Cash-flow für die nächsten zehn Jahre und der Marktwert der Geschäftseinheit in diesem Zeitraum. Der diskontierte Cash-flow und der diskontierte Marktwert bilden zusammen das Wertsteigerungspotenzial der betrachteten SGE.

Der **Optimum strategy-Report** als Simulationsvariante gibt Anhaltspunkte für die optimale Verbindung von Strategievariablen für maximalen ROI. Als Referenz dienen besonders erfolgreich arbeitende Geschäftseinheiten, deren Instrumentalkombination aus der Datenbank als Referenz übernommen wird.

Der **Report on look alikes** (ROLA) erlaubt die Lokalisierung auf Grund ihrer Rahmenkonstellation ähnlicher, jedoch erfolgreicherer anonymisierter SGE´s im Datenbestand. Im ROLA werden zu der untersuchten SGE ähnliche SGE´s aus der Datenbank herausgesucht, die bereits zu einem früheren Zeitpunkt die Ziele erreicht haben, welche die betrachtete SGE erst noch anstrebt. Die Look alikes werden auf Grund identischer Strukturmerkmale ausgesucht. Dazu werden 200 Merkmale wie Marktanteil/Marktanteilsveränderung, Wettbewerbsstruktur, Kapitalintensität, vertikaler Integrationsgrad, relative Produktqualität, Programmstruktur, Preisverhältnis zum Mitbewerb, Anteil neuer Produkte, Werbebudget etc. herangezogen. Diese werden unter Diskriminationsgesichtspunkten nach Gewinnern, d. h., SGE´s mit erfolgreichen Strategien, und Verlierern, d. h., SGE´s mit nicht erfolgreichen Strategien, unterteilt. Damit besteht die Chance, die Unternehmensstrategie der Gewinner zu analysieren und ggf. zu adaptieren. Erstens werden dazu strategisch ähnliche Geschäftseinheiten auf Grund frei bestimmbarer Kriterien in der Datenbank gesucht, zweitens wird die sich ergebende Stichprobe nach einem frei bestimmbaren Kriterium in zwei Gruppen aufgeteilt, in eine „Verlierer"-Gruppe und eine „Gewinner"-Gruppe, und drittens werden signifikante Unterschiede zwischen den beiden Gruppen festgestellt und ausgewiesen.

Darüber hinaus gibt es zahlreiche Sonderauswertungen, so den Qualitätsreport (über die relative Produktqualität), das Qualitätsanalyseprogramm (über das Preis-Leistungs-Verhältnis) oder den Strategy sensitivity report. Diese Reports werden aus mehreren Datenbanken gespeist.

Die **Portfolio**-Datenbank enthält Informationen zum Aufspüren von Synergieeffekten bei verbundenen Geschäftseinheiten. Bei der **Qualitäts- und Differenzierungs-Datenbank** handelt es sich um eine systematische und kostengünstige Vorgehensweise zur sicheren Berechnung der relativen Produktqualität aus Kundensicht. In einem ersten Schritt erfolgt dazu die Bestimmung der Kriterien, die Kunden bei ihrer Kaufentscheidung beeinflussen und die Gewichtung dieser Kriterien aus Kundensicht. Dann wird eine ordinale Skala zur Einstufung der eigenen Geschäftseinheit und der wichtigsten Konkurrenten konstruiert. Schließlich wird die Qualitätskennziffer in Relation zum Preis gestellt, das Ergebnis ist eine Preis-Leistungs-Matrix. Erfolgsmaßstäbe allgemeiner Art sind dabei ROI und ROS (Return on sales). Die **OASIS-Datenbank** (für Organisation and strategy information service) enthält Daten zur Unterstützung von Unternehmensstrategien durch Analyse der Erfolgsfaktoren Organisation, Personalwesen, Unternehmenskultur, Wettbewerbsstrategie und Unternehmenserfolg, die deren Auswirkungen auf den Erfolg einer Geschäftseinheit zu quantifizieren sucht. Die **Global strategy-Datenbank** enthält Informationen zu Marktrahmenbedingungen, Kostenstrukturen und Kundenbedürfnissen zur Globalisierung oder Regionalisierung von Geschäftseinheiten. Im Kern handelt es sich bei diesen Aktivitäten um Betriebsvergleichs-Ansätze, Absicht ist der Vergleich mit Best practise-Kennzahlen. Die **SPIYR-Datenbank** (für Strategic planning institute yearly report) enthält die jährlichen Beobachtungswerte regelmäßig erhobener SGE-Merkmale in einer Längsschnittanalyse. Dies kann für die Generierung von Marktreaktionsfunktionen genutzt werden. Die **Micro benchmark-Datenbank** erlaubt die Abbildung einzelner Prozesse zum Vergleich zwischen Geschäftseinheiten.

10.1.4 Bewertung

Das PIMS-Projekt, das 1999 eingestellt wurde, war zahlreicher Kritik unterworfen. Gerechterweise muss man anmerken, dass viele dieser Probleme auf Vermutungen beruhen, die auf Grund der Geheimhaltungsvorschriften der Initiatoren nicht mit Fakten zu unterlegen sind. Kritik bezieht sich vor allem auf drei Aspekte, die Datengrundlage, die Untersuchungsmethodik und die Strategieempfehlungen.

10.1.4.1 Datengrundlage

Die Auswahl der beteiligten Unternehmen zeigt, dass auffällig viele Marktführer im Datenstamm vertreten sind, sodass die Inputdaten nicht auf einem als repräsentativ anzusehenden Querschnitt von Unternehmen beruhen, sondern auf eher marktstarken Anbietern. Folglich sind auch die Aussagen nicht repräsentativ für alle Unternehmen, sondern eher nur für Marktführer. Die Ursache ist plausibel, wurden doch überwiegend diese zur Beteiligung an der Studie angesprochen.

Es dürften sich von allen angesprochenen nur für das Gebiet der strategischen Planung aufgeschlossene und an wissenschaftlicher Unternehmensführung interessierte Unternehmen an der PIMS-Studie beteiligt haben. Und das scheinen überproportional viele Marktführer zu sein (hoher Anteil von SGE und Produkten in der Reifephase). Die Erfolgsgeheimnisse eher intuitiv handelnder Unternehmer bleiben weiterhin verborgen.

Es handelt sich mehrheitlich um US-amerikanische Daten, die Zweifel an der räumlichen Übertragbarkeit der Ergebnisse aufkommen lassen, was inzwischen auf Grund der Angleichung der Wirtschaftsräume (Triade) bei internationalen PIMS-Vergleichsstudien weitgehend ausgeräumt scheint. Dennoch bleiben Bedenken hinsichtlich der externen Validität der Ergebnisse.

Angesichts der Tatsache, dass der Dienstleistungssektor in entwickelten Volkswirtschaften den weitaus größten Bereich darstellt, ist es bedauerlich, dass die Dienstleistungsbranche mit einem viel zu geringen Anteil in der Datenbasis vertreten ist. Insofern lassen sich Aussagen über diesen bedeutsamen Sektor nur eingeschränkt treffen.

Außerdem werden auch außerwirtschaftliche Daten, die sehr hohen Einfluss auf den operativen Erfolg und die Unternehmensplanung haben, nicht erfasst. Oft wird das wirtschaftliche Ergebnis nur aus diesen Daten erklärbar, etwa wenn es sich um Trends, Lifestyles oder Ökologie handelt. Die meisten dieser potenzialstarken Variablen sind durch das Management nicht oder nur unwesentlich beeinflussbar, entfallen also somit als Steuerungsgrößen.

Außerdem ist zweifelhaft, ob wirklich alle relevanten Erfolgsfaktoren in der Studie erfasst sind. So fehlt etwa der aus empirischen Erkenntnissen heraus für bedeutsam erachtete Faktor Kundennähe. Dies legt nahe, dass auch andere Erfolgsfaktoren nicht oder nicht vollständig erfasst sind. Dazu gehören auch Umwelt, Organisationsstruktur, Kreativität etc. Viele Variable sind außerdem ohne theoretischen Bezug in den Variablen-Set aufgenommen worden, sie korrelieren daher womöglich nur zufällig und ohne signifikanten Einfluss.

Es handelt sich um zeitpunktbezogene Daten (Querschnittsanalyse). Die Veränderung von Ergebnissen im Zeitablauf (Längsschnittanalyse) unter Einfluss veränderter Parametersetzung, die gerade für die Beurteilung von hohem Interesse wäre, ist nicht nachvollziehbar. Es handelt sich damit um Vergangenheitsdaten, die beim allgemein zu unterstellenden raschen Wandel der Vermarktungsbedingungen erheblichen Änderungen unterliegen dürften. Ebenso ist eine mangelnde Langfristorientierung der abhängigen Variablen zu konstatieren.

10.1.4.2 Untersuchungsmethodik

Die PIMS-Studie stipuliert Marktgesetze derart, dass es einen Zusammenhang zwischen Aktionsvariablen und eintretenden Erfolgen gibt. Dabei wird nicht versucht, die Black box hypothetischer Konstrukte aufzubrechen, die erklären, wie und warum es zu diesen Ergebnissen kommt, was allein in der Lage wäre, funktionale Zusammenhänge zwischen beiden zu bestimmen. Vielmehr begnügt sich die Studie mit der Beobachtung von Inputs und Outputs. Es wird nicht erklärt, sondern nur beschrieben, welche Inputs zu welchen Outputs führen. Wobei exemplarische Fälle als ausreichend angenommen werden.

Eine genauere Analyse des Datenmaterials zeigt, dass Marktanteil, Produktqualität und Kapitalintensität zusammen gerade einmal 20 % der ROI-Varianz erklären. Da aber die positive Korrelation zwischen Marktanteil und ROI zu den Kernaussagen der PIMS-Studie gezählt wird, sind Bedenken angebracht. Es ist häufig vielmehr so, dass eher relativ kleine SGE´s in Nischen ein auskömmlicheres Dasein finden als relativ große SGE´s im Blickpunkt des Interesses aller Marktteilnehmer. Es handelt sich also wohl nicht um einen eindimensionalen Zusammenhang, sondern um vielfältige, gegenseitige Verkettungen.

Der Erklärungs- und Prognosewert einzelner Variabler ist gering. Multiple interdependente Zusammenhänge belegen gerade, dass Alles mit Allem irgendwie zusammenhängt. Auch der Aussagewert über Art, Richtung und Umfang der Zusammenhänge ist letztlich wenig zuverlässig. Als Beispiel kann gelten, dass die Investitionsintensität nicht eine unabhängige Variable ist, wie in der Studie unterstellt, sondern ihrerseits Bestandteil des ROI, also der abhängigen Variablen. Insofern ist eine mangelnde Aussagefähigkeit des Regressionskoeffizienten durch Multikollinearität zu vermuten. Ebenso bestehen Zweifel an der unterstellten Linearität und Einseitigkeit der Wirkungsabhängigkeit. Andererseits werden weitere Interdependenzen der Faktoren womöglich nicht berücksichtigt.

In die Analyse gehen zahlreiche nur schwer quantifizierbare Daten ein. Dies betrifft etwa die Produktqualität, die Einschätzung der Umwelt und die Beschreibung der Unternehmenskultur, die somit Unsicherheitsfaktoren darstellen. Dieser Quantifizierungsdruck führt auch zur Vernachlässigung von qualitativen Verhaltensvariablen, die als Soft factors immer bedeutsamer werden.

Der Einfluss von Datenänderungen der Strategievariablen auf den ROI wird als (linear) proportional unterstellt. Erfahrung zeigt jedoch, dass sowohl über- als auch unterproportionale Wirkungen typisch sind (Wirkschwellen/Abnutzungserscheinungen), die proportionale Zusammenhänge als eher untypischen Sonderfall erscheinen lassen.

Es handelt sich um einen rein induktiven Ansatz, d. h., von Einzelergebnissen wird auf dahinter vermutete generelle Regeln geschlossen. Dabei darf statistische Signifikanz aber nicht mit Kausalität verwechselt werden. Denn tatsächlich wird nur aufgezeigt, dass eine bestimmte Merkmalskombination signifikant häufiger zu bestimmten Ergebnissen führt als andere Merkmalskombinationen. Daraus kann keineswegs auf Kausalität geschlossen werden, sondern nur auf die Wahrscheinlichkeit gemeinsamen Auftretens. Korrelationen zeigen aber keine Abhängigkeiten an, sondern Zusammenhänge.

Es besteht die Vermutung systematischer Verzerrungen auf Grund standardisierter Befragung des Management. Die Daten sind zudem unternehmensspezifisch ermittelt. Damit ist anzunehmen, dass bereits bei der Erhebung Abweichungen in Inhalt und Aussage vorhanden sind. Wenn der Dateninput aber solchen Zweifeln unterliegt, gilt dies erst recht für den Datenoutput.

Die Ursprungsmerkmale werden unternehmensspezifisch abweichend ermittelt. Insofern entstehen für eine Vergleichbarkeit erhebliche Operationalisierungsprobleme, etwa durch uneinheitliche SGE-Abgrenzung, tautologische Variablenbeziehungen, abweichende Rechnungslegungsvorschriften, Vernachlässigung von Carry over-Effekten etc.

10.1.4.3 Strategieempfehlung

Die PIMS-Ergebnisse vermitteln ein trügerisches Gefühl der Sicherheit, da der Eindruck erweckt werden kann, dass es sich bei ihnen um allgemein gültige Marktgesetze handelt. Dabei ergeben sich von Branche zu Branche mehr oder minder erhebliche Unterschiede, die in die Studie nicht angemessen Eingang finden, sondern nur als Durchschnittswerte, deren Varianzen allerdings nicht gesondert ausgewiesen werden, sodass die Typik der Ergebnisse für die Datenbasis nicht nachvollzogen werden kann. Plausibel scheint, dass eine Steigerung des Marktanteils bei bereits sehr hohem Marktanteil zu überproportionalem Akquisitionsaufwand führt und damit gerade zu einer Senkung des ROI. Alle SGEs mit MA > 40 % sind in einem Stichprobensegment zusammengefasst, daher ist hier keine Aussagefähigkeit durch PIMS gegeben.

Der ROI ist als ökonomische Zielgröße eindimensional und reflektiert allein keinesfalls den Erfolg einer Unternehmensstrategie. So kann ein Unternehmen durchaus erfolgreich im Rahmen seines Zielsystems sein, ohne dass sich dies in einem überdurchschnittlichen ROI ausdrückt. Zu denken ist an die Vielzahl außerökonomischer Zielgrößen, die im Rahmen zunehmender sozialer und ökologischer Verantwortung an Bedeutung gewinnen. Diese senken sogar den ROI, statt ihn zu steigern, sind aber aus Sicht jener Unternehmen durchaus nicht als weniger erfolgreich zu interpretieren.

Der Einfluss der Betriebsgröße auf den Erfolg der SGE wird in der PIMS-Studie negiert, da keine angemessene Gewichtung der Ergebnisse verschieden großer SGEs beim Eingang in die Datenbank erfolgt. Eines der Kernergebnisse von PIMS ist jedoch gerade, dass die Betriebsgröße erheblichen Einfluss auf das Erfolgspotenzial einer SGE hat. Vor allem ist der Marktanteil nicht allein wesentlich vom ROI (oder ROA/Return on assets) abhängig, sondern auch von Kostendegression, Erfahrungskurveneffekten, Marktmacht und Qualität des Management. Diese bewirken eine Scheinkorrelation, sodass die Marktanteilswirkung tatsächlich auf diese dritten Variablen zurückzuführen sein kann.

Die Auswirkungen interindustriell unterschiedlicher Strukturen von Branchen auf den ROI werden negiert. Tatsächlich bestehen große Branchenunterschiede hinsichtlich der Erfolgssituation bei gleichartiger Rahmenkonstellation von SGEs. Zu denken ist etwa an den historischen Kontext oder an Strukturbrüche, die vor allem die Aussagefähigkeit des ROLA betreffen. Im Übrigen handelt es sich um Durchschnittswerte mehrerer Branchen, die keinen Schluss auf Einzelfälle zulassen, sodass der normative Wert der Ergebnisse eingeschränkt ist.

Bei Sonderauswertungen ergibt sich durch Kreuztabellierung rasch eine so geringe Fallzahl, dass die Validität der Aussagen angezweifelt werden muss. Die Schnittmenge mehrerer Selektionskriterien erreicht schnell eine Größe (oder besser Kleinheit), die für die Grundgesamtheit nicht als repräsentativ betrachtet werden kann (= mangelnde externe Validität). Beim Report on look alikes kommt hinzu, dass es sich nur um Vergangenheitsdaten handelt, die strategische Orientierung also fehlt. Beim PAR-Modell werden nur beobachtbare Variable einbezogen, nicht hingegen die womöglich dahinter stehenden, verdeckten Variablen wie Kultur, Glück etc.

Die Möglichkeiten, Wettbewerbsvorteile außerhalb des angestammten Marktes zu erzielen, werden negiert. Ebenso wie Möglichkeiten, mit kleinen Marktanteilen bei geringen Kosten eine hohe Rentabilität zu erreichen. So kommt es im Ergebnis oftmals nur zum Kopieren vermeintlicher Erfolgsstrategien, nicht aber zu einem eigenständigen Vorstoß.

10.2 Heuristisch abgeleitete Erkenntnisse

10.2.1 Peters und Waterman-Ansatz

Peters/Waterman leiten aus ihrer Beratungspraxis bei McKinsey Erfolgsfaktoren für 43 hoch erfolgreiche und 19 weniger erfolgreiche US-Unternehmen ab und analysieren deren Entwicklung über zwei Jahrzehnte anhand von Kriterien wie Vermögenszuwachs, Eigenkapitalwachstum, Verhältnis Marktwert zu Buchwert, durchschnittliche Gesamt- und Eigenkapital- sowie Umsatzrendite.

Als erfolgreich wurden solche Unternehmen bezeichnet, die in mindestens vier dieser Kriterien zu den oberen 50 % ihrer Branche gehören und nach Expertenmeinung besonders innovativ sind. Diese sind allerdings durch die teilweise schlechte Geschäftsentwicklung von als in dieser Beziehung vorbildlich dargestellten Unternehmen bereits in ihrer Glaubwürdigkeit in Mitleidenschaft gezogen worden. Dennoch lohnt ein Blick auf die Hintergründe und Zusammenhänge.

Als Basis erfolgreicher Geschäftstätigkeit werden sieben Faktoren behauptet (ausgehend von Pascal/Athos), diese unterteilen sich in die drei harten „S":
- **Strategy** (The plan leading to the allocation of resources). Dies ist die grundlegende mittel- bis langfristige Ausrichtung eines Unternehmens, um seine Stär-

ken einzusetzen und weiter zu entwickeln und sich auf Veränderungen der Umfeldbedingungen proaktiv einstellen zu können.
- **Structure** (The characteristics of the organisation chart). Dies betrifft den formalen Organisationsaufbau mit autorisierten Regelungen zur Aufgabenzuordnung sowie betrieblichen Verfahrensvorschriften und Richtlinien. Er ist prinzipiell personenunabhängig und betrifft die horizontale Arbeitsteilung, die Gestaltung der Leistungsbeziehungen, die Koordination, die Entscheidungsdelegation und die Standardisierung.
- **System** (The nature of proceduralised control processes). Dies sind Maßnahmenbündel, Prozesse und Programme der technokratischen Führung eines Unternehmens (i. S. v. Werkzeugen). Als Hilfsmittel dazu dienen etwa Funktionendiagramme, Netzpläne, Aufgabenfolgepläne, Informations- und Kommunikations-Technologien etc.

Sowie die drei weichen „S":

- **Skills** (The distinctive capabilities of key personnel). Dies meint die Gesamtheit der fachlichen und sozialen Fähigkeiten der Organisationsmitglieder i. S. v. bereits aktualisierten Kompetenzen und Entwicklungspotenzialen. Zur Realisierung der Potenziale sind notwendigerweise Instrumente der Personalentwicklung einzusetzen.
- **Staff** (The type of functional specialists employed). Dies weist auf das Humanvermögen als Summe der für die betrieblichen Ziele relevanten Eigenschaften der Mitarbeiter, ihre Qualifikation (Können-Komponente) und Motivation (Wollen-Komponente) hin. In Humanvermögen kann investiert, oder es kann abgeschrieben werden.
- **Style** (The cultural style of the organisation). Darunter versteht man den Führungsstil als einheitliche Verhaltensdisposition von Instanzen (Vorgesetztenstellen) zur Förderung des Leistungs- und Sozialverhaltens der Organisationsmitglieder. Er hat interindividuellen Charakter und ist im Unternehmen so erwünscht oder zumindest erwartet.

Im Mittelpunkt steht das siebte „S":

- **Shared values** (The goals shared by organizational members). Damit ist ein gemeinsames Ziel- und Wertesystem der Organisationsmitglieder i. S. v. Unternehmenskultur angesprochen. Es verbindet die drei harten „S's" mit den drei weichen „S's". Hierzu gehören die Vision, die Geschäftsmission, die Leitsätze und die Oberziele.

Das 7-S-Modell sieht am Beispiel MATSUSHITA (UE) konkret wie folgt aus:
- *Strategy:* Wahl eigenständiger Spartennamen (PANASONIC, JVC etc.) und unterschiedlicher Vertriebswege, dauerhafte Partnerschaft mit Händlern, Wachstum durch Imitation,
- *Structure:* Matrixorganisation, organisatorische Innovation,
- *System:* umfassendes Planungssystem, gut ausgebautes Finanzkontrollsystem, umfassendes Informationssystem,
- *Skills:* starke Kunden- und Marktnähe,
- *Staff:* lebenslange Beschäftigung, hohe Bedeutung von Training und Ausbildung, Job rotation, internes Vorschlagswesen,
- *Style:* gute Mitarbeiterbeziehungen, kooperativer Führungsstil, gegenseitige Akzeptanz,
- *Shared values:* Unternehmen als Gemeinschaft von Mitarbeitern und Management sowie als Mittel zur Befriedigung gesellschaftlicher Bedürfnisse, „geistige" Werte,

Die sieben „S" sind durchaus nicht unabhängig voneinander, sondern müssen aufeinander abgestimmt werden (Fit). Dafür gibt es kein „Patentrezept", sondern nur eine individuelle Ausprägung in jedem Einzelfall. Jedoch lassen sich einige generelle Empfehlungen ableiten (siehe Abb. 74).

```
┌─────────────────────────────────────────┐
│  Primat des Handelns                    │
│  Nähe zum Kunden                        │
│  Freiraum für Unternehmertum            │
│  Produktivität durch Mitarbeiter        │
│  sichtbar-gelebtes Wertesystem          │
│  Bindung an das angestammte Geschäft    │
│  Straff-lockere Führung                 │
│  einfach-flexibler Organisationsaufbau  │
└─────────────────────────────────────────┘
```

Abbildung 74: Erfolgsfaktoren nach Peters/Waterman

Der **Primat des Handelns** (Bias for action) bedeutet, dass man statt übermäßig lange zu denken, zu planen und Strategien zu entwickeln, besser pragmatisch im Trial&error Maßnahmen umsetzt und auf ihre Tragfähigkeit hin testet. Damit soll nicht blindem Aktionismus das Wort geredet werden, denn natürlich sind Zielsetzung, Planung und Strategie unerlässlich. Es muss nur auch der Punkt gefunden werden, an dem man von der Theorie auf die Praxis umsteigt. Und oft geht dieser Punkt unter Bergen von Konzeptpapier verloren. Es gibt also eine Präferenz für knappe Analysen und einen Primat der Handlungs- gegenüber der Analyseorientierung. Gefragt ist fortschreitende Risiko- und Experimentierfreudigkeit statt großer Lösungen. „Bias for action" bedeutet also, dass erfolgreiche Unternehmen systematisch und lösungsorientiert arbeiten, wobei diese Lösungen auch außerhalb des bekannten Rahmens gesucht werden.

Die **Nähe zum Kunden** (Close to the customer) bedeutet, dort zu sein, wo der Markt ist. Leider ist eine Tendenz zur Verwissenschaftlichung und Realitätsferne auszumachen, wo doch ein Besuch beim Lieferanten, ein Store check bei Absatzmittlern, ein Verkaufsgespräch „an der Kundenfront" unendlich viele Erkenntnisse verschaffen können. Letztlich ist Erfolg nur möglich, wenn man den Wünschen der Kunden genau entspricht. Dies ist nur der Fall, wenn man möglichst nahe am Kunden arbeitet, möglichst intensive Geschäftskontakte zu ihm unterhält und hohe Servicestärke, erstklassige Qualität und Zuverlässigkeit demonstriert. Man kann geradezu von einer Besessenheit sprechen, dem Kunden zu helfen. Schließlich resultieren aus Kundenpflege am ehesten nachvollziehbare Wettbewerbsvorteile. „Close to the customer" bedeutet also, dass Unternehmen durch ihre Qualität und ihre Fähigkeit, von ihren Kunden zu lernen, überzeugen.

Freiraum für Unternehmertum (Autonomy and entrepreneurship) bedeutet die Schaffung von Initiativen auf allen Ebenen des Unternehmens. Oft genug erstickt jegliches Engagement in einer hierarchisch vielstufigen Organisation, die keine Luft mehr zum Atmen lässt. Moderne Unternehmen fördern Unternehmertum bewusst etwa durch Quality circles, in denen Mitarbeiter konstruktive Vorschläge zur Verbesserung des Leistungsprodukts erarbeiten. Durch diese Initiativen wird ein erhebliches Maß an Dynamik in allen Betriebsteilen geschaffen, die sich am Markt als Erfolg ausdrückt. So ergibt sich der Vorteil der Aufteilung der Führung auf die niedrigstmögliche hierarchische Ebene ohne zentralisiertes Anweisungssystem. Dazu gehören auch kleine Stäbe, aufs Notwendige reduziertes Berichtswesen und viel informeller Meinungsaustausch. Dem entsprechen kleine Arbeitsteams mit Verlässlichkeit in der Zusammenarbeit. „Autonomy and entrepreneurship" schafft somit Freiräume für Kreativität und fördert bewusst eine risikoaffine Umgebung.

Produktivität durch Mitarbeiter (Productivity through people) bedeutet die Förderung deren Qualifikation und die Nutzung deren Potenzials. Letztlich sind es Menschen, die Märkte bewegen. Dies können sie um so besser, je eher sie dazu in die

Lage versetzt werden. Die Qualifizierung der Mitarbeiter erhöht die Effektivität und damit auch den Betriebserfolg. Dies betrifft z. B. die kontinuierliche Evolution von Programmen, Strukturen und Prozessen, die konsequente Qualitätsausrichtung sowie ein unkonventionelles Innovationsmanagement. Vertrauen in die Mitarbeiter und ihre Beteiligung an der Verbesserung von Arbeitsabläufen stärken den Einsatzwillen der Mannschaft. Die Ausrichtung erfolgt am Leitbild des mündigen, ambitionierten und motivierten Mitarbeiters. „Productivity through people" betont, dass die eigenen Mitarbeiter als entscheidende Ressource für zukünftige Effektivitäts- und Effizienzsteigerungen zu gelten haben.

Das **sichtbar-gelebte Wertesystem** (Hands-on value driven) bedeutet die Achtung der moralisch-ethischen Verpflichtung des Unternehmens. Dies impliziert, dass nicht jeder Zweck alle Mittel heiligt und dass nicht jeder Umsatz alle Aktivitäten rechtfertigt. Vielmehr muss sich jedes Unternehmen seines gesellschaftlichen Stellenwerts bewusst sein und dieses Wertesystem sichtbar vorleben (Corporate identity). Dazu ist es erforderlich, dieses Wertesystem stringent zu formulieren und alle Mitarbeiter des Hauses darauf zu verpflichten. Exzellente Unternehmen tun dies seit langem. Vor allem darf es keine „Ausreißer" geben, denn einzelne, wahrgenommene Verletzungen des Wertesystems erschüttern nachhaltig die gesamte Glaubwürdigkeit. Von daher bedarf es der kontinuierlichen Evolution der Werte in allen Funktionsbereichen. „Hands-on value-driven" stellt insoweit die Unternehmenskultur als entscheidenden Erfolgsfaktor heraus.

Die **Bindung an das angestammte Geschäft** (Stick to the knitting) bedeutet die Konzentration auf das, was man am besten kann, statt überall herum zu probieren und letztlich nichts zu erreichen. Es scheint zunächst verlockend, in allen möglichen Marktfeldern, die Gewinnaussicht versprechen, mitzumischen. Regelmäßig stellt sich der Erfolg aber eher ein, wenn man sich auf den Ursprung seiner Geschäftstätigkeit zurückbesinnt und versucht, durch bessere Marktdurchdringung das gegebene Potenzial erst einmal voll auszuschöpfen, bevor man neue Potenziale anzapft. Betriebsausweitungen sollen sich daher am angestammten Geschäftsbereich orientieren und Homogenität beibehalten, die ohnehin vorhandenes Know-how ausreizt. „Stick to the knitting" bedeutet also, dass erfolgreiche Unternehmen sich dadurch auszeichnen, dass sie sich prioritär in ihrem angestammten Kerngeschäft bewegen.

Straff-lockere Führung (Simultaneous loose-tight properties) ist als ausgewogene Mischung aus sowenig Führung wie nötig und soviel Selbstbestimmung wie möglich zu verstehen. Zwar scheinen demokratische Entscheidungsprozesse zunächst verlockend. Da aber in der Wirtschaft immer der Vorgesetzte die Verantwortung trägt, muss ihm auch die Möglichkeit eingeräumt werden, letztlich entscheiden zu können. Wirtschaften nach dem Demokratieprinzip führt so oft direkt ins Chaos. Dafür sind autoritäre Züge das unerlässliche Korrektiv. Die Ausrichtung erfolgt am Leitbild des mündigen, leistungsbereiten, sich selbst fordernden Mitarbeiters, für den eine flexibel interpretierbare, bewegliche und durchlässige Aufbau- und Ablauforganisation geschaffen wird. Bei allem Freiraum für Eigeninitiative bedarf es auch der Disziplin jedes Einzelnen, diesen Freiraum nicht zu überstrapazieren. „Simultaneous loose-tight properties" besagt als Teil der Unternehmens- und Führungskultur, dass Manager so viel wie nötig aber zugleich so wenig wie möglich kontrollieren sollen.

Einfacher, flexibler Aufbau (Simple form, lean staff), d. h., der Bürokratie ist der Kampf anzusagen und statt dessen für eine transparente Organisation zu sorgen. Dem werden flache Organisationsprinzipien, etwa im Stil der Spartenorganisation, am ehesten gerecht. Das Vertrauen in Mitarbeiter und deren gezielte Förderung drückt sich in der Ergebnisbeteiligung an diesen Divisions aus. Dadurch kann effizient auf Veränderungen des Vermarktungsumfelds reagiert werden. Operative Einheiten vermeiden Ballast durch Verwaltungsapparate, die nicht nur nicht wertschöpfend sind, sondern die Wertschöpfung oft sogar hemmen. „Simple form, lean staff" soll die Organisation eines Unternehmens schlank und überschaubar halten.

Der Peters/Waterman-Ansatz ist umfangreicher **Kritik** unterworfen. Sie richtet sich u. a. gegen die Konzentration der Untersuchungseinheiten auf die Großindustrie, auf die mangelhafte Ausprägung einer Kontrollgruppe zur Absicherung der Ergebnisse, auf Verzerrungen durch Branchenbesonderheiten und auf die Fokussierung auf US-amerikanische Verhältnisse. Außerdem sind die Aussagen sehr allgemein gehalten und daher letztlich weniger aufschlussreich. Und es findet keine genügende Trennung der Einflussfaktoren bestimmter Branchen statt, sodass keine brauchenübergreifenden Aussagen möglich sind.

10.2.2 Pümpin-Ansatz

Pümpin hat seinerseits Erfolgsfaktoren aus fernöstlicher Philosophie und kriegsstrategischen Überlegungen der Militärs abgeleitet, also eigentlich fernab der Betriebswirtschaft. Grundlegende Überlegung war dabei, dass das Wettbewerbsgeschehen durchaus zunehmend kriegsähnliche Züge annimmt und, ähnlich wie in Feldzügen, eine überlegene Denkhaltung unerlässliche Voraussetzung für den Erfolg ist. Folglich kann aus diesen Überlegungen auf adäquate Geschäftsgrundsätze in der strategischen Unternehmensführung geschlossen werden. Diese lauten vereinfacht wie folgt (siehe Abb. 75).

Konzentration der Kräfte bedeutet, sich nicht in diversen Aktivitäten zu verzetteln, sondern auf einen Bereich zu konzentrieren und diesen mit allem Nachdruck zu forcieren. Dadurch kann, einem Brennglas gleich, eine enorme Kraft gebündelt werden. Die Kräfte des Unternehmens sind auf ausgewählte, möglichst angestammte Produkt-Markt-Kombinationen zu richten. Die Zuordnung der finanziellen, personellen und sachlichen Ressourcen ist nach einer Prioritätenfolge durchzuführen. Mit Vorteil werden die eigenen Mittel auf jene Bereiche konzentriert, in welchen die wichtigsten Konkurrenten schwach, hingegen Marktchancen groß sind.

> Konzentration der Kräfte
>
> Entwicklung von Stärken/Vermeidung von Schwächen
>
> Ausnützen von Umwelt- und Marktchancen
>
> Innovation
>
> Ausnützen von Synergiepotenzialen
>
> Abstimmung von Zielen und Mitteln (Ressourcen)
>
> Schaffung einer zweckmäßigen und führbaren Organisation
>
> Risikoausgleich
>
> Ausnützen von Koalitionschancen
>
> Beharrlichkeit
>
> einheitliche Grundauffassung
>
> Einfachheit
>
> indirektes Vorgehen
>
> Differenzierung
>
> Imageprofilierung

Abbildung 75: Erfolgsfaktoren nach Pümpin

Die **Entwicklung von Stärken und Vermeidung von Schwächen** ermöglicht die Nutzung einer größeren Hebelwirkung. Steht man vor der Alternative, begrenzte Ressourcen entweder zu nutzen, um Schwächen auszubügeln oder Stärken auszubauen, soll die Präferenz immer zugunsten Letzteren erfolgen. Denn ein markanter Vorsprung auf einem Gebiet ist höher zu bewerten, als eine nivellierende Leistung auf allen weiteren. Deshalb baut die Strategie sinnvollerweise immer auf den Stärken des Unternehmens auf, die ungenannte Schwächen überdecken, sofern diese ein Mindestniveau der Erfüllung freilich nicht unterschreiten.

Das **Ausnutzen von Umwelt- und Marktchancen** schafft keine dogmatische Inflexibilität, sondern flexible Reaktion auf Datenänderungen sowie das Aufspüren und Wahrnehmen von daraus resultierenden Optionen. Historische Chancen, wie die Liberalisierung der osteuropäischen Märkte oder der Online-Trend, müssen offensiv genutzt werden, um die Marktposition zu verbessern. Erfahrung zeigt immer wieder, dass zupackende Pragmatiker gegenüber zaudernden Philosophen materiell im Vorteil waren, und darauf kommt es in der Marktwirtschaft, man mag es bedauern oder nicht, an.

Innovation verhilft zu Marktvorsprüngen durch Neuheiten. Das Innovationspotenzial der Mitarbeiter ist in diesem Zusammenhang überlebensnotwendig. Es bewirkt die Sicherung der Existenz des Unternehmens durch eine hohe Neuerungsrate. Allerdings darf es nicht soweit kommen, dass Innovation um ihrer selbst willen erfolgt. Vielmehr soll man sich auf die erfolgversprechendsten Innovationsfelder konzentrieren und diese mit allem Nachdruck verfolgen.

Das **Ausnutzen von Synergiepotenzialen**, wo immer möglich, bewirkt synergetische Effekte durch Bearbeitung arrondierender Geschäftsfelder. Diese schaffen durch ihre Eigendynamik Vorsprünge am Markt und hohe Effizienz der Ressourcen. Dabei darf nicht nur auf bestehende Synergien abgehoben werden, sondern es müssen auch neue Synergiepotenziale kreativ entwickelt werden.

Die **Abstimmung von Zielen und Mitteln** für eine optimale Budgetallokation schafft eine Adäquanz von Einsätzen und Ergebnissen. Dies scheint selbstverständlich, wird aber oft übersehen. So werden zu Beginn einer Geschäftsperiode die Ziele festgelegt und die dafür erforderlichen Mittel bestimmt. Im Verlauf des Zeitraums werden diese Mittel dann aus Kosteneinsparungsgründen gekürzt, ohne dass zugleich auch eine Korrektur der Ziele erfolgt. Im Effekt verwundert dann allerseits, dass die angestrebten Ziele nicht erreicht werden konnten.

Die **Schaffung einer zweckmäßigen und führbaren Organisation** erleichtert die Anpassung der internen Abläufe an die Markterfordernisse. Denn zur konsequenten Ausrichtung reichen die marktbezogenen Tätigkeiten allein nicht aus. Auch die internen Abläufe müssen sich an solchen Maßstäben orientieren. Das bedeutet eher flache Organisationsstrukturen, eher kleine Entscheidereinheiten und verursachungsgerechte Ergebnisermittlung.

Risikoausgleich ist zur gegenseitigen Kompensation von Risiken erforderlich. Diese kann sowohl sachlich, räumlich als auch zeitlich erfolgen und sichert den Betrieb gegen unvorhergesehene oder vorhersehbare Verluste ab. Dabei ergibt sich ein gewisser Konflikt zur Maßgabe der Konzentration der Kräfte, denn diese wirkt dem Risikoausgleich gerade entgegen. Lösbar wird dieser durch die Rückstellung angemessener Reserven und möglichst risikoarme Geschäftsausweitung.

Ausnutzen von Koalitionschancen bedeutet die Bildung von strategischen Allianzen und Joint ventures mit Mitbewerbern und Komplementäranbietern. Dem liegt die Erkenntnis zugrunde, dass es besser ist, mit starken Marktpartnern zu kooperieren, statt, wahrscheinlich vergeblich, gegen diese anzukämpfen. Aber nicht nur Wettbewerber, sondern auch leistungsergänzende Anbieter kommen dafür in Betracht.

Beharrlichkeit bedeutet Stetigkeit und Nachhaltigkeit. Man soll nicht sprunghaft mal hier und mal dort Aktivitäten entfalten, sondern gründlich die beste Strategie entwickeln und dann auch beharrlich bei dieser bleiben. Selbst wenn dem ersten Anlauf noch kein Erfolg beschieden ist.

Eine **einheitliche Grundauffassung** ist entscheidend für die Identität des Betriebs. Die Denkhaltung, die konkrete Aufgabe und das Sozialkonzept von Anbietern müssen konsistent sein, um Glaubwürdigkeit zu vermitteln. Und sie müssen allen Mitarbeitern bekannt gemacht werden, damit diese ihre Einstellung und ihr Verhalten danach ausrichten und ggf. sanktioniert werden können.

Das Gebot der **Einfachheit** impliziert, dass es ein klares und verständliches Grundkonzept geben muss, nach dem ein breiter Kreis von Mitarbeitern zielgerichtet arbeiten kann. Aufbau- und ablauforganisatorische Regelungen, die niemand mehr durchschauen kann, die arbeitshemmend und frustrierend wirken, sind kontraproduktiv. Alles, was Mitarbeiter und Marktpartner verstehen und nachvollziehen können, unterstützt hingegen den Betriebserfolg.

Indirektes Vorgehen bedeutet, dass Mitbewerbern das Hauptziel des Vorgehens möglichst lange verborgen bleiben soll, damit sie keine Chance erhalten, diesem entgegen zu wirken. Denn in einer Wettbewerbswirtschaft ist die eigene Zielerreichung nur zu Lasten Anderer möglich, daher muss es Strategiebestandteil sein, diesen Anderen, wohlgemerkt mit lauteren und sittlichen Mitteln, zuvorzukommen.

Bedeutsam ist auch eine **Differenzierung**, wonach die Erfolgswahrscheinlichkeit umso höher ist, je eher Marktnischen anvisiert werden, statt sich im Kernmarkt vergeblich zu versuchen. Diese Erkenntnis stimmt auch mit analytischen Umsetzungsempfehlungen überein. Nur wer polarisiert, ohne dabei freilich mehr als unerlässlich zu provozieren, ist durchsetzungsfähig, wer ohne Ecken und Kanten bleibt, geht in der Masse unter.

Nach dem Gebot der **Imageprofilierung** soll bei der Auswahl von Maßnahmen immer auch deren Imagewirkung berücksichtigt werden und eine starke Entscheidungspräferenz haben. Die entschlossenere Umsetzung bietet, bei ansonsten gleicher Beurteilung der Folgen, immer die bessere Chance bzw. Erfolgsaussicht. Das damit verbundene höhere Risiko wird dadurch wieder gerechtfertigt.

Auch der Pümpin-Ansatz ist umfangreicher **Kritik** unterworfen. So kommt er zu ausgesprochen allgemein gehaltenen Empfehlungen, deren empirische Bestätigung aussteht. Auch ist der Ansatz bei der Kriegsführung von Chinesen, Griechen, Römern und Preußen für eine Übertragbarkeit der Erkenntnisse auf das moderne Management ausgesprochen gewagt.

Die Erfolgsfaktorenforschung hat sich im Ergebnis als, von Ausnahmen abgesehen, weitgehend fruchtlos erwiesen. Gründe dafür liegen vor allem in der immensen Komplexität der Wirtschaftsrealität, aber auch in zahlreich einwirkenden situativen Faktoren, die es nicht zulassen, rezepturähnliche Schlussfolgerungen für Strategien zu formulieren. Anstelle solcher deduktiven Ansätze sind heute induktive getreten, die vor allem an Einzelgrößen wie Prozess- oder Qualitätsmanagement festmachen und auf diese Weise eine stetige Verbesserung der Unternehmensleistung anstreben.

11. Prozessorientierung

11.1 Geschäftsprozesse

In der modernen Unternehmensführung steht die Orientierung an der Wirtschaftlichkeit von Maßnahmen an oberster Stelle. In diesem Zusammenhang sind vor allem Aspekte des Prozessmanagement in den Fokus gerückt. Geschäftsprozesse setzen sich aus mehreren Teil- oder Subprozessen zusammen, die wiederum aus einzelnen Aktivitäten bestehen. Schlüsselprozesse sind von entscheidender Bedeutung für das Unternehmen, weil diese die Kernkompetenzen abbilden. Dazu ist auch die Spezifikation der Schnittstellen zwischen Prozessen erforderlich. Anforderungen an Prozesse sind allgemein ihre Effektivität (Wirksamkeit) im Hinblick auf vorgegebene Aufgaben und Ziele, ihre Effizienz (Wirtschaftlichkeit) im Hinblick auf die Ausführung, ihre Steuerbarkeit (Controlling) durch die verantwortlichen Personen und ihre Anpassungsfähigkeit an Veränderungen der Prozessumgebung (Flexibilität).

Ein Prozess ist allgemein eine Folge von wiederholt ablaufenden Aktivitäten mit messbarer Eingabe (Input), messbarer Produktion (Throughput) und messbarer Ausgabe (Output) durch systematisches Zusammenwirken von Menschen, Maschinen, Material und Methoden entlang einer Wertschöpfungskette zur Erreichung eines Ziels (Produkt/Dienstleistung).

Prozesse sind auf zeitlich befristete Durchlaufzeiten gerichtet, d. h., das Ziel steht schon vor Tätigkeitsbeginn fest. Weiterhin gibt es ein Ereignis zum Anstoßen des Tätigwerdens. Dafür stehen Ressourcen bereit (Menschen, Sachmittel, Informationen etc.). Vom Projekt unterscheiden sie sich durch ihren repetitiven Charakter. Die partielle Zielmaximierung wird somit zugunsten einer die Interdependenzen berücksichtigenden umfassenden Verantwortung überwunden.

Zunächst ist dazu die **Verantwortlichkeit für Prozesse** festzulegen (Process ownership). Dabei muss bereichsübergreifend der gesamte Prozess mit seinen komplexen Wirkzusammenhängen beurteilt werden. Dazu gehört die Definition der Prozesse und Teilprozesse, die Identifikation der Schnittstellen, die Spezifikation der Input-Output-Beziehungen, die Dokumentation der Prozesse, die Bestimmung von Anforderungen an jeden Prozess und die Abstimmung mit, auch internen, Kunden und Lieferanten sowie die Festlegung von Messgrößen, Messpunkten und Methoden zur Erfolgsmessung. Weiterhin sind die Zusammenstellung eines Koordinationsteams und die Beschreibung des Ist-Zustands notwendig.

Danach folgt die **Schwachstellen-Analyse**. Fehlerquellen sind ausfindig zu machen und Ursachen dafür zu bestimmen. Entsprechend ist der Prozess so zu verändern, dass Fehler nicht mehr auftreten. Dabei ist eine Aufwands-Nutzen-Analyse erforderlich, die im Zweifel besagt, den Prozess nicht zu verändern, sondern völlig neu zu definieren (Reengineering). Anschließend sind die neuen, veränderten Prozesse zu beobachten und erforderlichenfalls rechtzeitig zu korrigieren. Ziel ist ein gegenüber Störgrößen unempfindlicher Prozess (Robust design). Dazu dienen statistische Kennzahlen zum Ausweis der **Prozessbeherrschung** (Reliabilität) und **Prozessfähigkeit** (Validität). Erstere ist durch die Stabilität der Niveau- und Mittenlage eines Prozesses gekennzeichnet, die Mittelwerte schwanken dann lediglich zufallsbedingt, Letztere durch die Gleichförmigkeit funktionserfüllender Prozesse innerhalb vorgegebener Toleranzen. Die Stabilität kann beeinflusst und gesteuert werden, die Gleichförmigkeit hingegen normalerweise nicht. Toleranzeinhaltung bedeutet aber keineswegs Fehlerfreiheit.

Zentrales Anliegen ist die Steigerung des **Wirkungsgrads** der Prozesse. Zu dessen Ermittlung können die einzelnen betrieblichen Leistungen in vier Gruppen unterteilt werden. Die **Nutzleistung** ist geplant und werterhöhend. Sie betrifft die Hauptzeiten von Vorkombination (nur bei Dienstleistungen), Endkombination, Entwicklung, Beschaffung, Markcting. Die zur Erstellung der Nutzleistung erforderliche **Stützleistung** ist geplant und wertneutral, aber selbst nicht werterhöhend/kundennutzensteigernd. Sie betrifft unvermeidliche Prozesse wie Transfer, Wareneingang, Zwischenprüfung, Rüsten, Arbeitsmittelwechsel etc. Die unnötige **Blindleistung** ist ungeplant und wertneutral/nicht kundennutzensteigernd. Sie betrifft Zwischenlagerung, Sicherheitspuffer, Konstruktionsänderung, Transport zwischen Puffern, Materialmangel und jede Art von Verschwendung. Die wertmindernde **Fehlleistung** ist ungeplanter Ressourcenverbrauch, der aus Fehlhandlungen und deren Auswirkungen entsteht, ohne dass daraus ein Kundennutzen folgt. Sie betrifft Ausschuss, Fehlerfolgen, Nacharbeit etc.

Der **Wirkungsgrad** von Prozessen ergibt sich als Quotient aus dem Anteil der den Wert erhöhenden Leistung (nur Nutzleistung) und der insgesamt aufgewendeten Leistung (Nutzleistung, Stützleistung, Blindleistung und Fehlleistung) für Prozesse. Die Prozessdauer besteht aus der Durchlaufzeit für die Wertschöpfung.

Die **Durchlaufzeiten** setzen sich neben den eigentlichen **Bearbeitungszeiten** und den **Rüstzeiten** (Prozessvorbereitung) auch aus **Transportzeiten** (Logistik/Transfer) und **Liegezeiten** (Prozessunterbrechungen) zusammen. Zur Minimierung werden verschiedene Techniken eingesetzt, wie eine überlappende Produktion, d. h. die Verschränkung bereits hergestellter Teile mit dem nachfolgenden Wertschöpfungsabschnitt, die Arbeitszerlegung in Teilaufträge und deren parallele Bearbeitung sowie die Optimierung der Auftragsreihenfolge. Im Extremfall muss dabei die Losgröße 1 als Ziel definiert werden.

Dabei hilft **Simultaneous engineering** zur Zeiteinsparung im Arbeitsfortschritt und bei Rücksprüngen, wobei es ein Ziel ist, diese Rücksprünge ganz zu vermeiden. Es handelt sich dabei um ein Organisationskonzept, das darauf abzielt, traditionell nacheinander erfolgende Abläufe der Produkt- und Produktionsmittelentwicklung, auch unter frühzeitiger Einbeziehung externer Kooperationspartner, zeitlich stärker zu parallelisieren und auf diese Weise das spezifische Wissen aller betroffenen Bereiche einzubringen.

Im Mittelpunkt aller Bemühungen steht die Realisierung des „magischen" Vierecks aus Sicherung der **Qualitätsproduktion**, Einhaltung der **Zeitpräferenz**, Gewähr von **Kostengünstigkeit** und Erreichung von **Informationsvorteilen** der Beteiligten, dessen Teilziele kurzfristig nur partiell untereinander harmonisch sind. Unzulänglichkeiten schon bei einem dieser Kriterien werden nicht mehr hingenommen. Dadurch entsteht eine enorme Komplexität, die nur durch konsequente Prozessorientierung zu reduzieren ist. Sie fasst den gesamten Betrieb als Kette einzelner Wertschöpfungsstufen auf und organisiert ihn derart, dass möglichst wenig Schnittstellen entstehen und eine möglichst kurze, weil kostensparende und wettbewerbsfördernde Durchlaufzeit erreicht wird. Dies erfordert ein internes Lieferanten-Kunden-Denken, wobei jede vorgelagerte Stufe nur liefern darf, was die abnehmende Stufe nach Qualität und Kosten zu akzeptieren bereit ist, wobei die letzte Stufe (Endabnehmer) die daraus resultierende(n) Gesamtqualität und -kosten am Markt erlösen muss.

11.2 Komplexität

Modernes Management ist durch den Drang zur Größe gekennzeichnet. Als wesentliches Argument dafür wird immer wieder die Notwendigkeit zur Kostendegression genannt. Allerdings ist anzunehmen, dass es gegenläufig zur Größendegression von Kostenbestandteilen zugleich eine Größenprogression anderer Kostenbestandteile (Diseconomies) gibt. Bei diesen **Komplexitätskosten** handelt es sich um:

- einmalige durch z. B. Forschung und Entwicklung, neue Versionsmerkmale, Einsatz neuer Werkzeuge, Nullserienprüfung etc.,
- wiederholte durch z. B. Kundendienste, Qualitätssicherungsmaßnahmen, versionsspezifische Lagerbestände, Produktdokumentationen, Schulungen etc.,
- indirekte (Opportunitätskosten) durch z. B. Kannibalisierung von Produkten.

Komplexitätskosten entstehen auf Grund der Vielfalt auf den Produkt-, Prozess- und Ressourcenebenen. Sie fallen in Folge einer großen Vielfalt von Kunden, Produkten, Versionen, Baugruppen, Teilen, Materialien und auch Lieferanten an und ergeben sich in unterschiedlichem Ausmaß in den verschiedenen funktionalen Bereichen. Betroffen sind insb. die Bereiche Forschung und Entwicklung, Konstruktion, Arbeitsvorbereitung, Logistik, Einkauf und Vertrieb. Komplexitätskosten sind Kostenprogressionen, die z. B. bei Erhöhung der Produktzahl dadurch entstehen, dass sich Planungs-, Dispositions- und Koordinationsbedarfe mit jeder zusätzlichen Produktart erhöhen.

Komplexe Systeme reagieren allgemein auf einen bestimmten Impuls, indem sie verschiedene Zustände einnehmen können. Der Output ist daher schwer voraussagbar.

Komplexe Systeme müssen nicht kompliziert sein. Denn komplizierte Systeme sind zusätzlich schwer durchschaubar, zeigen jedoch zumindest genau berechenbare Reaktionen. Sie unterscheiden sich auch von trivialen Systemen, deren Beziehung zwischen Input und Output funktional darstellbar ist, sie reagieren nach einfachen Wenn-Dann-Regeln auf Impulse.

Komplexität entsteht im Einzelnen aus der:

- **Marktkomplexität** infolge Kundenheterogenität, der Bedienung auch von Kleinkunden, hoher Programmbreite/Typenvielfalt, großer Auftragsvielfalt etc.,
- **Produktkomplexität** infolge hoher Komponentenzahl, mangelndem Standardisierungsgrad, ungünstigem, nicht prozessoptimalem Design etc.,
- **Produktionskomplexität** infolge mehrerer Standorte, zahlreicher Fertigungsschritte, verschiedener Technologien und eingesetzter Hardware und Software, hoher Fertigungstiefe etc.,
- **Organisationskomplexität** infolge unübersichtlicher Aktivitäten, großen Koordinationsaufwands, ständiger Systementwicklung und -anpassung etc.

Komplexitätskosten fallen vor allem in den nicht unmittelbar wertschöpfenden Unternehmensbereichen an, also in der Administration. Die Koordination eines immer unüberschaubareren Ressourceneinsatzes, die vielfältigen Abstimmungsprobleme, unvermeidbare Doppelarbeiten und andere Effizienzverluste führen beinahe zwangsläufig zu steigenden Overheads. Da gleichzeitig in der eigentlichen Wertschöpfung Kostensenkungspotenziale bereits weitgehend ausgeschöpft sind, können diese zusätzlichen Kosten nurmehr unvollkommen aufgefangen werden.

Zwar ist das Vorhandensein von Komplexitätskosten ausgesprochen plausibel, ihre Quantifizierung stellt sich jedoch als schwierig heraus, da eine Kostenoperationalisierung im Administrationsbereich an enge Grenzen stößt. Dennoch steht zu vermuten, dass es so etwas wie eine optimale Unternehmensgröße unter Einbeziehung aller, der wertschöpfenden wie der nicht-wertschöpfenden, Bereiche gibt. Diese ist dort gegeben, wo die weitere Kostendegression aus Größeneffekten die Kostenprogression dieser Größeneffekte nicht mehr kompensieren kann, die Gesamtkosten mit zunehmender Unternehmensgröße also wieder ansteigen. Es steht weiterhin zu vermuten, dass viele der Großkonzerne der Realität sich in ihrer Unternehmensgröße bereits jenseits dieses Optimums befinden. Dass die Unternehmenskonzentration dennoch unvermindert anhält, dürfte eher durch emotionale Argumente (Macht, Ansehen) begründet sein als durch strikt betriebswirtschaftliche Überlegungen (siehe Abb. 76).

Daher besteht verständlicherweise der Wunsch zur Komplexitätsreduktion. Dafür gibt es mehrere Ansätze. **Schlanke Prozesse** sind ohne oder mit möglichst wenig Schleifen angelegt. Sie schaffen eine vollständige Transparenz über den Status jedes Entscheidungsobjekts, über die nächsten Schritte, die Termineinhaltung und Zuständigkeiten für Aktivitäten. Eine **Konzentration auf Kernprozesse**, also strategisch bedeutsame Aktivitäten, befreit von Ballast und erlaubt die Fokussierung auf Potenziale, die komparative Wettbewerbsvorteile zu schaffen imstande sind. Durch **flache Hierarchien** mit Verlagerung der Entscheidung auf die niedrigst mögliche Stufe werden Informationsverzerrungen („Stille Post-Prinzip") vermieden, die Fähigkeiten der Operative genutzt und die Motivation der dort tätigen Mitarbeiter gestärkt. Und durch **Kommunikationsmedien** zur Informationsaufnahme, -speicherung, -verarbeitung und -weiterleitung können Prozesse dezentral gesteuert und koordiniert (Erhöhung der Effizienz) und insofern bessere Entscheidungen getroffen werden (Erhöhung der Effektivität).

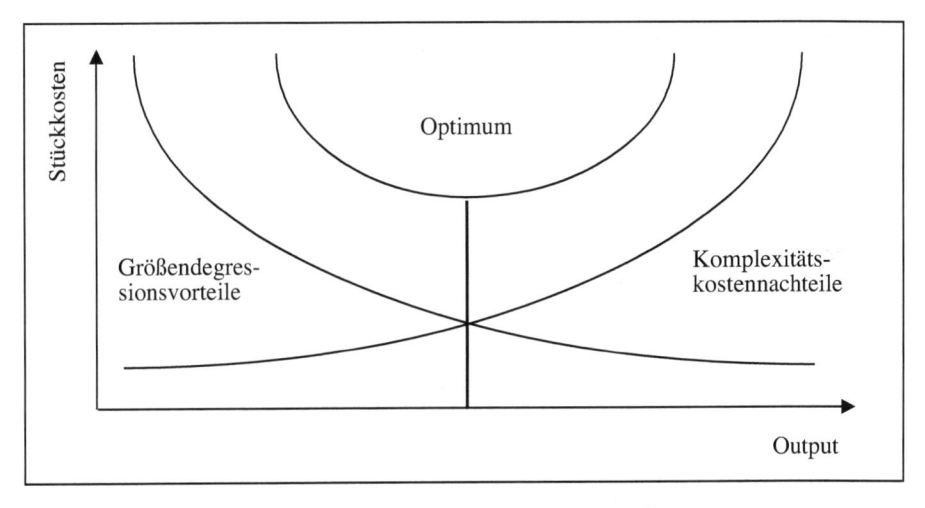

Abbildung 76: Optimale Betriebsgröße

Eine Option ist die Kombination einer Produktkernstandardisierung mit kundenindividuellen Dienstleistungen. Weitere Ansatzpunkte sind die Baugruppen-, Teile- und Materialvielfalt reduzierende Maßnahmen etwa durch Standardisierung und Normung. Dabei helfen auch Ansätze für Plattform- und Gleichteileeinsatz bei Produktbestandteilen, die nicht-kundenwahrnehmbar sind. Möglich ist auch die Aufwertung von Produkten durch die standardmäßige Integration von Zusatzausstattungen, soweit dadurch Komplexitätskosteneinsparungen nicht überkompensiert werden.

Dies kann man z. B. im Chinarestaurant nachvollziehen, wo nahezu unbegrenzt viele verschiedene Gerichte aus Kombination der immer gleichen Zutaten entstehen und damit der Anschein von Vielfalt und Abwechslung hervorgerufen wird.

Besonders der Begriff der „schlanken Produktion" (**Lean production**) wird in Zusammenhang mit der Komplexitätsreduktion propagiert. Dies kennzeichnet ein logistikorientiertes, dezentrales Organisations- und Steuerungskonzept, das die Faktorver- und -entsorgung für eine Produktion auf Abruf zum Ziel hat und dies durch flexible Anpassung der Kapazitäts- und Einsatzmittelbedarfsplanung an die aktuelle Produktions- und Auftragssituation erreicht. Dies erfordert eine Harmonisierung der Kapazitäten durch Verstetigung der Produktion (Continuous flow manufacturing/CFM). Dieser Ansatz wird um den Gemeinkostenbereich erweitert als **Lean management** bezeichnet.

Lean production strebt ganzheitliche Lösungen bei der Gestaltung von Produktionssystemen anhand von Verfahrensinnovationen an, um zu einer betrieblichen Integration entlang des Stoff- und Informationsflusses (Wertkette) zu gelangen. Dies bedingt eine Erhöhung der Wirtschaftlichkeit durch Übergang zu geringerer Arbeitsteilung, flacheren Hierarchien und einfacheren Kommunikations- und Kooperationsstrukturen. Dies sichert die Transparenz von Abläufen und ermöglicht dezentrale, selbststeuernde Produktionseinheiten (Gruppenarbeit) und Produktionsmodularisierung (Fertigungsinseln). Ein weiterer Aspekt ist die Verringerung der Fertigungstiefe sowie die Beteiligung von Zulieferern an der Produktentwicklung und die Verringerung der Zahl der Zulieferer (Systemlieferanten).

11.3 Mass customization

Der Wunsch nach Individualisierung ist mit dem Zerfall des Massenmarktes eine Grundtendenz der postmodernen Gesellschaft. Dabei einen vertretbaren Kompromiss zwischen Standardisierung und Individualisierung zu erreichen, ist das Ziel der oxymoronbezeichneten Mass customization. Dabei handelt es sich um die Produktion von Gütern (Dienste sind aufgrund des Uno actu-Prinzips und der obligatorischen Integration des externen Faktors immer kundenindividuell) für einen relativ großen Absatzmarkt, welche die unterschiedlichen Bedürfnisse jedes einzelnen Nachfragers dieser Produkte treffen, und dies zu Kosten, die näherungsweise denen einer massenhaften Fertigung vergleichbarer Standardgüter entsprechen. Verbreitetes Merkmal ist dabei die Interaktion mit einzelnen Kunden, um deren Wünsche zu erfüllen (siehe Abb. 77).

Als Merkmale der Mass customization dienen eine Kalkulation für viele Produkte, eingeschränkte Flexibilität und standardisierte Planung. Damit grenzt sie sich ab von der Einzelfertigung mit einzelauftragsbezogener Kalkulation, hohem Flexibilitätserfordernis, individueller Planung des Produktionsprozesses und spezifischem Fertigungslayout. Von der anonymisierten Variantenproduktion grenzt sie sich durch das Merkmal der anbieterseitigen Produktdifferenzierung ab. Zur Massenproduktion grenzt sie sich dadurch ab, dass keine Produktion auf Lager/Vorrat ohne Kundenauftrag stattfindet.

	Produktion vor Verkauf	Verkauf vor Produktion
autonome Transformation	Sachleistungen	Mass customization
integrierte Transformation	Digitalisierte Leistungen	Dienstleistungen

Abbildung 77: Einordnung Mass customization

Durch diese Kennzeichen ist Mass customization als hybride Strategieoption neben den fundamentalen Positionen nach Porter (Differenzierung, Kostenführerschaft, Fokussierung) anzusehen und steht damit neben weiteren Hybridstrategien wie der polyzentrischen, internationalen Marktbearbeitung (nach Perlmutter), dem sukzessiven Wechsel zwischen Kosten- und Leistungsführerschaft in der Outpacing-Strategie und dem Simultaneitätskonzept (siehe Abb. 78).

Mass customization kommt durch Soft customization oder Hard customization zustande. **Soft customization** bedeutet, dass kein Produktionseingriff zur Individualisierung erforderlich ist. Vielmehr erfolgt die Fertigung von Standardprodukten mit Selbstwahl als offene Individualisierung. Im Einzelnen stellen sich dazu folgende Optionen:

- **Selbstindividualisierung**. Dabei kann ein Standardprodukt nach kundeneigenem Wunsch auf ihn personalisiert werden, z. B. Erstellung individueller Fotobücher.
- **Individualisierung am POS**. Dabei erfolgt eine Produktindividualisierung durch Feinjustierung für den kaufenden Kunden, z. B. Strolz Skischuhe, die am POS individuell vermessen werden oder auf Maß geplante Einbauküchen.
- **Pakettierung**. Dabei werden festkombinierte Anbauteile für verschiedene Ausstattungen und Funktionen des Produkts eingebaut (Built in flexibility), z. B. bei Unterhaltungselektronikgeräten als Netzschalter für verschiedene Spannungen bzw. Normanschlüsse, ausgeführt in DIN und Cinch oder als Buffet-Angebot in Restaurants.

- **Serviceindividualisierung.** Dabei erfolgt die Ergänzung eines standardisierten Massenprodukts um individuelle Kundendienste, z. B. Nespresso Serviceangebote rund um die Kaffeeautomaten oder Pauschalreisen mit Individualoptionen.

		Marktabdeckung		
		Gesamtmarkt / Standardisierung	Teilmarkt / Marktsegment	Marktnische / Individualisierung
Hebelwirkung	Leistung / Qualität / Alleinstellung			
	Kosten / Preis / Menge			
	Zeit / Innovation / Risiko			

Abbildung 78: Optionen strategischer Erfolgspositionen

Hard customization bedeutet, dass ein Produktionseingriff zu erfolgen hat. Man spricht von geschlossener Individualisierung mit konkreter Kundenintegration. Im Einzelnen stellen sich dazu folgende Optionen:

- **Massenfertigung von Unikaten.** Hierbei werden Standardelemente im Produkt durch individualisierte Elemente ersetzt, z. B. individuelle Romanstories bei Büchern.
- **Modularisierung.** Hierbei werden Anbauteile mit unterschiedlicher Funktion, aber einheitlicher Schnittstelle konzipiert, die damit eine vielfältige Kombinierbarkeit und effiziente Vielfaltserzeugung ermöglichen, z. B. Fotokopierer-Drucker-Konfiguration mit Sorter, Hefter etc. oder Dell Computermodelle.
- **Standardisierte Vor- mit individueller Endkombination.** Hierbei werden Teile der Produktion standardisiert vorgefertigt, z. B. Managed Fonds der Ban-

ken als Standardanlage mit individueller Risiko- bzw. Renditeanpassung oder Nike ID Shoes mit Wahl von Sohle, Obermaterial, Farbe und Initialien.
- **Baukastenprinzip.** Hierbei sind wenige Grundteile vorhanden, die mit Anbauteilen zu unterschiedlichen Versionen kombiniert werden können (horizontales bzw. vertikales Plattformkonzept), wozu vorab eine Stücklistenauflösung erforderlich ist, z. B. Modellreihen in der Automobilindustrie.

Bei VOLKSWAGEN entstehen aus der Golf-Plattform außer dem Golf der Bora (längerer Boden, andere Feder- und Abgasanlage) und der New Beetle (baugleiche Plattform) bei VW, bei AUDI der TT (vorderer Boden verkürzt, größere Spurweite, sportlichere Schaltung) und der A 3 (baugleiche Plattform), bei SKODA der Octavia (längerer Boden, andere Längsträger, andere Feder- und Dämpferabstimmung), bei SEAT der Toledo (andere Feder- und Dämpferabstimmung). Man spricht bei solchen Ansätzen von horizontalen Baukästen (in einer Modellklasse), der Unterschied zur Modularisierung liegt darin, dass ein Element dominierend ist. Hinzu kommen neuerdings Möglichkeiten von vertikalen Baukästen, d. h. der modellklassenübergreifende Einsatz von Elementen. Durch entsprechende Konzeption können weitere Rationalisierungen erreicht werden (Beispiel: Audi A 5, A 5 GT, A 7).

Als Vorteile der Mass customization sind einerseits Kostensenkungspotenziale gegenüber der Einzelfertigung zu nennen. Diese ergeben sich aus Kostenvorteilen infolge Spezialisierung, z. B. durch Versionsvielfalt über ein Plattformkonzept, aus gemeinsamer Nutzung von Ressourcen im Verbundeffekt (Synergie), Economies of integration (als kombinierte Economies of scale und scope), z. B. durch Mehrzweckanlagen, sowie aus der Vermeidung von Lagerbeständen und Restverkäufen.

Andererseits ergeben sich Leistungssteigerungspotenziale. Und zwar durch Learning relationships zwischen dem Anbieter und seinen Kunden, die einen Informations-/Wettbewerbsvorsprung generieren können, durch erhöhte Kundenbindung als Wechselbarriere infolge geringeren wahrgenommenen Risikos, weniger Zeitaufwand zur Suche und Reduktion kognitiver Dissonanzen infolge eigener Verantwortlichkeit, durch verbesserte Absatzplanung und erhöhte Flexibilität, durch höhere Marktattraktivität und positives Image sowie durch ein größeres Marktpotenzial mit Up selling-Chance.

Probleme ergeben sich allerdings durch ein Mindestmaß von Anforderungen an Kunden in Bezug auf deren Zeitaufwand, Verständnis, Preisbereitschaft etc. sowie die doch erhebliche Komplexität der damit verbundenen Produktions- und Informationsprozesse.

Mass customization hat sich in vielen Industrien durchgesetzt. Beispiele dafür sind folgende:

- SONY brachte zwischen 1980 und 1990 knapp 250 verschiedene Walkman-Modelle auf den Markt, die alle auf nur drei Produktplattformen basierten: WM 2, WM DD und WM 20.
- INTEL führte eine 486 Prozessorreihe ein, und zwar als 486 DX mit 25 MHz Taktfrequenz, mit 33 MHz und 50 MHz, später mit 60 MHz für Midrange-Computer, als 486 SX für Einsteiger mit 20 MHz Taktfrequenz und als 486 SL für mobile Computer (mit 16, 20, 25, 33 MHz Taktfrequenzen).
- Die HP Produktplattform für Tintenstrahldrucker (Desk Jet, Desk Jet Plus, Desk Jet Writer, Desk Jet 500) gibt es mit Extension für Farbdruck (Desk Jet 500 C), mit Extension für zwei Patronen (schwarz und farbig, Desk Jet 550 C) und mit Extension für mobiles Drucken (Desk Jet 300 Portable).
- SWATCH bringt jedes Jahr über 140 neue Uhrenmodelle auf den Markt, neu müssen jedoch nur Zifferblatt, Zeiger, Krone, Armband, Gehäuse etc. entwickelt werden, nicht aber das Laufwerk, denn alle Modelle haben das gleiche Laufwerk.

Technisch wird Mass customization rationell nur durch möglichst späte Heterogenisierung der Halbfertigprodukte im Produktionsfluss ab einem Order penetration point, d. h. dem Punkt der Auflösung der Standardisierung, möglich (**Postponement**). Dabei wird ein Produkt möglichst lange (bis zum Order penetration point) in einem „neutralen" Zustand ohne Zuordnung zu einem Kunden bzw. Teilmarkt gehalten. Zum Beispiel werden Pullover zunächst mit farblosem Garn gewebt und danach erst in einer großen Varietät von Farben eingefärbt. Das Gegenteil dazu ist **Speculation**, d. h., ein Produkt wird aufgrund der prognostizierten Nachfrage frühzeitig auch ohne konkreten Kundenauftrag individualisiert.

11.4 Wertschöpfungskette

11.4.1 Wertschöpfung

Unter Wertschöpfung versteht man allgemein die Differenz zwischen den Einstandspreisen aller extern eingekauften Leistungen und den Verkaufserlösen aller eigenen Marktleistungen. Bei den eingekauften Leistungen handelt es sich um Güter/Dienste, die fremderstellt sind, bei den verkauften Leistungen um Güter/Dienste, die aus diesen Vorleistungen und eigenen Leistungen zusammengesetzt sind. Die Wertschöpfung deckt also den eigenen Faktoreinsatz und den Gewinn ab. Wertschöpfung ist daher die Differenz zwischen den Einstandspreisen der zugekauften Inputfaktoren und den Verkaufspreisen der Outputfaktoren am Markt. Die Bruttowertschöpfung gilt incl. Abschreibungen, die Nettowertschöpfung nach Abschreibungen. Analysiert wird, in welchen betrieblichen Bereichen Werte in welcher Höhe geschaffen werden. Ausgangspunkt ist die Überlegung, dass sich Wettbewerbsvorteile kaum verstehen lassen, solange ein Unternehmen als Ganzes betrachtet wird. Vielmehr müssen strategisch relevante Tätigkeiten identifiziert werden. Dabei werden die jeweils wertschöpfenden Aktivitäten ermittelt, d. h., solche, die zur Steigerung des Marktwerts führen und nicht Scheinaktivitäten oder Leerzeiten sind. Für jeden Bereich wird dabei die Höhe der Wertschöpfung ermittelt. Davon ausgehend werden Steigerungsmöglichkeiten je Bereich identifiziert.

Vordergründig scheint es einleuchtend, eine möglichst hohe Wertschöpfung anzustreben. Das bedeutet, den Anteil eingekaufter Leistungen am Umsatz zu verringern bzw. bei gleichem Zukaufvolumen den Marktwert der Leistungen zu erhöhen. Da die Wertschöpfung sowohl eigenen Faktoreinsatz als auch Gewinn abdeckt, bedeutet eine höhere Wertschöpfung aber nicht zwangsläufig auch mehr Gewinn, nämlich dann nicht, wenn Leistungen extern kostengünstiger eingekauft als selbsterstellt werden können. Dann führt eine höhere Fertigungstiefe gerade zu geringerer Rentabilität. Diese Erkenntnis entstammt jedoch erst neuerer Zeit. Über Jahrzehnte hinweg schien es sinnvoll, die Wertschöpfungsspanne auszuweiten, da das größere Gesamtvolumen auch Aussicht auf mehr Gewinnpotenzial bot. Erst die Erfolge japanischer Unternehmen, die konsequent die Wertschöpfungsspanne reduzierten und dennoch hochrentabel arbeiteten, initiierten ein Umdenken. Ausbringungsmengenabhängige Größeneffekte (Economies of scale) und aus gemeinsamer Ressourcennutzung resultierende Spezialisierungseffekte (Economies of scope) sorgen dafür, dass Leistungen in aller Regel von demjenigen Anbieter am kostengünstigsten bereitgestellt werden können, dessen Kernkompetenz sie entsprechen. Im Zweifel ist es also ökonomischer, Fertigungsleistungen von hochrationell arbeitenden Spezialisten zuzukaufen als diese selbst weniger rationell zu erstellen. Dadurch wird zwar die Fertigungstiefe verringert, aber der Gewinn steigt, da das Einkaufsvolumen unter den dafür erforderlichen eigenen, prospektiven Kosten liegt, dies entspricht der Eingangsseparation. Im Zweifel ist es ebenso ökonomischer, Vertriebsleistungen an spezialisierte Absatzmittler/-helfer abzutreten als diese selbst weniger versiert auszuführen. Dadurch wird zwar die Vertriebstiefe verringert, aber der Gewinn steigt, da die Umsatzeinbuße unter den zusätzlichen prospektiven Distributionskosten bleibt, dies entspricht der Ausgangsseparation.

Kennzahl Wertschöpfung: Eigenleistung + Gewinn

Kennzahl Wertschöpfungsquote: $WSQ = \dfrac{Wertschöpfung}{Umsatz} * 100$

Kennzahl Fertigungstiefe: $FT = \dfrac{Eigenleistung}{Marktleistung\ (ohne\ Gewinn)} * 100$

Die WSQ (auch Wertschöpfungsspanne) wird immer niedriger, weil der Anteil zugekaufter Leistungen durch die Konzentration auf die Kernkompetenz und damit verbundenes Outsourcing nicht kernkompetenzfähiger Aktivitäten steigt. Die WSQ kann im Grenzfall 0 % sein, wenn es sich um ein virtuelles Unternehmen handelt, das seine gesamte Wertschöpfung outgesourced hat und sich nur mit der, freilich selbst nicht wertschöpfenden, Koordination dieser Aktivitäten in einem Netzwerk beschäftigt. Die WSQ liegt bei 100 %, wenn die Wertschöpfung vollständig in eigener Regie erfolgt. Eine niedrige WSQ ist mit hohem Gewinn verbunden, wenn die outgesourcten Aktivitäten kostengünstiger zugekauft als alternativ selbsterstellt werden können. Man darf jedoch auf keinen Fall Kernkompetenzen outsourcen.

11.4.2 Wertkettenanalyse

Eine Wertkette gliedert ein Unternehmen in strategisch relevante Aktivitäten mit dem Ziel, aktuelle und potenzielle Wettbewerbsvorteile bei den einzelnen Aktivitäten aufzudecken. Die Gliederung erfolgt nach dem physischen Durchlaufprinzip, d. h., nach den Stufen, die ein Produkt während seines Erstellungs- und Absatzprozesses durchläuft. Die Wertkette setzt sich aus einzelnen Wertaktivitäten und der Gewinnspanne zusammen. Wert ist dabei derjenige Betrag, den Abnehmer für das, was ein Unternehmen anbietet, zu zahlen bereit sind. Am Ende der Wertkette steht immer der Endkunde. Er muss durch sein Preisopfer die Wertschöpfungen innerhalb der Kette erlösen.

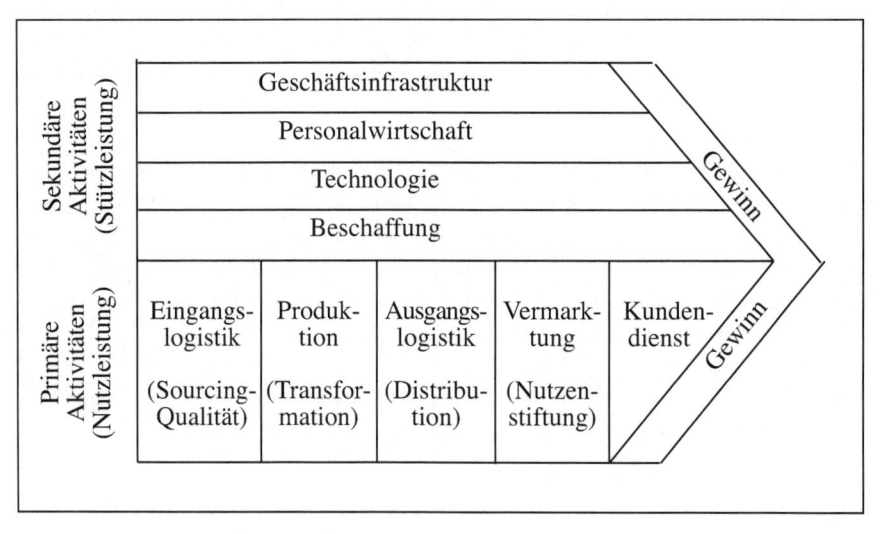

Abbildung 79: Modell der Wertschöpfungskette

Für die Analyse ist zunächst eine Ermittlung der unternehmensrelevanten Wertaktivitäten erforderlich, diese gliedern sich in primäre Schlüsselprozesse und sekundäre Unterstützungsprozesse. **Primäre**, grundlegende Aktivitäten sind alle, die mit der physischen Herstellung und Vermarktung des Endprodukts zusammenhängen, meist Eingangslogistik/Lagerung, Operations (Fertigung)/Qualität, Ausgangslogistik/Lagerung, Marketing/Vertrieb und Kundendienst/Entsorgung. **Sekundäre**, unterstützende Aktivitäten sind solche, durch die erforderliche Inputfaktoren bereitgestellt oder infrastrukturelle Bedingungen zur reibungslosen Abwicklung der primären Aktivitäten erst geschaffen werden, meist Beschaffungsquellen, Personalwirtschaft, Technologieentwicklung/Innovation und Unternehmensinfrastruktur (Administration)/Führung. Diese Aktivitäten müssen nicht mit den jeweiligen Funktionsabteilungen identisch sein, sondern umfassen die Summe aller Aktivitäten im Zusammenhang mit der jeweiligen betrieblichen Basisfunktion, gleich wo sie im Einzelnen erbracht werden (siehe Abb. 79).

Schließlich werden für jede Kategorie die konkreten Wertaktivitäten spezifiziert, die Unterteilung ist um so feinteiliger vorzunehmen, je wettbewerbsrelevanter diese sind. Dabei sind zwei Sichtweisen möglich. Nach der **Kostenorientierung** erfolgt die Zuordnung von Betriebs- und Anlagekosten zu den einzelnen Wertaktivitäten, die Feststellung der Kosteneinflussgrößen, die Gegenüberstellung mit der dabei erreichten Wertschöpfung und danach die Analyse zur besseren Verknüpfung der Wertaktivitäten für eine höhere Gesamtwertschöpfung (z. B. durch Outsourcing, wenn die verursachten Kosten höher sind als die zuwachsende Wertschöpfung). Arbeitsschritte sind dabei im Einzelnen wie folgt:

- Die richtige Wertkette ermitteln und ihr Kosten und Anlagen zuordnen. Die Kostenantriebskräfte jeder Wertaktivität und deren Wechselwirkungen diagnostizieren. Die Wertketten der Wettbewerber ermitteln und deren relative Kosten sowie die Quellen von Kostenunterschieden feststellen. Einen Plan zur Verbesserung der relativen Kostenposition durch Kontrolle der Kostenantriebskräfte oder Neustrukturierung der Wertkette und/oder der nachgelagerten Wertaktivitäten entwickeln. Sicherstellen, dass Bemühungen um Kostensenkungen die Differenzierung nicht beeinträchtigen oder dazu eine bewusste Entscheidung treffen. Den Kostensenkungsplan auf seine Dauerhaftigkeit hin überprüfen.

Die **Leistungsorientierung** erfordert oft eine andere Aufgliederung der Wertkette. Ziel ist dann die Suche nach der Einmaligkeit von Leistungen (Differenzierung). Diese bemisst sich an der Werteinschätzung durch Abnehmer, dazu sind die kaufentscheidenden Kriterien zu bestimmen, diesen werden Wertaktivitäten zugeordnet, danach erfolgt wieder die Analyse, z. B. zur Eliminierung nicht differenzierender Aktivitäten. Die Arbeitsschritte sind dabei im Einzelnen wie folgt:

- Ermitteln, wer die tatsächlichen Käufer sind. Unternehmen, Institutionen oder Haushalte sind nicht die realen Käufer, dies sind vielmehr eine oder mehrere Personen innerhalb der kaufenden Einheit, welche die Nutzungskriterien interpretieren sowie Signalkriterien bestimmen. Die Abnehmerkette und den Einfluss des Unternehmens auf sie ermitteln. Die Rangfolge der Kaufkriterien des Abnehmers ermitteln. Bestehende und potenzielle Quellen der Einmaligkeit in der Wertkette eines Unternehmens bewerten. Die Kosten vorhandener und potenzieller Differenzierungsquellen ermitteln. Eine Zusammenstellung von Wertaktivitäten wählen, die an den Differenzierungskosten gemessen die für Abnehmer wertvollste Differenzierung schafft. Die gewählte Differenzierung auf ihre Nachhaltigkeit hin prüfen. Bei Aktivitäten, die sich auf die gewählte Differenzierungsform nicht auswirken, die Kosten senken.

Die Analyse geht dabei von einigen Grundannahmen aus. Der Gesamtwert eines Produkts ist derjenige Betrag, den Kunden dafür zu zahlen bereit sind. Um Gewinn zu erwirtschaften, müssen die zur Leistungserstellung notwendigen Aktivitäten also geringer sein als der Gesamtwert der Leistung. Für die Erzielung einer befriedigenden Gewinnspanne ist eine differenzierte Betrachtung und Ausgestaltung der Wertschöpfungsaktivitäten erforderlich. Diese stellen Module des gesamthaften Wettbewerbsvorteils dar.

Zur Definition der Wertkette wird das gesamte Unternehmen zunächst in einzelne Leistungseinheiten unterteilt, die in sich geschlossene, nennenswerte Wertschöpfungen vornehmen. Die einzelnen Stufen werden entsprechend ihrer chronologischen Reihenfolge bei der Wertschöpfung grafisch angeordnet. Dann werden die relevanten Wertaktivitäten innerhalb der Kette identifiziert und bedeutsame Verknüpfungen ermittelt. Dann wird jede Stufe daraufhin untersucht, welche Vorgänge und Umstände dort für die Wertschöpfung verantwortlich sind. Dazu werden die Kosten für die Durchführung der Wertaktivitäten ermittelt. Danach kann versucht werden, diese Faktoren einzeln zu optimieren, indem die Kostenantriebskräfte identifiziert und diagnostiziert werden.

11.4.3 Wertkettengestaltung

Das Management darf seine Wertkette nicht isoliert, sondern muss sie im Vergleich zu denjenigen der Wettbewerber analysieren und ggf. im Hinblick auf die Branchenverhältnisse neu definieren. Dazu ist eine Auffächerung nach unterschiedlichen wirtschaftlichen Zusammenhängen, Differenzierungspotenzial und hohem/steigendem Kostenanteil notwendig. Wettbewerbsvorteile lassen sich nur ermitteln, wenn nicht nur einzelne Teilaktivitäten strukturiert und dokumentiert werden, sondern wenn auch die Art und Weise ihrer Erledigung überprüft wird. Das heißt, das „Wie" ist entscheidend.

Die **horizontale** Wertkettengestaltung befasst sich mit den unter eigener Regie stattfindenden, wertschöpfenden Aktivitäten, die **vertikale** Wertkettenverschränkung befasst sich mit der unternehmensübergreifenden Integration der Wertschöpfung.

Die horizontale Wertkettengestaltung führt zu einer Kürzung oder Verlängerung der Wertkette (siehe Abb. 80). Eine **Verlängerung** der Wertschöpfungsspanne erfolgt Upstream auf vom Betrieb aus betrachtet vorgelagerte Wirtschaftsstufen. Dies bezieht sich vor allem auf die Sicherung und Beeinflussung der Lieferquellen. Dabei ist bezeichnend, dass der Anteil des eigenerstellten Werts am Endprodukt zunimmt. Damit steigt auch die Wertschöpfung des Betriebs. Oder sie bezieht sich Downstream auf nachgelagerte Wirtschaftsstufen. Dies richtet sich vor allem auf die Sicherung und Beeinflussung der Absatzstellen und bietet sich an, wenn mit selbstständigen Absatzmittlern gearbeitet wird. Dies war über Jahrzehnte hinweg die gegebene Lösung zur Eliminierung von Zwischengewinnen und zur Sicherung der Input- und Outputlogistik. Früher wurde sie zudem durch die Allphasen-Umsatzsteuer begünstigt.

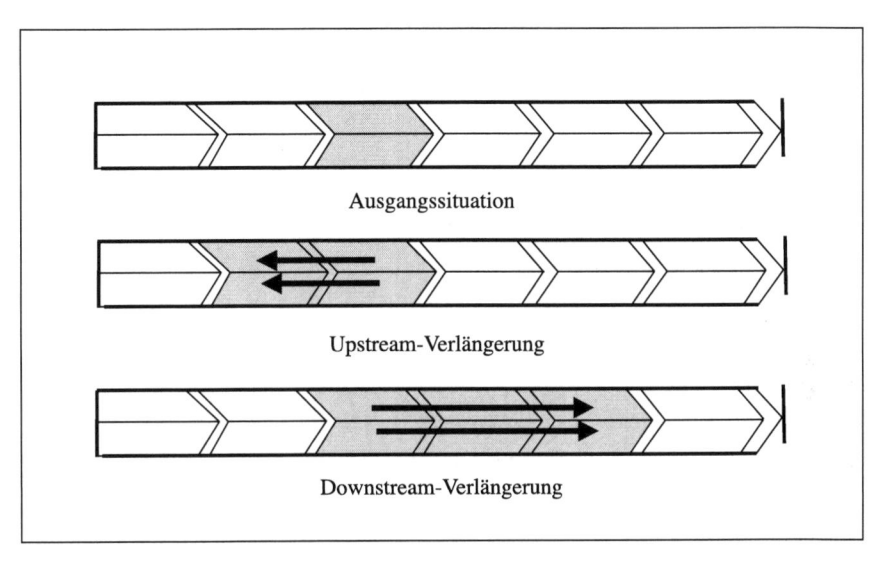

Abbildung 80: Wertschöpfungsbreite

Die Wertschöpfungskette der TUI AG, die im Tourismusmarkt tätig ist, sieht im primären Bereich etwa folgendermaßen aus:
- *Reisebuchung: 3.510 Reisebüros (Budget Travel, First, Hapag-Lloyd, Lunn Poly, TUI Reise),*
- *Reiseorganisation: 67 Veranstalter (1-2-Fly, Budget Travel, Fritidsresor, Thomson, TUI Operator),*
- *Reisetransfer: 90 Flugzeuge (Britannia, Hapag-Lloyd),*
- *Reisebetreuung: 36 Reiseagenturen (Airtours, Greece, Miltours, Ultramar),*
- *Reiseunterbringung: 221 Hotels (Dorfhotel, Grecotel, Grupotel, Iberotel, Nordotel, Riu, Robinson).*

Die Wertschöpfungskette des DISNEY-Konzerns, der im Freizeit- und Unterhaltungsmarkt tätig ist, sieht folgendermaßen aus:
- *Film: Zeichentrickfilme, Fernsehshows, Kinofilme, Touchstone Pictures, Videos, Hollywood Pictures, Miramax (Kinos),*
- *Rundfunk: Disney Channel, KCAL-TV, ABC-TV Network,*

- *Merchandising/Musik/Publikationen: Zeichentrickfiguren, Lizenzierung von Figuren, Musikveröffentlichungen, Buchveröffentlichungen, Disney-Ladenkette, Direct Mails, Hollywood Records, Software-Entwicklung für visuelle Effekte,*
- *Live-Unterhaltung: Theater, Hockey-Mannschaft, Baseball-Mannschaft,*
- *Themenparks: Disneyland, Walt Disney World, EPCOT, Tokyo Disneyland, MGM-Studios, Euro Disney Paris, Disney America,*
- *Urlaubsreisen/Freizeit/Immobilien: Hotelkette, Ressorts, Urlaubsreisenveranstaltung, Kreuzfahrten, Urlaubsanlagen.*

Ähnlich sieht die Wertschöpfungskette bei TIME WARNER aus:
- *Inhalte und Services: Time Inc., Warner Bros., MGM United Artists, Warner Music, EMI etc.,*
- *Bündelung von Inhalten: Home Box Office (Pay-TV), CNN News Group, CompuServe, Netscape Netcenter,*
- *Mehrwertleistungen: Netscape, Home Box Office,*
- *Übertragung: Time Warner Cable,*
- *Navigation: Netscape.*

Die Länge der Wertschöpfungskette gibt den Anteil eigenerstellter Werte in Relation zu den zugekauften an (Fertigungstiefe). Dabei geht der Trend (von Ausnahmen abgesehen, z. B. Trigema, Zara) eindeutig in Richtung geringerer Fertigungstiefe, also einer kürzeren (internen) Wertschöpfungskette.

Ein Automobilhersteller könnte etwa folgende Verlängerung seiner Wertschöpfungskette überlegen:
- *Upstream: Produkt-/Motoren-/Antriebsentwicklung für Dritte (Engineering), Beschaffung bzw. Fertigung von Aggregaten znd Werkzeugen, Endmontage von Aufbauten oder Plattformen für Dritte etc.*
- *Downstream: Verkauf von Fremdfabrikaten, Leasing-/Versicherungs-/Kreditierungsangebote, Ersatzteil-/Reparatur-/Wartungsservices, Gebrauchtwagenvermarktung, Kraftstoffvertrieb, Reverse logistics für Altfahrzeuge/Altteile, Kundenkontaktprogramme, Handelswarenverkauf etc.*

Eine **Kürzung** der Wertschöpfungsspanne wird Upstream durch Vergabe von Operationen an vom Betrieb aus betrachtet vorgelagerte Wirtschaftsstufen erreicht. Zu denken ist vor allem an betriebsfremde Beschaffungshelfer für Akquisition und Logistik. Alternativ dazu ist Downstream eine Vergabe von Operationen an nachgelagerte Wirtschaftsstufen möglich. Zu denken ist an betriebsfremde Absatzhelfer oder -mittler sowie im Rahmen des Business process outsourcing auch an betriebsfremde Aufgaben wie Catering, Reinigung, Instandhaltung etc. In beiden Fällen steigt das Einkaufsvolumen, gleichzeitig werden Teile des Beschaffungs- und Absatzprogramms ausgelagert.

Die Wertkettenverkürzung erfordert also Desinvestition bzw. Stilllegung und Verkauf von Beteiligungen, Betriebsteilen und deren Ersatz durch Outsourcing. Wertkettenverlängerung erfordert hingegen Investition bzw. Wiederanlauf und Kauf von Beteiligungen bzw. Betriebsteilen.

11.4.4 Wertkettenverschränkung

Für eine stimmige Analyse ist es erforderlich, Wertketten zu einem vertikalen Wertsystem zu verknüpfen, dadurch wird zugleich Einfluss auf die Wertgestaltung der Lieferanten, z. B. durch Entfall von Aktivitäten ohne Differenzierungswirkung, genommen. Gleiches gilt innerhalb vertikal integrierter oder diversifizierter Unternehmen in Bezug auf Synergieeffekte. Außerdem sind Interdependenzen zwischen Wertaktivitäten innerhalb einer Wertkette, z. B. zwischen grundlegenden und unterstützenden Aktivitäten, etwa verbesserte Beschaffung für bessere Operations, zu berücksichtigen (siehe Abb. 81).

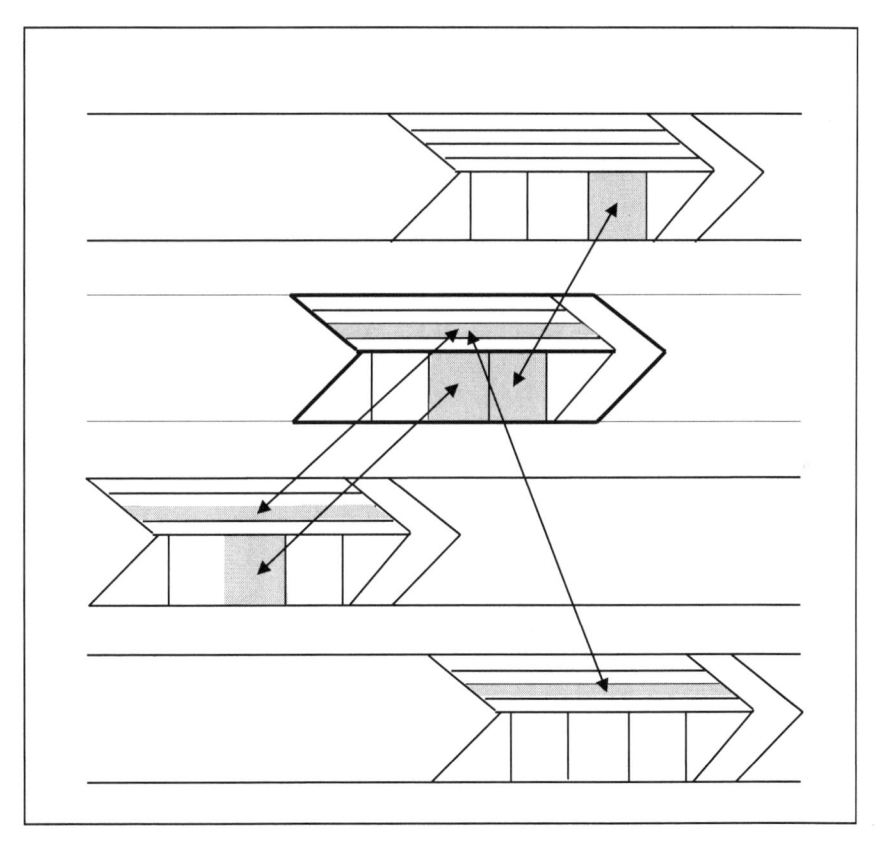

Abbildung 81: Wertschöpfungstiefe

Für jedes Unternehmen geht es letztlich um seine Positionierung innerhalb der gesamtwirtschaftlichen Wertkette. Denn man kann sich jegliche Produktion von der Entstehung (Quelle) bis zum Verbrauch bzw. zur Rückführung (Senke) als eine Aneinanderreihung einzelwirtschaftlicher Prozessaktivitäten vorstellen. Die Prozesse innerhalb der Wertschöpfung bleiben branchenübergreifend und im Zeitablauf weitgehend gleich. Sie kommen durch die kumulierten Prozessaktivitäten verschiedener daran beteiligter Unternehmen zu Stande. Was sich jedoch verändert, ist der Anteil jedes Unternehmens an dieser Wertschöpfung. Naturgemäß geht es darum, die eigene Wertschöpfung zu steigern. Dies geschieht durch Definition einer optimierten Wertkette. Ob sich diese Definition durchsetzen lässt, hängt von den Marktverhältnissen ab. So ist eine Verlängerung des eigenen Wertkettenausschnitts nur möglich, wenn von Eignern vor- oder nachgelagerter Wertketten entsprechende Prozesse übernommen werden können, eine Verkürzung des eigenen Wertkettenausschnitts ist nur möglich, wenn Eigner vor- oder nachgelagerter Wertketten zur Übernahme gewonnen werden können. Da letztlich nur eine Verschränkung der einzelwirtschaftlichen Wertketten zu einer markthonorierten Leistung führt, kommt es zunehmend zu unternehmensübergreifenden Wertkettendefinitionen (Wertschöpfungspartnerschaften), von denen letztlich alle Beteiligten profitieren (Win-Win-Situation).

Ein Beispiel einer solchen Wertkettenverschränkung findet sich im Internet-Markt. Dabei sind verschiedene Akteure beteiligt, die gemeinsam eine Mehrwertleistung im System darstellen:
- *Net provider stellen die Übertragungsleitungen zur Verfügung wie Deutsche Telekom, Vodafone etc.*
- *Access provider stellen die Zugänge bereit und erbringen Dienstleistungen für die Nutzung der Online-Dienste, z. B. Nutzerregistrierung und -verwaltung, Kundenbetreuung und Abrechnung, Navigation,*
- *Content provider stellen die Inhalte zur Verfügung und Paketieren diese wie Amazon, eBay, Yahoo etc.*
- *Hardware provider sorgen für die Installation der Netztechnologie (Vermittlungstechnik bzw. Server) wie Motorola, Nokia, Philips, Samsung etc.*
- *Service provider wie Techniklieferanten, Werbeagenturen, Systemhäuser, Consultants, Software-Häuser stellen ergänzende Dienstleistungen bereit wie Debitel etc.*

Die vertikale Wertkettenverschränkung ist als Insourcing oder, vor allem, als Outsourcing anzutreffen. Beim **Outsourcing** wiederum ergibt sich der Aufbau einer **Lieferantenhierarchie**. Ein gewerblicher Abnehmer beschafft dabei im Anteil seines Outsourcing Systeme von Systemlieferanten (First tiers), die er mit dem eigenen Wertschöpfungsanteil zu marktfähigen Fertigprodukten verbindet. Diese beziehen wiederum im Rahmen ihres eigenen Outsourcing Komponenten von Komponentenlieferanten (Second tiers), die sie mit dem eigenen Wertschöpfungsanteil zu marktfähigen Systemen verbinden. Diese beziehen ihrerseits Teile von Teilelieferanten (Third tiers), die sie jeweils zu marktfähigen Komponenten verbinden. Ein unmittelbarer Kontakt zum gewerblichen Abnehmer besteht dabei nur noch für die Systemlieferanten, alle anderen werden nurmehr als Unterlieferanten tätig. Dies hat erhebliche Konsequenzen für die Wettbewerbsposition. Die Lieferantenhierarchie hat etwa in der Automobilindustrie bis zu acht Stufen (siehe Abb. 82).

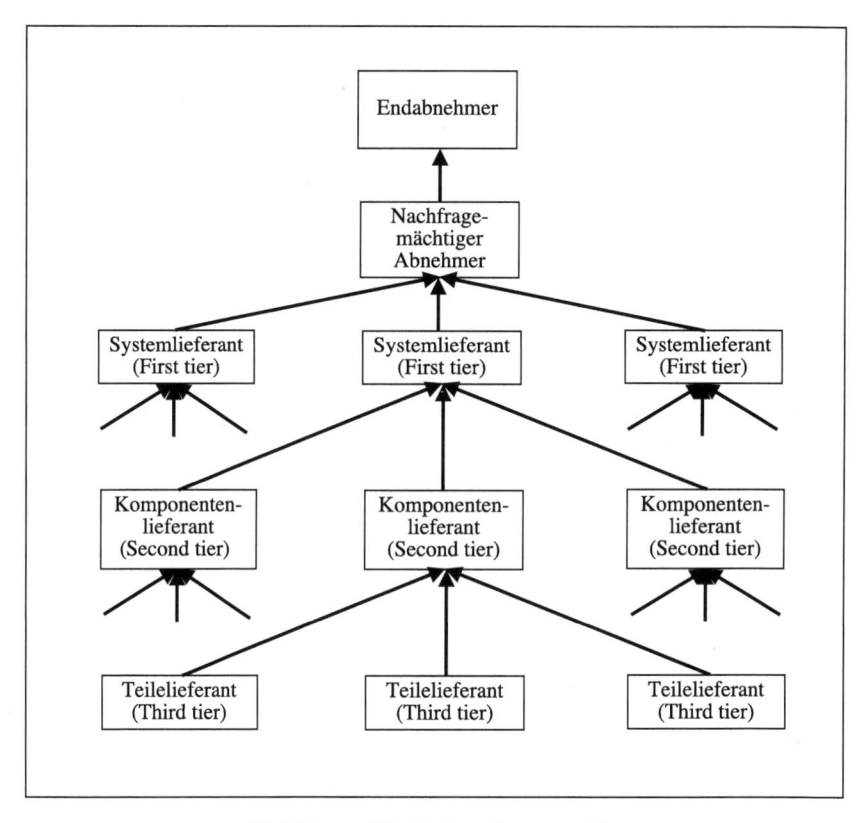

Abbildung 82: Lieferantenpyramide

Lieferanten werden somit zunehmend zur Systemlieferung veranlasst, d. h. zur Einbeziehung von Komponentenlieferanten, die sich ihrerseits wiederum Teilelieferanten in Niedriglohnländern bedienen. Dazu wird ein komplexes Produkt in Module zerlegt, beim Pkw z. B. Armaturenbrettinstallation, Kühlergrill-/Scheinwerfereinheit, Türöffnungs-/-sicherungs- und Fensterhebesystem, die von jeweils einem Systemlieferanten komplett verantwortet werden. Je komplexer die angelieferte Problemlösung ist, desto unentbehrlicher macht sich damit der betreffende Lieferant. Je weitreichender er sich aber den Bedürfnissen seines Abnehmers anpasst, desto mehr wächst auch seine Abhängigkeit von ihm. Die Abnehmer unterziehen ihre Lieferanten rigorosen Bewertungssystemen, die zum Ausschluss führen, sobald rigide Leistungsstandards nicht mehr erfüllt werden. Oder dafür sorgen, dass ein Marktteilnehmer erst gar nicht in den Kreis potenzieller Lieferanten aufgenommen wird. Die Aufgabe der zweckmäßigen, d. h. kostengünstigen und leistungsfähigen, Zusammenstellung der Komponenten verlagert sich damit vom Abnehmer weg in den Bezugskanal.

Ziel jedes Lieferanten muss es sein, in der Hierarchie der Lieferanten möglichst weit oben angesiedelt zu sein, denn desto werthaltiger wird die dem gewerblichen Abnehmer gebotene Leistung. Um allerdings eine solche Position einzunehmen, bedarf es vorab der Übernahme gewaltiger Risiken. Diese bestehen im Aufwand zur Zusammenstellung eines leistungsfähigen Systems aus Komponenten und nachgeordneten Teilen sowie der Notwendigkeit zur globalen Ausrichtung analog zum gewerblichen Abnehmer. Gewerbliche Abnehmer bemühen sich, diese Risiken kalkulierbar zu machen, indem sie lebenslange Verträge (Lifetime contracts) abschließen, die besagen, dass ein Systemlieferant, solange ein bestimmtes Endprodukt aufgelegt wird, alleiniger Lieferant für bestimmte, darin eingebaute Elemente ist. Dies ist auch deshalb sinnvoll, weil diese zumeist nach genauen Spezifikationen des gewerblichen Abnehmers von Systemlieferanten weitgehend auf eigene Kosten und Risiken entwickelt worden sind, ein adäquates Know-how dafür also anderweitig kaum verfügbar ist.

Wettbewerbsneutrale Teile werden von mehreren, auch konkurrierenden Abnehmern häufig bei denselben Lieferanten gemeinsam beschafft, um Kostenvorteile zu realisieren. Dies bedeutet einerseits unternehmensübergreifende Standardisierung, andererseits unternehmensinternes Gleichteilekonzept. Häufig erfolgt auch eine Konzentration auf nur einen Lieferanten, mit dem eng verzahnt zusammengearbeitet wird. Damit wird ein Know-how-Zukauf von Spezialisten als ausgelagerte Forschungs- und Entwicklungs-Kapazitäten realisiert. Letztlich resultiert daraus ein hohes Lieferantenrisiko, zumal wenn die Zulieferung nur als Ausgleich vorübergehender organisatorischer Engpässe angesehen wird.

Dieses Outsourcing kann konsequenterweise bis zur Auslagerung aller wertschöpfenden Aktivitäten reichen, wenn für keine von diesen Kernkompetenz besteht. Dann entsteht ein virtuelles Unternehmen (auch Brand net company genannt) unter Führung eines vokalen Partners, der dieses gründet, koordiniert und integriert. **Virtuelle Unternehmen** stellen allgemein langfristig zielgerichtete Wertschöpfungspartnerschaften dar, bei denen sich Unternehmen auf Aktivitäten der Wertkette spezialisieren, um jedes für sich und damit insgesamt Wettbewerbsvorteile zu erlangen. Sie sind allgemein durch folgende Merkmale gekennzeichnet.

Die Aktivitäten sind in relativ kleine überschaubare Systeme mit dezentraler Entscheidungskompetenz und Ergebnisverantwortung aufgeteilt, diese sind rechtlich selbstständig und weisen klare Schnittstellen zu den anderen Aktivitäten auf. Die Systeme weisen unterschiedliche Leistungsprofile und Fähigkeiten auf, im Rahmen des Netzwerks konzentrieren sie sich auf ihre jeweilige Kernkompetenz. Die Aktivitäten sind räumlich und zeitlich verteilt und unterliegen einer ständigen Rekonfiguration durch Zugänge zum, Abgänge von sowie Repositionierung innerhalb des Netzwerks. Grundlage hierfür ist IuK-Technik, die auch die Grenzen definiert.

Es erfolgt ein geschlossenes Auftreten gegenüber dem Kunden am Markt bei gleichzeitiger innerer Offenheit und Dynamik durch eine nur lockere Institutionalisierung. Die Aktivitäten ergänzen sich durch unterschiedliche Kernkompetenzen i. S. e. symbiotischen Organisationskonfiguration zur Erreichung von Wettbewerbsvorteilen. Trotz permanenter Rekonfiguration sieht der Endkunde das virtuelle Unternehmen als einheitliches, transparentes Ganzes. Der konkrete Ort der Wertschöpfung im Inneren ist für ihn dabei irrelevant.

Dies belegt auch die Marktforschung, wobei auf die Frage: „Welche Teile oder Komponenten Ihres Fahrzeugs sind Ihrer Ansicht nach auf jeden Fall vom Anbieter eigenständig hergestellt worden?" Folgendes genannt wurde: Motor (78 %), Karosserie (66%), Fahrgestell (26%), Innenausstattung (18%), Getriebe (16%), Fahrzeugkonzeption (16%), Rahmen (10%), Sitze (8%), Achsen (6%), Lenkung (6%), Bremsen (6%), Fertigung (4%), einzelne Karosserieteile (4%), Kupplung (3%), Radio (3%).

Das Outsourcing kann von der Entwicklung bis zur Auslieferung, teilweise nur für einzelne Marktangebote (z. B. Kleinauflagen), reichen. Dies erfolgt regelmäßig durch Betreibermodelle (Contract manufacturing).

Beispiele eines solchen Outsourcing sind folgende:
- *VALMET baut für PORSCHE einen Großteil der Auflage des Sportcoupés Boxster und hat Erfahrung mit SAAB 96, SAAB 900 Cabrio, CHRYSLER Talbot, OPEL Calibra und LADA Samara,*
- *HEULIEZ baut für PEUGEOT das Cabrio 206 CC, für OPEL den Roadster und für CITROEN den Kombi Xantia Break,*
- *PININFARINA baut für FORD das Cabrio Streetka, für ALFA ROMEO den Spider und für MITSUBISHI den Offroader Pajero,*
- *BINZ baut für MCC die Sonderserie Smart Crossblade,*
- *KARMANN baut für VOLKSWAGEN das Golf Cabrio, für DAIMLERCHRYSLER den Typ CLK, für CHRYSLER das Coupé Crossfire und für AUDI das A 4 Cabrio,*
- *MEDION baut für den Handelsdiscounter ALDI PCs und Home Electronics,*
- *SANMIMA-SCI baut für IBM PCs,*

- *FLEXTRONICS baut für MICROSOFT die Spielekonsole XBox,*
- *MAGNA-STEYR baut für DAIMLERCHRYSLER die Mercedes M- und G-Klasse für BMW den Typ X3 und für SAAB das Cabrio.*

Probleme, die dabei entstehen können, beziehen sich vor allem auf die Qualitätsstandards, die Geheimhaltung, die Wahrung der Markenidentität und die Abhängigkeit von Zulieferern. Daher ist davon auszugehen, dass zukünftige Modellgenerationen wieder verstärkt eigengefertigt werden.

Um **Insourcing** handelt es sich, wenn ein Unternehmen, das in der Wertkette vor- oder nachgelagert ist, seine Wertschöpfung am Ort des nachfolgenden oder vorlaufenden Unternehmens erbringt (siehe Abb. 83).

	räumlich integriert	räumlich separiert
organisatorisch eigenständig	Insourcing (Industriepark, Verbau, Fertigung und Verbau)	Outsourcing (Assemblierung, Fertigung, Entwurf und Fertigung/BPO)
organisatorisch abhängig	Re-Insourcing / Re-Outsourcing	Zweigwerk / Niederlassung

Abbildung 83: Wertschöpfungsarchitektur

Ein Beispiel für überzeugendes Insourcing bietet XEROX. Dieses Unternehmen hat Dokumentenmanagement als seine Kernkompetenz definiert. Da dieses aber räumlich dort erfolgen muss, wo mit diesen Dokumenten gearbeitet wird, und Unternehmen Dokumentenmanagement für gewöhnlich nicht als eigene Kernkompetenz definieren, kann eine gewünschte Wertkettenverschränkung nur am Ort des outsourcenden Unternehmens stattfinden. Es kommt damit zu einem Insourcing. XEROX betreibt daher Dokumentenmanagement-Centers in Unternehmen. Praktisch werden dafür Räumlichkeiten zur Verfügung gestellt oder angemietet, in denen Xerox mit eigenen Betriebsmitteln und Personal Dienstleistungen an Ort und Stelle erbringt, für die mit dem Auftraggeber vorab ein Mengengerüst abgestimmt ist und für das vom Auftraggeber ein vereinbartes Entgelt fließt. Damit ist beiden Seiten gedient.

Insourcing ist damit logisch nicht das Gegenteil von Outsourcing. Outsourcing bedeutet, dass Wertschöpfungsaktivitäten organisatorisch und räumlich aus dem eigenen Verfügungsbereich abgegeben werden. Insourcing bedeutet, dass Aktivitäten nur organisatorisch abgegeben werden, wohingegen sie räumlich im eigenen Verfügungsbereich verbleiben. Ein Re-Outsourcing bezieht sich auf die Integration räumlich und organisatorisch abgegebener Aktivitäten, ein Re-Insourcing auf die Integration organisatorisch abgegebener Aktivitäten.

Eine Wertschöpfungskette kann auch dekonstruiert werden, d. h. die einzelnen Leistungsanteile werden neu definiert. Ein bekanntes Beispiel dafür sind die Billigfluglinien (Low cost carrier). Ein Vergleich zu den traditionellen Fluglinien (Flag airlines) zeigt dies:

	Flag airlines	**Low cost carrier**
Reservierung:	komfortabel, eigene Verkaufsbüros, Reisebüro-Agenturen, Airport-Counter	keine Reservierung (first come – first served), Verkauf über Internet, Call center
Tarife:	überwiegend Hochpreis, differenzierte Strukturen	niedrige Einheitspreise, kaum Alternativen, hohe Stornokosten
Airport-Lounges:	VIP-Service, Business-Center, Gate-Buffets, Jetways	Aus- und Einstieg vom Rollfeld, keine Lounges, keine Büroflächen
Check-in:	Express-Check-in, kostenlose Gepäckabfertigung, Durchchecken des Gepäcks	Gepäcktransport nur gegen gesonderte Zahlung, kein Durchchecken
Flugbetrieb:	neue Flugzeuge, viel Komfort, gemischte Flotte	nur ein Fliegertyp, wenig Komfort, minimaler Service, kurze Standzeiten (Turnaround), langer Flugeinsatz, hohe Sitzdichte
Flugnetz:	umfassend, auch Nebenstrecken, Hubs	keine Großflughäfen, nur ausgewählte Direktstrecken (One way)
Lodging:	Reservierungssysteme, eigene Hotels, Spezialtarife	–
Service an Bord:	Vollservice (all in), Mehrklassensystem	Getränke/Imbiss entgeltpflichtig, alle Paxe werden gleich behandelt
Personal:	hochbezahlt	gering bezahlt (ca. 50 %)

Die dadurch erzielbaren Ersparnisse sind so enorm, dass Tickets zu Minipreisen abgegeben werden können, derzeit bereits umsonst, in Zukunft vielleicht sogar mit Prämienerlös.

11.5 Benchmarking

11.5.1 Konzept

Unter Benchmarking versteht man die Sammlung und Analyse von Outputs (Resultaten, Erfolgsfaktoren) **der eigenen Geschäftseinheit im Vergleich zu den Besten innerhalb und außerhalb des Unternehmens und die Auswertung der Prozesse** (Methoden, Praktiken)**, die diese positiv von der eigenen Geschäftseinheit unterscheiden.** Benchmarking hat damit einen Mess-, Positionierungs- und Lernaspekt. Die Benchmarks sind aus Erfahrung, von der Konkurrenz, vom eigenen Unternehmen, auf Basis von Hypothesen (z. B. Plankostenrechnung) etc. abgeleitet. Benchmarking hat seinen Ursprung im traditionellen Betriebsvergleich und stellt dessen Weiterentwicklung zu einer kontinuierlichen Erfassung, Beurteilung und Verbesserung von Leistungen, Prozessen und Funktionsbereichen im Vergleich zu direkten Wettbewerbern oder den anerkannten Trägern funktionaler Kernkompetenzen zur organisatorischen Verbesserung dar.

Ziel ist es, den Wandel im Unternehmen (Organizational learning) anzustoßen. Dabei geht es über das reine Kopieren hinaus darum, Anregungen für kreative Weiterführungen zu entwickeln. Benchmarking setzt explizit bei einzelnen Unternehmensbereichen, nicht beim Unternehmen insgesamt an. Es ist ein dezentraler, alle Verantwortlichen umfassender Prozess, der verlangt, bei jeder einzelnen Teilleistung ein passendes „Vorbild" zu finden. Es steht also nicht der globale Betriebsvergleich, sondern der spezifische Einzelvergleich im Vordergrund.

Der Benchmarking-Prozess wird als Topmanagement-Aufgabe gesteuert und nachgeordnet umgesetzt. Eine Kultur für Veränderungen erfordert auf allen Ebenen konstruktive Unzufriedenheit und ständige Überzeugungsarbeit. Die richtige Partnerwahl ermöglicht ein gegenseitiges Geben und Nehmen. Benchmarking ist damit eine Prozessanalyse erfolgsentscheidender Aktivitäten und Ergebnisse. Schon der Prozess der eigenen Istanalyse und das Erkennen von Ursache-Wirkungsketten bringen insofern einen hohen Informationsnutzen. Aber es reicht nicht, nur Spitzenklasse im Messen zu sein, um die Datenbasis für Benchmarks zu schaffen, sondern auch Spitzenklasse im Umsetzen. Das Lernen des Lernens und Besserwerdens hat sich auf das Beherrschen der Prozessschritte zu konzentrieren, um von Symptomen über Wirkungen zu Ursachen zu kommen. Benchmarking geht jeden im Unternehmen an und ist deshalb von allen im Team als kontinuierlicher Verbesserungsprozess umzusetzen. Dafür ist ein klares Commitment auf allen Ebenen des Unternehmens erforderlich. Es gibt keinen optimalen Zeitpunkt für Benchmarking, sondern nur die Chance, möglichst frühzeitig erfolgsentscheidende Defizite zu erkennen und zu beheben.

Benchmarking verschafft Glaubwürdigkeit und Akzeptanz für die Setzung selbst hoher Zielstandards, weil dem von anderen Unternehmen/-steilen bereits tatsächlich realisierte Leistungen zu Grunde liegen, womit der praktische Beweis dafür erbracht ist, dass sie erreicht werden können. Daraus folgt ein hohes Maß an Motivation zu herausragenden Leistungen, deren Beurteilung objektivierbar ist. Die Übernahme bewährter, erfolgreicher Prozesse ist zudem meist schneller und risikoärmer als deren eigene Entwicklung. Außerdem werden zusätzliche Ideen über das Benchmarking-Thema hinaus während der Auseinandersetzung damit generiert und der Neigung zu Selbstzufriedenheit und Bürokratisierung vorgebeugt. Allerdings besteht auch die Gefahr, „Schlendrian mit Schlendrian" zu vergleichen, insofern darf man sich wirklich nur die jeweils Besten (Best of the best) als Benchmarking-Partner auswählen.

Die Ablaufschritte des Benchmarking sind wie folgt:
- *Bestimmung, was genau einem Benchmarking-Prozess unterzogen werden soll,*
- *Identifikation von vergleichbaren Unternehmen/Funktionen/Prozessen/Branchen etc.,*
- *Festlegung der Methode der Datenerfassung und -zusammenstellung,*
- *Bestimmung der aktuellen Leistungslücke aus dem Vergleich,*
- *Schätzung der zukünftigen Leistungsfähigkeit,*
- *Definition von Zielen zur Schließung der verbleibenden Leistungslücke,*
- *Kommunikation der Erkenntnisse und Akzeptanzgewinnung bei Mitarbeitern,*
- *Entwicklung von Aktionsplänen,*
- *Durchführung der Aktionen und Beobachtung der Fortschritte,*
- *Vornahme von Anpassungen,*
- *Schließung einer evtl. verbleibenden Lücke durch erneutes Benchmarking.*

11.5.2 Formen

Internes Benchmarking dient dem Vergleich und der Analyse von Prozessen zwischen verschiedenen Bereichen eines Unternehmens bzw. Konzernteilen, Abteilungen, Profit centers etc. Es bietet den Vorteil der einfachen Datensammlung und liefert gute Ergebnisse für diversifizierte, bereits exzellente Unternehmen. Vor allem entstehen keinerlei Geheimhaltungsprobleme. Dagegen spricht, dass nur ein sehr begrenzter Ausschnitt der Wirtschaftswirklichkeit betrachtet wird und ein hohes Maß interner Befangenheit der unvoreingenommenen Beurteilung der Erkenntnisse entgegensteht. So kann letztlich doch „Schlendrian mit Schlendrian" verglichen werden.

Externes Benchmarking bietet den Vorteil der Vergleichbarkeit mit Praktiken/Technologien anderer Anbieter. Dies setzt zunächst die exakte Festlegung und Abgrenzung des Benchmarking-Themas und des dafür relevanten Informationsbedarfs voraus und funktioniert nur auf Basis der Gegenseitigkeit. Dagegen steht jedoch, dass es weitaus höhere Schwierigkeiten bei der Datensammlung gibt als bei internem Vorgehen. Vielmehr ist von einem antagonistischen Verhältnis der beteiligten Unternehmen auszugehen (siehe Abb. 84).

Funktionales Benchmarking hat den Vergleich mit Unternehmen/Organisationen außerhalb der angestammten Branche, aber gleicher Funktion zum Inhalt, und zwar jeweils mit dem Klassenbesten einer Funktion, unabhängig von dessen Branche. Dies erschließt ein großes nutzbares Potenzial durch die Entwicklung professioneller Netzwerke/Datenbanken zwischen interessierten Beteiligten. Dazu ist es erforderlich, für jede einzelne Funktion ein passendes „Vorbild" zu finden. Es steht nicht der globale Betriebsvergleich, sondern der spezifische Einzelvergleich im Vordergrund.

Strukturelles Benchmarking betrifft den Vergleich innerhalb einer Branche, wobei dies nicht auf einzelne Funktionen, sondern auf die gesamte Unternehmensebene bezogen wird. Im Mittelpunkt des Interesses steht nicht die operative Regelung der intrafunktionalen Prozesse, sondern die Zusammensetzung dieser Funktionen zu einer arbeitsfähigen strategischen Gesamtheit. Denn in einer Branche begründen nicht nur die Prozesse in der einzelnen Funktion einen Vorsprung, sondern vor allem deren interfunktionale Abstimmung zu einer ganzheitlichen Prozesskette.

Kompetitives Benchmarking betrifft den Vergleich mit direkten Wettbewerbern derselben Branche. Dazu bedarf es der Schaffung einer Vergleichsbasis, die angibt, wer worin genau als der Beste zu gelten hat. Diese ist aber immer fraglich. Wesentliche Vorteile sind die Gewinnung geschäftsrelevanter Informationen, die Vergleichbarkeit der dabei zu Grunde liegenden Produkte/Prozesse, die relativ hohe Akzeptanz der Ergebnisse und die eindeutige Positionierung im direkten Vergleich. Von Nachteil sind jedoch die partiell schwierige Datenerfassung und die Gefahr branchenorientierter „Kopien", die kein Überholen (Outpacing) mehr erlauben.

Generisches Benchmarking umfasst alle Bereiche/Prozesse eines Unternehmens. Es erfolgt eine ganzheitliche Fokussierung auf betriebliche Funktionsbereiche, die in Bezug auf ihr Angebotsspektrum in einer Vielzahl unterschiedlicher Unternehmen anzutreffen sind, vorausgesetzt, es handelt sich bei ihnen um Best of the best. Gerade die Vielfalt der Unternehmensgrößen, Branchen und Märkte bietet gute Ansatzpunkte zur Effizienzsteigerung und Findung innovativer Lösungen für eine Vergrößerung des Ideenspektrums. Dagegen stehen jedoch Schwierigkeiten bei der Übertragung von Erkenntnissen zwischen den Beteiligten, die zeit- und kostenaufwändig sind.

Neben der Primärerhebung von Daten kommt auch eine Sekundärerhebung in Betracht. Als Informationsquellen dienen einschlägige Publikationen zu den betreffenden Themen. Marktforschungsinstitute haben zumeist einen sehr guten Überblick über die „Unternehmenslandschaft". Empirische Erhebungen und Fallstudien geben Aufschluss über Daten, die aus „realen" Unternehmen stammen. Wenn möglich, ist die Betriebsbesichtigung vorbildlicher Unternehmen anzustreben. Zur Auswertung stehen auch Datenbanken mit internationalen Standardwerken zur Verfügung. Berufsverbände kommen als Auskunftsgeber ebenso in Betracht wie Herausgeber von Fachzeitschriften mit Artikeln über führende Unternehmen. Weiterhin gibt es Benchmarking-Clubs mit Zugang für Mitglieder zu Benchmarking-Daten, deren Mitgliedschaft aber für gewöhnlich jeden Teilnehmer verpflichtet, selbst als Benchmarking-Partner für Andere zur Verfügung zu stehen. Schließlich verfügen Unternehmensberatungen oft über relevante Informationen aus ihren globalen Netzwerken.

	Vergleich innerhalb der Branche	Vergleich außerhalb der Branche
Vergleich innerhalb der Funktion	Kompetitives Benchmarking	Funktionales Benchmarking
Vergleich außerhalb der Funktion	Strukturelles Benchmarking	Generisches Benchmarking

Abbildung 84: Formen des externen Benchmarking

Jedes Unternehmen wird in verschiedenen Bereichen der Wertschöpfungskette mit jeweils anderen Benchmarking-Partnern zusammenarbeiten. RANK XEROX, einer der Pioniere des Benchmarking, hat etwa folgende Partner:
- *Unternehmensinfrastruktur: AMERICAN EXPRESS (Rechnungswesen), TEXAS INSTRUMENTS (Strategieimplementierung), DEERE AND COMP. (IT-Infrastruktur),*
- *Personalwirtschaft: MILLIKEN CARPET (Vorschlagswesen),*
- *Technologieentwicklung: HEWLETT-PACKARD,*
- *Eingangslogistik: L.L.BEAN,*
- *Fertigung: FUJI-XEROX, TOYOTA,*

- Marketing&Vertrieb: PROCTER&GAMBLE,
- Ausgangslogistik: L.L.BEAN.

Als internationale Benchmarks gelten folgende Unternehmen:
- Logistik: L.L.BEAN, HERSHEY FOODS, WAL MART,
- TQM: TOYOTA, KOMATSU, FUJI, XEROX, TEXAS INSTRUMENTS,
- Globalisierung: TOYOTA, MCDONALD'S,
- Produktentwicklung: MOTOROLA, SONY, 3M, FANUC,
- Branding: PHILIP MORRIS, COCA COLA, BEIERSDORF, NESTLÉ,
- Marketing: PROCTER&GAMBLE, MARS, MICROSOFT, NESTLÉ,
- Lagerung: FEDERAL EXPRESS, APPLE, L.L.BEAN,
- Prozessorientierung: IBM, PHILIPS,
- Rechnungserstellung: AMERICAN EXPRESS, MCI,
- Miniaturisierung: SONY,
- Lieferantenbewertung: KOMATSU,
- Mitarbeiterführung: 3M, D2D,
- Einkauf: HONDA, XEROX, IBM,
- Flachbaugruppen: MATUSHITA ELECTRIC, SONY,
- Kundenzufriedenheitsmessung: SWEDISH TELECOM, HILFI, CLUB MEDITERRANÉE, AT&T,
- Kundenorientierte Technikeinführung: CITICORP.

Allerdings bedarf es einer genauen Absprache und Vorbereitung mit dem Benchmarking-Partner, was Analysethema ist und wie dieses voll ausgeschöpft werden kann. Dies ist naturgemäß bei internem Unternehmensverbund weitaus einfacher als extern. Außerdem ist zu unterscheiden, was wirklich 1 : 1 in den eigenen Prozess übernommen werden kann und was hinsichtlich individueller Gegebenheiten angepasst werden muss. Die Wirtschaft ist so zwischenzeitlich von Benchmarking-Netzwerken überzogen. Wichtig ist die Einhaltung von „Spielregeln" bei der Durchführung wie:

- keine verbotene Informationsbeschaffung, die jeweiligen Betriebsgeheimnisse werden respektiert, das Wettbewerbsrecht und andere relevante Rechtsnormen werden beachtet,
- nur solche Informationen dürfen verlangt werden, die man auch selbst bereit ist, zu geben, dazu ist eine klare Artikulation der gewünschten Daten unerlässlich,
- Informationen und Namen der Partner sind vertraulich zu behandeln bzw. dürfen nur nach deren ausdrücklicher Zustimmung weitergegeben werden,
- die durch Benchmarking gewonnenen Informationen sind ausschließlich für den internen Gebrauch bestimmt, sie sind kein Mittel der Verkaufsförderung nach außen hin,
- die Verbindung ist ohne Einbeziehung Dritter direkt mit dem für Benchmarking Zuständigen aufzubauen,

- die Namen der Kontaktpersonen dürfen nicht ohne deren ausdrückliche Einwilligung weitergegeben werden,
- eine gute Präparierung der eigenen Arbeit ist selbstverständlich, ebenso eine effektive Zeitausnutzung und die Vorbereitung des Partners,
- alle Projektschritte sind vollständig, zeitgerecht, im Konsens und zur Zufriedenheit aller Beteiligten durchzuführen,
- es ist auf den Benchmarking-Partner Rücksicht zu nehmen, indem alle Informationen so behandelt werden, wie dieser es mit Recht erwarten darf.

Zur Gewährleistung der Einhaltung dieser Spielregeln wird zumeist eine **Benchmarking-Vereinbarung** abgeschlossen. Probleme entstehen allerdings, wenn bloßer Benchmarking-Tourismus betrieben wird. Ebenso, wenn eine einwandfreie Umsetzung unterbleibt oder betroffene Mitarbeiter dabei übergangen werden. Problematisch sind auch eine zu breite Abgrenzung des Benchmarking-Objekts oder ein zu enger Blickwinkel bei der Wahl des Benchmarking-Partners.

Benchmarking muss immer den Prinzipien der Rechtmäßigkeit (keine Absprachen, keine Unterschlagung, keine Bestechung), der Reziprozität, der Vertraulichkeit, der Nonproliferation der Informationen, des unmittelbaren Kontakts (ohne Makler) und der gewissenhaften Vorbereitung entsprechen.

12. Rahmenbedingungen zur Ausführung
12.1 Institutionelle Ausformung

Für die institutionelle Umsetzung der Strategie ergeben sich mehrere Varianten in unterschiedlichen Ausprägungen, deren wesentliche im Folgenden als Kooperation, Unabhängigkeit und Konzentration dargestellt werden (siehe Abb. 85).

```
horizontale Kooperation
    → Strategische Allianz
    → Konsortium
vertikale Kooperation
    → Partizipation
    → Contract manufacturing
gemischte Kooperation
    → Arbeitsgemeinschaft
    → Wirtschaftsverband
Unabhängigkeit
    → Joint venture
    → internes Wachstum
    → (eigene) Neugründung
Konzentration
    → Beteiligung (in verschiedenen Graden)
    → Übernahme
```

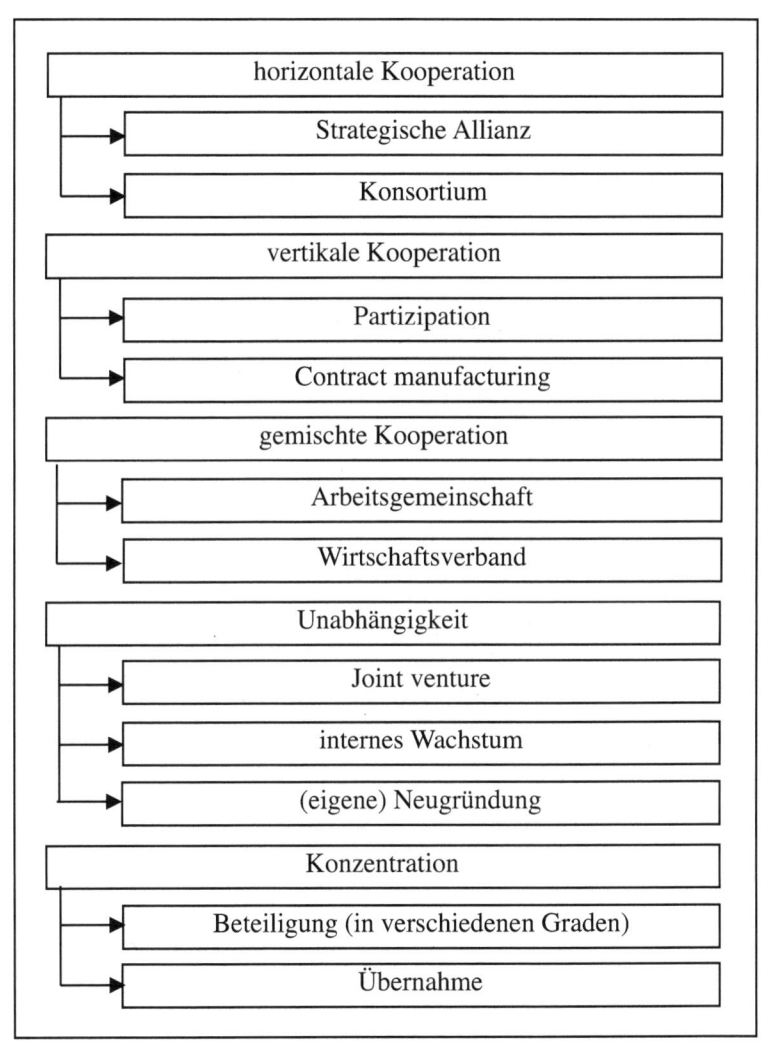

Abbildung 85: Institutionalisierung der Strategie

Kooperation bedeutet, dass die Strategie durch freiwilligen Verbund mit anderen, leistungsergänzenden Unternehmen auf vertraglicher Basis unter Wahrung der rechtlichen bei gleichzeitiger Einschränkung der wirtschaftlichen Selbstständigkeit zum Zwecke der Verbesserung der gemeinsamen Leistungsfähigkeit umgesetzt wird. Die Kooperation definiert sich nach Dimensionen wie Intensität, Beteiligte, Anzahl und Inhalt. Hinsichtlich der Richtung sind drei Arten zu unterscheiden. Horizontale Kooperation bedeutet, dass Unternehmen einer Marktstufe kooperieren, vertikale Kooperation bedeutet, dass Unternehmen verschiedener Marktstufen kooperieren, gemischte Kooperation bedeutet, dass Unternehmen verschiedener Branchen und/oder Marktstufen kooperieren.

Bei der **horizontalen,** also stufengleichen, **Kooperation** sind wiederum mehrere Ausprägungen zu nennen. Die **Strategische Allianz** stellt die begrenzte Zusammenarbeit zweier oder mehrerer aktueller oder potenzieller Wettbewerber dar. Sie ist dauerhaft angelegt und kann Vorstufe für einen Zusammenschluss sein. Die räumliche Erstreckung kann sich auf alle oder ausgewählte Märkte beziehen oder neue Märkte betreffen. Der Inhalt kann in gegenseitiger Arbeitsteilung oder Poolung von gleichartigen Kapazitäten liegen, ist aber immer nur auf Teilbereiche der Aktivitäten gerichtet, und zwar mit interner Wirkung und nicht als abgestimmtes Verhalten am Markt. Anders als beim Kartell sollen primär keine Marktwirkungen erreicht werden. Dass solche dabei zumindest auch anfallen, ist wohl kaum vermeidbar.

Das **Konsortium** (mit Außenwirkung) betrifft ebenfalls die partielle Zusammenarbeit zweier oder mehrerer aktueller oder potenzieller Wettbewerber. Es ist jedoch fallweise und temporär begrenzt ausgelegt, sodass das strategische Moment fehlt. Dabei tun sich mehrere Unternehmen zusammen, um gemeinsam die Kapazitäten für die Bewältigung eines Auftrags bereitzustellen, der für jedes von ihnen allein nicht schaffbar oder nicht opportun wäre. Ein offenes Konsortium ist der Zusammenschluss rechtlich selbstständiger Unternehmen zur gemeinsamen Erfüllung einer Gesamtleistung, wobei der Vertrag zwischen dem gemeinsamen Kunden und der Gesamtheit der Konsorten (meist als BGB-Gesellschaft) abgeschlossen wird. Jeder Konsorte haftet nach außen selbstschuldnerisch. Meist gibt es einen Konsortialführer (Pilot contractor). Beim stillen Konsortium bestehen Vertragsbeziehungen nur zwischen dem gemeinsamen Kunden und einem Konsorten, dem Generalunternehmer. Es handelt sich also um eine reine Innengesellschaft, bei der nur der Generalunternehmer nach außen haftet.

Bei der **vertikalen** Kooperation gibt es zwei Ausprägungen. Bei der fallweisen und temporären Zusammenarbeit zwischen Unternehmen verschiedener Wirtschaftsstufen aufgrund eines projektbezogenen Charakters sind **Partizipationen** (nur mit Innenwirkung) zu nennen, bei denen sich mehrere Subunternehmer unter der Leitung eines Systemführers zusammentun. Für den Auftraggeber bedeutet dies Arbeitsentlastung, weil er nur einen Ansprechpartner hat. Für potenzielle Auftragnehmer bedeutet das, sich beizeiten der Unterstützung leistungsergänzender Zulieferer zu versichern, da ein Systemlieferant nur so erfolgreich sein kann, wie das Bündel aus von ihm zusammengestellten Vorleistungen dies zulässt.

Die vertragsgebundene, dauerhafte Zusammenarbeit hat unter dem Begriff des **Contract manufacturing** hohe Bedeutung. Eine verbreitete Form ist das Betreibermodell. Dabei verlagern Hersteller die Finanzierung und den Betrieb neuer Produktionsanlagen auf die Lieferantenstufe. Die Bezahlung erfolgt durch Verrechnung je produzierter Leistungseinheit (Pay on production). Beide Partner profitieren davon, weil Produktionserfahrung in die Entwicklung neuer Produktionsanlagen einfließt. Allerdings tragen Betreiber hohe Risiken infolge mangelnder Preis- und Volumengarantien sowie hoher Investitionen. Meist werden vorhandene Arbeitskräfte übernommen. Auch Montage, Instandhaltung und -setzung werden vom Betreiber durchgeführt.

Eine denkbare Abfolge ist folgende: 1. Stufe: Lieferung von Farben und Lacken für die Automobilindustrie (Produktgeschäft), 2. Stufe: Kooperation mit den Herstellern von Lackierstraßen zur Abstimmung von Anlage und Verbrauchsstoffen (Systemgeschäft), 3. Stufe: Lieferung kompletter Lackierstraßen an Autohersteller (Anlagengeschäft), 4. Stufe: Produktion mit eigenen Anlagen in der Fließfertigung der Autohersteller (Betreibergeschäft).

Gemischte Kooperationen (auch diagonal genannt) sind als sowohl branchen- wie auch stufenübergreifende, begrenzte Zusammenarbeit von Unternehmen angelegt. Bei der **Arbeitsgemeinschaft** handelt es sich um die organisatorische Zusammenarbeit einer begrenzten Anzahl ansonsten verschiedenartiger, selbstständig bleibender Unternehmen, die sich temporär und/oder projektbezogen zu einer speziellen Form des Werkverbunds zusammenschließen. Meist gibt es einen zentralen Koordinator, der aber nicht alle Leistungen selbst zur Verfügung stellt, sondern sich dabei Kollegenlieferanten bedient. Dies betrifft vor allem komplementäre Produktangebote, wie etwa bei Industriegütern.

Beim **Wirtschaftsverband** (höherer Ordnung) handelt es sich um den freiwilligen Zusammenschluss heterogener Verbände zum Zweck der gemeinschaftlichen Erfüllung ökonomischer Teilaufgaben wie Informationsgewinnung, betriebswirtschaftliche Beratung, Interessenvertretung der Mitglieder etc. Der Beitritt zu solchen Dachverbänden kann die Umsetzung von Strategien erleichtern oder auch erst ermöglichen. Allerdings sind diese nicht eigenunternehmerisch tätig, sodass der Einfluss einzelner Mitglieder durch die Mitgliedschaft im Verband begrenzt bleibt. Zudem arbeiten Verbände allgemein recht schwerfällig.

Unabhängigkeit bedeutet, dass eine Strategie primär auf unternehmensinterner Basis realisiert werden soll. Auch dafür gibt es mehrere Möglichkeiten. Ein **Joint venture**

bezeichnet die Führung eines neu zu gründenden Gemeinschaftsunternehmens durch die Anteilseigner. Joint ventures implizieren häufig eine 50 : 50-Beteiligung (Equity joint venture) zwischen den Partnern. Dabei treten allerdings leicht Interessenkonflikte zutage, es drohen Prestige- und Machtkämpfe, die zu ungebührlichen Kompromissen zwingen. Dennoch erfährt gerade die Form des Joint venture bei grenzüberschreitenden Neugründungen einen Boom. Dies liegt nicht zuletzt an dem Wunsch jedes Gastlandes, am wirtschaftlichen Erfolg und dessen Management beteiligt zu sein. So sind manche Entwicklungsländer nur unter Einräumung einer angemessenen Beteiligung bereit, ausländische Investoren zuzulassen. Daneben gibt es Formen der mehrheitlichen (Majority joint venture) oder minderheitlichen Beteiligung (Minority joint venture) eines Partners, oft auch als 51 : 49-Beteiligung.

Bei **internem Wachstum** entschließt sich ein Unternehmen, aus bestehendem Potenzial heraus zu expandieren. Dies bietet neben einer Reihe von Vorteilen, wie optimale Ausgestaltung, Alleinbestimmung etc., zwei gravierende Nachteile. Zum einen handelt es sich um eine Langsamstrategie, d. h., die Zuwachsrate über internes Wachstum liegt für gewöhnlich unter der durch externes Wachstum. Das ist darin begründet, dass durch Letzteres schlagartig Umsatzvolumen zuwächst, während dies bei Ersterem erst sukzessiv im Zeitablauf gelingt. Zum anderen sind bei versuchtem Einstieg in neue Märkte die Wettbewerbsvorteile bereits dort etablierter Anbieter regelmäßig so stark, dass es selbst potenten Neueinsteigern selten gelingt, allein eine adäquate Marktposition zu erringen. Insofern ist die Risikorate bei internem Wachstum womöglich höher als bei externem.

Im Falle einer (eigenen) **Neugründung** stellt sich die Frage der Wahl der Rechtsform als Kapital- oder Personengesellschaft. Kapitalgesellschaften verfügen über eine eigene Rechtspersönlichkeit als juristische Person. Ihre wichtigsten Ausprägungen sind die Gesellschaft mit beschränkter Haftung (GmbH), die Aktiengesellschaft (AG) und die Eingetragene Genossenschaft (eG). Personengesellschaften verfügen über keine eigene Rechtspersönlichkeit. Die wichtigsten Ausprägungen sind hier die Kommanditgesellschaft (KG), die Offene Handelsgesellschaft (OHG) und die Einzelunternehmung.

Konzentration bedeutet, dass die Strategie durch Verbund mit anderen Unternehmen unter Verlust der rechtlichen und/oder wirtschaftlichen Selbstständigkeit mindestens eines der beteiligten Partner vollzogen wird. Von aktiver Konzentration spricht man bei Übernahme eines anderen Unternehmens, von passiver Konzentration bei Übernahme durch ein anderes Unternehmen. Der Zusammenschluss ist auf Fremdbedarfsdeckung gerichtet und impliziert unterschiedliche Rechtswirkungen. Als wesentliche Vorteile gelten:

- die Erreichung optimaler Betriebsgrößen, die Nutzung technischer Verbundvorteile, die Gewährung rationellen Kapazitätseinsatzes und rentabler Investitionspolitik, die Erweiterung des Produktions-/Absatzprogramms, die Gewährleistung effizienter Forschung und Entwicklung, die Verbesserung der Marktposition, die

Erschließung neuer Märkte, die Risikostreuung, der effiziente Einsatz des Vertriebsapparats, die Erschließung und Sicherung von Rohstoffmärkten, die Erzielung günstiger Einkaufspreise/-konditionen, die Sicherung von Vor- und Zwischenprodukten, die Bereitstellung von Produktionsfaktoren, die Stärkung der Finanzposition, Verbesserungen im Verwaltungs- und Personal-/Sozialbereichs.

Konzentration vollzieht sich durch Fusion, und zwar mit oder ohne formelle Liquidation der fusionierenden Unternehmen. Dabei kann es sich um eine Verschmelzung durch Neubildung des fusionierten Unternehmens, um eine Verschmelzung durch Aufnahme eines Unternehmens in die Fusion mit dem anderen, um eine Vermögensübertragung des einen fusionierenden Unternehmens an das andere oder um eine verschmelzende Umwandlung handeln. Konzentration ergibt sich aber auch durch verbundene Unternehmen, im Einzelnen über in Mehrheit stehende und mit Mehrheit beteiligte Unternehmen, abhängige und herrschende Unternehmen, wechselseitig beteiligte Unternehmen, Vertragsteile eines Unternehmensvertrags (z. B. Pacht- und Überlassungsvertrag, außer Beherrschungsvertrag) oder Konzernbildung unter einheitlicher Leistung, und zwar als Gleichordnungs- oder Unterordnungskonzern bei Eingliederung, als Vertragskonzern oder als faktischer Konzern.

Beteiligung beinhaltet die Übernahme eines mehr oder minder großen Anteils des Kapitals eines Unternehmens durch ein anderes. Dabei gibt es mehrere Abstufungen. Eine **Minoritätsbeteiligung** (< 50 %) kann mehrere Beweggründe haben. Zum einen kann es sich um eine hier nicht näher interessierende, reine Finanzanlage handeln. Dann kann die Minderheitsbeteiligung den ersten Schritt für den Aufbau einer weitergehenden Beteiligung darstellen. Insofern ist sie nicht Absicht, sondern nur Zwischenschritt. Vor allem aber kann dadurch die Ernsthaftigkeit einer bestehenden oder beabsichtigten Kooperation untermauert werden. Oft wird eine gegenseitige Minderheitsbeteiligung vereinbart, um die Gleichberechtigung der Partner für die begrenzte Kooperation auszudrücken.

Mit **Parität** (50 %) beteiligt sich ein Unternehmen zu genau 50 % am anderen. Dies hat, vorausgesetzt, es bestehen keine andersartigen Stimmrechtsregelungen, zur Folge, dass beide Partner zur Einstimmigkeit in ihren Beschlüssen gezwungen sind, da keiner ohne den anderen entscheiden kann. Dies ist, entgegen dem ersten Eindruck, oft hinderlich, weil auf diese Art fortgesetzt Kompromisse eingegangen werden müssen und der Eine den Anderen blockieren mag, wodurch nicht selten die Existenz des Unternehmens ernsthaft gefährdet ist. Denn in schnelllebigen Märkten führen falsche oder verzögerte Entscheidungen bald zu Wettbewerbsnachteilen.

Eine **Majoritätsbeteiligung** (> 50 %) bringt zum Ausdruck, dass eigene unternehmerische Initiative eingebracht werden soll. Der mehrheitliche Partner will den Kurs bestimmen und die Beteiligung aktiv für sich nutzen. Die Erlangung genügender Anteile ist allerdings meist nicht einfach. Sie können entweder als Paket oder Addition mehrerer Pakete von den Voreigentümern oder deren Banken übernommen werden. Bei Aktiengesellschaften ist der Aufkauf relevanter Anteilsgrößenordnungen über die Börse kaum möglich, ohne dass dies ruchbar wird und zu stark steigenden Kursen führt. Es sei denn, man geht über Deckadressen als Auftraggeber, in einem gehörig gestreckten Zeitraum und mit kleinen Partien zu Werke.

Bei der **Übernahme** (100 %) wird ein Unternehmen schließlich voll und ganz übernommen. Damit sind dann eindeutige Verhältnisse geschaffen. Allerdings involviert dies auch den größten Finanzaufwand. Außerdem können wettbewerbsrechtliche Gründe gegen die Übernahme sprechen. Hierzu gehören die Fusionskontrolle und die Missbrauchsaufsicht über marktbeherrschende Unternehmen seitens des Kartellamts auf Grundlage des Gesetzes gegen Wettbewerbsbeschränkungen (GWB).

Die Fusionskontrolle bezieht sich auf das Verbot solcher Unternehmenszusammenschlüsse, die zur Entstehung oder Verstärkung einer marktbeherrschenden Stellung führen. Insofern sind Zusammenschlüsse nicht grundsätzlich wettbewerbspolitisch bedenklich. Das Bestehen einer marktbeherrschenden Stellung wird nicht per se verboten, sondern vielmehr akzeptiert. Diese Unternehmen sollen nur anstelle der nicht ausreichenden Kontrolle durch den Wettbewerb einer umfassenden staatlichen Aufsicht unterstellt werden (Missbrauchsaufsicht). Wird eine marktbeherrschende Stellung missbräuchlich ausgenutzt, kann dieses Verhalten untersagt, nicht aber ein neues nicht-missbräuchliches vorgegeben werden.

Marktbeherrschung ist gegeben, wenn ein Unternehmen am Markt ohne Wettbewerber oder keinem wesentlichen Wettbewerb ausgesetzt ist oder es eine im Verhältnis zu seinen Mitbewerbern überragende Marktstellung hat. Behinderungsmissbrauch erfolgt durch mittelbare und unmittelbare Konkurrentenbehinderung oder durch Nachfragemissbrauch. Ausbeutungsmissbrauch erfolgt vor allem durch überhöhte Preise, wobei sich die Frage des Vergleichspreises stellt. Diskriminierung erfolgt vor allem durch Konditionen-/Preisspaltung, indem gleichartige Wirtschaftssubjekte ohne sachlich gerechtfertigten Grund unterschiedlich behandelt werden.

So scheitern denn Unternehmen immer wieder weniger an der unzureichenden Formulierung ihrer strategischen Ausrichtung, als vielmehr an den Unwägbarkeiten der vergleichsweise profan erscheinenden, praktischen Umsetzung.

12.2 Diversifikation

Diversifikation meint allgemein das Angebot neuer Produkte auf neuen Märkten als homogene (konzentrische) Diversifikation, heterogene (laterale) Diversifikation und als Business migration. Sie bedingt eine Dekonstruktion der Wertkette.

12.2.1 Homogene Diversifizierung

Homogene (konzentrische) **Diversifizierung bedeutet die Ausweitung der Unternehmensaktivitäten um ein verwandtes Tätigkeitsfeld auf gleicher Marktstufe (horizontal) bzw. auf dem gleichen Tätigkeitsfeld, aber anderer Marktstufe** (vertikal).

Beispiele für horizontale Diversifikation finden sich bei den Zigarettenkonzernen (Philip Morris/ALTRIA, Reynolds Tobacco/JTI), die den zumindest in den entwickelten Ländern degenerierenden Zigarettenmarkt um lukrative Marktfelder im Foodbereich ergänzt haben. Die Absatzwege sind dabei großenteils identisch, sodass bestehende Distributionsstrukturen genutzt werden können.

Als Beispiel für eine vertikale Diversifikation kann MICROSOFT gelten. Ausgehend von PC-Software werden auch Großrechner-Software für Server/Datenbanken, Software für Mobilcomputer, kaufmännische/betriebswirtschaftliche Software, Consulting- und IT-Services, Web-Services, Onlinezugang/-dienste, Computerspiele und TV- bzw. Medien-Inhalte angeboten.

Damit soll den Anforderungen des Marktes nach Leistungsbereitstellung und internen Ergebnisvorgaben mutmaßlich besser Rechnung getragen werden. Zugleich ist mit diesen Chancen jedoch immer auch ein erhöhtes Risiko verbunden. Als Integrationshilfe können verschiedene Treueorientierungen eingehalten werden.

Herkunftstreue ist gegeben, wenn sich ein Unternehmen auf den Betrieb mit einem gleichen Grundstoff konzentriert.

So kann das Unternehmen MÜLLER MILCH im Allgäu aus dem Urprodukt Milch verschiedene Endprodukte herstellen, etwa Joghurt, Quark, Frischkäse, Kefir und Milchreis. Es nutzt dabei vor allem Synergieeffekte im Beschaffungsbereich.

Als weiteres Beispiel mag LEVI'S gelten. Hier liegt die Spezialisierung in der Verarbeitung von Jeansstoff. Sind daraus zunächst nur Hosen hergestellt worden, kamen später Jacken hinzu. Zwischenzeitlich gibt es Blousons, Westen, Shorts, Röcke etc. von Levi's, aber immer unter der Materialkompetenz Jeansstoff. Durch den Setgedanken im Produkt und die Stilisierung zum Lebensgefühl junger Leute in der Werbung ergeben sich somit Zusatzumsätze.

Ursprung meint ein gemeinsam verarbeitetes Urprodukt. So können aus den Rohstoffen, Kakao, Milch und Zucker verschiedenste Produkte hergestellt und vermarktet werden. Synergieeffekte ergeben sich somit aus größeren Einkaufslosen infolge mehrfachen Bedarfs dieser Rohstoffe, aus der daraus resultierenden Einflussnahmemöglichkeit auf Qualitäten, aus gemeinsamer Logistik etc.

Dies realisiert z. B. NESTLÉ durch das Angebot von Kakao, Dosenmilch, Schokoriegeln etc.

Material ist als Kenntnis um Qualitätserfordernisse zu verstehen. So können wichtige Abnehmer Qualitätsnormen definieren, denen eine ganze Branche folgt.

IBM ließ etwa für seine PCs von MICROSOFT das Betriebssystem MS-DOS entwickeln, das auf Grund der damals unumstrittenen Marktbeherrschung von IBM bald zum Standard der Branche wurde. Von dieser Zusammenarbeit profitierten beide Unternehmen.

Hersteller umfasst den gemeinsamen Absender einer Leistung. So wird von einem bekannten Absender vertrauensvoll auf bestimmte Produkteigenschaften geschlossen, die dem Angebot zu einem Vorsprung am Markt verhelfen. Dies wird etwa durch das zusätzliche Angebot von Handelswaren (Lizenzprodukte o. Ä.) realisiert. Der eingeführte Markenname führt dazu, dass sich Produkte gut verkaufen, die ursprünglich von fremden Herstellern stammen und unter deren Namen womöglich geringere Marktchancen hätten.

Land beschreibt ein gemeinsames Ursprungsgebiet. Dies betrifft z. B. Agrarprodukte, deren Provenienz gleichzeitig als Qualitätsmerkmal gilt. Dabei werden neue oder neuartige Produkte durch die Kompetenz der Stammprodukte getragen und profitieren von einem Vertrauensvorschuss.

Zu denken ist an Wein aus Frankreich, Schokolade aus der Schweiz, Spargel aus Holland, Whiskey aus Irland etc.

Wissenstreue ist gegeben, wenn vorhandenes Know-how außer im angestammten in weiteren Sektoren genutzt wird. Dabei handelt es sich um Produktions-, Organisations-, Beschaffungs- oder Vertriebsbereiche. So kann ein Unternehmen sein Wissen um die Miniaturisierung elektronischer Bauteile in mannigfachen Produkten kapitalisieren, z. B. in Walkman, CD-Carplayer, schnurlosem Telefon, in Hörgerät, Quarzarmbanduhr, in Camcorder, Autofokusfotokamera etc. Etwaige Synergieeffekte werden dabei vor allem in der Produktion genutzt.

Als Beispiel für Organisationswissen kann die durchaus nicht problemlose Expansion der Warenhäuser in Fachmarktkonzepte gelten (SATURN, VOBIS, MEDIA-LAND, RENO, MACFASH, GEMINI etc. beim KAUFHOF). Als Beispiel für Beschaffungswissen mag die Etablierung von Einkaufsagenturen in Fernost durch Versandhausunternehmen gelten, und als Beispiel für Vertriebswissen das Angebot von Versicherungs-, Bank- und Bausparkassenprodukten im Rahmen der Allfinanz durch Finanzdienstleister.

BIRKENSTOCK startete zunächst mit dem Verkauf orthopädischer Schuheinlagen, die eine gesunde Fußstellung in häufig modisch-unbequemen Schuhen ermöglichten. Später entwickelte man um diese Schuheinlagen herum eine Sandale als ge-

sundes Gehwerkzeug. Anschließend entstanden Alltagsschuhe mit „eingebauten" Schuheinlagen. Danach wurde eine Kollektion modischer und dennoch „gesunder" Schuhe eingeführt.

Funktion ist als gemeinsamer Verwendungszweck gemeint. Als Beispiel kann die Do-it-yourself-Branche angeführt werden. Hier erliegen Hobbybastler oft der Faszination geschmiedeter, polierter und glanzlackierter Gerätschaften fürs Basteln und kaufen deshalb Teile ein, für die sie danach gar keine adäquate Verwendung haben. Das fachliche Engagement legitimiert jedoch das Erfordernis perfekter Arbeitsmaterialien, auch wenn diese erheblich überdimensioniert sind.

Tradition versteht sich als Wurzel der Geschäftstätigkeit. Das gilt etwa im Modebereich, so für italienische Schuhe, die von hervorragender Verarbeitung sein sollen, für britische Hemden, die äußerst korrekt angepasst werden, für französische Anzüge, die mit besonderem Pfiff zugeschnitten sind etc. In anderen Bereichen sind schweizerische Uhren für ihre minutiöse Technik berühmt, oder schwedischer Stahl für seine große Härte und Belastbarkeit und deutsche Feinmaschinen, zumindest ehedem, für ihre hohe Zuverlässigkeit.

Problemlosigkeit betrifft den Grad der Erklärungsbedürftigkeit von Angeboten. So gibt es Hersteller und Händler, die ihr Programm/Sortiment darauf ausrichten, eher problemlose, wenig erklärungsbedürftige Produkte anzubieten, die ohne großen Aufwand in der Vermarktung erfolgreich sind (z. B. BIC).

Preis versteht sich als gemeinsame Qualitätseinstufung. Dem liegt die Erfahrungstatsache zu Grunde, dass vom Preis, vor allem mangels anderer beurteilbarer Parameter, auf die Leistung eines Angebots geschlossen wird. Dies trifft sowohl auf Bereiche zu, die nach niedrigem Preis gewählt werden, etwa Grundnutzenprodukte, als auch auf solche, die zum Vorzeigekonsum gedacht sind (Conspicuous consumption), also zu höherem Preis eingekauft werden.

Problemtreue ist gegeben, wenn ein Programm nach Bedarfsbündeln der Nachfrager organisiert ist.

So bieten Investitionsgüterhersteller Turn key-Projekte an, welche die komplette Fertigstellung einer Anlage incl. aller Nebenleistungen implizieren und so einen gegebenen Bedarf vollständig befriedigen. Synergetische Effekte entstehen dabei vor allem in der Absatzfunktion. Als weiteres Beispiel kann das Sortiment eines Heimwerkermarkts gelten, das auf das Do-it-yourself-Problem bzw. dessen Lösung ausgerichtet ist und dabei sowohl Produkte verschiedener Materialien als auch Anwendungsbereiche umfasst. Brauereien etwa liefern die komplette Gaststättenausstattung vom Mobiliar über das Geschirr bis zur Zapftechnik, und natürlich auch das Bier.

Nachfrageverbund ergibt sich als Bedarf gemeinsamer Produktgruppen. Solche Komplementärprodukte werden häufig nicht nur gemeinsam genutzt, sondern auch eingekauft. Dies gilt z. B. für PC-Drucker und Kabel im UE-Handel, die als Grundausstattung meist gemeinsam erstanden werden. Wird das Angebot von Radioplayers aufgegeben, weil Marktsättigung und Konkurrenzverdrängung erreicht sind, leidet darunter auch der Absatz von Cassetten und Batterien (Bedarfssenkungseffekt). Andererseits profitiert der Verkauf von Laufschuhen vom Angebot von Jogginganzügen, um eine komplette Sportausstattung zu erreichen (Partizipationseffekt).

Bedarfsträger bezieht sich auf die persönliche Einsatzkumulation. Dabei liegt die Abhängigkeit in der Person des Nachfragers begründet. So impliziert etwa der Berufseinstieg gleich mehrfachen Bedarf nach Finanzdienstleistungen. Es wird ein Kontokorrentkonto für die Gehaltsüberweisung, eine Krankenversicherung für die Sicherheit gebraucht, dann ein Bausparvertrag zum späteren Immobilienerwerb oder ein Wertpapierdepot zur Geldanlage. Dies machen sich Allfinanzangebote zunutze, deren erste Erfahrungen allerdings eher enttäuschend sind.

Anlass versteht sich als gemeinsamer Bedarfsauslöser. Als Beispiel dient die Einrichtung einer Küche, etwa anlässlich eines Umzugs. So wissen Küchenanbieter aus der Praxis, dass die Anschaffung neuer Küchenmöbel meist auch mit dem Austausch der Einbauelektrogeräte (Kühlschrank, Gefrierschrank, Herd, Abzugshaube etc.) verbunden ist, obgleich diese noch durchaus funktionsfähig sind. Folglich werden eher Komplettangebote zu Paketpreisen offeriert.

	gleiches Tätigkeitsfeld	verwandtes Tätigkeitsfeld	anderes Tätigkeitsfeld
gleiche Marktstufe	keine Diversifikation	horizontale homogene Diversifikation	diagonale heterogene Diversifikation
andere Marktstufe	vertikale homogene Diversifikation	mediale heterogene Diversifikation	konglomerale heterogene Diversifikation

Abbildung 86: Formen der Diversifikation

Interesse ist als gemeinsame Erlebnisorientierung gegeben. Erfahrung zeigt hier, dass High interest-Bereiche zu einer überproportionalen Kauffreude verleiten. Zu denken ist nur an die Urlaubszeit, wenn sich die allgemeine Hochstimmung in Ausgabepositionen ausdrückt, die von Art und Umfang her unter alltäglichen Bedingungen normalerweise nicht vorgenommen würden, doch nun durch die schönsten Wochen des Jahres gerechtfertigt werden (siehe Abb. 86).

Als Beispiele kann SOLOMON gelten, die ihr Geschäft mit Ski-Bindungen begannen, dann die dazu passenden Ski hinzunahmen und später auch Ski-Schuhe anboten. Damit konnte ein Komplettprogramm für ambitionierte Skifahrer angeboten werden.

12.2.2 Heterogene Diversifizierung

Heterogene (laterale) **Diversifizierung bedeutet die Zusammenfassung nicht verwandter Produkt- und/oder Marktelemente im Unternehmen.**

Ein Beispiel bietet der NESTLÉ-Konzern. Dort sind folgende Aktivitäten vorherrschend:
- *Säuglingsmilch, Breie, Früchte-Kompotte, Kinder-Cerealien, Frischmilchzusätze etc.,*
- *Milch, Milchpulver, Joghurts etc.,*
- *Frühstückscerealien,*
- *Desserts, Snacks, Eiscreme,*
- *Schokolade, Schoko-Riegel, Süßigkeiten etc.,*
- *Pasta, Pasta-Saucen, Suppen, Fertigmahlzeiten, Bouillons etc.,*
- *Kaffee, Tee, Eistee, Kakao etc.,*
- *Stilles Wasser, Mineralwasser etc.,*
- *Hundenahrung, Katzennahung etc.*

Mediale Diversifizierung bedeutet die Ausweitung der Unternehmensaktivitäten auf ein verwandtes Tätigkeitsfeld und eine andere, vor- oder nachgelagerte Marktstufe.

Hier kann die Übernahme von KENTUCKY FRIED CHICKEN (nach PIZZA HUT) durch PEPSICO als Beispiel gelten. Das Fastfood-Angebot ist zweifellos dem des Softdrink verwandt, da beide auf eine unkomplizierte Verzehrsituation abheben. Doch KFC ist auf der Dienstleistungsstufe gegenüber Endabnehmern tätig, während PEPSICO als Hersteller mit Vertrieb über Absatzmittler tätig ist. In diesem Fall kam erleichternd hinzu, dass durch die Übernahme der Cola-Absatz von Coke auf Pepsi umgestellt und damit ein nicht unerheblicher Mehrabsatz für die Marke erreicht werden konnte.

Diagonale Diversifizierung bedeutet die Ausweitung der Unternehmensaktivitäten auf ein anderes Tätigkeitsfeld auf gleicher Marktstufe.

Dies ist der Fall, wenn sich PHILIP MORRIS Nahrungsmittelfabrikanten (KRAFT, GENERAL FOODS) und Kaffee- bzw. Süßwarenhersteller (JACOBS-SUCHARD) angliedert. Dabei handelt es sich um andersartige Produkte und um Unternehmen, die ebenfalls als Produzenten, also auf der gleichen Marktstufe tätig sind. Gleiches traf auf REYNOLD'S TOBACCO durch die Integration von NABISCO zu. Für Philip Morris (Hauptmarke Marlboro) macht die Zusammenlegung Sinn, da damit die Verhandlungsposition gegenüber nachfragemächtigen Händlern durch Kumulation der Auftragsvolumina gestärkt wird. Zudem ist absehbar, dass sich der Lebenszyklus von Zigaretten wegen zunehmender gesellschaftlicher Kritik seinem Ende zuneigt, sodass eine diagonale Diversifikation unausweichlich scheint, um das Geschäftsvolumen abzusichern.

Generell stellt sich das Problem, die optimale Abstimmung zwischen den Aktionssektoren zu finden. Denn je unterschiedlicher diese sind, desto eher können Diversifikationsvorteile genutzt, und je gleichartiger diese sind, desto eher Synergiepotenziale erschlossen werden. Insofern nimmt die diagonale eine gewisse Übergangsstellung zur lateralen Diversifikation ein, die zu Konglomeraten führt.

Konglomerale Diversifizierung bedeutet die Ausweitung der Unternehmensaktivitäten in ein anderes Tätigkeitsfeld und auf eine andere, vor- oder nachgelagerte Marktstufe.

Ein Beispiel ist der DR.OETKER-Konzern. Er umfasst ganz verschiedenartige Bereiche, so
- *Nahrungsmittel (Dr.Oetker, Langnese-Honig, Ültje),*
- *Sekt/Wein/Spirituosen (Henkell mit Marken wie Fürst Metternich, Deinhard, Rüttgers, Carstens SC, Wodka Gorbatschow etc.),*
- *Schifffahrt (Hamburg Süd mit Marken wie Columbus, Furness, Withy etc.),*
- *Bier (Binding-Gruppe mit Marken wie Radeberger, Clausthaler, Berliner Kindl, Selters, Dortmunder Union etc.)*
- *sonstige Bereiche wie Lebensmitteleinzelhandel (Meyer&Beck), Finanzdienstleistungen (Bankhaus Lampe, Condor Versicherung), Chemische Industrie, Hotellerie etc.*

Ein weiteres Beispiel ist 3M, das sich als eine Ansammlung zahlreicher Unternehmen und Unternehmer (Intrapreneurship) versteht. Dabei wird das Angebot kontinuierlich umgewälzt und durch Neuerungen ergänzt. Aktuell bestehen die Aktivitäten aus folgenden:
- *Automobil, Marine, Luftfahrt: Schleifmittel, Klebebänder und -filme, Klebstoffe, Dichtungsmassen, Abdecksysteme, Fahrzeug-Innenraumfilter,*
- *Bau- und Gebäudemanagement: Materialien für vorbeugenden Brandschutz, Sonnen- und Spezialschutzfilme, Lichtsysteme, Sanierungsmaterialien,*

- *Büro und Kommunikation: Büroklebebänder, Haftnotizen, Index-Heftstreifen, Konferenzraum-Technik, Multimedia-Projektoren, Folienprogramm,*
- *Elektronik und Elektrotechnik: Steckverbindungen, Kabelgarnituren und Zubehör, Elektroisolierbänder, Test- und Prüfsockel, Antistatik-Produkte,*
- *Grafik und Werbung: Werbefolien für Fuhrpark, öffentliche Verkehrsmittel, Gebäude, Handel, Messen/Ausstellungen,*
- *Heim und Freizeit: Haushaltsprodukte, Heimwerkerprodukte, Produkte für Büro- und Bastelarbeiten, Faserschutz, Produkte für Wärmeisolierung,*
- *Industrie und Handwerk: Schleifmittel, Klebebänder und -filme, Dichtungsmassen, Produkte zum Filtern und Absorbieren, Produkte zum Kühlen,*
- *Medizin und Gesundheit: Pflaster, Bandagen, Verbände, OP-Abdeckfolien, Stethoskope, chirurgische Instrumente, Dentalprodukte,*
- *Personenschutz und Verkehrssicherheit: Reflexfolien für Verkehrszeichen, Autokennzeichen und Arbeitskleidung, Sicherungssysteme für Bibliotheken,*
- *Telekommunikation und Versorgungsbetriebe: Verbindungssysteme für Fernmeldeeinrichtungen, Lichtwellenleiter-Produkte.*

In der Vergangenheit hatte auch DAIMLER-BENZ konglomeral diversifiziert und bot von Kühlschränken (AEG) bis Kampfpanzern (Krauss-Maffei), von Luxusfahrzeugen (Mercedes-Benz) bis Kraftwerksaggregaten (MTU), von Wasserflugzeugen (Dornier) bis EDV-Programmen (Debis) alles Mögliche an. Allerdings führten hohe Integrationsprobleme dieser Betriebsbereiche zu einer Rekonzentration auf Mobilitätsaktivitäten. Das Programm umfasste seinerzeit im Einzelnen folgende Bereiche:
- *Personenkraftwagen, Nutzfahrzeug, Lastkraftwagen, Transporter, Omnibus, Unimog, Dieselantrieb, Bahnsystem, Mikroelektronik, Energieverteilung, Anlagen- und Automatisierungstechnik, Erkennungs- und Sortiersysteme, Antriebssystem, AEG-Schneider, Opto- und Vakuum-Elektronik, elektrische Maschinen, Verkehrsflugzeug, Regioprop, Regiojet, Militärflugzeug, Hubschrauber, Raumfahrt-Infrastruktur, Raumfahrt-Satellit, militärisches Systemgeschäft, Verteidigungselektronik, Antriebe Luftfahrt, Medizintechnik, IT-Service, Finanzdienstleistung, Versicherung, Handel, Marketingservice, Mobilfunkdienst.*

Klassische Beispiele für konglomerale Diversifizierung sind in Japan zudem YAMAHA in den Bereichen Musikinstrumente, HiFi-Geräte, Motorräder, Motorboot-Motoren etc. sowie MITSUBISHI in den Bereichen Handel, Stahlerzeugung, Automobile, Banken, Unterhaltungselektronik etc.)

Konglomerale Diversifikation galt lange Zeit als hohe Kunst des Management. Unternehmen sind dabei auf verschiedenen Märkten tätig, deren einzige Gemeinsamkeit in Reinform darin besteht, dass sie profitabel zu sein versprechen. Ohne falsche Sentimentalität werden Unternehmensaktivitäten, die nicht die Erwartungen erfüllen, abgestoßen und durch neue ersetzt. Neuerdings jedoch relativiert sich diese Euphorie, weil erkannt wird, dass mit Konglomeration nicht nur hohe Gewinnerwartungen, sondern auch respektable Verlustbefürchtungen verbunden sind. Und die Gefahren, auf fremden Aktionsfeldern zu scheitern, den Überblick zu verlieren und sich zu verzetteln, sind so gering nicht zu schätzen, zumal sich Synergieeffekte, wenn überhaupt, in eher bescheidenem Maße einstellen und zwischen verwandten Aktionssektoren generell wahrscheinlicher sind als zwischen verschiedenartigen. Lupenreine Konglomerate werden inzwischen oft als pure Finanzholdings geführt, die das operative Geschäft über monetäre Größen kontrollieren, selbst aber nicht mehr handelnd eingreifen (z. B. General Electric).

12.2.3 Economies of scope

Als wesentlicher Vorteil der Diversifikation gilt die Nutzung von Economies of scope. Darunter versteht man Verbundeffekte, die daraus resultieren, dass zwei oder mehr Aktivitäten gemeinsam zu niedrigeren Kosten produziert werden können als getrennt voneinander bzw. zwei oder mehr Aktivitäten gemeinsam zu höheren Erlösen führen als einzeln. Dies begünstigt Unternehmen mit hoher Leistungsprogrammbreite, die also diversifiziert aufgestellt sind.

Dabei unterscheidet man meist (horizontale) Bündelungseffekte auf der gleichen Wertschöpfungsstufe und (vertikale) Verkettungseffekte auf vor- oder nachgelagerten Wertschöpfungsstufen. **Bündelungseffekte** entstehen wiederum auf sachlicher oder raumzeitlicher Basis:

- **Sachliche** Bündelungseffekte entstehen etwa als Kuppelproduktion, d. h. bei der Produktion eines Produkts fällt ein anderes getrennt vermarktbares als Zwischenprodukt zwangsläufig an (z. B. beim Cracken von Erdöl leichte und schwere Produkte), durch Mehrzweckmaschinen, d. h. auf einer Anlage kann bei schwankender Nachfrage nach einem Produkt zur Kapazitätsauslastung durch leichte Umrüstung stattdessen ein anderes produziert werden, in Forschung und Entwicklung, d. h. eine Erfindung kann für mehrere Produkte genutzt werden bzw. eine Erfindung, die für ein Produkt untauglich ist, kann stattdessen für ein anderes genutzt werden, oder bei der Mehrfachverwertung von Content, z. B. in der Medienbranche durch Senderfamilien.

- **Raum-zeitliche** Bündelungseffekte entstehen über topologische Konzentration von Aktivitäten, etwa durch Einkaufszentren, d. h. die Agglomeration verschiedener Geschäftsstätten eines Center-Betreibers an einem Ort führt zu Mehrerlösen. Auch kann eine gemeinsame Platzierung von Produkten in Werbemitteln oder am Verkaufsort zu einen solchen Verbund führen. Oder über gleichzeitige Durchführung von Aktivitäten, so bietet das One stop shopping die Chance zu ungeplanten Käufen im Einzelhandel (reflexiver Nachfrageverbund). Auch kann der Inhalt gemeinsamer Verkaufsförderungsmaßnahmen einen solchen Verbund herstellen (Akquisitionsverbund).

Verkettungseffekte entstehen ebenfalls auf sachlicher oder raum-zeitlicher Basis:

- **Sachliche** Verkettungseffekte entstehen, wenn das Angebot eines Produkts bedeutet, dass ein anderes eigenes Produkt nunmehr verstärkt nachgefragt wird (Partizipationseffekt/positive Verbundwirkung, z. B. Computerdrucker und Tonerkassette). Denkbar ist allerdings auch, dass ein anderes eigenes Produkt dann vermindert nachgefragt wird (Substitutionseffekt/negative Verbundwirkung, z. B. zwei Kaffeesorten im Angebotsprogramm). Marktbezogen können aus beidem Imageabstrahlungswirkungen resultieren. Zugleich sind dabei jedoch immer die Konsequenzen auf die Fixkostendeckung und die Kundenbeziehungen zu berücksichtigen.

- **Raum-zeitliche** Verkettungseffekte entstehen durch kombinierte logistische Distribution, z. B. kann ein Eisenbahnzug oder Flugzeug sowohl Passagiere als auch Frachtgut befördern. Aber auch, indem Produkte einen gemeinsamen Bedarf befriedigen. Dies ist bei Produkt- bzw. Angebotsbündeln der Fall. Dabei kann der Verbund symmetrisch sein (gleiche Verbundwirkung Produkt A zu Produkt B wie Produkt B zu Produkt A) oder asymmetrisch (ungleiche/einseitige Verbundwirkung zwischen A und B) oder auch transitiv (aus Verbund A und B einerseits und B und C andererseits folgt auch Verbund A und C).

Bei lateraler Integration werden verschiedene Wertschöpfungsstufen tangiert (z. B. TIME-Industries für Telekommunikation, Informationstechnologie, Medienwirtschaft, Entertainmentindustrie).

12.2.4 Business migration

Von Business migration spricht man, wenn die Diversifikation nicht die Ausweitung der bestehenden Geschäftsfelder um neue zum Ziel hat, sondern den Tausch eines bestehenden Geschäftsfelds, das daraufhin verlassen wird, gegen ein neues Geschäftsfeld, das danach den Mittelpunkt der Geschäftstätigkeit bildet. Durch Überwindung von Marktaustritts- und Markteintrittsschranken ist dies für Unternehmen ab einer, allerdings hohen Mindestgröße eine neue strategische Option.

Ein Beispiel für Business migration stellt MANNESMANN dar. Dort wurde von Walzstahlerzeugung und -handel, Röhrenherstellung und Autozulieferung, alles Märkten, deren Dynamik erkennbar nachließ, auf Telekommunikation (D2) umgestellt. Andere Beispiele sind PREUSSAG, ein Rohstoffverarbeitungs- und -handelskonzern, der zwischenzeitlich komplett auf Touristik (TUI) umgestellt hat und dort gleich europäischer Marktführer geworden ist, und EON, ein Mischkonzern (Veba), der durch Zukäufe (z. B. Viag) zu einem dominanten Energieversorger geworden ist.

12.3 Wirtschaftliche Machbarkeitsprüfung

12.3.1 Prüfung im Rahmen der Investitionsanalyse

Zu den Rahmenbedingungen gehört vor allem die wirtschaftliche Machbarkeit der Strategie. Dies erfordert auch eine Investitionsanalyse. Investition bedeutet allgemein, dass finanzielle Mittel über einen mehrperiodischen Zeitraum gebunden werden, meist verbunden mit Anfangsausgaben und laufenden Einnahmeüberschüssen. Zur Investitionsanalyse werden einfache, quantitative Verfahren bei einem Investitionsobjekt eingesetzt. Vorausgesetzt werden dabei aber sichere Erwartungen, eindeutige Zielsetzungen, der Wegfall betrieblicher Interdependenzen, die Lösung aller Zurechnungsprobleme und der Bezug auf einzelne Investitionsobjekte. Dann lassen sich statische und dynamische Verfahren unterscheiden.

12.3.1.1 Statische Verfahren

Für statische Verfahren gilt, dass zeitliche Unterschiede beim Anfall der Umsatzerlöse und der Kosten nicht berücksichtigt werden. Es werden vielmehr nur jährliche Durchschnittswerte in Ansatz gebracht, in der Regel die Kostenersparnis oder der Gewinnzuwachs nach dem Einführungsjahr, die als repräsentativ für die gesamte Nutzungsdauer gelten. Schwankungen in den einzelnen Nutzungsjahren bleiben demzufolge unberücksichtigt. Auch die Kapitalbindung wird als Durchschnittswert angesetzt. Die Verfahren sind sinnvoll nur bei kurzfristigen Vorhaben oder bei unsicheren Ausgangsdaten anzuwenden. Sie sind jedoch übersichtlich, unkompliziert handhabbar und nutzen einfache Rechenmethoden. Der Hauptmangel ist die Nichtberücksichtigung der zeitlichen Unterschiede im Anfall von Erlösen und Kosten. Durch Einzelschätzung mit Durchschnittsbildung oder Ansatz einer Repräsentativ-Methode kann dieser Nachteil zum Teil ausgeglichen werden.

Die Bezeichnung als statisch rührt daher, dass der Zeitfaktor hier überhaupt nicht oder nur unvollkommen Berücksichtigung findet. Es handelt sich also meist um eine einperiodische Betrachtung. Die Beurteilung bezieht sich lediglich auf Teilziele. Als wichtigste Verfahren sind die Folgenden zu nennen.

Die **Kostenvergleichsrechnung** hat als Grundausrichtung die Kostenminimierung. Als Zielkriterium dienen die durchschnittlichen periodenbezogenen Kosten (Gesamtkostenbetrachtung) oder die durchschnittlichen einheitenbezogenen Kosten (Stückkostenbetrachtung). Als Prämisse gilt bei Ersterem, dass die zu vergleichenden Investitionsalternativen gleiche Kapazitäten und Laufzeiten haben (ansonsten erfolgt der Kostenvergleich über Stückkosten). Dennoch kann es zu betriebswirtschaftlichen Abweichungen durch unterschiedlichen zeitlichen Anfall der zugrunde liegenden Zahlungen kommen. Außerdem ergeben sich Schwierigkeiten bei der Kostenschätzung für die Zukunft, und es wird keine Aussage über die Rentabilität getroffen. Die Alternative mit den geringsten Kosten ist die günstigste, d. h., das Kriterium der Vorteilhaftigkeit ist die Kostendifferenz zu den anderen Alternativen. Basis ist dabei der Vergleich pro Periode oder pro Leistungseinheit.

Kostenvergleichsrechnung (hier am Beispiel Neuprodukteinführung):

	Teilstrategie 1	*Teilstrategie 2*
Investitionen	*260.000*	*190.000 €*
Vermarktungsdauer	*5 Jahre*	*6 Jahre*
Aftermarket-Erlöse	*10.000*	*10.000 €*
Absatz p. a.	*10.000 Stück*	*10.000 Stück*
Kapazitätsunterauslastung	*2.000 Stück*	*-*
Abschreibungen p. a.	*50.000*	*30.000*
kalkulatorische Zinsen (10 % p. a.)	*13.500*	*10.000*
Summe	*63.500*	*40.000*
zurechenbare Lohnkosten	*30.000 €*	*40.000 €*
zurechenbare Materialkosten	*25.000 €*	*26.000 €*
sonstige zurechenbare Kosten	*29.000 €*	*36.000 €*
Summe	*84.000 €*	*102.000 €*
Kosten Total p. a.	*147.500 €*	*142.000 €*

Präferenz für die Umsetzung von Teilstrategie 2, da niedrigere Kosten, wenn identische Erlöse unterstellt werden

Die **Gewinnvergleichsrechnung** hat als Grundausrichtung die Gewinnmaximierung. Als Zielkriterium dienen ihr die durchschnittlichen periodenbezogenen Gewinne als Differenz aus zurechenbaren Erlösen und Kosten. Es kommt zum Vergleich des Gewinnzuwachses aus der Gegenüberstellung der erwarteten Ergebnisse ohne und mit Durchführung der Investition. Es handelt sich mithin um eine erweiterte Form der Kostenvergleichsrechnung, da auch Erlöse in die Betrachtung einbezogen werden. Dabei wird vorausgesetzt, dass alle zu vergleichenden Investitionsalternativen einen gleichen durchschnittlichen Kapitaleinsatz und gleiche Laufzeiten aufweisen. Hauptprobleme liegen in der Vernachlässigung von Zinswirkungen aus dem abweichenden zeitlichen Anfall von Zahlungen. Hier besteht eine Erweiterung des Kostenvergleichs, da auch die durch Investitionen erzielten Erlöse berücksichtigt und damit nun die zu erwartenden Jahresgewinne der Alternativen verglichen werden. Die Alternative mit dem im Durchschnitt höheren Jahresgewinn ist die günstigste. Voraussetzung sind ein gleicher durchschnittlicher Kapitaleinsatz und gleiche Laufzeiten aller Alternativen.

Gewinnvergleichsrechnung (hier am Beispiel Neuprodukteinführung):

	Teilstrategie 1	*Teilstrategie 2*
Kosten Total p. a. (wie oben)	147.500	142.000
Erlöse p. a.	175.000	144.000
Gewinn	27.500	2.000

Präferenz für die Umsetzung von Teilstrategie 1, da höherer Gewinn

Die **Amortisationsrechnung** hat als Grundausrichtung die Risikominimierung. Demgemäß gilt als Zielkriterium die Rücklaufzeit des eingesetzten Kapitals (Payoff period: Anschaffungswert dividiert durch Reingewinn und Abschreibungen). Die isolierte Betrachtung ermittelt, wann soviel Gewinn angefallen ist, dass der Anschaffungswert durch diesen abgedeckt werden kann. Die vergleichende Betrachtung ermittelt, wann gegenüber einer anderen Alternative soviel Kostenersparnis erzielt wird, dass diese den Anschaffungswert abdeckt. Dabei werden allerdings gleiche Laufzeiten aller Alternativen unterstellt. Neben der auch weiterhin anzumerkenden Vernachlässigung von Zinswirkungen aufgrund unterschiedlichen zeitlichen Anfalls der zugrunde liegenden Zahlungen kann es zur Präferierung von Entscheidungsalternativen kommen, die erfolgswirtschaftlich inferior sind. Außerdem bleiben Gewinnzurechnung und Liquidationserlös außer acht, und es wird keine Aussage zur Rentabilität getroffen. Je kürzer der effektive Zeitraum, während dessen das investierte Kapital über die Erlöse wieder in das Unternehmen zurückfließt, im Vergleich zu der als gerade noch zulässig angesehenen Amortisationszeit ist, als desto vorteilhafter ist die Investition anzusehen. Damit kommt diese Methode dem Sicherheitsdenken der Praxis entgegen. Sie kann sowohl als Gewinnzuwachs- wie auch Kostenersparnisversion durchgeführt werden.

Amortisationsrechnung (hier am Beispiel Neuprodukteinführung):

	Teilstrategie 1	*Teilstrategie 2*
Investitionen	100.000	80.000
Vermarktungsdauer	8 Jahre	5 Jahre
Abschreibungen p. a.	12.500	16.000
Gewinn p. a.	7.500	9.000
Rückfluss p. a.	20.000	25.000
Amortisationszeit	5 Jahre	3,2 Jahre

Präferenz für Teilstrategie 2, da raschere Amortisation

Der **Rentabilitätsvergleich** ermittelt die durchschnittliche jährliche Verzinsung eines Objekts und berücksichtigt damit erstmals die Relation von Kapitaleinsatz zu Ertrag. Probleme ergeben sich aus der Erlöszurechnung und der Notwendigkeit zu einer Differenzinvestition, welche die Aussage komplizieren. Hier erfolgt insofern eine Verbesserung, als nicht nur die absolute Gewinnhöhe, sondern auch das Verhältnis zwischen Gewinn und eingesetztem Kapital berücksichtigt wird. Der Return on investment/RoI bezieht den erwarteten Jahresgewinn auf das investierte Kapital. Durch Einbeziehung des Umsatzes lassen sich so Umsatzerfolg und Kapitalumschlag ermitteln. Die Alternative mit der größten Rentabilität ist die günstigste. Dazu werden die durchschnittliche Periodenkostenersparnis bzw. der durchschnittliche Periodengewinnzuwachs dem durchschnittlichen Periodenkapitaleinsatz gegenübergestellt. Dies ist sinnvoll, weil damit die Ergebnisse direkt mit der geforderten Mindestverzinsung verglichen werden können und sowohl die Zweckmäßigkeit der einzelnen Kapitalanlage als auch ihre Vorteilhaftigkeit gegenüber alternativen Einsatzmöglichkeiten beurteilt werden kann.

Rentabilitätsvergleichs (hier am Beispiel Neuprodukteinführung):

	Teilstrategie 1	*Teilstrategie 2*
Investitionen	*800.000*	*1.150.000*
Gewinn p. a.	*88.800*	*93.560*
Rentabilität	*22,2 %*	*16,27 %*

Präferenz für Teilstrategie 1, da höhere Verzinsung

12.3.1.2 Dynamische Verfahren

Für dynamische Verfahren gilt Folgendes. Die zeitlichen Unterschiede im Anfall von Einzahlungen (Erträge) und Auszahlungen (Kapitaleinsatz, Kosten) werden durch Aufzinsung und Abzinsung (Diskontierung) auf einen einheitlichen Bezugspunkt berücksichtigt. Die unterschiedliche Höhe von Ein- und Auszahlungen bzw. Rückflüssen während der gesamten Nutzungsdauer wird ebenso in Ansatz gebracht. Die Zahlungsreihen werden dadurch projektbezogen und für jedes Jahr der Nutzungsdauer relativ genau bestimmt. Problematisch ist jedoch die exakte Bestimmung der jährlichen Rückflüsse aus der Differenz von Ein- und Auszahlungen sowie die Schätzung der Nutzungsdauer, die richtige Festlegung des Kalkulationszinsfusses für die Diskontierung der Ein- und Auszahlungen sowie die Annahme eines vollkommenen Kapitalmarkts, der es Unternehmen erlaubt, zu jedem Zeitpunkt in beliebigem Umfang Kapital zu einem einheitlichen Fremdkapitalzinssatz zu beschaffen und anzulegen.

Diese Verfahren beziehen die Vorteilhaftigkeit einer Investition nicht nur auf eine Periode, sondern auf den gesamten Planungshorizont. Sie gehen von schwankenden Einnahmen- und Ausgabenströmen aus, wobei diese zu unterschiedlichen Zeiten anfallenden Geldströme einheitlich diskontiert werden. Als wichtigste Verfahren sind hierbei die Folgenden zu nennen.

Die **Kapitalwertmethode** hat die Gewinnmaximierung als Grundausrichtung. Zielkriterium ist dabei der Barwert bzw. die Annuität des Barwerts der Ein- und Auszahlungen der Entscheidungsalternativen. Sämtliche erwarteten Gewinne werden über die Lebensdauer mit einem angenommenen Zinsfuß auf den Zeitpunkt unmittelbar vor der Investition abgezinst. Der Kapitalwert ergibt sich durch Diskontierung der

Zahlungsreihen von Einnahmen und Ausgaben mit dem gegebenen Kalkulationszinsfuß auf einen gemeinsamen Bezugszeitpunkt. Ein positiver Kapitalwert spricht für eine empfehlenswerte Investition, bei mehreren Objekten entscheidet der vergleichsweise höchste Kapitalwert, d. h., je mehr der Barwert der Einnahmen den der Ausgaben übersteigt, desto vorteilhafter ist die Investition. Um die unterschiedlichen Investitionssummen und/oder Laufzeiten anzugleichen, sind daher Differenzinvestitionen anzusetzen. Probleme ergeben sich vor allem aus der mangelnden Prognostizierbarkeit aller Daten über den gesamten Entscheidungshorizont sowie aus evtl. erheblich abweichenden Zahlungsstrukturen der Entscheidungsalternativen bei Differenzinvestitionen.

Vereinfachtes Beispiel der Kapitalwertmethode:

	Teilstrategie 1	*Teilstrategie 2*
Investitionen	*60.000*	*60.000*
Aftermarket-Erlöse	*10.000*	*10.000*
Kalkulationszinssatz	*10 %*	*10 %*
Vermarktungsdauer	*3 Jahre*	*3 Jahre*
Gewinn 1. Jahr	*20.000*	*25.000*
Gewinn 2. Jahr	*30.000*	*25.000*
Gewinn 3. Jahr	*25.000*	*25.000*
Kapitalwert	*9.245*	*9.685*

(Kapitalwert 1:
0,909 x 20.000 + 0,826 x 30.000 + 0,751 x (25.000 + 10.000) - 60.000)
(Kapitalwert 2:
0,909 x 25.000 + 0,826 x 30.000 + 0,751 x (25.000 + 10.000) - 60.000)
Präferenz für Teilstrategie 2, da höherer Kapitalwert

Die **Annuitätenmethode** hat Gewinnmaximierung anhand der Annuität des Barwerts aller auf den Anfangszeitpunkt abgezinsten Ein- und Auszahlungen zum Ziel. Bei Werten > 0 ist die Investition empfehlenswert, was zugleich bedeutet, dass die Summe der jährlichen Einnahmeannuitäten über jener der jährlichen Ausgabeannuitäten liegt. Die jährlichen Einzahlungsüberschüsse werden auf ihren Barwert abgezinst, anschließend erhält man durch Multiplikation mit dem Kapitalwiedergewinnungsfaktor die Annuität, d. h. die durchschnittlichen jährlichen Einzahlungsüberschüsse. Daneben ist der Kapitaldienst zu ermitteln, er errechnet sich analog durch Multiplikation des Kapitaleinsatzes (Investitionsausgabe abzgl. möglicher Liquidationserlös) mit dem Wiedergewinnungsfaktor. Es erfolgt ein Vergleich der durchschnittlichen jährlichen Auszahlungen der Investition mit den durchschnittlichen jährlichen Einzahlungen. Beide Zahlungsreihen werden in äquivalente, uniforme Reihen umgerechnet, aus denen sich dann die Höhe der durchschnittlichen Aus- und Einzahlungen für die Dauer der Investition ergibt. Bei gegebenem Kalkulationszinsfuß und mehreren Objekten ist dasjenige mit dem höchsten Barwert am vorteilhaftesten. Die Annuität ist dabei ein gleich bleibender Betrag, der neben Tilgung und Verzinsung in jeder Periode verfügbar ist. Eine Investition ist dann vorteilhaft, wenn die Annuität der Rückflüsse größer als der Kapitaldienst ist, dann liegt die Effektivverzinsung über dem angenommenen Kalkulationszinsfuß.

Vereinfachtes Beispiel der Annuitätenmethode:

	Teilstrategie 1	Teilstrategie 2
Investitionen	320.000	320.000
Erlöse 1. Jahr	80.000	98.000
Erlöse 2. Jahr	90.000	98.000
Erlöse 3. Jahr	100.000	98.000
Erlöse 4. Jahr	110.000	98.000
Erlöse 5. Jahr	110.000	98.000
Kapitalwiedergewinnungsfaktor	0,2504559	0,2504559
Kapitalwert der Einnahmeüberschüsse	66.334	71.285
Annuität (uniforme Zahlungsreihe)	16.614	17.854

Präferenz für Teilstrategie 2, da höherer Kapitalwert
(Annuität 1: 66384 x 0,2504559 = 16614)
(Annuität 2: 71285 x 0,2504559 = 17854)

Die **interne Zinsfußmethode** hat ebenfalls die Gewinnmaximierung als Maxime. Dabei wird unterstellt, dass sich aufgenommene und angelegte Gelder mit diesem internen Zinsfuß verzinsen, der mit dem Marktzins verglichen wird. Alternativ wird bei einem Kapitalwert = 0 die Verzinsung des angelegten Kapitals ermittelt. Ist der interne Zinsfuß höher als der Kalkulationszinsfuß, ist die Investition empfehlenswert, bei mehreren Objekten entscheidet der höchste interne Zinsfuß. Erhöhte Probleme ergeben sich wiederum aus unterschiedlichen Zahlungsstrukturen und einer evtl. Mehrdeutigkeit der Lösung sowie aus der Begrenzung auf Erweiterungsinvestitionen. Tatsächlich ergibt sich eine Umkehrung der Kapitalwertmethode, indem die Verzinsung des jeweils eingesetzten Kapitals ermittelt wird. Es wird also kein Zinssatz vorgegeben, zu dem sich der Kapitaleinsatz verzinsen soll, sondern es wird derjenige Diskontierungszinsfuß gesucht, welcher die Differenz zwischen Einnahmen- und Ausgabenreihen = 0 werden lässt, d. h. bei dem die Barwerte der beiden Zahlungsreihen gleich groß sind. Liegt dieser interne Zinsfuß über dem für die Mindestrentabilität maßgeblichen Kalkulationszinsfuß, ist die Investition vorteilhaft.

Vereinfachtes Beispiel der internen Zinsfußmethode:

	Teilstrategie 1	Teilstrategie 2
Investitionen	60.000	60.000
Aftermarket-Erlöse	10.000	10.000
Vermarktungsdauer	3 Jahre	3 Jahre
Gewinn 1. Jahr	20.000	25.000
Gewinn 2. Jahr	30.000	25.000
Gewinn 3. Jahr	25.000	25.000
Kalkulationszinssatz für Kapitalwert	0: 17,807 %	18,616 %

Präferenz für Teilstrategie 2, wenn alternative Investition weniger Zinsen bringt

Die **dynamische Amortisationsrechnung** hat die Risikominimierung zum Ziel. Als Entscheidungskriterium dient die Payoff-Periode. Prämisse ist dabei allerdings wiederum die gleiche Laufzeit aller Alternativen. Im Gegensatz zur statischen Amortisationsrechnung wird jedoch der Mangel fehlender Berücksichtigung der Zinswirkung bei unterschiedlicher zeitlicher Lage von Zahlungen behoben. So führt bei gleicher Summe ein früherer Mittelrückfluss zur Bevorzugung dieser Alternative gegenüber einer Alternative mit späterem Mittelrückfluss, weil die Zinswirkungen mit eingerechnet werden.

Vereinfachtes Beispiel der dynamischen Amortisationsrechnung:

	Teilstrategie 1	Teilstrategie 2
Investitionen	100.000	100.000
kalkulatorischer Zinssatz	10 %	10 %
Vermarktungsdauer	5 Jahre	5 Jahre
Gewinn 1. Jahr	60.000	40.000
Gewinn 2. Jahr	50.000	30.000
Gewinn 3. Jahr	40.000	20.000
Gewinn 4. Jahr	30.000	60.000
Gewinn 5. Jahr	20.000	80.000
Kapitalwert 1. Jahr	54.545	36.364
Kapitalwert 2. Jahr	41.322	24.793
Kapitalwert 3. Jahr	30.053	15.026
Kapitalwert 4. Jahr	20.490	40.981
Amortisationszeit	2,14 Jahre	3,58 Jahre

(Amortisationszeit 1: 54.545 (1. Jahr) + 41.322 (2. Jahr) + 4.133 von 30.053 (0,14 von 3. Jahr))

(Amortisationszeit 2: 36.364 (1. Jahr) + 24.793 (2. Jahr) + 15.026 (3. Jahr) + 23.817 von 40.981 (0,58 von 4. Jahr))

Präferenz für Teilstrategie 1, da raschere Amortisation

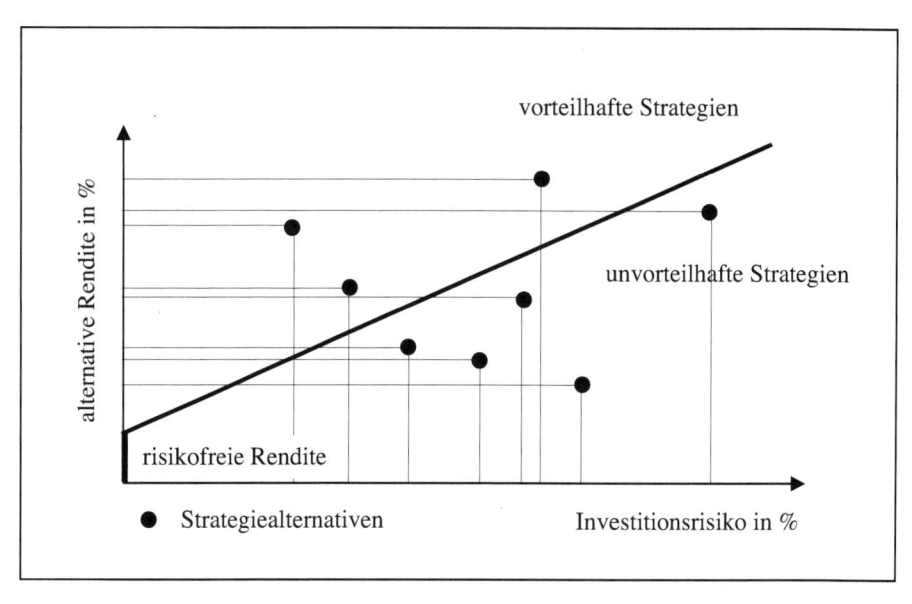

Abbildung 87: Capital asset pricing model

Das **Capital asset pricing model** stellt eine Weiterentwicklung der Kapitalwertmethode dar, indem die Eigenkapitalkosten für jeden Strategieansatz individuell bestimmt werden. Zur Bewertung wird daher die geschätzte Rendite mit anderen Anlagemöglichkeiten am Kapitalmarkt unter Einbeziehung von Risikoaspekten verglichen. Dieses Risiko lässt sich in ein systematisches Risiko des allgemeinen Kapitalmarkts und ein spezifisches Risiko der Investition unterteilen. Als Anhaltspunkte dienen die Rendite eines „normalen" risikobehafteten Markts (etwa der DAX-Index) und die Rendite eines risikolosen Markts (für nur systematisches Risiko). Dazwischen kann eine Kapitalmarktlinie gezogen werden, bei welcher die Renditeanforderungen des Management zweckmäßigerweise mit steigendem Gesamtrisiko ansteigen. Diese Kapitalmarktlinie ist die Kombination aller effizienten Risiken und Renditen. Je nachdem, ob die zur Entscheidung anstehende Strategie über oder unter dieser Kapitalmarktlinie liegt, ist die Investition günstig (oberhalb der Kapitalmarktlinie) oder ungünstig (unterhalb davon). Bei Ergebnissen unterhalb der Kapitalmarktlinie ist es ökonomisch sinnvoller, in andere Strategien zu investieren, bei Ergebnissen oberhalb der Kapitalmarktlinie ist es ökonomisch sinnvoller, sich für die anstehende Strategie zu entscheiden. Bei mehreren Strategien oberhalb der Kapitalmarktlinie entscheidet die individuelle Risikoscheu über die Wahl, denn meist ist eine höhere Rendite auch mit einem höheren Risiko verbunden. Daher kann je nachdem die relativ sicherere oder die relativ gewinnträchtigere Strategie gewählt werden. Die Mindestrendite ergibt sich bei einer risikolosen Strategie, diese Rendite muss eine Strategie mindestens immer erwirtschaften, da ansonsten eine Einführung unterbleibt. Allerdings wird dabei u. a. ein vollkommener Kapitalmarkt unterstellt, eine kurzfristige einperiodische Betrachtung und eine hinreichende Information über zukünftige Risiken vorausgesetzt, sodass die praktische Anwendbarkeit begrenzt bleibt (siehe Abb. 87).

12.3.2 Verfügbarkeit von Finanzierungsquellen

Die sorgfältige Analyse und entsprechende Vorsorge der mit einer Strategie verbundenen Finanzierungsbedarfe soll verhindern, dass durch Illiquidität eine Existenzgefährdung des Unternehmens eintritt. Je nach Sicherheit der Planungsdaten sind daher entsprechende Finanzreserven vorzusehen, um die Handlungsfähigkeit und Unabhängigkeit des Unternehmens zu gewährleisten.

Mit der Realisierung einer Strategie sind Ausgaben für die Schaffung der Leistungsbereitschaft (Investition, s. o.) und die laufende Durchführung der Prozesse zur Leistungserstellung (Wertschöpfung) verbunden. Die entsprechenden Auszahlungen fallen zeitlich häufig früher oder in geringerem Maße an als die Einzahlungen aus Erlösen. Aus dieser zeitlichen und/oder betragsmäßigen Diskrepanz zwischen den Aus- und Einzahlungen ergibt sich der Kapitalbedarf.

Bei den Ausgaben für die Schaffung zusätzlicher **Leistungsbereitschaft** kann es sich um Sachinvestitionen, z. B. in maschinelle Anlagen, oder immaterielle Investitionen, z. B. für den Erwerb von Schutzrechten oder Lizenzen, handeln. Zusätzlich können sich auch Finanzinvestitionen ergeben, wenn zugleich der Erwerb von Beteiligungen zur Markterschließung, z. B. im Ausland, vorgesehen ist.

Die Finanzierungsaspekte aus der laufenden **Leistungserstellung** leiten sich aus den entsprechenden Ausgaben und Einnahmen ab. Dabei weicht die finanzwirtschaftliche Sichtweise von der der Kosten- und Leistungs- bzw. Gewinn- und Verlustrechnung ab. Da Investitionen bereits mit Vorlauf zu finanzieren sind, dürfen Abschreibungen, die Kosten bzw. Aufwand für eine durch die laufende Nutzung eintretende Wertminderung darstellen, nicht zusätzlich als Ausgaben in der Finanzplanung eingesetzt werden. Ansonsten käme es zu einer Doppelbelastung. Abschreibungen stellen die Verteilung der Anschaffungskosten über die Nutzungsdauer eines Objekts dar. Dabei weicht der Zeitpunkt, zu dem Ausgaben als Kosten bzw. Aufwand verrechnet werden, vom Zeitpunkt der Zahlung ab. Soweit dies im Rahmen bleibt, wie bei Löhnen und Gehältern, kann auf eine Differenzierung verzichtet werden. Beim Materialeinsatz hingegen können Beschaffung und Zahlung zeitlich deutlich früher als der Verbrauch im Leistungsprozess anfallen, sodass Finanzierungsauswirkungen zu berücksichtigen sind.

Auch bei den **Einzahlungen** können sich zeitliche Abweichungen ergeben. Dies gilt für die Zeit zwischen Leistungserstellung und -verwertung, denen ggfs. durch die Berücksichtigung notwendiger Vorräte als Finanzierungsbedarf Rechnung getragen werden kann. Dies gilt auch für die durch Zahlungsziele entstehende Lücke zwischen dem mit dem Verkauf von Leistungen anfallenden Forderungsanspruch und dem Zahlungseingang, die dem durchschnittlichen Forderungsbestand entsprechend als langfristig zu finanzieren einbezogen werden kann.

Für den Kapitalbedarf stehen drei Finanzierungsmöglichkeiten bereit: die Kapitalbeschaffung durch Aufnahme von Fremdkapital, durch Erhöhung des Eigenkapitals und/ oder durch Senkung des Kapitalbedarfs mittels kapitalschonender Finanzierung.

Bei der **Fremdkapitalbeschaffung** sind vor allem die Gesichtspunkte Wirtschaftlichkeit, etwa in Bezug auf Zinshöhe und Kapitalbeschaffungskosten sowie Fristen zur Kreditrückzahlung zu prüfen. Falls die Dauer der Kapitalzurverfügungstellung kürzer ist als der liquiditätswirksame Break even bzw. anderweitige Mittelfreisetzungen erfolgen, sind Anschluss- und Ergänzungsfinanzieruungen erforderlich.

Außerdem ist zu prüfen, inwieweit öffentlich geförderte Kredite mit günstigeren Konditionen in Anspruch genommen werden können, z. B. bei Umsetzungen für umwelt- oder energieschonende Verfahren oder Investitionen an benachteiligten Standorten. Grundsätzlich sind die Bonität eines Unternehmens zur Aufnahme weiterer Kredite, die Relation der lang-, mittel- und kurzfristigen Finanzierungen sowie der Finanzierungsreserven bedeutsam. Außerdem sind Einflüsse auf die Liquidität zu prüfen. Besonders überzeugend erscheinende Strategievorhaben mögen außerdem die Kreditfähigkeit des Unternehmens steigern, also die Bereitschaft von Kapitalgebern zum Engagement erhöhen. Wenn jedoch die Anforderungen an zusätzliches Fremdkapital den bestehenden Kreditrahmen überschreiten, ist nach Finanzierungsalternativen Ausschau zu halten. Eine Finanzierung mit kurzfristigen Mitteln ohne langfristige Anschlussfinanzierung ist gefährlich.

Die **Eigenkapitalbeschaffung** hängt wesentlich von der Gesellschaftsform des Unternehmens ab. Soweit bei Einzelunternehmen oder Personengesellschaften die Gesellschafter bereit und in der Lage sind, ihre Kapitaleinlagen zu erhöhen, ergeben sich keine besonderen Probleme. Häufig ist jedoch die Kapitalbereitstellung nur durch Aufnahme zusätzlicher Gesellschafter möglich. Dies führt dann für die bisherigen Gesellschafter zur Reduzierung ihrer prozentualen Beteiligungen und auch ihrer Mitsprache- und Kontrollrechte. Dann ist zu prüfen, ob dies akzeptabel ist. Kapitalgesellschaften, vor allem, wenn sie börsennotiert sind, haben mehr Möglichkeiten der Kapitalbeschaffung, z. B. über Kapitalerhöhung. Dies setzt allerdings voraus, dass die Börse aufnahmebereit ist und das Unternehmen durch entsprechende Geschäftspolitik positive Voraussetzungen geschaffen hat. Dann werden auch Bonität und Kreditfähigkeit des Unternehmens verbessert.

Kapitalschonende Finanzierungen mindern den Kapitalbedarf. Bei Leasing erscheint in der Bilanz weder das Anlagegut auf der Aktivseite, noch die entsprechende Finanzierung auf der Passivseite. Im Vordergrund steht die Sicherung der wirtschaftlichen Nutzung anstelle des Eigentumserwerbs. An die Stelle des Zahlungsausgangs für den Erwerb des Investitionsguts und der Kreditaufnahme mit Zins- und Tilgungsleistungen tritt eine laufend zu zahlende Leasingrate während der Nutzungszeit. Dies setzt allerdings voraus, dass der Finanzplan die Abdeckung dieser laufenden Zahlungen zulässt. Dies ist dann der Fall, wenn der laufende Leistungsprozess Einnahmen generiert, die über den Auszahlungen liegen. Eventuell ist eine weitere Kapitalbereitstellung erforderlich. Dies ist auch bei anderweitiger Finanzierung des Anlageguts der Fall, etwa durch Sicherungsübereignung, bei der nicht der volle Betrag kreditiert wird und dadurch die Finanzierungsreserven belastet. Weitere Formen sind das Factoring zur Finanzierung der aus der Strategieumsetzung resultierenden zusätzlichen Kundenforderungen und das Franchising, um Vorfinanzierungen zu vermeiden.

12.4 Erfolgsprognose

Um Entscheidungen über Investitionen, Kosten und Finanzierungen treffen zu können, bedarf es einer aussagefähigen Prognose der zukünftigen Entwicklung strategischer Aktivitäten. Dazu stehen qualifizierte Prognoseverfahren bereit.

12.4.1 Intuitive Verfahren

Unter Prognosen versteht man allgemein begründete Vorhersagen über das zukünftige Eintreffen von Situationen. Jeder Prognose sind jedoch enge Grenzen hinsichtlich ihrer Aussagefähigkeit gesetzt, sodass deren Tragfähigkeit keineswegs überschätzt werden sollte.

Prognosen können nach vielfältigen Kriterien eingeteilt werden. Vor allem können qualitative (intuitive) und quantitative (systematische) Prognoseverfahren unterschieden werden. Zu den intuitiven Prognoseverfahren gehören folgende. Die **prognostische Befragung** erfolgt meist unter Experten, also Geschäftsleitungsmitgliedern, Mitarbeitern, Wissenschaftlern etc. Sie erfolgt mündlich, schriftlich, telefonisch oder internetgestützt in Form von Einzelinterviews. Dies ist jedoch zumeist wenig belastbar. Daher wird eine stärkere Formalisierung in Form der Delphi-Methode angestrebt.

Die **Delphi-Methode** ist eine unpersönliche Befragung mehrerer Informanten, die untereinander anonym bleiben, selbst nach Abschluss des Verfahrens. Die Abfrage erfolgt mit geschlossenen Fragen in mehreren aufeinander folgenden Runden. Befragt werden jeweils 20–100 Experten. Die Koordination erfolgt durch einen Moderator. Nach jeder Runde werden allen Teilnehmern die jeweils zurückgeflossenen Ergebnisse der Vorrunde mitgeteilt und sie aufgefordert, ihre eigene Einschätzung gemäß dem neuen, nunmehr verbesserten Informationsstand zu überprüfen und ggfs. zu korrigieren. Nach drei bis vier Runden konvergieren die Einzelstellungnahmen im Allgemeinen so zu einem gemeinsamen Prognoseergebnis. Delphi-Befragungen werden zumeist via Internet durchgeführt, da dieses Medium die Anforderungen sehr gut erfüllt. Dadurch ist die Befragung auch vergleichsweise kostengünstig. Zudem sind Experten überdurchschnittlich häufig zur Mitarbeit bereit.

Die Schritte der Delphi-Methode sind folgende:
- *Definition des Prognoseproblems,*
- *Experteninformation und Auskunftsanliegen,*
- *Rücksendung der Antworten,*
- *Feedback an Experten über Tendenz,*
- *Korrektur oder Abweichungsbegründung,*
- *Rücksendung der Antworten,*
- *Feedback an Experten über neuerliche Tendenz,*
- *Fortsetzung bis Konvergenz erreicht ist,*
- *Auswertung und Ergebnisausweis.*

Die **Szenario-Technik** ermittelt alle denkbaren Entwicklungen und Einflussgrößen auf dem Prognosegebiet und projiziert diese in die Zukunft. Dazu wird zunächst eine exakte Formulierung der Aufgabenstellung vorgenommen, die zu einer klaren Definition und Abgrenzung des Untersuchungsgegenstands und -ziels führt. Außerdem wird der zu berücksichtigende Zeithorizont festgelegt. Dann werden alle internen und externen Einflussfaktoren (Deskriptoren) ermittelt. Diese werden für die Ist-Situation bestimmt. Die Deskriptoren werden entsprechend ihrer Tendenz im Entwicklungsverlauf in unkritische und kritische unterteilt. Für kritische Deskriptoren werden alternative Tendenzen ausgearbeitet. Diese Alternativen werden in konsistenten Annahmebündeln geordnet. Die unkritischen Deskriptoren werden danach diesen Annahmebündeln zugeordnet. Daraus werden optimistische, realistische und pessimistische Szenarien gebildet. Zugleich werden denkbare Störereignisse untersucht und in ihren Auswirkungen ermittelt. Möglicherweise entstehen dabei Strukturbrüche, die das Prognoseergebnis fundamental verändern. Dann ist eine Prognose nicht möglich. Andernfalls werden Präventions- und Reaktionsmaßnahmen abgeleitet, um die Stärken und Chancen zu nutzen sowie die Schwächen und Risiken zu vermeiden. Auf Basis dieser Ergebnisse werden dann praktische Handlungsanweisungen (oft in Form von Eventualplänen) ausgearbeitet, um die prospektive Situation bestmöglich meistern zu können.

Die Schritte der Szenario-Technik sind folgende:
- *Analyse der gegenwärtigen Situation sowie Definition und Gliederung des Untersuchungsfeldes,*
- *Festlegung von relevanten Einflussgrößen, Ermittlung und Bewertung der Einflussfaktoren, Analyse deren Vernetzung,*
- *Ermittlung von Kenngrößen auf Basis der Einflussgrößen und Projektion von Entwicklungsrichtungen,*

- *Generierung, Ausgestaltung und Beurteilung der Zukunftsbilder, Ausarbeitung und Interpretation alternativer Szenarien,*
- *Schaffung von Strategiegrundlagen, Prüfung möglicher Störereignisse,*
- *Entwicklung von Präventiv- und Reaktivmaßnahmen bei Störereignissen, Ableitung von Konsequenzen für die Untersuchung,*
- *Formulierung einer Leitstrategie für Maßnahmen und Erstellung entsprechender Pläne.*

Auf einfacherer Ebene gibt es außerdem die **Analogieschätzung**. Dabei wird die zukünftige Entwicklung aus einer als analog angesehenen vergangenen Situation abgeleitet. Voraussetzung dafür ist allerdings, dass diese tatsächlich hinsichtlich aller wesentlichen Belange als vergleichbar angesehen werden kann. Dies ist allerdings meist zu bezweifeln.

12.4.2 Quantitative Verfahren

Quantitative Prognoseverfahren lassen sich in solche auf Basis von Zeitreihen (deskriptiv) und solche auf Basis von Kausalitäten (analytisch) unterscheiden. Zeitreihenmodelle wiederum können ohne (kurzfristig-deskriptiv) oder mit Trendentwicklung (langfristig-deskriptiv) aufgebaut werden. Sie beruhen allgemein auf vier Elementen:

- dem **Trend** als der unabhängig von Schwankungen beobachteten Grundrichtung einer Zeitreihe,
- der **Konjunktur** als gesamtwirtschaftliche, mehr oder minder zyklische, langfristige Änderung einer Zeitreihe,
- der **Saison** als branchenbedingte, kurzfristige Änderung einer Zeitreihe,
- dem **Zufall** als unsystematische Änderung einer Zeitreihe.

Kurzfristige Zeitreihenmodelle beruhen vor allem auf Durchschnittsberechnungen, Gleitenden Durchschnitten und Expontieller Glättung. **Durchschnittsberechnungen** gehen dabei allgemein auf der Annahme aus, dass die zu prognostizierende Größe ein funktionaler Wert bzw. eine Konstante ist und daher eine in der Vergangenheit festgestellte Entwicklung auch für die Zukunft unterstellt werden kann. Daher können diese Vergangenheitswerte in die Zukunft fortgeschrieben werden.

Gleitende Durchschnitte ergeben sich, wenn jeweils nach Vorliegen eines neuen Werts der Zeitreihe ihr ältester Wert ausgeschaltet und mit der gleichen Anzahl von Ursprungswerten, nun aber aktualisiert, weiter gerechnet wird. Der Mittelwert gleitet damit von Periode zu Periode. Fraglich ist jedoch die erforderliche bzw. gewählte Anzahl der Ursprungswerte. In Abhängigkeit davon können die prognostizierten Ergebnisse mehr oder minder erheblich schwanken (siehe Abb. 88).

Monat	Umsatz (Ist)	Gleitender 3-er Durchschnitt	Gleitender 5-er Durchschnitt	Umsatz (Prognose)	
					Prognosemonat: Januar 2012
Datenbasis: Januar bis Dezember 2011
Rechenbasis: Gleitender 3-er Durchschnitt
Gleitender 5-er Durchschnitt
Januar 2011	320	-	-	-	
Februar	470	-	-	-	3er-Durchschnitt Monat April:
März	690	-	-	-	(320 + 479 + 690) : 3 = 493
3er-Durchschnitt Monat Mai:
April	570	493	-	-	(470 + 690 + 570) : 3 = 577
Mai	890	577	-	-	...
Juni	660	717	588	-	5er-Durchschnitt Monat Juni:
Juli	480	707	656	-	(320 + 470 + 690 + 570 + 890) : 5 = 588
5er-Durchschnitt Monat Juli:
August	360	677	658	-	(470 + 690 + 570 + 890 + 660) : 5 = 656
September	650	500	592	-	...
Oktober	790	497	608	-	Prognose Monat Januar:
November	820	600	588	-	3er-Durchschnitt:
Dezember	1050	830	620	-	(790 + 820 + 1050) : 3 = 887
Januar 2012	-	-	-	887/734	5er-Durchschnitt:
(360 + 650 + 790 + 820 + 1050) : 5 = 734

Abbildung 88: Beispiel Gleitende Durchschnitte

Monat	Umsatz (Ist)	expenzielle Glättung Glättungsfaktor 0,1	exponzielle Glättung Glättungsfaktor 0,3	
				Prognosemonat: Januar 2012
Datenbasis: Januar bis Dezember 2011
Januar 2011	320	-	-	Rechenbasis:
Februar	470	476	441	Exponzieller Glättungsfaktor: 0,1
Exponzieller Glättungsfaktor: 0,3
März	690	475	450	
April	570	497	522	Formel:
Schätzwert für Periode t+1 =
Mai	890	504	536	Gewichtungskoeffizient x
Juni	660	543	642	Schätzwert der Periode t +
Juli	480	554	648	(1 - Gewichtungsfaktor) x
Schätzwert der Periode t
August	360	547	597	
September	650	528	526	Januar 2008:
Glättungsfaktor 0,1:
Oktober	790	540	563	0,1 x 1050 + 0,9 x 591 = 637
November	820	565	631	
Dezember	1050	591	688	Glättungsfaktor 0,3:
0,3 x 1050 + 0,7 x 591 = 797
Januar 2012	-	637	797	

Abbildung 89: Beispiel Exponentielle Glättung

Die **Exponentielle Glättung** wichtet die Ausgangsdaten derart, dass sie sich mit zunehmendem Gegenwartsabstand immer geringer auf die Prognosegröße auswirken. Dem liegt die Annahme zugrunde, dass aktuelle Daten eine größere Aussagefähigkeit über die mutmaßliche Entwicklung der Prognosegröße haben als zeitlich weiter zurückliegende. Allerdings stellt sich dabei die Frage des mathematischen Glättungsfaktors. Je größer dieser gewählt wird, desto stärker passen sich die geglätteten Mittelwerte einer Strukturveränderung an bzw. umgekehrt, die Ausschläge werden um so geringer, je niedriger der Glättungsfaktor gewählt wird (siehe Abb. 89).

Langfristige Zeitreihenmodelle beruhen vor allem auf Trendextrapolation, Sättigungsniveaumodellen und Indikatorverfahren. Die **Trendextrapolation** beruht auf der statistischen Methode der Kleinstquadratabweichung. Dabei wird eine mathematische Funktion derart reduziert, dass die positiven wie negativen Abweichungen der Vergangenheit von den funktional ermittelten Werten jeweils gleich groß sind und insgesamt minimiert werden. Der lineare Trend ist durch gleich bleibende absolute Zuwächse oder Abnahmen pro Zeiteinheit definiert. Zudem können die einzelnen Perioden gewichtet werden. Möglich ist auch eine nicht-lineare Funktion. Bei exponentiellem Verlauf ist die Zuwachsrate pro Zeiteinheit bei der Prognosegröße konstant.

Wird bei der Prognosegröße allerdings ein **Sättigungsniveau** vermutet, kommen die Logistische oder die Gompertz/Kompress-Funktion zum Zuge. Sie beruhen auf der Annahme, dass die Prognosegröße der folgenden Periode vom Ausmaß deren Größe in den vergangenen Perioden abhängig ist und der Verlauf gleichmäßig bis an eine Sättigungsgrenze erfolgt.

Indikatorverfahren beruhen auf hoch aggregierten, makroökonomischen Größen oder institutionellen und technischen Entwicklungen, die in statistisch gesichertem, engen Zusammenhang mit der Prognosegröße stehen, leicht und sicher ermittelt werden können, vom Unternehmen nur gering beeinflussbar sind und vor allem der Prognosegröße angemessen zeitlich vorauseilen. Das große Problem liegt jedoch in der sicheren Identifizierung gerade solcher Indikatoren.

13. Internationalisierung
13.1 Marktwahl

Für das Management im internationalen Bereich stellen sich vor allem die Fragen der Marktwahl, des Markteintritts und der Marktbearbeitung. Die Marktwahl beantwortet dabei die Frage, in welchen internationalen Märkten ein Unternehmen aktiv werden soll und in welchen nicht. Der Markteintritt beantwortet die Frage, wie eine Internationalisierung vollzogen werden soll. Und die Marktbearbeitung beantwortet die Frage, welcher Konzeption eine Strategie dabei folgen soll.

Die Marktwahlfrage ist, im Vergleich zum nationalen Markt, durch ein allgemeines Informationsdefizit gekennzeichnet. Die Verhältnisse auf Auslandsmärkten sind bei Weitem nicht so transparent und treffend einschätzbar wie im Inland. Zugleich sehen immer mehr Unternehmen länderübergreifende Aktivitäten aber als Notwendigkeit an, um hohe Vorinvestitionen zu kapitalisieren und etablierte Marktpositionen zu festigen. Daher ist es zunächst erforderlich, den Informationsstand über die relevanten Auslandsmärkte zu verbessern. Auf Basis dieser Informationen ist dann eine bessere Auswahl der zu bearbeitenden Märkte möglich. Relevante Informationsbereiche betreffen dazu vor allem folgende:

- politische Rahmenfaktoren, welche die Voraussetzungen für jegliche Aktivität bilden,
- ökonomische Rahmenfaktoren, welche die unternehmerische Tätigkeit fördern oder begrenzen,
- soziale Bedingungen, die in vielfacher Weise die betriebliche Tätigkeit prägen und fordern,
- technologische Bedingungen, die als infrastrukturelle Voraussetzungen wirken,
- ökologisch-natürliche Anforderungen, welche jegliche wirtschaftliche Aktivitäten limitieren,
- rechtliche Anforderungen, welche die unerlässliche Voraussetzung jeder Markttätigkeit bilden.

Diese Faktoren werden meist im Zuge der **PESTEL**-Analyse gesichtet und bewertet. Dabei spielen vor allem die dabei implizierten Risiken eine entscheidende Rolle. Denn ein unvermeidliches Informationsdefizit macht sich vor allem in einem höheren wahrgenommenen einzelwirtschaftlichen Risiko bemerkbar. Dabei sind vor allem drei Risiken beachtenswert:

- Ein Dispositionsrisiko entsteht durch Beeinträchtigungen der unternehmerischen Entscheidungsfreiheit durch die Auslandsmarktregularien.

- Ein Transferrisiko entsteht durch Beeinträchtigung der finanziellen Transaktionen in das Ausland hinein bzw. aus dem Ausland heraus.
- Ein Enteignungsrisiko entsteht durch entschädigungslosen Zugriff ausländischer Staaten auf das Eigentum eines Unternehmens dort.

Hinzu kommen zahlreiche allgemeine Risiken, etwa von Elementarschäden oder Kursschwankungen. Nachdem diese Risiken für jeden relevanten Auslandsmarkt recherchiert worden sind, gilt es, sie zu bewerten. Dazu gibt es verschiedene Konzepte. Problematisch ist dabei vor allem, dass zahlreiche qualitative Risiken gegeben sind, die für eine Bewertung ggfs. erst noch zu quantifizieren sind. Eine solche Quantifizierung impliziert immer die subjektive Verzerrung objektiver Daten und kann damit zu falschen Entscheidungen führen.

Am Bekanntesten ist in diesem Zusammenhang sicherlich der **BERI-Index** (Business environment risk information). Er umfasst drei Subindices, den Political risk index (PRI), den Operation risk index (ORI) und den Remittance and Repatriation risk index (RFI), die zusammen den Risikowert, den Profit opportunity risk index (PORI), ergeben. Die Basis der Bewertung bilden dabei Expertenschätzungen, im Ergebnis kommt es zu einer Empfehlung über die Aufnahme und Art der Geschäftstätigkeit in einem Land oder den Verzicht darauf. Daraus folgen dann Ländereinteilungen in Cluster.

Die Informationen werden darüber hinaus durch vielfältige leistungsergänzende Absatzhelfer zur Verfügung gestellt. Dazu gehören Industrie- und Handelskammern (IHK), insb. Außenhandelskammern (AHK), bilaterale Handelskammern und die Internationale Handelskammer (ICC). Weitere Informationen stammen von Bundesämtern, wie dem Statistischen Bundesamt, der Bundesstelle für Außenhandelsinformationen (BfAI), dem Bundesamt für gewerbliche Wirtschaft, Bundesbank und auswärtigem Dienst. Weitere unterstützende Institutionen sind Ländervereine, Kreditinstitute, Marktforschungsunternehmen, der Ausstellungs- und Messeausschuss der Deutschen Wirtschaft (AUMA), wirtschaftswissenschaftliche Institute und Verbände. Diese stellen hoch detaillierte, sehr aktuelle und aussagefähige Informationen zu jedweden Auslandsmärkten zur Verfügung, sodass in Bezug darauf zwischenzeitlich ein erhebliches Maß an Transparenz erreicht werden kann.

13.2 Markteintrittsformen

Nachdem die Entscheidung über die Auswahl der zu bearbeitenden Märkte gefallen ist, ist nunmehr zu entscheiden, in welcher Weise der Markteintritt dort vollzogen werden soll. Dabei stellen sich im Grundsatz drei Optionen: der Markteintritt durch Außenhandel, der Markteintritt auf Vertragsbasis oder der Markteintritt über Direktinvestition. Üblicherweise entspricht dies auch dem Expansionspfad der Unternehmenstätigkeit im internationalen Kontext im Zeitablauf (siehe Abb. 90).

```
┌─────────────────┐  ┌─────────────────┐  ┌─────────────────┐
│   Markteintritt │  │   Markteintritt │  │   Markteintritt │
│      durch      │  │       auf       │  │      über       │
│   Außenhandel   │  │  Vertragsbasis  │  │ Direktinvestition│
└─────────────────┘  └─────────────────┘  └─────────────────┘

┌─────────────────┐  ┌─────────────────┐  ┌─────────────────┐
│                 │  │                 │  │                 │
│    direkter     │  │    Vertriebs-   │  │   Beteiligung   │
│     Export      │  │     lizenz      │  │                 │
└─────────────────┘  └─────────────────┘  └─────────────────┘

┌─────────────────┐  ┌─────────────────┐  ┌─────────────────┐
│                 │  │   Produktions-  │  │                 │
│   indirekter    │  │     lizenz      │  │    Übernahme    │
│     Export      │  │                 │  │                 │
└─────────────────┘  └─────────────────┘  └─────────────────┘

                     ┌─────────────────┐  ┌─────────────────┐
                     │                 │  │                 │
                     │    Know-how-    │  │   Neugründung   │
                     │     Lizenz      │  │                 │
                     └─────────────────┘  └─────────────────┘

                     ┌─────────────────┐
                     │                 │
                     │     System-     │
                     │     lizenz      │
                     └─────────────────┘

┌─────────────────┐  ┌─────────────────┐
│   Markteintritt │  │                 │
│      durch      │  │   Kooperation   │
│      E-/M-      │  │                 │
│    Commerce     │  │                 │
└─────────────────┘  └─────────────────┘
```

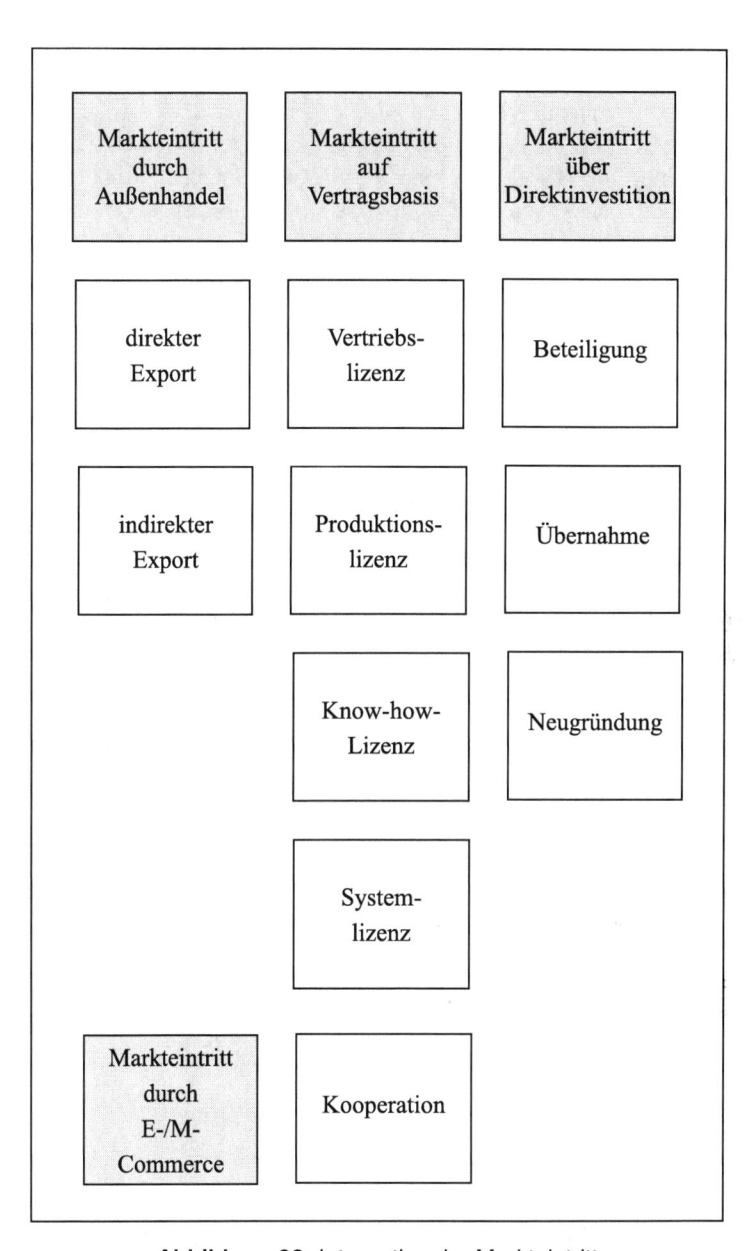

Abbildung 90: Internationaler Markteintritt

13.2.1 Markteintritt durch Außenhandel

Im Bereich des Außenhandels stellen sich im Wesentlichen verschiedene Möglichkeiten des Exports. Export bedeutet grenzüberschreitenden Waren- und Diensteverkehr mit dem Ausland. Beim **direkten** Export tritt das Unternehmen unmittelbar in Kontakt mit ausländischen Abnehmern, ohne dass Dritte dabei zwischengeschaltet sind. Beim **indirekten** Export sind zu diesem Zweck Dritte in Form von Absatzmittlern zwischengeschaltet. Diese können wiederum im Inland oder im Ausland oder im In- und Ausland ansässig sein.

Für den direkten Export sprechen mehrere **Vorteile**:

- unmittelbarer Einfluss auf die Marktbearbeitung im Ausland,
- große Kunden- und Marktnähe,
- Aufbau von spezifischem Ländermarkt-Know-how und Marktüberblick,
- Kostenersparnis durch Wegfall der Handelsspanne.

Nachteile sind hingegen folgende:

- hohes Transaktionsrisiko mit möglicherweise fremdem Auslandsmarkt,
- hoher Ressourcenbedarf in der Disposition (Manpower, Zeit, Kosten etc.),
- Absatz- und Internationalisierungs-Know-how fehlt ggfs.,
- die Internationalisierungsgeschwindigkeit wird auf diese Weise gebremst.

Beim direkten Export werden häufig Gebietsrepräsentanten als Absatzhelfer genutzt. Diese sind zwar selbstständig, werden jedoch nur für Rechnung und/oder im Namen des vertretenen Unternehmens tätig.

Beim indirekten Export sind Händler, meist mit spezifischer Länder- oder Ländergruppenorientierung, zwischengeschaltet. Sie verfügen über Kenntnisse des jeweiligen Landes/der Region und gute Kontakte zu dort ansässigen Abnehmern. Diese stellen sie gegen Kalkulationsaufschlag Lieferanten zur Verfügung.

Für den indirekten Export sprechen mehrere **Vorteile**:

- die Marktbearbeitung ist kostengünstig darstellbar,
- es ist ein geringes Risikopotenzial gegeben, da der Absatz der Waren/Dienste an den Absatzmittler erfolgt und nicht an ausländische Endkunden,
- das spezifische Wissen der Händler kann für den Produkterfolg genutzt werden,
- auf diese Weise können auch mehrere Länder parallel bearbeitet werden.

Nachteile sind hingegen folgende:
- die Absatzaktivitäten im Zielland sind nur gering beeinflussbar,
- es entsteht eine vergleichsweise große Markt- und Kundenferne,
- das Marktpotenzial kann womöglich nicht voll ausgeschöpft werden,
- es kommt zu einer gewissen Abhängigkeit vom Exportmittler.

13.2.2 Markteintritt auf Vertragsbasis

Hierbei stellen sich im Wesentlichen die Möglichkeiten der Lizenzierung und der Kooperation (s. o.).

13.2.2.1 Lizenzierung

Unter Lizenzierung versteht man die Erteilung der Erlaubnis an einen ausländischen Partner, eine eigene Leistung in seinem Marktgebiet zu vermarkten. Eine solche Lizenz kann nach dem Umfang unbeschränkt oder sachlich, räumlich oder zeitlich beschränkt erteilt werden. Sie kann nach dem Ausmaß ausschließlich, also exklusiv, oder einfach, also nicht-exklusiv, erteilt werden. Und sie kann nach dem Zugang unmittelbar vom Rechteinhaber ausgehen oder mittelbar von einem Master-Lizenzgeber, dieser kann wiederum im Inland oder Ausland sitzen und je Land verschieden oder über viele bzw. alle Länder hinweg gleich sein.

Die Lizenz kann verschiedene Inhalte haben. Eine **Vertriebslizenz** bedeutet, dass ein ausländischer Lizenznehmer (Licensee) das Recht erhält, die eigene Leistung nach Maßgabe der Rahmenbedingungen im Ausland zu vertreiben. Die betreffende Leistung wird ihm dazu endfertig angeliefert.

Für eine Vertriebslizenz sprechen mehrere **Vorteile** (aus Sicht des Gebers):
- Markteintrittsbarrieren können umgangen werden, da der Lizenznehmer Inländer ist,
- ein rascher und kostengünstiger Marktzugang im Ausland wird möglich,
- durch die Lizenzgebühren (Fees) entstehen Zusatzeinnahmen,
- eine Expansion ohne eigenen Kapitaleinsatz ist darstellbar.

Nachteile sind hingegen folgende:
- es entstehen Steuerungs- und Kontrollprobleme, die durch Überprüfung auf Einhaltung gelöst werden müssen,
- aus dem Lizenznehmer kann später ein potenzieller Konkurrent erwachsen,
- bei Problemen entsteht ein negativer Imagetransfer auf den Lizenzgeber,
- das Lizenzentgelt kann geringer ausfallen als ein eigener Gewinn.

Eine **Produktionslizenz** bedeutet, dass ein ausländischer Lizenznehmer das Recht erhält, die eigene Leistung nach vorgegebenen Prozessen zu veredeln und dann auch zu vertreiben. Er darf dabei insb. das Markenzeichen des Lizenzgebers (Licensor) verwenden. Sinnvollerweise übt dieser daher eine Qualitätskontrolle aus.

Für eine Produktionslizenz (Kontraktfertigung) sprechen mehrere **Vorteile** (aus Sicht des Gebers):

- es entsteht kein Investitionsrisiko im Auslandsmarkt,
- die eigene Wettbewerbsfähigkeit auf dem Auslandsmarkt wird verbessert,
- es fließen sofort Erträge aus Lizenzeinnahmen zu,
- ein positiver Country of origin-Effekt des Auslands kann genutzt werden.

Nachteile sind hingegen folgende:

- Teile des Betriebsgewinns müssen an einen Partner abgetreten werden,
- es besteht die Gefahr von Know-how-Abfluss und Qualitätsproblemen,
- aus dem Lizenznehmer kann leicht ein Wettbewerber erwachsen,
- es entsteht eine Abhängigkeit vom Lizenznehmer.

Eine **Know-how-Lizenz** bedeutet das Recht, die eigene Leistung nach vorgegebenen Einsatzstoffen, Rezepturen, Prozessen und Assemblierungen selbst im Ausland zu produzieren, zu veredeln und dann auch zu vertreiben. Dabei gehen auch Betriebs- und Geschäftsgeheimnisse an den Lizenznehmer über, sodass dazu ein besonderes Vertrauensverhältnis erforderlich ist.

Für eine solche Know-how-Lizenz sprechen mehrere **Vorteile** (aus Sicht des Gebers):

- es entsteht ein geringer Kapitalbedarf und Kosteneinsatz, womöglich können Zusatzeinnahmen erlöst werden,
- die eigene Betriebskonzeption kann durchgesetzt werden,
- das Markteintrittsrisiko bleibt begrenzt,
- es kann auf eine hohe Eigenmotivation des Licensee gesetzt werden.

Nachteile sind hingegen folgende:

- es bestehen aufwändige Steuerungs- und Kontrollerfordernisse,
- daraus resultieren hohe Koordinationskosten,
- das System ist wenig flexibel,
- es besteht die große Gefahr von Know-how-Abfluss und Konkurrenzaufbau.

Eine **Systemlizenz** beinhaltet darüber hinaus die Möglichkeit des Auftritts des Lizenznehmers unter dem Markendach des Lizenzgebers (Franchise-System). Nach außen hin ist ohne Weiteres nicht erkennbar, dass der Franchisenehmer/Franchisee selbstständig ist, sondern es entsteht der Eindruck, es handele sich bei seinem Betrieb um eine Filiale des Franchisegebers/Franchisor.

Franchising bietet zahlreiche **Vorteile** (aus Sicht des Franchisors):
- ein Markteintritt ist unter weitgehendem Verzicht auf Einsatz eigener Finanzmittel möglich,
- dabei können sogar Erlöse durch Beitrittszahlungen zum System generiert werden,
- es erfolgt eine Risikoteilung zwischen den Systempartnern,
- es kann ein hohes Tempo der Marktabdeckung eingehalten werden.

Nachteile sind hingegen folgende:
- der Marktauftritt muss erst einmal finanziert, d. h. etabliert und aktualisiert, werden,
- eine negative Imageabstrahlung vom selbstständigen Franchisee auf den Franchisor ist möglich,
- es besteht ein hohes Maß an Abhängigkeit von den Franchisenehmern zum Gelingen des Systems,
- vielfältige Risiken der Principal-Agent-Relation kommen zum Tragen.

13.2.2.2 Kooperation

Eine weitere Form des Markteintritts auf Vertragsbasis ist die internationale Kooperation. Unter Kooperation versteht man allgemein jede auf freiwilliger Basis beruhende, vertraglich geregelte Zusammenarbeit rechtlich selbstständig bleibender Unternehmen, die ihre wirtschaftliche Selbstständigkeit in Bezug auf den Kooperationszweck einschränken, um eine Verbesserung ihrer individuellen Leistungsfähigkeit zu erreichen, hier konkret die erfolgreiche Aktivität im Ausland.

Nach der Relation der Kooperationspartner zueinander lassen sich folgende unterscheiden:
- horizontal, d. h. die Partner sind auf einer Wertschöpfungsstufe und in derselben Branche tätig,
- vertikal, d. h. die Partner sind auf verschiedenen Wertschöpfungsstufen derselben Branche tätig,

- diagonal, d. h. die Partner sind auf derselben Wertschöpfungsstufe verschiedener Branchen tätig,
- lateral, d. h. die Partner sind auf verschiedenen Wertschöpfungsstufen verschiedener Branchen tätig.

Der Kooperationsinhalt kann sich auf alle Wertaktivitäten beziehen. Im Zuge der Strategie handelt es sich vor allem um die primäre Wertschöpfung, also die Eingangs- und Ausgangslogistik, die Produktion oder Assemblierung, die Kundengewinnung und -pflege. Dispositive Aktivitäten werden hingegen nicht Gegenstand, es handelt sich dann um eine **einfache** Kooperation.

Für eine Kooperation sprechen mehrere Vorteile:
- es wird ein schnellerer Markteintritt als auf eigenständiger Basis möglich,
- es besteht Zugang zu Potenzialen und Ressourcen des Partnerunternehmens, dies schont eigene Kosten und Risiken und schafft Rationalisierungs- und Synergieeffekte,
- Markteintrittsbarrieren sind auf diese Weise leichter überwindbar,
- der ausländische Kooperationspartner ist dort wahrscheinlich besser akzeptiert.

Nachteile sind hingegen folgende:
- die wirtschaftliche Selbstständigkeit wird eingeschränkt,
- oft entstehen hohe Koordinationskosten zum gegenseitigen Interessenausgleich,
- es können Verteilungs- und Nutzungskonflikte der Erträgnisse der Tätigkeit entstehen,
- es besteht die Gefahr von Know-how-Abfluss.

Eine weitreichendere Form der Kooperation ist die **Strategische Allianz.** Dabei handelt es sich um die Kooperation aktueller oder zumindest potenzieller Konkurrenten in Bezug auf erfolgswichtige Wertaktivitäten. Dazu gehören vor allem die Markterschließung, die Realisierung von Economies of large scale, die Verteilung von Kosten und Risiken sowie die Poolung von Kernkompetenzen. Solange dabei keine wettbewerbsbeschränkenden Abreden getroffen werden, ist dies auch rechtlich unbedenklich.

13.2.3 Markteintritt über Direktinvestition

Die weitreichendste Form der Auslandsmarktbearbeitung stellt die Direktinvestition dar. Diese impliziert ein direktes Kapitalengagement des Unternehmens im Ausland. Übliche Formen sind dabei die Beteiligung, die Übernahme und die Neugründung.

Für eine Direktinvestition sprechen mehrere **Vorteile**:
- es gibt eine eigene Präsenz auf dem Auslandsmarkt,
- Standortvorteile im Ausland können auf diese Weise am Besten genutzt werden,
- Importrestriktionen und Paritätenschwankungen lassen sich vermeiden,
- Ansiedlungen im Ausland werden nicht selten durch Subventionen/Steuererleichterungen gefördert.

Nachteile sind hingegen folgende:
- evtl. besteht die Notwendigkeit zur Minderheitsbeteiligung ausländischer Staaten,
- viele Direktinvestitionsländer bergen erhebliche ökonomische Risiken,
- der erforderliche Kapitaleinsatz muss gestemmt werden,
- ein Abbau des Engagements ist nicht ohne Weiteres möglich.

Die Direktinvestitionsform der **Beteiligung** bedeutet eine Teilakquisition von Unternehmen (1 - < 95 %). Diese können auf gleicher, vor- oder nachgelagerter Marktstufe tätig sein sowie in der selben, einer verwandten oder einer gänzlich anderen Branche. Nach dem Akquisitionsgrad (am Beispiel der AG) sind folgende zu unterscheiden:

- 1 - < 25 %: damit kann noch kein entscheidender Einfluss auf die Geschäftspolitik des Unternehmens genommen werden, die Beteiligung hat eher symbolischen Charakter,
- 25 - < 50 %: Minoritätsbeteiligung, damit können zumindest wichtige Entscheidungen gegen die eigenen Interessen blockiert werden, jedoch kann kein aktiver Einfluss erfolgen,
- 50 %: Paritätsbeteiligung, damit können zumindest keine Entscheidungen gegen das eigene Unternehmen getroffen werden, ein aktiver Einfluss ist aber nach wie vor nicht möglich,
- 51 - < 75 %: Majoritätsbeteiligung, damit können Entscheidungen gegen die Interessen Anderer getroffen werden, es besteht die Möglichkeit zu aktivem Einfluss auf die Geschäftspolitik,
- 75 - < 95 %: qualifizierte Mehrheit, damit können auch wichtige Entscheidungen gegen die Interessen Anderer getroffen werden.

Bei der **Übernahme** wird das übernommene Unternehmen voll und ganz in das übernehmende integriert. Dazu ist ein Anteil von mindestens 95 % erforderlich. Dann können außenstehende Anteilseigner herausgedrängt werden. Insofern sind also volle Leitung und Kontrolle gegeben. Allerdings müssen dabei Bestimmungen der Fusionskontrolle und Kontrolle marktbeherrschender Unternehmen beachtet werden.

Bei der **Neugründung** wird zum Zwecke der Internationalisierung ein neues Unternehmen im Ausland gegründet. Dabei kann es sich um eine Alleingründung handeln oder um eine Gemeinschaftsgründung mit einem anderen, meist dort ansässigen Unternehmen (Joint venture). Dabei sind zahlreiche konstitutive Entscheidungen zu fällen, vor allem in Bezug auf Rechtsformenwahl und Standortwahl. Hinsichtlich der Partner bei einem Joint venture kann es sich um solche der gleichen (organisch) oder einer anderen Wertschöpfiungsstufe (anorganisch) handeln, sowie um zwei (bilateral) oder mehr Partner (multilateral) aus zwei oder mehr Ländern. Joint ventures werden häufig in Paritätsbeteiligung gegründet. Wichtige Gestaltungen betreffen die Gewinn-/Verlustverteilung, die Kompetenzbesetzung, die Rechtenutzung, Ausstiegsregelungen etc.

13.2.4 Markteintritt durch E-/M-Commerce

Die Internationalisierung kann heute sehr effektiv durch virtuellen Markteintritt erfolgen. Dabei werden Informations- und Kommunikationstechnologien eingesetzt, um Geschäftsabwicklungen in beliebigen Ländern zu realisieren. Dabei lassen sich mehrere Phasen unterscheiden. Die erste Phase bildet die Unternehmenspräsentation im Internet. Dies stellt noch eine klassische Einwegkommunikation dar. Die zweite Phase betrifft Interaktionsangebote mit potenziellen Kunden (z. B. durch Personalisierung, Nutzerprofile etc.). Die dritte Phase strebt die Transaktionsfähigkeit der Website an, um Umsätze im stationären oder mobilen Internet zu generieren. Die vierte Phase besteht in der Einbindung externer Partner in das eigene Angebot (z. B. produktbegleitende Dienstleistungen, Logistik etc.). Und die fünfte Phase ist durch virtuelle Unternehmen gekennzeichnet, die als Netzwerke Leistungen verteilt darstellen und mit Hilfe eines fokalen Partners integrieren.

Dadurch können immer noch verbreitet vorhandene Freihandelsbegrenzungen umgangen werden. Weitgehend können zudem tarifäre und nicht-tarifäre Handelshemmnisse, wie sie im Zuge proktektionistischer Politik immer noch vorkommen, überwunden werden.

13.3 Marktbearbeitung

Für die Marktbearbeitung stellt sich in erster Linie die Frage, ob die Unternehmensidentität im Auslandsmarkt in gleicher Weise wie im Inland oder in anderer Weise erfolgen soll. Für diese Entscheidung sind vor allem die kulturellen Rahmenbedingungen der Auslandsmärkte bedeutsam. Kultur ist jedoch ein hypothetisches Konstrukt, d. h. kann allenfalls anhand von Indikatoren operationalisiert werden, wobei man über die Eignung dieser wahrnehmbaren Indikatoren für die an sich verborgen bleibende Kultur durchaus streiten kann.

So unterstellen Hall/Hall hinsichtlich der kulturellen Rahmenbedingungen die Dimensionen

- Zeitauffassung (linear-abfolgend/nicht-linear verschachtelt), Kontextualität (High context/Low context), Raumdistanz (nah/fern) und Informationsgeschwindigkeit (langsam/schnell).

Am Verbreitetsten ist aber wohl die Einteilung von Hofstede in folgende fünf Dimensionen:

- Machtdistanz als Maß an Akzeptanz, bis zu der schwächere Mitglieder von Gesellschaft und Institutionen die ungleiche Verteilung von Macht hinnehmen,
- Individualismus als Anzeichen für engere oder entferntere Bindungen zwischen den Individuen einer Gesellschaft,
- Maskulinität/Feminität als Priorität weicher oder harter Werthaltungen im Umgang der Mitglieder einer Gesellschaft miteinander,
- Unsicherheitsakzeptanz/-aversion als Grad, in dem sich die Mitglieder der Gesellschaft durch ungewisse Situationen bedroht fühlen und strukturierte Zustände anstreben,
- Zeitorientierung als langfristige oder kurzfristige Vorstellungen von Ordnungen und Abfolgen.

Die Kultur wird dabei stellvertretend für die gesellschaftlichen Vermarktungsbedingungen gesehen. Ob dies zutrifft und wie Kultur zu operationalisieren ist, bleibt jedoch umstritten.

Hinsichtlich der Marktbearbeitung ist nunmehr zu entscheiden, ob die gesellschaftlichen Vermarktungsbedingungen im Ausland zu denen im Inland als ähnlich angesehen werden oder nicht. Vorausgesetzt, Aktivitäten im Inland sind mit zeitlichem Vorlauf zum Ausland bereits erfolgreich erfolgt, spricht einiges dafür, diese erfolgreiche Marktbearbeitung im Inland auf das Ausland zu übertragen (**Ethnozentralität** der Marktbearbeitung). Weichen die gesellschaftlichen Vermarktungsbedingungen im Ausland jedoch von denen des Inlands ab, ist eher eine individuelle Ausgestaltung der Marktbearbeitung angezeigt (**Fokussierung** der Vermarktung), da eine einfache Übertragung nicht zum Erfolg führen dürfte.

Sind entsprechende Aktivitäten im Inland noch nicht erfolgt oder waren sie nicht erfolgreich, stellt sich die Frage, ob zwei oder mehr Länder zeitlich parallel versorgt werden sollen (**Sprinkler**) oder ob sukzessiv Land für Land vorgegangen werden soll (**Wasserfall**). Sofern mehrere Länder parallel bearbeitet werden, können dazu Ländergruppen gebildet werden, deren gesellschaftliche Vermarktungsbedingungen untereinander hinlänglich gleichartig sind (intern homogen), von Land zu Land jedoch verschiedenartig (heterogen). Dies führt zur **Regiozentralität** der Marktbearbeitung. Sofern Land für Land sukzessiv erschlossen werden soll, ist für jedes Land, das andersartig zu vorherigen ist, eine eigene Strategie zu entwickeln (**Polyzentralität** der Marktbearbeitung).

Von diesen Überlegungen sind allenfalls solche Produkte ausgenommen, die sich kulturübergreifend in allen oder zumindest sehr vielen Ländern weitgehend gleichartig vermarkten lassen (Culture free products). Diese können losgelöst von einzelnen Märkten konzipiert werden, weil anzunehmen ist, dass ein Konzept in allen Märkten gleichermaßen funktioniert (**Geozentralität** der Marktbearbeitung). Oder es wird bewusst eine Generalisierung der Vermarktung angestrebt, also gänzlich losgelöst von einzelnen Ländermärkten. Per Saldo bietet die Generalisierung einen Vorteil an Effizienz, die Fokussierung jedoch einen Vorteil an Effektivität. Letztlich geht es bei der Entscheidung um die Abwägung dieser Vor- und Nachteile zueinander.

14. Planung im Unternehmen
14.1 Planungsinstrumente
14.1.1 Inhalte der Planung

Aufgabe der Planung ist es, die generellen unternehmenspolitischen Zielsetzungen unter Berücksichtigung interner und externer Gegebenheiten und Entwicklungstrends zu konkretisieren, Teilziele für die betrieblichen Subsysteme festzulegen sowie die zur Zielerreichung notwendigen und geeigneten Maßnahmen und Mittel zu bestimmen. Es handelt sich somit um den Entwurf einer Ordnung, nach der sich das betriebliche Geschehen der Zukunft vollziehen soll.

Planung ist also gegenwärtiges Entscheiden über zukünftiges Tun und Unterlassen. Sie ist abzugrenzen von Prognose als auf praktischer Erfahrung oder theoretischer Erkenntnis beruhenden Aussagen über die Zukunft, wobei jedoch das Zielsetzungselement fehlt, von Extrapolation als Projizierung eines Sachverhalts mit Hilfe statistischer Schätzmethoden, wobei das Gestaltungselement fehlt, und von Improvisation als Entscheidungen, die erst nach Eintritt von Datenkonstellationen getroffen werden, womit also der Zukunftsaspekt fehlt (siehe Abb. 91).

Die Planung vollzieht sich in folgenden **Phasen.** In der Anregungsphase geht es um die Erkennung und Definition von Problemstellungen, die der Planung bedürfen, um das zu erreichende Ziel zu realisieren. In der Identifikationsphase geht es um die Beschaffung, Analyse und Interpretation aller für die Problemlösung relevanten Daten. In der Suchphase geht es um die Entwicklung von Lösungsalternativen, die geeignet scheinen, das gegebene Problem zu beheben. In der Auswahlphase geht es um die Bewertung dieser Lösungsalternativen und die Präferierung einer der Lösungen. In der Durchsetzungsphase geht es dann um die Projektierung der Realisation dieser ausgewählten Alternative (Implementierung). Und in der Kontrollphase geht es um die Überwachung des Lösungserfolgs und evtl. um Korrekturmöglichkeiten bei Abweichungen.

Nach ihrer **Tiefe** unterscheidet man die Grob- und die Feinplanung. In der **Grobplanung** werden die Planungsinhalte zunächst nur kursorisch bearbeitet, in der **Feinplanung** werden diese dann detailliert ausgearbeitet. Zumeist ist der Feinplanung eine Grobplanung vorgelagert, da eine Feinplanung ohne übersichtsartige Grobplanung wenig ergiebig ist, die Grobplanung selbst aber nicht als Arbeitsbasis ausreicht, sondern der ergänzenden Feinplanung bedarf.

Innerhalb der Feinplanung können nach dem **Umfang** folgende Pläne unterschieden werden. Die **Totalplanung** unternimmt den Versuch der Einbeziehung der Daten aller relevanten Unternehmensbereiche. Dabei stellt sich meist als Problem, dass eine entsprechend aussagefähige Planungsbasis nicht gegeben ist, die gleichen Daten für

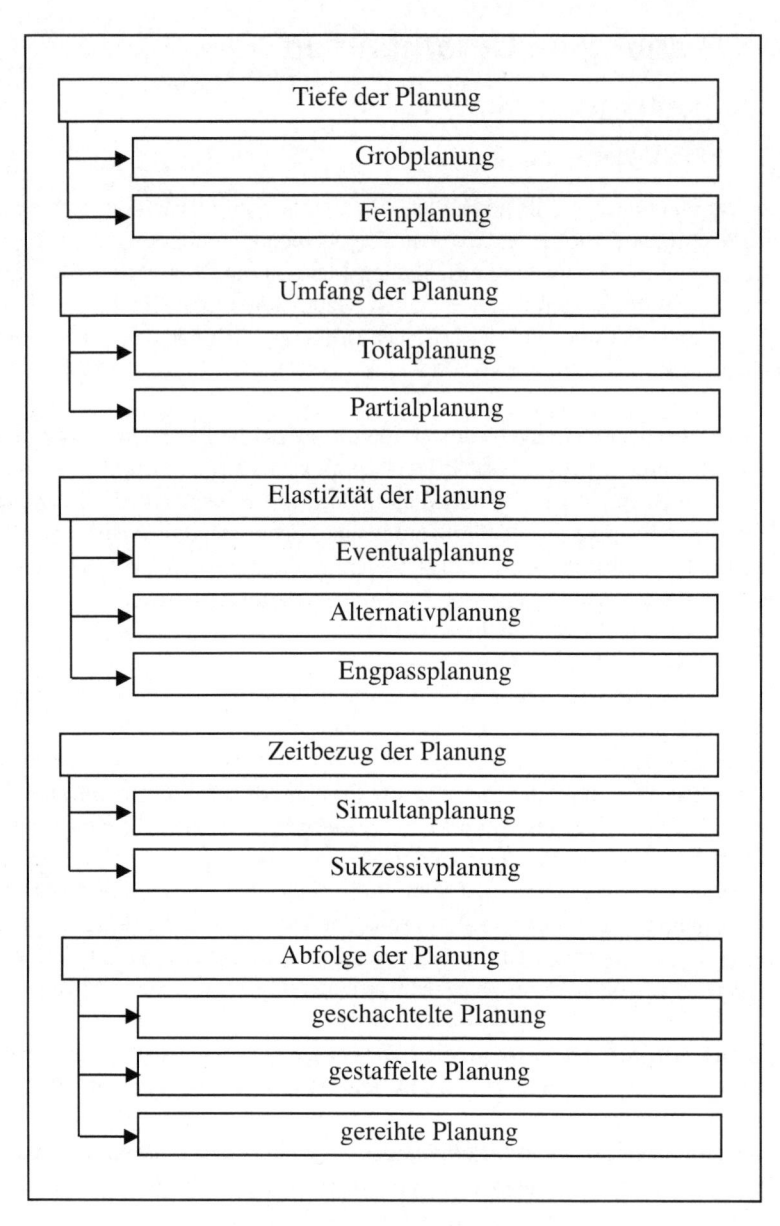

```
┌─────────────────────────────────────────┐
│         Tiefe der Planung               │
│   → Grobplanung                         │
│   → Feinplanung                         │
│                                         │
│         Umfang der Planung              │
│   → Totalplanung                        │
│   → Partialplanung                      │
│                                         │
│         Elastizität der Planung         │
│   → Eventualplanung                     │
│   → Alternativplanung                   │
│   → Engpassplanung                      │
│                                         │
│         Zeitbezug der Planung           │
│   → Simultanplanung                     │
│   → Sukzessivplanung                    │
│                                         │
│         Abfolge der Planung             │
│   → geschachtelte Planung               │
│   → gestaffelte Planung                 │
│   → gereihte Planung                    │
└─────────────────────────────────────────┘
```

Abbildung 91: Planungsarten

verschiedene Bereiche durchaus unterschiedliche Auswirkungen haben und deren Interdependenz schwer durchschaubar ist. Die **Partialplanung** begnügt sich mit der Planung der einzelnen strategischen Geschäftseinheiten. Hierbei werden die Pläne dezentral erstellt und anschließend zentral abgestimmt. Dabei wird den Anforderungen jeder Einheit zunächst maximal Rechnung getragen. Das Problem ergibt sich jedoch unweigerlich bei der Integration der Einzelpläne, wenn scharfe Widersprüche auftreten, die aufwändig ausbalanciert werden müssen.

Nach ihrer **Anpassungsfähigkeit** unterscheidet man die starre und flexible Planung. Bei der **starren** Planung ziehen die Planungsinhalte Veränderungen der Umwelt nicht in Betracht, dadurch wird zumindest eine verlässliche Arbeitsbasis erreicht. Bei der **flexiblen** Planung führen Veränderungen der Umwelt hingegen zur Planrevisionen. Dies ist zwar angesichts turbulenter Entwicklungen sinnvoll, bewirkt aber arbeitsbezogen Unstetigkeit.

Innerhalb der flexiblen Planung können nach ihrer **Elastizität** folgende Pläne unterschieden werden. Die **Eventualplanung** kennt Planalternativen für die Situation gravierender Datenänderungen, die eine Basisplanung obsolet werden lassen. Hier sind in der Praxis umfangreiche Schubladenpläne (Fallback) vorhanden, die verschiedene Eventualsituationen erfassen und planerisch vorstrukturieren. Dass dabei immer wieder evtl. Situationen unbedacht bleiben, liegt an strukturbrechenden Veränderungen des Umfelds.Die **Alternativplanung** bedeutet die Ausarbeitung mehrerer Planversionen, die von vornherein von unterschiedlichen Datenbasen (Worst case-/Real case-/Best case-Szenarien) ausgehen. Zwischen diesen Alternativen kann je nach Sachlage entschieden und eine präferierte Alternative umgesetzt werden, ohne dass diese ohne Not Änderungen unterliegen müsste. Die **Engpassplanung** erfolgt nach dem Ausgleichgesetz der Planung (E. Gutenberg). Danach bestimmt immer die Planung der jeweiligen Engpasssituation die endgültige Ausgestaltung der Pläne der übrigen Unternehmensbereiche. Diese werden erst ausgearbeitet, nachdem festgelegt ist, wie der Engpass überwunden oder zumindest bestmöglich genutzt werden soll.

Nach dem **Zeitbezug** können folgende Pläne unterschieden werden. Die **Simultanplanung** gilt als Versuch, alle Unternehmensbereiche zeitgleich zu planen. Auf Grund der dabei auftretenden Datenmengen ist dies nur mit Hilfe computergestützter Management-Informations-Systeme darstellbar. Wegen der engen Vernetzung der Unternehmensbereiche ist jedoch bei jedem Planungsschritt ein umfangreicher Abgleich mit allen anderen Bereichen erforderlich. Einmal abgesehen davon, dass dabei Ausschlussbedingungen überschritten und längst nicht alle wirklich relevanten Vernetzungen berücksichtigt werden, überfordert die entstehende Komplexität bald alle Beteiligten. Die **Sukzessivplanung** begnügt sich mit der fortschreitenden Planung der Einzelbereiche. Meist erfolgt die Planung dabei Top down, d. h., von der übergeordneten Instanz an die untergeordneten. So werden per Saldo alle Unternehmensbereiche einbezogen. Da die Erstpläne die Bedingungen der Folgepläne determinieren, ist Konsistenz im Plantotal erreichbar, das jedoch meist suboptimal bleibt. Zunehmend erfolgt die moderne Planung auch Bottom up, zumindest jedoch im Gegenstromprinzip mit bilateraler Abstimmung, d. h., die Belange der ausführenden Ebenen werden stärker in den Planungsprozess einbezogen und berücksichtigt.

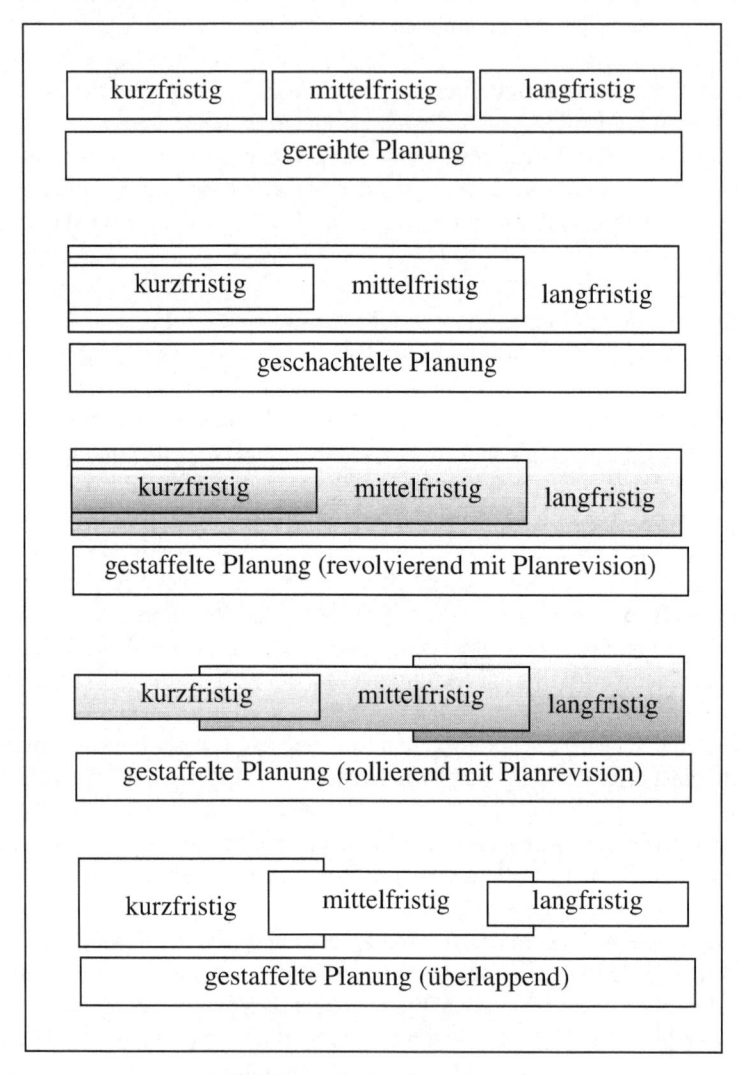

Abbildung 92: Planungsabfolge

Innerhalb der Sukzessivplanung können nach der **Abfolge** folgende Pläne unterschieden werden. Die **geschachtelte** Planung gilt als Sollfall. Dabei stellt die operative, kurzfristige Planung einen integrativen Bestandteil der taktischen, mittelfristigen Planung dar und diese ihrerseits einen integrativen Bestandteil der strategischen, langfristigen Planung. Alle Pläne werden gleichzeitig überarbeitet und fortgeschrieben. Die Plankoordination ergibt sich automatisch, sofern die gleiche Instanz alle Planperspektiven erstellt. In der Praxis ist es aber häufig so, dass verschiedene Stellen, etwa Zentrale, Niederlassungen, Abteilungen etc., ihre jeweiligen Pläne unter egoistischen Aspekten erstellen und daher Inkongruenzen entstehen. Die **gestaffelte** Planung entsteht als Überlappung der kurz-, mittel- und langfristigen Planabschnitte bei gleichzeitiger Planüberarbeitung und Fortschreibung des Planhorizonts. Dabei wird, ausgehend vom Istzeitpunkt, die Planperspektive jeweils in die Zukunft fortgeschrieben. Neue Erkenntnisse zur Istsituation gehen somit immerzu als Modifikation in aktualisierte Pläne ein. Dabei kann jeweils ein Planungszeitabschnitt (Jahr) oder mehrere (als Block) ausgetauscht werden. Bei der **rollenden**/rollierenden Anordnung erfolgt eine Planfortschreibung ohne Revision, d. h. ohne Anpassung an vorläufige Entscheidungen, bei der **revolvierenden**/anschließenden Anordnung erfolgt die Planfortschreibung mit Revision, d. h. mit kompletter Anpassung des Plans an vorläufige Entscheidungen. Bei der **gereihten** Planung wird der gesamte Planungsabschnitt in der Regel nur einmal grob vorgeplant, und die Teilabschnitte werden dann schrittweise fein ausgearbeitet. Die Pläne folgen dabei als kurzfristiger Plan, mittelfristiger Plan und langfristiger Plan nahtlos aufeinander ab, ohne einander zu überschneiden. Man spricht auch von anstoßender Planung oder serieller Plankoordination (siehe Abb. 92).

14.1.2 Instrumente der Planung

14.1.2.1 Netzplantechnik

Die Netzplantechnik hat die Aufgabe, die Maßnahmenplanung möglichst übersichtlich zu gestalten. **Sie stellt den zeitlichen Ablauf einzelner Aktivitäten dar, verdeutlicht deren sachlichen Gesamtzusammenhang, lässt kritische Vorgänge als Aktivitäten ohne Zeitreserve erkennen und weist Zeitreserven bei anderen Vorgängen aus.** Sie ermöglicht die Koordination komplexer Arbeitsabläufe. Das Planungsproblem entsteht dadurch, dass aus Gründen der Zeitersparnis und der besseren Ausnutzung von Kapazitäten verschiedene Tätigkeiten parallel ausgeführt werden sollen. Es gilt dann zu bestimmen, wann welche Tätigkeiten begonnen bzw. beendet sein müssen, um einen reibungslosen Ablauf des gesamten Prozesses zu gewährleisten.

Netzpläne basieren auf der Graphentheorie. Unter einem Graph versteht man eine Menge von Knoten, die durch eine Menge von Pfeilen (Kanten) verbunden sind. Ordnet man nun den Pfeilen eine Richtung zu, so entsteht ein gerichteter Graph. Sind alle

Knoten direkt oder über andere Knoten indirekt durch Pfeile miteinander verbunden, handelt es sich um einen zusammenhängenden Graphen. Ist jeder Pfeil mit einem Wert versehen, entsteht ein bewerteter Graph. Unter den vielen möglichen Wegen, die man in einem Graphen finden kann, wenn man vom Anfangsknoten zum Endknoten fortschreitet, ist mindestens ein „kritischer" Weg, diesen gilt es zu finden. Vorher werden die Vorgänge je nach System den Knoten oder Pfeilen zugeordnet. Ergebnis dieser Zuordnung ist eine Erweiterung der linearen Ablaufstruktur der Vorgänge zu einer Netzstruktur, also einer Menge von Knoten und Kanten.

Bei der Netzplantechnik handelt es sich nicht um ein bestimmtes Verfahren, sondern um eine Vielzahl von Planungsansätzen, denen gemein ist, dass sie den Netzplan zur Visualisierung nutzen. Dominierend sind CPM/MPM (Kanten und Knoten deterministisch), PERT (Kanten stochastisch und Knoten deterministisch) und GERT (Kanten und Knoten stochastisch) (siehe Abb. 93).

		Erwartungen	
		einwertig	mehrwertig
Aktivitäten	teilweise	GAN (stochastisch, deterministisch)	GERT (rein stochastisch)
	alle	CPM, MPM (rein deterministisch)	PERT (deterministisch, stochastisch)

Abbildung 93: Netzplantechniken

Die Idee ist jeweils, aus Gründen der Zeitersparnis und Kapazitätsnutzung verschiedene Tätigkeiten parallel auszuführen, ohne dass dadurch Friktionen entstehen. Dies bedingt aber, dass bestimmt wird, welche Tätigkeiten wann begonnen bzw. beendet werden müssen, um einen vorgegebenen Zeitplan einzuhalten bzw. minimale Verfahrenszeiten zu realisieren. Das Grundkonzept der (Vorgangs-)Netzplantechnik sieht die Darstellung der logischen Struktur eines Vorgangs und dessen Zeitplanung und -kontrolle durch Berechnung frühester (FAZ) und spätester (SAZ) Anfangszeitpunkte sowie frühester (FEZ) und spätester (SEZ) Endzeitpunkte vor. Erweiterungen berücksichtigen auch Kosten- und Kapazitätsaspekte (GERT). Am Beginn steht eine Strukturanalyse, die alle Tätigkeiten des Vorgangs erfasst. Diese Ablaufstruktur wird in einem Netzwerk abgebildet.

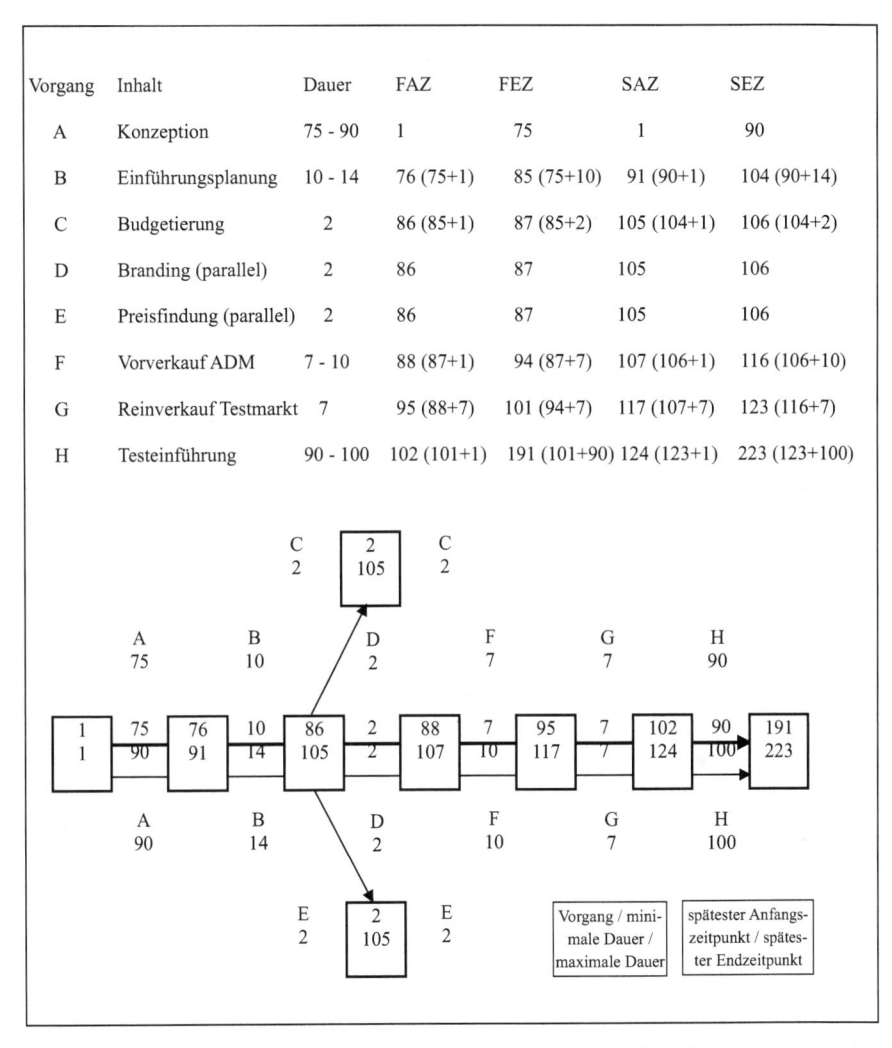

Vorgang	Inhalt	Dauer	FAZ	FEZ	SAZ	SEZ
A	Konzeption	75 - 90	1	75	1	90
B	Einführungsplanung	10 - 14	76 (75+1)	85 (75+10)	91 (90+1)	104 (90+14)
C	Budgetierung	2	86 (85+1)	87 (85+2)	105 (104+1)	106 (104+2)
D	Branding (parallel)	2	86	87	105	106
E	Preisfindung (parallel)	2	86	87	105	106
F	Vorverkauf ADM	7 - 10	88 (87+1)	94 (87+7)	107 (106+1)	116 (106+10)
G	Reinverkauf Testmarkt	7	95 (88+7)	101 (94+7)	117 (107+7)	123 (116+7)
H	Testeinführung	90 - 100	102 (101+1)	191 (101+90)	124 (123+1)	223 (123+100)

Abbildung 94: CPM-Netzplan mit Ereignissen, Vorgängen, Scheinvorgängen und kritischem Weg (Beispiel)

Die **Strukturanalyse** umfasst die Erstellung der Vorgangsliste, den Entwurf des Netzplans und die Nummerierung der Knoten. Die Strukturliste beinhaltet damit alle Vorgänge und stellt fest, welche vor dem betrachteten Vorgang abzuschließen sind und welche danach erst beginnen können. Beim Netzplanentwurf sind einige Regeln zu beachten. Jeder Vorgang beginnt und endet mit einem Ereignis. Sind mehrere Vorgänge zu beenden, bevor ein weiterer beginnen kann, so enden alle im Anfangsereignis des folgenden Vorgangs. Können mehrere Vorgänge erst beginnen, nachdem ein vorausgegangener beendet ist, beginnen alle im Endereignis des vorausgegangenen Vorgangs. Wenn in einem Ereignis mehrere Vorgänge gemeinsam beginnen oder enden, die nicht voneinander abhängig sind, bedarf es Scheinaktivitäten zum Ausgleich. Es dürfen keine Schleifen auftreten, und es gibt nur je einen Anfangs- und Endknoten. Deren Nummerierung erfolgt in aufsteigender Reihenfolge.

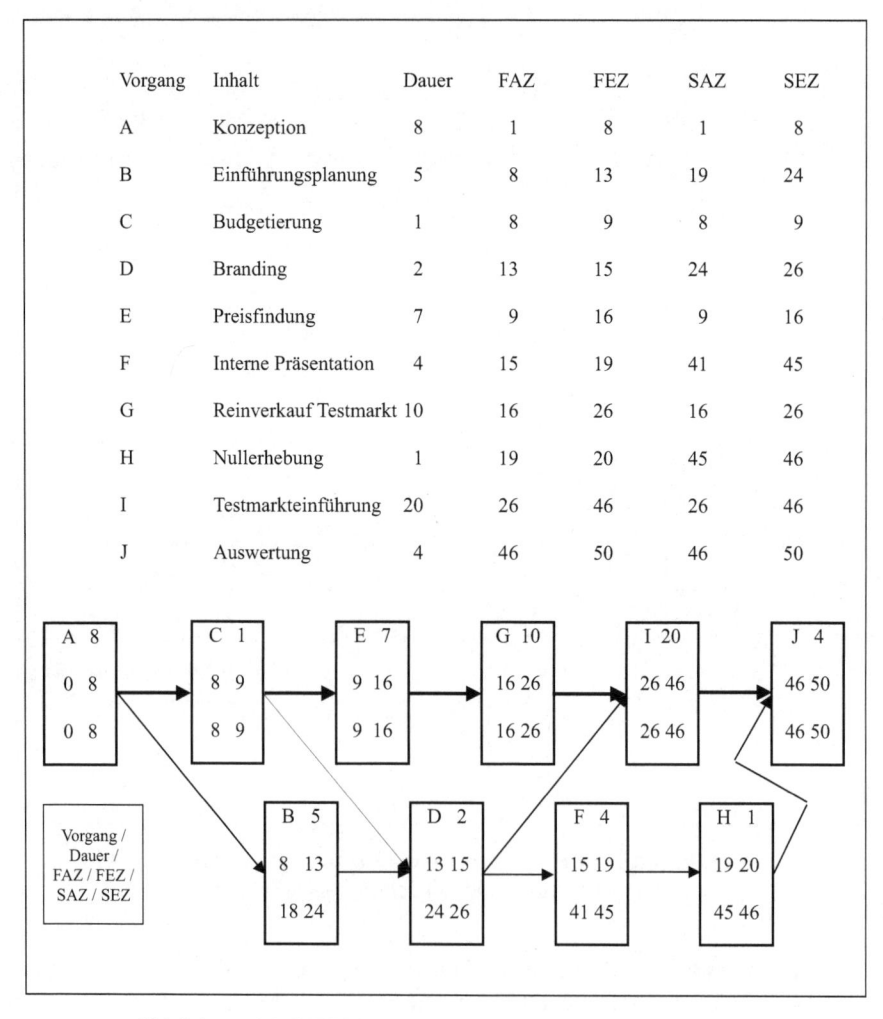

Vorgang	Inhalt	Dauer	FAZ	FEZ	SAZ	SEZ
A	Konzeption	8	1	8	1	8
B	Einführungsplanung	5	8	13	19	24
C	Budgetierung	1	8	9	8	9
D	Branding	2	13	15	24	26
E	Preisfindung	7	9	16	9	16
F	Interne Präsentation	4	15	19	41	45
G	Reinverkauf Testmarkt	10	16	26	16	26
H	Nullerhebung	1	19	20	45	46
I	Testmarkteinführung	20	26	46	26	46
J	Auswertung	4	46	50	46	50

Abbildung 95: MPM-Netzplan mit kritischem Weg (Beispiel)

Die **Zeitanalyse** umfasst die Bestimmung jeder Vorgangsdauer, die progressive und retrograde Zeitberechnung des Netzplans sowie die Ermittlung des kritischen Wegs und der Zeitreserven. Der kritische Pfad ist der zeitkürzeste vollständige Weg durch den Netzplan. Für ihn gilt, dass der frühestmögliche gleich dem spätesterlaubten Anfangszeitpunkt eines Vorgangs ist und der frühestmögliche gleich dem spätesterlaubten Endzeitpunkt. Verzögerungen auf diesem Weg verschieben damit den Endzeitpunkt des gesamten Projekts. Eine zusätzliche **Kostenanalyse** führt über die Kostenplanung zur Optimierung der Gesamtkosten, eine **Kapazitätsanalyse** zur Feststellung der erforderlichen Ressourcen.

Im **Vorgangspfeilnetzplan** werden Vorgänge durch Pfeile und Anfangs- und Endergebnisse durch Knoten darstellt (z. B. Critical path method/CPM). Er dient vor allem der Feinplanung zur Steuerung und Kontrolle von Teilaufgaben, wenn Richtwerte für die benötigte Arbeitszeit vorliegen. Die Ablaufplanung ist determiniert, ebenso ist die Zeitdauer auf Grundlage von Richtwerten determiniert. Jeder Vorgang ist mit seinen frühestmöglichen und spätesterlaubten Anfangs- und Endterminen ausgewiesen. Zeitreserven werden durch Vorgangspuffer dargestellt. Die Anwendung bietet sich bei Feinplanungen zur Steuerung und Kontrolle von Teilaufgaben an (siehe Abb. 94).

Hat ein Vorgang A nur einen einzigen Nachfolger B und umgekehrt, so werden diese beiden unmittelbar aufeinander folgenden Vorgangspfeile durch ein dazwischen liegendes Ereignis miteinander verbunden. Können mehrere Vorgänge erst beginnen, nachdem ein gemeinsamer Vorgänger abgeschlossen ist, ist das Endereignis des vorhergehenden Ereignisses für alle folgenden das Anfangsereignis. Müssen mehrere Vorgänge beendet sein, bevor ein gemeinsamer Nachfolger beginnen kann, so ist das nachfolgende Anfangsereignis zugleich das gemeinsame Endereignis aller vorhergehenden Vorgänge. Zwei Ereignisse dürfen nur durch einen Vorgangspfeil miteinander verbunden werden, parallele Pfeile sind nicht erlaubt. Verlaufen zwei Vorgänge parallel, so müssen ein Scheinvorgang mit der Ausführungsdauer 0 und ein weiteres Ereignis eingeführt werden. Der Netzplan darf keine Zyklen, d. h., geschlossene Schleifen, enthalten, da andernfalls eine widersinnige Ablaufstruktur entsteht, die sich nicht terminieren lässt.

Im **Vorgangsknotennetzplan** werden Vorgänge durch Knoten dargestellt und deren Abhängigkeiten untereinander durch Pfeile (z. B. Meta potenzial method/MPM). Er bietet sich vor allem bei Projekten mit vielen Überlappungen und Parallelität zwischen den Teilaufgaben an. Die Ablaufplanung ist determiniert, Überlappungen und Wartezeiten werden durch den Koppelabstand ausgedrückt. Ebenso ist die Zeitdauer determiniert. Jeder Vorgang ist mit seinen frühestmöglichen und spätesterlaubten Anfangs- und Endterminen unter Beachtung des Koppelabstands ausgewiesen. Vorgangspuffer ergeben sich ebenfalls unter Beachtung des Koppelabstands. Durch den Verzicht auf Scheintätigkeiten wird eine größere Übersichtlichkeit und Anschaulichkeit erreicht (siehe Abb. 95).

Im **Ereignisknotennetzplan** werden Ereignisse ohne Zeitdauer als Beginn oder Abschluss einer Tätigkeit inhaltlich festgelegt und den Knoten zugeordnet, die Pfeile zeigen die Zeitabstände zum nächsten Ereignis auf (z. B. Programme evaluation and review technique/PERT). Er wird bei langfristigen Projekten mit hohem Neuheitsgrad und großem schöpferischen Anteil sowie bei notwendiger Risikobeurteilung eingesetzt. Die Ablaufplanung ist determiniert, die Zeitdauer jedoch stochastisch auf Grundlage von drei Zeitschätzungen (optimistisch, wahrscheinlich, pessimistisch), d. h., die Determiniertheit der Zeitdaten wird durch Zufallsvariable ersetzt, um die Wahrscheinlichkeiten der Termineinhaltung abzuschätzen. Daraus ergeben sich der Zeitbereich für den frühesten und spätesten Ereignis- und Endtermin, die Erwartungswerte und Varianzen für die Einhaltung eines vorgegebenen Termins und für das Auftreten von Ereignispuffern.

Im **kombinierten Vorgangspfeil-/Vorgangsknotennetzplan** bilden wahrscheinliche Termine und wahrscheinliche Zeitreserven die Grundlage. Ein solcher stochastischer Netzplan ist GERT (Graphical evaluation and review technique) mit der Einführung von besonderen Knotensymbolen, die Alternativen, Rückkopplungen und Schleifen zulassen. Als Bedingungen gelten dabei, dass alle zum Knoten hinführenden oder von ihm wegführenden Vorgänge zu realisieren sind. Oder mindestens ein zum Knoten hinführender oder von ihm wegführender Vorgang zu realisieren ist. Oder genau ein zum Knoten hinführender oder von ihm wegführender Vorgang. Aus diesen Kombinationen ergeben sich grafische Symbole. Die Anwendung bietet sich für Projekte an, die schwer präzisierbar sind und mehrfache Zwischenentscheide erfordern. Die Zeitdauer wird hierbei stochastisch geschätzt.

Der Ablauf der Netzplanung stellt sich allgemein, unabhängig vom Verfahren, wie folgt dar:

- Projektstruktur erstellen, Vorgänge erfassen und Vorgangsliste erstellen, Netzplan umsetzen, Dauer der Vorgänge und Zeitabstände ermitteln, Zeitpunkte, Pufferzeiten und kritischen Weg ermitteln, Gesamtkosten optimieren und Kostenplanung durchführen, erforderliche Kapazitäten planen und Vorgangstermine und Projektstarttermin bestimmen.

Weil der kritische Pfad die Zeitdauer aller Vorgänge bedeutet, wird dessen Verkürzung angestrebt, bis ein neuer kritischer Pfad entsteht, der dann wiederum verkürzt wird, bis der entstehende neue kritische Pfad nicht mehr weiter verkürzt werden kann. Maßnahmen zur **Zeitverkürzung** sind dabei vor allem folgende:

- kapazitative Anpassung der Produktion, und zwar multipel durch Aufbau gleicher Aggregate, selektiv durch Aufbau verschiedener Aggregate oder mutativ durch Verfahrensumstellung,
- intensitätsmäßige Anpassung durch Variation des Leistungsgrads,

- zeitliche Ausweitung der Produktion ohne Überstunden im Rahmen der Normalschicht, mit Überstunden oder im Aufbau zum Mehrschichtbetrieb, soweit zulässig und durchsetzbar,
- Automatisierung durch IT-Einsatz etc.,
- Know-how-Nutzung durch Mitarbeiterqualifikation, Spezialisierung etc.,
- Routinisierung durch Übung, was allerdings Konstanz des Objekts voraussetzt,
- Eliminierung von „toten" Phasen wie Lagerung, Puffer,
- Überlappung durch Vorziehen folgender Aktivitäten,
- Simultanbearbeitung mit einem Lösungsweg anstelle sequenzieller Bearbeitung,
- Vorbereiten unter plausiblen Annahmen über die Zukunft,
- Wertanalyse, d. h. zweitbeste Lösung wählen, wenn beste Lösung überproportional aufwändig ist,
- Staffelung von Neuerungsschritten,
- Vorsorge für Ausfälle,
- Vorziehen von problematischen Aktivitäten, d. h. solchen, die sich verlängern können,
- Parallelbearbeitung mehrerer Lösungswege,
- bessere Planung durch Festlegung von Prioritäten,
- verbindliche Deadline setzen,
- Funktionen unterteilen.

14.1.2.2 Sonstige Planungstechniken

Neben der Netzplantechnik gibt es weitere Planungstechniken, die angewendet werden können. **Ablaufdiagramme** zeigen grafisch eine Folge von Tätigkeiten auf. Dadurch wird zwar eine sehr analytische Aufgabenzerlegung erreicht, jedoch fehlt der Zeitfaktor, dem eine immer größere Bedeutung zukommt. Solche Blockdiagramme werden vor allem als schaubildliche Darstellung informationeller Abläufe, als Datenflussdiagramm zur Darstellung des Wegs der Daten durch ein informationsverarbeitendes System oder als Programmablaufplan zur Information über die logische Struktur eines Programms eingesetzt. Arbeitsmittel ist die Ablaufkarte. Sie enthält Arbeitsträger- und Buchstabensymbole für die Phasen, zumeist O für Operation, I für Inspektion, T für Transport, S für Stillstand. Die verwandte Methode nach Jordt-Gscheidle ist für die schnelle und anschauliche Abbildung von Verwaltungsabläufen gedacht. Dazu wird allerdings eine umfangreiche Symbolsprache verwendet, die für Nicht-Eingeweihte schwer verständlich ist.

Balkendiagramme (auch Gantt-Diagramme genannt) stellen eine einfache Form der Ablaufplanung dar. Ihre Aufgabe ist es, aufeinander folgende und miteinander verbundene Aktivitäten in Bezug auf die Zeitlänge darzustellen und eine zeitoptimale Planung zu ermöglichen. Sie verknüpfen die Folge der Tätigkeiten mit dem Zeitfaktor und der Festlegung von Verantwortlichkeiten, bieten sich allerdings nur für Planungen an, deren Vorgänge wenig miteinander verknüpft sind. Zu den Angaben über Ziel, Grund, Status und Priorität können Manpower und Maschinenbelegung ergänzt werden. Balkendiagramme eignen sich vor allem für länger laufende Aktivitätenfolgen und sich wiederholende Vorgänge. Sie fördern zudem die Teamarbeit und zeigen die erreichten Istwerte im Zeitablauf gegenüber der Planung an. Meist sind auf der horizontalen Achse die Zeit und auf der vertikalen Achse die Arbeitsvorgänge/Arbeitsträger abgetragen, die Länge wird durch Balken eingetragen. Die Lage der Balken ergibt sich durch Anfangs- und Endtermine der Tätigkeiten. Als Auftragsfortschrittsplan zeigt es die Reihenfolge der einzelnen Arbeitsvorgänge und deren jeweiligen Zeitverbrauch an, als Belegungsplan veranschaulicht es die Auslastung der Kapazitäten einzelner Arbeitsträger.

Der **Meilensteinplan** stellt eine verfeinerte Form des Gantt-Diagramms dar, er gibt Aufschluss über den Fortschritt einzelner Arbeitsvorgänge, dazu werden in jeden Balken vorgegebene Zwischentermine, die eingehalten werden müssen, eingetragen und chronologisch, also nicht nach Aufgaben, durchnummeriert. Dies ist immer dann sinnvoll, wenn die hohe Anzahl der Tätigkeiten ansonsten die Übersichtlichkeit beeinträchtigt. Dann werden aus den Teilablaufplänen besonders wichtige Ereignisse in einen übergeordneten Ablaufplan übernommen. Durch diese Blockbildung wird das Projektmanagement überschaubarer, indem die Festlegung wichtiger Eckpunkte (Milestones) für jeden Arbeitsgang erfolgt, sodass die Einhaltung von Teilabschnitten einer Tätigkeit leichter kontrollierbar wird.

Der **Projektplan** ist eine vereinfachte Version des Netzplans in Form einer Matrix. In der Kopfspalte werden alle vorzunehmenden Tätigkeiten aufgeführt. In der Kopfzeile befindet sich eine Kalenderleiste. In Abhängigkeit von der Dauer der Tätigkeiten werden Markierungen (Linien, Kästchen, Kreuze etc.) für die Zeit der Durchführung in das Kalendarium (Tage, Wochen, Monate) eingetragen. Ist eine Folgeaktivität von einer Vorabaktivität abhängig, kann deren Markierung erst an deren Ende beginnen, sind Aktivitäten unabhängig, können sie einander überlappen. Wichtig ist auch hier, sich zunächst über die logische Abfolge der Tätigkeiten Klarheit zu verschaffen. Zur Verkürzung von Verfahrenszeiten bleiben die Möglichkeiten, Vorgänge in ihrer Zeitdauer zu kürzen, Puffer für vorgezogene Aktivitäten zu nutzen oder Abfolgen umzustellen.

Ein ähnliches Verfahren ist der **Line of balance-Plan** (LOB), der eine retrograde Terminberechnung vom Projektabschluss zurück bis zu den ersten Analyseschritten vornimmt. Dabei werden zunächst die erforderlichen Arbeitsschritte aufgeführt und mit ihrem jeweiligen Zeitbedarf bestimmt. Dann wird, ausgehend von einem vereinbarten Endtermin der Leistungsübergabe, über jeden der Arbeitsschritte zurückgerechnet bis zum Starttermin. Meist stellt sich dabei allerdings heraus, dass dieser bereits überschritten ist. Aus dieser Gewissheit heraus kann nun geprüft werden, wo noch Zeiteinsparungen möglich sind, oder, wenn diese nicht möglich sind, ob die Projektausführung deshalb abgelehnt werden muss.

Line of balance-Plan (hier am Beispiel Produktneueinführung):

Vorgang	Inhalt	Dauer	Deadline
A	Markteinführung	95	01.09.2012
B	Reinverkauf	7	21.04.2012
C	Vorverkauf	9	10.04.2012
D	Preisfindung (parallel)	2	28.03.2012
E	Branding (parallel)	2	26.03.2012
F	Budgetierung	2	24.03.2012
G	Einführungsplanung	12	20.03.2012
H	Konzeption	87	04.03.2012

Das **Entscheidungsbaum-Verfahren** besteht im Einzelnen aus den drei Schritten der Darstellung des Strukturmodells, der Quantifizierung dieses Strukturmodells und einer Rollback-Analyse. Ein Entscheidungsbaum ist ein zusammenhängender kreisloser Graph mit Entscheidungsknoten, bei denen der Entscheidungsträger über Alternativen befindet, Zufallsknoten für Zufallsereignisse bzw. Endknoten und Ästen für in Betracht gezogene Alternativen und Zufallsäste. Es handelt sich um eine dynamische Planungsrechnung, die mehrperiodische oder komplexe Planungsprobleme durch ein Baumdiagramm visualisiert, dessen Äste die Handlungsalternativen bzw. Umweltkonstellationen und dessen Verzweigungsknoten die Handlungsergebnisse repräsentieren, denen jeweils Eintrittswahrscheinlichkeiten zugeordnet werden (stochastische Situation). Entscheidungsknoten werden als Kästchen, Erwartungsknoten als Kreise dargestellt. Den Erwartungsknoten werden Eintrittswahrscheinlichkeiten für ihnen zugeordnete alternative Umweltsituationen beigegeben. Den einzelnen Aktionen werden die jeweiligen Periodenkosten zugeordnet. Dem Ende des Baumes werden die erwarteten Erträge des gesamten Pfads zugerechnet. Die Quantifizierung betrifft die Zuordnung von Wahrscheinlichkeiten und anderen Daten (Kosten, Erlösen etc.) zu den Substrukturen des Modells. Die Rollback-Analyse betrifft die Berechnung der insgesamt optimalen Entscheidung, von den Endknoten her auf den einzelnen Ästen des Strukturmodells für gewöhnlich von rechts nach links gerechnet. Bei Zufallsknoten wird der Erwartungswert der sich gegenseitig ausschließenden Möglichkeiten errechnet. Bei Entscheidungsknoten wird der Erwartungswert maximiert, d. h., die Realisierung der weglaufenden Äste ist nur vom Willen des Entscheidungsträgers abhängig.

Checklisten sind Sammlungen von relevant erscheinenden Kriterien, die dichotom oder multichom ausgelegt werden können. Für den Fall, dass Kriterien gleich gewichtet sind, lassen sich Ergebnisalternativen skalieren (Scoring) und als Profile für verschiedene Planungsobjekte über alle Kriterien erstellen und vergleichen. Sind die Kriterien ungleich gewichtet, können sie entweder in eine Rangfolge gebracht oder als Gesamtpunktzahl addiert werden.

Bei der **Sensitivitätsanalyse** handelt es sich um den Ansatz, Outputveränderungen in Abhängigkeit von Inputveränderungen im Systemzusammenhang zu betrachten. Dabei gibt es Systeme, deren Output wenig auf Inputveränderungen reagiert, man spricht dann von robusten Systemen, und solche, deren Output stark auf Inputveränderungen reagiert, man spricht dann von sensiblen Systemen. Für die Ablaufplanung sind Letztere von größerem Interesse.

Optimierungsverfahren haben zum Ziel nicht nur gute Lösungen, sondern die beste Lösung zu finden. Dafür werden mehrere Verfahren eingesetzt. Die **lineare Programmierung** ist ein Verfahren der Unternehmensrechnung, das mathematisch oder grafisch zu Optimallösungen beitragen soll, indem eine lineare Zielfunktion unter einer Vielzahl von ebenfalls linearen Nebenbedingungen (Restriktionen) extremiert wird. Mathematisch wird für diese Probleme am Häufigsten die Simplex-Methode eingesetzt, grafisch die Darstellung der Nebenbedingungen in einem Koordinatensystem (Polyeder), wobei die Zielfunktion an die am Weitesten vom Ursprung zulässige Position verschoben wird (siehe Abb. 96). Die lineare Programmierung bietet sich besonders an, wenn Zuweisungsprobleme optimal zu lösen sind (z. B. Arbeitskräfte, Kapazitäten, Material, Kapital). Die **nicht-lineare Programmierung** ist mathematisch noch relativ wenig ausgebaut, ein eindeutiges methodisches Rechenverfahren fehlt. Zielfunktion und Nebenbedingungen bestehen aus nicht-linearen Beziehungen. Alternativ wird eine abschnittsweise Linearisierung auf der Basis von Näherungsverfahren durchgeführt. Die **dynamische Programmierung** ist eine Rechentechnik zur Lösung komplexer mehrstufiger Programme, bei der die Optimierung nicht für alle Variablen gleichzeitig, sondern in mehreren aufeinander folgenden Schritten vor sich geht. Bei der **parametrischen** und **stochastischen Programmierung** werden entweder die in das Modell eingehenden Daten als Funktion eines Parameters oder als zufällige Variable erfasst. Die beiden Programmierungsverfahren gelten als Ergänzung der linearen Programmierung. Dadurch, dass die Größen im Modellfall nicht mehr eindeutig vorgegeben werden, sondern als Variable eingehen, ist eine Mehrfachrechnung notwendig, die dann nicht mehr zu einer Optimallösung, sondern zu optimalen Lösungsbereichen führt. Die **heuristische Programmierung** ist empirisch orientiert und versucht, den enormen Rechenaufwand der mathematischen Programmierung durch eine detaillierte Analyse des Entscheidungssystems zu verkürzen. Dabei wird allerdings durch eine bewusste Beschränkung des Suchgebiets der möglichen Lösungen in Kauf genommen, dass durch Näherungs- und Prioritätsregeln womöglich nicht die optimale, sondern nur eine sinnvolle Lösung des Problems erreicht wird. Die Simulation erfolgt mithilfe von Experimenten, indem reale Vorgänge an einem Abbild der Wirklichkeit (= Modell) durchgespielt werden. Durch dieses Probieren am Modell versucht man, darüber Anhaltspunkte zu gewinnen, wie sich alternative Modellkonstruktionen in der Wirklichkeit auswirken. Typisch dafür sind „Was wäre, wenn ...“-Fragestellungen. Danach kann die optimal erscheinende Verhaltensweise ausgewählt und angewendet werden.

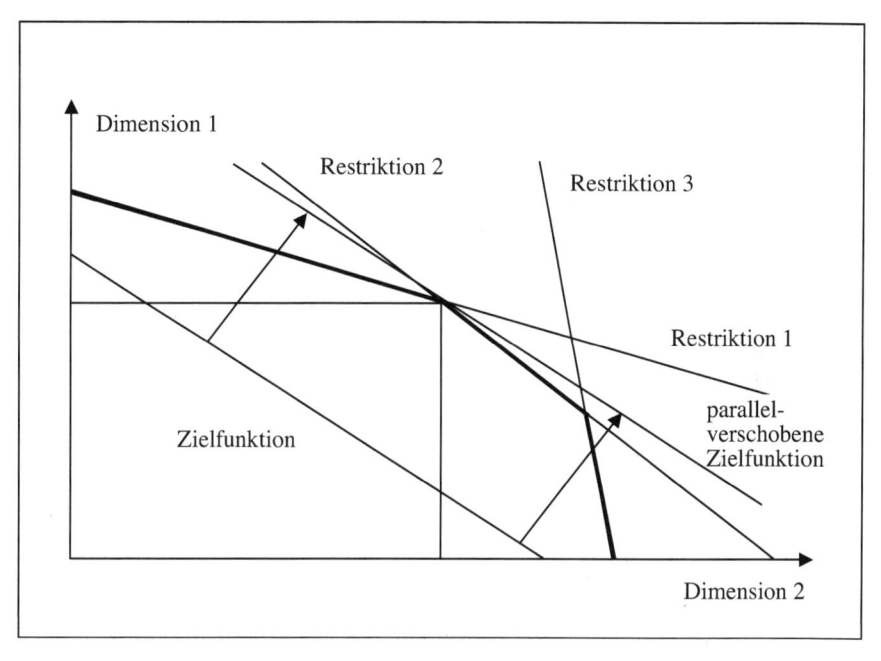

Abbildung 96: Prinzip der Simplex-Methode

14.1.2.3 Planungsmodelle

Die Modellbildung geschieht allgemein in folgenden Schritten:

- Abstraktion der Kernprobleme von der komplexen Realität sowie Beschaffung der zur Problemerkenntnis erforderlichen Daten,
- vereinfachte Abbildung der realen Umwelt durch Formulierung passender mathematischer Bezüge,
- optimale Lösung dieses vereinfachten Problems durch geeignet erscheinende Algorithmen,
- laufende Überprüfung und Wartung des Modells sowie Gewährleistung dessen Aussagefähigkeit,
- mögliches Abfragen („Was wäre, wenn ...“) durch Sensitivitätsanalysen.

Die praktische Bedeutung von Modellen bleibt eher gering, da es sich im Management primär um qualitative Sachverhalte handelt. Modelle sollen jedoch präzise definiert werden und Diffusität ausschließen, transparent, kontrollierbar und dokumentierbar sein. Da alle Variablen als bekannt unterstellt werden, sind sie an Situationen unter Ungewissheit anpassbar, sodass Chancen und Risiken ausweisbar sind. Sie können durch EDV-Unterstützung immer anspruchsvoller gestaltet werden und dennoch nur begrenzte Rechenzeiten beanspruchen. Allerdings sind sie auch kostenintensiv in der Recherche, Erstellung und Durchführung, sodass oft der Nutzen von Modellen in keinem rechten Verhältnis zu deren Aufwand steht. Mit steigendem Komplexitätsgrad sind sie immer schwerer validierbar, sodass Fehlindikationen nicht mehr ausgeschlossen werden können. In der Wirtschaftspraxis sind sie generell wenig akzeptiert, da sie unhandlich und doch sehr theoretisch anmutend sind.

Die pragmatischen Managementanforderungen an Modelle sind im **Decision calculus** definiert. Modelle sollen demnach wie folgt ausgestaltet sein:

- einfach, damit sie überschaubar und in ihren Strukturen nachvollziehbar bleiben,
- benutzersicher, d. h., die Gefahr von Fehlbedienungen weitgehend ausschließen,
- nachprüfbar, um ihren Output validieren zu können,
- adoptionsfähig, also an verschiedene Aufgabenversionen der gegebenen Problemstellung anpassbar,
- vollständig und alle relevanten Einflussfaktoren erfassen,
- kommunikationsfähig, um die Ergebnisse auch wirklich verfügbar zu machen.

Diese Anforderungen widersprechen einander allerdings teilweise. So ist z. B. ein Modell, das eine gewisse Vollständigkeit erreicht, meist nicht mehr einfach, während einfache Modelle wiederum wichtige Einflussgrößen notgedrungen vernachlässigen. Mit dem Grad erreichter Vollständigkeit sinken zudem die Benutzersicherheit durch Komplexität und die Nachprüfbarkeit mangels Transparenz. Insofern ist immer nur ein bestmöglicher Kompromiss anzustreben.

14.2 Entscheidungssituationen

Entscheidungsregeln helfen bei der Erkennung und Auswahl der für Entscheidungssituationen jeweils optimalen Alternative. Dafür gibt es eine ganze Reihe von Vorschlägen.

Deterministische Entscheidungssituationen, d. h. Entscheidungen unter Sicherheit/Gewissheit, sind dadurch gekennzeichnet, dass ein Ziel in einem Umfeldzustand erreicht werden soll. Eine Handlungsalternative dominiert dabei alle anderen in Bezug auf einen Umfeldzustand. Das schlechtestmögliche Ergebnis dieser Alternative ist damit immer noch besser als die bestmöglichen Ergebnisse aller anderen Alternativen.

Entscheidungshilfen kommen hier vor allem aus der Unternehmensforschung. Zum Auffinden der optimalen Alternative dient die Maximierung bzw. Minimierung der Zielfunktion. Zentrales Verfahren ist dabei die lineare Optimierung, welche die Maximierung eines Ergebnisses unter Einhaltung von restringierenden Nebenbedingungen zum Inhalt hat und grafisch oder rechnerisch (Simplex-Verfahren) aufgelöst werden kann (s. o.).

Praktisch sind solche, leicht beherrschbaren Entscheidungssituationen jedoch äußerst selten anzutreffen. Weitaus häufiger wird ein Ziel in verschiedenen denkbaren Umweltzuständen zu erreichen gesucht. Dann liegt Ungewissheit vor, d. h., eine Handlungsalternative tritt wahrscheinlicher ein als andere. Dies ist immer dann gegeben, wenn mehrere Umweltzustände eintreten können, von denen zum Zeitpunkt der Entscheidung aber unbekannt ist, welcher tatsächlich eintritt. Für die Lösung solcher **indeterministischen** Entscheidungssituationen existieren eine Reihe von Regeln, deren wichtigste folgende sind:

- **Minimax-Regel**: Es wird diejenige Handlungsalternative bevorzugt, die im ungünstigsten Umweltzustand noch zum relativ besten Ergebnis führt.
- **Maximax-Regel**: Es wird diejenige Handlungsalternative bevorzugt, die im günstigsten Umweltzustand zum besten Ergebnis führt.
- **Laplace-Regel**: Es wird diejenige Handlungsalternative bevorzugt, deren ungewichteter Durchschnitt aller Ergebniswerte am höchsten ist.
- **Hurwicz-Regel** (Pessimismus-Optimismus-Regel): Es wird diejenige Handlungsalternative bevorzugt, deren gewichteter Durchschnitt des bestmöglichen und des schlechtestmöglichen Ergebnisses am höchsten ist.
- **Savage-Niehans-Regel**: Es wird diejenige Handlungsalternative bevorzugt, deren größte Diskrepanz zwischen dem Ergebnis der gewählten Alternative und dem günstigsten Ergebnis am geringsten ist.

Häufig gibt es aber zumindest Anhaltspunkte für eine Entscheidung. Sind qualitativ-intuitive Erfahrungswerte aus der Vergangenheit für einzelne Umfeldzustände bekannt, handelt es sich um eine **subjektiv-stochastische** Entscheidungssituation. Dazu stehen mehrere Entscheidungsheuristiken bereit. Im **kompensatorischen** Modell können die Nachteile einer Alternative hinsichtlich einzelner Eigenschaften durch Vorteile bei anderen Eigenschaften ausgeglichen werden:

- Das **Beurteilungsmodell** geht mittels Punktbewertung für die subjektiv als relevant erscheinenden Kriterien vor und präferiert diejenige Alternative mit der über alle Kriterien höchsten Punktzahl (Scoring-Modell). Werden dabei alle Kriterien gleich gewichtet, so handelt es sich um ein **lineares** Beurteilungsmodell. Werden die Kriterien hinsichtlich ihrer Bedeutung zusätzlich gewichtet, so handelt es sich um ein **nicht-lineares** Beurteilungsmodell. Problematisch sind dabei die Auswahl der Kriterien (Vollständigkeit, Redundanzfreiheit, Relevanz, Signifikanz etc.) sowie eine Scheingenauigkeit des Ergebnisses (Objektivität, Reliabilität, Validität etc.).

Außerdem gibt es **nicht-kompensatorische** Modelle, bei denen die Nachteile einer Alternative in Bezug auf einzelne Eigenschaften bereits zum Ausschluss von der Entscheidung führen:

- Die **lexikographische Akzeptierung** stellt nur auf das wichtigste Wahlkriterium ab (dazu werden die Kriterien zunächst entsprechend ihrer subjektiven Bedeutung gerangreiht) und präferiert diejenige Alternative, die darin am Besten abschneidet, unabhängig von deren Ausprägungen bei anderen, weniger wichtigen Kriterien. Das kann freilich dazu führen, dass ein positiver „Ausreißer" einer Alternative bereits zu deren Akzeptierung führt, obgleich sie hinsichtlich anderer Kriterien und insgesamt inferior ist.
- Die **disjunktive Akzeptierung** geht so vor, dass unverzichtbare Ausschlusskriterien festgelegt und im Weiteren nur solche Alternativen akzeptiert werden, die dieses Kriterium erfüllen. Dies kann dazu führen, dass insgesamt leistungsfähige Alternativen eliminiert werden, nur weil sie das Ausschlusskriterium nicht erfüllen bzw. insgesamt unterlegene Alternativen akzeptiert werden, weil sie mehr oder minder zufällig das Ausschlusskriterium erfüllen. Auch kann es zu keiner positiven Entscheidung kommen.
- Die **lexikographische Eliminierung** geht anhand mehrerer Wahlkriterien vor und bewertet jede Alternative in Bezug auf jedes Kriterium. Dabei wird jeweils die am wenigsten leistungsfähige Alternative je Kriterium eliminiert. Dieser Vorgang wird sooft wiederholt, bis nur noch eine Alternative übrig bleibt. Gelingt dies nicht, müssen zusätzliche Wahlkriterien hinzugenommen werden, bleibt keine Alternative als leistungsfähig übrig, muss auf bisher eingebrachte Alternativen verzichtet werden, oder es kommt zu keiner positiven Entscheidung.
- Die **konjunktive Eliminierung** legt für jedes Wahlkriterium ein gerade noch akzeptierbares Minimalniveau fest und vergleicht dann alle Alternativen diesbezüglich. Alternativen, die dieses Niveau nicht erreichen, scheiden im Folgenden aus. Bleibt keine Alternative übrig, muss das Anforderungsniveau nachfolgend möglicherweise gesenkt werden, bleiben mehrere Alternativen übrig, muss es soweit erhöht werden, bis nur noch eine Alternative übrig bleibt.
- Das **additive Differenzmodell** nimmt sukzessive Paarvergleiche jeder Alternative mit jeder anderen Alternative vor. Die Kriterien können dabei ungewichtet oder gewichtet verrechnet werden. Die Bewertungsdifferenzen werden addiert und die jeweils überlegene Alternative wird daraufhin einem anderen Paarver-

gleich unterzogen. Die jeweils unterlegene Alternative scheidet aus, solange, bis nur noch eine Alternative als Präferenz verbleibt.

	Umweltzustand I	Umweltzustand II	Umweltzustand III			
Alternative A	92	160	40	8	0	100
Alternative B	100	76	120	0	84	20
Alternative C	68	80	140	32	80	0
	20	50 %	30 %			

Minimax: Zeilenminima: Alternative A: 40 / B: 76 / C: 68 = Entscheidung: **76** (B)

Maximax: Zeilenmaxima: Alternative A: 160 / B: 120 / C: 140 = Entscheidung: **160** (A)

Entscheidung nach **Laplace**:
Durchschnitt bei drei Alternativen: 0,33
Alternative A: (92 + 160 + 40) = 292 * 0,33 = 97,3 / B: (100 + 76 + 120) = 296* 0,33 = 97,7 / C: (68 + 80 + 140) = 288 * 0,33 = 95, Entscheidung: **97,7** (B)

Entscheidung nach **Hurwicz**:
bestmögliche Wahrscheinlichkeit 30 %, schlechtestmögliche Wahrscheinlichkeit: 70 %
A: (160 * 0,3) + (40 * 0,7) = 68 / B: (120 * 0,3) + (76 * 0,7) = 89,2 / C: (140 * 0,3) + (68 * 0,7) = 89,6, Entscheidung: **89,6** (C)

Entscheidung nach **Savage-Niehans**:
Zustand I: beste Alternative: 100, Differenz A: 8 / B: - / C: 32, Zustand II: beste Alternative: 160, Differenz A: - / B: 84 / C: 80, Zustand III: beste Alternative: 140, Differenz A: 100 / B: 20 / C: -, größte Differenz bei Alternative A: 100 / B: 84 / C: 80, Entscheidung: **80** (C)

Modalwert:: höchste Wahrscheinlichk.: Zust. II, Entscheidung: beste Alternative: **160** (A)

Entscheidung nach **Bayes**:
Wahrscheinlichkeit: Zustand I: 20 %, Zustand II: 50 %, Zustand III: 30 %
Alternative A: (92 * 0,2) + (160 * 0,5) + (40 * 0,3) = 110,4 / B: (100 * 0,2) + (76 * 0,5) + (120 * 0,3) = 94 / C: (68 * 0,2) + (80 * 0,5) + (140 * 0,3) = 95,6, Entscheidung: **110,4** (A)

Entscheidung nach **Erwartungswert-Streuung**:
Wahrscheinlichkeit: Zustand I: 20 %, Zustand II: 50 %, Zustand III: 30 %
Erwartungswert: Alternative A: (92 * 0,2) + (160 * 0,5) + (40 * 0,3) = 110,4 / B: (100 * 0,2) * (76 * 0,5) + (120 * 0,3) = 94 / C: (68 * 0,2) + (80 * 0,5) + (140 * 0,3) = 95,6, **110,4** (A)
Streuung: Alternative A: $(92 - 110,4)^2 * 0,2 + (160 - 110,4)^2 * 0,5 + (40 - 110,4)^2 * 0,3 = 3123$ / B: $(100 - 94)^2 * 0,2 + (76 - 94)^2 * 0,5 + (120 - 94)^2 * 0,3 = 372$ / C: $(68 - 95,6)^2 * 0,2 + (80 - 95,6)^2 * 0,5 + (140 - 85,6)^2 * 0,3 = 866$, **372** (B)
Entscheidung: A (risikofreudig), B (risikoscheu)

Abbildung 97: Indeterministische und stochastische Entscheidungssituationen

Sind quantitativ-systematische Wahrscheinlichkeitsverteilungen für den Eintritt einzelner Umfeldzustände bekannt, handelt es sich um eine **objektiv-stochastische** Entscheidungssituation. Für deren Lösung existiert eine Reihe von Regeln wie folgt:

- **Modalwert**: Es wird diejenige Handlungsalternative gewählt, die im wahrscheinlichsten Umweltzustand den höchsten Zielwert liefert.
- **Bayes-Regel**: Es wird diejenige Handlungsalternative mit dem höchsten Erwartungswert (Produkt aus Ergebnis und Eintrittswahrscheinlichkeit) gewählt, wobei Risikoneutralität des Entscheiders unterstellt wird.
- **Erwartungswert-Streuungs-Prinzip** (Förstner): Es wird diejenige Handlungsalternative mit dem höchsten Erwartungswert entsprechend der individuellen Risikoneigung des Entscheiders gewählt. Ein risikoaverser Entscheider bevorzugt einen niedrigeren Ergebniswert (μ) mit höherer Eintrittswahrscheinlichkeit (∂) und umgekehrt.
- **Bernoulli-Prinzip**: Es wird diejenige Handlungsalternative mit dem höchsten Nutzenwert des Ergebnisses gewählt, der abhängig ist von der individuellen Risikopräferenz (Risikogier, Risikoaversion, Risikoneutralität). Diese muss daher vorab beim Entscheider ermittelt werden (siehe Abb. 97).

Komplizierter wird die Lage bei Entscheidungssituationen mit mehreren Zielen und einem Umfeldzustand, hier kommt als Verfahren die Vektoroptimierung zum Zuge, oder mehreren Zielen und verschiedenen Umfeldzuständen, hier kommt die Kombination von Vektoroptimierung und Entscheidungsregeln unter Ungewissheit zum Zuge.

Die Entscheidungsregeln schaffen prinzipiell eine klare Darstellung und Strukturierung des Entscheidungsproblems. Sie zwingen zur Unterscheidung zwischen kontrollierten und unkontrollierten Variablen. Und machen die Entscheidungsfindung durch explizite Wahrscheinlichkeiten und Entscheidungsregeln transparent.

Die meisten Entscheidungsregeln basieren jedoch in Bezug auf Informationsbeschaffung und Entscheidungsverhalten auf zu einfachen Prämissen. Sie sind nicht in der Lage, die unterschiedlichen Risikopräferenzen der verschiedenen Entscheider/Unternehmen einzubeziehen. Und sie unterstellen nur einstufige Entscheidungsprozesse. Sie gehen zudem von einem einzigen Entscheidungsträger aus und setzen eine eindimensionale Zielfunktion ohne Zielkonflikte voraus. Die Ermittlung von Nutzenfunktion und Eintrittswahrscheinlichkeiten ist ebenfalls fraglich. Auch muss nicht immer eine konstante Zielsetzung gegeben sein.

14.3 Budgetierung

14.3.1 Inhalt

Strategische Aktivitäten sind regelmäßig mit Finanzmittelbedarf verbunden. Dies erfordert ihre Budgetierung. **Budgetierung ist allgemein die Umsetzung von Plänen in eine Menge von Geldwerten für die nächsten Perioden durch Gegenüberstellung**

erwarteter Einnahmen und Ausgaben als kurzfristige, formalisierte Operationalisierung und Periodisierung strategischer Maßnahmen, die einem organisatorischen Verantwortungsbereich für einen bestimmten Zeitraum mit Verbindlichkeitsgrad zur Erfüllung der ihm übertragenen Aufgaben in eigener Verantwortung vorgegeben wird. Das Budget hat Orientierungsfunktion, denn durch die Festschreibung im Budget hat der Verantwortungsträger detaillierte Informationen über seine Zielvorgaben und deren Beitrag zum Gesamtziel. Das Budget hat aber auch Ermächtigungsfunktion, denn der Verantwortungsträger erhält dadurch die Erlaubnis, die zur Zielerreichung erforderlichen Mittel im definierten Umfang zu verwenden. Dem Budget kommt eine Motivationsfunktion zu, dies gilt für die eigenverantwortliche Verwendung bei Identifikation des Verantwortungsträgers mit den Organisationswerten. Das Budget hat eine Koordinationsfunktion durch die Verteilung der knappen Mittel auf die einzelnen Bereiche. Dadurch werden diese auf die Gesamtzielsetzung hin ausgerichtet, spätere Konflikte verhindert und Kooperationen gefördert. Schließlich hat das Budget auch eine Kontrollfunktion durch laufende Verfolgung des Stands der Zielerreichung bzw. der Mittelverwendung.

Die Summe aufeinander bezogener Budgets nennt man ein Budgetsystem. Das Budgetierungshandbuch gibt Anweisungen zur Budgetierung. Darin ist auch festgelegt, inwieweit Budgetreserven (Budget slack) erlaubt sind und wie Budgetverschwendung (Budget wasting/„Dezember Fieber") begegnet wird. Zu festen Zeitpunkten erfolgt zudem eine Budgetaktualisierung.

Für die Budgetierung gelten einige Regeln. So muss ein Budget bei gegebenen Aufgaben auch wirklich erreichbar sein, für einen bestimmten Aufgabenbereich darf es nur ein Budget geben, und es ist zu vermeiden, dass Verantwortliche Schattenbudgets („Reptilienfonds") führen. Das Erreichen eines Budgets ist das vereinbarte Ziel, nicht die positive Abweichung von Budgetzahlen, auch nicht nach unten, sondern das möglichst exakte Einstellen des Budgetbetrags. Der Budgetverantwortliche soll an der Erarbeitung des Budgets beteiligt sein, denn das Budget ist Inhalt einer Vereinbarung zwischen Mitarbeiter und Unternehmen („A budget is a contract"/MbO). Ein Budget soll „von unten nach oben" (Bottom up) erarbeitet werden, d. h., im Anschluss an die Festlegung von Rahmenbedingungen muss auf Kostenstellenebene fortschreitend mit der Budgeterstellung begonnen werden. Ein Soll-Ist-Vergleich kann nur dann aussagefähig sein, wenn die Istzahlen so gegliedert sind wie die Planzahlen, das Budget darf daher keine anderen Abgrenzungen der Erfolgs- und Bestandsgrößen vornehmen als das Rechnungswesen. Ein Budget soll während der Budgetperiode nicht geändert werden, Konsequenzen aus nicht zu korrigierenden Abweichungen sind vielmehr durch eine Erwartungs- bzw. Vorschaurechnung zu berücksichtigt. Der Budgetverantwortliche soll als Erster den Soll-Ist-Vergleich seiner Budgeteinheit erhalten und daraus ersehen können, welche Kosten durch seinen Bereich verursacht worden und welche Abweichungen von ihm zu vertreten sind. Bei Überschreiten einer festgelegten Abweichungstoleranz ist der Vorgesetzte zu informieren, stilvollerweise allerdings erst nach Rücksprache mit dem Budgetverantwortlichen. Budgetabweichungen stellen keine Schuldbeweise des Verantwortlichen dar, sondern sind Anlass für einen Lernprozess aller Beteiligten. Eine solche Budgetabweichung kann durch Mengen-, Preis- oder Verbrauchsabweichungen verursacht sein.

14.3.2 Kriterien zur Budgetierung

Entsprechend dem Investitionsbedarf und den Finanzierungsmöglichkeiten ist ein Budget für strategische Aktivitäten aufzustellen. Für dessen Ermittlung ergeben sich verschiedene Ansätze, insb. analytische und nicht-analytische.

Analytische Budgetierungsverfahren umfassen die Mengen-, die Wert-, die Ziel-Mittel-. die Wettbewerbs- und die Makrogrößenbudgetierung. Bei der **Mengenbudgetierung** erfolgt eine Orientierung am prognostizierten Absatz bzw. einem Betrag je Leistungseinheit. Ein Vorteil liegt dabei in der einfachen Berechnung im Wege der Zuschlagskalkulation. Ein Nachteil ist jedoch die Kausalitätsumkehr, wobei der Output Absatz den Input Strategiebudget bestimmt. Hinzu kommt immer noch die Ungewissheit über den angemessenen Betrag je Leistungseinheit, der letztlich nur durch die Kostentragfähigkeit limitiert wird.

Bei der **Wertbudgetierung** wird ein Anteilssatz von definierten Betriebserfolgsgrößen (Gewinn, Deckungsbeitrag, Cash-flow etc.) zugrunde gelegt. Ein Vorteil liegt wiederum in der Einfachheit der Berechnung. Außerdem wird das Prinzip kaufmännischer Vorsicht beachtet. Ein Nachteil ist jedoch der prozyklische Verlauf. Eigentlich soll in der Rezession ein hohes Strategiebudget bereitstehen, und im Boom ist ein niedriges akzeptabel. Dies scheitert allerdings meist an der Realität, bei der in der Rezession nicht genügend Finanzmittel vorhanden sind, strategische Weichenstellungen zu intensivieren, und bei der es im Boom leicht fällt, zusätzliche Finanzmittel für Strategiezwecke lockerzumachen. Außerdem wird die Kausalität umgekehrt, denn die Wertgröße ist erst Output der strategischen Aktivitäten statt deren Input.

Bei der **Ziel-Mittel-Budgetierung** erfolgt eine Ausrichtung an den imagebezogenen Zielen, die mit einer Strategie verfolgt werden. Ein Vorteil liegt im vordergründig plausiblen Bezug. Ein Nachteil ist aber, dass die zur Erreichung bestimmter Einstellungsziele notwendigen Finanzmittel infolge mangelnder Zurechenbarkeit von Erfolgen und Misserfolgen auf strategische Aktivitäten nicht zuverlässig operationalisiert werden können. Die Abfolge der Budgetierungsschritte ist dabei wie folgt:

- Festlegung der Ziele,
- Bestimmung der zieladäquaten Maßnahmen,
- Kostenschätzung für Maßnahmen und deren Umsetzung,

- Addition der Einzelkosten,
- Abgleich mit den Budgetvorgaben,
- evtl. neuer Durchlauf der Phasen.

Bei der **Wettbewerbsbudgetierung** wird das eigene Strategiebudget in Abhängigkeit von qualifiziert geschätzten Konkurrenzbudgets definiert (absolute Bezugsgröße). Ein Vorteil ist, dass damit die Konkurrenzanstrengungen wirksam neutralisiert werden können. Zudem ist ein produktiver Mitteleinsatz ebenso gewährleistet wie eine sachgerechte Bezugsbasis. Ein Nachteil ist aber das Ermittlungsproblem der Konkurrenzbudgets sowie die Unklarheit über die Effizienz der jeweils eingesetzten Mittel.

Als relative Bezugsgröße kann das eigene Strategiebudget auch in Abhängigkeit von der Summe der Konkurrenzbudgets und den eigenen und fremden Marktanteilen fixiert werden. Dabei weist ein Overspending auf einen höheren Budget- als Marktanteil hin, ein Underspending auf einen höheren Markt- als Budgetanteil. Im ersten Fall wird Marktanteil über Neuprodukte aggressiv zu kaufen versucht, im zweiten wird aus der Substanz gelebt.

Bei der **Makrogrößenbudgetierung** liegen überbetriebliche Bezüge wie Branchenwachstum, Inflationsrate, Bruttoinlandsproduktveränderung etc. zugrunde. Ein Vorteil liegt in der einfachen Feststellung anhand statistischer Amtsdaten. Ein Nachteil ist, dass es sich nur um Vergangenheitswerte/Zukunftsschätzungen handelt. Außerdem findet keine Berücksichtigung der betriebsindividuellen Situation statt. So können Marktchancen leicht verpasst werden, wenn die aggregierten Größen Zurückhaltung indizieren, während aggressive Konkurrenten vorpreschen.

Nicht-analytische Budgetierungsverfahren umfassen die Restwert-, die Festwert- und die Fortschreibungsbudgetierung. Bei der **Restwertbudgetierung** wird nach Verplanung aller unabdingbaren anderweitigen Investitionen und Kosten ein dann noch evtl. verbleibender Restbetrag strategischen Aktivitäten gewidmet. Der Vorteil liegt in der Einfachheit der Bemessung. Ein Nachteil ist jedoch das Willkürelement, weil kein begründeter Zusammenhang zwischen den Konzept und dem Finanzmitteleinsatz besteht. Diese Form ist daher nur noch bei Betrieben anzutreffen, die in einer managementorientierten Denkhaltung nicht verankert sind.

Bei der **Festwertbudgetierung** wird ein definierter Finanzmittelbetrag zur Verfügung gestellt, unabhängig davon, welche Investitionen und Kosten daraus im Einzelnen jeweils zu leisten sind. Der Vorteil liegt wiederum in der Einfachheit der Zuweisung. Ein Nachteil ist jedoch der sachlich kaum begründbare Zusammenhang zwischen Strategiebudget und Bezugsgröße. Werden Zahlen nicht rechtzeitig infragegestellt, verselbstständigen sie sich leicht, sobald sie im Budgetplan auftauchen. Zumal das

Strategiebudget im Zeitablauf schwankt, z. B. mit der Lebenszyklusphase oder dem Konkurrenzeinsatz.

Bei der **Fortschreibungsbudgetierung** wird ein wie auch immer zustandegekommener Budgetwert der Vorperiode weitergeführt. Dieser wird anhand einer Indexierung, z. B. projektierte Tonnage- oder Mitarbeiterentwicklung, angepasst. Der Vorteil liegt in der Einfachheit der Handhabung. Ein Nachteil ist jedoch die nicht verursachungsgerechte Zurechnung. Zudem werden überkommene Budgetverhältnisse zementiert und Unwirtschaftlichkeiten fortgeschrieben.

14.3.3 Flexibilität und Dauer der Budgetierung

Die **starre** Budgetierung wird einmal pro Zeiteinheit (meist Kalenderjahr) festgelegt und ist während dieser Zeit auch nicht mehr veränderbar, d. h., es ist keine Anpassung der Werte an zwischenzeitlich eingetretene Veränderungen vorgesehen. Die **flexible** Budgetierung sieht Eventualbudgets für alternative Entwicklungen vor, bei denen einerseits festgestellt wird, ob mit einer ausreichenden Verwendung zu rechnen ist und andererseits, ob Einflussfaktoren vorliegen, die eine andere als die ursprünglich vorgegebene Budgetierung erfordern. Dabei kann es sowohl zu Budgetkürzungen kommen, wenn sich die betriebliche Situation verschlechtert hat, als auch zu Budgeterhöhungen, etwa wenn es gilt, kurzfristig Marktchancen auszunutzen.

Die **kurzfristige** (taktische) Budgetierung bezieht sich meist nur auf ein Jahr, die **langfristige** (strategische) Budgetierung bezieht sich auf drei bis fünf Jahre. Dabei kann entweder von Ist- oder von Soll-Größen ausgegangen werden. Bei Soll-Größen wirkt sich jedoch die mit zunehmendem zeitlichen Abstand von der Gegenwart steigende Unsicherheit der Berechnungsbasis negativ aus. Daher kann bei langfristiger Budgetierung meist nur ein Budgetkanal, d. h. Ober- und Untergrenzen von Budgets, vorgegeben werden. Durch diese Schwankungsbreite leidet jedoch die Budgetierungsexaktheit.

15. Organisation im Unternehmen
15.1 Inhalte

Organisation bedeutet, einen Gestaltungsrahmen zu schaffen, der für die Organisationsmitglieder den Zustand eines Systems in Form des Gestaltungsergebnisses darstellt. **Organisation umfasst damit alles, was innerhalb eines soziotechnischen oder sozialen Systems Ordnung schafft.** Diese Ordnung setzt eine ziel- und zweckorientierte Ausrichtung des Systems, einen verhaltensorientierten Bezugsrahmen, eine spezifische Systemidentität und eine eigene, auf sich selbst bezogene interne Funktionsweise voraus. Organisieren bedeutet allgemein, Gestaltungsmaßnahmen für eine dauerhafte Regelung zur optimalen Aufgabenerfüllung im Unternehmen zu ergreifen. Es grenzt sich damit vom Improvisieren (unstrukturiert) und Disponieren (fallweise) ab.

Die **Ablauforganisation** hat die Gestaltung des räumlichen und zeitlichen Zusammenwirkens der beteiligten, exekutiv und dispositiv tätigen Personen, Betriebsmittel und Werkstoffe zum Inhalt. Ziel ist die Maximierung der Kapazitätsnutzung bzw. die Minimierung der betrieblichen Durchlaufzeiten.

Dazu ist zunächst eine **Arbeitsanalyse** erforderlich. Deren Basis ist eine Dokumentenanalyse der Arbeitsvorgänge, eine Prüfung der Arbeitsreihenfolge, -mengen, -zeiten, der dabei eingesetzten Sachmittel, der bereit stehenden Kapazitäten und der Anforderungen. Die daraus abgeleitete Istanalyse wird auf Schwachstellen hin untersucht. Danach folgt die **Arbeitssynthese** nach inhaltlichen, personalen, räumlichen und zeitlichen Gesichtspunkten, welche die Systemprozesse festlegt. Das bestehende System wird dann entweder optimiert oder durch ein neues System ersetzt.

Die Organisation befasst sich als **Aufbauorganisation** mit der Strukturierung des Unternehmens. Dazu ist eine Stellenbildung erforderlich. Eine Stelle ist die kleinste organisatorische Einheit. Ausgangspunkt zur Stellenbildung ist die **Aufgabenanalyse**, d. h. die Bestandsaufnahme der erforderlichen Tätigkeiten zur Aufgabenzerlegung. Sie erfolgt im Einzelnen nach

- **Verrichtung**, d. h., der Art der erledigten Tätigkeit,
- **Objekt**, d. h., dem Gegenstand, an dem eine Tätigkeit erledigt wird,
- **Rang**, d. h., der Entscheidung oder Ausführung von Arbeit,
- **Phase**, d. h., die Planung, Durchführung, Organisation oder Kontrolle betreffend,
- **Raum**, d. h., dem Ort, an dem verrichtet wird,
- **Zeit**, d. h., der dauerhaften oder fallweisen Anlage der Arbeit,
- **Sachmittel**, d. h., den Arbeitsgeräten, mit deren Hilfe eine Leistung erbracht wird.

Danach erfolgt die Zusammenfassung von gleichartigen Aufgaben durch Zentralisation bei einer Stelle oder deren Verteilung an verschiedene Stellen in der **Aufgabensynthese**. Der Organisationsaufbau wird in einem Organisationsplan (Organigramm) visualisiert. Er zeigt die Beziehungen der Stellen zueinander. Die Stellen werden zu ihrer Aufgabenerfüllung mit Befugnissen und Verantwortlichkeiten ausgestattet. Diese werden in einer **Stellenbeschreibung** dokumentiert.

Eine Stellenbeschreibung umfasst im Allgemeinen nachfolgende Punkte. Im formellen Teil geht es um:
- *die Zuordnung von Bereich, Hauptabteilung, Abteilung, Gruppe und Ressort.*

Im materiellen Teil kommen hinzu:
- *die Bezeichnung der Stelle,*
- *die organisatorische Einordnung dieser Stelle nach aktiver und passiver Vertretung hinsichtlich Art, Umfang und Häufigkeit sowie Über- und Unterstellungsverhältnissen (unmittelbarer Vorgesetzter, dessen Stellvertreter, dessen Vorgesetzter, Beiordnung, unmittelbare Unterstellung und aktive Stellvertretung),*
- *die Zielsetzung der Stelle (Haupt- und Nebenziele),*
- *die Aufgaben der Stelle mit allgemeinen Pflichten, Kompetenzen und Verantwortungen des Stelleninhabers, z. B. Erarbeitung von Materialien, Entscheidung über Sachverhalte, Durchführung von Maßnahmen, Kontrolle von Ergebnissen, Zeichnungsvollmachten, sowie spezielle Pflichten, Kompetenzen und Verantwortungen,*
- *die Kommunikationsbeziehungen der Stelle mit Informationspflichten, Kooperation mit anderen Stellen, Beratung in internen Gremien und besondere interne und externe Kontakte,*
- *das Anforderungsprofil an den Stelleninhaber nach Kenntnissen und Fertigkeiten (Muss- und Sollvoraussetzungen) sowie persönlichen Merkmalen,*
- *die Beurteilung des Stelleninhabers durch den unmittelbaren Vorgesetzten nach Fristen, Maßstäben, Besprechung sowie Aufstiegsmöglichkeiten.*

Zum administrativen Teil gehören:
- *Ort/Datum und Unterschriften zur Kenntnisnahme des Stelleninhabers, dessen Vorgesetzten, des Ausstellers, sowie Vermerke über den nächsten Überarbeitungstermin und sonstige Hinweise.*

Zu diesem Anforderungsprofil werden geeignete Mitarbeiter gesucht, eingestellt bzw. versetzt. Stellen mit Entscheidungsbefugnis werden Instanzen genannt. Sie sind im Organigramm hierarchisch übergeordnet. Dabei lassen sich vor allem drei Dimensionen unterscheiden (siehe Abb. 98):

- **Spezialisierung** als segmentierte Zuweisung von verteilungsfähigen Aufgaben an Aufgabenträger. Sie führt zu funktions- oder objektorientiertem Aufbau, Letzterer je nach Objekt als Kunden-, Gebiets- oder Produktorganisation.
- **Konfiguration** als hierarchische Beziehungszusammenhänge zwischen Organisationseinheiten. Sie führt zu dauerhaften Formen der Aufbauorganisation, umfassend Einlinien-, Mehrlinien-, Stablinien- und Kreuzlinienaufbau.
- **Koordination** als Abstimmung der Aufgabenträger im Hinblick auf die Aufgabenerfüllung. Sie führt zu dauerhaft systemorientierten (Team) oder temporären Formen (Projekt) sowie zu horizontalen (traversierend) und vertikalen Mischformen (hybrid). Diese Formen sind als **sekundäre** Aufbauorganisation anzusehen, treten also zusätzlich zur primären Organisation.

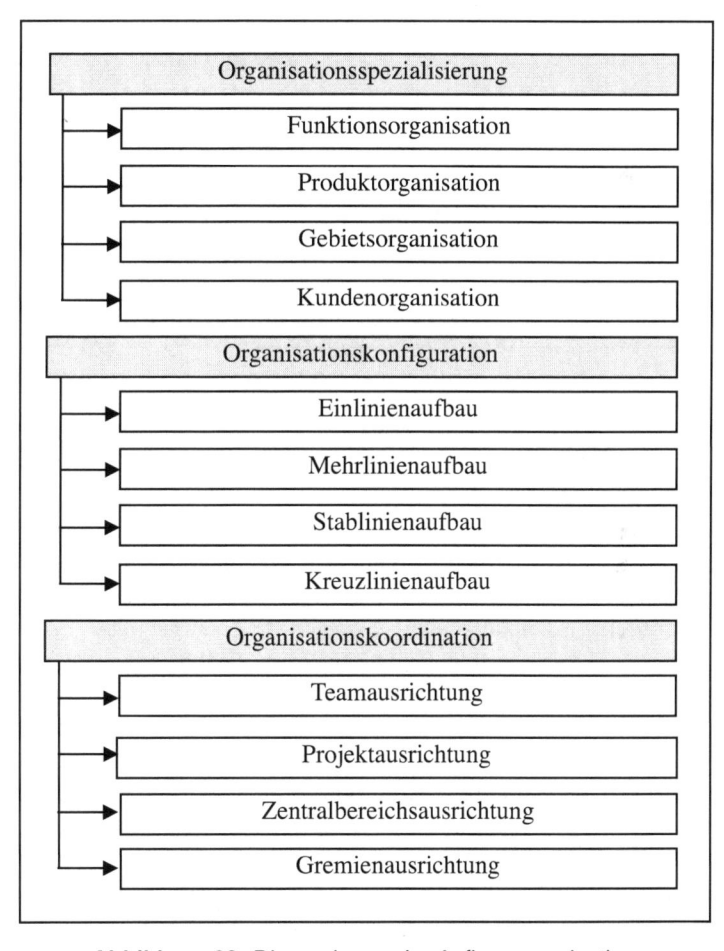

Abbildung 98: Dimensionen der Aufbauorganisation

15.2 Spezialisierung

15.2.1 Funktionsorganisation

Hinsichtlich der Spezialisierung kann zwischen funktionaler und objektorientierter Organisation unterschieden werden. Die funktionsorientierte Organisation stellt eine Zentralisation nach dem **Verrichtungsprinzip** dar (siehe Abb. 99).

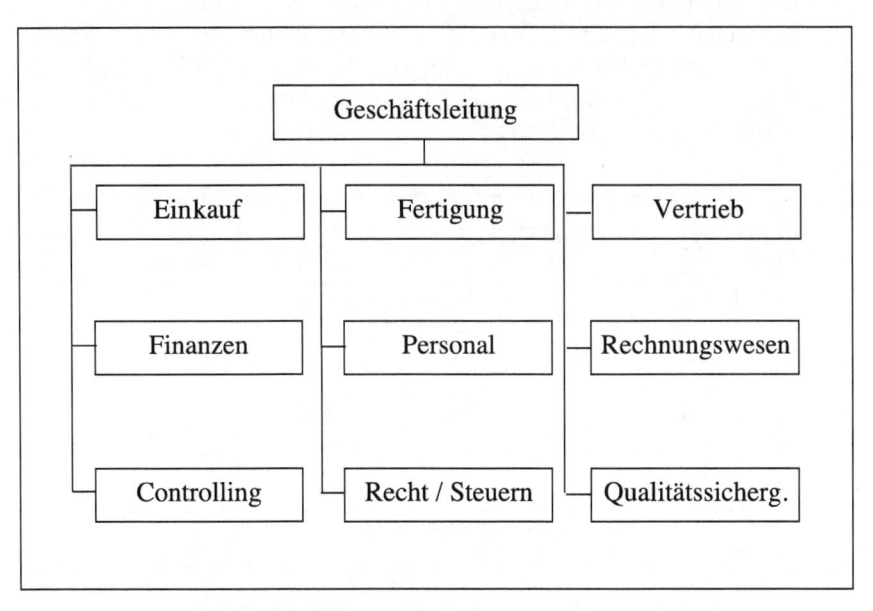

```
                    ┌──────────────────┐
                    │  Geschäftsleitung │
                    └──────────────────┘
     ┌──────────────┬──────┴──────┬──────────────┐
  Einkauf        Fertigung                   Vertrieb

  Finanzen       Personal                 Rechnungswesen

  Controlling    Recht / Steuern          Qualitätssicherg.
```

Abbildung 99: Funktionsorientierte Organisation

Wesentliche **Vorteile** der Funktionsorganisation sind vor allem die Folgenden. Es ist eine leichte Abgrenzbarkeit der individuellen Kompetenzen mit Hilfe einer einfachen, überschaubaren Struktur möglich. Daraus ergeben sich klare Unterstellungsverhältnisse. Die direkte Einbindung kompetenter Mitarbeiter, die mit einer bestimmten Aufgabe betraut sind, wird erreicht. Es ist eine leichte Kontaktaufnahme und Kommunikation möglich. Durch ein klar definiertes Aktionsfeld ergeben sich konsistente Information und hohe Transparenz.

Es ist eine leichte Koordination und Kontrolle durch in sich abgeschlossene, klar zueinander abgrenzte Funktionsbereiche möglich. Die Funktionsorganisation entspricht dem Prinzip der Arbeitsteilung mit einer Strukturierung nach beruflicher Spezialisierung und hohem Ansehen der Hauptfunktionen. Es ist nur ein begrenzter Bestand an Führungskräften erforderlich, weil keine parallelen funktionalen Abteilungen bestehen.

klare Kompetenzen/Unterstellungsverhältnisse
direkte Einbindung kompetenter Mitarbeiter
hohe Transparenz/leichte Abgrenzbarkeit
überschaubare Koordination und Kontrolle
entspricht dem Prinzip der Arbeitsteilung
begrenzter Bestand an Führungskräften
Prioritätskonflikte unter Spezialisten vorgezeichnet
Abteilungsegoismen
Verunsicherung durch mangelnden Gesamtüberblick
Kunden- und Marktbezug geraten außer Sichtweise
verzögerte Entscheidungen (Zeit als Wettbewerbsfaktor)
Überlastung der Unternehmensspitze

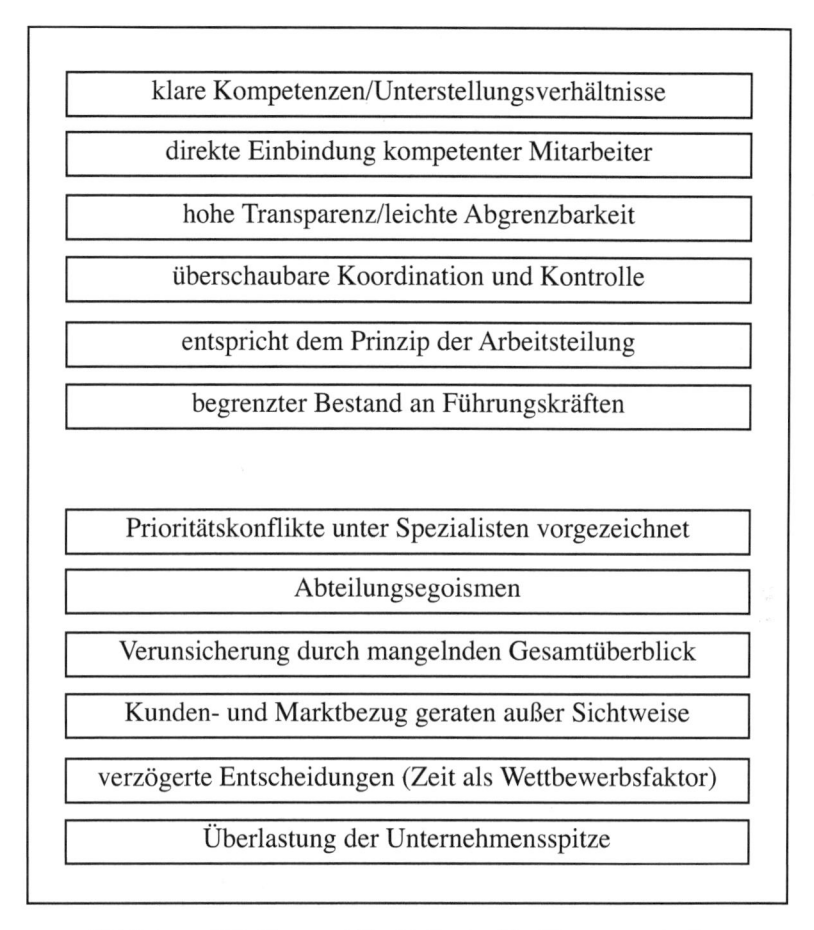

Abbildung 100: Vor- und Nachteile der Funktionsorganisation

Dem stehen jedoch folgende **Nachteile** gegenüber. Durch unklare Machtverhältnisse ergeben sich Prioritätenkonflikte unter den Spezialisten. Es kann zu Abteilungsegoismus kommen und damit zur Suboptimierung der Organisation. Daraus folgen Verunsicherung und mangelnder Gesamtüberblick über das Unternehmen und seine Situation. Evtl. ist eine fehlende Sensibilisierung für die Belange des Markts gegeben. weil der Überblick über Markt- und Kundenprobleme verloren geht.

Bei externen Veränderungen kann es zu Zeitverlusten durch schleppende Entscheidungsfindung kommen, sodass die Funktionsorganisation ab einer bestimmten Unternehmensgröße als nicht mehr voll funktionsfähig zu bezeichnen ist. Die Bündelung der Leitungsaufgaben in der Unternehmensspitze kann dort zur Überlastung führen. Lern- und Innovationsraten kommt nur sekundäre Bedeutung zu.

Die Vielzahl von Schnittstellen und Interdependenzen führt zu Koordinationsproblemen. Es bestehen nur eingeschränkte Möglichkeiten der Personalentwicklung durch eine geringe Laufbahndiversität. Die Überbetonung des Spezialistentums führt zur Verantwortlichkeit nur im Rahmen der funktionalen Zuständigkeit.

15.2.2 Objektorganisationen

15.2.2.1 Produktmanagement

Objektorientierte Organisationen stellen eine Zentralisation nach den Elementen der angebotenen Produkte, der distribuierten Gebiete oder der belieferten Kunden dar. Die produktorientierte Organisation stellt eine solche Zentralisation nach dem Objektprinzip dar (siehe Abb. 101).

Wesentliche **Vorteile** der Produktorganisation sind die Folgenden. Sie ermöglicht eine erfolgsobjektbezogene Zuständigkeit und Koordination in der Organisation, denn nur hier steht das Produktprogramm im Mittelpunkt aller Bemühungen. Der Produktgruppen-Manager soll seinem Teilprogramm ein guter „Ziehvater" sein und es gegen „Kannibalismusgefahren" anderer, externer aber auch interner, Ziehväter beschützen.

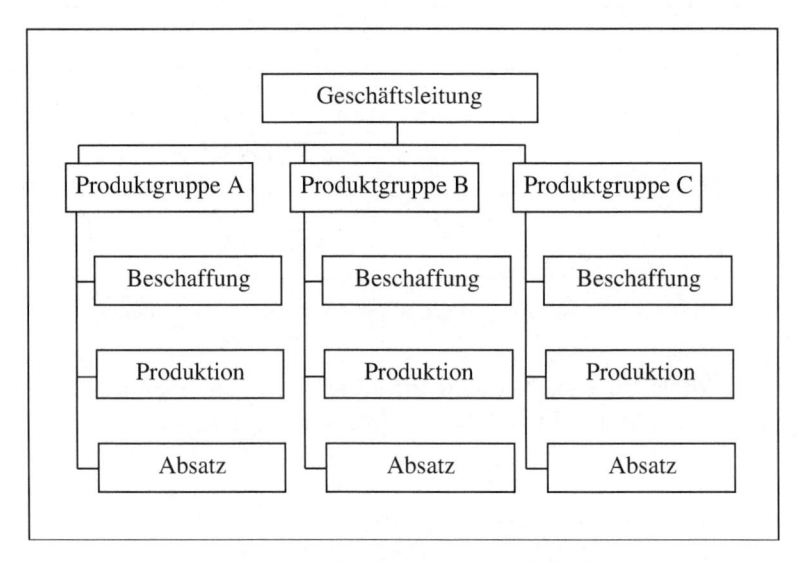

Abbildung 101: Produktorientierte Organisation

Der Produktgruppen-Manager hat „das Ohr am Markt", kann Entwicklungen evaluieren und darauf nach Inhalt, Form, Raum und Zeit angemessen reagieren. So kommt es zu einer engen Verknüpfung aller Bereiche des Betriebs mit dem Markt, insofern ist eine hohe Marktorientierung gegeben, die alle Aktivitäten auf die Marktleistung zentriert. Dadurch ist eine schnelle und flexible Marktanpassung bei sich rasch verändernden Vermarktungsbedingungen möglich.

Besonders ein heterogenes Programm, wie es heutzutage für in starkem Maße diversifizierte Unternehmen typisch ist, erfordert geradezu auf ein Teilprogramm spezialisierte Manager. Chancen zur marktorientierten Innovation können entschlossen wahrgenommen werden, da sie umso eher reüssieren, je besser ihr Potenzial von Anfang an gepflegt wird. Dies ist angesichts der Zeit als Wettbewerbsfaktor ein erheblicher Flexibilitätsvorteil.

- Produktprogramm als Erfolgsfaktor im Mittelpunkt
- Verknüpfung aller Unternehmensbereiche mit dem Markt
- schnelle/flexible Marktanpassung
- für diversifizierte Unternehmen geeignet
- marktorientierte Innovation wird begünstigt

- Kompetenzkonflikte und Prioritätenstreit
- wenig Nutzung von Synergieeffekten
- Aufblähung der Organisation (funktionale Doppelarbeit)
- Vorteile der Arbeitsteilung nur unzureichend genutzt
- großer Bedarf an qualifizierten Mitarbeitern

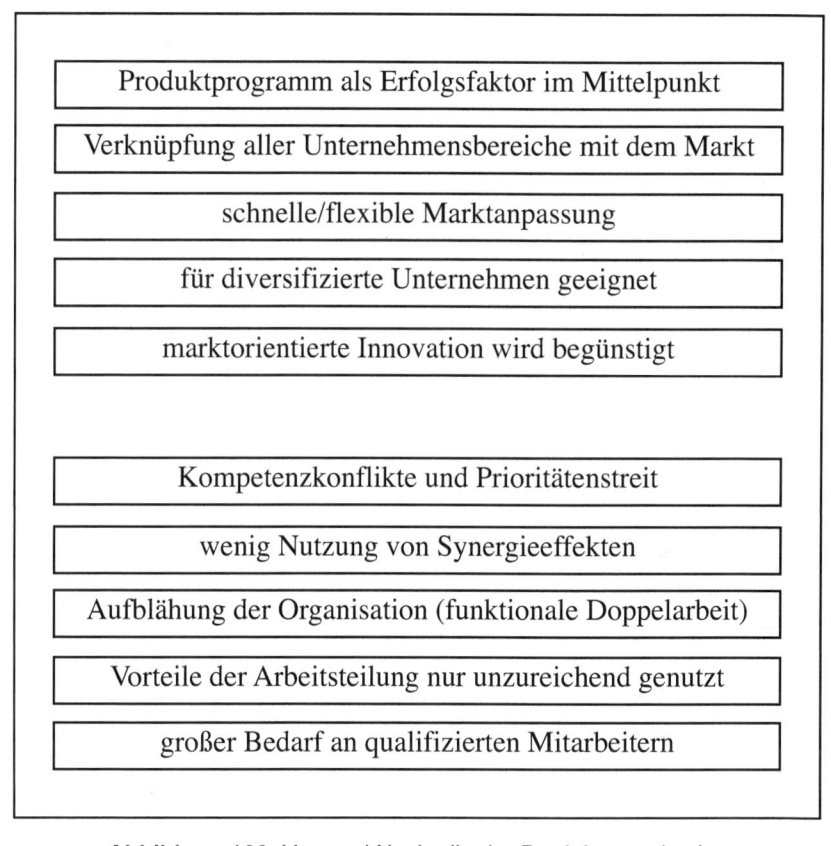

Abbildung 102: Vor- und Nachteile der Produktorganisation

Dem stehen jedoch folgende **Nachteile** gegenüber. Es besteht die ständige Gefahr von Kompetenzkonflikten und Prioritätenstreit zwischen den Produktverantwortlichen, denn die Produkte treten in unmittelbare Konkurrenz nicht nur zu Fremdprodukten, sondern auch zu allen anderen unternehmenseigenen Produkten.

Die starke Spezialisierung in der Organisation behindert die Nutzung von Synergieeffekten, insofern kommt es zu isolierten Produktfeldern und Mehrfacharbeiten in derselben Sache. Es entsteht eine Aufblähung der Organisation mit funktionaler Doppelarbeit, daher bedarf es einer zusätzlichen Koordination innerhalb dieser Organisationsform. Damit verbunden sind Ineffizienzen.

Die Vorteile der Arbeitsteilung werden tendenziell nur unzureichend genutzt. Bekanntermaßen ist aber gerade diese für hohe Produktivität verantwortlich, daran ändern auch Gruppenstrukturen nichts, die das Prinzip der Arbeitsteilung über mehrere Personen rotieren lassen. Es besteht ein großer Bedarf an qualifizierten Mitarbeitern für alle Objekte und Ebenen, denn der Erfolg des Programms ist unmittelbar abhängig zu sehen von der Qualität der Betreuung.

Das Produktgruppen-Management in der heutigen Form ist, aus einer Notlage heraus, 1927 von PROCTER&GAMBLE (zunächst nur für die Seife Camay) erfunden worden. Es hat von dort aus eine sehr hohe Verbreitung in beinahe allen marktorientierten Unternehmen gefunden. In letzter Zeit liegt es allerdings nicht mehr im Trend.

15.2.2.2 Gebietsmanagement

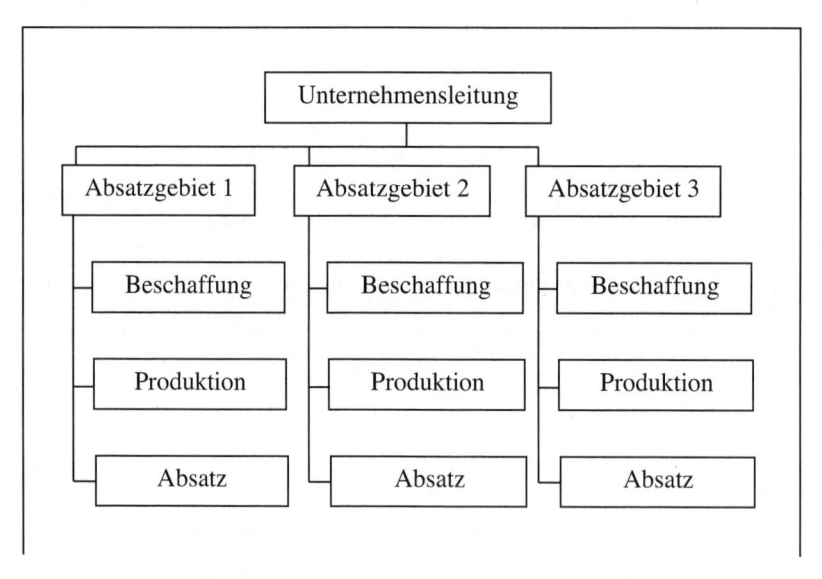

Abbildung 103: Gebietsorientierte Organisation

Die gebietsorientierte Organisation stellt eine Zentralisation nach dem Raumprinzip dar (siehe Abb. 103). Wesentliche **Vorteile** der Gebietsorganisation sind die Folgenden. Eine sehr marktnahe Ausrichtung auf Regionalspezifika wird möglich und schafft damit kompetitive Vorteile am Markt. Dem liegt die eingehende Kenntnis und Betreuung gebietsansässiger Abnehmer und deren Bedürfnisse zugrunde. Die Berücksichtigung lokaler Besonderheiten, die erfolgsentscheidend ist, wird erleichtert. Insofern kann man sehr „nah" an den Märkten agieren.

Bei entsprechender Auslegung ist eine überschneidungsfreie Marktbearbeitung möglich. So lassen sich die Marktverantwortungsgebiete deutlich abtrennen (etwa nach Nielsen-Gebieten, Postleitzahlzonen, Ländern etc.). In gleichem Maße sind Kostenvorteile in der Marktbetreuung erzielbar. Im Ergebnis entsteht eine einfache und übersichtliche Organisationsstruktur.

```
┌─────────────────────────────────────────────────────────┐
│  ┌───────────────────────────────────────────────────┐  │
│  │    marktnahe Ausrichtung auf Regionalspezifika    │  │
│  └───────────────────────────────────────────────────┘  │
│  ┌───────────────────────────────────────────────────┐  │
│  │    eingehende Betreuung gebietsansässiger Abnehmer│  │
│  └───────────────────────────────────────────────────┘  │
│  ┌───────────────────────────────────────────────────┐  │
│  │         überschneidungsfreie Marktbearbeitung     │  │
│  └───────────────────────────────────────────────────┘  │
│  ┌───────────────────────────────────────────────────┐  │
│  │              Kosten-/Effizienzvorteile            │  │
│  └───────────────────────────────────────────────────┘  │
│  ┌───────────────────────────────────────────────────┐  │
│  │     einfache, übersichtliche Organisationsstruktur│  │
│  └───────────────────────────────────────────────────┘  │
│                                                         │
│  ┌───────────────────────────────────────────────────┐  │
│  │        Koordinationsproblematik mit der Zentrale  │  │
│  └───────────────────────────────────────────────────┘  │
│  ┌───────────────────────────────────────────────────┐  │
│  │       Konvergenz der Arbeitsgebiete zu vermuten   │  │
│  └───────────────────────────────────────────────────┘  │
│  ┌───────────────────────────────────────────────────┐  │
│  │  Spezialisierung auf Funktionen, Waren, Kunden erschwert │  │
│  └───────────────────────────────────────────────────┘  │
│  ┌───────────────────────────────────────────────────┐  │
│  │              Tagesaufgaben dominant               │  │
│  └───────────────────────────────────────────────────┘  │
│  ┌───────────────────────────────────────────────────┐  │
│  │    heterogenes Erscheinungsbild des Unternehmens  │  │
│  └───────────────────────────────────────────────────┘  │
└─────────────────────────────────────────────────────────┘
```

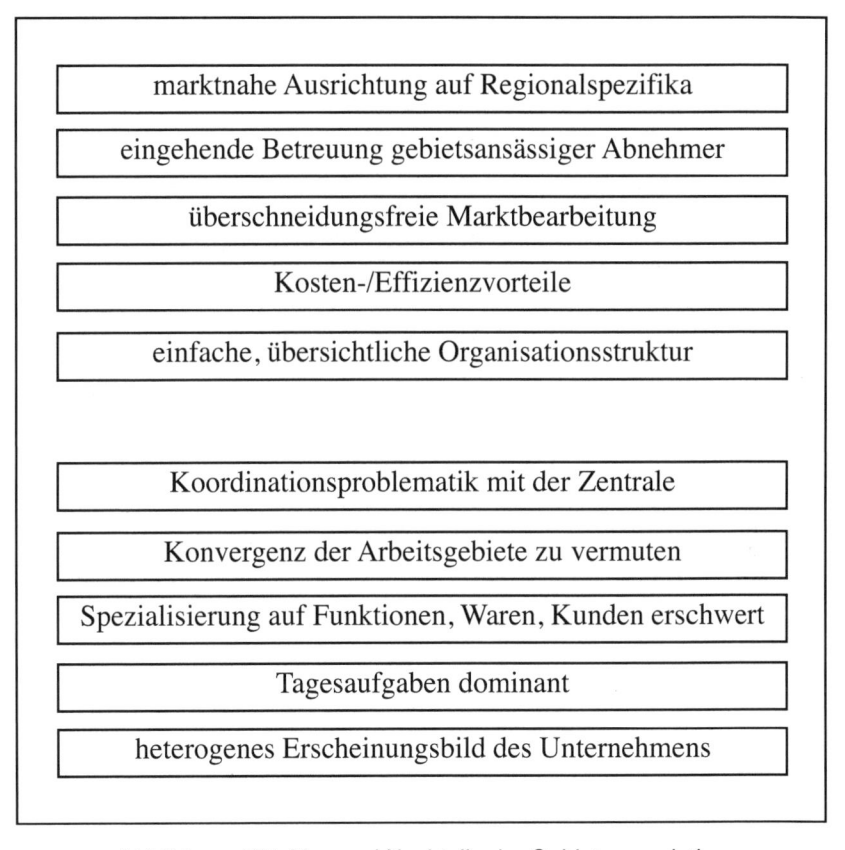

Abbildung 104: Vor- und Nachteile der Gebietsorganiation

Dem stehen folgende **Nachteile** gegenüber. Die Koordinationsproblematik mit der Zentrale steht einer konsistenten Steuerung der Märkte entgegen. Daher ist häufig ein Spagat zwischen marktspezialisierter Anpassung und zentralisierter Konzeptauslegung erforderlich. Angesichts zunehmender Konvergenz der Absatzgebiete stellt sich zudem die Frage, ob hier nicht nur übertriebener Abteilungsegoismus vorliegt, der sachlich kaum mehr gerechtfertigt scheint.

Eine Spezialisierung auf einzelne Funktionen, Waren oder Kunden wird erheblich erschwert. Die entsprechenden Gebietsspezialisten müssen hinsichtlich dieser Größen Generalisten sein. Es kommt zu einer Verlagerung auf operative Probleme, die Tagesaufgaben zu Lasten solcher strategischer Natur dominant werden lässt. Es besteht die Gefahr des Verlustes einer einheitlichen Marktpolitik, denn je individueller auf Besonderheiten einzelner Märkte eingegangen wird, desto heterogener ist das Erscheinungsbild über alle Märkte hinweg.

15.2.2.3 Kundenmanagement

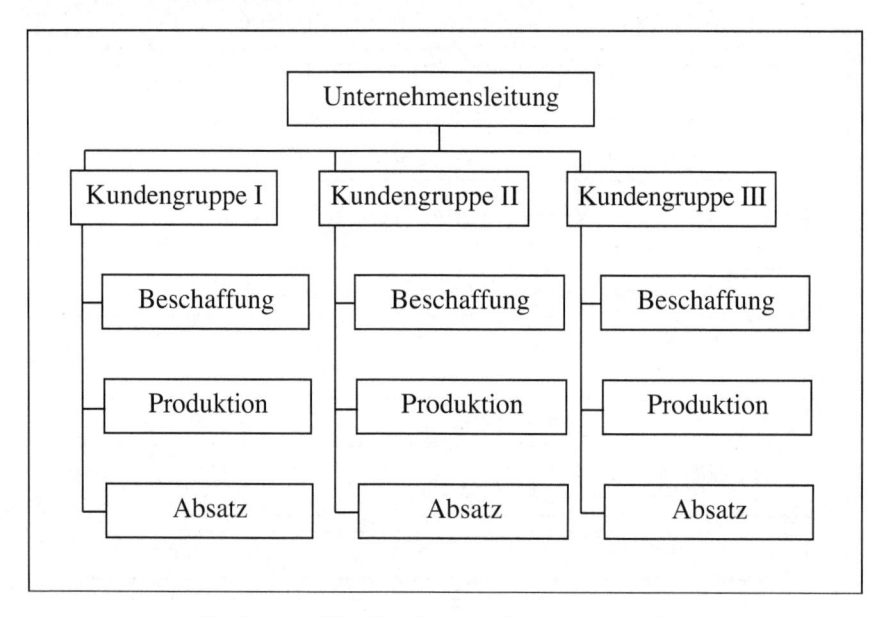

Abbildung 105: Kundenorientierte Organisation

Die kundenorientierte Organisation stellt eine Zentralisation nach dem Abnehmerprinzip dar (siehe Abb. 105). Wesentliche **Vorteile** der Kundenorganisation sind die Folgenden. Eine Spezialisierung auf die jeweilige Kundengruppe wird möglich. Damit wird eine engere Beziehung und informelle Bindung zu den Kunden realisiert, die Absatzquellen des Betriebs sind. Die optimale Einstellung auf die Anforderungen von Kunden erlaubt bei diesen die Ausbildung eines akquisitorischen Potenzials. Dies wiederum bedeutet einen konkreten Wettbewerbsvorsprung.

```
┌─────────────────────────────────────────────────────────┐
│      ┌──────────────────────────────────────────┐       │
│      │  Spezialisierung auf jeweilige Kundengruppe │     │
│      └──────────────────────────────────────────┘       │
│      ┌──────────────────────────────────────────┐       │
│      │  enge Kundenbindung kann aufgebaut werden │      │
│      └──────────────────────────────────────────┘       │
│      ┌──────────────────────────────────────────┐       │
│      │  Ausbildung eines akquisitorischen Potenzials │   │
│      └──────────────────────────────────────────┘       │
│      ┌──────────────────────────────────────────┐       │
│      │         Wettbewerbsvorsprung             │       │
│      └──────────────────────────────────────────┘       │
│                                                         │
│      ┌──────────────────────────────────────────┐       │
│      │ unscharfe Abgrenzung der Abnehmergruppen möglich │
│      └──────────────────────────────────────────┘       │
│      ┌──────────────────────────────────────────┐       │
│      │           Kompetenzprobleme              │       │
│      └──────────────────────────────────────────┘       │
│      ┌──────────────────────────────────────────┐       │
│      │    hohe Kosten der Kundenbeziehung       │       │
│      └──────────────────────────────────────────┘       │
│      ┌──────────────────────────────────────────┐       │
│      │ mangelnde Einheitlichkeit in der Absatzkonzeption │
│      └──────────────────────────────────────────┘       │
└─────────────────────────────────────────────────────────┘
```

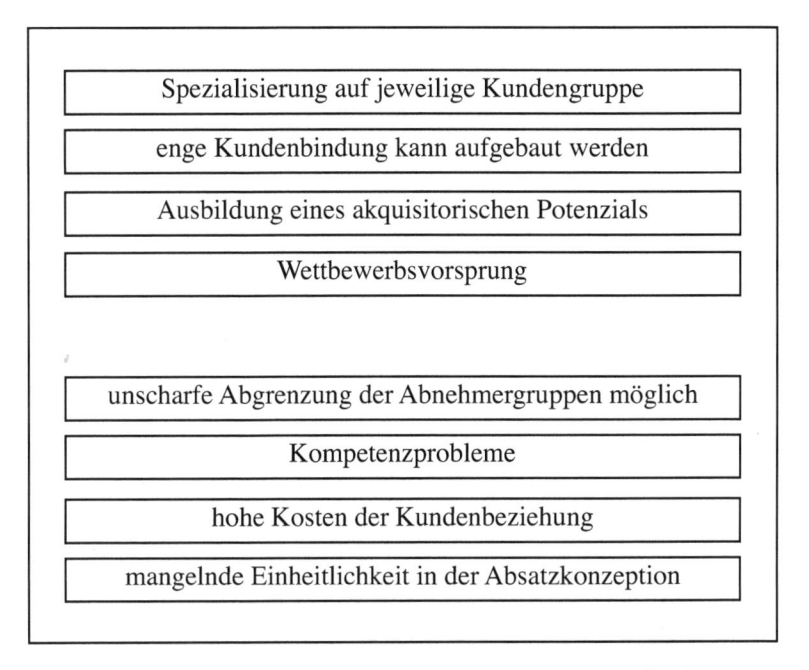

Abbildung 106: Vor- und Nachteile der Kundenorganisation

Dem stehen folgende **Nachteile** gegenüber. Es kommt zu einer möglicherweise unzutreffenden Abgrenzung der Abnehmergruppen, etwa im Konzern aus mehreren rechtlich selbstständigen Untergesellschaften. Es entstehen leicht latente Kompetenzprobleme zwischen den Mitarbeitern, wenn es um die Zuordnung zu einzelnen Kunden geht.

Die Kosten der Betreuung sind hoch und relativieren deren Vorteile. Denn die Kundenbetreuung erfordert hoch qualifizierte Manager. Es besteht die Gefahr einer mangelnden Einheitlichkeit in der Absatzkonzeption, indem zu sehr auf die individuellen Anforderungen der Kunden eingegangen wird und der absenderkonsistente Auftritt verloren geht.

15.3 Konfiguration

15.3.1 Einlinienaufbau

Die Einlinienorganisation hat die größte Bedeutung und ist dadurch charakterisiert, dass die Weisungsbefugnis der jeweils vorgesetzten Stelle in einer Person gebündelt ist. Es besteht demnach Einheit der Leitung und Einheit des Auftragsempfängers. Die Linie ist der Dienstweg für Anordnungen, Anrufungen, Beschwerden und Informationen. Sie ist auch der Delegationsweg. Der Einlinienaufbau bietet sich für klar definierte, relativ gleich bleibende, sich wiederholende Aufgaben mit vergleichsweise geringer Interaktion an. Er kommt damit Unternehmen mit festen Verhaltensregeln, die auf funktionaler Autorität und vertikaler Gliederung beruhen, entgegen. Es herrscht ein streng hierarchisches Denken vor, das keine Spezialisierung bei der Leitungsfunktion vorsieht. Praktisch besteht jedoch die Tendenz zur Angliederung von Stäben und Komitees, die zur Verwässerung führen (siehe Abb. 107).

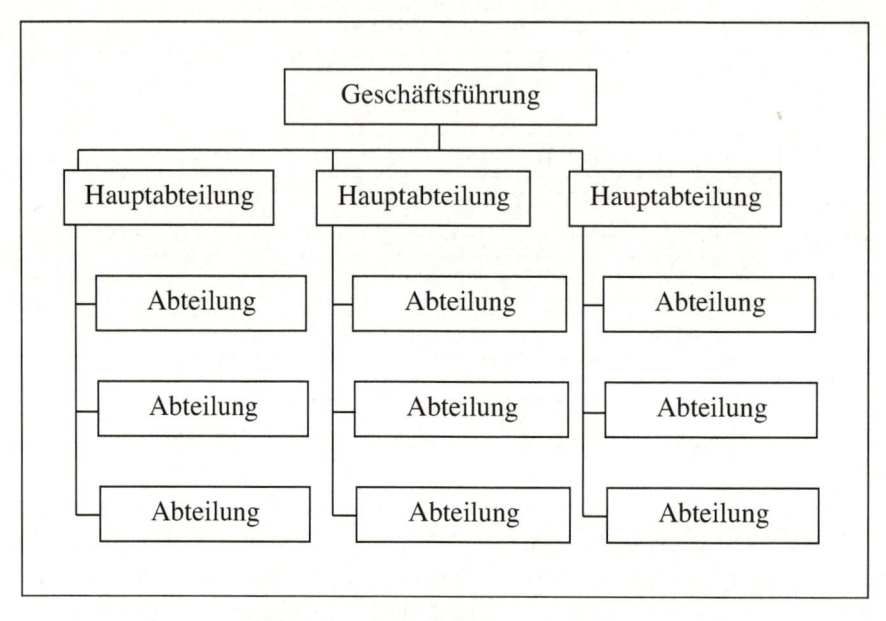

Abbildung 107: Einlinienorganisation

Wesentliche **Vorteile** der Einlinienorganisation sind die Folgenden. Es kommt zu einer klaren Kompetenz- und Verantwortungszuweisung bei eindeutigen Anordnungs- und Folgeverhältnissen für Entscheidungsbefugnis und Aufgabenverteilung. Damit ist dies die übersichtlichste Form der Konfiguration einer Aufbauorganisation. Eine einfache Koordination und Kontrolle wird möglich, da überschaubare Leitungseinheiten vorhanden und gut nachvollziehbare Entscheidungswege gegeben sind. Dies ist unmittelbare Folge der erwähnten Übersichtlichkeit.

Die hierarchische Einordnung schafft organisatorische Sicherheit sowohl bei Vorgesetzten als auch bei Mitarbeitern durch eindeutige Abgrenzung der Kompetenzen. Diese Orientierung ist in hohem Maße verhaltenssteuernd. Sie bietet zugleich eine hohe motivatorische Wirkung durch das Vorbild Vorgesetzter und von Aufstiegsperspektiven durch Anerkennung und Alleinverantwortung. Dieser Antrieb kommt der täglichen Arbeitsleistung zugute.

Sie ermöglicht durch Alleinentscheid eine klare dispositive Regelung und konsistente Leitung. Dies erübrigt die bei anderen Konfigurationen erforderliche, meist aufwändige Vermittlung bei Interessendivergenzen. Kurze Kommunikationswege schaffen die Möglichkeit schneller Entscheidungsfindung und Weisungserteilung. Damit werden Abläufe im Unternehmen gestrafft und die Kohärenz der Managemententscheidungen steigt.

klare Kompetenz- und Verantwortungszuweisungen
einfache Koordination und Kontrolle
schafft organisatorische Sicherheit durch Übersichtlichkeit
motivatorische Wirkung (Karriere)
Alleinentscheid
eindeutige Kommunikationswege

evtl. Hierarchie vor Fachwissen
Zentralisierung der Macht/Motivationsverlust
Schwerfälligkeit und Bürokratisierungstendenz
langwieriger Informationsfluss („Stille Post")
Kontakt auf gleicher Ebene gering ausgeprägt
integrative Zusammenarbeit erschwert

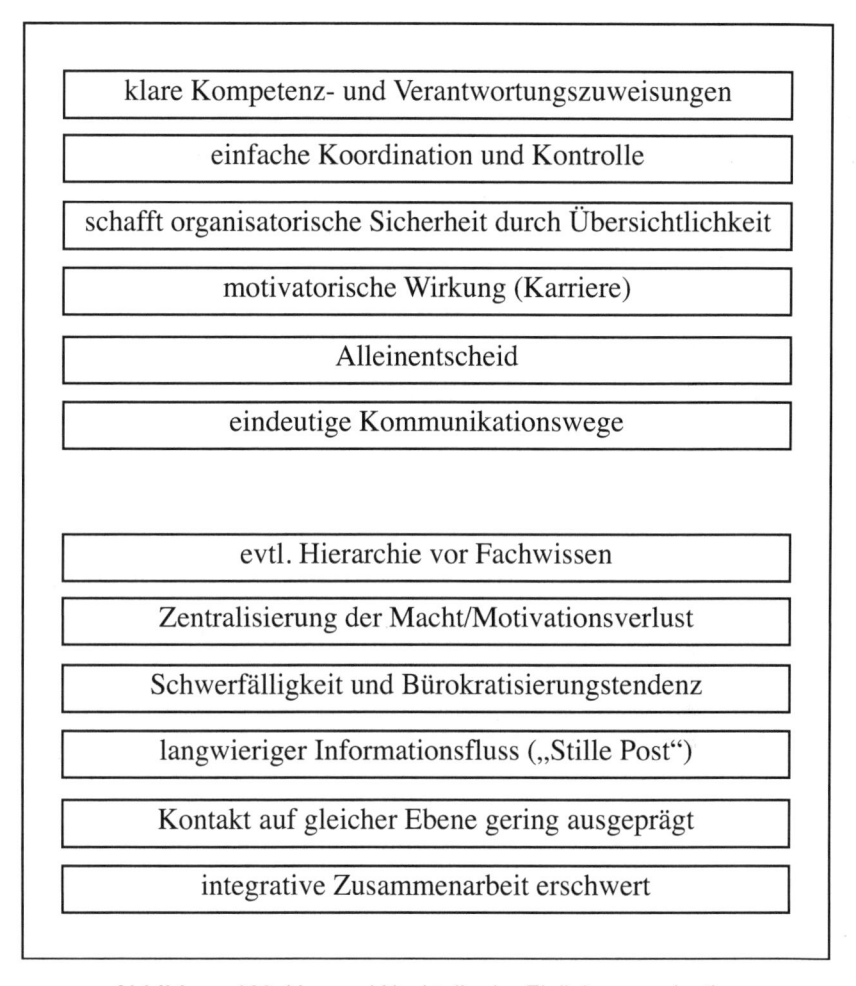

Abbildung 108: Vor- und Nachteile der Einlinienorganisation

Dem stehen folgende **Nachteile** gegenüber. Der Grundsatz der Spezialisierung wird konterkariert, indem Hierarchie vor Fachwissen gesetzt wird, insofern haben die am meisten spezialisierten Mitarbeiter an der Basis die geringste Weisungsbefugnis.

Dem System ist eine Schwerfälligkeit und Bürokratisierungstendenz mit Zeitverlust sowie Überbetonung der positionsspezifischen Autorität immanent, vor allem bei tiefen Organisationen, die allerdings zunehmend auf flache Hierarchiestrukturen umgestellt werden.

Durch umständliche Kommunikationsstrukturen und einen vielstufigen Informationsfluss besteht die Gefahr der Informationsfilterung auf den einzelnen Stufen des Linienwegs, die zu Verzerrungen der ursprünglichen Intention führen dürften. Die verheerende Wirkung solcher Filterungen ist als „Stille Post"-Prinzip bekannt. Die Zwischenstufen (Middle management) sind als „Relaisstationen" besonders belastet, sowohl durch den Informationsfluss von oben nach unten als auch umgekehrt. Darunter leidet ihre eigentliche administrative Tätigkeit.

Auf der gleichen Stufe ist der direkte Kontakt zwischen Stellen verschiedener Linien gering ausgeprägt, da vertikale Strukturen vorherrschen. Dies dürfte der Effektivität dieser Struktur nicht zuträglich sein. Um dies zu vermeiden, sind gesonderte Verbindungen zwischen Abteilungen als Passerellen erforderlich. Die Zusammenarbeit und Koordination wird allgemein durch eine Tendenz zur Fraktionierung operativer Aktivitäten erschwert. Zugleich führt die übermäßige Zentralisierung dispositiver Entscheidungsbefugnisse zu einem Motivationsverlust bei Mitarbeitern mit der Folge nur mehr geringen Engagements.

15.3.2 Mehrlinienaufbau

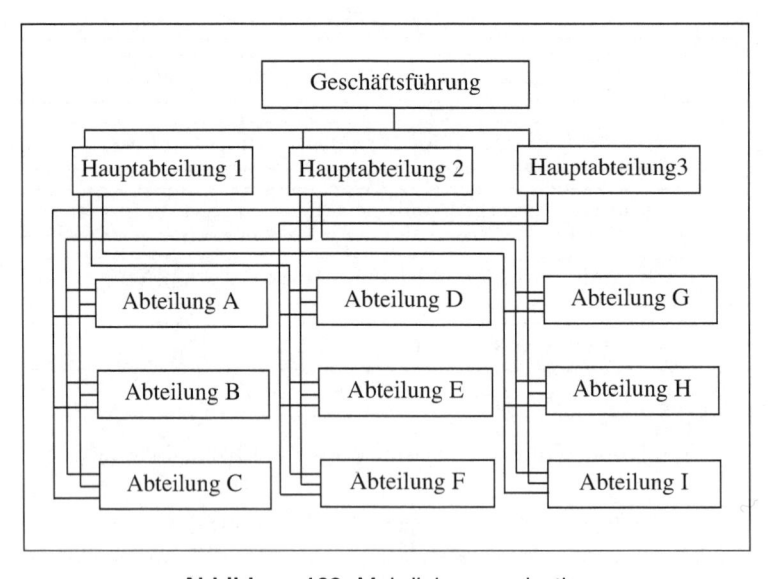

Abbildung 109: Mehrlinienorganisation

Bei Mehrlinienorganisationen kommt als Besonderheit hinzu, dass Weisungs- und Folgebeziehungen untereinander vielfältig vernetzt sind, d. h., jeder Mitarbeiter hat mehrere Vorgesetzte (auch als Stabshierarchie). Insofern kommt es zu einer besseren Übereinstimmung von Fachkompetenz durch Spezialisierung bei gleichzeitiger Entscheidungsfähigkeit durch direkte Wege. Dabei ist jeweils eine Mehrfachunterstellung gegeben. Praktisch besteht jedoch die Tendenz zur unechten Funktionalisierung über Zentralabteilungen (siehe Abb. 109).

Wesentliche **Vorteile** der Mehrlinienorganisation sind die Folgenden. Sachgerechte Entscheidungen, getragen von hoher Kompetenz anstelle hierarchischer Position, stehen im Vordergrund. Für eine Entscheidung müssen nicht mehr unbedingt alle Organisationsstufen durchlaufen werden, sondern jeder Mitarbeiter kann sich direkt mit dem vorgesetzten Spezialisten kurzschließen. Die engmaschige Vernetzung führt zu sorgfältiger Abstimmung und effektiver Koordination. Dieses Netzwerk verbessert das Informationsniveau und die direkte, schnelle Kommunikation und optimiert damit den Maßnahmen-Mix.

```
┌─────────────────────────────────────────────────────┐
│  ┌───────────────────────────────────────────────┐  │
│  │     Kompetenz/Autorität vor Hierarchie        │  │
│  └───────────────────────────────────────────────┘  │
│  ┌───────────────────────────────────────────────┐  │
│  │   engmaschige Vernetzung der Funktionsträger  │  │
│  └───────────────────────────────────────────────┘  │
│  ┌───────────────────────────────────────────────┐  │
│  │   kurze Informationswege (Anweisung/Bericht)  │  │
│  └───────────────────────────────────────────────┘  │
│  ┌───────────────────────────────────────────────┐  │
│  │              Effektivitätsvorteil             │  │
│  └───────────────────────────────────────────────┘  │
│                                                     │
│  ┌───────────────────────────────────────────────┐  │
│  │    Kompetenzkonflikte mit Schlichtungsbedarf  │  │
│  └───────────────────────────────────────────────┘  │
│  ┌───────────────────────────────────────────────┐  │
│  │   erhöhter Abstimmungs- und Kontrollaufwand   │  │
│  └───────────────────────────────────────────────┘  │
│  ┌───────────────────────────────────────────────┐  │
│  │     komplizierte Kommunikationsstrukturen     │  │
│  └───────────────────────────────────────────────┘  │
│  ┌───────────────────────────────────────────────┐  │
│  │     Transparenz der Prozesse geht verloren    │  │
│  └───────────────────────────────────────────────┘  │
└─────────────────────────────────────────────────────┘
```

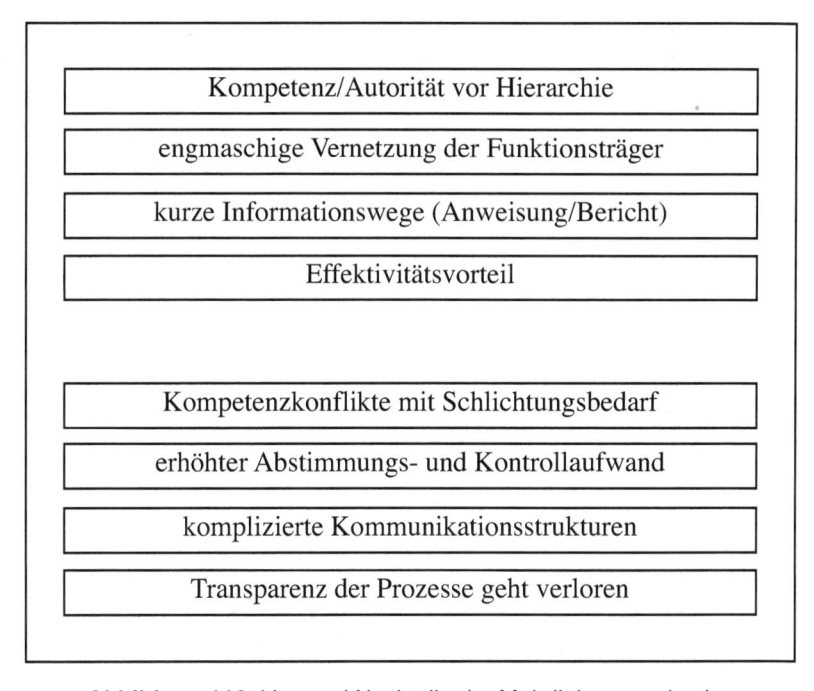

Abbildung 110: Vor- und Nachteile der Mehrlinienorganisation

Die kurzen Informationswege schaffen eine weitgehende Entbürokratisierung der Organisation, vor allem machen Querverbindungen innerhalb der Organisation eine rasche Anpassung an dynamische Marktbewegungen möglich. Sinnvollerweise dominiert die funktionale Autorität gegenüber der formalen Verankerung, denn fachliche Kompetenz ist leichter zu „ertragen" als formale, wodurch Auseinandersetzungen versachlicht werden und konstruktiv wirken.

Dem stehen folgende **Nachteile** gegenüber. Es kommt nahezu unvermeidlich zu Kompetenzkonflikten zwischen einzelnen Stellen innerhalb einer Ebene, denn durch die vielfachen Verbindungen besteht immer Anlass, sich übergangen zu fühlen, woraus Schlichtungsbedarf entsteht, bis für die eigentliche Arbeit nurmehr wenig Zeit bleibt.

Die vielfache Vernetzung führt zu einem erhöhten Abstimmungs- und Kontrollaufwand, um unübersichtliche und inkonsistente Aktivitäten zu vermeiden. Damit wird jedoch ein mehr oder minder großer Anteil des Effizienzvorsprungs wieder eingebüßt. Daraus resultiert eine komplizierte Kommunikationsstruktur mit schwieriger Koordination und Kontrolle von Aktivitäten gerade in großen Systemen, in der die Übersicht verloren zu gehen droht. Insofern wird auch eine Zurechnung von Erfolgen erschwert.

Die Transparenz der Entscheidungsprozesse geht verloren, denn an jedem Vorgang haben schwer nachvollziehbar und kaum dokumentierbar mehrere Stellen/Personen in unterschiedlichem Umfang mitgewirkt. Zudem werden Ressortdenken und die Überbewertung der eigenen Aufgabe gefördert, denn der Blick für das Ganze fehlt und die Gefahr von Konkurrenz statt Kooperation zwischen Stellen mit der Folge erzwungener Kompromisse besteht.

15.3.3 Stablinienaufbau

Stablinienorganisationen sind dadurch gekennzeichnet, dass es neben dem direkten Linienweg noch Stellen ohne Weisungsbefugnis gibt. Diese haben beratende Aufgaben und können nur durch überzeugende Arbeit wirksam werden oder, und das ist in der Praxis überwiegend der Fall, durch enge Zuordnung zu einer weisungsbefugten Stelle, die als Instanz den Empfehlungen der Stabsstelle zur Durchsetzung verhilft. Es kommt damit zu einer Trennung von Entscheidungs- und Fachkompetenzen bei Einheit der Auftragserteilung durch Spezialisierung der Stäbe auf Leitungshilfsfunktionen ohne Kompetenz gegenüber der Linie. Außerdem ergibt sich eine Aufteilung des Willensbildungsprozesses durch systematische Entscheidungsvorbereitung und Leitungseinheit. Praktisch besteht jedoch die Tendenz zur Ausbildung eigener Stabshierarchien sowie zur Etablierung zentraler Dienststellen (siehe Abb. 111).

Wesentliche **Vorteile** der Stablinienorganisation sind die Folgenden. Die Einheit der Leitung bleibt trotz Spezialisierung durchgängig erhalten, weil der Spezialist dem Entscheider nur zuarbeitet, ihn aber nicht ersetzen darf, weshalb Stelleninhaber Vertrauensleute der entsprechenden Linienpositionen sind.

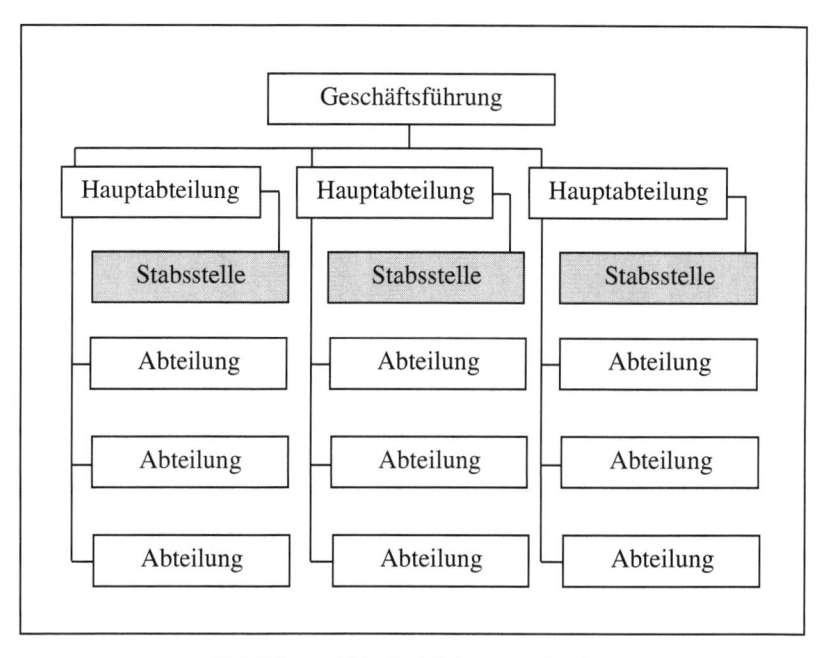

Abbildung 111: Stablinienorganisation

Entscheidungen werden durch kompetente Vorbereitung qualitativ besser getroffen als ohne diese Hilfsfunktion, denn teilweise hoch spezialisierte Mitarbeiter wenden sich ohne Blick auf die kurzfristige Ergebnisverantwortung relevanten Themen zu und schaffen damit eine kompetente Entscheidungsvorbereitung. Es kommt zu einem sinnvollen Ausgleich zwischen Spezialisten- und Generalistendenken in Stab und Linie, denn die generelle Sicht der Leistungsstellen wird durch die fachegoistische Sicht der Stäbe korrigiert. Zudem kommt es zu einem bereichernden Gedankenaustausch, der Stabsmitarbeitern gute Schulungsmöglichkeiten bietet.

Die fehlende operative Verantwortung erleichtert es, frühzeitig auf Probleme hinzuweisen, die in der Linie infolge Scheuklappen oder auch aus Risikoscheu und Karriereinteressen eher übersehen werden. Die Stabstätigkeit bietet sehr gute Schulungs- und Trainingsmöglichkeiten, indem sie individuelle Potenziale und Erwartungshaltungen offen legt und nutzt.

Dem stehen folgende **Nachteile** gegenüber. Stabsorganisationen wuchern nicht selten zu einem eigenständigen „Wasserkopf" und lassen damit die ursprüngliche Idee entarten, die fehlende aktuelle Leitungsspanne wird dabei oft durch eine Nebenhierarchie der Stabsstellen ersetzt, so entsteht ein „Küchenkabinett", das leicht kontraproduktiv wirken kann, weil es Entscheidungen manipuliert.

> Einheit der Leitung trotz Spezialisierung
>
> höhere Entscheidungsqualität
>
> Ausgleich zwischen Spezialisten-und Generalistendenken
>
> weniger Befangenheit im Stab
>
> Karrierestartposition
>
> Nebenhierarchie („Küchenkabinett")
>
> bewusste Missachtung der Stabsempfehlungen in der Linie
>
> gewisse Praxisferne
>
> Statuskonflikt zwischen Fach- und Formalkompetenz
>
> Entscheidungstransparenz wird beeinträchtigt

Abbildung 112: Vor- und Nachteile der Stablinienorganisation

Mangels ausreichender Delegation kommt es auch zu einer Fehlleitung von Stäben in Zielen und Aufgaben, sofern operative Belange berührt sind, die eine unnötige Konkurrenz zur Linie schaffen und bei dieser zur bewussten Missachtung der Stabsempfehlungen führen. Die Auswertung der Arbeitsergebnisse von Stäben in der Linie ist zweifelhaft zu beurteilen, Gründe dafür sind der Wust produzierten Papiers, der es bei steigendem operativen Druck beinahe unmöglich macht, alles zu verarbeiten, sowie eine gewisse Praxisferne.

Außerdem besteht ein impliziter Statuskonflikt zwischen einerseits hoher Fach- und andererseits geringer Formalkompetenz, weshalb Stabsstellen meist nur Durchgangspositionen ins Topmanagement und insofern nicht mehr fähig sind, die kurzfristige Sicht der Linie zu korrigieren. Die Transparenz der Entscheidungsprozesse geht verloren, weil eine Fülle von Interaktionen zwischen Linie und Stab ablaufen.

15.3.4 Kreuzlinienaufbau

Bei der Kreuzlinienorganisation handelt es sich um die Spezialisierung nach Organisationsdimensionen und die Gleichberechtigung dieser Dimensionen innerhalb der Organisation. Liegen zwei Dimensionen zu Grunde, spricht man von Matrixorganisation, bei drei Dimensionen von Tensororganisation. Meist werden eine Funktions- und eine Objektebene innerhalb der Organisation verkreuzt, denkbar ist aber auch nur eine Matrix innerhalb einer Funktion. Der Unterschied zur Mehrlinienorganisation liegt darin, dass bei dieser die Fäden für zwei und mehr Sachgebiete bei einer Person zusammenlaufen, hier jedoch zwei und mehr Personen für ein Sachgebiet zusammenarbeiten. Dabei kommt es zu gewollten Konflikten mit einer systematischen Regelung von Kompetenzkreuzungen und der Pflicht zur Teamarbeit der Dimensionsleiter. Praktisch besteht jedoch die Tendenz zur Gewichtung eines einzelnen Dimensionsleiters als Primus inter pares (siehe Abb. 113).

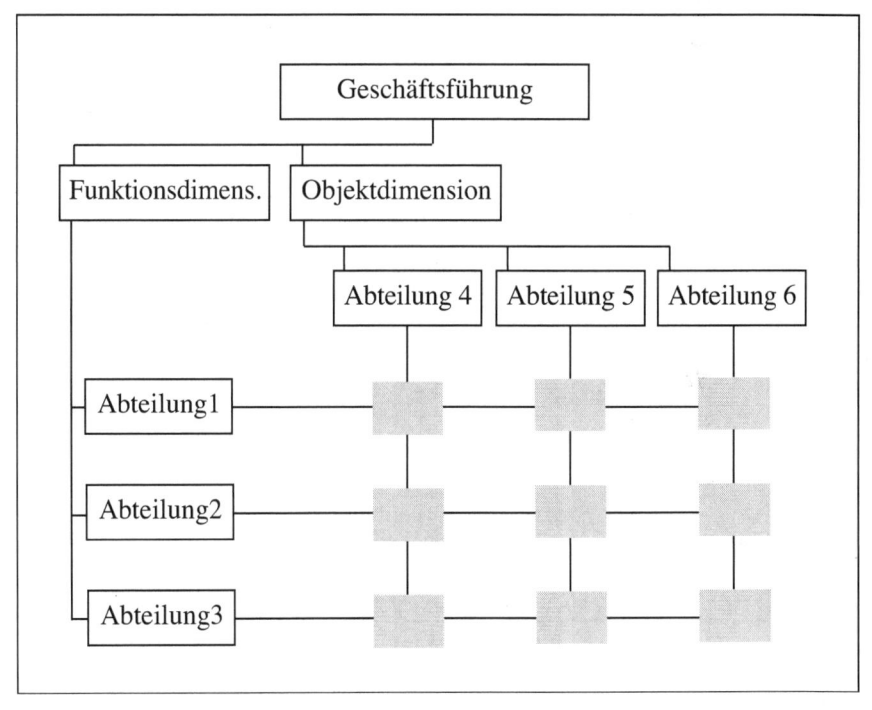

Abbildung 113: Kreuzlinien-(Matrix-)Organisation

Wesentliche **Vorteile** der Kreuzlinienorganisation sind die Folgenden. Es besteht der Zwang zu interessenausgleichenden, sachgerechten Entscheidungen in der Organisation, denn keine Maßnahme ist a priori gegen den Willen komplementärer Stellen durchsetzbar, daher sind Aussprachen als konstruktives Konfliktmanagement erforderlich. Diese erfolgen auf Grundlage einer klaren formalen Koordination mit hoher Transparenz, d. h., Konflikte werden nicht auf „Nebenkriegsschauplätzen" ausgetragen, sondern die implizite Veranlagung zur Konsensfindung führt zu kooperativer Unternehmenskultur.

- Zwang zu interessenausgleichenden Entscheiden
- Fachkompetenz fördert transparente Konsensfindung
- Entlastung der Leitungsspitze
- kurze Kommunikationswege
- fördert Persönlichkeitsentfaltung in Gruppenarbeit
- Beherrschung auch komplexer Situationen

- Kompetenzabgrenzung problematisch
- lange Verhandlungen, schleppende Entscheidungsfindung
- Ergebniszurechnung schwierig (Exkulpationsmöglichkeit)
- hoher Kommunikationsbedarf (kostentreibend)
- Kompromiss auf kleinstem gemeinsamen Nenner
- großer Bedarf an qualifizierten Mitarbeitern
- Ressourcenzuweisung durch „Schiedsrichter"
- Verlust einheitlicher Führungsgrundsätze

Abbildung 114: Vor- und Nachteile der Kreuzlinienorganisation

Die Fachkompetenz der jeweiligen Mitarbeiter wird genutzt, hierarchische Aspekte sind weitgehend neutralisiert und treten in den Hintergrund, wodurch zugleich das innerbetriebliche Leistungsdenken forciert wird. Die Leitungsspitze wird entlastet und braucht nur in Konfliktfällen zwischen den Dimensionen einzugreifen. Teile deren dispositiver Tätigkeit werden auf Zwischeninstanzen mit unmittelbar operativer Verantwortung verlagert. Dadurch entstehen auch kürzere Kommunikationswege.

Durch die implizite Tendenz zur Gruppenarbeit werden einerseits die spezifischen Kompetenzen der Beteiligten gebündelt und andererseits gruppendynamische Effekte freigesetzt. Dies begünstigt die Persönlichkeitsentfaltung der Beteiligten durch Teamarbeit und Konsensfindung. Die Behandlung von Problemen von unterschiedlichen Standpunkten aus macht auch komplexe Situationen beherrschbar. Dadurch steigt die Flexibilität.

Dem stehen folgende **Nachteile** gegenüber. Die Kompetenzabgrenzung ist in der Praxis aufwändig und heftig umstritten, daher bedarf es zumeist eines „Schiedsrichters", um Machtkämpfe um Ressourcen, vor allem Finanzmittel, zu vermeiden. In Großunternehmen ist dies meist nur durch Divisionalisierung realisierbar.

Es besteht die Notwendigkeit zu intensiver Kommunikation mit langen Verhandlungszeiten für Transparenz und Interessenausgleich zwischen den Stellen, die aber zu schwerfälligen Abläufen führt und Zeit schluckt, die möglicherweise für sachorientierte Aufgaben effizienter eingesetzt ist. Am Ende resultieren daraus kaum mehr eindeutig nachvollziehbare Entscheidungsprozesse, die eine Ergebniszurechnung der Dimensionsleiter wie der Beteiligten erschweren und immer eine Exkulpationsmöglichkeit durch Abstimmungszwang nahelegen. Damit geht die Transparenz verloren.

Es kommt zu schleppender Entscheidungsfindung mit hohem Kommunikationsbedarf, erheblicher Fülle von Kompetenzregelungen und vielen Meetings. Dies wirkt kostentreibend. Zudem besteht die Gefahr ständiger, unbefriedigender Kompromisse mit Einigung auf den für alle gerade noch vertretbaren kleinsten gemeinsamen Nenner, der im Sinne des Unternehmens nicht immer die beste Lösung darstellt.

Es besteht ein großer Bedarf an qualifizierten Mitarbeitern, die Führungsaufgaben wahrnehmen, denn alle Positionen der Matrix müssen erstklassig und ohne abgestufte Qualifikation besetzt sein. Es entsteht eine latente Unsicherheit der Führungskräfte angesichts erheblicher Kompetenz- und Verhaltensregelungen mit der Gefahr des Verlusts einheitlicher Führungsgrundsätze. Vielmehr kann eine Sekundärebene mit Koordinations-, Gestaltungs- und Konfliktlösungsaufgaben geschaffen werden.

15.4 Koordination

15.4.1 Teamausrichtung

Die Teamorganisation ist eine bedingt-hierarchische, sekundäre Organisationsform. Die Teammitglieder repräsentieren unterschiedliche hierarchische Ebenen, unterschiedliches Wissen und unterschiedliche Abteilungen (Unterschied zur Zentralabteilung). Sie arbeiten auf Dauer zusammen (Unterschied zum Projekt) und exekutieren ihre Arbeiten auch (Unterschied zum Gremium) (siehe Abb. 115).

Man unterscheidet nach der:

- Entstehung formale Teams, die bewusst so gebildet werden, und informale Teams, die sich aus sich selbst heraus bilden,
- Zeitperspektive dauerhafte Teams und vorübergehende Teams,
- Struktur vertikale Teams mit hierarchischer Über- und Unterstellung und horizontale Teams,
- Zusammensetzung homogene Teams mit Angehörigen einer Funktion, und diagonale (Cross functional-)Teams.

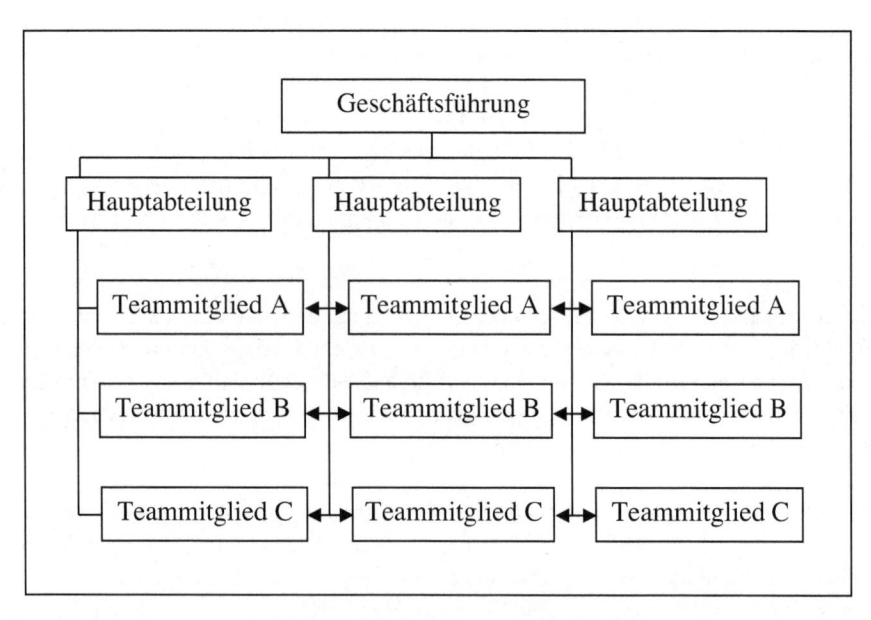

Abbildung 115: Teamorganisation

Wesentliche **Vorteile** der Teamorganisation sind die Folgenden. Eine Bündelung des Wissens vieler Personen in einer Expertengruppe ist möglich. Auf diese Weise entstehen gruppensynergetische Effekte, die den Output eines Teams erfolgsträchtiger werden lassen als die kumulierten Arbeiten von „Einzelkämpfern". Es entstehen weniger Spannungen zwischen den Teammitgliedern durch geringe Bedeutung der Hierarchie. Dies ist eine hilfreiche Voraussetzung für konstruktive Zusammenarbeit.

Ein hohes Maß an Abwechslung ist durch Kooperation mit verschiedenen Kollegen in verschiedenen Teams an verschiedenen Aufgaben darstellbar. Von daher wird Ermüdungseffekten (Wear out) vorgebeugt und ein Ideentransfer bewusst stimuliert. Auch können die jeweils bestgeeigneten Mitarbeiter individuell zu Arbeitsteams zusammengestellt werden. Dabei ist neben der fachlichen Eignung vor allem auch an die menschliche Chemie gedacht.

```
┌─────────────────────────────────────────────────────┐
│   ┌─────────────────────────────────────────────┐   │
│   │   mögliche Bündelung des Wissens Vieler     │   │
│   └─────────────────────────────────────────────┘   │
│   ┌─────────────────────────────────────────────┐   │
│   │  fehlende Hierarchie schafft weniger Spannungen │
│   └─────────────────────────────────────────────┘   │
│   ┌─────────────────────────────────────────────┐   │
│   │ fachliche Eignung und menschliche Chemie kombinierbar │
│   └─────────────────────────────────────────────┘   │
│   ┌─────────────────────────────────────────────┐   │
│   │       Nutzung gruppendynamischer Effekte    │   │
│   └─────────────────────────────────────────────┘   │
│                                                     │
│   ┌─────────────────────────────────────────────┐   │
│   │         erhöhter Koordinationsaufwand       │   │
│   └─────────────────────────────────────────────┘   │
│   ┌─────────────────────────────────────────────┐   │
│   │        Belastungsspitzen bzw. Leerzeiten    │   │
│   └─────────────────────────────────────────────┘   │
│   ┌─────────────────────────────────────────────┐   │
│   │   differenzierte Leistungsbeurteilung schwierig │
│   └─────────────────────────────────────────────┘   │
└─────────────────────────────────────────────────────┘
```

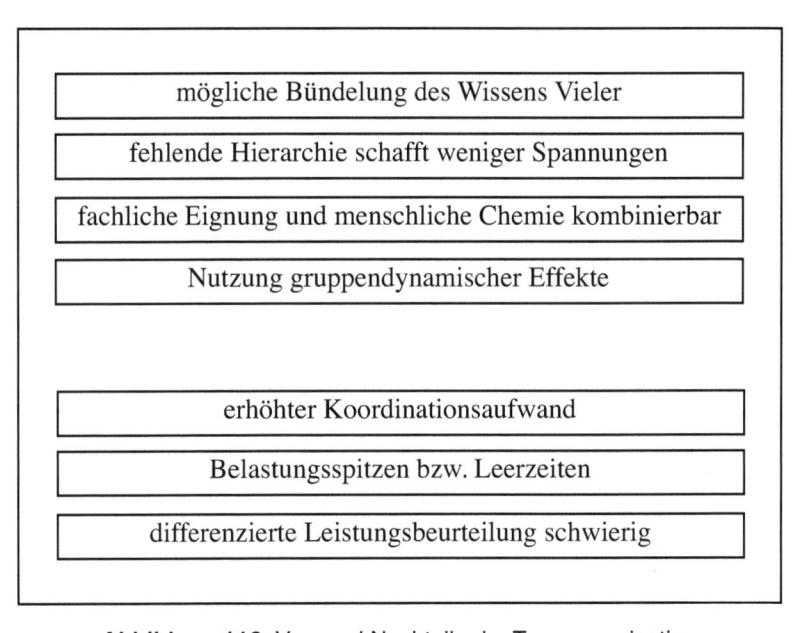

Abbildung 116: Vor- und Nachteile der Teamorganisation

Dem stehen folgende **Nachteile** gegenüber. Ein erhöhter Koordinationsaufwand durch Überzeugungsarbeit und gegenseitige Information ist erforderlich. Autoritative Arbeitsformen sind demgegenüber einfacher, weil Anweisung und Befolgung klare Verhältnisse schafft. Es kommt zur steten Konkurrenz der Aufgaben um die personalen Kapazitäten zwischen Teams. Insofern entsteht ein Konflikt zwischen der jeweiligen internen Erwartungshaltung an Teammitglieder und deren Arbeitskapazität.

Durch die unverbundenen Arbeiten kann es leicht zu Belastungsspitzen und Leerzeiten kommen, nämlich dann, wenn Arbeiten für mehrere Aufgaben zeitgleich anfallen oder temporär ausbleiben. Die Leistung und Verantwortung des Einzelnen ist weniger offensichtlich. Da Teamarbeiten Ergebnis verbundener Leistungen sind, fällt eine differenzierte Leistungsbeurteilung vergleichsweise schwer.

15.4.2 Projektausrichtung

Als weitere Form stellt sich die Projektorganisation dar. Sie ist eine streng-hierarchische, temporäre Organisationsform. Projekte sind zeitlich, sachlich und u. U. räumlich begrenzte Vorhaben mit definierter Aufgaben- und Zielstellung und im Wesentlichen durch ihre Einmaligkeit der Bedingungen gekennzeichnet. Sie können in Teilprojekte untergliedert werden, sind mit einem Risiko behaftet, erfordern die Zusammenarbeit mehrerer Spezialisten aus unterschiedlichen Bereichen sowie eine Projektleitung. Diese Anforderungen sprengen den „normalen" Organisationsrahmen, daher ist eine Projektausrichtung zweckmäßig (siehe Abb. 117).

Aufgabe der Projektplanung ist die Vorbereitung der zielgerechten Projektdurchführung, reibungslosen Projektabwicklung und Koordination der beteiligten Aufgabenträger. Gegenstand der Projektsteuerung ist die wirtschaftliche und termingerechte Realisierung des Projekts. Zur Projektkontrolle dient z. B. ein Projektstrukturplan zur Kapazitäts- und Kostenplanung sowie die Projektinformation und -dokumentation. Jedes Projekt erfordert mindestens folgende Festlegungen:

- Projektdefinition, Ursache/Anlass für das Projekt, Projektziele, Risiken/kritische Faktoren, Nutzen, Projektbudget/Rentabilität, Projektstart, Projektende, Projektauftraggeber, Projektleiter, Projektmitarbeiter.

Die Projekt-Teilnehmer rekrutieren sich aus allen für das Problem bedeutsamen Bereichen des Betriebs, arbeiten hauptamtlich und kehren nach Erfüllung der Aufgabe in ihre ursprüngliche oder eine andere Position zurück. Sie arbeiten „fulltime" am Projekt (Unterschied zum Gremium), und zwar nur an einem zur Zeit (Unterschied zum Team). Das Projekt ist definitionsgemäß zeitlich begrenzt (Unterschied zur Zentralabteilung). Konstitutive Kennzeichen der Projektorganisation sind:

- ihre Zielorientierung mit anschließender Selbstauflösung der Gruppe,
- ihre Neuartigkeit, also keine Routinetätigkeiten betreffend,
- die Komplexität der Aufgabe, die eine Funktion/Person überfordert,
- eine interdisziplinäre Zusammenarbeit.

Im reinen Projektmanagement (Multiprojektorganisation) liegen Entscheidungs- und Weisungsbefugnis beim Projektmanager. Daneben sind Mischformen möglich. Als Stabsstelle im Einfluss-Projektmanagement ist keine Entscheidungs- oder Weisungsbefugnis gegeben. Und als Matrix-Projektmanagement besteht Weisungsbefugnis des Projektmanagers und Entscheidungsbefugnis des Linienmanagers.

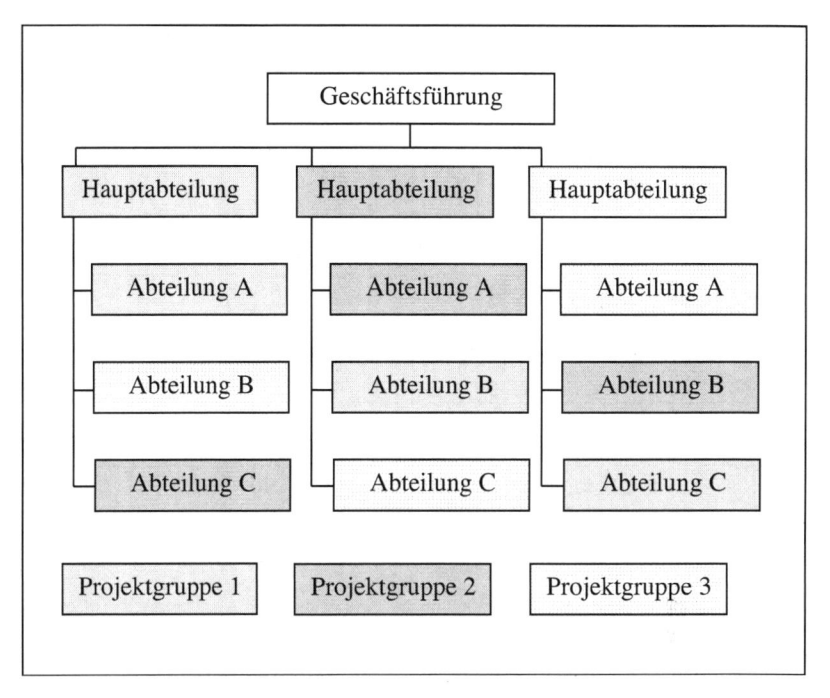

```
                    Geschäftsführung
    ┌──────────────────┬──────────────────┐
Hauptabteilung    Hauptabteilung    Hauptabteilung
    │                  │                  │
  Abteilung A       Abteilung A       Abteilung A
    │                  │                  │
  Abteilung B       Abteilung B       Abteilung B
    │                  │                  │
  Abteilung C       Abteilung C       Abteilung C

  Projektgruppe 1   Projektgruppe 2   Projektgruppe 3
```

Abbildung 117: Projektorganisation

Wesentliche **Vorteile** sind die Folgenden. Bei interdisziplinären Projekten wird für alle Beteiligten eine zentrale Ansprechstelle geschaffen. Dies erleichtert die Koordination ungemein, da damit eine bestimmte Person verantwortlich ist und sich auch so zu fühlen hat. Eine koordinierte Ablaufplanung von komplexen Aufgaben wird geschaffen. Diese überfordern die eher auf routinisierte Abläufe ausgerichtete Aufbauorganisation ansonsten.

Die ineinander greifenden Einzelaktivitäten können besser geplant, gesteuert und kontrolliert werden. In vielen Fällen scheint überhaupt nur durch Projektmanagement eine solche Ausführung gewährleistet. Eine gesamtprojektbezogene Erfolgsrechnung (Profit center) wird möglich. Denn die für ein Projekt aufgewendeten Kosten sind nicht nur für Sachleistungen, sondern auch für den hohen Anteil an Personalleistungen abgrenzbar. Die weitgehende Autonomie der Projektleitung ermöglicht ein flexibles Eingehen auf Marktforderungen. So braucht nicht immer auf starre interne Erfordernisse Rücksicht genommen zu werden.

Dem stehen folgende **Nachteile** gegenüber. Das Zusammenspiel von begrenzter Projektorganisation und genereller Aufbauorganisation in der häufigen hybriden Auslegung schafft Probleme, wenn beide, was regelmäßig der Fall ist, zumindest partiell widerstrebende Anforderungen an Mitarbeiter stellen. Vor allem entstehen Kompetenzprobleme der Mitarbeiter durch doppelte Unterstellung bei Disziplinarvorgesetztem und Projektleiter. Daher müssen klare Prioritätsregeln gesetzt werden, die eigentlich nur zu Gunsten des Projekts ausfallen können, da es ansonsten nicht des Projektmanagements bedürfte.

```
┌─────────────────────────────────────────────────────────┐
│   ┌─────────────────────────────────────────────────┐   │
│   │   interdisziplinäre Ausrichtung möglich         │   │
│   └─────────────────────────────────────────────────┘   │
│   ┌─────────────────────────────────────────────────┐   │
│   │ koordinierte Bewältigung auch komplexer Aufgaben│   │
│   └─────────────────────────────────────────────────┘   │
│   ┌─────────────────────────────────────────────────┐   │
│   │ gesamtprojektbezogene Erfolgszurechnung möglich │   │
│   └─────────────────────────────────────────────────┘   │
│   ┌─────────────────────────────────────────────────┐   │
│   │    weitgehende Autonomie der Projektleitung     │   │
│   └─────────────────────────────────────────────────┘   │
│                                                         │
│   ┌─────────────────────────────────────────────────┐   │
│   │ Kompetenzprobleme durch evtl. doppelte Unterstellung │
│   └─────────────────────────────────────────────────┘   │
│   ┌─────────────────────────────────────────────────┐   │
│   │  unklare Prioritätsregeln je nach Ausformung    │   │
│   └─────────────────────────────────────────────────┘   │
│   ┌─────────────────────────────────────────────────┐   │
│   │    begrenzte Teilbarkeit der Ressourcen         │   │
│   └─────────────────────────────────────────────────┘   │
│   ┌─────────────────────────────────────────────────┐   │
│   │    Reintegrationsprobleme nach Projektende      │   │
│   └─────────────────────────────────────────────────┘   │
└─────────────────────────────────────────────────────────┘
```

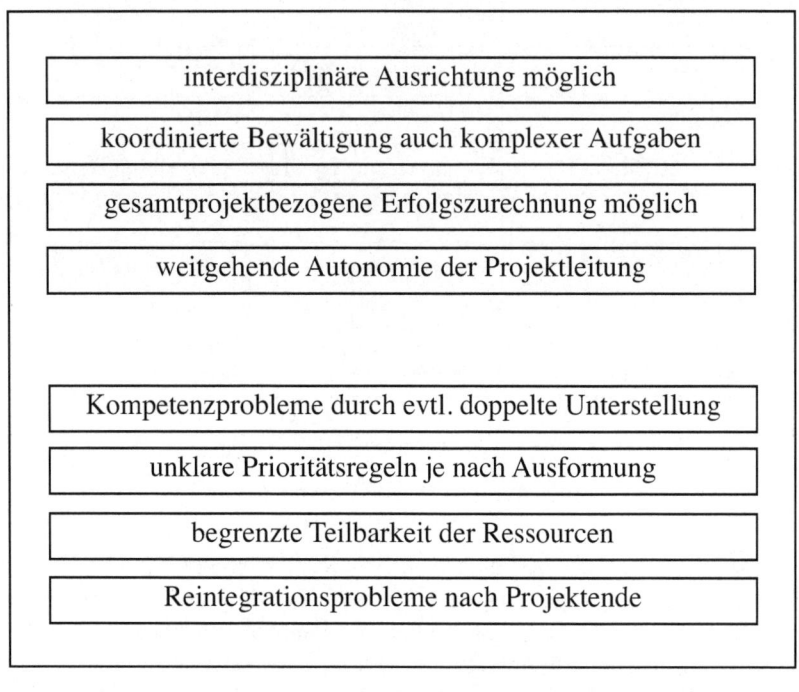

Abbildung 118: Vor- und Nachteile der Projektorganisation

Bei der Zuteilung der Ressourcen macht sich deren begrenzte Teilbarkeit bemerkbar und erfordert Mindestprojektumfänge. Dies bezieht sich sowohl auf maschinelle als auch personelle Kapazitäten. Es gibt womöglich Reintegrationsprobleme der Projektmitarbeiter nach Beendigung eines Projekts. Denn deren Aufgaben sind zwischenzeitlich auf andere Weise gelöst worden, sodass eigentlich ein Folgeprojekt den besten Übergang bietet.

15.4.3 Gremienausrichtung

In der Praxis ist die Form der Gremienausrichtung weit verbreitet. Sie ist ebenfalls eine Kombination aus Funktions- und Objektorientierung, aber bedingt hierarchisch dauerhaft. Gremien sind Personenmehrheiten, denen bestimmte Aufgaben zur Lösung übertragen werden. Für gewöhnlich handelt es sich um Daueraufgaben, für die ein ständiges Gremium (Komitee, Kommission, Ausschuss) eingerichtet wird, das sich ohne Zeitbegrenzung in regelmäßigen Abständen berät (Unterschied zum Projekt). Die Teilnehmer sind für die Zeit der Gremienarbeit von ihrer hauptamtlichen Tätigkeit befreit (Unterschied zum Team). Das Gremium dient nur der Information, Beratung und Entscheidung, nicht jedoch der Ausführung (Unterschied zum Zentralbereich). Je nachdem, aus welchen Positionen der Hierarchie es sich zusammensetzt, kann es sich um gleichrangige Instanzen, hierarchisch verbundene oder unverbundene Stellen handeln sowie um Leitungsgruppen oder Arbeitsgruppen. Es dient vor allem der Koordination von Plänen, verbesserter Informationierung und der Vermeidung von Mehrfacharbeiten bzw. der Nutzung von Synergieeffekten. Dies ist umso nötiger, je größer und unübersichtlicher ein Unternehmen geworden ist. Gremien zeichnen sich durch eine direkte Interaktion ihrer Mitglieder aus, werden durch gemeinsame Normen und Wir-Gefühl geeint und bilden eine Rollendifferenzierung nach Hierarchie bzw. Fachkompetenz aus.

Die Abstimmung kann nach Direktorialprinzip erfolgen, d. h., der Gruppenleiter bestimmt allein oder zumindest mit einem Vetorecht oder nach Kollegialprinzip, und zwar nach der Primatkollegialität mit doppelter Stimme des Leiters im Fall der Stimmengleichheit, nach der Abstimmungskollegialität mit einfacher oder qualifizierter Mehrheit oder nach der Kassationskollegialität ausschließlich mit Einstimmigkeit der Beschlussfassung. Formen rein beratender Gremien ohne Entscheidungsbefugnis sind in ihrer Effektivität stark anzuzweifeln (siehe Abb. 119).

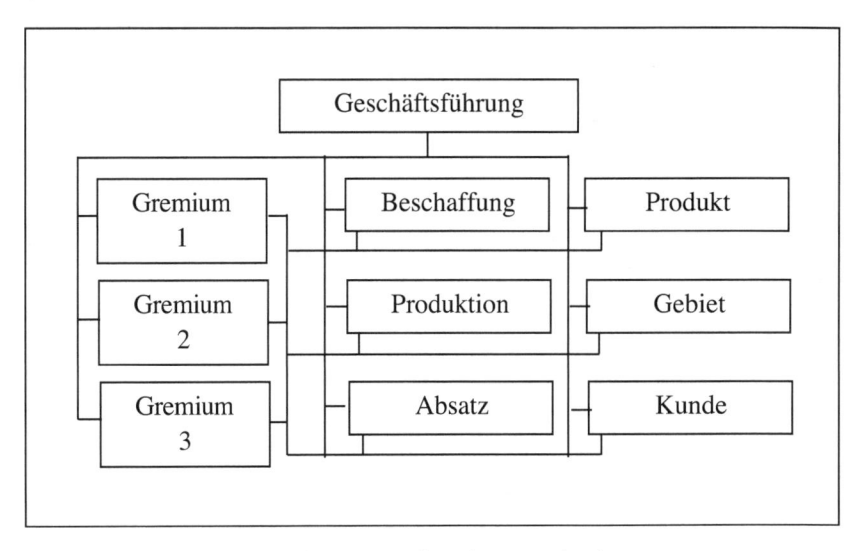

Abbildung 119: Gremienorganisation

Wesentliche **Vorteile** sind die Folgenden. Es kommt zur Poolung des Know-how von Spezialisten und damit zur Nutzung des im Unternehmen tatsächlich vorhandenen Sachverstands. Daraus folgen wohl abgewogene Arbeitsergebnisse, die potenziell eine bessere Qualität gewährleisten, was unmittelbar dem Erfolg des Unternehmens zugute kommt. Gremien bieten die Möglichkeit, Probleme auszudiskutieren, statt sie in Aktionismus zu verschütten. Von daher kann einem Aufschaukeln von Problemen vorgebeugt werden. Im Rahmen der Beschäftigung mit einem Problem werden Betroffene zu Beteiligten, die ihre Meinung artikulieren und konstruktiv einbringen können. Die Gremienbearbeitung sichert die Einhaltung formaler Procederes in der Organisation und bietet daher wenig Angriffsfläche für Anfechtungen.

```
┌─────────────────────────────────────────────────────────┐
│   ┌─────────────────────────────────────────────┐       │
│   │   Poolung von Spezialisten-Know-how         │       │
│   └─────────────────────────────────────────────┘       │
│   ┌─────────────────────────────────────────────┐       │
│   │ bessere Arbeitsergebnisse statt wilder Aktionismus │ │
│   └─────────────────────────────────────────────┘       │
│   ┌─────────────────────────────────────────────┐       │
│   │   Einhaltung formaler Procederes gewährleistet │    │
│   └─────────────────────────────────────────────┘       │
│                                                         │
│   ┌─────────────────────────────────────────────┐       │
│   │   Gruppendefekte (z.B. hinsichtlich Risiko) │       │
│   └─────────────────────────────────────────────┘       │
│   ┌─────────────────────────────────────────────┐       │
│   │   langwierige zeitliche Beanspruchung       │       │
│   └─────────────────────────────────────────────┘       │
│   ┌─────────────────────────────────────────────┐       │
│   │ Profilierungssucht von Personen und/oder Abteilungen │ │
│   └─────────────────────────────────────────────┘       │
└─────────────────────────────────────────────────────────┘
```

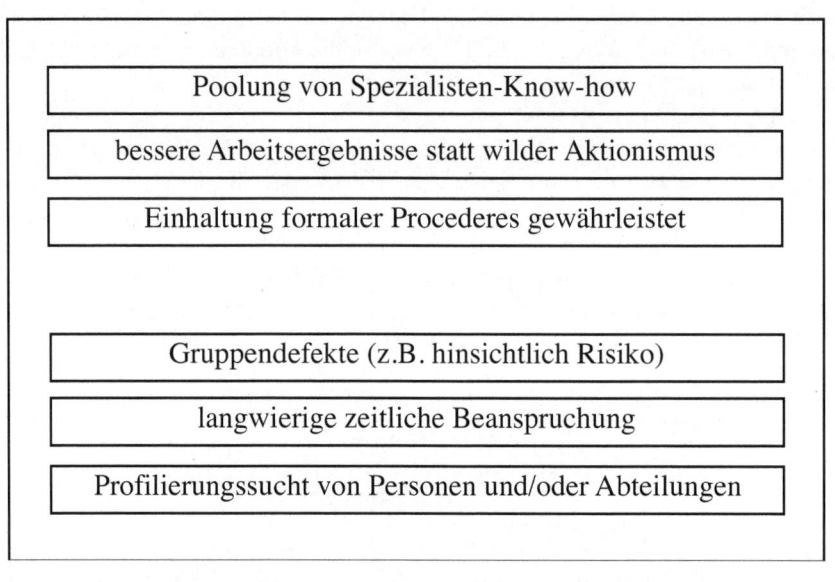

Abbildung 120: Vor- und Nachteile der Gremienorganisation

Dem stehen folgende **Nachteile** gegenüber. Gremien neigen zu Gruppendefekten, d. h. zu Arbeitsergebnissen, die jeder Einzelne so nicht gutgeheißen hätte. Da aber die anderen Gremienmitglieder augenscheinlich damit einverstanden sind, traut man sich nicht, Widerspruch zu äußern. So kommen vor allem überzogen risikoreiche Ergebnisse zustande. Gremien neigen aber auch zu risikoscheuen Ergebnissen, da Bedenkenträger mit ihrem Vortrag immer wieder zu faulen Kompromissen zwingen. Gremienarbeit stellt sich als ausgesprochen langwierig dar, sodass Anforderungen des Zeitmanagements dadurch nur schwer erfüllbar sind. Gremien sind dementsprechend auch sehr zeitaufwändig, was angesichts allgemeiner Arbeitsüberlastung zu Engpässen führt. Außerdem gehen häufig sachfremde Erwägungen in die Arbeit ein, so zur Profilierung der eigenen Person oder Abteilung sowie für Politik oder Intrigen.

15.4.4 Zentralbereichsausrichtung

Der Zentralbereich (auch **Center** genannt) hat sich aus der Mehrlinienorganisation entwickelt. Die Arbeit ist dauerhaft angelegt (Unterschied zum Projekt), betrifft auch die Exekutive (Unterschied zum Gremium) und bezieht sich nur auf eine Funktion (Unterschied zum Team). Zentralbereiche bieten sich vor allem für Großunternehmen an, in denen es möglich und sinnvoll ist, bestimmte Fähigkeiten ausgestattet mit eigener Fach-, Entscheidungs- und Anordnungskompetenz zu zentralisieren. Meist handelt es sich dabei um die Abtrennung von Verwaltungsaufgaben wie Finanzen, Personal, Steuern, Controlling etc. (siehe Abb. 121).

Erfolgt der funktionsorientierte Teil im Zentralbereich und der objektorientierte Teil separiert davon, sollen dadurch die komparativen Vorteile beider Ansätze genutzt und deren Nachteile weitgehend vermieden werden. In der Praxis ist häufig das Marketing produkt-, kunden- oder gebietsorientiert organisiert, während die marktfernen Aufgaben funktionsorientiert sind. Im Gegensatz zur echten Objektorganisation, die eine Divisionalisierung von Verantwortungsbereichen zulässt, handelt es sich bei Zentralbereichen um Schnittstellenmanagement, bei dem wesentliche Entscheidungen außerhalb der Objektorganisation fallen. Eine Ergebnisverantwortung liegt schon deshalb nicht vor, weil diese keinen Durchgriff auf die Zentralbereiche haben, sondern nur koordinieren. Dass sich daraus weiterer Konfliktstoff bei den vielfältigen Gelegenheiten ergibt, bei denen Objekt- und Funktionsinteressen aufeinander treffen, ist offensichtlich.

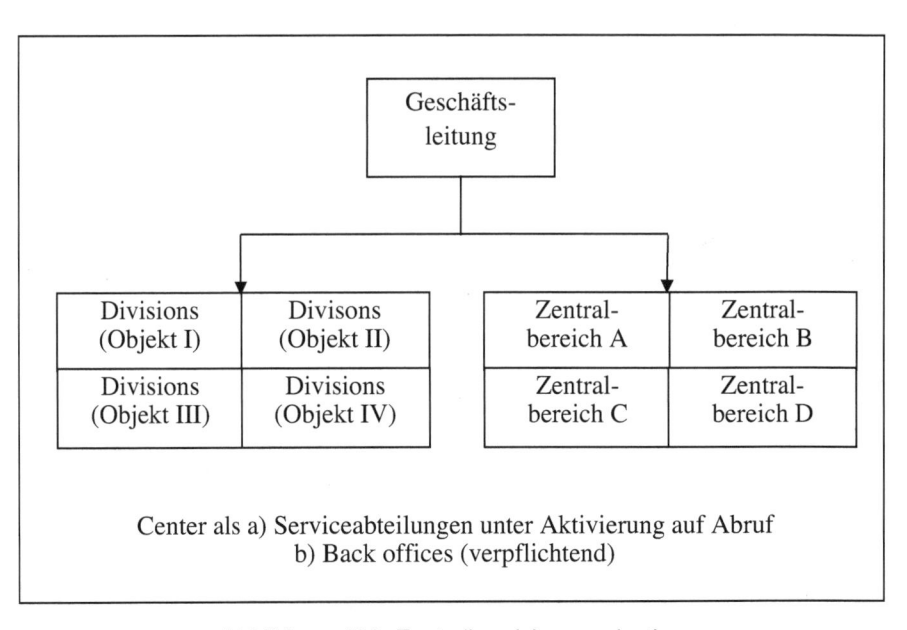

```
                    ┌─────────────┐
                    │ Geschäfts-  │
                    │  leitung    │
                    └─────────────┘
   ┌──────────┬──────────┬──────────┬──────────┐
Divisions   Divisons   Zentral-   Zentral-
(Objekt I)  (Objekt II) bereich A  bereich B
Divisions   Divisions  Zentral-   Zentral-
(Objekt III)(Objekt IV) bereich C  bereich D

   Center als a) Serviceabteilungen unter Aktivierung auf Abruf
              b) Back offices (verpflichtend)
```

Abbildung 121: Zentralbereichsorganisation

Wesentliche **Vorteile** sind die Folgenden. Es erfolgt eine Entlastung und Unterstützung der Leitungsinstanzen auf allen Ebenen. Und zwar hinsichtlich derjenigen Aufgaben, die mutmaßlich von, meist funktionalen, Spezialisten besser erledigt werden können als innerhalb der Spartenorganisation. Es besteht eine gute Nutzbarmachung und Auslastung von kostenintensiven Fachspezialisten und Anlagen für das gesamte Unternehmen. Durch Zusammenlegung der Aufgaben verschiedener Sparten trägt sich eine solche Zentralabteilung häufig überhaupt erst.

Eine wirksame Koordinierung bestimmter Aufgaben wird erleichtert. So wird die, in der Spartenorganisation tendenziell unterentwickelte Querabstimmung durch das Zusammenlaufen bestimmter Funktionen in der entsprechenden Zentralabteilung wesentlich verbessert. Die Organisation ist eher durch funktionale als hierarchische Autorität gekennzeichnet. Das heißt, der jeweils kompetenteste Mitarbeiter erfüllt die anstehenden Aufgaben, die eher marktnahen werden in der Sparte erledigt, die eher administrativen in der Zentralabteilung.

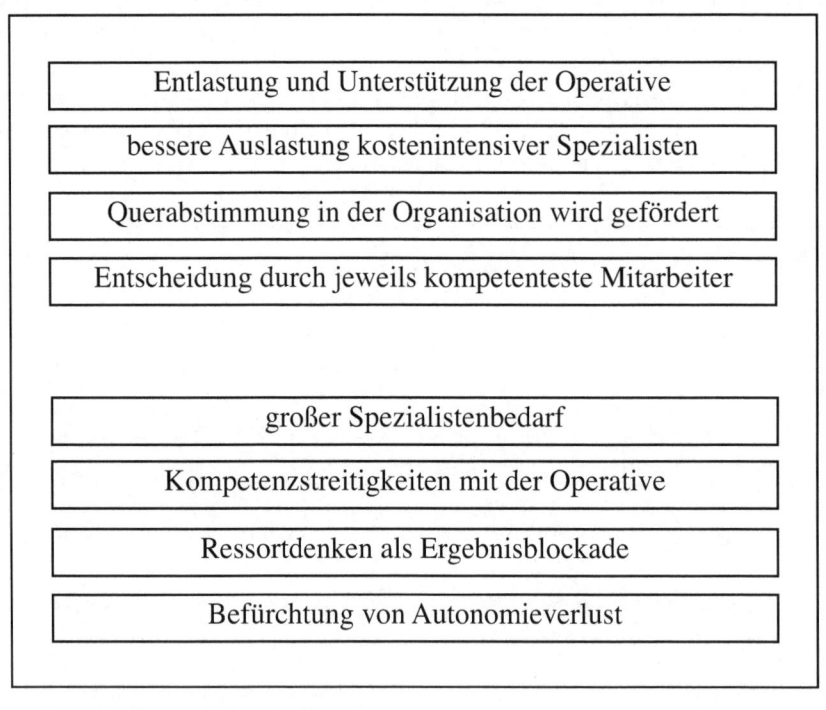

```
┌─────────────────────────────────────────────────────────┐
│   Entlastung und Unterstützung der Operative            │
│   bessere Auslastung kostenintensiver Spezialisten      │
│   Querabstimmung in der Organisation wird gefördert     │
│   Entscheidung durch jeweils kompetenteste Mitarbeiter  │
│                                                         │
│   großer Spezialistenbedarf                             │
│   Kompetenzstreitigkeiten mit der Operative             │
│   Ressortdenken als Ergebnisblockade                    │
│   Befürchtung von Autonomieverlust                      │
└─────────────────────────────────────────────────────────┘
```

Abbildung 122: Vor- und Nachteile der Zentralbereichsorganisation

Dem stehen folgende **Nachteile** gegenüber. Die Organisation erfordert einen zunehmenden Spezialistenbedarf. Denn im funktionalen Anteil der Aufbauorganisation werden spezialisierte Mitarbeiter benötigt. Es besteht die Gefahr von Kompetenzstreitigkeiten, da die Belange von Sparte und Zentralabteilung ineinander greifen. Dabei wirkt sich vor allem die mangelnde Koordination zwischen beiden Bereichen negativ aus.

Es besteht die Gefahr eines übermäßigen Ressortdenkens und ungenügender Berücksichtigung der Bedürfnisse der Sparte. Dies ist umso bedauerlicher, als in der Zentralabteilung eher marktferne Aufgaben erledigt werden, welche die Kundenorientierung des Unternehmens schmälern. Die operativen Einheiten erleiden einen Autonomieverlust und sind nur noch eingeschränkt verantwortlich zu machen. Dies gilt umso stärker, je mehr Entscheidungsfähigkeit aus der Sparte an die Zentralabteilung abwandert.

15.5 Willensbildung

Top down-Ansatz
Bottom up-Ansatz
Gegenstrom-Ansatz (Top down / Bottom up)
Keil-Ansatz (Middle management)
Kerngruppen-Ansatz

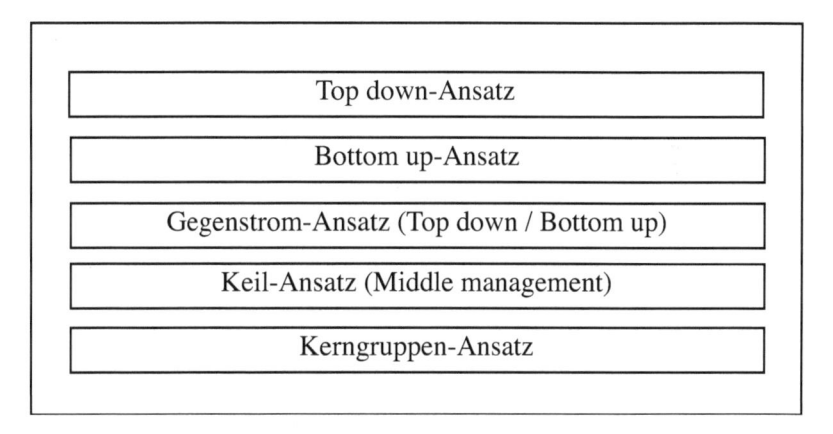

Abbildung 123: Willensbildung in Organisationen

Die Willensbildung in Organisationen kann auf verschiedenen Wegen erfolgen (siehe Abb. 123). Beim **Top down-Ansatz** erfolgt sie von der Geschäftsführung an die Basis gerichtet. Dies ist typisch für Unternehmen der westlichen Hemisphäre. Dies bietet den Vorteil der schnellen Entscheidungsfindung, da nur der relativ kleine Zirkel des Management darin einbezogen wird. Allerdings geht die dabei eingesparte Zeit auf dem Weg durch die Instanzen oft wieder verloren. Auf jeder Stufe kommt es zu Verzögerungen der Entscheidungsdurchsetzung. Hinzu kommt weiterhin eine unbewusste Verfälschung des Auftragsinhalts, die im Ergebnis zu argen Verzerrungen führen kann. Da zudem die von oben oktroyierte Entscheidung nicht immer sachgerecht ist, kommt es zu Widerständen. So bleiben Entscheidungen letztlich oft Makulatur, und die Unternehmensspitze entfernt sich zunehmend von der Basis. Probleme liegen auch im Vorgabecharakter, der die Planungsmotivation beeinträchtigt, in mangelnder Koordination und Information, die häufig verborgen bleiben, und in der Gefahr der Suboptimierung.

Beim **Bottom up-Ansatz** erfolgt die Willensbildung von der Basis an die Geschäftsführung. Dies ist typisch für Unternehmen aus der fernöstlichen Hemisphäre. Der Nachteil liegt in der langwierigen Entscheidungsfindung, die oft von westlichen Geschäftspartnern als entnervend kritisiert wird. Denn auf allen Ebenen der Organisation vollzieht sich eine informelle Willensbildung mit dem Ziel des Konsens. Erst danach wird die vereinbarte Meinung an die jeweils vorgesetzte Stelle weiter gegeben. Dort wiederholt sich dieser Abstimmungsprozess, bis die gebündelte Meinung bei der Unternehmensspitze angekommen ist. Diese braucht dann nur noch entsprechend zu entscheiden, und die Entscheidung wird schlagartig auf allen Ebenen wirksam. Der Vorteil liegt zum einen in der wesentlich stärkeren Einbindung der Mitarbeiter, die ja berechtigterweise das Gefühl haben, am Erfolg mitwirken zu können, zum anderen in sachgerechteren Entscheidungen, die zu höherer Produktivität führen.

Der **Gegenstrom-Ansatz** ist ein Kompromiss aus den beiden vorgenannten Ansätzen, wobei Top down-Bottom up oder Bottom Up-Top down vorgegangen werden kann. Die Geschäftsführung leitet dabei eine vorläufige Entscheidung zum Zwecke der Akzeptanzprüfung an die Basis, und diese gibt nach vollzogener Meinungsbildung ihr Feedback dazu. Besteht Übereinstimmung zwischen Entscheidungsvorhaben und Meinungsrückfluss, wird die Entscheidung entsprechend durchgesetzt. Gibt es Divergenzen, wird die Entscheidung solange modifiziert und erneut in der Organisation getestet, bis Konsens erzielt wird, dies führt dann zur Top down-Bottom up-Top down- oder Bottom up-Top down-Bottom up-Abstimmung. Ebenso kann sich eine Meinung an der Basis gebildet haben, die dann an die Geschäftsführung weitergegeben wird, die diese ihrerseits kommentiert. Von Nachteil ist dabei, wie zu erahnen, der hohe Koordinations- und Zeitaufwand der Abstimmung, sodass de facto meist nur ausgewählte Gremien der Organisation (z. B. Expertenbeirat, Betriebsrat) einbezogen werden.

Beim **Keil-Ansatz** wird das Middle management in den Mittelpunkt der Willensbildung gerückt, weil es einerseits auf Grund seiner Leitungsfunktion Führungscharakter einnimmt, andererseits aber auf Grund seiner Basisnähe praktischen Sachverstand einbringt. Es wird damit Mittler zwischen der Entscheidungsvorbereitung durch die Geschäftsführung und der Entscheidungsdurchsetzung in der Hierarchie. Da es vor allem aber die operative Arbeit zu erledigen hat, stellt sich die berechtigte Frage, ob es hier nicht zu einer Überlastung mit nicht-wertschöpfenden Aktivitäten kommt, zumal wenn zugleich Hierarchieebenen infolge Lean management wegrationalisiert werden.

Beim **Kerngruppen-Ansatz** wird davon ausgegangen, dass es erfahrungsgemäß mehrere dezentrale Stellen der Willensbildung in einem Betrieb gibt. Diese beruhen auf informellen Kontakten, auf großer Qualifikation und hohem Zusammengehörigkeitsgefühl. Diese Kerne wirken meinungsbeeinflussend auf ihr Umfeld und schaffen Lobbies, die geeignet sind, zuerst Themen auf die Agenda der Geschäftsführung zu bringen und später deren Implementierung in der Organisation als Problemlösungen zu forcieren. Allerdings spielen oft egoistische Interessen dieser Kerne eine verhängnisvolle Rolle zulasten der Gemeinschaft.

Ein zweckmäßiger **Führungsstil** muss berücksichtigen, dass, wer verantwortet, auch entscheiden können muss. Häufig entstehen dabei Konflikte zwischen Führendem und Geführten, aber auch unter den Geführten, bis hin zum Mobbing. Die Lösung wird in **Management by**-Konzepten gestaltet. Die wichtigsten von ihnen sind:

- Management by exception, d. h., die vorgesetzte Stelle entscheidet erst, wenn Toleranzgrenzen für den Entscheidungsspielraum der untergebenen Stelle überschritten werden, fraglich ist dabei allerdings die Abgrenzung der Freiräume zur Entscheidung,
- Management by delegation, d. h., die Entscheidungskompetenz wird auf die jeweils niedrigstmögliche Hierarchiestufe delegiert, darunter leidet allerdings die Entscheidungsqualität erheblich,
- Management by objectives, d. h., Entscheidungen werden entlang zwischen vorgesetzter und untergegebener Stelle gemeinsam verpflichtender Zielvereinbarungen (Contracts) getroffen, dies ist sicherlich die praktisch am häufigsten anzutreffende Ausprägungen,
- Management by results, d. h., Entscheidungen sind allein am einseitig festgelegten maximalen Ergebnis zu orientieren, der Weg dahin ist sekundär, dies fördert allerdings moralisch-ethische Grenzgänge.

16. Verbesserung im Unternehmen

16.1 Verbesserungsprogramme

16.1.1 Kaizen

Kaizen bedeutet als Kontinuierlicher Verbesserungsprozess über Elemente wie Standardisierung, Kleingruppenaktivitäten, Vorschlagssysteme, Total quality management, Just in time-Lieferung, kooperative Teams, Produktivitätsverbesserung, Arbeitsdisziplin, Innovation eine deutliche Abkehr vom Taylorismus klassischer Prägung. Dort wurde der Mensch oft als potenzieller Störfaktor betrachtet, den es zu kontrollieren und nach Möglichkeit zu beschränken galt. Der Mensch war nach dieser Auffassung notwendigerweise unvollkommen in seiner Arbeit. Dieses Manko konnte zwar durch Training vermindert werden, setzte aber zugleich eine Spezialisierung auf wenige eingeübte Tätigkeiten voraus. Das entspricht den Vorteilen der Arbeitsteilung. So wurden komplexe Arbeitsvorgänge in möglichst kleine Handhabungseinheiten zerlegt, und auf jede dieser Einheiten wurden Menschen speziell trainiert. Je kleiner die Einheit, desto höher die Spezialisierung, desto größer die Effizienz und desto geringer die Fehlerquote. In der Produktion war das Fließband das geeignete Transportmittel zur Verbindung dieser isolierten Tätigkeiten. So entstanden extrem unterteilte und monotone Arbeitsinhalte. Der nächste Schritt lag nahe. Je weiter die einzelnen Arbeitseinheiten zerlegt wurden, desto eher waren Handhabungsroboter in der Lage, diese einfachen Tätigkeiten auszuführen. Sie erledigten Arbeiten weitaus produktiver und zuverlässiger als jeder Mensch. Es kam zur weit gehenden Automatisierung, Menschen hatten nur noch „Ausputzer"-Funktion. Die Folge der monotonen Tätigkeit war die Entfremdung der Arbeiter von ihrer Arbeit. Abgesehen von einseitiger physischer Belastung und existenziellem Druck fühlte sich niemand mehr für das komplexe Arbeitsergebnis verantwortlich. Die Arbeit wurde als zermürbend empfunden, es baute sich ein Feindbild in Form des Arbeitgebers, des Gegners im Tarifvertrag, der mit Arbeitskampfmaßnahmen zu disziplinieren war, auf. Die Folgen, von Krankfeiern bis Sabotage, sind hinlänglich bekannt. Ganz offensichtlich handelt es sich bei diesem Weg um eine Sackgasse. Die Produktivität steigt, trotz Detailoptimierung, nurmehr langsam. Der japanischen Managementphilosophie ist hier ein historischer Fortschritt zu verdanken. Dort wird der Mensch nicht als potenzieller Störfaktor zu beherrschen versucht, sondern ganz im Gegenteil gilt die Erkenntnis, dass der Betrieb erst durch Menschen produktiv wird. Folglich darf man Menschen nicht auf Handhabungen reduzieren, sondern muss Kopf und Hand wieder zusammenführen und beides gemeinsam nutzen.

Bedeutsam ist, dass es sich nicht um eine einseitige Verpflichtung der Arbeitnehmer handelt, sondern dass das Management Werte dagegen zu setzen hat. Es bietet der Belegschaft die Basis zur Identifikation, den Stolz auf ihren Betrieb, die Freude an der Leistung und die Befriedigung in der Arbeit. Dazu dienen, hierzulande oft operettenhaft anmutende, Identifikationsmittel wie einheitliche Firmenkleidung, Absingen der

Firmenhymne und weit reichende Firmenfürsorge. Dieses subtile Gratifikationssystem aber schafft das angenehme Gefühl der Zugehörigkeit in einer ansonsten entpersönlichten Wirtschaft und weckt in jedem Mitarbeiter die Leidenschaft zum vollen Einsatz für den Erfolg seines Betriebs. Gerade dies ist Kern kontinuierlicher Verbesserung und wird durch folgende Grundprinzipien charakterisiert:

- **Bildung von Leistungsmodulen**, also weder fraktionierte Einzelteile noch werkstättisches Totalprodukt, vielmehr wird ein mittlerer Komplexitätsgrad angestrebt,
- **Bildung von Teams** aus Mitarbeitern mit multifunktionalen Einsatzmöglichkeiten, die als Eigner von Prozessen eigenverantwortlich denken und handeln,
- **Verringerung der Produktionstiefe** durch konsequentes Outsourcing aller Aktivitäten, denen nicht strategische Bedeutung zukommt, durch verschiedenartige Kooperation,
- **Vertikale Integration der Wertschöpfungskette** durch Einbezug von Systempartnern, die exklusiv und langfristig in die Prozessgestaltung eingeplant werden.

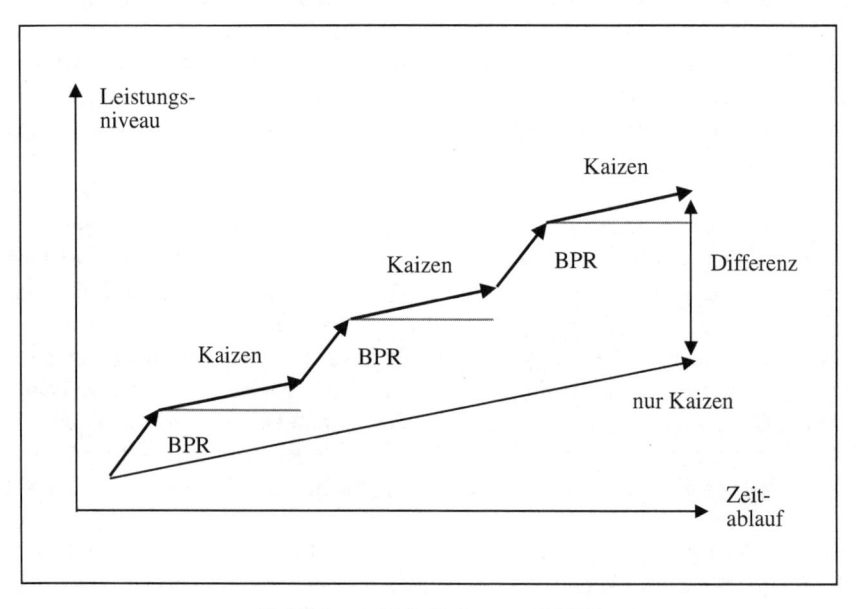

Abbildung 124: Kaizen und BPR

16.1.2 BPR

Business process reengineering (BPR) ist eine revolutionäre Alternative zu Kaizen mittels Optimierung der Wertschöpfungskette mit dem Ziel, Schnittstellen zwischen Input und Output zu vermeiden. Das Konzept hat drei Wortbestandteile, die den Begriff vollständig erklären. „Business" bedeutet, es geht um die geschäftliche Wertschöpfung und die Erzielung von komparativen Konkurrenzvorteilen darin. „Process" bedeutet, es geht um die Rückführung dieser Erfolge auf einzelne betriebliche Vorgänge (Prozesse) und Tätigkeiten (Subprozesse und Aktivitäten). „Reengineering" bedeutet, es ist eine revolutionäre Veränderung der Ablauforganisation beabsichtigt, an die sich dann erst eine evolutionäre Weiterentwicklung anschließt.

Ausgangspunkt ist dabei folgende Frage: Wenn dieses Unternehmen heute mit dem jetzigen Wissen und beim gegenwärtigen Stand der Technik neu gegründet würde, wie würde es dann aussehen? Die Antwort darauf erfordert die Bereitschaft zu einem fundamentalen Überdenken und radikalen Redesign von Prozessen zur merklichen Verbesserung der Leistungsgrößen Kosten, Qualität, Information und Zeit (siehe Abb. 124).

Daraus leiten sich drei Erkenntnisse ab. Da es um die Erhöhung der Wertschöpfung geht, sind die zentralen Ankerpunkte die Erreichung von Zeitersparnis, Informationsverbesserung, Qualitätssteigerung und Kostensenkung. Der Unternehmenserfolg wird als von elementaren Prozessen im Betrieb abhängig gesehen, die daher konsequent hinsichtlich ihrer Zusammenhänge und Abhängigkeiten zu analysieren sind. Am Anfang steht die Sezierung des Betriebs als reine Fleißarbeit. Die dabei vorgefundenen Strukturen werden nicht, wie etwa erfolgreiche japanische Geschäftsphilosophien dies nahe legen, kontinuierlich verbessert (Kaizen), da dabei die Gefahr einer dauerhaften Suboptimierung besteht, sondern grundlegend infrage gestellt und verändert. Oft werden von BPR differenziert die Begriffe Business process improvement als Geschäftsprozessoptimierung zur Verbesserung einer vorhandenen Ablauforganisation durch prozessorientierte Entschlackung sowie Business process redesign als völlige Neustrukturierung der wichtigsten Leistungsprozesse durch Prozessrationalisierung verwendet.

BPR basiert auf drei Ansätzen. Die **Prozess-Idee** bedeutet den Primat der Ablauforganisation vor der Aufbauorganisation. Es werden Kernkompetenzprozesse definiert, die strategisch relevant sind, also dauerhaft, begrenzt substituierbar, nicht imitierbar, die Ressourcen nutzend und einen Wertzuwachs für Kunden erzeugend. Diese werden zu Wettbewerbsvorteilen erhoben und in Profit/Cost centers divisionalisiert. Daneben gibt es Supportprozesse, die begleitend notwendig sind, jedoch ohne Wertschöpfung ablaufen. Ziel ist es, vom Input in die Organisation bis zum Output an Kunden ohne organisatorische Schnittstelle auszukommen, also mit einem Mitarbeiter bzw. einem Team von Mitarbeitern (Operations). Dadurch soll die Komplexität reduziert und Synergie genutzt werden. Spezialisten sind weiterhin in Zentralabteilungen tätig und befassen sich mit internen Services und Controlling oder werden bei Bedarf von den Prozessverantwortlichen angefordert.

Die **Triage-Idee** dient der Klassifizierung. Ausnahmefälle, die in Kosten, Zeit, Information und Qualität nur schwer beherrschbar sind, werden reduziert, indem alle Geschäftsvorfälle nach abgestufter Problemhaltigkeit bzw. Routinisierung in drei Kategorien eingeteilt werden: Hoch problemhaltige, wenig routinisierbare komplexe Fälle, wenig problemhaltige, hoch routinisierbare einfache Fälle sowie mittlere Fälle dazwischen liegend. Auf diese Weise können jeweils komplette Prozessabläufe für jede dieser drei Fallarten optimiert werden. Komplexe Fälle behindern also nicht die Abwicklung einfacher Fälle und umgekehrt.

Die **informationelle Vernetzung** ist technische Voraussetzung für virtuelle Organisation. Unterschieden wird dabei in interorganisationale Vernetzung zwischen Unternehmen, interfunktionale Vernetzung innerhalb des Betriebs und interpersonale Vernetzung im Arbeitsteam. Diese dienen vor allem der Steigerung der Prozesseffizienz bzw. der Verminderung von Leerzeiten als Differenz aus wertschöpfender Zeit und insgesamt vergangener Zeit.

16.2 Qualitätsimpetus

Die hohe Bedeutung der Qualität als wichtiger Unternehmenserfolgsfaktor ist bereits seit langem bekannt. Auf hart umkämpften Märkten mit immer anspruchsvolleren Kunden und wachsender internationaler Konkurrenz gibt es zur konsequenten Qualitätsorientierung keine Alternative. Dies leitet sich vor allem aus drei Erkenntnissen ab. Qualität ist zentral entscheidend für die Existenz eines Unternehmens, denn nur hohe Qualität führt zu Kundenzufriedenheit, damit zu Käuferloyalität und damit wiederum zur Realisierung des Kundenlebenszeitwerts. Qualität bringt auch konkrete Kostenvorteile, weil schon mittelfristig nicht die Produktion von Qualität tatsächlich Kosten treibend wirkt, sondern die Nachbesserung schlechter Qualität. Qualität bewirkt entscheidende Wettbewerbsvorsprünge, wie spätestens seit Erkenntnissen der PIMS-Studie erhärtet ist, und zwar in Bezug auf gleich mehrere relevante Größen wie Umsatzwachstum, Preisindex, Umsatzrendite und Marktanteil.

Qualitätskosten sind daher wie Investitionen zu betrachten, d. h., am Anfang einer Anstrengung zur Qualitätssteigerung stehen zwar Einzahlungen, wie bei jeder Investition, aber im Zeitablauf, und wie man weiß, bereits mittelfristig, führen diese Einzahlungen durch Kostenersparnisse zu einer höheren Rentabilität. Einsparungen beziehen sich hier vor allem auf die Fehlerfolgekosten. Früher war es üblich, im Prozess der Produktion nur hinlänglich auf Qualität zu achten, weil es eine Endkontrolle gab, in der gering qualitative Leistungen heraus geprüft wurden. Dies führte zu verhängnisvollen Folgen. So musste die zumeist hochrationell erstellte ursprüngliche Leistung individuell nachgebessert werden, was einen hohen Aufwand an Zeit und damit Kosten implizierte. Zudem verlängerten sich die Durchlaufzeiten, was angesichts Time based management keineswegs erfolgsneutral ist. Und bei der Kontrolle wurden auch immer wieder mal Fehler übersehen, die dementsprechend ohne Nachbesserung blieben ("Montags-Auto"). Heute ist Qualität hingegen integraler Bestandteil des Produktionsprozesses, d. h., Qualität wird produktionsbegleitend in das Produkt eingebaut. Dabei ist es wegen vielfacher Wertschöpfungsstufen erforderlich, auf jeder Stufe Null Fehler-Qualität nicht nur anzustreben, sondern auch sicher zu gewährleisten, damit verhindert wird, dass Fehler sich hoch kumulieren.

Das bedeutet aber auch, dass Fehler zu jedem Zeitpunkt von Aktivitäten gemessen und sofort behoben werden müssen. Qualität muss daher im Unternehmen aktiv gefördert und darf nicht nur passiv verteidigt werden.

Dies setzt die Schaffung eines umfassenden Qualitätsbewusstseins bei allen Mitarbeitern voraus. Qualität muss insoweit in die obersten Unternehmensziele aufgenommen werden und durch umfassende Qualifizierungsmaßnahmen der Mitarbeiter sowie Dokumentation des Qualitätsmanagement etabliert werden. Voraussetzung ist vor allem ein Vorleben der Qualitätsphilosophie durch die Führungskräfte selbst, um Glaubwürdigkeit zu verkörpern. Gerade daran scheitert in vielen Fällen die Durchsetzung dieser Philosophie. So ist Mitarbeitern die alles entscheidende Bedeutung der Qualität ihrer Arbeit nur schwer zu vermitteln, wenn sie erleben, wie im Management Fehlentscheidungen größter Tragweite vorkommen und deren Verantwortliche weitgehend ungeschoren bleiben, die diesem Qualitätsdenken zuwiderlaufen.

Für Qualität gibt es vielfältige Definitionen**.** Wichtig ist, dass Qualität subjektiv, also aus der Sicht des Leistungsadressaten, zu definieren ist. Dem folgen auch die DIN-Definitionen: **Qualität ist die Gesamtheit von (Eigenschaften und) Merkmalen eines Produkts oder einer Tätigkeit (einer Einheit) bzgl. ihrer Eignung, vorausgesetzte Erfordernisse zu erfüllen** (DIN 8402/55350). Wichtig ist also die teleologische Qualität, im Unterschied zur objektiven, technisch-wissenschaftliche Qualitätssichtweise, die meist durch Erfüllung festgelegter **Normen** definiert wird.

Insofern ist Qualität so verschieden wie die Kunden. Allerdings kann ein Anbieter sich selbst Qualitätsstandards setzen, die einzuhalten er sich vornimmt. Er muss in Kauf nehmen, dass dabei Über- oder Unterqualitäten relativ zu Kundenanforderungen herauskommen, beides mit unbedingt vermeidbaren Verlusten. Die Leistung möglichst genau auf Zielgruppen am Markt auszusteuern, ist die Aufgabe des Qualitätsmanagement. Das umfassendste Bekenntnis zur Qualität erfolgt im Rahmen des Total quality management (TQM).

Total quality management ist die auf der Mitwirkung jeglichen Personals in allen Stellen und Hierarchieebenen beruhende Führungsmethode einer Organisation, die Qualität in den Mittelpunkt stellt und durch Zufriedenstellung der Kunden auf langfristigen Geschäftserfolg sowie auf Nutzen für die Mitglieder der Organisation und für die Gesellschaft zielt. Es beinhaltet damit alle Strukturen, Abläufe,

Vorschriften, Regeln, Anweisungen und Maßnahmen, die dazu dienen, die Qualität von Produkten einer Unternehmung in allen Funktionen und Ebenen durch die Mitwirkung aller Mitarbeiter termingerecht und zu günstigen Kosten zu gewährleisten sowie kontinuierlich zu verbessern, um eine optimale Bedürfnisbefriedigung der Abnehmer und der Gesellschaft zu ermöglichen:

- „Total" bedeutet, dass die Einbeziehung aller an der Leistungserstellung beteiligten Interessengruppen (Mitarbeiter, Zulieferer, Abnehmer etc.) erforderlich ist. „Quality" bedeutet, dass eine konsequente Orientierung aller betrieblichen Aktivitäten an diesen Qualitätsforderungen erforderlich ist. „Management" bedeutet, dass Qualität als übergeordnetes Führungsprinzip im Betrieb verstanden wird.

Dazu wird die gesamte Wertschöpfungskette im Unternehmen unter dem Primat der Qualität betrachtet. Jede nachgelagerte Stufe in der Wertschöpfung ist ein Kunde. Eigene Anforderungen und Anforderungen nachgelagerter Stufen definieren die Qualität der eigenen Leistung. Jede Wertschöpfungsstufe optimiert die eigene Qualität unter den Nebenbedingungen Zeit, Information und Kosten. Dabei herrscht eine Prozesssicht anstelle der traditionellen Struktursicht vor, wobei jeder Beteiligte für die zutreffende Beschreibung seiner Prozesse und der daraus resultierenden Qualität selbst verantwortlich ist (Process owner), d. h. jeder Mitarbeiter ist sein eigener Qualitätsmanager. Qualitätsmanagement ist damit keine separate betriebliche Funktion, sondern inhärenter Bestandteil jedweder betrieblicher Funktionen.

Weit verbreitet wird dies in **Qualitätszirkeln** deutlich. Diese stellen eine Form der Kleingruppenarbeit im Betrieb dar. Ziel ist die Suche nach Verbesserungsmöglichkeiten der Arbeitsprozesse der beteiligten Gruppenmitglieder bzw. die Verbesserung der Produktqualität, der Aufgabenerfüllung und der Humanisierung der Arbeit. Qualitätszirkel sind auf Dauer angelegt und bestehen aus Mitarbeitern einer hierarchischen Ebene mit gemeinsamer Erfahrungsgrundlage. Sie finden in regelmäßigen Abständen auf freiwilliger Basis statt, um Themen des eigenen Arbeitsbereichs zu analysieren und unter Anleitung eines geschulten Moderators mit Hilfe von Problemlösungs- und Kreativitätstechniken Ursachen zu erkennen und Handlungsvorschläge zu erarbeiten sowie zu präsentieren, die dann selbstständig oder im Instanzenweg umgesetzt und kontrolliert werden. Die Qualitätszirkel eines Betriebs gehören zu einem Qualitätszirkel-System, das aus Steuerungskomitee, Koordinator, Moderatoren und den eigentlichen Qualitätszirkelmitgliedern besteht.

16.3 Fehlervermeidung

Hinsichtlich der Fehlervermeidung stellt sich pragmatisch zunächst die Frage, was ein **Fehler** ist. Fehler bedeutet allgemein die objektive Nichterfüllung, genauer Nichtkonformität, einer festgelegten Forderung i. S. v. Qualitäts- und Zuverlässigkeitsmerkmalen

(DIN EN ISO 8402/Fault). Er führt zur Fehlfunktion oder Funktionsunfähigkeit (= Failure) eines Produkts. Davon zu unterscheiden ist ein subjektiver Mangel, d. h., die Nichterfüllung einer beabsichtigten oder auch nur berechtigten, den Umständen angemessenen Erwartung für den Gebrauch einer Einheit (= Defect). Ein **Mangel** beeinträchtigt also nicht die Verwendbarkeit der betrachteten Einheit, ein Fehler sehr wohl.

Rechtlich ist eine Einheit fehlerhaft, wenn sie von der vereinbarten Beschaffenheit abweicht und dadurch ihr Wert oder ihre Tauglichkeit zum normalerweise vorgesehenen oder vertraglich vereinbarten Gebrauch aufgehoben oder mehr als unerheblich gemindert wird. Man unterscheidet offene Fehler, diese sind durch dem Stand der Technik entsprechende Verfahren und bei Anwendung der üblichen Sorgfalt bei einer Prüfung erkennbar, sowie verdeckte Fehler, diese sind nicht ohne Weiteres erkennbar. Werden offene Fehler von Leistungsempfängern abgenommen, gelten sie vom Abnehmer als genehmigt, bei verdeckten Fehlern können hingegen Gewährleistungsrechte aktiviert werden.

Ein kritischer Fehler gefährdet die Sicherheit des Nutzers oder betrifft die grundlegende Funktionstüchtigkeit der Leistung. Es ist anzunehmen oder bekannt, dass er voraussichtlich für Personen gefährliche und unsichere Situationen schafft. Ein Hauptfehler stellt die Brauchbarkeit der Leistung vollständig oder teilweise in Frage. Es handelt sich um einen schweren Fehler, der voraussichtlich zum Ausfall führt. Nebenfehler setzen die Brauchbarkeit der Leistung teilweise herab oder bedeuten die Abweichung von Sollvorgaben ohne Beeinträchtigung von Gebrauch oder Funktion. Die Einstufung erfolgt auf Basis eines Fehlerkatalogs aus Kundensicht, z. B. nach einer Punktbewertung. Daraus folgt eine Qualitätskennziffer (QKZ). Die Summe der Fehlerpunkte wird zur Anzahl geprüfter Produkte in Relation gesetzt und auf ein zugrunde liegendes Punktraster normiert. Die Durchführung wird durch Mitarbeiter aus dem Qualitätsmanagement und der Prüfabteilung vorgenommen. Sie erfolgt anlassbezogen oder regelmäßig. Darüber wird ein Ergebnisprotokoll erstellt.

Das Zero defects concept (Null Fehler-Konzept) lässt nunmehr fehlerfreie Prozesse ohne Ausschuss und Nacharbeit zu, denn nicht die Produktion von Qualität verursacht Kosten, sondern vielmehr die Behebung von Fehlern in der Produktion. Fehlervermeidung setzt daher bereits in der Entwicklungs- und Konstruktionsphase an.

Ausgangspunkt des **Null-Fehler-Konzepts** ist die qualitätswirksame Aussteuerung der Fehlerrate, d. h. der Anzahl der fehlerhaften an allen erstellten Leistungseinheiten. Zur Ermittlung wird die Gauss'sche Normalverteilungskurve zugrunde gelegt. Diese ist durch Mittelwert und Standardabweichungen normiert, sie hat also einen definierten Glockenkurvenverlauf, der die Verteilung aller Fälle in der Grundgesamtheit repräsentiert. Der Mittelwert zeigt die Lage der Verteilung an, die Standardabweichungen zeigen an, wieviel Prozent aller Fälle unterhalb der Kurve sich zwischen Standardabweichungs- und Mittelwert, sich beidseits symmetrisch um den Mittelwert bzw. sich jenseits des Mittelwerts befinden. Für die Qualitätseinstellung ist die beidseits symmetrische Verteilung wichtig. Sie ist wie folgt normiert:

- Anzahl der Fälle unterhalb der Normalverteilungskurve zwischen - 3 und + 3 σ: 99,73001 %
- Anzahl der Fälle unterhalb der Normalverteilungskurve zwischen - 6 und + 6 σ: 99, 9999998 %.

Eine Fehlerrate von 0,0000002 % wird als Null-Fehler interpretiert. Nun liegt die rechnerische Null-Fehler-Rate tatsächlich im Bereich des Unendlichen, weil sich die Kurvenzüge der Normalverteilungskurve nur asymptotisch der Abszisse nähern. Um aber zu einem praktikablen Ergebnis zu gelangen, wird eine Standardabweichtung von +/- 6 Sigma gleich 100 % gesetzt. Durch diesen Shift verschieben sich die Fehlerraten entsprechend. Die Werte lauten im 6 σ-/Null-Fehler-Konzept dann wie folgt:

- Anzahl der Fälle mit Shift zwischen - 3 und + 3 σ: 93,31894 % = 66.811 DPMO
- Anzahl der Fälle mit Shift zwischen - 4 und + 4 σ: 99,37903 % = 6.210 DPMO
- Anzahl der Fälle mit Shift zwischen - 5 und + 5 σ: 99,97673 % = 233 DPMO
- Anzahl der Fälle mit Shift zwischen - 6 und + 6 σ: 99,99966 % = 3,4 DPMO.

Eine Fehlerrate von 0,00034 % entspricht damit konzeptionell einer Null-Fehler-Rate, technisch spricht man von 3,4 Parts per million (PPM) oder 3,4 Defects per million opportunites (DPMO).

Ein Null Fehler-Konzept ist jedoch nur erfolgreich, wenn es gelingt, die Verpflichtung des Management zur Qualität klarzustellen. Die Durchführung von Qualitätsverbesserungsprogrammen bedingt, dass Qualitätsabweichungen erlebbar gemacht und Qualitätskosten definiert werden. Eine geeignete Darstellungsform ist z. B. eine Schautafel am Arbeitsplatz mit geplanter und tatsächlicher Fehlerfreiheit. Zudem gilt es, die Kontinuität des Programms zu verdeutlichen.

Bemühungen zur Fehlervermeidung stellen einen kontinuierlichen Prozess dar. Dazu bietet es sich an, den **PDCA**-Kreislauf zu durchlaufen (siehe Abb. 115).
P = Plan beinhaltet folgendes:

- Problem erkennen, d. h. Soll-Ist-Abweichung, Problembeschreibung,
- derzeitige Situation verstehen, d. h. Zusammenhänge analysieren, Verbesserungsziel festlegen, Vorgehen/Zeitrahmen festlegen,

- Ursachen feststellen, d. h. Gesamtproblem in Teilprobleme zerlegen, Ursachen finden und gewichten, Datenquellen ermitteln, Daten erheben, darstellen, analysieren und interpretieren,
- Verbesserung planen, d. h. auf wesentliche Problemursachen konzentrieren, Lösungsalternativen suchen, Beurteilungskriterien festlegen, Lösungsalternativen bewerten und auswählen, Bestätigungsversuch planen.

D = Do beinhaltet die Erprobung der Verbesserung, d. h. Bestätigungsversuch durchführen, Ergebnisse beobachten, Feedback von betroffenen Bereichen einholen.

C = Check beinhaltet die Analyse der Ergebnisse, d. h. Daten zum Bestätigungsversuch sammeln und darstellen, Daten mit Ursprungsdaten vergleichen, Zielerreichungsgrad beurteilen und analysieren.

A = Act beinhaltet folgendes:

- Verbesserung einführen, d. h. Prozessverbesserung stabilisieren, Vorgehen als neuen Standard dokumentieren, andere Bereiche informieren,
- künftige Verbesserungen, d. h. Erfahrungen aus Projekt überdenken, weitere Verbesserungsprojekte diskutieren.

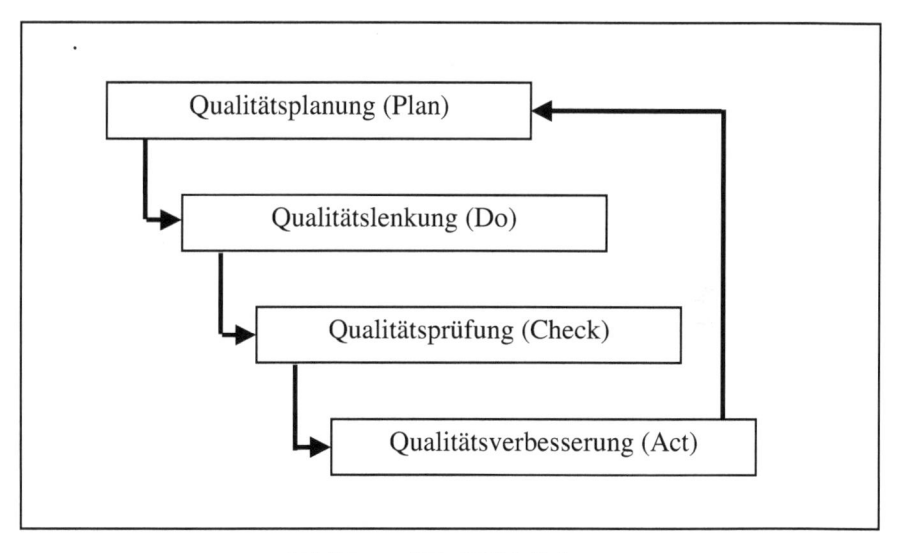

Abbildung 125: PDCA-Schema

16.4 Qualitätssicherungsinstrumente

16.4.1 Quality function deployment

Zur operativen Qualitätssicherung werden vielfältige Instrumente eingesetzt. Quality function deployment (QFD) ist ein System aufeinander abgestimmter Planungs- und Kommunikationsprozesse mit dem Ziel, die Stimme der Kunden in Qualitätsmerkmale von Produkten, Prozessen oder Dienstleistungen zu übersetzen und festzulegen, welche Leistungen der Kunde erwartet und benötigt, die dem Wettbewerbsdruck standhalten. Die Vorgehensweise ist wie folgt:

- Erhebung der Kundenanforderungen an eine Leistung,
- Vergleich zu eigener Leistung oder Konkurrenzprodukten,
- Interpretation der Kundenanforderungen und Umsetzung in Leistungsmerkmale,
- Messung des Erfüllungsgrades der Kundenwünsche nach Umsetzung,
- Feststellung kritischer technischer Anforderungen,
- Lösung auftretender Zielkonflikte (technische Machbarkeit),
- Prüfung der wirtschaftlichen Machbarkeit.

QFD folgt damit dem Prinzip, Leistungen so zu planen und zu produzieren, wie sie von Kunden gewünscht werden. Dazu wird man nacheinander zunächst alle Kundenanforderungen auflisten und strukturieren, deren relative Bedeutung festlegen und deren momentanen Erfüllungsgrad bestimmen, Qualitätsmerkmale daraus ableiten, eine Beziehungsmatrix erstellen, die Qualitätsmerkmale in Zielgrößen konkretisieren und mit der Problemlösung durch die Konkurrenz vergleichen. Diese „Übersetzungsarbeit" wird zumeist durch das House of quality-Konzept dargestellt (siehe Abb. 126).

Das **House of quality** ist die optische Umsetzung der Auswahl, Klassifizierung und Gewichtung von Qualitätsmerkmalen und dient der schrittweisen Konkretisierung aller Einzelforderungen an die Realisierung bzgl. Zweck, Anspruchsklasse und Möglichkeiten. Dabei stellen die Kundenanforderungen die linke „Wand" des Hauses dar, die abgeleiteten Qualitätsmerkmale die „Decke", die Beziehungen untereinander den „Innenraum", die Konkretisierung der Qualitätsmerkmale in Zielgrößen den „Boden", der Vergleich mit konkurrierenden Problemlösungen die rechte Wand und Wechselwirkungen der Qualitätsmerkmale das „Dach".

Die **Kundenanforderungen** (links) werden in dem als hierarchische Liste dargestellten Baumdiagramm strukturiert und im Qualitätsplan (Warum) aus der Sicht der Kunden gewichtet. Wenn für das geplante Produkt eine Conjoint-Analyse durchgeführt wurde, sind die ermittelten Teilnutzenwerte als Wichtigkeit einzusetzen. Wichtige Forderungen und Begeisterungsmerkmale werden zusätzlich hervorgehoben.

Beispiel: Autofahrer sollen während der Fahrt über die aktuellen Fahrzeugwerte, die sie interessieren, informiert werden.

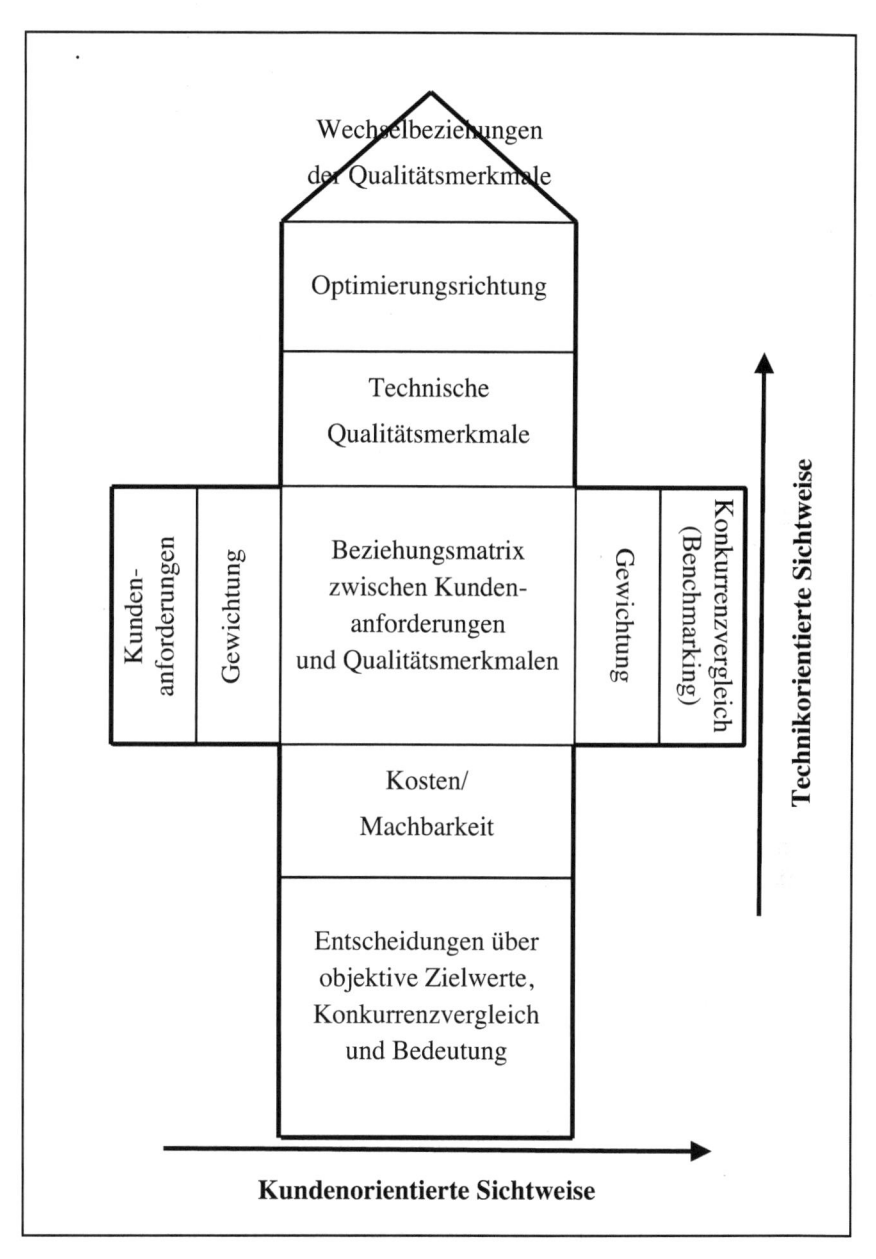

Abbildung 126: House of quality-Konzept

Der Beurteilung des **eigenen Vorgängerprodukts** und der **Wettbewerbsprodukte** durch den Kunden (rechts) wird die angestrebte Beurteilung des neuen Produkts, also geplante Qualität, gegenübergestellt. Aus der daraus ableitbaren zu realisierenden Verbesserung, multipliziert mit der Wichtigkeit aus Kundensicht und mit den Verkaufspunkten, ergibt sich die Priorität der einzelnen Forderungen. Dies entspricht der notwendigen Anstrengung zur Zielerreichung und dient als Hinweis für Prioritäten in der Produktentwicklung.

Beispiel: Autofahrer wollen die Fahrzeugwerte ohne Blickwechsel von der Straße ablesen können, was herkömmlich über Anzeigeinstrumente nicht möglich ist.

Die **Umsetzung der Kundenforderungen** (oben) in technische Merkmale ist ein Kernelement von QFD. Für jede Kundenanforderung werden am Gesamtprodukt mess- und kontrollierbare technische Merkmale ermittelt und in einem Baumdiagramm strukturiert. Entsprechend ihrer Zugehörigkeit zu bestimmten Oberbegriffen werden diese Qualitätsmerkmale in einer Liste hierarchisch angeordnet. Das QFD-Team ist an dieser Stelle Mittler zwischen Kundenstimme und technischer Umsetzung.

Beispiel: Möglichkeit zur Darstellung der Fahrzeugwerte in der Windschutzscheibe durch Head up-Display.

Ein weiteres Kernelement jeder QFD-Anwendung ist die strukturierte Darstellung der **Verknüpfung** (mitte) zwischen den Qualitätsmerkmalen und den resultierenden Erfüllungsgraden für die Kundenanforderungen. Diese werden in der Beziehungsmatrix festgelegt und ihrer Stärke nach bewertet. Verschieden starke Zusammenhänge werden durch unterschiedliche Symbole oder Zahlenwerte markiert. Entscheidungsgrundlage für die Erstellung der Beziehungsmatrix können sowohl Fakten als auch Erfahrung oder Intuition sein. Eine Unterscheidung dieser beiden Möglichkeiten, z. B. farblich, hilft später, die Zuverlässigkeit der Matrixdaten zu beurteilen.

Beispiel: Autofahrer müssen den Blickfokus während der Fahrt nicht mehr von der Straße nehmen und auf die Armaturen richten.

Die **technische Bedeutung** der Qualitätsmerkmale (unten) errechnet sich aus dem Skalarprodukt der Prioritäten der Kundenforderungen und den entsprechenden Spalten der Qualitätsmerkmale in der Beziehungsmatrix. Basierend auf dem Vergleich der technischen Daten des Vorgängerprodukts und der Wettbewerber werden die technischen Vorgabewerte für das neue Produkt festgelegt. Besonders kritische Punkte werden markiert.

Beispiel: Sicherheit und Bequemlichkeit während der Fahrt.

Die **Korrelationsmatrix** (ganz oben) verdeutlicht Zielkonflikte. Diese entstehen durch positive oder negative Wechselwirkungen einzelner Qualitätsmerkmale. Diese Zusammenhänge werden in der Korrelationsmatrix symbolisch dargestellt. Oft werden zusätzlich die Beeinflussungsstärken durch entsprechende Symbole berücksichtigt.

Beispiel: Vernetzung mit intelligentem Steuerungssystem für die Funktionsausstattung im Auto.

Die Arbeitsschritte sind wie folgt:
- *Erfassung der Kundenbedürfnisse*
- *Wettbewerbsanalyse der Erfüllung dieser Anforderungen*
- *Identifikation der technischen Merkmale*
- *Interdependenzen zwischen diesen Merkmalen*
- *Bestimmung der Optimierungsrichtung*
- *Identifikation von Wirkungsbeziehungen*
- *Gewichtung der Leistungsmerkmale*
- *Vergleich existenter Produkte*
- *Ermittlung des technischen Schwierigkeitsgrads*
- *Bestimmung der Zielwerte.*

16.4.2 Statistische Versuchsplanung

Die planmäßige Vermeidung von Produktfehlern setzt Prozesse voraus, die beherrscht werden und fähig sind. Ursachen für Abweichungen davon werden in der statistischen Versuchsplanung ermittelt. Sie bezieht sich auf Systemfestlegungen, Grundlagen der Konstruktion, Qualitätsmerkmale und Kundenanforderungen sowie die vorläufige Feststellung der Produkt- und Prozessparameter und bedient sich nach Shainin verschiedener Verfahren (siehe Abb. 127).

Im **paarweisen Vergleich** wird versucht, die wesentlichen Störeinflüsse durch einen Vergleich von Gut- und Schlecht-Teilen einzugrenzen, indem jeweils eine gute und eine schlechte Leistungseinheit zufällig zu einem Paar zusammen gestellt und hinsichtlich ihrer Abweichungen verglichen werden. Die Häufigkeitsanalyse von Unterschieden zwischen Gut- und Schlecht-Teilen führt zu wesentlichen Unterschieden, die Häufung von Unterschieden lässt Rückschlüsse auf Merkmale zu, wobei von einem statistisch nachweisbar relevanten Signifikanzniveau ab sieben Paaren auszugehen ist.

Beim **Komponententausch** geht es um das wechselseitige Vertauschen der Komponenten von guten und schlechten Einheiten mit anschließender grafischer Auswertung der Veränderung. Dies setzt jedoch eine zerstörungsfreie Zerlegung je einer guten und schlechten Leistungseinheit voraus, danach erfolgt die Re-Integration und erneute Messung. Gibt es einen Unterschied, liegt die Ursache in dieser Re-Integration. Andernfalls werden die Teile nach Wahrscheinlichkeit ihrer Verursachung absteigend gerangreiht, dann wird das wichtigste Teil der guten Einheit in die schlechte Einheit integriert und gemessen. Alle anderen Teile werden nacheinander ebenso einzeln integriert und gemessen. Wird die schlechte Einheit besser bzw. die gute Einheit schlechter, ist das entsprechende Teil fehlerverursachend.

- paarweiser Vergleich
- Komponententausch
- Multi-Variations-Karte
- Variablensuche
- vollständiger Versuch
- Vergleich A zu B
- Streudiagramm

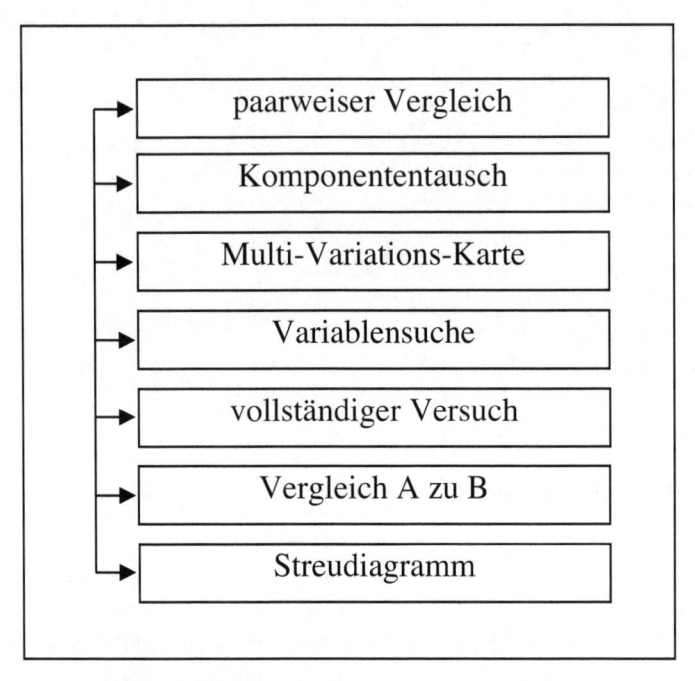

Abbildung 127: Statistische Versuchsplanung

Bei der **Multi-Variations-Karte** geht es um das Erkennen und Einstufen der Haupteinflussgrößen auf die Qualität. Dazu werden jeweils drei bis fünf Einheiten im Zeitablauf gemessen, um dadurch einen Ausweis der Lage der Qualitätswerte (wenige Fehler/viele Fehler), ihrer Abweichungen vom Mittelwert (große Abweichung/geringe Abweichung) und ihrer Streuung im Zeitablauf (gleichbleibend/verbessert/verschlechtert) zu erhalten. Eine positionale Variation zeigt die Streuung der Messwerte einer Teilleistung, eine zyklische Variation gibt die Streuung der Messwerte innerhalb der Stichprobe an, eine zeitliche Variation weist die Veränderung der Messwerte in größeren Zeitabständen aus.

Bei der **Variablensuche** werden die Teile als 5–20 qualitätsrelevante Steuergrößen auf zwei Stufen variiert und mit einem Vorlauf verglichen. Dann werden die Einflussgrößen nach Qualitätsbedeutung absteigend gerangreiht. Durch systematische Variation der Einstellungen werden die wichtigsten Prozessparameter aufgedeckt. Dazu wird das wichtigste Gut-Teil mit allen anderen schlechten Teilen gemeinsam integriert und gemessen, dann wird das wichtigste Schlecht-Teil mit allen anderen guten Teilen integriert und gemessen, dies erfolgt nacheinander für alle Teile. Diese Messungen werden mit nur guten bzw. nur schlechten Teilen verglichen, die größte Verschlechterung bei ansonsten nur Gut- bzw. die größte Verbesserung bei ansonsten nur Schlecht-Teilen ist qualitätskritisch. Qualitätskritische Teile müssen im Prozess mit engeren Toleranzen eingestellt werden als weniger qualitätskritische.

Der **vollständige Versuch** dient der Ermittlung der Effekte der Haupteinflussgrößen und ihrer Wechselwirkungen untereinander. Bei vier Größen mit zwei Stufen (gut/schlecht) ergeben sich somit 16 Versuche durch Kombination als vollständiger Vergleich der verbleibenden Einflussgrößen gegeneinander. Etwaige Wechselwirkungen zwischen Einflussgrößen (Interaktionseffekte) können mittels Varianzanalyse untersucht werden. Allerdings inflationiert die Zahl erforderlicher Versuche rasch bei mehreren Einflussgrößen, sodass die Praktikabilität engen Grenzen unterliegt.

Der **Vergleich A zu B** betrifft die Bestätigung der optimalen Einstellung der gefundenen Haupteinflussgrößen durch Vergleich des vermutlich besseren Prozesses mit dem alten Prozess. Dazu werden zufällig Prozessergebnisse des alten Prozesses und des mutmaßlich verbesserten Prozesses ausgewählt und auf einem Kontinuum von „sehr gut" bis „sehr schlecht" positioniert. Eine Häufung des alten Prozesses bei „sehr schlecht" bzw. des verbesserten Prozesses bei „sehr gut" deutet auf eine tatsächliche Verbesserung des neuen Prozessdesign hin.

Im **Streudiagramm** kommt es zur Optimierung und Tolerierung der Einstellung der Haupteinflussgröße zur Problemlösung in Bezug auf die Kundenanforderungen, d. h. Einstellung gemäß den Qualitätsmerkmalen der Kunden. In einem Diagramm wird dazu waagerecht die Einflussgröße und senkrecht das Qualitätsmerkmal abgetragen. Dann werden 30 Leistungseinheiten untersucht und deren Ergebnisse als Punktwolke eingetragen. Dazwischen werden eine Trendgerade und Toleranzgrenzen nach oben und unten vermerkt.

Diese Verfahren können auch kombiniert eingesetzt werden. Shainin geht dabei vom Pareto-Prinzip aus, d. h., es gibt Haupteinfluss-, Sekundäreinfluss- und Tertiäreinflussgrößen. Ziel ist die sukzessive Reduzierung dieser anfangs schwer überschaubaren Größen auf wenige Haupteinflussgrößen, die gut „eingestellt" werden können. Die Identifizierung der Haupteinflussgrößen führt zur Validierung der Ergebnisse und zur Optimierung der Zielgrößen.

16.4.3 Statistische Prozessregelung

Bei der Statistischen Prozessregelung (Statistical process control/SPC) handelt es sich um qualitätssichernde Maßnahmen, die einen Prozess mittels statistischer Methoden verfolgen und bei Bedarf regelnd bzw. lenkend eingreifen, bevor Ausschussteile hergestellt werden. Durch grafische Darstellung wird eine intensive Beobachtung des Prozesses möglich. Systematische Störungen sollen möglichst frühzeitig erkannt und noch während der Produktion entdeckt und eliminiert werden. Ziel ist die Fehlervermeidung anstelle der Fehlerentdeckung, wodurch eine Reduktion der Ausschuss-, Nacharbeits- und Prüfkosten erreicht wird. Hilfsmittel ist die Qualitätsregelkarte, auf der die Lage des Prozesses und die Streuung des Prozesses überwacht werden.

Als **fähiger** Prozess wird ein solcher bezeichnet, der innerhalb der Toleranzgrenzen liegt, statistisch spricht man von hoher Validität, als **beherrschter** Prozess wird ein solcher bezeichnet, der wiederholbar ist, statistisch spricht man von hoher Reliabilität. Ein fähiger, aber nicht beherrschter Prozess liegt zwar innerhalb der Toleranzgrenzen, schwankt jedoch in seiner Qualität, ein nicht fähiger, aber beherrschter Prozess ist zwar wiederholbar, liegt jedoch außerhalb der Toleranzgrenzen. Nicht fähige, nicht beherrschte Prozesse sind auszuschließen. Als Ziel stellen sich hingegen fähige und beherrschte Prozesse, die nurmehr zufälligen Störeinflüssen unterliegen (siehe Abb. 128).

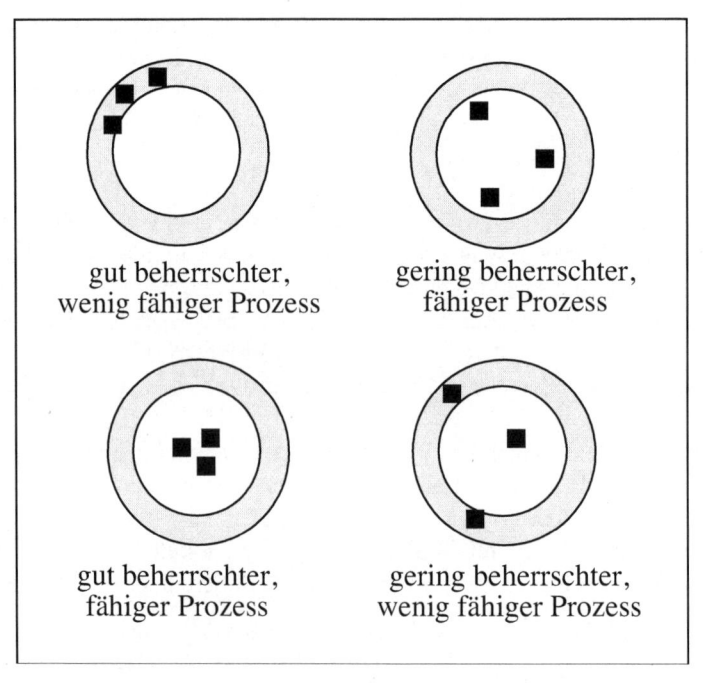

Abbildung 128: Reliabilität und Validität von Prozessen

Systematische Einflüsse treten unregelmäßig auf und beruhen auf Ursachen, die gefunden und zur Qualitätssicherung abgestellt werden können, zufällige Einflüsse hingegen sind natürliche Streuungen, die nicht beeinflussbar, weitgehend stabil und zumindest wahrscheinlichkeitstheoretisch vorhersagbar sind. Ihre Häufigkeit wird durch statistische Lokalisationsmaße, vor allem Mittelwert/Median, bzw. Dispersionsmaße, vor allem Standardabweichung/Spannweite, ausgewiesen.

Zur eigentlichen Untersuchung ist zunächst eine Auswahl der zu erfassenden Produktmerkmale sowie eine Auswahl der Messverfahren erforderlich. Auf dieser Basis wird die Wiederholungsgenauigkeit in der Produktion gemessen. Bei einfacher Qualitätsregelung liegen die Eingriffsgrenzen bei +/- 2 σ als obere/untere Regellinie zur Warngrenze mit ca. 4,5 % Fehleranteil und +/- 3 σ als obere/untere Toleranzlinie zur Eingriffsgrenze mit ca. 0,3 % Fehleranteil, die auf einer Qualitätsregelkarte eingetragen werden.

Die Streuung der Mittelwerte der Stichproben über Mittelwertkarte o. Ä. Formulare ist aufgrund der Komprimierung von oberen und unteren Ausreißern geringer als die Streuung der tatsächlichen Stichprobenwerte selbst in der Urwertkarte. Mit wachsender Zahl der Stichproben nähert sich die Streuung einer Normalverteilung an, daher sind Mittelwerte in der Stichprobe sensibler steuerbar. Die Gesamtstreuung gibt über die tatsächliche und langfristige Leistungsfähigkeit eines Prozesses unter „echten" Produktionsbedingungen Auskunft. Sie kann zerlegt werden in eine innere Streuung, die wenig beeinflussbar und typisches Kennzeichen des Prozesses ist, sowie eine äußere Streuung, die beeinflussbar und untypisch ist. Wird die akzeptable Prozessstreubreite durch die innere Streuung überschritten, müssen die Ursachen beseitigt werden. Liegt dagegen die Abweichungsursache vom Prozesssollwert in äußeren Einflüssen wie situativen Faktoren, kann der Prozess durch Nachregeln in den vorgegebenen Grenzen realisiert werden. Das Auftreten äußerer Störungen soll rechtzeitig erkannt werden. Erfolgt die Korrektur automatisch, spricht man von Prozesssteuerung.

Die Schätzung der Werte der Grundgesamtheit erfolgt aus Stichprobenwerten. Eine Folge von sieben Werten pro Zyklus aus direkt nacheinander gezogenen Teilstichproben unterhalb bzw. oberhalb des Mittelwertes wird als systematischer Einfluss angesehen, daher muss die Produktion gestoppt bzw. mit Hilfe statistischer Versuchsplanung nachgeregelt werden. Dann beginnt eine neue Messung. Eine Trendanalyse kann erfolgen, sobald sechs aufeinander folgende Merkmalswerte im Sollbereich liegen. Chargen- bzw. Niveausprünge werden mit Zufallsstichproben je Charge erfasst, parallel anfallende Arbeitsergebnisse werden getrennt in Zufallsstichproben beurteilt. Evtl. ist dazu eine Schichtung der Stichprobe erforderlich.

Probleme in der Anwendung entstehen durch fehlende Zielfestlegung, Unkenntnis der zu erfassenden Merkmale und ihrer Messmöglichkeiten, Vernachlässigung des Messfehlers, Fehlen geeigneter Messeinrichtungen, falscher Zusammensetzung der Daten und nicht zufallsverteilter Auswahl der Messeinheiten.

16.4.4 Fehlerprävention und -analyse

Der japanische Begriff **Poka yoke** bedeutet die permanente Qualitätsverbesserung durch Vermeidung unbeabsichtigter, zufälliger Fehler, bei Maschinen bedingt durch Meantime between failure (MTBF/Ausfallrate), bei Menschen bedingt durch Unaufmerksamkeit, Auslassen, Vertauschen, Vergessen, Falschablesen etc. sowie Missinterpretieren infolge Lärmbelästigung, schlechter Beleuchtung, Ermüdung, Unaufmerksamkeit etc. Es gibt Fehler, die während ihrer Entstehung von Mitarbeitern bemerkt werden, und solche, die unbemerkt bleiben. Diese Fehler werden nicht als unvermeidbar hingenommen, sondern durch Inspektionsmethoden zur Fehlerquellenvermeidung bekämpft. Dabei helfen Vorkehrungen mit den Grundelementen

- Auslösemechanismen, z. B. Kontakt-Sensoren für Soll-Handhabungen, Zähleinrichtungen/Fixwerte, Schrittfolgenmessung für Standardbewegungsabläufe, und
- Reguliermechanismen, z. B. Abschalten bei Prozessunregelmäßigkeiten, Alarmieren als Hinweis auf entstehende/entstandene Fehlleistung, Kontrollabfrage.

Dabei erfolgt entweder ein Hinweis, dass ein geplanter Arbeitsschritt risikobehaftet ist (Warner), der jedoch ignoriert werden kann. Oder ein Arbeitsschritt kann gar nicht ausgeführt werden, weil bestimmte Voraussetzungen dafür fehlen (Stopper). Bei den Warnern unterscheidet man

- Kontaktwarner (z. B. Lichtschranke zur Messung der Kundenzahl), Festwertwarner (z. B. Operationsbestecktablett im Krankenhaus) sowie Sequenzwarner (z. B. Warnton, wenn im Auto Licht brennt).

Bei den Stoppern unterscheidet man

- Kontaktstopper (z. B. Durchmesser des Tankstutzens bei bleifreiem Kraftstoff), Festwertstopper (z. B. Prüfziffer bei Direct banking) sowie Sequenzstopper (z. B. Geldausgabe nach Scheckkartenentnahme).

Durch diese Vorkehrungen sollen vermeidbare Qualitätsmängel unterbunden werden, d. h., die Leistungserstellung ist so organisiert, dass falsche Prozesse verhindert oder zumindest angezeigt werden. Hinzu kommt eine Gestaltung des Orts der Leistungserstellung, die mögliche Fehlhandlungen von vornherein ausschließt und verhindert, dass menschliche Fehler zu Fehlern an Produkten führen.

Die **Fehlerbaum-Analyse** (FBA) dient zur deduktiven Ermittlung der logischen Verknüpfungen von Komponenten- oder Teilsystemausfällen, die zu einem nicht erwünschten Ergebnis führen. Davon ausgehend wird eine Baumstruktur mit allen Ausfallursachen aufgestellt. Die Ereignisse werden durch logische Verknüpfungen miteinander verbunden. Zunächst erfolgt eine Untersuchung des Systems mit Hilfe einer Systemanalyse, wobei das System in seine Untersysteme (Komponenten, Bauteile) aufgegliedert wird. Dabei werden im Einzelnen Systemfunktionen, Umgebungsbedingungen, Hilfsquellen, Komponenten, Organisation und Verhalten analysiert. Dann erfolgt die Festlegung des unerwünschten Ereignisses und der Ausfallkriterien. Jedes unerwünschte Ereignis wird in einem separaten Fehlerbaum dargestellt. Es folgt die Analyse der Ursache-Wirkungs-Beziehungen und die Ableitung der möglichen Ausfall- oder Versagensarten der Komponenten sowie die Aufstellung des Fehlerbaums ausgehend vom unerwünschten Ereignis. Danach wird der Fehlerbaum ausgewertet. Dadurch werden alle möglichen Ausfallkombinationen erfasst und grafisch zur Beschreibung der Ereignisfolgen dargestellt. Daraus lässt sich wiederum die Eintrittswahrscheinlichkeit der Ausfallkombinationen errechnen.

Die **Fishbone-Analyse** (Ishikawa-Technik) ist ein Ursache-Wirkungs-Diagramm zur systematischen Ermittlung von Mängeln im Unternehmen nach Haupt- und Nebeneinflussgrößen. Die Zerlegung erfolgt grafisch in Form einer Baumverzweigung nach möglichen bekannten Ursachen, meist in die Dimensionen Mensch, Maschine, Material, Methode, Milieu (Umfeld) und Messung. Für ein gegebenes Qualitätsproblem werden somit alternative Lösungsmöglichkeiten entwickelt. Aus diesen wird die am Besten geeignet erscheinende Lösung ausgewählt und realisiert. Ist das Qualitätsproblem damit noch nicht gelöst, wird die nächstwahrscheinliche Ursache ausgewählt und ebenfalls realisiert. Dies solange, bis das Problem erledigt ist. Die Realisierung wird durch sachverständige Arbeitsgruppen übernommen, der Mitarbeiter „von der Basis" angehören (siehe Abb. 129).

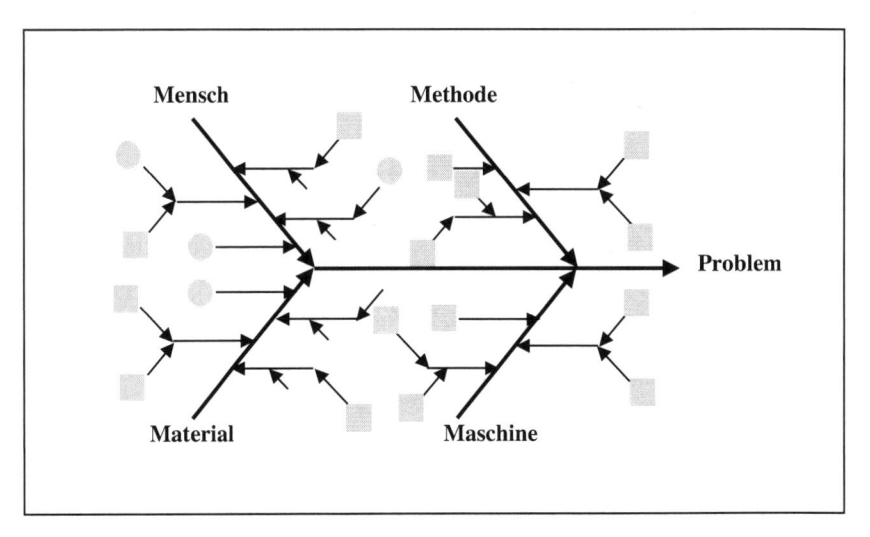

Abbildung 129: Ursache-Wirkungs-Diagramm

16.4.5 Fehlermöglichkeits- und -einflussanalyse

Absicht der FMEA (Failure mode and effect analysis/Schwachstellenanalyse) ist es, Qualitätsmängel sowie deren Risiken und Folgen bereits vor ihrer Entstehung systematisch und vollständig zu erfassen und zu vermeiden. Es geht also um die vorausschauende Analyse und Vermeidung potenzieller Risiken, weil eine Korrektur zumeist nur schwer möglich und eine Wiedergutmachung meist teuer ist. Im Rahmen der FMEA wird daher versucht, alle denkbaren Fehler und Irrtumsmöglichkeiten bei einer Leistungserstellung systematisch aufzulisten und diese auf einem Kontinuum mit Eintrittswahrscheinlichkeiten für a) ihre Häufigkeit und b) ihr Verborgenbleiben zu versehen. Beide sich ergebenden Werte werden dann mit der Fehlerfolgenbedeutung multipliziert. Je größer dieser Index, d. h. a) je häufiger Fehler auftreten und b) je größer die Gefahr ist, dass sie verborgen bleiben, desto dringlicher ist es, sich ihnen zu widmen. Ziel ist es, mögliche Fehler sowie deren Risiken und Folgen bereits vor ihrer Entstehung systematisch und vollständig zu erfassen, es geht also um (proaktive) Fehlerprävention durch Identifizierung kritischer Leistungskomponenten und potenzieller Schwachstellen (siehe Abb. 130).

Der Ablauf des Verfahrens ist folgendermaßen. In der Fehleranalyse werden mögliche Fehler nach Art und Ort gesammelt sowie nach möglichen Folgen und möglichen Ursachen lokalisiert und beschrieben. Im Rahmen der Fehlerbeschreibung werden zunächst gemäß einer vollständigen Beschreibung des Gesamtsystems, der Leistungskomponenten und Prozesse alle potenziellen Fehlerquellen ermittelt und in ihren Ursachen und Folgen bewertet.

Auftretenshäufigkeit eines Fehlers	Bedeutung einer Fehlerfolge	Entdeckungswahrscheinlichkeit einer Fehlerursache
1 - 10 Punkte	1 - 10 Punkte	1 - 10 Punkte

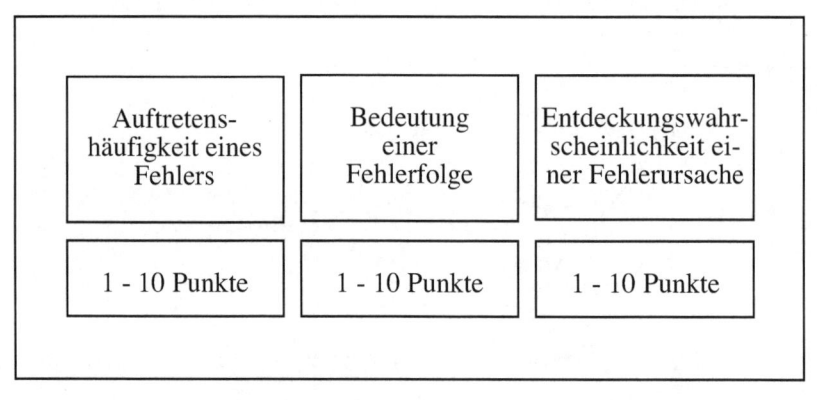

Abbildung 130: FMEA-Index (Risikoprioritätszahl)

Danach kommt es zur Risikobeurteilung durch Kontrollmaßnahmen, die zur Entdeckung potenzieller Risiken führen oder deren Auswirkungen verringern können. Basis ist eine Punktbewertung jeder möglichen Fehlerursache nach ihrer Auftrittswahrscheinlichkeit, der Bedeutung ihrer Fehlerfolgen für den Betroffenen und der Wahrscheinlichkeit für die Fehlerentdeckung. Daraus ergibt sich eine Risikoprioritätszahl (RPZ) als Produkt aus Wahrscheinlichkeit des Auftretens, Bedeutung der Folgen und Wahrscheinlichkeit der Entdeckung, meist je 1–10 Punkte, multiplikativ 1–1.000 Punkte insgesamt.

Lösungsmaßnahmen zur Durchführung setzen bei der Fehlervermeidung statt der Fehlerentdeckung an und erfolgen in ihrer Priorität nach der RPZ. Entsprechend wird eine Entscheidung über Auswahl und Umsetzung von Maßnahmen getroffen. Sie steht für die Dringlichkeit von Maßnahmen, also die Vermeidung der Fehlerursache, die Reduzierung der Auftrittswahrscheinlichkeit und Fehlerbedeutung und die Erhöhung der Entdeckungschance.

Danach erfolgt prozessbegleitend eine Restrisikobetrachtung durch erneute Risikobeurteilung und Entscheidung über Freigabe des Produkts/Prozesses oder erweiterte Lösungsmaßnahmen. Die Ergebnisbeurteilung und Dokumentation setzt beim Vergleich der RPZs vor und nach diesen Maßnahmen an, um den dazu erforderlichen Aufwand zu relativieren. Die Differenz aus alter und neuer RPZ ergibt also den Maßnahmenerfolg, evtl. sind jedoch mehrere FMEA-Durchgänge notwendig.

Die Probleme liegen in der mangelnden Objektivität durch Quantifizierung subjektiver Größen (Fehlerbedeutung für Kunden) und in der mangelnden Genauigkeit der Werte, die sich bereits bei kleinen Abweichungen durch das Rechenverfahren hoch multiplizieren. Problematisch ist auch die Ermittlung der Werte, denn Fehler, die häufig verborgen bleiben, treten wahrscheinlich häufiger auf als unterstellt, bleiben eben nur zumeist verborgen, während umgekehrt Fehler, die selten verborgen bleiben, in ihrer Häufigkeit relativ dazu überschätzt werden.

16.4.6 Qualitätskostenanalyse

Die durch alle Tätigkeiten der Fehlerverhütung bei planmäßigen Qualitätsprüfungen sowie Nachbesserung bei festgestellten Fehlern verursachten Kosten werden in der Qualitätskostenanalyse erfasst und korrigiert. Dazu werden relevante Fehler definiert. Für diese werden mögliche Fehlerfolgen festgestellt. Für jede Fehlerfolge werden die Kostenkonsequenzen ermittelt. Danach wird die Eintrittswahrscheinlichkeit dieser Konsequenzen bestimmt. Daraus können dann die zu erwartenden Kosten je Fehler überschlägig kalkuliert werden. Durch Addition über alle Fehler ergeben sich die Gesamtkosten.

Qualitätskosten sind alle Güterverbräuche, die in Zusammenhang mit der Erfüllung bestimmter betrieblicher Qualitätsanforderungen stehen. Ihre Erfassung setzt eine Qualitätskostenrechnung voraus. Dabei werden zumeist vier Qualitätskostenarten unterschieden.

Fehlerverhütungskosten sind Kosten, die für die Begrenzung, Vorbeugung und/oder Versicherung von Qualitätsmängeln entstehen. Dazu gehören vor allem die Kosten der Qualitätsplanung, Qualitätsfähigkeitsuntersuchung, Lieferantenbeurteilung und -bewertung, Prüfplanung, Schulung in Qualitätssicherung, Qualitätsförderprogramme, Qualitätsvergleiche mit Mitbewerbern, Leitung des Qualitätswesens, Qualitäts-Audits und Qualitätslenkung.

Prüfkosten sind Kosten der Qualitätskontrolle. Dazu gehören vor allem die Kosten der Wareneingangsprüfung, Prüfung im Prozess, Endprüfung, Prüfung bei Außenmontage, Kundenabnahmeprüfung, Prüfmittel und Prüfwerkzeuge, Instandhaltung von Prüfmitteln, Qualitätsgutachten, Laboruntersuchungen und Prüfdokumentation. Beide bilden gemeinsam die „freiwilligen" Qualitätskosten. Man spricht auch von Konformitätskosten, d. h. wertschöpfungserhöhenden Kosten, die durch vorbeugende und somit planbare Qualitätsmaßnahmen einen positiven Beitrag zum Unternehmenserfolg liefern.

Das Gegenteil sind Nonkonformitätskosten, die durch direkte Fehlerkosten für Garantieleistungen, Gewährleistungen, Nacharbeit etc. einen negativen Beitrag zum Unternehmenserfolg liefern. Hinzu kommen qualitätsbezogene Verluste aus Imagebeeinträchtigung und Kundenunzufriedenheit.

Interne Fehlerkosten entstehen bei der Kombination der Produktionsfaktoren durch Ausschuss, Nacharbeit, Steuerungsaufwand, überhöhte Bestände, Kosten für Korrekturmaßnahmen, qualitätsbedingte Mengenabweichungen, außerplanmäßige Sortierprüfung, Maschinenausfall- und -ausfallfolgekosten, qualitätsbedingte Konstruktions- und Fertigungsänderungen.

Externe Fehlerkosten entstehen bei der Vermarktung der Leistung durch Gewährleistung, entgangene Deckungsbeiträge, Garantie- und Kulanzkosten, Produkthaftung, Rückrufaktion, Reklamationsbearbeitung, Verschrottung fehlerhafter Lagerbestände, Kosten aus Wandlung und Minderung, Versicherungskosten, Marktverluste. Interne und externe Fehlerkosten bilden „unfreiwillige" Qualitätskosten.

Diese Kosten sind für ein angestrebtes Qualitätsniveau zu minimieren bzw. für gegebene Kosten ist das Qualitätsniveau zu maximieren. Sowohl Unter- als auch Überqualitäten sind zu vermeiden, Erstere verschrecken Kunden und lassen sie den Anbieter wegen mangelnder Zufriedenheit zukünftig meiden, Letztere werden von diesen nicht angemessen im Preis honoriert und belasten daher die Rentabilität. Da es graduell unterschiedliche Qualitätsanforderungen am Markt gibt, muss eine Feinsteuerung der Qualitätskosten derart erfolgen, dass die anvisierte Zielgruppe den getriebenen Aufwand im Preis anerkennt. Je höher die Qualitätsanforderungen der Zielgruppe, desto mehr kann für die Produktion von Qualität aufgewendet werden. Es gilt sinnbildlich die

„Rule of ten", d. h. 1 € Kosten bei Fehlerverhütung spart 10 € bei Prüfkosten, spart 100 € bei interner Fehlerbehebung und 1.000 € bei externer Fehlerbehebung.

16.4.7 Quality audit

Ein Audit ist allgemein die unabhängige Untersuchung einer Aktivität und deren Ergebnisse, durch die das Vorhandensein und die sachgerechte Anwendung spezifizierter Anforderungen beurteilt und dokumentiert werden. Gegenstand des Quality audit ist das Qualitätsmanagement des Unternehmens, also die Rahmenbedingungen von Aufbau- und Ablauforganisation, Zielen, Strategien und Instrumenten, die eingesetzt werden. Entsprechen diese gewissen selbst- oder fremdgesetzten Anforderungen, wird angenommen, dass Qualitätsergebnisse gewährleistet sind.

Audits können durch eigene Mitarbeiter, von Kunden oder von neutralen externen Stellen durchgeführt werden. Interne Audits sind fester Bestandteil von Qualitätsmanagement-Systemen auf Grundlage von Checklisten, Formblättern o. ä. Jeweils ist dabei die Qualifikation der Auditoren/Mitarbeiter im Team entscheidend für die Aussagefähigkeit. Der Auditbericht ist Grundlage für die Durchführung von angeregten Verbesserungen. Audits sollen regelmäßig durchgeführt werden, um eine stete Einhaltung der Anforderungen zu gewährleisten und Regelungen veränderten Umfeldbedingungen adäquat anzupassen. Entsprechend ist die Dokumentation zu aktualisieren. Man unterscheidet drei Audit-Inhalte. Der **Produkt-Audit** bezieht sich auf die Untersuchung einer kleinen Zahl von Fertigprodukten hinsichtlich deren Übereinstimmung mit den vorgegebenen Spezifikationen als nachträgliche Überprüfung i. S. d. Momentaufnahme zur Feststellung der Erfüllung von Kundenanforderungen bzw. Abweichungen zur Spezifikation. Es geht also um die Beurteilung der Wirksamkeit von Qualitätssicherungselementen durch die Untersuchung einer bestimmten Anzahl von Produkten, die Bestätigung der Qualitätsfähigkeit anhand der Produktqualität und die Ermittlung von Verbesserungsmaßnahmen. Grundlagen sind Qualitätsrichtlinien, Prüf- und Produktionsunterlagen sowie vorgegebene Prüf- und Produktionsmittel. Der Produkt-Audit betrifft damit spezielle Teile, Bauelemente, Endprodukte, Faktorkombinationen etc.

Im **Verfahrens-Audit** erfolgt die Feststellung der Angemessenheit der Richtlinien bzw. Vorschriften und Maßnahmen im Hinblick auf das angestrebte Qualitätsziel. Er untersucht die Wirksamkeit der im Unternehmen eingesetzten Maßnahmen zur Prozessverbesserung, zur Vermeidung irreparabler oder teuer zu behebender Fehler-Konsequenzen durch rechtzeitiges Eingreifen, also die Produktion von Qualität, statt Kontrolle oder Hineinprüfung von Qualität und zum Aufdecken von Fehlern und Abstellen von Fehlerursachen. Dabei geht es um die Beurteilung der Wirksamkeit von Qualitätssicherungselementen, die Bestätigung der Qualitätsfähigkeit bzw. der Einhaltung und Zweckmäßigkeit bestimmter Prozesse und Tätigkeiten und die Ermittlung von Verbesserungsmaßnahmen. Grundlagen sind die Unterlagen für die Durchführung, Überwachung und Prüfung des Verfahrens.

Der **System-Audit** behandelt die systematische Bewertung der Bestandteile des Qualitätsmanagementsystems und der Dokumentation. Er betrifft die Wirksamkeit und Funktionsfähigkeit einzelner Elemente bzw. deren Abweichungen oder des gesamten Qualitätsmanagementsystems, meist auf Basis eines Audit-Fragebogens, der sich an der branchenneutralen Normenreihe DIN EN ISO 900x orientiert. Zertifiziert wird nur dieser System-Audit. Hierbei geht es um die Beurteilung der Wirksamkeit eines Qualitätsmanagementsystems durch Feststellung dahingehend, ob die dafür notwendigen Bestandteile existieren, und zwar mittels Beurteilung der Kenntnisse des Personals und durch Prüfung der praktischen Anwendung der einzelnen Elemente, aus denen das Qualitätsmanagement besteht. Grundlagen sind im Einzelnen Qualitätsmanagementhandbuch, Verfahrensanweisungen, Auftragsunterlagen, Richtlinien der Unternehmensleitung, Checklisten, Prüfunterlagen, Qualitätskosten, Qualitätsberichte etc. Der System-Audit betrifft alle Bereiche des Unternehmens. Die Durchführung erfolgt durch den Qualitätsmanager sowie ein Team aus Mitarbeitern des Qualitätsmanagement und Linienmanagern.

16.4.8 Qualitätsdarlegung

Die Qualitätsdarlegung erfolgt, international standardisiert, nach der ISO-Normenreihe 900x, speziell der Norm ISO 9001 für Qualitätsmanagementsysteme/Forderungen und ergänzend der Norm ISO 9004 für Qualitätsmanagementsysteme/Leitfaden zur Leistungsverbesserung.

Die Norm ISO 9001:2008 enthält die explizite Forderung zu strikter Kundenorientierung. Als Kunde werden die Empfänger eines Produkts bezeichnet, dies können Endverbraucher, Endabnehmer, Wiederverkäufer, Nutznießer oder Käufer sein. Es kann sich um Privatpersonen oder Angehörige einer Organisation handeln. Die Norm besteht aus folgenden Elementen:

- Einleitung (Allgemeines, zugrunde gelegtes Prozessmodell, Zusammenhang mit ISO 9004, Kompatibilität mit anderen Managementsystemen),
- Anwendungsbereich (mit Einschränkungen), Verweise auf andere Normen, Begrifflichkeiten, Forderungen an das Qualitätsmanagementsystem (2. Qualitätspolitik, 3. Organisation und Verantwortungen, 4. Prozesse des Qualitätsmanagements),
- Verantwortung der Leitung (5a. Qualitätspolitik, 5b. Ziele und Planung, 5c. Verpflichtung und Ermächtigung, 5d. Management review, 5e. Beauftragter der obersten Leitung),
- Management der Mittel (6a. Menschliche Ressourcen, 6b. Andere Ressourcen wie Personal, Infrastruktur, Arbeitsumgebung),
- Produktrealisierung (7.1 Planung der Prozesse, 7.1a. Struktur und Wechselwirkung von Prozessen, 7.1b. Verantwortung und Befugnis, 7.1c. Dokumentation und Datenlenkung, 7.2 Kundenbezug, 7.2a. Kundenerfordernisse und -erwartun-

gen, 7.2b. Vertragsprüfung, 7.2c. Bewertung der Fähigkeiten der Organisation, Forderungen zu erfüllen, 7.2d. Schnittstellen, 7.3 Produktbezogene Prozesse, 7.3a. Design und Entwicklung, 7.3b. Beschaffung, 7.3c. Produktion/Erbringung, 7.3d. Lenkung fehlerhafter Produkte, 7.3e. Handhabung, Lagerung, Schutz, 7.3f. Lieferung und Dienstleistung nach Lieferung),

- Messung, Analyse und Verbesserung (8.1 Messung und Analyse, 8.1a. Systembezogene Maßnahmen, 8.1b. Prozessbezogene Maßnahmen, 8.1c. Produktbezogene Maßnahmen, 8.1d. Kundenzufriedenheitsbezogene Maßnahmen, 8.1e. Analyse der Daten/Aufzeichnungen, 8.2 Verbesserung, 8.2a. Korrekturmaßnahmen, 8.2b. Vorbeugemaßnahmen, 8.2c. Verbesserungsprozesse).

Gefordert wird die Fähigkeit zur ständigen Bereitstellung von Produkten, welche die Anforderungen der Kunden und die zutreffenden behördlichen Forderungen erfüllen und danach streben, die Kundenzufriedenheit durch wirksame Anwendung des Systems zu erhöhen, inkl. der Implementierung und Aufrechterhaltung der dazu erforderlichen Prozesse. Sofern dies geleistet und durch einen unabhängigen Dritten, den Zertifizierer, bestätigt wird, kann ein entsprechendes Dokument, das Zertifikat, darüber ausgestellt werden, dessen Gültigkeit allerdings zeitlich limitiert ist und daher in regelmäßigen Abständen erneuert werden muss.

Die Norm ISO 9004 dient als Anleitung, um sowohl die Wirksamkeit als auch den Erfolg eines Qualitätsmanagementsystems zu erreichen. Sie betrachtet außer Kunden auch interessierte andere Parteien wie Mitarbeiter des Unternehmens, Eigentümer und/oder Investoren, Lieferanten, Gesellschaft etc. als Adressaten.

Herausragende Qualität wird durch **Qualitätsauszeichnungen** gewürdigt. Auf europäischer Basis ist dies der European quality award (EQA), in Deutschland der Ludwig-Erhard-Preis (LEP). Unternehmen können sich dort jeweils zur Preisverleihung bewerben und werden hinsichtlich wichtiger Kriterien durch unabhängige Auditoren bewertet. Der Auszeichnung kommt eine hohe akquisitorische Wirkung zu.

16.4.9 Qualitätssteuerung

Zur rationellen Behandlung des Qualitätsmanagement hat sich bereits frühzeitig ein Toolset herausgebildet, das aus zwei Gruppen von Werkzeugen besteht, Qualitätswerkzeugen (= Seven tools) und Managementwerkzeugen (= Seven new tools). Diese sind in der Lage, einen komprimierten und rationellen ersten Überblick über die Qualitätssituation zu erreichen, Qualitätsengpässe zu identifizieren und Implementierungsmöglichkeiten für Verbesserungen zu dokumentieren.

Zur Fehlererfassung dienen folgende Tools. **Fehlersammellisten** haben meist die Form von Strichlisten zur Visualisierung des Auftretens von Messwerten in bestimmten Intervallen des Messbereichs oder von Fehlern in bestimmten Fehlerkategorien. **Histogramme** sind Häufigkeitsverteilungen als Säulendiagramme zur grafischen Darstellung der Verteilungsform von Daten. Sie geben ein Bild des Streuverhaltens von Prozessen wieder. **Qualitätsregelkarten** dienen der Beobachtung und Überwachung des zeitlichen Verlaufs von Prozessen auf statistischer Basis (siehe Abb. 131).

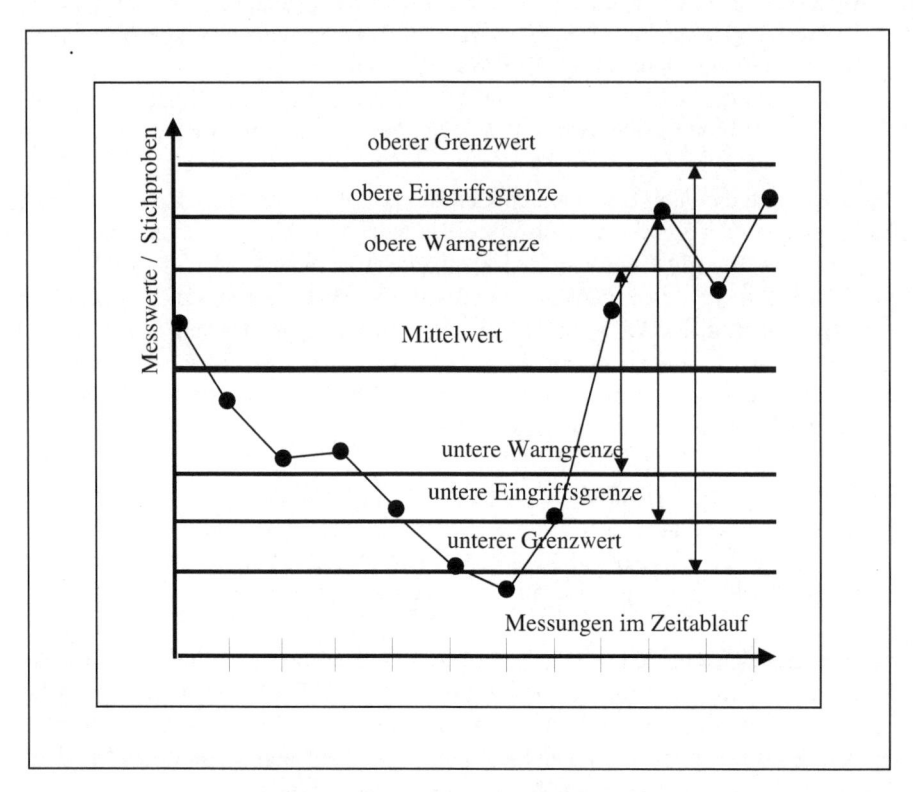

Abbildung 131: Prinzip der Qualitätsregelkarte

Zur Fehleranalyse dienen folgende Tools. **Pareto-Diagramme** sind Säulendiagramme zur Visualisierung der wenigen wesentlichen Ursachen eines Effekts oder Problems (Vital few) von den vielen weniger wichtigen (Trivial many), auch als 20 : 80-Regel bekannt. **Ursache-Wirkungs-Diagramme** (Ishikawa) haben die Struktur von „Fischgräten", visualisieren dadurch komplexe Problemstrukturen und verfolgen Wirkungen hinunter bis in die kleinste Verästelung von Ursachen. **Brainstormings** gehören zu den intuitiv-lateralen Kreativitätstechniken nach dem Prinzip freier Assoziation innerhalb einer Gruppe und dienen der Ideenfindung über Fehlerursachen und -abhilfen. **Korrelationsdiagramme** dienen der grafischen Darstellung von Zusammenhängen (evtl. auch Abhängigkeiten) zwischen (meist zwei) Faktoren.

Qualitätswerkzeuge	Managementwerkzeuge
Fehlersammelliste	Affinitätsdiagramm
Histogramm	Relationendiagramm
Qualitätsregelkarte	Baumdiagramm
Pareto-Diagramm	Matrixdiagramm
Ursache-Wirkungs-Diagr.	Matrix-Daten-Diagramm
Brainstorming	Problem-Entscheidungsp.
Korrelationsdiagramm	Netzplan

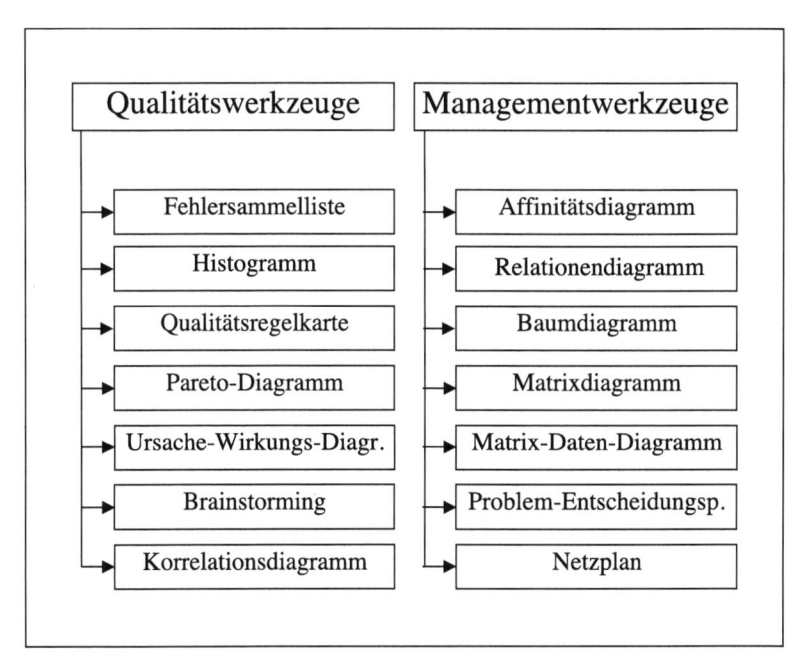

Abbildung 132: Qualitätswerkzeuge, Managementwerkzeuge

Auf diesen **Seven tools** bauen die **Seven new tools** logisch auf. Der Qualitätsproblemidentifikation und -analyse dienen folgende Tools. **Affinitätsdiagramme** schaffen eine Strukturierung zunächst unorganisierter Ideen, indem eine Rahmenstruktur für verbale Informationen verschiedener Quellen notiert wird. Grundlage sind Ähnlichkeiten, gemeinsame Elemente, direkte Beziehungen etc. **Relationendiagramme** (Netzwerke) dienen der Analyse und Visualisierung von Problemen, die untereinander komplexe Wechselbeziehungen haben und helfen bei der Aufdeckung von Wurzelursachen.

Die Lösungsmöglichkeiten entstehen mittels folgender Tools. Bei **Baumdiagrammen** steht die systematische Zuordnung von direkt ausführbaren Maßnahmen zur Erreichung vorgegebener Ziele im Mittelpunkt. Bei **Matrixdiagrammen** geht es um die Darstellung verschiedenartiger, qualitativer (nominaler) Beziehungen zu einer Problemstellung, um deren Intensität zu verdeutlichen. **Matrix-Daten-Diagramme** (Portfolios) bewirken eine Datenreduktion auf metrischer Basis durch deren zweidimensionale Darstellung und Zuordnung (Koordinatensystem).

Die Umsetzungsreihenfolge der Maßnahmen ergibt sich mittels folgender Tools. **Problem-Entscheidungspläne** geben eine Übersicht von Umsetzungsmitteln zur Qualitätsverbesserung, dabei potenziell auftretenden Störungen und geeigneten Gegenmaßnahmen. **Netzpläne** stellen die zeitlichen und logischen Verknüpfungen von Maßnahmen zur Erreichung eines Ziels optisch in Form von Graphen (Pfeilen) und Knoten (Kästchen) dar (siehe Abb. 132).

16.5 Wertanalyse

Unter Wertanalyse (Value analysis) versteht man eine Problemlösungs- und Entscheidungsmethode zur Findung der günstigsten Relation von Funktionserfüllung eines Produkts und den damit verbundenen Kosten mit Hilfe eines Projekt- und Management-Instrumentariums. Sie bildet eine organisierte Anstrengung, die Funktionen eines Produkts zu den niedrigsten Kosten zu erstellen, ohne dass dessen Qualität und Marktfähigkeit negativ tangiert werden. Dies gelingt durch ein systematisches, analytisches Durchdringen von Funktionsstrukturen mit dem Ziel einer abgestimmten Beeinflussung deren Elemente in Richtung einer Wertsteigerung oder Kostensenkung. Kennzeichnende Merkmale sind die Orientierung an quantifizierten Zielvorgaben, die funktionsorientierte Analyse und eine auf Methoden der Logik wie der Inspiration beruhende Lösungssuche, ferner die interdisziplinäre, nach Arbeitsplan ausgerichtete Gruppenarbeit sowie das auf menschliche Verhaltensweisen und Eigenarten zugeschnittene Vorgehen.

Leistungen/Prozesse werden in ihre einzelnen Funktionen und Bestandteile zerlegt und dahingehend untersucht, wie durch Vereinfachung, Verbesserung und Änderung die gleiche oder eine nur unwesentlich schlechtere Qualität zu nennenswert geringeren Kosten realisiert oder bei unveränderten Kosten ein höherer Nutzen geboten werden kann.

Der Wertanalyse-Arbeitsplan ist die Beschreibung der Arbeitsschritte bei der Bearbeitung eines Projekts. Wertverbesserung betrifft die wertanalytische Behandlung eines bereits bestehenden und Wertgestaltung die Anwendung beim Schaffen eines noch nicht bestehenden Wertanalyse-Objekts. Dieses wiederum ist ein entstehender oder bestehender Funktionsträger, der mit Mitteln der Wertanalyse behandelt werden soll. Ein Wertanalyse-Team entwickelt sich aus einer fach- und bereichsübergreifend zusammengesetzten Gruppe, die in räumlicher Nähe durch unmittelbare Kommunikation mit dem gemeinsamen, von allen akzeptierten Ziel zusammenarbeitet, ein Wertanalyse-Projekt abzuwickeln. Dabei greifen gruppendynamische Prozesse. Der Wertanalyse-Koordinator plant, organisiert und überwacht diese Aktivitäten unter Einbindung der hierfür relevanten Führungsebenen. Er ist für die erfolgsorientierte Steuerung und Förderung der Arbeiten qualifiziert und verantwortlich.

Als Funktion wird in der Wertanalyse jede einzelne Wirkung des Wertanalyse-Objekts bezeichnet. Man unterscheidet Ist- und Soll-Funktionen. Gebrauchsfunktion ist eine Funktion des Wertanalyse-Objekts, die zu dessen sachlicher Nutzung erforderlich ist. Geltungsfunktion ist eine ausschließlich subjektiv wahrnehmbare, personenbezogene

Wirkung, die nicht zu dessen sachlicher Nutzung erforderlich ist. Die Rangordnung von Funktionen erfolgt in Funktionsklassen mit Haupt- und Nebenfunktionen. Hauptfunktion ist diejenige Funktion, die dessen im Sinne der Nutzung besonders hoch gewichtete Wirkung beschreibt. Ein Objekt hat immer mehrere Funktionen, teils auch gleich hoch gewichtet. Nebenfunktion ist jede im Sinne der Nutzung deutlich geringer gewichtete Wirkung. Gesamtfunktion ist die Gesamtwirkung aller ihr in einer Funktionsstruktur untergeordneten Teilfunktionen. Unerwünschte Funktionen sind vermeidbare, nicht der gewollten Nutzung dienende (nur Ist-Zustand), oder unvermeidbare, nicht gewollte Wirkungen (sowohl Ist- als Soll-Zustand) des Wertanalyse-Objekts. Die Funktionenstruktur ist eine Darstellung der im Sinne der Nutzung folgerichtigen Zusammenhänge von Funktionen miteinander. Funktionenträger sind Elemente, durch die Funktionen verwirklicht werden. Diese sind mit Funktionskosten verbunden. Als lösungsbedingte Vorgaben bezeichnet man Vorgaben, die außerhalb der Soll-Funktionen liegen, z. B. aufgrund von Gesetz, Ethik, Umwelt.

Fraglich ist allerdings der Begriff **Wert** als Voraussetzung zur systematischen Untersuchung eines Produkts. Denkbar sind auf die Frage, wie viel ein Produkt wert ist, etwa der Wert als:

- Grad der Übereinstimmung von Zielen und Handlungen mit rechtlichen und moralischen Anforderungen (ethisch-moralischer Wert),
- in der Sache selbst liegende Anforderungseignung eines Objekts, der „Wert an sich" (objektiv-qualitativer Wert),
- überprüfbarer Grad der Wertschätzung von Alternativen auf Grund deren Angebots-Nachfrage-Verhältnisses (preislicher Wert),
- Summe der Kosten für den Produktionsfaktoreinsatz zur Herstellung einer Ware (ökonomischer Wert),
- persönliche, unbegründete Auffassung über einen Sachverhalt (subjektiv-nutzenbezogener Wert).

16.6 Wertgestaltung

Ein wichtiges Instrument der Wertgestaltung ist das **Reverse engineering**. Dabei werden, ausgehend von den Kosten des eigenen Produkts, davon die von Kunden nicht wahrgenommenen Produktfunktionen, die von Kunden mutmaßlich nicht weiter honorierten Produktfunktionen sowie konstruktive Nachteile abgezogen, um zu den Kosten des Konkurrenzprodukts bei eigener Fertigung zu gelangen. Dann werden eigene Nachteile bei den Faktorpreisen und bei der Prozesseffizienz abgezogen, um bei den tatsächlichen Kosten des Konkurrenzprodukts zu enden. Weiterhin bleibt jedoch das Problem der Zurechnung von Kosten zu bestimmten Funktionen. Dies wird erst im Rahmen der Zielkostenspaltung angegangen.

Die **Zielkostenspaltung** erfolgt nach der Komponenten- oder der Funktionsmethode. Bei der **Komponentenmethode** werden die Kosten direkt auf die Teile aufgeschlüsselt. Als Ausgangsbasis dienen dabei das Vorgängerprodukt und die bisherigen Kundenwünsche, das Reverse engineering beim erfolgreichsten Wettbewerbsprodukt oder das interne Referenzprodukt einer anderen Produktlinie, die kundenwunsch-näher ist. Dies ist allerdings nur bei wenig innovativen Produktmodifikationen möglich, außerdem werden die Kosten nur fortgeschrieben. Bei der **Funktionsmethode** werden zunächst die kundengewünschten Produktfunktionen sowie deren Gewichtung und Klassifizierung festgestellt. Dann erfolgt die Gewichtung der Bauteile analog zu ihrem Anteil an der Funktionserfüllung. Die Kosten werden entsprechend diesen wahrgenommenen Funktionen verteilt. Dies erlaubt die angemessene Kostenzurechnung auch bei innovativen Produkten.

Jedoch ist der Kostenblock allein inoperational. Vielmehr gilt es, ihn in seine Bestandteile herunter zu brechen. Dies geschieht in der Kostenspaltung. Dabei werden für Funktions-, Komponenten- und Teilekosten acht Bearbeitungsschritte erforderlich.

Im Rahmen der Marktforschung wird das Leistungs- bzw. Nutzenprofil des Produkts ermittelt. Dabei wird meist in „harte" (technische) und „weiche" (ästhetische) Faktoren sowie obligatorische und fakultative unterschieden. Durch Erhebung bei Probanden wird sodann ermittelt, welche Wertschätzung die einzelnen Funktionen für sie darstellen, d. h. welchen Anteil die jeweilige Funktion an den gesamten Anforderungen an das Produkt ausmacht. Bei der Entwicklung eines Grobentwurfs für das Produkt werden diejenigen Komponenten definiert, die zur Erfüllung der vorher festgestellten Funktionsanforderungen nötig sind. Bei der Kostenschätzung für die Produktkomponenten wird abzuschätzen versucht, welche Kosten die einzelnen Komponenten absolut, vor allem aber relativ im Hinblick auf die Gesamtkosten ausmachen.

Die prozentuale Wertbedeutung jeder Komponente wird dem durch die entwicklungsbegleitende Kalkulation ermittelten Kostenanteil gegenübergestellt, den die Herstellung der Komponente voraussichtlich verursacht. Die Division der relativen Bedeutung durch den Kostenanteil ergibt einen Zielkostenindex, der das Maß für die Abweichung zwischen Marktbedeutung und Kostenverursachung darstellt. Das **Value control chart** stellt die relative Bedeutung der Komponenten in ihrer Wertanmutung und deren relativen Einzelkostenanteil grafisch einander gegenüber. Im Idealfall, d. h. bei einem Zielkostenindex von 1, entsprechen sich relative Bedeutung und tatsächlicher Kostenanteil. Es entsteht eine winkelhalbierende Gerade (45°). Abweichungen beider Werte werden innerhalb einer gewissen Größenordnung akzeptiert, und zwar um so eher, je geringer Marktbedeutung und Kostenverursachung sind. Werte > 1 lassen Raum für qualitätsverbessernde Produktion, sie liegen grafisch unterhalb der Geraden, Werte < 1 erfordern hingegen kostensenkende oder wahrnehmungssteigernde Maßnahmen, sie liegen grafisch oberhalb der Geraden. Je höher die absoluten Kosten bzw. die absolute

Bedeutung, desto enger wird der akzeptierte Zielkostenindex-Korridor in der Entwicklung von Produkten (siehe Abb. 133).

Nunmehr ist zwar die betriebliche Seite der Kosten aufgeklärt. Es stellt sich jedoch die Frage, welche Wertschätzung Nachfrager den Produktfunktionen zumessen. Dabei nimmt die **Conjoint-Analyse** eine zentrale Rolle ein. Dabei handelt es sich um ein Bündel von Verfahren, das dazu dient, von geäußerten Präferenzen für vergleichbare Produktkonzepte mit unterschiedlichen Eigenschaften auf die Relevanz der einzelnen Eigenschaften für die Entwicklung von Präferenzen gegenüber diesen Produktkonzepten zu schließen bzw. den Beitrag einzelner Produkteigenschaften zum wahrgenommenen Gesamtnutzen eines Produktkonzepts zu ermitteln.

Dies erfolgt, indem die Variablen des Produkts in ihren möglichen oder auch nur relevanten Eigenschaften beliebig faktoriell oder meist nur eingeschränkt fraktionell, miteinander kombiniert werden, so dass aus ihnen jeweils eigenständige Produktkonzepte entstehen. Für jede dieser Variablen werden sinnvoll erscheinende Ausprägungen bestimmt und diese in kombinatorischer Form zu Produktganzheiten konstruiert. Dabei müssen nicht immer alle Variablen wirklich verändert werden, vielmehr werden in der Praxis aus Vereinfachungsgründen einzelne Variable konstant gehalten und nur die übrigen verändert. Innerhalb der veränderten Variablen ist der Grad der Veränderung zu kalibrieren. Daraus entsteht eine bestimmte Anzahl von Produktkonzepten, die marktforscherischer Untersuchung im Rahmen der Conjoint-Analyse zugänglich sind. Dabei ist bedeutsam, dass die Anzahl der Produktalternativen überschaubar klein bleibt, denn Probanden werden aufgefordert, die relative Vorziehenswürdigkeit aller einzelnen Produktkonzepte untereinander zu bestimmen. Das heißt, es wird ermittelt, welche Kombination von Eigenschaftsausprägungen in der Summe von ihnen wie hinsichtlich ihrer Produktbegabung eingeschätzt wird. Dabei wird zugleich erhoben, ob und inwieweit eine präferierte Kombination von Eigenschaftsausprägungen einen Mehrpreis gegenüber anderen Wert erscheint. Vor allem kann der wahrgenommene Nutzenbeitrag jedes einzelnen, variierten Elements in Bezug auf die Preisbereitschaft statistisch herausgefiltert werden. Spiegelt man diese Erkenntnisse mit den dafür entstehenden Kosten, kann festgestellt werden, ob herausgehobene Merkmale die bei ihrer Leistungserstellung auftretenden Mehrkosten im Mehrpreis erlösen können bzw. welche Merkmale den höchsten Renditebeitrag zu erreichen versprechen. Entsprechend diesen Erkenntnissen wird aus dem konstruierten Produkt eine mögliche Produktinnovation.

Allerdings kann so nur die nutzenrelevanteste Kombination innerhalb der zur Messung bestimmten Kombinationen ermittelt werden, unklar bleibt, ob es nicht nutzenrelevantere Kombinationen gibt, die nicht im Testdesign erfasst worden sind, möglicherweise aber von der Konkurrenz angestrebt werden. Ebenso müssen die Abstufungen von Merkmalsausprägungen statt kontinuierlich, diskret angelegt sein, es ist aber möglich, dass zwischen zwei Stufen einer getesteten diskreten Ausprägung eine nutzenrelevantere, aber nicht verfasste Ausprägung gegeben ist, deren Chance verpasst wird. Es steht nicht eine ausgeweitete Kombination von Produktkonzepten zur Verfügung, da die Beurteilungsfähigkeit der Probanden mit steigender Alternativenzahl überproportional nachlässt. Ein weiteres Risiko liegt in der Repräsentanz dieser Probanden für die anvisierte Zielgruppe, da derartige Analysen immer nur qualitativ angelegt sein können. Außerdem mag es sein, dass relativ schlecht bewertete Alternativen nur deshalb abgewertet werden, weil ihre Merkmalsausprägung tatsächlich eine andere Zielgruppe anspricht, als sie in den Probanden repräsentiert ist. Bei gänzlich neuen Produktideen ist meist sogar unklar, welche Zielgruppe sich dadurch angesprochen fühlen dürfte. Zudem gibt es erhebliche Abweichungen zwischen geäußerter Meinung und tatsächlichem späteren Verhalten. Viele Produkteigenschaften verschließen sich der spontanen oder zumindest äußeren Beurteilung, sondern bedürfen der intensiven Auseinandersetzung mit dem Produkt. Hypothetische Ausprägungen, die real erhebliche Aufwendungen implizieren sind oft nicht zu erheben, sondern nur tatsächlich vorhandene.

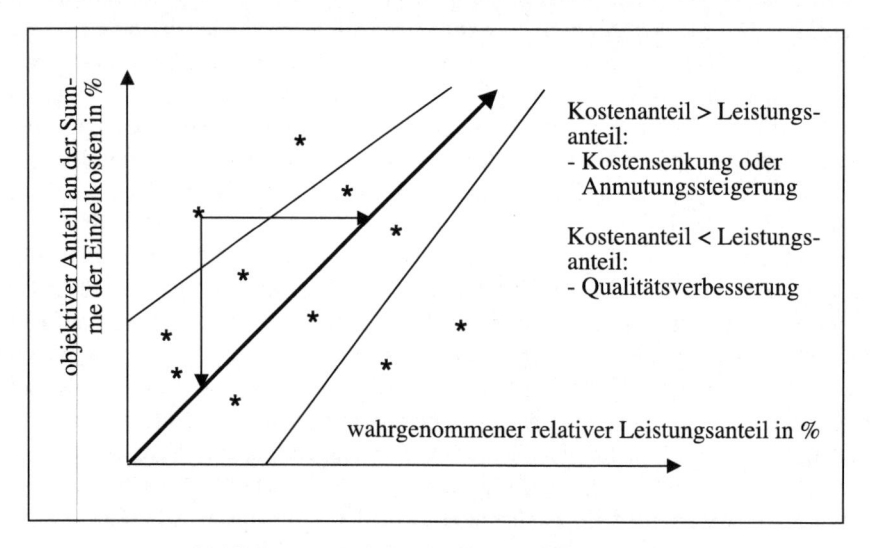

Abbildung 133: Prinzip des Value control chart

17. Informationsversorgung im Unternehmen

17.1 Data warehousing

Das Data warehouse ist ein unternehmensweites Konzept, dessen Ziel darin liegt, eine logisch zentrale, einheitliche und konsistente Datenbasis für vielfältige Anwendungen zur Unterstützung analytischer Aufgaben von Fach- und Führungskräften aufzubauen, die losgelöst von den operativen Datenbanken betrieben wird. Dort werden subjektorientierte, integrierte, nicht-volatile, zeitbezogene Daten aus verschiedenen operativen Systemen des Unternehmens gesammelt und entscheidungsorientiert systematisch aufbereitet und verdichtet. Dabei wird aus Schnelligkeits- und Bequemlichkeitsgründen kein direkter Zugriff auf Datenbanken genommen, sondern auf zwischen geschaltete redundante Speicher.

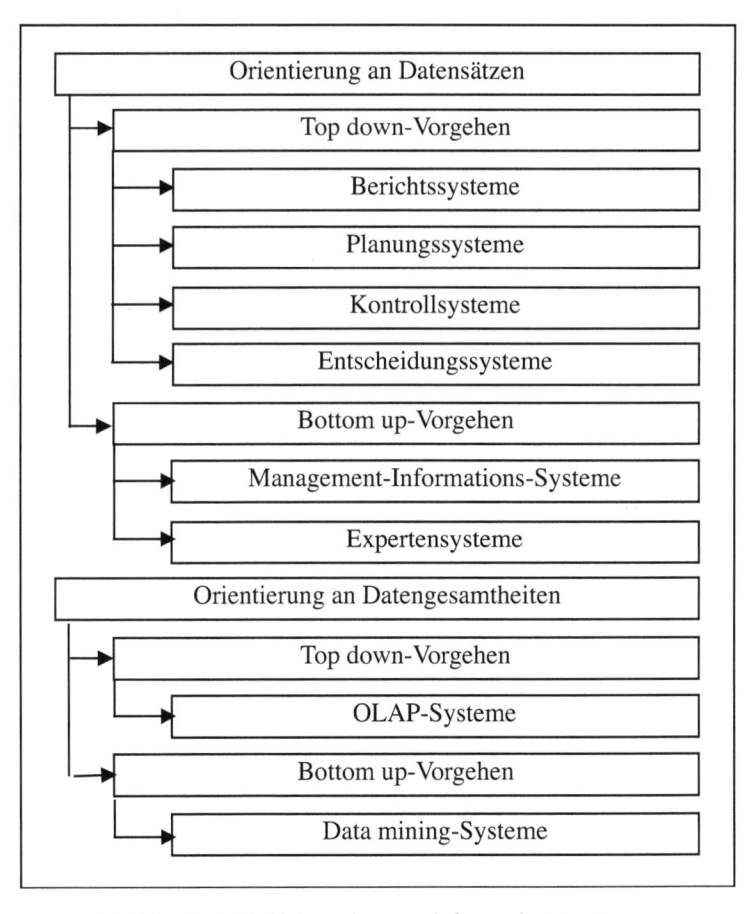

Abbildung 134: Kategorien von Informationssystemen

Im Data warehouse-Konzept werden neue und historische Daten aus verschiedenen operativen Systemen zentral gesammelt und entscheidungsorientiert geordnet und konsolidiert. Benutzer können somit Auswertungen aufgrund einer anwenderspezifischen Struktur erstellen. Es hat zum Ziel, eine logisch zentrale, einheitliche und konsistente Datenbasis für die vielfältigen Anwendungen zur Unterstützung analytischer Aufgaben aufzubauen, die losgelöst von operativen Datenbanken betrieben wird. Das Data warehouse umfasst grundsätzlich alle Daten des Unternehmens, die gemeinhin durch Local area network (LAN) oder Intranet unternehmensweit, wenngleich hierarchisch abgestuft, zugänglich sind.

Für die Orientierung an Datengesamtheiten ist es zunächst erforderlich, alle relevanten Daten gezielt zu sammeln und für die Analyse auszuwählen. Dazu werden die Daten verschiedener Datensätze miteinander integriert. Die Daten müssen bereinigt werden, d. h., als falsch erkannte oder inkonsistente Daten müssen entfernt oder korrigiert werden. Eine Teilmenge aus dem Datenpool wird dafür für Testzwecke und aus Gründen geringer Zugriffszeiten ausgewählt. Die Daten werden einander angepasst, um inhaltlichen (Dateityp, Feldlänge etc.) oder das Analyseprogramm betreffenden Anforderungen zu genügen. Die für die Analyse adäquatesten Parameter werden ausgewählt. Anschließend beginnt der eigentliche Auswertungsprozess, der das Ergebnis transparent macht. Mit der Interpretation und Visualisierung der Ergebnisse wird der Prozess abgeschlossen, es sei denn, es ergibt sich weiterer Informationsbedarf. Dann kehrt man zu einem der früheren Schritte zurück.

Zur Systematisierung der Inhalte bieten sich die Dimensionen der Vorgehensrichtung (Top down/deduktiv oder Bottom up/induktiv) sowie die Datenorientierung (einzelne Datensätze/Data marts oder Datengesamtheiten/Entities) an (siehe Abb. 134).

17.2 Reporting-Systeme

Ein Top down-Vorgehen bei Orientierung an einzelnen Datensätzen führt zu Reporting-Systemen verschiedener Art. Im Wesentlichen unterscheidet man vier Kategorien nutzergesteuerter Systeme.

Berichtssysteme (Management reporting systems/MRS, ab ca. 1960) dienen der regelmäßigen oder fallweisen Bereitstellung potenziell wichtiger Dokumentations-, -analyse- und Kontrollinformationen, die bei Auftreten eines entsprechenden Bedarfs jederzeit abgerufen werden können. Diese Informationen sind zumeist qualitativer Natur, d. h., sie haben die Form von Texten und Bildern. Dies wirft große Probleme bei der Speicherorganisation auf, da es an Formatierungsschlüsseln fehlt. Vielmehr müssen umfassende Deskriptoren- und Indexierungssysteme installiert werden. Dies ist zeit- und kostenaufwändig. Außerdem ist dies oft ungenau, sodass sich Probleme beim Wiederauffinden ergeben. Auf Grund großer Suchgeschwindigkeiten in Computern ist dieses Problem jedoch lösbar. Allerdings ergibt sich ein Wirtschaftlichkeitsproblem, d. h., die Aufbereitung und Pflege der Datenbestände erscheint oft aufwändiger als der Nutzenentgang ohne Data warehouse. Globale Datennetze erlauben es zudem jedem Interessenten, externe Informationsbanken anzuzapfen. Dabei ist eine einmalige, retrospektive Recherche, in der alle bis zu diesem Zeitpunkt abgespeicherten Informationen zu einer eingegebenen Fragestellung durchsucht werden, möglich. Aber auch ein Recherche-Dauerauftrag, bei dem zu einem bestimmten Thema periodisch alle neu zugegangenen Informationen verfügbar sind.

Planungssysteme (Decision support systems/DSS, ab ca. 1970) haben demgegenüber eine stärkere Ausrichtung auf die spezifischen Informationsbedürfnisse der beteiligten Organisationsmitglieder. Wichtig ist eine Flexibilität des Systems derart, dass dem Planungsträger ihm selbst relevant erscheinende Informationen in der von ihm gewünschten Form möglichst kurzfristig verfügbar gemacht, aufgegliedert und miteinander verknüpft werden. Weiterhin kommt es auf die Dialogfähigkeit des Systems an, d. h. die unmittelbare Mensch-Maschine-Kommunikation. Dies ist vor allem wichtig, wenn kreative Prozesse initiiert werden sollen, die am Anfang noch nicht voll strukturiert sind. Dabei muss sichergestellt sein, dass jeder Anwender nur auf den für ihn relevanten Datenbestand zurückgreifen und auch nur diesen verändern kann. Statistische, analytische und simulative Funktionen dienen der direkten Unterstützung von Aufgabenträgern.

Kontrollsysteme (Executive information systems/EIS, ab ca. 1985) dienen der aktuellen Berichterstattung über interessierende Bereiche. Sie sind als **Dokumentensystem** ausgestaltet, wenn der Computer dem Anwender automatisch Informationen zur Verfügung stellt. Dies kann wiederum zeitbezogen erfolgen, d. h. als Standardberichte in periodischen Abständen, oder ereignisbezogen, d. h. als anlassorientierte Ausnahmeberichte. Letzteres erfolgt vor allem dann, wenn Abweichungen zwischen Ist- und Normalergebnissen (= Meldebericht) oder zwischen Ist- und Sollergebnissen vorliegen (= Warnbericht). Das heißt, **Meldesysteme** reagieren auf Abweichungen zwischen tatsächlichen und vorgegebenen Größen, **Warnsysteme** reagieren auf Abweichungen zwischen tatsächlichen und prognostizierten Größen. Außerdem gibt es **Abrufsysteme**, bei denen der Abrufzeitpunkt selbst gewählt wird. Bei Ausgestaltung als **Auskunftssystem** geht die Initiative zur Berichterstattung vom Anwender aus. Bei einer **freien Abfrage** kann der individuelle Informationsbedarf spezifiziert werden, bei einer **starren** Abfrage werden vorspezifizierte Informationen geliefert. Wichtig sind hier die Elimination irrelevanter Berichte, die Ausmerzung von Datendopplungen und die formal aufnahmefreundliche Berichtsgestaltung.

Entscheidungssysteme (Executive support systems/ESS, ab ca. 1990) stellen ein sinnvolles Informationsangebot her, das in Abhängigkeit von der Hierarchie, vor allem aber zugeschnitten auf den Informationsbedarf von Führungskräften, jeweils angemessen aggregierte oder selektierte Informationseinheiten bereitstellt. Eine Verdichtung ist bei einer quantitativen Datenbasis über Kennziffern/Kennzahlensysteme wesentlich einfacher als bei qualitativen Daten. Bei Bedarf sollten daher stärker detaillierte Informationen bereitgestellt werden. Eine solche Selektion weist Informationen bei Überschreiten vorgegebener Toleranzen aus. Dies entspricht dem Führungskonzept des Management by exception. Wichtig ist dabei die Ursachenforschung für Abweichungen, die im System zwar möglich ist, aber persönlich validiert werden sollte.

17.3 Abfragesysteme

Ein Bottom up-Vorgehen bei Orientierung an einzelnen Datensätzen führt zu Abfragesystemen, wobei zwei Anliegen zu unterscheiden sind. **Datenbasierte** Informationssysteme betreffen die computerbasierte Bereitstellung von Daten, weisen aber Probleme bei der Implementierung auf. **Wissensbasierte** Expertensysteme bieten hingegen umfassende Hilfe für Entscheidungsträger bei unterschiedlichen Managementaufgaben sowie die Repräsentation von Expertenwissen und Schlussfolgerungsmechanismen.

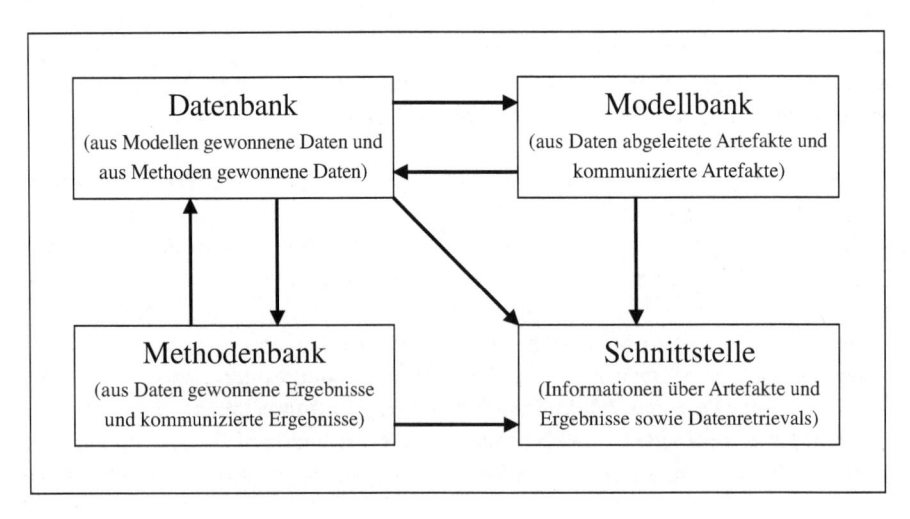

```
┌─────────────────────────────────┬─────────────────────────────────┐
│          Datenbank              │          Modellbank             │
│ (aus Modellen gewonnene Daten   │ (aus Daten abgeleitete Artefakte│
│  und aus Methoden gewonnene     │  und kommunizierte Artefakte)   │
│  Daten)                         │                                 │
├─────────────────────────────────┼─────────────────────────────────┤
│         Methodenbank            │         Schnittstelle           │
│ (aus Daten gewonnene Ergebnisse │ (Informationen über Artefakte   │
│  und kommunizierte Ergebnisse)  │  und Ergebnisse sowie           │
│                                 │  Datenretrievals)               │
└─────────────────────────────────┴─────────────────────────────────┘
```

Abbildung 135: Management-Informations-System

Das **Management-Informations-System** (MIS) ist die übliche Form eines datenbasierten Informationssystems, d. h. einer planvoll entwickelten und geordneten Gesamtheit von organisatorischen Regelungen über Träger informatorischer Aufgaben, Informationswegen zwischen ihnen, Informationsrechten und -pflichten und Methoden der Informationsbearbeitung zur Befriedigung des Informationsbedarfs. Es ist erforderlich, um die Informationsflut zu kanalisieren, die Aktualität der Informationen zu sichern und die tatsächliche Nutzung verfügbarer Informationen zu fördern. Voraussetzungen sind dabei eine hinreichend auf den Informationsbedarf abgestimmte Datenbasis, ein flexibles System der elektronischen Datenaufbereitung für unterschiedliche Fragestellungen, z. B. mit hierarchischer Verdichtung und flexibler Disaggregation und ein hinreichendes Reservoire an Methoden und Modellen zur Datenverknüpfung (siehe Abb. 135).

Ein solches MIS besteht aus vier Komponenten:

- Die interne **Datenbank** enthält IT-mäßig organisierte Datenbestände, hier werden in strukturierter Form die für Managemententscheidungen notwendigen inner- und außerbetrieblichen Informationen gesammelt. Eine solche Datenbank ist eine strukturierte Sammlung von Daten, aus der sich entscheidungsrelevante Informationen gewinnen lassen. Sie muss zwei Voraussetzungen erfüllen: Erstens Redundanzfreiheit, d. h., jede Information in der Datenbank ist nur einmal abgespeichert. Dadurch wird der Speicherplatz rationell genutzt. Dateninkonsistenzen können vermieden werden, die Datenaktualisierung wird vereinfacht. Allerdings werden dadurch auch lange Zugriffszeiten bedingt. Und zweitens Strukturflexibilität, d. h., Informationen lassen sich in beliebiger Weise verknüpfen. Dies verlangt eine vorausschauende Datenorganisation. Die Abhängigkeit von Daten und Anwenderprogrammen wird überwunden, indem Daten nur inhaltlich spezifiziert sein, nicht aber formatiert werden müssen. Es muss den Informationsbedürfnissen verschiedener Nutzergruppen im Unternehmen entsprochen werden.

- Die **Modellbank** enthält bekannte Modelle zur Beschreibung und Lösung von Managementproblemen. Hier sind quantifizierbare Sachzusammenhänge abgebildet. Die Anwendung der Modellbank bedingt zur seriösen Nutzung die Kenntnis der Zusammenhänge und Hintergründe der dort implementierten Modelle. Je komplexer diese aufgebaut und je mehr Randbedingungen einzuhalten sind, desto behutsamer sind sie einzusetzen.

- Die **Methodenbank** enthält statistische Verfahren zur Aufbereitung und Analyse von Daten, hier erfolgt die Weiterverarbeitung der Informationen in einfachen und komplexen Verfahren. Wichtig ist auch die Erweiterbarkeit um neue, evtl. eigenentwickelte Methoden. Die Unterstützung betrifft die Methodendokumentation in systematischer Abstufung. Information retrieval systems erschließen verfügbare Methoden auf Grund von Stichwörtern. Außerdem soll Hilfe bei der Methodenauswahl gegeben werden. Dabei werden dem weniger fachkundigen Nutzer auf Grund seines Datenabrufs geeignet erscheinende Methoden vorgeschlagen bzw. ungeeignete gesperrt. Außerdem ist eine Methodenablaufsteuerung notwendig, welche die Vollständigkeit und Richtigkeit der Eingaben über Parameter prüft oder durch Standardwerte ersetzt. Schließlich sollen auch Interpretationshilfen gegeben werden.

- Durch die **Dialogschnittstelle** kann der Entscheider mit dem System in Dialog treten. Hier geht es um benutzerfreundliche Datenein- und -ausgaben. Die Eingabe erfolgt in aller Regel online durch Tastatur, Datenträger, auch als Spracheingabe, die Ausgabe erfolgt als Ausdruck, auf Bildschirm oder Datenträger, auch als Sprachausgabe.

Der Aufbau eines MIS bedarf erheblicher Investitionen. Sofern diese nicht aufgebracht oder bereitgestellt werden können, ist die Nutzung ausgeschlossen. Weiterhin ist mit Akzeptanzproblemen und Anpassungswiderständen in der Organisation zu rechnen, vor allem bei der Einführung. Der Aufbau kann Bottom up oder Top down erfolgen.

Expertensysteme (XPS) sind wissensbasiert, gehören also zur künstlichen Intelligenz, und haben zum Ziel, das Fachwissen, die Erfahrungen und die Problemlösungsstrategien von Experten auf einem eng gefassten Gebiet zu kodifizieren und durch Software einem breiten Anwenderkreis als geballte Intelligenz verfügbar zu machen. Ihnen kommt damit eine Bündelungs- und Multiplikationsfunktion zu. Dabei stehen eher Heuristiken im Vordergrund, die auf Aufgaben Anwendung finden, für die keine Lösungsalgorithmen bekannt sind (= schlecht strukturierte Probleme). Expertensysteme lösen komplexe Probleme aus eng abgegrenzten Bereichen, indem sie das Problemlösungsverhalten von Fachleuten des jeweiligen Wissensgebiets simulieren. Sie sind interaktiv modelliert und generieren Handlungsvorschläge für Aufgabenträger in fachspezifischen Entscheidungssituationen.

Komponenten eines solchen Expertensystems sind:

- die **Wissensbasis**, bestehend aus Fakten und Regeln, die allgemein zugängliches Fachwissen und Erfahrungen von Experten repräsentieren. Dort ist das Expertenwissen abgelegt, das von den Fachleuten selbst oder von qualifizierten Programmierern eingegeben wird.
- das **Interferenzmodul**, das den zu Grunde gelegten Problemlösungsmechanismus beinhaltet und aus der Wissensbasis und den vom Benutzer eingegebenen fallspezifischen Daten schrittweise Schlussfolgerungen bis hin zur Lösung ableitet. Hier wird das gespeicherte Wissen auf die vom Benutzer spezifizierte Problemstellung angewendet.
- das **Wissenserwerbsmodul**, das die Eingabe, Ergänzung und Aktualisierung von Wissen im System steuert. Sie ermöglicht es dem Experten, die Wissensbasis zu erweitern, ohne selbst Programmierkenntnisse haben zu müssen.
- das **Erklärungsmodul**, das die Vorgehensweise des Expertensystems bei der Problemlösung dokumentiert. Es beantwortet Fragen des Nutzers hinsichtlich der Gründe für die getroffene Entscheidung.
- das **Dialogmodul**, das die Interaktion des Benutzers mit dem System sicherstellt. Sie bildet die Schnittstelle zwischen Benutzer, Experten, Programmierer und dem System.

Probleme betreffen in erster Linie die Wissensakquisition, also die vollständige Erfassung von Hintergrundwissen, die Wissensstrukturierung, also die Operationalisierung dieses Wissens, und die Benutzeroberfläche, also die Akzeptanz und Aufbereitung des Wissens.

Datenbasierte und Wissensbasierte Systeme werden verstärkt zu integrierten entscheidungsunterstützenden Systemen verbunden. Dabei kann sowohl eine Anbindung der Funktionen des Expertensystems an die einzelnen Komponenten eines Informationssystems vorgenommen werden als auch eine Einbindung des Expertensystems als weiteres Modul innerhalb des Informationssystems. So kann z. B. das Expertensystem im ersten Fall Vorschläge für die Auswahl statistischer Verfahren im Rahmen der Methodenbank machen oder im zweiten Fall erst die Eingabedaten für die Verarbeitung in der Methodenbank liefern.

17.4 OLAP-Systeme

Ein Top down-Vorgehen bei Orientierung an Datengesamtheiten führt zum Online analytical processing (OLAP). Dabei handelt es sich um interaktive, komplexe Analysen in Form einer mehrdimensionalen Sicht auf vorhandene Datenbestände. Diese werden meist als Datenwürfel versinnbildlicht, indem der Datenraum zunächst in Schichten zerteilt wird, durch die anschließend Schnitte (**Slicing**) als vertikaler Längsschnitt, horizontaler Längsschnitt, Querschnitt etc. zur Analyse gelegt werden. Durch Drehen dieses Würfels entsteht ein Wechsel der Dimensionen (**Dicing**), der neue Erkenntnisse liefern kann.

Eine andere Technik hebt auf die immer tiefer gehende Analyse von Daten im **Drill down** ab, indem Komplexität systematisch reduziert wird und dadurch immer feinteiliger untersucht werden kann. Umgekehrt können auch allzu feinteilige Details zu größeren Bezügen im **Roll up** aggregiert werden, um eine „Vogelperspektive" einnehmen zu können. Schließlich kann durch **Screening** eine Siebung der Daten hinsichtlich ihrer Relevanz für den Untersuchungszweck vorgenommen und durch **Scoping** eine erhebliche Fokussierung des jeweils interessierenden Datenausschnitts erreicht werden.

Das Grundprinzip von OLAP basiert auf der Betrachtung von Daten aus verschiedenen betriebswirtschaftlichen Blickwinkeln/Dimensionen, die eine rasche und flexible Analyse erlauben, sodass auch große Datenmengen gut beherrschbar sind.

Zum Beispiel können die Dimensionen Umsatz pro Jahr, Umsatz pro Produkt und Umsatz pro Region in verschiedenen Kombinationen betrachtet werden. So interessiert den Produktmanager typischerweise der Umsatz „seines" Produkts in Zeitablauf und nach Regionen gesplittet, den Vertriebsmanager interessiert der Umsatz „seiner" Region nach Produkten gesplittet und im Zeitablauf, den Controller interessiert vielleicht der Umsatz im Zeitablauf, differenziert nach Produkten und Regionen. Alle drei Informationsbedarfe können durch das OLAP-Konzept befriedigt werden, indem einmal erfasste Daten nach verschiedenen Dimensionen hin auswertbar sind. Gleichzeitig ist eine abgestufte Differenzierung der Betrachtungsebenen darstellbar, etwa in der Dimension Produkt unterteilt nach verschiedenen Artikeln, Farben, Größen, Ausführungen etc., in der Dimension Region unterteilt nach verschiedenen Untergebieten und in der Dimension Zeit nach verschiedenen Zeitperioden heruntergebrochen.

Ein arbeitsfähiges OLAP-System soll Anfragen schnell bedienen, unabhängig davon, wie komplex der jeweilige Abfragewunsch ist. Es soll statistische Analyseverfahren einbeziehen, die auch eine Datenpräsentation erlauben. Es soll abgestufte Zugriffsmöglichkeiten für Nutzer nach definierten Sicherheitsstandards vorsehen. Es soll multidimensionale Daten aufbereiten und darstellen können (meist als relationale Datenbank). Und es soll eine ausreichende Verarbeitungskapazität auch für komplexe Fragestellungen aufweisen.

Abwandlungen finden sich u. a. als MOLAP (Multidimensional online analytical processing), ROLAP (Relational online analytical processing) oder Hybride OLAP (multidimensionale und relationale Datenbanken).

17.5 Data mining-Systeme

Ein Bottom up-Vorgehen bei Orientierung an Datengesamtheiten führt zu Formen des Data mining. Dies hat ein selbstständiges Durchsuchen von Datenbeständen zum Ziel, um bisher unbekannte, signifikante Muster oder zukünftige Trends wirtschaftlicher Entwicklungen zu erkennen, Daten aufzudecken und daraus u. a. Vorhersagen zu generieren. In großen Datenbeständen können solche nicht-trivialen Verbundbeziehungen durchaus existieren, ohne weiter aufzufallen.

Im Einzelnen werden verschiedene Methoden eingesetzt, insbesondere multivariate statistische Verfahren der Klassifikation/Segmentierung, der Analyse von Abhängigkeiten/Zusammenhängen und zur Datenprognose. Neuronale Netze sind komplexe informationsverarbeitende Systeme, die aus einer großen Anzahl einfacher Einheiten (= Neuronen) bestehen, die sich untereinander Informationen in Form der Aktivierung der Neuronen über gerichtete Verbindungen zusenden. Damit weisen sie teilweise gehirnähnliche Strukturen auf, setzen darüber hinaus aber massiv parallele Algorithmen ein und sind zur Selbstorganisation und Lernfähigkeit nach Beispielen fähig. Entscheidungsbäume entsprechen dem induktiven maschinellen Lernen. Dabei werden aus gegebenen Datenmengen, bei denen die Klassen der Elemente vorgegeben sind, Regeln abgeleitet, um bis dato noch unbekannte Objekte adäquat zu klassifizieren. Sie sind leicht verständlich, jedoch auf Grund von Missing values und Inkonsistenzen innerhalb der Daten problematisch in ihrer Aussagefähigkeit.

Assoziationsverfahren stellen Mittel dar, um häufig gemeinsam auftretende Objektpaare (= Assoziationen) aus einem Datenbestand zu extrahieren, meist durch Häufigkeitsanalyse von Attributskombinationen. Dabei müssen Schwellenwerte vorgeben, ab wann Assoziationen als interessant anzusehen sind und näher untersucht werden sollen. Clusterverfahren arbeiten auf Basis der Gruppenbildung, die unter Einbeziehung aller vorliegenden Eigenschaften aus einer insgesamt heterogenen Gesamtheit möglichst homogene Teilmengen (Clusters) bildet. Dazu werden im Einzelnen partitionierende oder hierarchische Verfahren eingesetzt. Die Clusters sind also Ergebnis des Rechenvorgangs und werden nicht vorgegeben. Fuzzy logic gemäß der Theorie unscharfer Mengen vermeidet zudem Informationsverluste, die bei der traditionellen, zweiwertigen digitalen Logik der Mathematik entstehen.

Ein Data mining-System besteht im Einzelnen aus fünf Schichten. Erstens den Datenquellen, die als Datenbanken mit internen und externen Quellen vorliegen. Zweitens der Vereinheitlichung der Datenstrukturen durch Datenextraktion, -transformation und -ladung sowie stetige Aktualisierung dieser Daten. Drittens dem eigentlichen Data warehouse als zentralem „Umschlagplatz" der Daten. Viertens der Analyseschicht mit einer Segmentierung durch Einteilung von Daten in Gruppen zusammengehöriger oder ähnlicher Datensätze, einer Klassifizierung durch Zuweisung von Elementen mit unbekannten Eigenschaften in bereits bestehende Klassen, Aufbau einer Trainings- und Testdatenwelt und Rückmeldung des „Fit" sowie einer Assoziierung durch Auffindung von Mustern korrelierter Elemente, Assoziationsregeln zur Beschreibung von Zusammenhängen zwischen den Elementen und auftretenden Sequenzmustern. Und fünftens der Präsentationsschicht (Front end).

18. Controlling im Unternehmen
18.1 Begriffsabgrenzung

Während Controlling zunächst als erweiterte Form des Accounting angesehen wurde, proliferierte es zu immer weiteren Funktionen bis hin zum umfassenden Konzept der Unternehmensführung. Wegen dieser rasanten Entwicklung sind erheblich abweichende Definitionen des Controlling vorzufinden. Daher ist zunächst die Beziehung zwischen Planung, Kontrolle und Controlling zu klären. Die **Planung** (= Willensbildung) verbindet den gegenwärtigen Status mit dem Ziel der nächsten Planungsperiode. Daran schließt sich die Implementierung (= Willensdurchsetzung) an. Die **Kontrolle** (= Willensrevision) stellt einmalig oder begleitend fest, ob Abweichungen zwischen Planung und Umsetzung vorhanden sind und steuert dann gegen. Dies hat man sich als Regelkreis vorzustellen, d. h., der neue Status wird in der Planung zur Basis für die Zielprojektion, die dann wiederum kontrolliert wird und so fort. Kontrolle ist somit, allgemein gesehen, das notwendige Komplement zur Planung. Planung ohne Kontrolle ist sinnlos und umgekehrt. Soll-Ist-Abweichungen rühren aus Planungs- und/oder Ausführungsfehlern her. Geschlossene Planungs- und Kontrollsysteme sorgen für einen automatischen Abgleich bei Abweichungen, während bei offenen Planungs- und Kontrollsystemen der aktive Eingriff durch das Management notwendig ist.

Abzugrenzen sind beide Begriffe von Controlling, einer Steuerungsfunktion für das Management, welche die Elemente der Planung, der Kontrolle, der Überprüfung und der Informationsversorgung enthält. Kontrolle umfasst nur den Teilbereich der Überwachung der Managementergebnisse, ist also wesentlich enger gefasst als Controlling, das zunehmend als übergreifende Querschnittfunktion im Unternehmen betrachtet wird. Es bestehen aber auch gegenteilige Auffassungen, wonach Controlling der Oberbegriff und Planung und Kontrolle die Unterbegriffe sind. Bei einer solch weiten Fassung besteht jedoch die Gefahr, dass damit Funktionen des Management präjudiziert werden. Dies geschieht nur dann nicht, wenn die Servicefunktion des Controlling mit einbezogen wird.

Zum Controlling gehört weiterhin das Auditing. Es hat im Wesentlichen die Prüfung der Managementprozesse zum Inhalt und stellt fest, auf welche Weise Resultate zu Stande gekommen sind. Ein Teil des Controlling ist also die Überwachung der Ergebnisse als Resultatskontrolle, der andere Bereich, der unter Auditing gefasst wird, betrifft die Prüfung des Zustandekommens eben dieser Ergebnisse als Verfahrenskontrolle.

Wesentliche Elemente der Kontrolle sind die Erfolgskontrolle (Soll-Ist-Vergleich), die Effizienzkontrolle (durch Kennwerte, Planzeiten, Betriebsvergleiche etc.), die Budgetkontrolle und die Zeitkontrolle (Timing). Wesentliche Elemente des Auditing sind Überprüfungen der Effektivität hinsichtlich Position (Markt, Wettbewerber, Rahmenbedingungen etc.), Strategie, Prämissen und Organisation. Die Steuerungsgrößen können im Einzelnen ökonomischer oder außerökonomischer Natur sein, sind aber überwiegend quantitativ ausgelegt.

Controlling kann parallel oder ex post erfolgen und wird im internen Berichtswesen niedergelegt. Es betrifft einerseits den Aufbau eines Systems, das die Funktionen Planung, Informationsversorgung, Kontrolle und Überprüfung integriert und andererseits die Institutionalisierung eines Systems von Zielen, das allen verantwortlichen Einheiten im Unternehmen die Selbststeuerung ermöglicht. Bei Abweichungen werden die erforderlichen Gegensteuerungsmaßnahmen eingeleitet. Dazu gehört das rechtzeitige Erkennen von langfristigen Trends, welche die zukünftige Entwicklung des Unternehmens gefährden können, ohne dass sie sich heute schon in Ergebnissen niederschlagen. Dazu gehört auch ein System der operativen und strategischen Planung, nach dem koordiniert vorgegangen wird. Dies erfordert ein Zielsystem, das zeitnah die Entwicklungen aufzeigt und Korrekturansätze liefert. Die Entscheidungsvorlagen werden nach einheitlichen betriebswirtschaftlichen Kriterien beurteilt. Entsprechend werden organisatorische Strukturveränderungsmaßnahmen initiiert, wenn dies für die zukünftige Entwicklung des Unternehmens erforderlich ist. Die Auswirkungen langfristiger Trends und Entscheidungen für die Existenzsicherung des Unternehmens werden dabei aufgezeigt und die funktionalen Eigeninteressen auf das Unternehmensziel hin koordiniert und gesteuert.

Dazu bedarf es Informationsrechten gegenüber anderen Stellen im Unternehmen. Im Rahmen einer laufenden Berichterstattung werden alle relevanten Einheiten mit den für deren Steuerung erforderlichen Informationen versorgt. Vor allem wird in regelmäßigen Abständen über die Konsequenzen von Entwicklungen informiert, soweit diese über das normale Zahlenwerk hinausgehen.

Naheliegend ist festzuhalten, dass Controlling weder eine reine Servicefunktion darstellt, die nicht obligatorisch in Entscheidungen einzubeziehen ist, noch Unternehmensführung, denn dafür gibt es das Management, sondern dass Controlling das Management in seinen Entscheidungen unterstützt. Dazu gibt es von J. Weber einen interessanten Ansatz, der, stark verknappt, lautet: Controlling stellt die Rationalität der Unternehmensführung sicher.

Dieser Ansatz scheint sehr vielversprechend, ist er doch von frappierender Einfachheit und greift dennoch umfassend die Inhalte des Controlling ab. Daraus folgt, dass unternehmensweite Entscheidungen nach wie vor allein im Management zu fallen haben. Controlling zeigt jedoch vor einer Entscheidung im Zuge der Planung an, ob diese Entscheidung den Grundsätzen rationaler Unternehmensführung entspricht oder nicht. Das Management ist dann nach wie vor frei in der Wahl seiner Entscheidung, d. h., es kann sich bewusst für eine Alternative entscheiden, die in diesem Sinne als suboptimal zu bezeichnen ist, nur muss es dann auch die Konsequenzen dieser Entscheidung hinnehmen.

Controlling zeigt weiterhin nach einer Entscheidung im Zuge der **Kontrolle** und der **Überprüfung** an, ob eine Entscheidung effizient in Bezug auf die Wirtschaftlichkeit und effektiv in Bezug auf die Zielerreichung in ihren Konsequenzen gewesen ist. Dabei wird, von verzerrenden situativen Umständen abstrahiert, unterstellt, dass als ineffizient und/oder ineffektiv sich herausstellende Entscheidungen in vergleichbaren zukünftigen Situationen als suboptimal zu gelten haben und vermieden werden. Insofern entsteht ein kontinuierlicher Lernprozess, der auf ein immer höheres Niveau der Entscheidungsqualität führt.

Um diese Erkenntnisse in das Entscheidungsumfeld einzubringen, bedient sich Controlling der **Informationsversorgung**, und zwar durch Bündelung aller relevanten Detailinformationen zum Top-Management hin. Ob Controlling dabei vom Charakter her näher an der Unternehmensführungs- oder näher an der Servicefunktion liegt, hängt von der Installierung dieser Funktion im Organisationsaufbau ab. Je zwingender die Rationalität der Managemententscheidungen als Führungsprinzip durchzuhalten ist, desto größeren Einfluss hat Controlling auf die Unternehmensführung, je freier das Management ist, bewusst auch unter Rationalitätsgesichtspunkten suboptimale Entscheidungen zu treffen, desto mehr reduziert sich Controlling auf eine Servicefunktion (siehe Abb. 136).

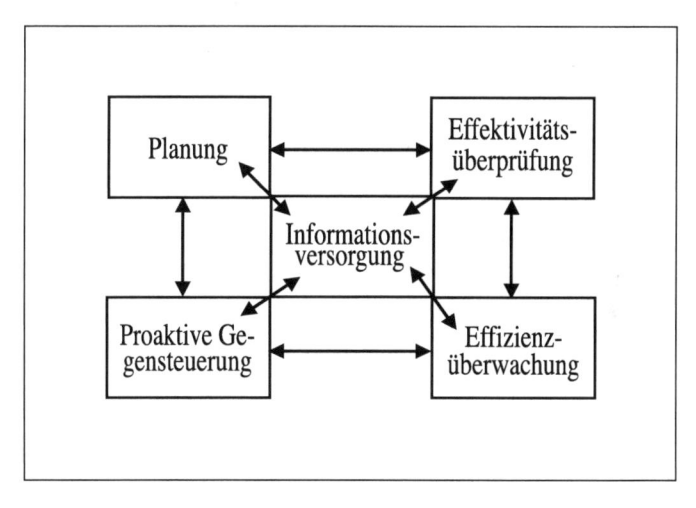

Abbildung 136: Inhalte des Controlling

18.2 Überprüfung der Effektivität

Die Überprüfung der Effektivität (**Auditing**) bezieht sich auf die systematische, unabhängige Untersuchung einer Aktivität und deren Ergebnisse, durch die Vorhandensein und sachgerechte Anwendung spezifizierter Anforderungen beurteilt und dokumentiert werden. Denn korrekte Ergebnisse implizieren nicht die Freiheit von Informations- und Korrekturbedarf in den Prozessen.

Auditing bedeutet **Revision**. Die Abgrenzung zur Kontrolle ergibt sich, indem diese eine in das System eingebaute, kontinuierliche oder intermittierend erfolgende Überwachung ist, die automatisch oder durch Personen durchgeführt wird, die für den jeweils kontrollierten Arbeitsbereich verantwortlich sind. Revision hingegen ist eine vom laufenden Arbeitsprozess losgelöste Prüfung, die durch Personen durchgeführt wird, die unabhängig vom jeweiligen Arbeitsbereich sind. Auditing ist eine geplante und dokumentierte Prüfung von Sachverhalten und soll in erster Linie Systemfehler aufdecken. Die objektivierte Bewertung erlaubt Aussagen über die Qualität des Systems. Auditing ist somit ein taugliches Instrument zur Beseitigung von Schwachstellen.

Auditing setzt auf einer Meta-Ebene an und wird als weitgehend zukunftsorientierte Überwachung des gesamten Führungssystems verstanden. Wegen des qualitativen Charakters liegen allerdings keine eindeutigen Sollwerte zu Grunde. Welche Objekte im Einzelfall als bedeutsam angesehen werden, hängt von der Auffassung der jeweiligen Autoren ab. Und hier gehen die Meinungen weit auseinander.

Der Umwelt-Audit dient der Identifizierung und Interpretation der wichtigsten Chancen und Bedrohungen, denen ein Unternehmen sich gegenüber sieht, auf Basis der Analyse der gesamtwirtschaftlichen Fakten und Trends. Der Strategie-Audit dient der Überprüfung der Systematik der Entwicklung von Strategien, der Sinnhaftigkeit ihrer wesentlichen Annahmen sowie der Konsistenz, Vollständigkeit und Operationalität des Zielsystems. Der Organisations-Audit dient der Überprüfung der Angemessenheit organisatorischer Regelungen im Hinblick auf die Erfordernisse des Umfelds und der Strategie. Der Planungs-Audit dient der Überprüfung der Organisation und Effizienz des Management-Informations-Systems, der Planungs-, Kontroll- und Entwicklungsschemata. Der Wirtschaftlichkeits- und Instrumental-Audit dient der Analyse der unternehmenspolitischen Maßnahmen hinsichtlich Rentabilitäts- und Kostendeckungsgesichtspunkten.

Der Verfahrens-Audit dient der Überprüfung der Informationsversorgung sowie der Planungs- und Kontrolltechniken. Der Prämissen-Audit dient der Kontrolle der vielfältigen Annahmen über Gesetzmäßigkeiten und Strukturen des Umsystems eines Unternehmens. Der Ziele- und Strategien-Audit dient der Kontrolle der grundsätzlichen Ausrichtung eines Unternehmens, wobei zum einen die Adäquanz des Zielsystems und zum anderen die Ziel- und Umweltadäquanz der Strategien zu untersuchen sind. Der Prozess- und Organisations-Audit dient der Überprüfung der Ordnungsmäßigkeit und Zweckmäßigkeit der Informationsversorgung sowie der organisationalen Regelungen.

Auditing zielt eher auf tiefgreifende Änderungen langfristiger Art ab als auf routinemäßige Überwachungsvorgänge, deren Korrekturen kurzfristig angelegt sind. Ein Auditing-Anlass besteht immer dann, wenn bereits Probleme erkannt bzw. erahnt werden.

Beim Audit kann es sich um Selbstüberwachung, Überwachung auf der gleichen Ebene, auf höherer Ebene, durch ein Komitee, durch unternehmenseigene oder unternehmensfremde Funktionsspezialisten handeln. Bei der **Bestandsaufnahme** als Ist-Erhebung erfolgt eine möglichst umfassende und aussagefähige Darstellung des Unternehmensumfelds, wozu unternehmensexterne wie -interne Daten herangezogen werden. Die Effizienz zukunftsorientierter Entscheidungen wird bereits hier determiniert. Bei der **Bewertung** i. S. d. Zielsetzung werden die einzelnen Prüfobjekte einer kritischen Beurteilung unterzogen. Die Komplexität erlaubt jedoch keine generalisierenden Aussagen. Gesicherte empirische Erkenntnisse können nur als Entscheidungshilfen angesehen werden. Von daher sind allenfalls Plausibilitäts- und Konsistenzurteile möglich. Nach genauer Prüfung des Einzelfalls und Herausfilterung derjenigen Erkenntnisse, die für den spezifischen Einzelfall einschlägig erscheinen, können **Lösungsalternativen** als Empfehlung für Verbesserungen aufgezeigt werden. Diese haben allerdings nicht den Rang konkreter Maßnahmen, sondern bilden Rahmenaussagen aus Analyse und Diagnose.

18.3 Überwachung der Effizienz

Die Überwachung der Effizienz (**Kontrolle**) bezieht sich auf den Ablauf und die Resultate von Maßnahmen. Es handelt sich um eine ergebnis- und vergangenheitsorientierte Sichtweise. Charakteristisch ist der durchzuführende Vergleichsvorgang. Kontrolle ist damit wesentlich enger als Controlling gefasst.

18.3.1 Kennzahlen

18.3.1.1 Inhalt

Kennzahlen sind aggregierte Daten, die mehr oder minder komplexe, dahinter stehende Sachverhalte komprimiert quantitativ ausweisen. Sie haben vor allem folgende **Funktionen**:

- Operationalisierung abstrakter Zielinhalte, Anregung zur Auseinandersetzung mit Konstellationen und Entwicklungen, Vorgabe von operationalen Zielgrößen, Kontrolle der Einhaltung von Zielen.

Kennzahlen dienen damit sowohl der Analyse (Umweltanalyse, Unternehmensanalyse) als auch der Steuerung. Bei ihrer Bildung ergeben sich als Formen Grundzahlen und Verhältniszahlen. **Grundzahlen** sind **absolute** Zahlen (Einzelzahlen, Summen, Differenzen, Mittelwerte). Sie erfüllen den Anspruch der Datenreduktion jedoch nur eingeschränkt und sind daher eher atypisch.

Verhältniszahlen sind typischer und unterteilen sich als **relative** Zahlen in drei Zusatzformen. **Gliederungszahlen** stellen den Anteil einer Teilmasse an der Gesamtmasse dar. Die Gesamtmasse wird dabei gleich 100 gesetzt und entsprechend gegliedert. Die Teilmassen sind echte Untermengen der jeweiligen Gesamtmasse, daher ist dies nur bei größeren Datenmengen hilfreich. Die Ausrechnung erfolgt im traditionellen Dreisatz.

Beziehungszahlen setzen unterschiedliche, allerdings zeitlich identische Zahlengruppen, zwischen denen sachliche Zusammenhänge bestehen, in Beziehung zueinander. Das Ergebnis ist ein Quotient, dessen Wert umso näher bei Null liegt, je enger die Beziehung zwischen den Mengen ist. Der Kehrwert wird Bezeichnungszahl genannt.

Indexzahlen ermöglichen die Darstellung von Veränderungen im Zeitablauf. Dabei wird die Ausgangsperiode gleich Index 100 gesetzt. Alle Werte werden auf diesen gemeinsamen Zeitpunkt bezogen, weshalb dessen bedachte Wahl von großer Bedeutung ist, weil sich sonst ein verzerrtes Bild ergibt.

Den Kennzahlen können **Bestandsmassen** zugrunde liegen, deren Elemente eine Verweildauer aufweisen, sodass zu einem beliebigen Beobachtungszeitpunkt stets eine größere Anzahl von ihnen gleichbleibend vorhanden ist, oder **Bewegungsmassen**, bei denen Zu- und Abgänge Bestandsveränderungen bewirken, die zeitpunktbezogen sind.

Kennzahlen haben im Allgemeinen folgende **Aufgaben**. Sie dienen der

- Kontrolle durch Erfassung zur Erkennung von Abweichungen (laufend oder punktuell angelegt),
- Lenkung durch Nutzung der Vereinfachung von Informationen (und damit verbundenen Planungsprozessen),
- Vorgabe zur Ermittlung kritischer Werte als Ergebnisgrößen (für verschiedene betriebliche Teilbereiche),
- Anregung durch Erkennung von Auffälligkeiten und Veränderungen (kontinuierliche Erfassung von Ausprägungen),
- Operationalisierung für betriebliche Ziele (zur Abbildung des Grads der Zielerreichung).

Für die Arbeit mit Kennzahlen ist es wichtig, dass nicht willkürlich beliebige Werte aus allen erdenklichen betrieblichen Bereichen ermittelt werden, für die kein sachgerechter Bezug festgestellt werden kann, sondern dass Kennzahlen sachgerecht ausgewiesen und genutzt werden. Als Anhaltspunkte dafür lassen sich folgende Anforderungen formulieren:

- Eindeutigkeit der erkennbaren Zielsetzung, klare Abbildung und Interpretierbarkeit von dahinter stehenden, materiellen Tatbeständen, Aktualität der Ermittlung, Prognosefähigkeit der Daten, funktionsübergreifende Betrachtung, überschaubare Anzahl von Daten, einfache Struktur, vertretbarer Erhebungsaufwand.

Die isolierte Betrachtung einzelner Kennzahlen führt nur sehr eingeschränkt zu einer aussagefähigen Beurteilung der betrieblichen Situation. Vielmehr müssen zusätzliche sachliche und zeitliche Zusammenhänge entwickelt werden. Der zeitliche Zusammenhang ergibt sich, wenn die Entwicklung dieser Kennzahlen in einer Längsschnittbetrachtung vorgenommen wird (**Zeitvergleich**). Dabei ist zunächst an den Vergleich aktueller mit vergangenen Daten zu denken. Dabei können Veränderungen festgestellt und näher analysiert werden.

Dennoch handelt es sich dabei eher um Erkenntnisse von historischem Wert, interessanter ist die planerische Gestaltung der Zukunft mit Hilfe von Kennzahlen (**Soll-Ist-Vergleich**). Dieser Vergleich kann nur aussagefähig sein, wenn die Ist-Zahlen gleich gegliedert sind wie die Plan-Zahlen.

Der **Leistungsvergleich** betrifft den Vergleich verschiedener Einheiten des gleichen Betriebs untereinander bzw. gleicher Einheiten verschiedener Betriebe miteinander. Allerdings besteht oft das Problem der mangelnden Einheitlichkeit der Bezugsbasis. Deshalb bemühen sich überbetriebliche Organisationen (IHKs, Verbände, Kreditinstitute etc.) um eine entsprechende Vereinheitlichung der Ausgangsbedingungen.

Zur Ermittlung, Auswertung und Interpretation sind mehrere **Arbeitsstufen** erforderlich. Zunächst ist eine Bestandsaufnahme als Ist-Erhebung nötig. Hierbei erfolgt eine möglichst umfassende und aussagefähige Darstellung des Entscheidungsumfelds, wozu unternehmensexterne wie -interne Daten herangezogen werden. Die Effektivität zukunftsorientierter Entscheidungen wird bereits hier determiniert. Dann folgt die Bewertung im Sinne der Zielsetzung. Hierbei werden die Leistungen einer kritischen Beurteilung unterzogen. Gesicherte empirische Erkenntnisse können jedoch nur als Entscheidungshilfen angesehen werden. Von daher sind zusätzlich immer Plausibilitäts- und Konsistenzurteile vorzunehmen. Daraus ergeben sich Empfehlungen für Verbesserungen. Nach genauer Prüfung des Einzelfalls und Herausfilterung derjenigen Erkenntnisse, die für den spezifischen Anwendungsfall einschlägig erscheinen, können Lösungsalternativen aufgezeigt werden. Dies erfolgt zumeist in Form von Berichten.

Berichte beinhalten nach bestimmten Gesichtspunkten geordnete Daten und richten sich vorwiegend an interne Empfänger (z. B. Geschäftsleitung) zur Stützung der Arbeit in Planung und Kontrolle. Man kann verschiedene Arten von Berichten unterscheiden. Planungsberichte sind bereichs- oder unternehmensumfassende, kurzfristige Vorhersagen, kurzfristige Planstudien für bestimmte Objekte, Langfristplanungen etc. Kontrollberichte sind zusammenfassende Finanz- und Ergebnisberichte, laufende kurzfristige Berichte verschiedenen Inhalts etc. Sonderberichte zu wichtigen unternehmenspolitischen Daten sind etwa analytische Berichte, Trendberichte etc.

Einzelne Kennzahlen haben zwangsläufig nur eine begrenzte Aussagefähigkeit. Eine Verkettung mehrerer derartiger Größen ist daher zur Erhöhung der Aussagefähigkeit sinnvoll. Dies erfolgt im Rahmen von **Kennziffernsystemen**. Dabei handelt es sich um eine geordnete Gesamtheit von Kennzahlen, die zueinander in Beziehung stehen, wobei häufig erst diese Gesamtheit in der Lage ist, vollständig über Sachverhalte zu informieren. Dabei gibt es zwei Arten. Ordnungssysteme enthalten Kennzahlen definierter Sachverhalte, betreffen also spezifizierte Aspekte im Unternehmen. Rechensysteme sind durch arithmetische Zerlegung der Kennzahlen in Pyramidenform charakterisiert. Sie sind die verbreitetste Form (siehe Abb. 137).

Ein Kennziffernsystem ist aber nur in dem Maße erfolgreich, wie die finanzielle Spitzenkennzahl richtig ausgewählt wird. Als besonders geeignet haben sich in diesem Zusammenhang erwiesen:

- Return on investment (ROI, z. B. im DuPont-System),
- Eigenkapitalrentabilität (z. B. im ZVEI- und im RL-System),
- Gewinn und Liquidität (z. B. im PuK-System).

Das **DuPont-System** geht wie folgt vor. Die Rentabilität (ROI) wird aus dem Produkt von Umsatzrentabilität und Kapitalumschlagshäufigkeit abgeleitet. Die Umsatzrentabilität wiederum ergibt sich als Quotient aus Betriebsergebnis und Umsatzerlösen. Das Betriebsergebnis seinerseits entsteht als Differenz aus Deckungsbeitrag und fixen Kosten. Ansatzpunkt ist dann die Kostenoptimierung. Die Umsatzkosten ergeben sich als Summe aus Material- und Fertigungs-, Vertriebs- und Verwaltungskosten. Alternativ ergeben sich der Deckungsbeitrag als Differenz aus Umsatzerlösen und der Summe der variablen Kosten sowie die fixen Kosten als Summe aller Fixkosten der verschiedenen Zurechnungsebenen. Die Umsatzerlöse ergeben sich als Produkt von Absatzmenge und Verkaufspreis je Einheit. Die Summe der variablen Kosten ergibt sich als Produkt von Absatzmenge und variablen Kosten je Einheit. Ansatzpunkt ist hier die Umsatz- und Preisoptimierung. Die Kapitalumschlagshäufigkeit ergibt sich als Quotient aus Umsatzerlösen und Vermögen (investiertes Kapital). Ansatzpunkt ist hier die Verbesserung der Bilanzstruktur. Das Vermögen besteht aus der Summe von Umlauf- und Anlagevermögen (arbeitendes Kapital und laufende Investitionen). Das Umlaufvermögen wiederum ergibt sich aus der Summe von Lagerbeständen, Forderungen und liquiden Mitteln.

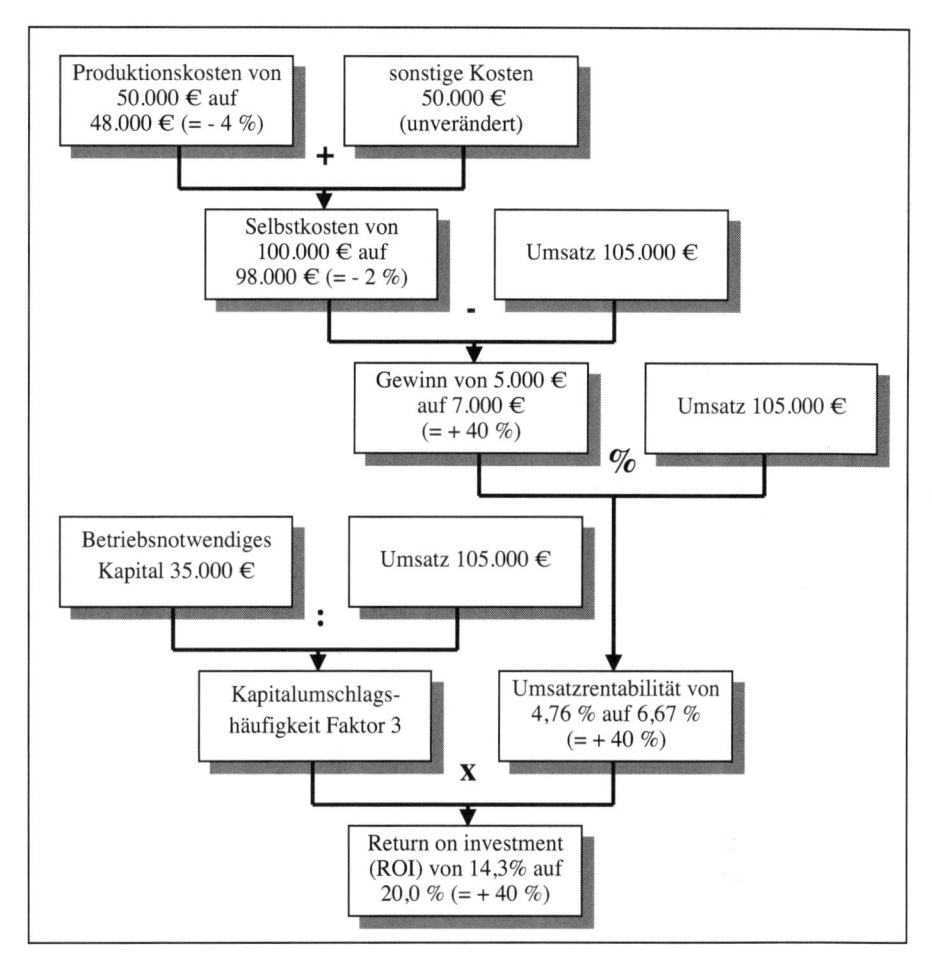

Abbildung 137: Beispiel einer 4%-igen Kostensenkung in der Produktion

18.3.1.2 Kritische Würdigung

Kennzahlen nehmen definitionsgemäß immer eine Verengung der ökonomischen Realität vor. Eine Ausrichtung im Management ausschließlich oder auch nur primär an solchen Kennzahlen birgt daher die nicht geringe Gefahr, Maßnahmenhebel an suboptimalen Stellen anzusetzen, vor allem an offen liegenden Symptomen anstelle verdeckter Ursachen.

Bei undifferenzierten, überbetrieblichen Vergleichen, wie von Kreditinstituten, Unternehmensverbänden, Handelskammern etc., ist Vorsicht angezeigt. Denn bei den bereitgestellten Daten handelt es sich immer um Durchschnittswerte, die interpretationsbedürftig sind. Entsprechen die betrieblichen Gegebenheiten, was real häufigst der Fall ist, nicht diesem Durchschnitt, sind Fehlinterpretationen fast unvermeidlich. Außerdem wird es kaum gelingen, komparative Konkurrenzvorteile zu erzielen, wenn man sich an Maßstäben des Durchschnitts orientiert.

Weiterhin sind die meisten Kennzahlen zu sehr am Jahresüberschuss ausgerichtet, sind also zeitpunktbezogen und basieren auf Motiven, die andersartig (z. B. steuerrechtlich) begründet und deren Daten daher nicht ohne entsprechende Korrekturen für eine Auswertung geeignet sind.

Ein wesentliches Problem liegt zudem darin, dass qualitative Faktoren (Soft factors), die für den betrieblichen Erfolg immer bedeutsamer werden, zunächst, z. B. über Nutzwertanalysen, operationalisiert werden müssen, bevor sie in Kennzahlen verarbeitet werden können. Bei dieser Umformung verändert sich jedoch der Inhalt der Informationen, neue, metrische Verhältnisse entstehen und vorhandene Ursache-Wirkungs-Ketten gehen womöglich verloren.

Stillschweigende Voraussetzung einer ergiebigen Kennzahlen-Analyse ist weiterhin, dass entsprechende Daten in für diese Zwecke aufbereiteter Form im internen Rechnungswesen bereits vorliegen. Dies ist durchaus nicht immer der Fall. Entweder ist das Rechnungswesen nicht leistungsfähig genug oder aber für andere Zwecke ausgelegt, z. B. durch abweichende zeitliche, formale, räumliche und inhaltliche Abgrenzungen, sodass eine gesonderte, parallele Erfassung für diesen Zweck erforderlich ist. Dies bedeutet einen nicht unerheblichen Mehraufwand.

Schließlich bedarf die Nutzung von Kennzahlen auch einer immensen Pflege des Datenbestands, d. h., Daten müssen regelmäßig erneuert und, bei Abgrenzungsveränderungen, entsprechend korrigiert werden, neuartige Daten sind rückwirkend aufzunehmen bzw. zu eliminierende Daten zu löschen. Sinnvolle Verknüpfungen müssen geprüft und im Zeit- und Sachzusammenhang ausgewertet werden. Dies ist nurmehr mit Hilfe computergestützter Datenbanken möglich, etwa auch im Hinblick auf die Ergebnisdarstellung. Dies wiederum erfordert die Einrichtung entsprechender IT-Kapazitäten, die Bedienung des Systems durch qualifizierte Operators und die laufende Auseinandersetzung mit dieser komplexen Materie.

Zum Aufbau sind zunächst die individuellen Ziele festzulegen, die mit kontinuierlichen Kennzahlen bzw. einem Kennziffernsystem zu erreichen gesucht werden. Zur Abbildung sind meist nicht mehr als ein gutes Dutzend Kennzahlen erforderlich. Dazu ist es wichtig, genau die Daten zu extrahieren, welche die gewählten Zielgrößen repräsentieren. Diese Daten liegen zwar regelmäßig bereits im Unternehmen vor, sie müssen jedoch meist zunächst zweckmäßig abgegrenzt bzw. in geeigneter Weise umgestellt werden. Nicht selten ist auch eine parallele Erhebung zu der ohnehin erfolgenden Erhebung notwendig.

Aus diesen Daten müssen erst die Kennzahlen gebildet, bzw. bei Wunsch nach einem Kennziffernsystem, zweckmäßig derart miteinander verknüpft werden, dass sie einander bedingen. Erst dann können höher aggregierte Kennzahlen, deren Verursachung ansonsten nur schwerlich nachzuvollziehen ist, ihrerseits durch niedriger aggregierte Kennzahlen erklärt werden. Die Kennzahlen erfordern allerdings eine kontinuierliche Erfassung und Aktualisierung, die konsequente Analyse ihrer Ausprägung und Veränderung sowie vor allem die Nutzung dieser Erkenntnisse für die praktische Unternehmensführung.

Per Saldo sind Kennzahlen also in ihrer **Aussagefähigkeit** begrenzt. Sie stellen nicht Ursache und Wirkung in Bezug zueinander (= mangelnde Objektivität). Sie basieren auf womöglich verzerrten Ursprungsdaten (= mangelnde Reliabilität). Sie messen womöglich nicht das, was eigentlich gemessen werden soll (= mangelnde Validität). Und sie leisten nur Erklärungsbeiträge (= mangelnde Signifikanz).

18.3.2 Selbstkosten und Deckungsbeitrag

Für die Kostenermittlung wird traditionell eine **einfache** Zuschlagskalkulation (Selbstkosten plus Gewinn) oder eine **differenzierte** Zuschlagskalkulation (differenzierte Kostenpositionen) eingesetzt, beide gehen progressiv vor. Die differenzierte Zuschlagskalkulation erlaubt die Identifizierung einzelner kostenverursachender Größen und damit die Beeinflussung der Kostenstruktur.

Kalkulationsschema der einfachen Zuschlagskalkulation:

Selbstkosten (Materialkosten, Lohnkosten, alle sonstigen Kosten)
+ *Gewinnzuschlag*
= *Nettoangebotspreis*
+ *Umsatzsteuer*
= *Bruttoverkaufspreis*

Kalkulationsschema der differenzierten Zuschlagskalkulation (Beispiel):

Materialeinzelkosten (MEK)	*92,00 €*
+ *Materialgemeinkosten (in % der M.-EK) 11,1 %*	*10,18 €*
= *Materialkosten*	*102,18 €*
Lohneinzelkosten (LEK)	*31,90 €*
+ *Lohngemeinkosten (in % der L.-EK)*	*60,00 €*
+ *Sondereinzelkosten der Fertigung*	*10,54 €*
= *Lohnkosten*	*102,44 €*

Materialkosten	*102,18 €*
+ *Lohnkosten*	*102,44 €*
= *Herstellkosten*	*204,62 €*
Herstellkosten	*204,62 €*
+ *Verwaltungs- und Vertriebskosten (in % der HK) 9,8 %*	*20,10 €*
+ *Sondereinzelkosten des Vertriebs*	*0,60 €*
= *Selbstkosten*	*225,32 €*
Selbstkosten	*225,32 €*
+ *Gewinnzuschlag 8 %*	*18,02 €*
= *Nettoangebotspreis*	*243,34 €*
+ *Erlösschmälerungen (in % des NP) 8 %*	*21,16 €*
= *Bruttoangebotspreis*	*264,50 €*
+ *Umsatzsteuer (19 %)*	*50,25 €*
= *Bruttoverkaufspreis*	*314,75 €*

Vor allem werden aber die **einstufige** Deckungsbeitragsrechnung oder eine **mehrstufige** Deckungsbeitragsrechnung eingesetzt, beide gehen retrograd vor. Moderne Formen geben im Falle weit verbreiteter Unterauslastung der Kapazitäten Preisuntergrenzen verschiedener Grade für ein gewinnbringendes Angebot am Markt vor. Gleichermaßen kann damit im Fall von Überauslastung die profitabelste Nutzung je Engpasszeiteinheit anhand des relativen Deckungsbeitrags bestimmt werden (Deckungsspanne = Differenz aus Preis und variablen Stückkosten). Problematisch ist jedoch die Gefahr von Fehlentscheidungen bei hoher Fixkostenlastigkeit der Kostenstrukturen.

Beispiel Kalkulationsschema der einstufigen Deckungsbeitragsrechnung:

Nettoumsatz (20 € je Einheit, 10.000 verkaufte Einheiten)	*200.000 €*
- *variable Gesamtkosten (12 € je Stück, 10.000 Stück)*	*120.000 €*
= *Deckungsbeitrag*	*80.000 €*
- *Fixkosten*	*40.000 €*
= *Ergebnis (Gewinn)*	*40.000 €*

Beispiel Kalkulationsschema der mehrstufigen Deckungsbeitragsrechnung:

Nettoumsatz	*200.000 €*
- *variable Gesamtkosten*	*120.000 €*
= *Deckungsbeitrag I*	*80.000 €*
- *Produktfixkosten (einem Produkt direkt zurechenbare Fixkosten, z. B. bei einer Einproduktfertigungsanlage)*	*12.000 €*
= *Deckungsbeitrag II*	*68.000 €*
- *Produktgruppenfixkosten (einer Produktgruppe direkt zurechenbare Fixkosten, z. B. bei gemeinsamer Werbeaktion)*	*10.000 €*
= *Deckungsbeitrag III*	*58.000 €*

- *Abteilungsfixkosten (einer Abteilung direkt zurechenbare Fixkosten, z. B. Computerausstattung im Produktmanagement)*	*8.000 €*
= *Deckungsbeitrag IV*	*50.000 €*
- *Bereichsfixkosten (z. B. einer Division direkt zurechenbare Fixkosten, z. B. Auszubildende)*	*6.000 €*
= *Deckungsbeitrag V*	*44.000 €*
- *Unternehmensfixkosten (nur dem Unternehmen als Ganzes zurechenbare Fixkosten)*	*4.000 €*
= *Ergebnis (Gewinn)*	*40.000 €*

Allerdings honoriert der Markt eindeutig keine Kosten, sondern nur Nutzen. Dies berücksichtigen abwärtsgerichtete Kalkulationen. Sie gehen von der am Markt für durchsetzbar erachteten **Preisobergrenze** aus und schließen davon auf die hinnehmbaren Selbstkosten. Dazu wird vor allem die **Zielkostenrechnung** eingesetzt. Ausgangspunkt ist die dekompositionell für jedes Leistungselement ermittelte maximale Preisbereitschaft der Nachfrage (Market into company) bzw. die erwiesene Gesamtpreisdurchsetzbarkeit beim Wettbewerb (Out of competitor). Von diesem Nettopreis wird der Plangewinn abgesetzt, sodass sich die Kostenobergrenze ergibt (Allowable costs). Liegen die tatsächlichen Selbstkosten (Drifting costs) darunter, kann ein Zusatzgewinn eingestrichen werden, liegen sie darüber, muss auf das Marktangebot verzichtet oder eine Kostenreduktion erreicht werden.

Beispiel Zielkostenrechnung:

(jeweils je Einheit)		*12 €*	*(maximale Preisbereitschaft bzw.*
Target price			*Mitbewerbspreisniveau)*
-	*Target profit*	*3 €*	*(Plangewinn)*
	Allowable costs	*9 €*	*(Kostenobergrenze bei gegebenem Target price/ Target profit)*
-	*Drifting costs*	*10 €*	*(tatsächliche Selbstkosten)*
	Target costs	*- 1 €*	*(erforderliche Kostenreduktion für Target price/ Target profit)*

Alternativ kann in der Zielkostenrechnung aufwärtsgerichtet auf Basis der Ermittlung von Selbstkosten (Out of standard costs) geprüft werden, ob ein markt- und wettbewerbsfähiger Preis realisierbar ist. Ist dies nicht der Fall, müssen durch Wertanalyse die Kosten reduziert (Target costs) oder die Leistungswahrnehmung erhöht werden (Out of optimum costs). Schließlich kann gegenläufig für die durch Conjoint measurement ermittelte Preisobergrenze eine Wertgestaltung derart vorgenommen werden (Into and out of company), dass die anteiligen Kosten jedes Leistungselements in Konstruktion und Fertigung dessen Wertanteil nicht überschreiten (Design to costs). Dies schafft bereits im ersten Anlauf ein konkurrenzfähiges Angebot.

Weitere kostenorientierte Preisermittlungen stellen auf die verursachungsgerechte Zurechnung von Kostenarten auf Kostenträger ab, wobei diese als Prozesse definiert werden (Prozesskostenrechnung) oder erfassen die Kosten und Erlöse über den kompletten Vermarktungszeitraum hinweg (Lebenszykluskostenrechnung).

Beispiel der Prozesskostenkalkulation:

Einzelkosten je Stück:	*14 €*
Gemeinkosten:	*160.000 €*
Absatzmenge:	*10.000 Stück*
Stückprozesskosten (14 + 160.000 : 10.000 =)	*30 €*
Selbstkosten:	*44 €*
Gewinnzuschlag:	*25 %*
Angebotspreis:	*55 €*

Beispielrechnung der Lebenszykluskostenrechnung:
- *Vorlaufkosten für z. B. Ideensuche, Grundlagenforschung, Produkt-/ Verfahrensentwicklung, Marktforschung/Test, Markterschließung, Produktionsplanung, Schnittstellenentwicklung, Qualitätsverbesserung, Kostenreduktion, Vorserie, Zuliefererauswahl, Vertriebsplanung, Training, technische Dokumentation, Organisation, Logistik, Projektmanagement etc.*   *100.000 €*
- *Vorlauferlöse aus z. B. Subventionen, Steuererleichterungen, Erlös von übertragenen FuE-Erkenntnissen etc.,*   *20.000 €*
- *Marktbegleitende, laufende Kosten wie in der Kostenrechnung ohnehin erfasst, also Markteinführung, Relaunch, Auslauf und Pflege, Betriebskosten (Energie, Betriebsmittel, Personal, Versicherung etc.), Wartung, Overheads etc.,*   *120.000 €*
- *Marktbegleitende, laufende Erlöse wie in der Erlösrechnung ohnehin erfasst, also Aktionen, laufender Umsatz, Ausverkauf, etc.,*   *200.000 €*
- *Folgekosten für z. B. Nachbetreuung, Produkthaftung, Entsorgung/ Redistribution, Garantie/Gewährleistung, Wartung, Demontage, Sammlung/Sortierung/Zerkleinerung/Deponie etc.,*   *40.000 €*
- *Folgeerlöse aus z. B. Lizenzvergabe, Verkauf von Anlagen, Ersatzteilhandel, Reparatur, Beratung, Schulung, Betriebsmittelhandel etc.*   *80.000 €*
- *Ergebnis (Gewinn)*   *40.000 €*

Tatsächlich müssen beide Kalkulationsformen parallel angewendet werden, die aufwärtsgerichteten zur Rentabilitätssicherung und die abwärtsgerichteten, um keine Gewinnanteile am Markt zu vergeben. Die Break even-Analyse gibt außerdem verschiedene Schwellenmengen vor.

18.3.3 Break even-Punkte

Break-even-Punkt ist diejenige Absatzmenge, bei welcher der Umsatzwert zum ersten Mal die vollen Kosten deckt bzw. der Deckungsbeitrag zum ersten Mal die Fixkosten übersteigt, also die Gewinnzone erreicht wird. Der Umsatz setzt sich aus den Größen Absatzmenge und Preis je Einheit zusammen. Die Menge ist wiederum abhängig von der Absatzkapazität, d. h., der Break-even-Punkt darf nicht außerhalb der Kapazitätsgrenze liegen. Der Preis ist seinerseits abhängig von Nachfrage-, Wettbewerbs-, Ziel- und Regulierungsbedingungen.

$$B.\,e. = \frac{Fixkosten}{Preis - var.\,Stückkosten} = \frac{Fixkosten}{DS}$$

Die Kosten setzen sich aus variablen und fixen Bestandteilen zusammen. Variable Kosten können verschieden verlaufen. Proportional bedeutet, dass die variablen Kosten linear zur Absatzmenge steigen. Überproportional bedeutet, dass die Kosten schneller steigen (progressiv) als die sie verursachende Absatzmenge, unterproportional bedeutet, dass die Kosten langsamer steigen (degressiv) als die Absatzmenge. Regressiv bedeutet, dass die Kosten mit steigender Menge absolut geringer werden, ein eher selten anzutreffender Tatbestand. Jeweils kann der Kostenverlauf linear oder nichtlinear sein. Da die fixen Kosten auslastungsgradunabhängig sind, fallen sie pro Leistungseinheit mit steigender Menge. Bei jeder Kapazitätserweiterung steigen sie allerdings einmalig sprunghaft um den hinzukommenden Fixkostenblock an. Solche sprungfixen Kosten sind innerhalb eines Kapazitätsintervalls fix, von Kapazitätsintervall zu Kapazitätsintervall jedoch variabel. Bei Kapazitätskürzungen gehen die Kosten nicht parallel zurück, weil Fixkosten nicht ohne Weiteres abgebaut werden können (remanent sind).

Ziel jedes Unternehmens ist es, bei möglichst niedriger Menge „break even" zu sein. Dazu tragen ein höherer Preis je Einheit, die Kapazitätsgrenze, niedrigere Fixkosten und niedrigere variable Kosten bei. Die Zusammenhänge stellen sich im Einzelnen wie folgt dar.

Ein höherer **Preis je Einheit** führt zum Break even bei niedrigerer Menge. Grafisch gesehen handelt es sich um einen größeren Steigungswinkel der Erlöskurve. Deshalb besteht eine Wunschalternative darin, den Verkaufspreis je Einheit zu erhöhen. Dies ist nach der Marktmechanik möglich, wenn die Nachfrage bei gleichem Angebot steigt, schneller steigt als das Angebot oder langsamer sinkt als dieses. Tatsächlich ist jedoch leider eher die Situation des Preisdrucks durch hohe Konkurrenzintensität oder stagnierende Nachfrage gegeben.

Liegt die Break even-Menge oberhalb der **Kapazitätsgrenze**, wird die Gewinnschwelle erst gar nicht erreicht. Dann ist zu überlegen, ob die Strategie wieder aufgegeben bzw. erst gar nicht realisiert wird oder Kapazitäten gleich so dimensioniert werden, dass ein profitables Angebot möglich ist bzw. die Kosten entsprechend gesenkt und/oder die Preise erhöht werden.

Niedrigere **Fixkosten** führen zu niedrigerer Break even-Menge. Grafisch gesehen handelt es sich um eine Parallelverschiebung der Gesamtkostenkurve nach unten. Deshalb ist es ein Teilziel, die Summe der fixen Kosten zu minimieren. Dem steht allerdings die Anlagenintensität moderner, hochrationell arbeitender Betriebstätigkeit entgegen, die eher noch zu einer Fixkostenerhöhung führt.

Niedrigere **variable Kosten** (je Einheit) führen zu niedrigerer Break even-Menge. Grafisch gesehen handelt es sich um einen geringeren Steigungswinkel der Gesamtkostenkurve. Deshalb ist es ein weiteres Teilziel, die variablen Kosten je Einheit zu senken. Dies geschieht praktisch meist durch Substitution von Arbeit durch Kapital, also konkret von Personal durch Anlagen.

De facto können drei Break even-Punkte unterschieden werden. Der **liquiditätswirksame** Break even-Punkt liegt bei derjenigen Absatzmenge, deren Erlöse ausreichen, alle ausgabenwirksamen Kosten zu decken. Dabei können verschiedene Liquiditätsgrade unterschieden werden. Dazu werden alle Kosten in ausgabenwirksame Beträge (z. B. Mieten, Gehälter, Beiträge) und nicht-ausgabenwirksame Beträge (z. B. kalkulatorische Kosten) aufgeteilt. Da davon auszugehen ist, dass die variablen Kosten regelmäßig zugleich auch ausgabenwirksam sind, betrifft dies in erster Linie die Fixkosten. Die Deckung der ausgabenwirksamen Fixkosten neben den variablen Kosten ist zur Erhaltung der Liquidität des Unternehmens überlebensnotwendig. Illiquidität zwingt zur Einstellung des Geschäftsbetriebs. Auf die Deckung der nicht-ausgabenwirksamen Kosten (und des Plangewinns) kann jedoch zumindest vorübergehend verzichtet werden. Daher bietet sich eine parallele pagatorische Kostenrechnung als Variante an, die sicherstellt, dass die Ausnutzung von Preisuntergrenzen nicht die Liquidität gefährdet.

Beispiel:
Fixkosten: *40.000 €, davon 10.000 € pagatorisch*
Preis je Einheit: *20 €*
var. Stückkosten: *12 €*
Break-even-Menge: 30.000 : 8 = 3.750 Stück

Der **vollkostenwirksame** Break even-Punkt liegt bei derjenigen Menge, deren Erlöse ausreichen, sämtliche Kosten zu decken. Dort ist der Deckungsbeitrag gleich den Fixkosten.

Beispiel:
Fixkosten: *40.000 €*
Preis je Einheit: *20 €*
var. Stückkosten: *12 €*
Break-even-Menge: 40.000 : 8 = 5.000 Stück

Der **gewinnwirksame** Break even-Punkt liegt bei derjenigen Menge, deren Erlöse ausreichen, über die volle Kostendeckung hinaus auch noch den Plangewinn zu realisieren. Der Sicherheitsgrad bezeichnet den relativen Abstand (in %) zwischen dem Umsatz bei der effektiv abgesetzten Menge und dem Break-even-Punkt. Die Break even-Menge ergibt sich rechnerisch als Quotient aus den gesamten Fixkosten und der Deckungsspanne.

Beispiel:
Fixkosten: *40.000 €*
Preis je Einheit: *20 €*
var. Stückkosten: *12 €*
Stückgewinn: *3 €*
Break-even-Menge: *40.000 : 5 = 8.000 Stück*

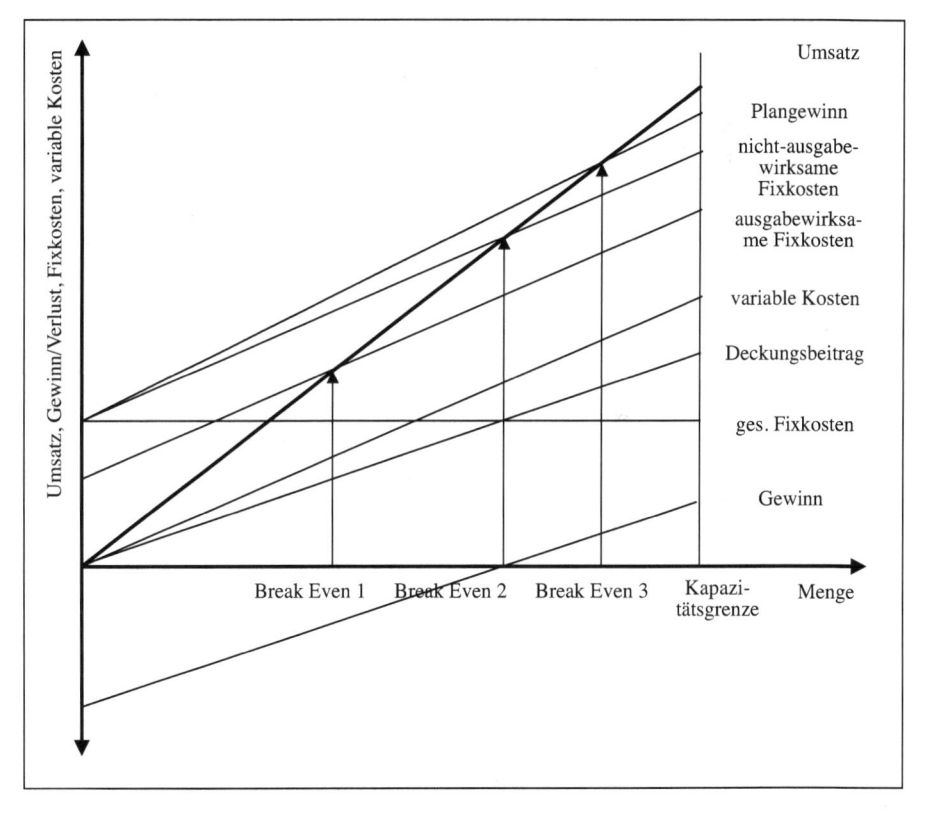

Abbildung 138: Break even-Punkte

Die Break even-Punkte lassen sich wie folgt interpretieren:

- im Break even-Punkt 1 ist der Umsatz gleich den ausgabewirksamen fixen und variablen Kosten, es entsteht ein Verlust in Höhe der nichtausgabewirksamen fixen Kosten, der Deckungsbeitrag ist positiv, aber kleiner als die fixen Kosten,
- im Break even-Punkt 2 ist der Umsatz gleich den gesamten Kosten, der Gewinn ist demnach gleich Null, der Deckungsbeitrag ist gleich den Fixkosten,
- im Break even-Punkt 3 reicht der Umsatz zur Vollkostendeckung und zur Plangewinnerzielung aus, der Deckungsbeitrag ist höher als die Fixkosten,
- bei einem Absatz von Null entsteht ein Verlust in Höhe der Fixkosten, die variablen Kosten und der Deckungsbeitrag sind ebenfalls gleich Null,
- an der Kapazitätsgrenze ist der Gewinn größer als der Plangewinn (siehe Abb. 138).

18.3.4 Balanced scorecard

In neuerer Zeit hat vor allem das Controlling-Instrument der Balanced scorecard (BSC) an Bedeutung gewonnen. Diese soll unter Beachtung der gebotenen Mehrdimensionalität der Führungsperspektive eine strategische und operative Steuerung ermöglichen, die sich am Kundennutzen orientiert und profitables Wachstum (= Wertmanagement) fördert. Die aus der Unternehmensstrategie abzuleitenden Ziele werden über Ursache-Wirkungs-Ketten auf der Grundlage geeigneter Kennzahlen zu einer integrativen Sichtweise verknüpft.

Ziel der BSC ist es, einerseits ein Informationssystem als Grundlage für die Planung und Steuerung des Unternehmens darzustellen, um so dem Management einen schnellen, sinnvollen Überblick über den Geschäftsablauf zu vermitteln. Andererseits sichert die Vorgehensweise im Rahmen der Erstellung einer BSC, dass von der Unternehmensleitung formulierte Strategien auf allen hierarchischen Ebenen mit dem jeweils erforderlichen Konkretisierungsgrad umgesetzt werden. Das Besondere an der BSC ist die Zuordnung von Zielen, Kennzahlen, Vorgaben und Maßnahmen zur jeweiligen Perspektive. Hierdurch soll ein einseitiges Denken bei der Ableitung und Verfolgung von Zielen verhindert werden, zugleich wird ein Ausgleich zwischen quantitativen und qualitativen Daten angestrebt. Die wesentlichen Zusammenhänge der Strategieumsetzung werden dokumentiert und schaffen ein realistisches Abbild der Unternehmenssituation.

Dabei werden im Einzelnen vier Perspektiven eingenommen: die finanzielle Perspektive, die Kundenperspektive, die Perspektive der internen Geschäftsprozesse und die Lern- und Potenzialperspektive (siehe Abb. 139).

Zunächst werden für jede der vier Perspektiven einzelne strategische Ziele aus der Unternehmensstrategie abgeleitet. Diese weisen je nach Organisationseinheit, für welche die BSC erstellt wird, einen unterschiedlichen Konkretisierungsgrad auf. Dann werden diese Ziele operationalisiert und in messbare Kennzahlen übersetzt. Daraufhin erfolgt die Festlegung des Zielwerts, der angibt, wann das Ziel erreicht ist. Zuletzt werden die Maßnahmen abgeleitet, mit denen das Ziel erreicht werden kann. Dieser Ablauf vollzieht sich für alle vier Perspektiven. Dabei ist eine Aktualisierung aller Stellgrößen erforderlich, denkbar ist auch die Ergänzung um weitere Perspektiven (z. B. Ökologie).

```
                    Finanzperspektive:          Strategisches Ziel: ...
                    Wie sollen wir gegenüber    Messgrößen: ...
                    Teilhabern auftreten, um    Zielgrößen: ...
                    finanziellen Erfolg zu haben? Aktionen: ...

  Kundenperspektive:                                     Prozessperspektive:
  Wie sollen uns unsere Kun-                             Bei welchen Prozessen müs-
  den sehen, um unsere Strate-     Vision                sen wir herausragen, um un-
  gie erfolgreich umzusetzen?       und                  sere Strategie umzusetzen?
                                   Strate-
  Strategisches Ziel: ...            gie                 Strategisches Ziel: ...
  Messgrößen: ...                                        Messgrößen: ...
  Zielgrößen: ...                                        Zielgrößen: ...
  Aktionen: ...                                          Aktionen: ...

                    Potenzialperspektive:        Strategisches Ziel: ...
                    Wie können wir Verände-      Messgrößen: ...
                    rung/Wachstum fördern, um    Zielgrößen: ...
                    unsere Vision zu erreichen?  Aktionen: ...
```

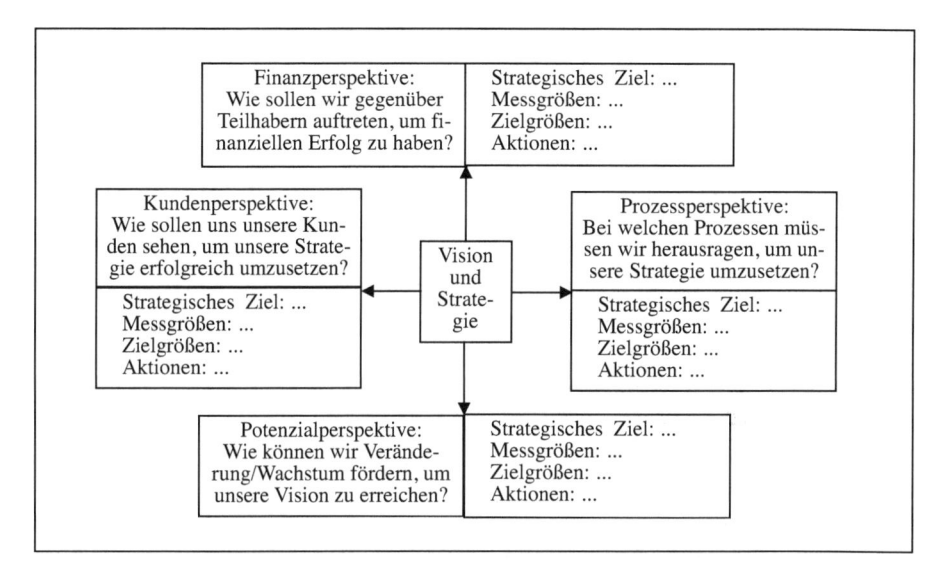

Abbildung 139: Perspektiven der Balanced scorecard

Für eine Strategie werden die Erfolgsgrößen durch Kennzahlen zu operationalisieren gesucht. Maßstab ist dabei die aus der operationalen Formulierung der Strategie sich ergebende Balance zwischen finanziellen Zielen, Kundenzielen, Prozesszielen und Potenzialzielen. Für jede Zielgröße werden wiederum Leistungsmaßstäbe definiert, deren positive Veränderung durch eine Strategie zur Bewertung für diese führt.

Das Beispiel einer Balanced scorecard für die Deutsche Bank 24 zeigt als strategische Vision eine Wachstumsausrichtung durch Differenzierung infolge besseren Service und höherer Kompetenz im Privat- und Geschäftskundenbereich. Als wesentliche Erfolgsfaktoren gelten die Steigerung des Unternehmenswerts durch profitables Wachstum und Effizienzverbesserung, das Wachstum durch Qualitäts- und Serviceführerschaft, hohe Effektivität im Vertrieb und Service-Center sowie Verbesserung von Personalmanagement und Informationstechnologie zur Optimierung von Kapitaleinsatz und Bilanzstruktur. Die dazu passenden Kennzahlen sind die Folgenden:

- *Finanzperspektive: Ergebnis in Relation zum allokierten Buchkapital, Ergebnis vor Steuern, Anteil profitabler Kunden,*

- *Kundenperspektive: Netto-Kundenzuwachs, Kundenbindung, Cross selling-Quote, Marktbekanntheitsgrad,*
- *Interne Geschäftsprozess-Perspektive: Anteil der Online-Kunden, Investitionen für IT-Neu- und Weiterentwicklung, Effektivität des Back office, Anteil gut oder sehr gut bewerteter Testkundenkäufe,*
- *Lernen und Entwicklung: Netto-Wertschöpfung pro Mitarbeiter, Mitarbeitermix, Mitarbeitermotivation, Nutzungsgrad der Feedback-Instrumente.*

Zu den Vorteilen der BSC gehören folgende. Die Strategiebewertung erfolgt parallel in vier Perspektiven, was zu differenzierteren Aussagen führt als nur ein einziges Oberziel (z. B. ROI). Es werden Ansatzpunkte zur Verbindung von strategischem und operativem Management geboten. Und es besteht ein Zwang zu faktenorientiertem Vorgehen mit Kennzahlen als Benchmarks sowie zur Definition und Messung wert- und erfolgskritischer Faktoren. Die Integration interner wie externer Faktoren ist darstellbar. Durch ein umfassendes Kennzahlensystem wird ein horizontaler wie vertikaler Vergleich im Unternehmen möglich. Die Übernahme in bestehende Steuerungssysteme im Unternehmen ist darstellbar. Es besteht eine explizite Verpflichtung des Management zu wertorientierter Unternehmensführung.

Dem stehen folgende Nachteile der BSC gegenüber. Es liegt eine dominante Steuerung durch „harte" Kennzahlen vor, damit werden entscheidende „weiche" Faktoren vernachlässigt. Eine theoriegestützte Begründung für die postulierte Balance zwischen den vier Perspektiven fehlt, damit werden tatsächlich stattfindende Konflikte negiert. Es werden deterministische Zusammenhänge im Unternehmen unterstellt, die real kaum gegeben sind. Es gibt methodische Mängel, z. B. ist Unternehmensführung über Kennzahlen unrealistisch. Es handelt sich um ein vergangenheitsorientiertes Konzept. Das propagierte Top down-Vorgehen lässt keine Beteiligung der „Basis" zu. Und die Komplexität vernetzten Denkens wird mehr oder minder willkürlich auf vier Dimensionen reduziert.

18.3.5 Economic value added und Cash-flow

Der Economic value added (EVA) berechnet sich allgemein aus Geschäftsergebnis abzgl. Kosten für das eingesetzte Eigen- und Fremdkapital. Das Geschäftsergebnis leitet sich aus der GuV-Rechnung ab und entspricht dem operativen Ergebnis nach Steuern und vor Zinsen. Die Kapitalkosten ergeben sich aus der Multiplikation des Geschäftsvermögens mit dem Kapitalkostensatz, errechnet aus den gewichteten Fremd- und Eigenkapitalkosten. Die Eigenkapitalkosten enthalten eine Prämie, die der Anteilseigner dafür fordert, dass er sich am Geschäftsrisiko beteiligt, abhängig von der Volatilität und dem Verschuldungsgrad. Ein positiver EVA besagt, dass das Unternehmen, eine Sparte oder ein Projekt über seine Kapitalkosten hinaus Werte erbracht hat. Diese Kennziffer eignet sich ebenfalls, zur Beurteilung einer spezifischen Strategie herangezogen zu werden und ist häufig mit der variablen Vergütung des Management gekoppelt. Sie gibt jedoch, da vergangenheitsorientiert, nur begrenzt Aufschluss über den zukünftigen Wert am Markt, der eigentlich interessant wäre.

Der Cash-flow (CF) stellt allgemein den Überschuss der Einnahmen einer Periode über die Ausgaben dieser Periode dar. Zur Ermittlung dienen im Detail verschiedenartige Messwerte. Die Bekanntesten sind die Folgenden. Der **Discounted cash-flow** (DCF) ergibt sich durch die diskontierten, zukünftigen Zahlungsüberschüsse. Strategische Planung hat damit explizit immer ein quantitatives Wertmanagement (nicht Visionen o. Ä.) zum Ziel. Nachteilig ist dabei die Inkompatibilität der sich ergebenden Daten mit den herkömmlichen Rechnungswesendaten, die nicht zahlungsstromorientiert ausgelegt sind. Daher ist letztlich eine doppelte Rechnung erforderlich. Nachteilig ist weiterhin die immanente Zukunftsungewissheit der Prognose. Beim **Cash-flow return on investment** (CFROI) wird ein interner Zinsfuß bestehender Geschäftsaktivitäten ermittelt. Dazu sind aktualisierte Anschaffungswerte durch Hochrechnung aus historischen Anschaffungswerten erforderlich, ebenso Cash-flow-Schätzungen für die Nutzungsdauer und den Endwert. Ziel dieser Bereinigung ist es, die Kosten für eine Investition über ihre gesamte Nutzungsdauer hinweg konstant zu halten, damit sich der CFROI nur dann positiv verändert, wenn auch die Investition operativ bessere Ergebnisse erzielt, und nicht schon dann, wenn bloße buchhalterische Abschreibung sie im Zeitablauf besser darstellt. Darin liegt zugleich auch die Problematik dieses Ansatzes. Vorteilhaft ist hingegen die Kompatibilität zu herkömmlichen Rechnungswesendaten. Allerdings gehen bei der Ermittlung eigengenerierte immaterielle Werte unter wie Markenwert, Standortvorteil, Gewerbliche Schutzrechte etc. Der **Cash value added** (CVA) gilt als eine Art Übergewinn (Surplus profit) und spiegelt das wider, was nach den Kapitalkosten dem Unternehmenswert tatsächlich hinzugefügt wird. Dazu werden vom CFROI zunächst die Kapitalkosten abgezogen und diese dann mit der Bruttoinvestitionsbasis multipliziert.

18.3.6 Shareholder value

Für das Controlling besonders weitreichend wird die Vorgabe der Erzielung bzw. Erhöhung des Shareholder value diskutiert. Kapitalgeber fordern eine überdurchschnittliche Verzinsung des eingesetzten Kapitals. Dem muss ein Unternehmen um so eher nachkommen, je höher bei börsennotierten Kapitalgesellschaften sein Außenfinanzierungsbedarf ist und je mehr bestehende Kreditlinien bereits ausgeschöpft sind.

Das Shareholder value-Konzept (Rappaport) ist die Fokussierung des Stakeholder value-Konzepts (Freeman). Es ist auf die Erzielung des maximalen Gewinns, der den Anteilseignern zusteht, ausgerichtet und stellt denjenigen Wert dar, den die gesamten Unternehmensanteile aller Anteilseigner auf Grund einer analytischen Unternehmensbewertung haben, wobei der Wert auf Basis des freien, zukünftigen Cash-flow ermittelt wird. Frei bedeutet, dass diese Geldmittel zur Bedienung der Fremdkapitalgeber mit Zinsen/Tilgung und der Eigenkapitalgeber zur Ausschüttung/Einlagenauszahlung nach Vornahme aller notwendigen Investitionen zur Verfügung stehen.

Für die Berechnung gibt es unterschiedliche Ansätze. Rappaport rechnet mit der Kapitalwertmethode, dem Netto-Cash-flow und der Bestimmung durch Wertreiber. Maßstab ist ihm dabei die Aktionärsrendite, bestehend aus Kurssteigerungen, Dividenden und sonstigen Ausschüttungen. Der langfristige Wert eines Unternehmens wird vor allem durch seinen Cash-flow bestimmt.

Das Unternehmen wird für die Analyse in Produkt-Markt-Kombinationen (SGEs) aufgeteilt, für die jeweils der künftige Cash-flow, also Gewinn vor Steuern zzgl. Abschreibungen abzgl. Investitionen abzgl. Erhöhung des Nettoumlaufvermögens, ermittelt wird. Als Prognosebasis dienen Value drivers wie Umsatzwachstum, operative Umsatzmarge, Steuersatz, Investitionen in Anlage- und Umlaufvermögen, Kapitalkosten sowie Dauer der Wertschaffung.

Die Ermittlung der Kapitalkosten je SGE erfolgt als gewichteter Durchschnitt von Eigenkapitalkosten auf Basis des Zinses einer sicheren Anlage zzgl. Risikozuschlag und Fremdkapitalkosten mit Zins für Kredit nach Steuern. Daraus wird der Wert jeder Produkt-Markt-Kombination durch Abzinsung der erwarteten Cash-flows mit den Kapitalkosten berechnet. Die Addition aller Werte ergibt den Bruttowert des Unternehmens, wird davon das Fremdkapital abgezogen, ergibt sich der Eigentümerwert des Unternehmens. Dieser sollte der tatsächlichen Marktkapitalisierung entsprechen, ansonsten ist das Unternehmens unter- oder überbewertet.

Die Eigenkapitalrendite der Produkt-Markt-Kombination muss über den Eigenkapitalkosten liegen, ansonsten sollte die Unternehmensleitung sich von ihr trennen. Dadurch werden die Geldmittel in die besten Verwendungsmöglichkeiten gelenkt.

Häufig wird ein Konflikt des Shareholder value-Konzepts zum Stakeholder value-Konzept postuliert, denn die Interessen anderer Stakeholder als der Shareholders werden allenfalls als Randbedingungen berücksichtigt. Rappaport unterstellt jedoch, dass eine Marktwertsteigerung des Eigenkapitals der Investoren nur möglich ist, wenn zugleich keine Beeinträchtigungen anderer Interessengruppen vorliegen. Dies wird aber nur zu erreichen sein, wenn der Nutzen aller Anspruchsgruppen implizit berücksichtigt wird.

18.4 Proaktive Gegensteuerung

Will man ein unergiebiges Nachsteuern von Abweichungen vermeiden, setzt dies Methoden voraus, die künftigen, sich im bisherigen Entwicklungsverlauf nur schwach abzeichnenden Veränderungen proaktiv Rechnung tragen. Ansonsten bleiben unkalkulierbare Unsicherheiten in schlecht strukturierten Entscheidungssituationen. Häufig warten Manager daher, bis sich ein Problem besser strukturieren lässt, dann jedoch ist es oft zu spät, Fehlentwicklungen noch wirksam gegenzusteuern.

Daher rückt der Aspekt der Vorsorge gegen zukünftige Risiken in den Vordergrund. Die bei jeder Entscheidung implizierten Risiken werden durch Risikomanagement offen gelegt und zu reduzieren gesucht. Dieses impliziert ursachen- und wirkungsbezogene Maßnahmen der:

- Risikoidentifikation durch Verbesserung des (relativen) Informationsgrads und des (absoluten) Informationsstands,
- Risikobewertung durch Evaluierung der Handlungsalternativen nach deren jeweiligen Eintrittswahrscheinlichkeiten,
- Risikoverhütung durch Risikomeidung oder zumindest Risikobegrenzung,
- Risikobewältigung durch Begrenzung von verlustbringenden Eintrittswahrscheinlichkeiten.

Die Risikovorsorge bedient sich dabei im Einzelnen der Methoden der

- **Vorbeugung**, d. h. der proaktiven Eindämmung von Risiken, z. B. durch Streuung der Unternehmensinteressen (Diversifikation) oder durch Vermeidung außerordentlicher Risiken,
- **Kompensation**, d. h. der Abwälzung kaum zu verhindernder Risiken, z. B. durch Bildung ausreichender Rückstellungen für den Notfall oder Versicherung unvermeidlicher Risiken,
- **Limitierung**, d. h. der Begrenzung drohender Risiken, z. B. durch Risikoübertragung oder Teilung durch Gemeinschaft verschiedener Risikoträger.

Insoweit ist eine proaktive Gegensteuerung empfehlenswert. Klassischerweise geschieht dies im Rahmen von Präventionssystemen. Diese sollen angesichts rascher Umweltveränderungen frühzeitig über die Erfolgs- und Ertragslage des Unternehmens, dessen Chancen und Risiken informieren und dadurch dessen Überlebensfähigkeit sichern. Dies betrifft u. a. frühe Anzeichen technologischer Neuerungen, Bedrohungen unternehmerischer Freiheiten durch Reglementierung, Änderung in Konjunkturlage oder Investitionsklima etc. Es geht darum, Veränderungen der Unternehmensumwelt und im Unternehmen selbst so frühzeitig aufzuzeigen, dass keine vermeidbaren Risiken entstehen bzw. keine möglichen Chancen entgehen.

Präventionssysteme gibt es in vielfältiger Form, sie können kennzahlen-, indikator- oder signalorientiert sein, quantitativ oder qualitativ basiert, operativ oder strategisch angelegt, betreffen einzelne Unternehmensbereiche oder das gesamte Unternehmen, sind computergestützt oder auch nicht.

Bei der 1. Generation von **Frühwarnsystemen** (1970er Jahre) geht man davon aus, dass es Ereignisse bzw. Entwicklungen im Umfeld des Unternehmens gibt, die dem laufenden Beobachtungsspektrum entgehen bzw. zu spät erfasst oder als irrelevant verworfen werden. Frühwarnsysteme sollen solche Veränderungen in den Rahmenbedingungen frühzeitig ausweisen, um den Reaktionsspielraum bei Entscheidungen zu erhöhen. Es handelt sich also um einen Before fact approach, im Gegensatz zum Krisenmanagement als After fact approach.

Frühwarnsysteme basieren auf **Kennzahleninformationen** (Hochrechnung/Feedforward) als permanentem Vergleich von Soll- zu hochgerechneten Ist-Werten. Sie vergleichen die vorhergesagten Ist- und Soll-Werte der betrieblichen Planung und weisen Abweichungen aus. Damit haben diese Systeme eine kurzfristige (operative) Ausrichtung und genügen nicht strategischen Erwartungen. Sie erlauben allenfalls eine frühzeitige Ortung von Bedrohungen. Weitere Kritik bezieht sich auf die Vergangenheitsorientierung dieses Ansatzes sowie auf dessen Symptomorientierung. Außerdem werden nur „Hard facts" berücksichtigt.

Früherkennungssysteme (2. Generation, 1980er Jahre) arbeiten auf Basis **vorlaufender Indikatoren,** die relevante Umweltbereiche repräsentieren, ständig und gerichtet verfolgt und zur Analyse, Diagnose und Prognose vernetzt werden. Es geht um die Bestimmung von Indikatoren, die Festlegung von Sollgrößen, Abhängigkeiten und Toleranzgrenzen je Indikator, die Aufgaben der Informationsverarbeitungsstellen und die Ausgestaltung der Informationskanäle. Probleme ergeben sich bei der Suche und Erfassung jeweils relevanter, ebenso zuverlässiger wie vorlaufender Indikatoren.

Solche Indikatoren beziehen sich auf Unternehmen, Konkurrenz, Markt oder Umfeld, sind eigenorientiert oder fremdorientiert, einzelbetrieblich, zwischenbetrieblich, überbetrieblich/gesamtwirtschaftlich (z. B. in Verbänden) oder außerbetrieblich (z. B. Schufa) sowie gesamtunternehmensbezogen oder bereichsbezogen angelegt. Sie haben eine Analyse der Eintrittswahrscheinlichkeit, Stärke und Bedeutung für das Unternehmen zum Ziel. Dies ist jedoch immer seltener gegeben. Vielmehr sind diskontinuierliche Veränderungen für die komplexen Märkte der Gegenwart typisch. Außerdem handelt es sich weitgehend um quantitative Informationen, die eingehen. Die Ausrichtung ist eher operativ (kurzfristig) und auf einzelne Unternehmensbereiche beschränkt. Kritik bezieht sich auf die vornehmlich quantitative Ausrichtung und die Selektivität des Ansatzes, die andere Bereiche als die durch die Indikatoren repräsentierten außer Acht lässt.

Frühaufklärungssysteme sind eindeutig strategisch, auf das Gesamtunternehmen und computergestützt ausgerichtet (3. Generation, 1990er Jahre). Sie sollen nicht nur Gefahren, sondern auch Chancen frühzeitig identifizieren. Als Basis dienen **schwache Signale** (Weak signals) als Anzeichen zur proaktiven Initiierung von Strategien und

Handlungsprogrammen. Schwache Signale sind durch geringe Eintrittswahrscheinlichkeit bei gleichzeitig geringer Stärke und hoher Bedeutung für das Unternehmen gekennzeichnet. Gelingt es, diese frühzeitig zu erfassen, können Überraschungen vermieden werden. Problematisch ist daran allerdings, dass schwache Signale hoch hypothetischen Charakter haben und einen breiten subjektiven Interpretationsspielraum zulassen. Die Informationsquellen dafür sind diffus und unvorhersehbar und bleiben in ihrer Konsequenz kaum abschätzbar.

Schwache Signale sind Informationen aus dem Unternehmensumfeld, deren Inhalt noch relativ unstrukturiert ist. Sie stellen Hinweise auf Diskontinuitäten dar und schlagen sich in „weichem" Wissen und intuitiven Urteilen nieder. Sie sind in erster Linie qualitativer Natur und lassen noch keine Aussage hinsichtlich Fortentwicklung, Eintrittszeitpunkt oder kurz- oder langfristigen Konsequenzen zu. Die Erfolgsaussichten sind durch das zu definierende Aufgabenspektrum des Systems und den Umfeldzustand determiniert. Je stabiler und besser strukturiert das Umfeld und je begrenzter der Aufgabenausschnitt, desto höher sind die Erfolgsaussichten, et vice versa.

Diskontinuitäten entstehen u. a. im Politikfeld, z. B. „ökonomische" Kriege, Revolutionen, Enteignungen, Staatsinterventionismus, im Energiefeld, z. B. Ölembargo, im Wirtschaftsfeld, z. B. Zusammenbruch des Ostblocks, Währungsturbulenzen, Nachfrageeinbrüche, im Technologiefeld, z. B. Superchips. Als Informationsanlässe sind die plötzliche Häufung gleichartiger Ereignisse, die in strategisch relevanter Beziehung zum Unternehmen stehen, die Verbreitung von neuartigen Meinungen, z. B. in Medien, insb. Meinungen und Stellungnahmen von Schlüsselpersonen, Organisationen, Verbänden, sowie Tendenzen der Rechtsprechung und erkennbare Initiativen zur Veränderung oder Neugestaltung von Gesetzgebungen im In- und Ausland anzusehen.

Im Ergebnis sollen Frühwarn-, -erkennungs- und -aufklärungssysteme proaktiv Informationen über die Erfolgs- und Ertragslage des Unternehmens liefern, seine Überlebensfähigkeit verbessern, mögliche Marktveränderungen aufzeigen, rechtzeitig technologische Neuerungen indizieren, Bedrohungen durch reglementierende Maßnahmen ausweisen sowie Abweichungen in Konjunkturlage, Investitionsklima etc. rechtzeitig erfassen. Die Tätigkeiten umfassen das Forecasting als Feststellung von Richtung, Ausmaß und Intensität der Größen sowie das Assessment als Bewertung deren Ergebnisse.

Problematisch ist die organisatorische Verankerung zur Verwirklichung eines Präventionssystems. Eigentlich handelt es sich dabei um eine Kern-Managementaufgabe, die auf allen dispositiven Ebenen angesiedelt ist. Gerade dort aber sind die Gefahren hoch, durch Gewöhnung, Betriebsblindheit, Primat der operativen Tätigkeit etc. Entwicklungsanzeichen zu verpassen. Schließlich ist auch der Erfolgsnachweis von Präventionssystemen problematisch.

Die Signalstärke unterliegt einer subjektiven Wertung. Auch ist die Vergleichsbasis für Abweichungen umstritten. „Bauchgefühl" wie Vermutungen, Erfahrungen, Sensibilitäten etc. sind schwer argumentierbar. Außerdem sind einzelne Unternehmen leicht überfordert, Verbänden, Instituten etc. fehlt aber oft die erforderliche Marktnähe.

Im Rahmen der Prävention werden mehrere Techniken eingesetzt. Das **Scanning** ist der Prozess der Rundum-Suche (360°-Radar) durch Abtasten nach schwachen Signalen außerhalb (ungerichtet) oder innerhalb (gerichtet) der Domäne ohne festen (informal) oder mit festem (formal) Themenbezug. Es verlangt holistische, intuitive Fähigkeiten. Das **Monitoring** hingegen bedeutet die Beobachtung und vertiefende Suche nach Informationen außerhalb oder innerhalb der Domäne mit speziellem Themenbezug eines bereits identifizierten Signals, wobei im Einzelnen schwierig zu bestimmen ist, was nur unspezifisches Grundrauschen ist und was bereits schwaches Signal.

Durch das **Clipping** von Fachveröffentlichungen können Trends pragmatisch extrahiert werden. Dabei werden schwache Signale (Vorboten, erste Hinweise) und Diskontinuitäten (Trendveränderungen) dadurch zu identifizieren gesucht, dass Themen, die jene Entwicklungen zum Inhalt haben, häufiger vorkommen und in der (Fach-)Öffentlichkeit stärker Beachtung finden (Aufsätze, Features, Vorträge), beobachtet werden.

18.5 Competitive intelligence

Competitive intelligence bedeutet allgemein die systematische und legale Sammlung und Auswertung von Informationen über Konkurrenzunternehmen und -produkte.

Als Informationsquellen dienen dazu vielfältige. So sind gemeinsame Lieferanten (Supply chain) und Kunden (Sales channel) eine ergiebige Quelle für Details. Dies gilt auch für das Besuchen von Messen, Ausstellungen, Kongressen etc. Branchenverbände, Kammern, staatliche Stellen, Unternehmensberatungen, Banken und Finanzanalysten, zu den vertrauensvolle Beziehungen bestehen, können ebenfalls angezapft werden. Auch der Kauf von Konkurrenzprodukten oder das Einholen verdeckter Anfragen sind üblich. Zum Standard gehört zwischenzeitlich die Sichtung von Patentamtsdatenbanken und Handelsregistereinträgen.

Die Auswertung bezieht sich auch auf Veröffentlichungen der Konkurrenten wie Geschäftsberichte, Kataloge/Prospekte, Preislisten, weiterhin auf Inhalte von Stellenausschreibungen, Mitarbeiter- und Kundenpublikationen und Pressemitteilungen. Auch die Analyse der Internet-Präsenz, der Berichterstattung in Massenmedien und in der Fachpresse ist hilfreich. Anfragen bei elektronischen Datenbanken bieten erstaunliche Erkenntnisse. Zudem ist die Sichtung von Newgroups, Weblogs und Beschwerdeforen im Internet aufschlussreich. Schließlich können Marktforschungsinstitute bzw.

die eigene Marktforschungsabteilung und der Außendienst zur Datensammlung sensibilisiert werden.

Eine wichtige Aufgabe ist die der Observation zur Identifizierung von Wettbewerberzielen sowie möglichen Verbündeten und Feinden für Strategien. Sie bedient sich dazu der Extrapolation von Daten, z. B. in Bezug auf die Zeit zwischen einer Patentanmeldung und Markteinführung, der Interpolation von Daten, z. B. mit Hilfe von Textmining, um „zwischen den Zeilen" zu lesen, der Deduktion, z. B. zur Durchführung einer Bilanzanalyse, der Induktion, z. B. zur Ermittlung von Kernkompetenzen, und des Analogieschlusses, z. B. als Medienresonanzanalyse.

Dabei handelt es sich jeweils um legale Sekundärquellen. Hinzu kommen Primärquellen. Zu denken ist etwa an die Befragung ehemaliger oder aktueller Mitarbeiter von Konkurrenzunternehmen. Denkbar ist auch ein Personality profiling der Top-Manager der Konkurrenzunternehmen. Vergleiche mit Konkurrenzstandards sind durch indirektes Schatten-Benchmarking (zur Kostenstrukturanalyse) und Reverse engineering (für Preistreppen) möglich. Gelegentlich werden im Business wargaming mögliche Konfliktsituationen mit der Konkurrenz durchgespielt, dazu werden abgeschlossene War rooms installiert, in denen zwei oder mehr voneinander getrennte Markt-Teams agieren, das Blue team des eigenen Unternehmens und ein oder mehrere Red teams, das/die sich analog den Erkenntnissen zum Mitbewerb verhält/verhalten. Ein Kontroll-Team berechnet die ökonomischen Auswirkungen der jeweilig getroffenen Entscheidungen.

Die Grenze von legalen zu illegalen Aktivitäten ist dabei durchaus unklar. So können Einstellungsinterviews mit Bewerbern von Konkurrenzunternehmen dazu genutzt werden, Insider-Informationen zu erhalten, die womöglich den geschützten Betriebs- und Geschäftsgeheimnissen zuzurechnen sind. Gelegentlich werden Personalanzeigen auch nur zu diesem Zweck geschaltet oder aus allen nur solche Bewerber ausgewählt und eingeladen. Auch kann verdeckt an Betriebsbesichtigungen teilgenommen werden, wobei häufig Foto-/Videoaufnahmen mit Mini-Kameras zum Einsatz kommen.

Eindeutig illegal sind Techniken wie das Einschleusen von Probezeitmitarbeitern, Zeitarbeitskräften oder Praktikanten/Werkstudenten bei Konkurrenzunternehmen zur Sammlung und Weitergabe von Informationen dort. Gleiches gilt für das Einschleusen von Kurier- oder Sicherheitspersonal für die Sammlung und Weitergabe von Informationen, aber auch von Reparatur- und Wartungspersonal, das sich im Konkurrenzunternehmen relativ frei bewegen kann. Verbreitet werden Sicherheitslücken etwa im häuslichen WLAN-Intranet durch Einwählen in Access Points von außerhalb genutzt, dazu gehört auch das Anzapfen von IP-Telefonie-Anlagen, das Anzapfen von Drahtlos-Telefonen oder das Auslesen von Laptop-Speichern. Außerdem ist die Anbringung von Keyloggers zur Aufzeichnung aller Tastaturanschläge mit Device-Austausch am nächsten Arbeitstag möglich. Weiterhin wird der Ersatz der Speicherkarte in Fotokopierern praktiziert. Gleiches gilt für Multifunktionsgeräte mit eigener IP-Adresse im Netzwerk, dort findet eine Zwischenspeicherung von Vorlagen statt, die missbräuchlich abgerufen werden können. Kriminell ist auch das Verschenken von USB-Sticks mit Trojaner-Programmen, die bei Einsatz auf Netzwerkrechnern Daten unerkannt weiterleiten. Aus gleichem Grund müssen alle e-Mail-Anhänge gescannt werden. Oft reicht bereits allein die Suche nach Dokumenten mit dem Begriff „vertraulich" (confidential) im Internet, um zu erstaunlichen Ergebnissen zu gelangen. Gleiches gilt für die Suche nach Webcams, ja sogar Passwörter sind teilweise im Internet hinterlegt.

Sehr ergiebig ist die Auswertung von Abfällen durch vermeintliche Reinigungskräfte oder das Abholen von Müllsammlungen und das anschließende Zusammensetzen von Papierschnipseln. Zwischenzeitlich gibt es auch Software zur Rekonstruktion von Dokumenten aus Schnipseln. Einfacher ist die Anbringung eines Scanners vor dem Reißwolfschlitz, der die dort eingelesenen Daten drahtlos übersendet. Welche Sicherheitsgefahren mit dem Cloud computing, also der Auslagerung von Datenbeständen im Internet, einhergehen, vermag man sich kaum auszumalen.

Unternehmen müssen solchen Attacken durch Counter intelligence begegnen. Schutzmaßnahmen bestehen etwa darin, das Informationsangebot zu begrenzen, z. B. indem hierarchisch abgestuft strikt zugangsberechtigte Bereiche geschaffen werden. Gegenmaßnahmen bestehen auch im Stören von Intelligence-Maßnahmen der Konkurrenz, z. B. durch IP-Blockung, Blockierung von Scanning-Vorgängen, aber auch durch gezielte Desinformation, um falsche Fährten zu legen.

Literaturhinweise

Aaker, David A.: Strategisches Marktmanagement, Wiesbaden 1989.

Abell, David F.: Defining the Business, The Starting Point of Strategic Planning, Englewood Cliffs 1980.

Adam, D.: Komplexitätsmanagement, Wiesbaden 1998.

Ders..: Planung und Entscheidung, Modelle – Ziele – Methoden, 4. Auflage, Wiesbaden 1997.

Ders./Kaluza, B./Kersten, W. (Hrsg.): Wertschöpfungsmanagement als Kernkompetenz, Wiesbaden 2002.

Adams, H.W./Rademacher, H. (Hrsg.): Qualitätsmanagement der Wertschöpfung, Frankfurt a.M. 1996.

Ahlemeyer, H.W./Königswieser, R. (Hrsg.): Komplexität managen, Wiesbaden-Frankfurt a.M. 1998.

Ahsen, Anette v.: Total Quality Management, Frankfurt a.M. 1996.

Akao, Y.: Quality Function Deployment, Landsberg a.L. 1992.

Albach, H.: Das Management der Differenzierung, in: Zeitschrift für Betriebswirtschaft, Nr. 8/1990, S. 773–788.

Albers, Sönke./Hermann, Andreas (Hrsg.): Handbuch Produktmanagement, Wiesbaden 2000.

Al-Laham, A.: Strategieprozesse in deutschen Unternehmungen, Wiesbaden 1997.

Altobelli, C.F.: Wertkette, in: Tietz, Bruno/Köhler, Richard/Zentes, Joachim (Hrsg.): Handwörterbuch des Marketing, 2. Auflage, Stuttgart 1995, Sp. 2285–2293.

Altwegg, R.: Strategiebewertung und Ermittlung des Synergiewertes bei Kooperationen, Basel 1995.

Amann, Klaus: Unternehmensführung, Strategisches und operatives Management, Stuttgart-Berlin-Köln 1995.

Ansoff, H. Igor.: Die Bewältigung von Überraschungen und Diskontinuitäten durch die Unternehmensführung - Strategische Reaktionen auf schwache Signale, in: Steinmann, H. (Hrsg.): Planung und Kontrolle, München 1981, S. 233–264.

Ders.: Managing Surprise and Discontinuity - Strategic Response to weak Signals, in: Zeitschrift für betriebswirtschaftliche Forschung, Nr. 28/1976, S. 129–152.

Antoni, M./Riekhof, H.C.: Die Portfolio-Analyse als Instrument der Strategieentwicklung, in: Riekhof, H.C. (Hrsg.): Praxis der Strategieentwicklung: Konzepte – Erfahrungen – Fallstudien, 2. Auflage, Stuttgart 1994, S. 109–128.

Assael, H.: Marketing – Principles and Strategy, Chicago et al 1990.

Back-Hock, Andrea: Lebenszyklusorientiertes Produktcontrolling, Berlin 1988.

Bagozzi, R.P./Rosa, J.A./Celly, K.-S,/Coronel, F.: Marketing-Management, München u. a. 2000.

Bamberg, G./Coenenberg, A.G.: Betriebswirtschaftliche Entscheidungslehre, 6. Auflage, München 1991.

Barzen, D.: Marketing-Budgetierung, Frankfurt a.M. u. a. 1990.

Bauer, Hans H.: Marktabgrenzung, Berlin 1989.

Ders.: Marketing-Planung und -Kontrolle, in: Tietz, Bruno/Köhler, Richard/Zentes, Joachim (Hrsg.): Handwörterbuch des Marketing, 2. Auflage, Stuttgart 1995, Sp. 1653–1667.

Baum, H.G./Coenenberg, A.G./Günther, T.: Strategisches Controlling, 2. Auflage, Stuttgart 1999.

Bea, Franz Xaver/Haas, Jürgen: Strategisches Management, 3. Auflage, Stuttgart-Jena 2001.

Becker, H.: Strategisches Controlling, Neuwied 1996.

Becker, Jan: Marktorientierte Unternehmensführung, Wiesbaden 1999.

Behme, W.: Virtuelle Unternehmen, in: WISU, 25. Jg., Nr. 7/1996, S. 627.

Belz, Christian (Hrsg.): Management-Szenarien 2005, St.Gallen 1998.

Benkenstein, Martin: Strategisches Marketing, 2. Auflage, Stuttgart u. a. 2002.

Berg, H.: Markteintrittsbarrieren, potentielle Konkurrenz und wirksamer Wettbewerb, in: WISU, Nr. 3/1978, S. 282–287.

Berktold, K.: Strategien zur Revitalisierung von strategischen Geschäftseinheiten, Frankfurt a.M. u. a. 1999.

Berndt, Ralph: Business Reengineering, Berlin u. a. 1997.

Biesel, H.H.: Innovatives Key-Account-Management, München u. a. 2001.

Binner, H. F.: Organisations- und Unternehmensmanagement, München-Leipzig 1998.

Birkelbach, R.: Strategische Geschäftsfeldplanung im Versicherungssektor, in: Marketing ZFP, 10 Jg., Nr. 8, S. 231–239.

Blackburn, J.D.: Time-Based Competition. The next Battleground in American Manufacturing, Homewood/Ill. 1991.

Bleicher, Kurt: Das Konzept Integriertes Management, 5. Auflage, Frankfurt a.M.-New York 1999.

Bliemel, Friedhelm/Fassott, Georg: Produktmanagement, in: Tietz, Bruno/Köhler, Richard/ Zentes, Joachim (Hrsg.): Handwörterbuch des Marketing, Stuttgart 1995, Sp. 2120–2135.

Bliss, Chr.: Management von Komplexität. Ein integrierter, systemtheoretischer Ansatz zur Komplexitätsreduktion, Wiesbaden 2000.

Boehme, M.: Implementierung von Managementkonzepten, Wiesbaden 1998.

Bogaschewsky, R./Rollberg, R.: Prozeßorientiertes Management, Berlin u. a. 1998.

Bovermann, A.: Dienstleistungsqualität durch Total Quality Management, Wiesbaden 1997.

Brauchlin, Emil/Wehrli, H.P.: Strategisches Management, 2. Auflage, München u. a. 1994.

Brauer, Jörg-Peter/Kühme, Ernst Ulrich: DIN EN ISO 9000 – 9004 umsetzen, München-Wien 1996.

Brehler, R.: Planungstechniken, Wiesbaden 1998.

Bronner, R.: Planung und Entscheidung, 3. Auflage, München u. a. 1999.

Bruhn, Manfred: Qualitätsmanagement für Dienstleistungen – Grundlagen, Konzepte, Methoden, 2. Auflage, Berlin-Heidelberg-New York 1997.

ders./Meffert, Heribert/Wehrle (Hrsg.): Marktorientierte Unternehmensführung im Umbruch, Stuttgart 1999.

Buchholz, W.: Time-to-Market-Management. Zeitorientierte Gestaltung von Produktinnovationsprozessen, Stuttgart u. a. 1996.

Bühner, R.: Strategie und Organisation, 2. Auflage, Wiesbaden 1993.

Bullinger, H.J./Warnecke, H.J. (Hrsg.): Neue Organisationsformen im Unternehmen, Berlin u. a. 1996.

Buzell, R.D./Gale, B.T.: Das PIMS-Programm. Strategien und Unternehmenserfolg, Wiesbaden 1989.

Camp, R.C.: Benchmarking: the Search for Industry best Practices that lead to superior Performance, 2. Ed., New York 1992.

Caves, R.E./Ghemawat, P.: Identifying Mobility Barriers, in: Strategic Management Journal, 13. Jg., No. 1/1992, S. 1–12.

Collins, J./Porras, J.: Built to last - successful habits of visionary companies, New York 1997.

Corsten, Hans/Reiß, Andreas (Hrsg.): Handbuch Unternehmensführung, Wiesbaden 1995.

Cravens, D.W.: Strategic Marketing, 6. Ed., Boston 2000.

D'Aveni, R.A.: Hyperwettbewerb, Frankfurt 1995.

Davidow, W.H./Malone, M.S.: Das virtuelle Unternehmen - Der Kunde als Co-Produzent, 2. Auflage, Frankfurt 1997.

Day, G./Fahey, L.: Valueing Market Strategies, in: Journal of Marketing, 52. Jg., No. 3/1988, S. 45–57.

Dichtl, Erwin: Strategische Optionen im Marketing, 3. Auflage, München 1994.

Diller, Hermann (Hrsg.): Marketingplanung, 2. Auflage, München 1998.

Ders.: Entwicklungstrends und Forschungsfelder der Marketingorganisation, in: Marketing – ZFP, 13. Jg., Nr. 3/1991, S. 156–163.

Dittrich, S. (Hrsg.): Marketingcontrolling, St.Gallen 1998.

Döpke, Ulrich: Strategisches Marketing-Controllership, Frankfurt a.M. u. a. 1986.

Droege, W.P.J.: Marketing-Audit – Darstellung einer Methodik zur Identifizierung von Erfolgsfaktoren und Beseitigung von Engpaßfaktoren im Marketing, in: Raffée, H./Wiedmann, K.P. (Hrsg.): Strategisches Marketing, 2. Auflage, Stuttgart 1989, S. 169–184.

Durö, R./Sandström, B.: The basic principles of marketing Warfare, Chichester et al 1988.

Ebel, B.: Qualitätsmanagement, 2. Auflage, Herne-Berlin 2003.

Ehrmann, H.: Unternehmensplanung, 5. Auflage, Ludwigshafen 2007.

Ders.: Marketing-Controlling, 4. Auflage, Ludwigshafen 2004.

Eschenbach, Rolf/Kunesch, Hermann: Strategische Konzepte, 2. Auflage, Stuttgart 1995.

Esser, W.M./Ringsletter, M.: Die Rolle der Wertschöpfungskette in der strategischen Planung, in: Kirsch, W. (Hrsg.): Beiträge zum Management strategischer Programme, München 1991, S. 511–539.

Eversheim, W. (Hrsg.): Prozeßorientierte Unternehmensorganisation, 2. Auflage, Berlin u. a. 1996.

Ders. (Hrsg.): Prozeßorientiertes Qualitätscontrolling, Berlin u. a. 1997.

Fank, Matthias: Einführung in das Informationsmanagement, München 1996

Fasnacht, R.: Der strategische Spielraum im Marketing, Bern 1993

Ferk, H.: Geschäfts-Prozeßmanagement, München 1996

Fey, A.: Diversifikation und Unternehmensstrategie, Frankfurt a.M. u. a. 2000

Fischer, H.: Unternehmensplanung, München 1997

Fleck, A.: Hybride Wettbewerbsstrategien, Wiesbaden 1995

Franke, R./Zerres, M.P.: Planungstechniken, 5. Auflage, Frankfurt a.M. 1999

Freeman, R.E.: Strategic Management – a stakeholder approach, Boston et al 1984.

Frehr, H.-U.: Total Quality Management, München-Wien 1993.

Frese, E.: Grundlagen der Organisation, 9. Auflage, Wiesbaden 2005.

Fritz, Wolfgang: Marketing-Management und Unternehmenserfolg, 2. Auflage, Stuttgart 1995.

Ders.: Erfolgsursache Marketing, Stuttgart 1997.

Gahl, A.: Die Konzeption strategischer Allianzen, Berlin 1991.

Ganz, M.: Diversifikationsstrategie, Stuttgart 1992.

Gausemeier, J./Fink, A./Schlake, O.: Szenario-Management, 2. Auflage, München-Leipzig 1996.

Gehrke, I.: Desinvestitionen erfolgreich planen und steuern, München 1999.

Geml, Richard: Stichwort Marketing-Controlling, in: Geml, Richard/Geisbüsch, Hans-Georg/Lauer, Hermann (Hrsg.): Das kleine Marketing-Lexikon, Düsseldorf 1995, S. 192–195Gerpott, Torsten J.: Simultaneous Engineering, in: Die Betriebswirtschaft/DBW, Nr. 50/1990, S. 399.

Geschka, H.: Wettbewerbsfaktor Zeit, Landsberg a.L. 1993.

Ders./Hammer, R.: Die Szenario-Technik in der strategischen Unternehmensplanung, in: Hahn, D./Taylor, B. (Hrsg.): Strategische Unternehmensplanung, Heidelberg 1990, S. 311–337.

Gilbert, X./Strebel, P.: Strategies to outpace the Competition, in: The Journal of Business Strategy, No. 1/1987, S. 28–37.

Gluchowski, P./Gabriel, R./Chamoni, R. (Hrsg.): Management Support Systeme, Berlin u. a. 1997.

Götze, M.: Szenario-Technik in der strategischen Unternehmensplanung, Wiesbaden 1991.

Gomez, P./Zimmermann, T.: Unternehmensorganisation: Profile, Dynamik, Methodik, 2. Auflage, Frankfurt a.M.-New York 1993.

Grant, R.M./Nippa, M. (Hrsg.): Strategisches Management, 5. Auflage, München 2006.

Grimm, U.: Analyse strategischer Faktoren, Wiesbaden 1983.

Grimmeisen, M.: Implementierungscontrolling: Wirtschaftliche Umsetzung von Changeprogrammen, Wiesbaden 1998.

Große-Oetringhausen, W.F.: Strategische Identität, Berlin u. a. 1996.

Gruner, K.: Die Beschleunigung von Marktprozessen. Modellgestützte Analyse von Einflußfaktoren und Auswirkungen, Wiesbaden 1996.

Haag, Jürgen: Marketing-Controlling, in: Mayer, Elmar/Weber, Jürgen (Hrsg.): Handbuch Controlling, Stuttgart 1990, S. 175–209.

Hahn, D. (Hrsg.): PuK. Planung und Kontrolle. Planungs- und Kontrollsysteme. Planungs- und Kontrollrechnung. Controllingkonzepte, 5. Auflage, Wiesbaden 1996.

Ders./Taylor, B. (Hrsg.): Strategische Unternehmensplanung. Strategische Unternehmensführung, 8. Auflage, Heidelberg 1999.

Hamel, G./Prahalad, C.K.: Wettlauf um die Zukunft, Wien 1995.

Hammer, Richard M.: Unternehmensplanung, 6. Auflage, München 1995.

Hammer, M./Champy, J.: Business Reengineering. Die Radikalkur für das Unternehmen, 6. Auflage, Frankfurt a.M. u. a. 1996.

Handlbauer, G./Matzler, K./Sauerwein, E./Stumpf, M. (Hrsg.): Perspektiven im strategischen Management, Berlin 1998.

Hannen, Christoph/Lindemann, Thomas: Qualitätsmanagement für die Praxis, Berlin 1996.

Hannig, U. (Hrsg.): Managementinformationssysteme in Marketing und Vertrieb, Stuttgart 1998.

ter Haseborg, Fokko: Marketing-Controlling, in: Tietz, Bruno/Köhler, Richard/Zentes, Joachim (Hrsg.): Handwörterbuch des Marketing, 2. Auflage, Stuttgart 1995, Sp. 1542–1553.

Haspeslagh, P.C./Jemison, D.B.: Akquisitionsmanagement: Wertschöpfung durch strategische Neuausrichtung des Unternehmens, Frankfurt a.M. 1992.

Heck, A.: Strategische Allianzen, Berlin u. a. 1999.

Heeg, F.-J.: Projektmanagement, 2. Auflage, München-Leipzig 1993.

Heinen, Edmund/Fank, M.: Unternehmenskultur, 2. Auflage, München u. a. 1997.

Henderson, B.D.: Die Erfahrungskurve in der Unternehmensstrategie, 2. Auflage, Frankfurt-New York 1984.

Ders.: Construction of a business strategy (The Boston Consulting Group – Series on Corporate Strategy), Boston 1971.

Henneböle, J.: Executive Information Systems für Unternehmensführung und Controlling. Strategie - Konzeption - Realisierung, Wiesbaden 1995.

Hentze, Joachim/Brose, Peter/Kammel, Andreas: Unternehmensplanung, 2. Auflage, Stuttgart-Wien 1993.

Hermann, Andreas: Produktmanagement, München 1998.

Hilker, J.: Marketingimplementierung – Grundlagen und Umsetzung am Beispiel ostdeutscher Unternehmen, Wiesbaden 1993 Hinterhuber, Hans H.: Wettbewerbsstrategie, 2. Auflage, Berlin u. a. 1990.

Ders.: Strategische Unternehmensführung I, 4. Auflage, Berlin-New York 1989.

Ders.: Strategische Unternehmensführung II: Strategisch handeln, 6. Auflage, Berlin u. a. 1997.

Hitt, M.A./Ireland, R./Hoskinsson, R.: Strategic Management – Competitiveness and Globalization, 5th Ed., Cincinnati 2003.

Hörschgen, Hans u. a.: Marketing-Strategien, Konzepte zur Strategienbildung im Marketing, 2. Auflage, Berlin 1993.

Hoffmann, Werner/Klien, Wolfgang/Unger, Martin: Strategieplanung, in: Eschenbach, R. (Hrsg.): Controlling, 2. Auflage, Stuttgart 1996, S. 211–314.

Hopfenbeck, Waldemar: Allgemeine Betriebswirtschafts- und Managementlehre, 11. Auflage, München 1997.

Horváth & Partner: Das Controllingkonzept, 4. Auflage, München 2000.

Hoskisson, R.E. et al: Theory and research in strategic management: swings of a pendulum, in: Journal of Management, Vol. 25/1999, No. 3, S. 417–456.

Hruschka, H.: Marketing-Entscheidungen, München 1996.

Hub, Hanns: Aufbauorganisation – Ablauforganisation, Wiesbaden 1994.

Huber, B.: Strategische Marketing- und Imageplanung, Frankfurt a.M. 1993.

Hummel, Thomas: Total-Quality-Management, München-Wien 1996.

Hungenberg, H.: Strategisches Management in Unternehmen, 6. Auflage, Wiesbaden 2010.

Hunger, D./Wheelen, T.L.: Strategic Management, 6th ed., New York 1998.

Imai, M: Kaizen. Der Schlüssel zum Erfolg der Japaner im Wettbewerb, 4. Auflage, Berlin u. a. 1994.

Jacobs, S.: Strategische Erfolgsfaktoren der Diversifikation, Wiesbaden 1992.

Jaspersen, Thomas: Produkt-Controlling, 2. Auflage, München-Wien 1995.

Ders.: Computergestütztes Marketing: controllingorientierte DV-Verfahren für Absatz und Vertrieb, 2. Auflage, München u. a. 1997.

Joas, A.: Konkurrenzforschung als Erfolgspotential im strategischen Marketing, Augsburg 1990.

Jooss, C.: Konzeption und Einführung eines Qualitätsmanagementsystems, Wiesbaden 1996.

Kamiske, Gerd F.: Die Hohe Schule des Total Quality Management, Berlin u. a. 1994.

Ders./Brauer, Jörg-Peter: Qualitätsmanagement von A bis Z, 2. Auflage, München-Wien 1995.

Dies.: ABC des Qualitätsmanagements, München-Wien 1996.

Karlöf, B.: Unternehmensstrategie, Frankfurt a.M. 1991.

Karst, Klaus: Strategisches Management, Berlin 1998.

Kemmner, G.-A./Gillessen, A.: Virtuelle Unternehmen, Heidelberg 2000.

Kieser, A.: Business Process Reengineering – neue Kleider für den Kaiser?, in: Zeitschrift für Organisation, Nr. 3/1996, S. 179–185.

Kim, W.C./Mauborgne, R.: Branchengrenzen sprengen und das Geschäft neu erfinden, in: Harvard Business Manager, Nr. 4/1999, S. 49–60.

Kirsch, W.: Unternehmenspolitik und strategische Unternehmensführung, 2. Auflage, München 1991.

Kleinschmidt, E.J./Geschka, H./Cooper, R.G.: Erfolgsfaktor Markt, Berlin u. a. 1996.

Knyphausen-Aufseß, D. zu: Theorie der strategischen Unternehmensführung, Wiesbaden 1995.

Köhler, Richard: Stichwort Marketing-Controlling, in: Horváth, Péter/Reichmann, Thomas (Hrsg.): Vahlens Großes Controllinglexikon, München 1993, S. 431 f.

Ders.: Marketing-Controlling, in: Diller, Hermann (Hrsg.): Vahlens Großes Marketinglexikon, München 1992, S. 657–659.

Kolbe, C.: Eintrittsbarrieren und Eintrittsfähigkeit potentieller Konkurrenten, Göttingen 1991.

Koreimann, Dieter S.: Management, 7. Auflage, München u. a. 1999.

Korndörfer, W.: Unternehmensführungslehre, 9. Auflage, Wiesbaden 1999.

Kotler, Philip/Bliemel, Friedhelm: Marketing-Management, 10. Auflage, Stuttgart 2001.

Kramer, Friedhelm: Innovative Produktpolitik, Berlin u. a. 1987.

Kreikebaum, Hans: Strategische Unternehmensplanung, 4. Auflage, Stuttgart-Berlin-Köln 1991.

Kreilkamp, Edgar: Strategisches Management und Marketing, Band 11 der Schriftenreihe Marketing Management, Berlin-New York 1987.

Krüger, D./Homp, Chr: Kernkompetenz-Management: Steigerung der Flexibilität und Schlagkraft im Wettbewerb, Wiesbaden 1997.

Krulis-Randa, J.S.: Theorie und Praxis des Marketing-Controlling, in: Siegwart, H. u. a. (Hrsg.): Management-Controlling, Stuttgart 1990, S. 257–272.

Krystek, U./Müller-Stewens, G.: Frühaufklärung für Unternehmen: Identifikation und Handhabung zukünftiger Chancen und Bedrohungen, Stuttgart 1993.

Kuhn, Alfred: Unternehmensführung, 2. Auflage, München 1990.

Kurfess, V.: Profitable Wachstumsstrategien für Unternehmen, Wiesbaden 1999.

Kuß, Alfred/Tomczak, T.: Marketingplanung, 2. Auflage, Wiesbaden 2000.

Kutschker, Michael/Schmid, Stefan: Internationales Management, 6. Auflage, München 2010.

Lambin, Jean-Jacques: Grundlagen und Methoden des strategischen Marketing, Hamburg u. a. 1987.

Lehmann, Gabriele: Bestimmungsfaktoren und theoretische Konzepte eines Marketing-Controlling-Systems, Frankfurt a.M. 1998.

Lehner, J.M.: Implementierung von Strategien, Konzeption unter Berücksichtigung von Unsicherheiten und Mehrdeutigkeiten, Wiesbaden 1996.

Levitt, Theodore: Marketing Myopia, in: Harvard Business Review, Nr. 4, 1960, S. 45–56.

Liebl, W.F.: Strategische Frühaufklärung, München u. a. 1996.

Liebmann, H.-P./Foscht, T.: Strategisches Marketing-Management, München 1999.

Link, Jörg/Gerth, Norbert/Voßbeck, Eckard: Marketing-Controlling, Systeme und Methoden für mehr Markt- und Unternehmenserfolg, München 2000.

Lombriser, R./Abplanalp, P.A.: Strategisches Management, Zürich 1997.

Luehrmann, T.A.: Strategy as a portfolio of real options, in: Harvard Business Review, Vol. 76/1998, No. 5, S. 89–99.

Macharzina, K.: Unternehmensführung, 3. Auflage, Wiesbaden 1999.

Malorny, Christian: TQM umsetzen, 2. Auflage, Stuttgart 1999.

Ders./Kassebohm, Kristian: Brennpunkt TQM - Rechtliche Anforderungen, Führung und Organisation, Auditierung und Zertifizierung nach DIN ISO 9000 ff., Stuttgart 1994.

Martin, W.: Data Warehousing, Bonn 1998.

Marra, A.: Standardisierung und Individualisierung im Marktprozeß, Wiesbaden 1999.

Masing, W. (Hrsg.): Handbuch Qualitätsmanagement, 3. Auflage, München-Leipzig 1994.

Meffert, Heribert: Marketing-Management, Analyse – Strategie – Implementierung, Wiesbaden 1994.

Ders.: Organisation des Kundenmanagements, in: Frese, H. (Hrsg.): Handwörterbuch der Organisation, Stuttgart 1992, Sp. 1215–1228.

Ders. (Hrsg.): Marktorientierte Unternehmensführung im Wandel: Retrospektive und Perspektiven des Marketing, Wiesbaden 1999.

Ders. (Hrsg.): Strategische Unternehmensführung und Marketing, Wiesbaden 1988

Mehrmann, Elisabeth/Wirtz, Thomas: Controlling für die Praxis, 2. Auflage, Düsseldorf-Wien 1992.

Meier, H.: Unternehmensführung, Herne-Berlin 1998.

Mertins, K./Siebert, G./Kempf, S. (Hrsg.): Benchmarking – Praxis in deutschen Unternehmen, Berlin u. a. 1995.

Mintzberg, Henry: The Rise and Fall of Strategic Management, New York 1994.

Mirow, H.: Strategien zur Wertsteigerung in diversifizierten Unternehmen, in: Hinterhuber, H.H. u. a. (Hrsg.): Die Zukunft der diversifizierten Unternehmung, München 2000, S. 325–343.

Naisbitt, J./Aburdene, D.: Megatrends, 2. Auflage, Düsseldorf 1990.

Neubauer, F.F.: Portfolio-Management, 3. Auflage, Neuwied 1989.

Noss, Chr.: Zeit im Management, Wiesbaden 1997.

Oelsnitz, D.v.d.: Markteintritts-Management, Stuttgart 2000.

Oess, Alfred: Total Quality Management, Eine ganzheitliche Qualitätsstrategie, 3. Auflage, Wiesbaden 1993.

Oetinger, B.v.: Das Boston Consulting Group-Strategiebuch, 5. Auflage, Düsseldorf u. a. 1997.

Ohno, T.: Das Toyota-Produktionssystem, Frankfurt a.M.-New York 1993.

Olbrich, R.: Marketing, 2. Auflage, Berlin u. a. 2006.

Osterloh, M./Frost, J.: Prozessmanagement als Kernkompetenz, 5. Auflage, Wiesbaden 2006.

Palloks, N.: Marketing-Controlling. Konzeption zur entscheidungsbezogenen Informationsversorgung des operativen und strategischen Marketing-Management, Frankfurt a.M. 1991.

Paprottka, S.: Unternehmenszusammenschlüsse – Synergiepotentiale und ihre Umsetzungsmöglichkeiten durch Integration, Wiesbaden 1996.

Patterson, James G.: ISO 9000, Wien 1995.

Pauls, S.: Business Migration, Wiesbaden 1998.

Peters, T.J./Waterman, R.H.: Auf der Suche nach Spitzenleistungen, Heidelberg 2007.

Perillieux, R.: Der Zeitfaktor im strategischen Technologie-Management, Berlin 1987.

Perlitz, Manfred: Internationales Management, 6. Auflage, Stuttgart 2004.

Ders./Offinger, A./Reinhardt, M./Schug, K. (Hrsg.): Strategien im Umbruch, Stuttgart 1997.

Pfeifer, T.: Qualitätsmanagement, 2. Auflage, München-Leipzig 1996.

Ders.: Praxishandbuch Qualitätsmanagement, Leipzig 1996.

Pfeiffer, W./Bischof, P.: Lean Management. 2. Auflage, Berlin 1994.

Pfohl, H. Chr./Stölzle, W.: Planung und Kontrolle, 2. Auflage, München 1997.

Pine, B.J.: Mass Customization. The new Frontier in Business Competition, Boston 1993.

Poirier, C.P./Reiter, S.E.: Die optimale Wertschöpfungskette, Frankfurt-New York 1997.

Porter, M.E.: Wettbewerbsvorteile, 6. Auflage, Frankfurt a.M. 1999.

Ders.: Wettbewerbsstrategie, 11. Auflage, Frankfurt a.M. 2008.

Powell, T.C.: Total Quality Management as Competitive Advantage: A Review and Empirical Study, in: Strategic Management Journal, Vol. 16, No. 1/1995, S. 15–37.

Preißner, Andreas: Marketing-Controlling, 2. Auflage, München 1999.

Pümpin, Cuno: Management strategischer Erfolgspositionen, 3. Auflage, Frankfurt-New York 1991.

Radke, Magnus: Handbuch der Budgetierung, 2. Auflage, München 1991.

Rasche, C.: Wettbewerbsvorteile durch Kernkompetenzen: ein ressourcenorientierter Ansatz, Wiesbaden 1994.

Rau, H.: Mit Benchmarking an die Spitze, Wiesbaden 1996.

Rayport, J.F./Sviokla, J.J.: Die virtuelle Wertschöpfungskette - Kein fauler Zauber, in: Harvard Business Manager, Nr. 2/1996, S. 104–113.

Reichmann, Thomas: Controlling mit Kennzahlen und Managementberichten, 5. Auflage, München 1997.

Reinecke, Sven/Tomczak, Torsten/Geis, Gerold (Hrsg.): Handbuch Marketing-Controlling, Frankfurt-Wien 2001.

Ders./Tomczak, T./Dittrich, S. (Hrsg.): Marketingcontrolling, St.Gallen 1998.

Reinhart, Gunther/Lindemann, Udo/Henzl, Joachim: Qualitätsmanagement, Heidelberg u. a. 1996.

Reiß, M.: Komplexitätsmanagement, in: WiSt, 22. Jg., Nr. 1/1993, S. 54–59.

Reuter, J.: Komplexität und Dynamik der Implementierung von Wettbewerbsstrategien, Wiesbaden 1998.

Ries, A./Trout, J.: Marketing Warfare, New York et al 1986.

Risak, J./Deyhle, A.: Controlling. Strate of the Art und Entwicklungstendenzen, 2. Auflage, Wiesbaden 1992.

Rosenkranz, F.: Unternehmensplanung, 3. Auflage, München u. a. 1999.

Rotering, J.: Zwischenbetriebliche Kooperation als alternative Organisationsform, Stuttgart 1993.

Rüggeberg, H.: Strategisches Markteintrittsverhalten junger Technologieunternehmen. Erfolgsfaktoren der Vermarktung von Produktinnovationen, Wiesbaden 1997.

Rüttler, M.: Information als strategischer Erfolgsfaktor, Berlin u. a. 1991.

Saatweber, J.: Kundenorientierung durch Quality Function Deployment, München-Wien 1997.

Scharrer, E.: Qualität - ein betriebswirtschaftlicher Faktor, in: Zeitschrift für Betriebswirtschaft, Nr. 7/1991, S. 695–720.

Schaude, G.: Kooperation, Joint Venture, Strategische Allianzen, 2. Auflage, Eschborn 1993.

Schildknecht, R.: Total Quality Management, Frankfurt a.M. u. a. 1992.

Schimank, C.: Komplexitätsreduktion und Prozeßoptimierung, in: Horvath, P. (Hrsg.): Marktnähe und Kosteneffizienz, Stuttgart 1993, S. 185–206.

Schmidt, G.: Marktaustrittsstrategien, Frankfurt a.M. 1994.

Ders.: Prozeßmanagement – Modelle und Methoden, Berlin u. a. 1997.

Schmidt, Günther/Tautenhahn, Frank: Qualitätsmanagement – Eine projektorientierte Einführung, Braunschweig-Wiesbaden 1995.

Schmidt, R.W.: Strategisches Marketing-Accounting, Wiesbaden 1997.

Schnabel, U.G./Roos, A.W.: Business Reengineering in Mittelständischen Unternehmen, 2. Auflage, Frankfurt a.M. u. a. 1998.

Schnäbele, P.: Mass Customized Marketing, Wiesbaden 1997.

Schneider, D./Baur, C./Hopfmann, L.: Re-Design der Wertkette durch Make or Buy, Wiesbaden 1994.

Schneider, M./Schwarz, E./Wikner, U.: Kooperation – der direkte Weg zum Erfolg, Frankfurt a.M.-New York 1999.

Schreyögg, G.: Strategisches Management - Entwicklungstendenzen und Zukunftsperspektiven, in: Die Unternehmung, 53. Jg., Nr. 6/1999, S. 387–407.

Ders./Conrad, P. (Hrsg.): Organisatorischer Wandel und Transformation, Wiesbaden 2000.

Ders./Koch, J.: Grundlagen des Managements, 2. Auflage, Wiesbaden 2010.

Schröder, A.: Management virtueller Unternehmen. Organisatorische Konzeption und informationstechnische Unterstützung flexibler Allianzen, Frankfurt a.M. u. a. 1996.

Schröder, Ernst F.: Modernes Unternehmens-Controlling, 6. Auflage, Ludwigshafen 1996.

Schüle, F.M.: Diversifikation und Unternehmenserfolg, Wiesbaden 1992.

Schüller, A./Schlange, L.E. (Hrsg.): Komplexität und Managementpraxis, Stuttgart 1994.

Schuh, G./Friedli, T.: Die virtuelle Fabrik: Konzepte, Erfahrungen, Grenzen, Produktionswirtschaft, Wiesbaden 1999.

Schwarting, U.: Institutionalisierung des Marketingkonzepts durch Produkt-Management, Frankfurt a.M. u. a. 1993.

Seghezzi, H.D.: Qualitätsmanagement, Stuttgart 1994.

Shapiro, E.C.: Die Strategiefalle, Frankfurt a.M.-New York 1999.

Sidow, H.D.: Key Account Management, 5. Auflage, Landsberg a.L. 1999.

Siebert, G./Kempf, S.: Benchmarking, München-Leipzig 1998.

Siegwart, H. u. a. (Hrsg.): Unternehmenspolitik und Unternehmensstrategie, Stuttgart 1995.

Simanek, A.: Markt- und kompetenzorientierte Geschäftsfeldplanung, Wiesbaden 1998.

Sommerlatte, T./Wedekind, E.: Leistungsprozesse und Organisationsstruktur, in: Arthur D. Little (Hrsg.): Management der Hochleistungsorganisation, Wiesbaden 1990, S. 25–41.

Simon, C.: Qualitätsgerechte Simultane Produktentwicklung, Wiesbaden 1995.

Simon, Hermann (Hrsg.): Das große Handbuch der Strategiekonzepte, Frankfurt a.M.-New York 2000.

Spang, S.: Informationsmodellierung im Marketing. Wiesbaden 1992.

Spremann, K.: Portfoliomanagement, München 2000.

Staehle, W.H.: Management, 8. Auflage, München 1999.

Stauss, Bernd (Hrsg.): Qualitätsmanagement und Zertifizierung, Wiesbaden 1994.

Ders.: Total Quality Management und Marketing, in: Marketing ZFP, Nr. 3/1994, S. 149–159.

Steinmann, H./Schreyögg, G.: Management, 6. Auflage, Wiesbaden 2005.

Stengel, R.: Gestaltung von Wertschöpfungsnetzwerken, Wiesbaden 1999.

Strasmann, J./Schüller, A. (Hrsg.): Kernkompetenzen, Stuttgart 1996.

Theden, Philipp/Colsman, Hubertus: Qualitätstechniken, München-Wien 1996.

Töpfer, A./Mehdorn, H.: Total Quality Management, 5. Auflage, Neuwied 1999.

Ders./Mann, A.: Benchmarking - Lernen von den Besten, in: Töpfer, A. (Hrsg.): Benchmarking. Der Weg zu Best Practice, Berlin u. a. 1997, S. 31–75.

Ulrich, Peter: Unternehmenspolitik, Bern-Stuttgart 1990.

Vahs, Dietmar: Organisation – Einführung in die Organisationstheorie und -praxis, Stuttgart 1997.

Weber, Jürgen: Einführung in das Controlling, 8. Auflage, Stuttgart 1999.

Wildemann, H.: Total Quality Management, München 1998.

Winkler, T.: Entwicklung eines Instrumentariums zur Erfolgsanalyse von Innovationsprojekten, Frankfurt a.M. u. a. 1999.

Wirtz, Thomas/Mehrmann, Elisabeth: Effizientes Projektmanagement, Düsseldorf-Wien 1992.

Wittlage, Helmut: Unternehmensorganisation, Einführung und Grundlegung mit Fallstudien, 5. Auflage, Herne-Berlin 1993.

Wonigeit, J.: Total Quality Management, 2. Auflage, Wiesbaden 1996.

Zangemeister, A.: Entwicklungsorientiertes Controlling im Total Quality Management, Wiesbaden 1999.

Zerres, Michael P.: Handbuch Marketing-Controlling, Berlin-Heidelberg-New York 2000.

Zimmer, Reinhard: Qualitätsmanagement, Berlin 1998.

Zink, K.J.: Total Quality Management as a Holistic Management Concept, Berlin et al 1998.

Stichwortverzeichnis

A

Abfrage
 -systeme 410
 freie 409
 starre 409
Abgrenzung
 des relevanten Markts 27
 eindimensionale 29
 mehrdimensionale 33
 nutzenorientierte 30
 produktorientierte 29
 situationsorientierte 31
 unternehmensorientierte 29
 zweidimensionale 32
Ablauf
 -diagramm 327
 -organisation 341
Abnehmer
 -gruppe 33
 -macht 62
Abrufsystem 409
Absatzrationalisierung 149
Abweichungs-Analyse 74
Affinitätsdiagramm 401
Ähnlichkeit, technisch-physikalische 29
Ähnlichkeitsraum 216
Aktivitäten
 primäre 256
 sekundäre 257
Akzeptanz von Risiken 149
Akzeptierung
 disjunktive 334
 lexikographische 334
Alleinstellung 25
 faktische 222
 kommunikative 222
Alternativplanung 319
Amortisationsrechnung 292
 dynamische 296

Analogieschätzung 302
Angebotsanspruch 218
Annuitätenmethode 294
Anpasser 79
Anpassungsfähigkeit 319
Ansprache, differenzierte
 mit partieller Abdeckung 135
 mit totaler Abdeckung 135
Ansprache, einheitliche
 mit partieller Abdeckung 135
 mit totaler Abdeckung 134
Anspruchsbegründung 218
Arbeitsanalyse 341
Arbeitsgemeinschaft 277
Arbeitssynthese 341
Auditing 420
Aufbauorganisation 341
 sekundäre 343
Aufgabensynthese 342
Auftragsgröße 226
Auskunftssystem 409
Ausnutzen
 von Koalitionschancen 243
 von Synergiepotenzialen 242
 von Umwelt- und Marktchancen 242
Austauschbarkeit
 individuelle 30
 subjektive 30
Austauschverhalten, tatsächliches 30
Auswahl der strategischen
 Mitbewerber 214

B

Balanced scorecard 434
Balkendiagramm 328
Basisannahmen 47
Baukastenprinzip 253
Baumdiagramm 401
Bayes-Regel 336

Bearbeitungszeiten 246
Bedarf
  nachhaltiger 24
Bedarfsabdeckung 222
Bedarfsträger 284
Befragung
  prognostische 300
Beharrlichkeit 243
Benchmarking 268
  externes 269
  funktionales 270
  generisches 270
  internes 269
  kompetitives 270
  strukturelles 270
Benchmarking-Vereinbarung 273
BERI-Index 306
Berichtssystem 408
Bernoulli-Prinzip 336
Beschränkungen, hoheitliche 130
Bestandsmasse 422
Beteiligung 313
Betriebsgröße 151
Betriebsgrößenvorteile 129
Beurteilungsmodell 333
  lineares 334
  nicht-lineares 334
Bewegliche Verteidigung 173
Bewegungsmasse 422
Beziehungszahl 422
Bildung
  von Leistungsmodulen 376
  von Teams 376
Bindung an das angestammte
  Geschäft 239
Blindleistung 246
Bottom up-Ansatz 372
BPR 376
Brainstorming 400
Branchen-Analyse 61
Branchenattraktivitäts-Unternehmenspositions-Portfolio 102

Branchenstruktur, allgemeine 35
Break even-Punkt
  gewinnwirksam 433
  liquiditätswirksam 432
  vollkostenwirksam 432
Buckets 95
Budgetierung 336
  Flexibilität und Dauer 340
  Kriterien 338
  kurzfristige 340
  langfristige 340
Budgetierungsverfahren
  analytische 338
  nicht-analytische 339
Bündelungseffekte 288
  raum-zeitliche 288
  sachliche 288
Bundling 124
Business migration 289
Business mission 45

C

Capital asset pricing model 297
Cash-flow 436
Cash-flow return on investment 437
Cash cows 89
Cash value added 437
Chancen-Risiken-Analyse 84
Change/Moving 52
Clipping 442
Competitive intelligence 442
Conjoint-Analyse 405
Contract manufacturing 277
Controlling 417
Cross selling 123

D

Data mining-Systeme 414
Data warehousing 407
Datenbank 411
Datengrundlage 156, 231

Decision calculus 332
Deckungsbeitragsrechnung
 einstufige 428
 mehrstufige 428
Defender 80
Delphi-Methode 300
Dialogmodul 412
Dialogschnittstelle 411
Dicing 413
Differenzierung 140, 243
Differenzmodell
 additives 334
Dimensionierung des relevanten
 Markts 213
Direktinvestition 313
Discounted cash-flow 437
Distribution
 breite 150
 selektive 148
Diversifikation 280
Diversifizierung 112
 diagonale 285
 heterogene 285
 homogene 281
 konglomerale 286
 mediale 285
Dokumentensystem 409
Dominanz 36
Dominanz-Grafik 209
Drill down 413
DuPont-System 424
Durchlaufzeit 246
Durchschnittsberechnung 302
Dynamische Verfahren 293

E

Economic value added 436
Economies
 of scale 152
 of scope 288
Eigenkapitalbeschaffung 299
Eigenschaftsraum 213

Einfacher, flexibler Aufbau 240
Einlinienaufbau 351
Einlinienorganisation 352
Einzahlung 298
Elastizität 319
Elementarmarktkonzept 29
Eliminierung
 konjunktive 334
 lexikographische 334
Engpass-Analyse 75
Engpassplanung 319
Entrepreneurial vision 43
Entscheidungsbaum-Verfahren 329
Entscheidungsregel 21
Entscheidungssituationen 332
 indeterministische 333
 kompensatorische 333
 objektiv-stochastische 335
 subjektiv-stochastische 333
Entscheidungssystem 409
Ereignisknotennetzplan 326
Erfolgsfaktorenforschung 225
Erfolgsprognose 300
Erklärungsmodul 412
Erstpositionierung 220
Erwartungswert-Streuungs-Prinzip 336
Ethnozentralität 315
Eventualplanung 319
Expertensysteme 412
 wissensbasierte 410
Exponentielle Glättung 303
Export
 direkter 308
 indirekter 308

F

Fehlerbaum-Analyse 392
Fehlerkosten
 externe 396
 interne 396
Fehlermöglichkeits- und -einfluss-
 analyse 394

Fehlerprävention und -analyse 392
Fehlersammelliste 399
Fehlerverhütungskosten 396
Fehlervermeidung 380
Fehlleistung 246
Feinplanung 317
Festwertbudgetierung 339
Fishbone-Analyse 393
Fixkosten 432
Fixkostendegression 150
flache Hierarchie 249
Flankenangriff 171
Flankenpositionsverteidigung 173
Flohmarkt 132
Fokussierung 315
Fortschreibungsbudgetierung 340
Fragmented 162
Franchising 311
Freiraum für Unternehmertum 238
Fremdkapitalbeschaffung 299
Frontalangriff 171
Frühaufklärungssystem 440
Früher Folger 194
Früherkennungssystem 440
Frühwarnsystem 440
Führungsstil 373
funktionale Gleichheit 29
Funktionserfüllung 33
Funktionsmethode 404
Funktionsorganisation 344

G

Gebietsausdehnung 120
Gebietsmanagement 348
gebietsorientierte Organisation 348
Gegenangriff 173
Gegenstrom-Ansatz 372
Geozentralität 316
Gesamtmarktentwicklung
    Beeinflussung der 169
Geschäftsfeld-Ressourcen-Portfolio 102
Geschäftsprozess 245

Gewerbliche Schutzrechte 130
Gewinnvergleichsrechnung 291
Gleitende Durchschnitte 302
Gliederungszahl 422
Global strategy-Datenbank 231
Goldener Käfig 133
Goldgrube 133
Gremienausrichtung 366
Gremienorganisation 368
Grobplanung 317
Größeneffekt
    dynamischer 152
    statischer 150
Grundauffassung, einheitliche 243
Grundaufforderungswert 220
Grundbedürfniskonzept 31
Grundnutzenargumentation 149
Grundzahl 422
Guerillaüberfall 172

H

Hard customization 252
Haupterfolgsfaktoren 139
Herkunftstreue 281
Histogramm 400
Hochpreislevel 146
House of quality 384
Hurwicz-Regel 333
Hyper competition 202

I

Idealpunktverfahren 216
Idealvektorverfahren 217
Imageprofilierung 243
Imitation 26
Indexzahl 422
Indikatoren, vorlaufende 440
Indikatorverfahren 304
Individualisierung am POS 251
Inflexibilität 170
Informationssysteme, datenbasierte 410

Informationsversorgung 419
  im Unternehmen 407
Innovation 140, 242
Innovationsfolger
  durch Abwandlung 194
  durch Imitation 197
Innovationsführer
  durch Abwandlung 196
  durch Original 191
Innovationshemmung 170
Innovationsneigung 191
Inside out-Perspektive 23
Insourcing 266
Institutionelle Ausformung 275
Instrumente zur Ist-Analyse 61
Integration
  vertikale 228
Interferenzmodul 412
Internationalisierung 305
Intuitive Verfahren 300
Investitionsvolumina 129
Investmentintensität 227

J

Joint space 216
Joint venture 277

K

Kaizen 375
Kapazitäts
  -analyse 325
  -grenze 431
Kapitalschonende Finanzierungen 299
Kapitalwertmethode 293
Käuferloyalität 129
Keil-Ansatz 372
Kennzahlen 421
  Aufgaben 422
Kennzahleninformationen 440
Kennziffernsystemen 424
Kerngruppen-Ansatz 372

Kernkompetenz 22
Kernmarkt 139, 164, 165, 166
Know-how-Lizenz 310
Kommunikationsmedien 249
Kompensation 439
Kompetenzvorsprung 168
Komplexe (Portfolio-)Verfahren 88
Komplexität 247
Komplexitätskosten 247
Komponentenmethode 404
Komponententausch 387
Konfiguration 343, 351
Konfrontationsschwerpunkt 171
Konjunktur 302
Konkurrentenmacht
  aktuelle 67
  potenzielle 65
  substitutive 64
Konkurrenz
  -verdrängung 119
  -vorteil 143, 205
  totale 33
Konsortium 276
Kontrolle 417, 419
Kontrollsystem 409
Konventionalstrafe 131
Konzentration 278
  auf Kernprozesse 249
  der Kräfte 240
Kooperation 276, 311
  einfache 312
  gemischte 277
  horizontale 276
  Nachteile 312
  vertikale 276
  Vorteile 312
Koordination 343, 362
Korrelationsdiagramm 400
Korrelationsmatrix 387
Kosten
  remanente 131
  variable 432

Kostenanalyse 325
Kostenführerschaft 164, 165
  konzentrierte 184
  umfassende 176
Kostengünstigkeit 247
Kostenorientierung 257
Kostenvergleichsrechnung 290
Kostenvorteil 174
Kreisausschnitt 98
Kreisdurchmesser 103
Kreuzlinienaufbau 359
Kreuzlinienorganisation 360
Kreuzpreiselastizität der Nachfrage 32
Kultureller Wandel 51
Kundenabhängigkeit 118
Kundenforderungen
  Umsetzung 386
Kundenlieferanteil 117
Kundenmanagement 350
Kundenorganisation 350
Kundenrückgewinnung 118

L

Laplace-Regel 333
Lean management 250
Lean production 250
Leistungsbereitschaft 298
Leistungserstellung 298
Leistungsführerschaft 165, 166
  konzentrierte 181
  umfassende 179
Leistungsorientierung 257
Leistungsvergleich 423
Leistungsvorteil 174
Lernerfahrung 153
Lieferantenhierarchie 262
Lieferantenmacht 61
LIM-Modell 229
Line of balance-Plan 328
Lizenzierung 309

M

Machbarkeitsprüfung, wirtschaftliche 290
Majoritätsbeteiligung 279
Makrogrößenbudgetierung 339
Management-Informations-System 410
Management by-Konzepte 373
Mapping 213
Markenartikel 146
Marktabdeckung
  konzentrierte 175
  umfassende 174
Marktanteil 227
Marktattraktivität 97
Marktaustrittsschranken 131
Marktbearbeitung 314
Marktdurchdringung 111
Markteintritt
  auf Vertragsbasis 309
  durch Außenhandel 308
  durch E-/M-Commerce 314
  über Direktinvestition 312
Markteintrittsformen 306
Markteintrittsschranken 129
Markterweiterung 111, 119
Marktfeld 115, 205
  111
Marktfelddimensionen 115
Marktführerschaft 168
Marktherausfordererschaft 170
Marktkomplexität 248
Marktmacht 169
Marktmitläuferschaft 172
Marktnische 139, 164, 165
  latente 170, 218
  manifeste 218
Marktnischenanbieterschaft 173
Marktparzellierung 134
Marktpolarisierung 143
Marktrolle 167
Marktrückzug 113

Marktschaffung 31, 125
Marktspezialisierung 135, 136
Marktstadien-Wettbewerbspositions-
 Portfolio 102
Marktverhalten 167, 205
Marktwachstumspartizipation 126
Marktwachstumsrate 226
Marktwahl 129, 205, 305
Mass customization 250
Massenfertigung von Unikaten 252
Massenmarktstrategie 136
Matrix-Daten-Diagramm 401
Matrixdiagramm 401
Mausefalle 133
Maximax-Regel 333
Mediawerbung 147
Mehrlinienaufbau 354
Mehrlinienorganisation 355
Meilensteinplan 328
Meldesystem 409
Melkmärkte 92
Mengenbudgetierung 338
Methodenbank 411
Me too-Positionierung 224
Micro benchmark-Datenbank 231
Minimax-Regel 333
Minoritätsbeteiligung 279
Mittelbindung 99
Mittelfreisetzung 99
Modalwert 336
Modellbank 411
Modifikator 196
Modularisierung 252
Monitoring 442
Multi-Variations-Karte 388

N

Nachfrager
 hybrider 143
Nachfrageverbund 284
Nachhaltigkeit 26
Nachwuchsmärkte 91

Nachzügler 197
Nähe zum Kunden 238
Netzplantechnik 321
Neugründung 278, 314
Neun-Felder-Portfolio (McKinsey) 96
nicht-kompensatorische Modelle 334
Normen und Standards 48
Null-Fehler-Konzept 381
Nutzleistung 246
Nutzwertanalyse 211

O

OASIS-Datenbank 231
Objektorganisation 346
OLAP-System 413
Optimierungsverfahren 330
Optimum strategy-Report 230
Organisation im Unternehmen 341
Organisationskomplexität 248
Outpacing-Konzept 200
Outsourcing 262

P

Paarvergleichs-Matrix 208
Packung 147
Pakettierung 251
PAR-Report 229
Pareto-Diagramm 400
Parität 279
Partialplanung 319
Partikularmarktstrategie 137
Partizipation 276
PDCA-Kreislauf 382
PESTEL-Analyse 305
Peters und Waterman-Ansatz 235
PIMS-Studie 225
Pionier 191
Planung 417
 flexible 319
 gereihte 321
 geschachtelte 321

im Unternehmen 317
Inhalte 317
Instrumente 321
Phasen 317
revolvierende 321
rollende 321
starre 319
Planungsinstrumente 317
Planungsmodell 331
Planungssystem 409
Planungstechniken 327
Poka yoke 392
Polyzentralität 316
Poor dogs 89
Portfolio-Ansätze, sonstige 102
Portfolio-Datenbank 230
Positionierung
   der wichtigsten Mitbewerber 215
   konzeptionelle 213
Positionierungsanlässe 220
Positionierungsrichtung 222
Positioning statement 213
Positions
   -bestimmung 218
   -verstärkung 221
   -verteidigung 173
   -vitalisierung 220
Postponement 254
Potenzial-Analyse 72
Präferenz-Position 145
Präferenzraum 216
Präferenzumwertung 220
Präsenzstreckung 121
Preis-Mengen-Position 148
Preisführerschaft 168
Preisgünstigkeit 149
Preis je Einheit 431
Preisobergrenze 429
Preisspielraum, monopolistischer 146
Preisvorteil 200
Preiswettbewerb 148
Primat des Handelns 238

Proaktive Gegensteuerung 438
Problem
   -Entscheidungspläne 401
   -losigkeit 283
   -lösung 26
   -märkte 92
   -treue 283
   -weckung 127
Produkt-Audit 397
Produkt-Markt-Entwicklung 125
Produktaufgabe 113
Produktenttäuschung 170
Produkterweiterung 112, 122
Produktionsflexibilität 30
Produktionskomplexität 248
Produktionslizenz 310
Produktivität 229
   durch Mitarbeiter 238
Produktkomplexität 248
Produktlizenz 310
Produktmanagement 346
Produktorganisation 346
Produktqualität 147, 227
Produktspezialisierung 135
Programmbreite 129
Programmierung
   dynamische 330
   heuristische 330
   lineare 330
   nicht-lineare 330
   parametrische und stochastische 330
Projektausrichtung 364
Projektplan 328
Prospektor 79
Prozess
   beherrschter 390
   fähiger 390
Prozess-Idee 377
Prozessbeherrschung 246
Prozessfähigkeit 246
Prozessorientierung 245
Prüfkosten 396

Prüfung im Rahmen der Investitions-
  analyse 290
Pümpin-Ansatz 240
Punktbewertungsverfahren 210

Q

Qualitäts
  -auszeichnungen 399
  -darlegung 398
  -impetus 378
  -kostenanalyse 395
  -produktion 247
  -regelkarten 400
  -sicherungsinstrumente 384
  -steuerung 399
  -vorteil 200
  -zirkel 380
Qualitäts- und Differenzierungs-
  Datenbank 230
Quality audit 397
Quality function deployment 384
Quantitative Verfahren 302
Question marks 89

R

Rang 341
Rationalisierung 154
Raumerstreckung 58
Refreezing 53
Regiozentralität 316
Relationendiagramm 401
relative Wettbewerbsstärke 98
Rentabilitätsvergleich 292
Reporting-Systeme 408
Report on look alikes 230
Ressourcenrelation 171
Restriktionen
  gesellschaftlich-institutionelle 131
  sozial-emotionale 132
  technisch-wirtschaftliche 131
Restwertbudgetierung 339

Reverse engineering 403
Revision 420
Risikoausgleich 242
Risikostreuer 80
Rituale 49
Roll up 413
Rüstzeiten 246

S

Sättigungsniveau 304
Savage-Niehans-Regel 333
Scanning 442
Schlanke Prozesse 248
Schlüsselfaktoren 226
Schnittstelle von Märkten 223
Schwachstellen-Analyse 245
Scoping 413
Screening 413
Segmentierung 140
Selbstindividualisierung 251
Selbstkosten 427
Selektion 100
Sensitivitätsanalyse 330
Serviceindividualisierung 252
Set-Alternative 125
Seven new tools 401
Seven tools 401
Shared values 236
Shareholder value 437
sichtbar-gelebte Wertesystem 239
Signale, schwache 440
Simultaneous engineering 246
Simultanplanung 319
Single choice 217
Skills 236
Slicing 413
Soft customization 251
Soll-Ist-Vergleich 423
Soll-Zustand 21
Sonderauswertungen 229
Sozialleistungen 132
Space-Analyse 77

Specialised 161
Speculation 254
Spezialisierung 343, 344
  mono-selektive 136
  multi-selektive 136
Spielregeln
  bekannte 138
  neue 138
SPIYR-Datenbank 231
Sprinkler 315
Stablinienaufbau 356
Stablinienorganisation 356
Staff 236
Stalemate 162
Standortlimitation 129
Stärken-Schwächen-Analyse 82
Starmärkte 92
Stars 89
Statische Verfahren 290
Statistische Prozessregelung 389
Statistische Versuchsplanung 387
Stellenbeschreibung 342
STEPP-Analyse 70
Straff-lockere Führung 239
Strategie, Elemente 205
Strategieempfehlung 158, 234
Strategieinhalte 21
Strategieprofil 205
Strategische Allianz 276, 312
Strategische Geschäftseinheit 38
Strategische Gruppe 34
Strategischen Lücke, Konzept der 111
Strategischer Rückzug 173
Strategische Säulen 21
Strategisches Geschäftsfeld 27
Strategisches Spielbrett 138
Strategy analysis-Report 229
Streudiagramm 389
Strukturanalyse 323
Stuck in the middle 144
Stückkosten
  variable 152

Stützleistung 246
Substitutionsgefahr 25
Substitutionslückenkonzept 32
Sukzessivplanung 319
SWOT-Analyse 82
SWOT-Matrix 86
System-Audit 398
Systemlizenz 311
Systemwechsel 126
Szenario-Technik 84, 301

T

Teamausrichtung 362
Teamorganisation 362
Technologie 33
Top down-Ansatz 371
Totalmarktbearbeitung
  differenzierte 135
  undifferenzierte 134
Totalplanung 317
Total quality management 379
Transportzeiten 246
Trend 302
Trendextrapolation 304
Triage-Idee 377

U

Übernahme 280, 313
Überprüfung 419
  der Effektivität 420
Überraschungsangriff 172
Überwachung der Effizienz 421
Umfeld-Analyse 70
Umpositionierung 221
Umsatz-/Absatzpriorität 148
Umsatzgröße 103
Umstellungskosten 129
Unabhängigkeit 277
Unbundling 124
Underdogs 95
Unfreezing 52

Unschärfe-(Bereichs-)Portfolio 110
Unternehmenskonzeption 22
Unternehmenskultur 47
　starke 49
Unternehmensleitsätze 53
Up selling 122
Ursache-Wirkungs-Diagramme 400

V

Value control chart 404
Variablensuche 388
Verantwortlichkeit für Prozesse 245
Verbesserung im Unternehmen 375
Verbesserungsprogramme 375
Verfahrens-Audit 397
Verfahren zur Strategiebewertung 207
　analytische 208
　erfahrungsbasierte 207
　schnittvergleiche 207
Vergleich
　paarweise 387
Vergleich A zu B 389
Verhältniszahl 422
Verkettungseffekte 289
　raum-zeitliche 289
　sachliche 289
Verknüpfung 386
Vernetzung
　informationelle 378
Verrichtung 341
Verrichtungsprinzip 344
Verringerung der Produktionstiefe 376
Versuch
　vollständiger 389
Vertikale Integration der Wertschöpfungskette 376
Vertriebslizenz 309
Vier-Felder-Portfolio (BCG) 88
Virtuelle Unternehmen 264
Volume 161
Vorbeugender Angriff 173

Vorbeugung 439
Vorgangsknotennetzplan 325
Vorgangspfeil-/Vorgangsknotennetzplan, kombinierter 326
Vorgangspfeilnetzplan 325

W

Wachstum
　internes 278
Wahlaxiom 218
Wahrnehmungsraum 213
Warnsystem 409
Wasserfall 315
Wertanalyse 402
Wertbudgetierung 338
Wertgestaltung 403
Wertkettenanalyse 256
Wertkettengestaltung 258
　horizontale 258
　vertikale 258
Wertkettenverschränkung 261
Wertschöpfung 254
Wertschöpfungskette 254
Wertschöpfungsspanne
　Kürzung der 260
　Verlängerung der 258
Wettbewerbsbudgetierung 339
Wettbewerbsgesetzgebung 170
Wettbewerbspositionsmatrix 174
Wettbewerbsprodukte 386
Wettbewerbsstruktur 138
Wettbewerbsverhalten 138
Wettbewerbsvorteilsmatrix 160, 164
Willensbildung 371
Wirkungsgrad 246
Wirtschaftsverband 277
Wissensbasis 412
Wissenserwerbsmodul 412
Wissenstreue 282

Z

Zeit 341
Zeitabfolge 205
  191
Zeitanalyse 325
Zeitbezug 57, 319
Zeitpräferenz 247
Zeitreihenmodelle
  kurzfristige 302
  langfristige 304
Zeitvergleich 423
Zeitverkürzung 326
Zentralbereichsausrichtung 369
Zentralbereichsorganisation 370
Ziel-Mittel-Budgetierung 338
Ziel-Portfolio 108
Zieldimensionen
  formale 56
  materielle 43
Ziele
  Anforderungen 60
  Ausmaß 58
  Gewichtung 59
  horizontale Beziehung 57
  Richtung 58
  sachlicher Inhalt 58
  vertikal eingebettet 57
Zielkostenrechnung 429
Zielkostenspaltung 404
Zielposition 218
Zielsystem 43
Zinsfußmethode, interne 295
Zone
  gelbe 99
  grüne 99
  rote 99
Zusatzaufforderungswert 220
Zusatzverkäufe 123
Zuschlagskalkulation
  differenzierte 427
  einfache 427

Über den Autor

Werner Pepels studierte nach kaufmännischer Berufsausbildung Wirtschaft und Wirtschaftswissenschaften mit den Abschlüssen Diplom-Betriebswirt und Diplom-Kaufmann. Anschließend war er zwölf Jahre als Marketingberater tätig, davon drei Jahre als geschäftsführender Gesellschafter (Partner) in einem der größten deutschen Werbeberatungsunternehmen. 1989 wurde er zum Professor für Betriebswirtschaftslehre ernannt und ist seither im Studienschwerpunkt Marketing und Management tätig. Er hat zahlreiche Beiträge zu Themen aus Marketing und Management in Monografie-, Sammelwerk-, Lexikon- und Aufsatzform veröffentlicht und zählt mit einer Auflage von 160.000 Exemplaren zu den meistverkauften Fachautoren in diesem Bereich im deutschsprachigen Raum.

Werner Pepels

Marketing-Lexikon

Über 2000 grundlegende und aktuelle
Begriffe für Studium und Beruf

3. Auflage

Marketing entwickelt sich angesichts restriktiver Vermarktungsbedingungen zunehmend zum Schlüsselfaktor für den unternehmerischen Erfolg. Damit verbunden ist eine Ausweitung des Marketinganspruchs auf die marktorientierte Ausrichtung aller betrieblichen Funktionen, ja sogar die gezielte Beeinflussung jeglicher sozialer Transaktionen. Damit einher geht notwendigerweise eine immer differenziertere Betrachtung der Marketinginhalte. Die Entwicklung schreitet dabei so rasch voran, dass es ausgesprochen schwerfällt, noch den Überblick zu behalten.

Wenn man etwas genauer wissen will, ist man im Internet rasch am Ende. Dann helfen nur klassische Fachlexika weiter, so wie die hier vorliegende 3. Auflage des „Marketing-Lexikon" mit rund 2.000 Fachbegriffen aus dem Kern des Marketing. Jeder Begriff wird kompakt, aber aussagekräftig beschrieben und erklärt: Aktualisierungen für Marketingprofis, grundlegendes Wissen für Quereinsteiger und für Studenten.

Der Autor studierte nach kaufmännischer Berufsausbildung Wirtschaft und Wirtschaftswissenschaften mit den Abschlüssen Diplom-Betriebswirt und Diplom-Kaufmann. Anschließend war er zwölf Jahre als Marketingberater tätig, davon drei Jahre als geschäftsführender Gesellschafter (Partner) in einem der größten deutschen Werbeberatungsunternehmen. 1989 wurde er zum Professor für Betriebswirtschaftslehre ernannt und ist seither im Studienschwerpunkt Marketing und Management tätig. Er hat zahlreiche Beiträge zu Themen aus Marketing und Management in Monografie-, Sammelwerk-, Lexikon- und Aufsatzform veröffentlicht und zählt mit einer Auflage von 160.000 Exemplaren zu den meistverkauften Fachautoren in diesem Bereich im deutschsprachigen Raum.

3. Aufl. 2011, 400 S., kart., 34,– Euro, 978-3-8305-1944-7

BWV • BERLINER WISSENSCHAFTS-VERLAG
Markgrafenstr. 12–14 • 10969 Berlin • Tel. 030 / 841770-0 • Fax 030 / 841770-21
E-Mail: bwv@bwv-verlag.de • Internet: http://www.bwv-verlag.de

Werner Pepels
Einführung in die allgemeine Betriebswirtschafts- und Managementlehre

Management Basics – BWL für Studium und Karriere – Band 1

Dieser Band eignet sich besonders für alle Interessenten, die einen Überblick über die Grundlagen der Betriebswirtschaft als Managementlehre erhalten wollen. Sei es, weil es ihre zentralen Studieninhalte ausmacht, oder sei es, weil es ihr Handwerkszeug im Beruf betrifft.

2011, 253 S., 61 s/w Abb., kart., 22,– Euro, 978-3-8305-1993-5

Die Kurzlehrbuchreihe „Management Basics – BWL für Studium und Karriere" besteht aus 23 Bänden. Diese decken alle gängigen Inhalte im Lehrbereich Wirtschaft/Wirtschaftswissenschaften ab. Jeder Band ist dabei auf die Kerninhalte des jeweiligen Fachs konzentriert und schafft somit eine knappe, aber aussagefähige Darstellung der relevanten Lehrinhalte. Die Autorinnen und Autoren der Reihe haben Professuren an Hochschulen inne und verfügen ausnahmslos über langjährige Vorlesungs- und Prüfungserfahrung. Ihren Darstellungen gelingt es sowohl akademischen wie auch anwendungsbezogenen Anforderungen zu genügen.

Weitere Bände der Reihe:
- Grundlagen der Unternehmensführung
- Supply Chain Management
- Produktionsmanagement
- Logistikmanagement
- Marketingmanagement
- Buchführung
- Management der externen Rechnungslegung
- Steuerlehre
- Finanzierungsmanagement
- Investition
- Grundlagen der Mikroökonomie
- Management der internen Rechnungslegung
- Personalmanagement
- Organisationsmanagement
- Controllingmanagement
- Wirtschaftsinformatik
- Internationales Management
- Grundlagen des allgemeinen Wirtschaftsrechts
- Grundlagen der Makroökonomie
- Grundlagen der Wirtschaftsmathematik
- Statistik in der BWL

BWV • BERLINER WISSENSCHAFTS-VERLAG
Markgrafenstr. 12–14 • 10969 Berlin • Tel. 030 / 841770-0 • Fax 030 / 841770-21
E-Mail: bwv@bwv-verlag.de • Internet: http://www.bwv-verlag.de